U0924167

图书在版编目(CIP)数据

清代巡台御史奏折汇编/李祖基,陈忠纯编.—厦门:厦门大学出版社,2020.6
ISBN 978-7-5615-7778-3

Ⅰ.①清… Ⅱ.①李…②陈… Ⅲ.①奏议—汇编—中国—清代 Ⅳ.①K249.065

中国版本图书馆 CIP 数据核字(2020)第 046614 号

出 版 人 郑文礼
责任编辑 韩轲轲

出版发行 厦门大学出版社
社　　址 厦门市软件园二期望海路 39 号
邮政编码 361008
总　　机 0592-2181111　0592-2181406(传真)
营销中心 0592-2184458　0592-2181365
网　　址 http://www.xmupress.com
邮　　箱 xmup@xmupress.com
印　　刷 厦门集大印刷厂

开本 787 mm×1 092 mm 1/16
印张 30.25
插页 2
字数 528 千字
版次 2020 年 6 月第 1 版
印次 2020 年 6 月第 1 次印刷
定价 198.00 元

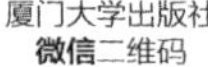
厦门大学出版社
微信二维码

厦门大学出版社
微博二维码

李祖基，福建莆田人，1952年出生，退休前在厦門大學臺灣研究院任教。著有《近代臺灣對外貿易研究》《戰後臺灣四十年》《臺灣歷史研究》《史海擷英：臺灣歷史研究續編》《社會轉型、抗擊外侮與近代化建設——晚清臺灣歷史映像（1840—1895）》（合著），主編《臺灣研究25年精粹·歷史篇》《臺灣研究新跨越·歷史研究》，參與編撰《中國農民負擔史》《臺灣歷史綱要》《福建移民史》等，發掘整理出版了《臺灣志略》《巡臺録》《蓉洲詩文稿選輯》《東寧政事集》《行間紀遇·清威略將軍吴英事略》及《二·二八事件報刊資料匯編》等臺灣珍稀文獻資料，并在海峽兩岸學術刊物上發表關于臺灣史的研究論文數十篇。

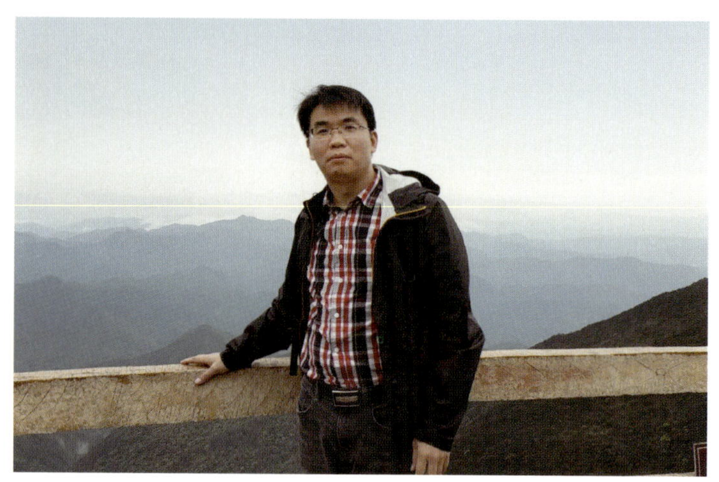

陳忠純，1980年生，福建省南安市人，歷史學博士。現爲厦門大學臺灣研究院教授、碩士生導師，歷史研究所所長，兩岸關係和平發展協同創新中心創新團隊成員。1997—2007年在北京師範大學歷史系（學院）學習，先後師從史革新教授與鄭師渠教授攻讀碩士、博士學位。2017—2018年，赴美國德州大學奥斯汀分校歷史系及東亞研究中心訪學。主要研究方向爲臺灣史、中國近現代思想文化史。曾在《近代史研究》《中共黨史研究》《臺灣研究集刊》《福建論壇》《北京師範大學學報》《厦門大學學報》《臺灣史研究》（臺北）等核心刊物上發表20多篇學術論文，部分論文被《新華文摘》《高等學校文科學術文摘》以及人大複印資料《歷史學》《明清史》《中國近代史》全文或論點轉載；出版專著2部；曾主持及參與數個國家及教育部科研項目。

凡　例

1.本編收集北京中國第一歷史檔案館、臺北故宫博物院以及臺北“中央研究院”歷史語言研究所等單位典藏的自康熙六十一年至乾隆四十七年間歷任巡臺御史的相關奏摺。

2.部分任滿巡臺御史奏摺有涉及臺灣者,亦酌予收入。

3.另外,與巡臺御史制度及巡臺御史個人有直接關係的上諭和其他大臣的奏摺以附錄一的形式附在巡臺御史的奏摺之後,以便讀者查閱。

4.首任巡臺御史黄叔璥著有《南征記程》一卷,以日記的形式詳細記錄了自京師出發至臺灣任所的路綫及沿途見聞,始於康熙後壬寅正月,而迄於是年六月,對於我們了解當年巡臺御史自京赴臺的路綫與艱辛過程有不少幫助,作為附錄二,附在書後。

5.巡臺御史奏摺按其奏文末尾標注的上奏時間依序排列。部分奏摺上奏時間缺損,只有硃批時間,就依硃批時間排列,并用括弧注明。如“乾隆九年八月初三日(硃批)”。

6.個别奏摺既無上奏時間,又無硃批時間,但可按相關的資料推測出時間的,就標注出推測的時間,并用括弧注明。如“乾隆八年四月初六日(推測)”。

7.奏摺中原來表示敬意的抬頭頂格、空格等格式一律取消,按目前正常書寫格式排版,并加上現代漢語的標點。標點的目的主要是為了斷句,使讀者可以準確理解和把握奏摺原文的意思,并使之更適合於現代的閱讀習慣,而非令原來没有標點符號的古代文獻來適應當今的漢語規範和格式。

8.奏摺原文無分段,現根據奏摺原文的内容,適當予以分段,以便閱讀。

9.奏文中間的硃批,用括弧置於在原來位置,如“(【硃批】:……)”;奏文末尾的硃批,原來往往批在奏摺正文與日期之間的空白處,現一律移至奏摺日期及上奏者署名之後,用“【硃批】:……”標注。

10.奏摺中明顯的錯訛字,以[ ]括出,在後面直接予以改正。奏摺中缺損的字,以及模糊不清無法辯認者,以“□”代替。

11.部分奏摺中的數字或日期用大寫漢字表示,現統一改用普通漢字“一、二、三……”表示,以方便閱讀。

12.每道奏摺之後均注明出處。

13.為了保存奏摺的原貌,本匯編採用繁體字編排。對於底本中的異體字也予以保留,不做改動。

目　録

雍正朝

乾隆朝

附録一

附録二

清代巡臺御史制度研究(代前言)

李祖基

派遣御史,巡察臺灣是清代治臺政策中的一項重要措施,這一制度始於康熙末年,至乾隆後期結束,共實行了六十多年。本文試從巡臺御史的設立與派遣、巡臺御史的職責和作為、巡臺御史與地方官員的關係以及清廷對巡臺御史的態度等四個方面對清代巡臺御史制度做一比較系統的考察。

一、巡臺御史的設立與派遣

(一)巡臺御史的設立及其原因

康熙六十年四月,臺灣爆發了聲勢浩大的朱一貴起義,起義者先在鳳山地區集結,然後以迅雷不及掩耳之勢攻克臺灣府城。閩浙總督覺羅滿保急忙調派福建水師提督施世驃、南澳總兵藍廷珍等率兵渡臺圍剿。事平之後,康熙皇帝對臺灣地方吏治敗壞,"文職官員平日并不愛民,但知圖利苛索",及變亂發生,又首先帶領家口棄城逃跑的行為大為震怒。在下旨將臺灣道員以下文職官員捉拿嚴辦的同時,鑒於朱一貴事發之初,"知府王珍匿情不報,縱役生事。游擊周應龍縱番妄殺,又戰敗逃回……臺厦道梁文煊、同知王禮事前通同隱匿,臨時一無備禦"[①],而深深感到臺灣遠隔重洋,耳目不周,書報難通這一問題的嚴重性。所以同年七月,當福建總督、巡撫及提督等紛紛奏請臺灣添兵時,康熙皇帝則認為"添兵無用"[②]。因為對他而言,添兵僅是一種消極的辦

① 王先謙:《東華錄選輯》,《臺灣文獻叢刊》第262種,臺北:臺灣銀行,1969年,第304頁。

② 王先謙:《東華錄選輯》,第305頁。

法，只能治標，不能治本，無法從根本上解决問題，况且臺灣的兵力并非單薄。要消除禍亂，首先要嚴加督察，改善吏治，一有異常情况及時發現，馬上處理，防患於未然，弭患於無形，這樣才能確保臺疆的安寧。要做到這一點，一個先决條件便是建立一條暢通無阻而又可靠的資訊管道，使自己耳聰目明，對地方的情况了若指掌。所以朱一貴起義平定之後，康熙皇帝對臺灣做出的第一項重要决定就是："每年自京派出御史一員，前往臺灣巡查。此御史往來行走，彼處一切信息可得速聞，凡有應條奏事宜，亦可條奏，而彼處之人皆知畏懼。至地方事務，御史不必管理也。"①於是，巡臺御史的制度就這樣地確立下來了。

巡臺御史的設立除了直接肇因於朱一貴起義之外，清廷對臺灣地位的日漸重視亦是一個重要原因。衆所周知，早先清廷對臺灣地位的認識是十分模糊的。甚至直到康熙二十二年鄭克塽投降之後，康熙皇帝仍認為"臺灣屬海外地方"，"得之無所加，不得無所損"②，因而對其持棄留不定的態度。後來，經施琅等人上疏切陳利害關係，清廷才决定在臺灣設立一府三縣，派官治理。其後，隨着時間的推移，清廷對臺灣的戰略重要性有了進一步的認識，這從當時對閩省官員的任命中可以看出來。如康熙四十五年，皇帝諭大學士等曰："閩省海疆與臺灣相近，總督職任必得才兼文武之人乃可。"③康熙五十年，當兵部奏請派人調補福建臺灣總兵員缺時，康熙皇帝又説："臺灣總兵官，殊屬緊要。應補之人，着問九卿及福建省官員，亦遣人往問大學士李光地。并曉諭福建總督等，該省武官内好者，即行薦舉，勿致隱漏。"④對區區一員總兵人選如此慎重，確屬少見，顯見清廷已認識到臺灣地位之重要。同年，康熙皇帝在面諭閩籍大學士李光地時更明確指出："朕思臺灣、澎湖之地關係甚大，海壇、南澳兩處不甚緊要。"⑤

由於對臺灣認識的提高，清廷對臺灣地方的關心和興趣也日益增加。康熙五十四年，曾先後擔任過臺灣縣令及臺厦兵備道的陳瑸在入京陛見時，康熙皇帝就詳細地向其詢問有關臺灣的種種情况。如十二月初一日陛見時，康熙皇帝就問道："臺灣光景如何？""臺灣人多，日後如何？""臺灣出產何物？""米穀

---

① 王先謙：《東華錄選輯》，第305頁。

② 王先謙：《東華錄選輯》，第276頁。

③ 王先謙：《東華錄選輯》，第289～290頁。

④ 王先謙：《東華錄選輯》，第294頁。

⑤ 王先謙：《東華錄選輯》，第295頁。

是多的呵?”“天氣寒冷不?”“臺灣地動是何故?”“臺灣荒地是如何?”等等。[①]當陳瑸奉旨調任福建巡撫之後於初六日第三次陛見時,康熙皇帝又問道:“臺灣地方到後來日久如何?”“有多少人數?”“淡水地方如何?”等等。[②] 陳瑸除了在臺灣任職之外,還在福建古田、四川及湖南等地任過職,但康熙皇帝對臺灣的情況問得最多,并先後兩次問及臺灣“日後如何”,對臺灣地方未來發展的關注之情,歷歷可見。所以,巡臺御史的設立并非康熙皇帝心血來潮的臨時决定,而是清廷對臺灣地位認識的提高以及對臺灣關心和興趣日益加深的一種反映。

(二)巡臺御史的派任

關於巡臺御史派任的人數,康熙皇帝在其上諭中原定每年自京派出御史一員,前往臺灣巡查。後經九卿詳議,定為“每年派滿、漢御史各一員,前往巡察,一年更換”[③]。因此,康熙六十一年派出的第一任巡臺御史就有兩名,即滿州正紅旗的吴達禮與祖籍順天府的黄叔璥。最初,巡臺御史俱由都察院各道監察御史充任。雍正元年,六科給事中并入都察院。雍正五年,清廷下旨,巡臺御史給派之時并令科、道一并開列。每逢巡臺御史應派之時,先由都察院將除親老停派遠差、兼辦工程等項及本省應行回避各人員之外的應開滿、漢給事中、監察御史職名,各按資俸,通行開列具題,恭請皇帝欽點。皇帝則根據都察院所開列的名單,從中選擇自己認為“敦實廉能,嫻猷略、知治體,可以任以股肱耳目者”,加以欽命。當然,皇帝也可以在都察院所開列的名單之外選擇自己合意的人選充任,但畢竟是種例外。由於是“欽命”,所以新任御史到臺後需將接印任事的日期立即具疏奏聞。臺灣路途遥遠,又兼遠隔重洋,御史自領命出京至到臺灣任上一般約需三個月多的時間。如首任巡臺御史黄叔璥於康熙六十一年二月二十一日自京師出發,抵達臺灣時已是六月初十日。[④] 同樣,御史卸任時也需將交印日期向皇帝奏報。

---

① 丁宗洛:《陳清端公年譜》,《臺灣文獻叢刊》第207種,臺北:臺灣銀行,1964年,第79～80頁。

② 丁宗洛:《陳清端公年譜》,第85頁。

③ 《臺案彙錄乙集》,《臺灣文獻叢刊》第173種,臺北:臺灣銀行,1963年,第29頁。

④ 黄叔璥:《南征記程》,李祖基點校,張海鵬、李細珠主編:《臺灣歷史研究》第二輯,北京:社會科學文獻出版社,2014年,第389～402頁。

二、巡臺御史的職責及其作為

(一)稽查地方,條陳奏事

御史作為“欽差大臣”主要的職責就是查察地方情形,據實向皇帝報告,充當皇帝的耳目,使地方官員不致因臺灣孤懸海外,“天高皇帝遠”而蒙混欺瞞,或胡作非為。《海東札記》載:滿、漢御史或給事中巡視臺灣,“至則釐覈案牘,查盤倉庫,閱視軍伍,周巡南北疆圉,據實以告”①。除了上述事項之外,地方上的風旱水災、雨水情形、收成分數、米穀價格等各種日常情況也須時時入奏。至於地方上發生的比較重大的事件,如“生番”殺人、分類械鬥、民變及各種刑事案件等更是巡臺御史向上奏報的主要內容。

除了消極地反映情況之外,御史的職能中還有積極的一面,即條陳奏事。對地方官的失職或不法行為進行參奏;針對時政措施,提出自己的意見和建議,以求興利除弊。不過從現有的資料來看,巡臺御史參奏、彈劾地方官員的事例似乎不多,但評論時政,條陳臺灣事宜,提出自己意見的例子倒不少,而且大部分為清廷所採納,其中甚至不乏對臺灣地方的開發和社會的發展有較大影響者,茲擇其大端,略述如下:

1.奏請擴增建置,開闢田土

臺灣歸清之後,大陸民眾渡臺者日多,島上的開發進入了一個新的階段。到康熙五十年前後,臺灣土地的墾闢開始進入高潮,移民拓墾的範圍由南向北擴張,越過半線、大肚溪,漸及於北部地方。原先一府三縣的行政區劃已不能適應土地開發迅速發展的需要,在中部地區增設一縣已是十分迫切的問題。陳夢林於康熙五十六年撰修的《諸羅縣誌》中首先提出這一問題。康熙末年,隨軍赴臺平定朱一貴起義的藍鼎元又對這一問題再次呼籲,認為“諸羅地方遼闊,鞭長不及,應劃虎尾溪以上另設一縣,駐扎半線,管轄六七百里”②,并於各要隘處添設巡檢、千、把總員弁,以資防守。藍鼎元還將這一建議直接向首任

---

① 朱景英:《海東札記》,《臺灣文獻叢刊》第19種,臺北:臺灣銀行,1958年,第17頁。

② 藍鼎元:《復製軍臺疆經理書》,藍鼎元:《鹿洲全集》,蔣炳釗、王鈿點校,廈門:廈門大學出版社,1995年,第553頁。

巡臺御史吴達禮和黄叔璥提出[①]。通過吴、黄二位巡臺御史轉奏之後,這一建議很快便為清廷所採納。雍正元年,兵部議復:巡臺御史吴達禮奏"諸羅縣北半線地方,民番雜處,請分設知縣一員、典史一員。其淡水係海岸要口,形勢遼闊,并增設捕盜同知一員",均應如所請。并定新析出的縣名曰"彰化"。[②] 雍正八年,巡臺御史赫碩色、夏之芳進一步奏准將淡水同知移駐竹塹,并在彰化縣貓霧捒、鹿仔港及八里坌等三處各添設巡檢一員。[③] 彰化縣、淡水同知以及北路各巡檢的設立,加强了政府對該地區的有效管理,對加快臺灣中、北部的開發無疑具有重大的意義,這其中巡臺御史奏事之功實不可没。乾隆九年,巡臺御史熊學鵬再次上疏,提出臺灣"開闢荒地,招養窮民,以圖生聚"的一些具體建議[④],同樣具有積極進取的意義。

2.放寬民眾渡臺的限制,奏請准許臺民搬眷過臺

清初規定大陸人民欲渡航赴臺灣者,須先在原籍地方申領照單,并經厦門及臺灣兩處海防同知之查驗,方可入臺;禁止無照偷渡。雍正年間,閩浙總督高其倬為防止無照游民頂冒水手,偷渡過臺,檄令商船舵、水填注箕斗,出洋時查驗相符,始准放行。然因奉行不善,每致擾累商民,"不惟有累於商船,亦且不便臺民也"。巡臺御史白起圖、嚴瑞龍目睹這一弊病,於乾隆二年奏請過臺商船舵、水人等請免查驗箕斗,以便商民。後經兵部議准,這一規定被廢除。[⑤]

清初不僅規定大陸人民必須領照渡臺,而且還禁止赴臺者攜帶家眷,結果造成臺灣移民中男多女少,人口性别比例嚴重失調。雍正初年,藍鼎元曾經做過調查:"統計臺灣一府,惟中路臺邑所屬,有夫妻、子母之人民。自北路諸羅、彰化以上,淡水、雞籠山後千有餘里,通共婦女不及數百人;南路鳳山、新園、瑯嶠以下四五百里,婦女亦不及數百人。"[⑥]當時距諸羅縣治五十里的大埔莊更是一個典型的例子,該莊全部二百五十七名潮籍居民中,"有女眷者一人,年六

① 藍鼎元:《臺灣近詠十首·呈黄玉圃先生》,余文儀:《續修臺灣府志》卷二十四《藝文(五)》。

② 《清世宗實錄選輯》,《臺灣文獻叢刊》第167種,臺北:臺灣銀行,1963年,第3～4頁。

③ 《臺案彙錄丙集》,《臺灣文獻叢刊》第176種,臺北:臺灣銀行,1963年,第293～296頁。

④ 《清高宗實錄選輯》,《臺灣文獻叢刊》第186種,臺北:臺灣銀行,1963年,第38頁。

⑤ 《清高宗實錄選輯》,第7頁。

⑥ 藍鼎元:《鹿洲全集》,第805頁。

十以上者六人,十六以下者無一人。皆丁壯力農,無妻室,無老耆幼稚”。[①] 禁止攜眷的規定使許多去臺移民夫妻、父母、子女無法團聚,不僅有乖倫理人情,而且為數眾多、無室家宗族之繫累的單身青壯年男子聚集在一起,極易鋌而走險,成為臺灣社會治安的一大隱患。清代臺灣社會動亂頻仍,與此有密切關係。雍正十年,廣東巡撫鄂彌達第一次奏准在臺移民搬眷入臺,但後來停止之後問題又形嚴重。巡臺御史在臺灣耳聞目睹,對這一情況給海峽兩岸人民生活帶來的不便和痛苦感受尤深。乾隆九年,由滿御史六十七再一次奏請“內地人民有祖父母、父母在臺,子孫欲來奉侍;或子孫在臺,祖父母、父母、妻子內地無依,欲來就養者,准其給照來臺,入甲安插”。經戶部議准,於乾隆十一年四月,開放准許臺民搬眷過臺[②],期限為二年。准許移民回大陸搬取家眷入臺團聚,對於改善臺灣地方的人口結構,促進移民社區的建設與島上經濟的發展實有很大裨益。

(二)提督學政,推動地方文化教育的發展

雍正五年,皇帝下諭:“臺灣遠隔重洋,向來學政交臺灣道兼管。朕思道員管理地方事務又兼學政,未免稍繁,應將學政交於派往巡察之漢御史管理,永着為例。”[③]自此以後,提督學政便成為巡臺御史的主要職責之一。清初臺灣草萊初闢,文教制度與設施多付之闕如,與內地相比顯得十分落後。由巡臺御史兼理學政,他們就會站在臺灣的立場上,就地方文教問題向主管部門提出自己的意見和建議。由於巡臺御史有直接奏事權,他們的意見比較容易引起清廷的重視并為其所採納。例如臺郡士子鄉試中額的問題,康熙二十六年規定臺灣於閩省鄉試另編字號,中額一名。但到三十六年卻被總督郭世隆奏准撤去另號,通省一體勻中,這對競爭能力較弱的臺籍士子而言無疑是一個打擊。雍正七年,巡臺御史兼理學政夏之芳重新上疏奏請:臺灣貢監、生員仍照舊例另編字號,於閩省中額內取一名。經部議允准,恢復了原來閩省鄉試中臺灣另編字號,中額一名的規定。[④]

雍正十三年,經福建巡撫盧焯奏准,閩省鄉試中臺灣中額又增加一名,共兩名。乾隆八年,巡臺御史熊學鵬又以“臺郡孤懸海外,情形與內地不同”為

---

① 藍鼎元:《鹿洲全集》,第 588 頁。

② 《清高宗實錄選輯》,第 49～50 頁。

③ 王先謙:《東華錄選輯》,第 312 頁。

④ 余文儀:《續修臺灣府志》卷十二《人物·舉人》。

由,奏請增加臺灣錄送科舉的人數,“以示鼓勵”。後經禮部議復,允准臺灣錄送科舉,可在定額二百名外,“擇其文理清通者酌量寬餘錄送,而内地不可援以為例”[①],這對臺灣的莘莘學子而言不啻是一個福音。

至於准許粵人子弟在臺參加考試一項亦是得益於巡臺御史的力奏。雍正五年曾有規定:在臺之人只要有田、有屋,入籍既定取具鄰里結狀後即可參加歲、科兩試。然而,粵省移民雖然在臺年久入籍,并有户冊可稽,但因係“隔省流寓,恐佔閩童額數,是以攻揭惟嚴”,竟一直不許在臺考試。巡臺御史楊二酉對粵童“格於成例,奮進末由”,深感可惜,遂於乾隆五年奏請准許在臺粵童另編字號,一體應試[②],結束了這一不公平的現象。

在文教設施方面,早先臺灣由於應試的人數較少,故未建立考棚。後來人文日盛,生員漸多,巡視臺灣給事中兼理學政單德謨於是奏請照内地之例建立考棚,得到清廷的批准。乾隆二年十二月下諭,命“福建督、撫轉飭地方有司,相度地方情形,修造試院。俾官牆肅靜,考試謹嚴,以重造士育才之典”。[③] 乾隆五年,巡臺御史楊二酉奏建海東書院,并奏准照直省書院例,以府儒學教授為師,以後該書院發展成為臺灣最大最好的書院。[④] 另一位致力於臺灣地方文教事業的是乾隆十二年蒞任的錢琦,史籍記載:“公甫下車,合情宜俗,不動聲色,百務釐然;而精神意氣,獨於臺之人才望之切、愛之深,且懼其人品學術或不能與中土爭先後也,於是悍者酬之,浮者抑之,篤實者扶而進之。其課文也,陳者新之,俚者雅之;其考校也,虛心以別之,或降格以引之,進老者少者於堂側而面試之,遴其尤者急拔之。日閱數百卷,目不轉瞬,手不停披,曾不以勞故而稍有旁貸。書院中之貧者,加意撫恤。膏火不敷,捐俸給之;應試乏資,解囊贈之。不期年而臺之士氣油然振,而文風亦翕然變。”[⑤]臺籍人士稱頌不已,當其秩滿離任時,特立《巡臺錢公去思碑》,“書其功於石,以昭不朽”[⑥]。巡臺御史在兼理學政期間,兢兢業業,為推進臺灣地方文教的發展,造士育才,傳播中華文化做出了自己的貢獻。

---

① 《清高宗實錄選輯》,第 32 頁。

② 《閩浙總督德沛題本》乾隆六年四月二十九日,《臺案彙錄丙集》,《臺灣文獻叢刊》第 176 種,第 209～214 頁。

③ 《清高宗實錄選輯》,第 11 頁。

④ 余文儀:《續修臺灣府志》,卷三、卷八;王啟宗:《清代臺灣的教育》,載《臺灣風物》第 32 卷第 2 期。

⑤ 謝家樹:《巡臺錢公去思碑》,余文儀:《續修臺灣府志》卷二十二《藝文(三)》。

⑥ 謝家樹:《巡臺錢公去思碑》,余文儀:《續修臺灣府志》卷二十二《藝文(三)》。

除此之外,不少巡臺御史還根據自己在臺期間的親身經歷和實地調查,撰寫了許多有關臺灣的著作。其中大家所熟悉的有黄叔璥的《臺海使槎錄》、張湄的《瀛壖百詠》、六十七的《臺海采風圖考》及《番社采風圖考》等;乾隆十二年,巡臺御史范咸與六十七還共同主持重修了《臺灣府志》。巡臺御史的這些著作內容豐富、翔實可靠,保存了大量臺灣早期的珍貴歷史資料,特别是關於臺灣原住民的資料,為後人研究臺灣歷史提供了極大的便利。

(三)參與地方事務的處理

康熙皇帝在上諭中原來規定巡臺御史對地方事務不必處理,然而,在實際的執行之中,巡臺御史并不能超然脱身於地方事務之外。究其原因有如下幾點:首先,御史巡察稽查、條陳奏事的許多事情本身就是與地方事務直接有關係的;其次,臺地民人經常將地方官已結各案向巡察衙門控告,巡臺御史因而不得不對其中聲稱有冤抑及有關民生風化者,"酌量輕重,分别批發提訊"[①],這樣便使他們直接參與地方事務的處理;再次,清廷本身也常常要求巡臺御史參與地方事務的處理。如乾隆四十七年,弘曆皇帝認為巡臺御史塞岱、雷輪在諸羅縣"捕獲匪賊"之後僅"飛飭各縣嚴究辦理"的做法"殊為非是";并下諭"臺灣地處海外,因三年例派御史巡視一次,遇有緊要事件,自應一面提審辦理,一面奏聞。如此案緝獲賊匪陳明等八名,事關要案,該御史等即應就近審辦,再行移交撫臣歸案完結,何得僅飭各縣審完,謂可了事耶?"[②]由上可知,參與地方事務的處理,實際上也是巡臺御史的一項重要職責。

三、巡臺御史與地方官的關係

巡臺御史、給事中身負稽查、督察之責,本來就在一定程度上與地方官員處於一種對立的地位,又加上直接參與地方事務的處理,這樣就難免有時會與地方官(主要是閩省督、撫)或因事權不一,或因對事情的看法不同而產生摩擦和齟齬。乾隆十二年巡臺御史被劾案就是這種情況的一個反映,透過這一案件,我們可以大致了解清代巡臺御史與閩省地方官員兩者之間的關係。

---

① 《巡臺給事中書山等奏》,《清高宗實錄選輯》,第 33 頁。

② 《清高宗實錄選輯》,第 254～255 頁。

乾隆十二年巡臺御史被劾的直接原因是臺灣米穀的採買,這一問題在閩省督、撫與巡臺御史間已爭論多年,至六十七、范咸任上則愈演愈烈。先似巡臺御史略占上風,然而,後經閩撫周學健力爭,并摺奏臺郡米穀採買難足係由地方官員私買射利所致,并將巡臺御史牽連其中,從而引起乾隆皇帝的懷疑,故在調換巡撫時,命新任閩撫陳大受加意體察,詳查具奏。陳大受涖閩後不久即參奏一本,稱:"該御史等於養廉之外又分派臺、鳳、諸、彰四縣輪值,每季約需費三四百金;其出巡南、北兩路供應夫車厨傳、賞給各社番黎、操閱犒兵,俱令各縣措備。該衙門濫准詞訟,差拘滋擾;於額設胥役之外,更有奸民掛名,恃符生事。該巡察既有專制一方之意,而屬員極意承應;雖有積弊,亦復上下相蒙",云云。[①] 其中"該巡察既有專制一方之意"一語明白道出閩省大員對巡臺御史事權太重無形中事事受其掣肘的憤懣之情,此乃巡臺御史之所以被劾的真正原因。乾隆皇帝覽奏之下,大為震怒,下旨將"乾隆五年以後歷任巡臺御史,俱着交部嚴察議奏"[②]。最後的結果是自乾隆五年起至十二年止的歷任巡臺御史,除滿御史諾穆布已經病故,及漢御史白瀛尚未到任,免受處分外,餘者皆受議處。現任巡察六十七、范咸俱著革職,前任巡察舒輅、書山、楊二酉、熊學鵬、張湄俱革職留任。[③] 不僅如此,這一案件還導致黑龍江、船廠、八旗游牧及歸化城等處的巡察機構被一并撤銷。

御史、給諫之官職司稽察百司,彈劾規諫。官員因失職等而被御史、給諫參奏彈劾,乃是家常便飯。而本案之中御史、給諫反為一般地方官所參倒,則實為罕見,且被劾的人數又如此之多,範圍又如此之廣,更屬絕無僅有。之所以會出現這種反常現象,除了閩撫對巡臺御史的種種指控可能確係事實之外,筆者認為另一個根本原因乃是清廷對巡臺御史態度的變化。

四、清廷對巡臺御史的態度

由於巡臺御史是康熙六十一年才開始派設的,所以清廷對巡臺御史的態

① 《清高宗實錄選輯》,第 56 頁。

② 《清高宗實錄選輯》,第 57 頁。

③ 《清高宗實錄選輯》,第 58 頁。關於巡臺御史被劾一案,參閱黄文雄:《巡臺御史被劾案》,載《臺北文物》第 4 卷第 3 期。

度實際上是指雍正、乾隆兩朝的態度。總的來看,雍正皇帝對巡臺御史一職較為倚重,他們的職權相對也比較大。如雍正五年下旨將原來由臺灣道兼管的提督學政一職改為由巡臺漢御史管理,並"永着為例"。雍正八年又下旨:"臺灣地方關係緊要,巡察御史新舊并用始為有益,希德慎已留任一年,這差着御史栢修去,高山再留任一年"[①]。這樣等於延長巡臺御史的任期,由原來的每年一任改為二年一任,每年僅調換一名,新舊并用,克服了以往兩名同時調換,新任御史俱為新手,人地生疏的弊病,更有利於其發揮稽查、督察的功能。雍正皇帝對巡臺御史也比較信任,常常對其優勉有加,在巡臺御史奏摺的硃批中不時可以見到"所奏……甚屬可嘉"、"勉為之"等字樣。[②]

與此相反,乾隆皇帝則認為巡臺御史一職實在可有可無。十二年在下旨將歷任巡臺御史交部嚴察議處的同時就認為"臺灣本有總兵、道、府大員,足資彈壓,一切案件原屬本省督、撫察核,似可不必另派巡察,以滋煩擾"。[③] 後雖經大學士、九卿及閩浙總督等議覆,巡臺御史"仍舊派設,毋庸議裁"。但清廷對巡臺御史已懷有成見,其地位因而一落千丈,摺奏之時動輒因小事而獲咎。根據《清實錄》等有關資料統計,自乾隆十一年至四十七年的三十六年間,巡臺御史中受到"交部議處"或"傳旨申飭"者就有九人,若加上乾隆十二年被革職或革職留任的七人,乾隆朝受處分的巡臺御史共有十六人,占該朝歷任巡臺御史總數的一半以上。[④] 乾隆皇帝對巡臺御史的態度於此可見一斑了。

此外,乾隆時還對巡臺御史制度進行多次改動。十七年巡臺御史立柱、錢琦對彰化縣發生"兇番"戕殺兵民一案奏事支吾,乾隆皇帝因未得實情而不滿,遂下諭:"看來臺灣文有道府,武有鎮營,足資彈壓。巡察三年更替,徒擁虛名。事權則不如督、撫,切近又不如守、令,介在其間。在有志向上者,或以多事致敗;而循分供職者,多致志氣隳頹,或者歎為擯斥外出也,於公事殊無裨益。所有巡察臺灣御史,着三年一次命往,事竣即回,不必留駐候代。着為例。"[⑤]其中"事權則不如督、撫,近切又不如守、令"等語確切地概括了這一時期巡臺御史所處的尷尬境地。自此之後,巡臺御史由原來的常川駐臺改為"三年一蒞,半歲輒回"[⑥],這是巡臺御史制度自康熙六十年設立以來第一次大的變動。原

---

① 余文儀:《續修臺灣府志》卷三《職官》。

② 參見《雍正硃批奏摺選輯》,《臺灣文獻叢刊》第 300 種,臺北:臺灣銀行,1972 年。

③ 《清高宗實錄選輯》,第 57 頁。

④ 乾隆朝歷任共派巡臺御史 30 名。

⑤ 《清高宗實錄選輯》,第 92 頁。

⑥ 朱景英:《海東札記》,第 17 頁。

來由漢御史兼理的學政一職也改歸臺灣道兼攝,巡臺御史的職權削弱了。

乾隆三十年時皇帝又頒發上諭:"巡視臺灣御史,前已降旨三年簡派一次,事竣即回,無庸留駐候代。今思該處現有鎮、道大員駐扎,一應地方事務俱可隨時經理。而向來巡察御史在彼并未聞有所建白,原屬有名無實。若遽行裁撤,則地方官或以遠隔重洋,無人稽察,日久不免廢弛,亦不可不防其流弊。嗣後届三年請派之期,該衙門仍照例奏請,或暫停派往,或數次後派員一往巡查,候朕隨時酌量辦理"[①]。乾隆皇帝所指"向來巡察御史在彼并未聞有所建白"一則實際上僅是一個藉口,并不符合事實。遠的不談,在頒此上諭的幾個月之前,原巡臺御史李宜青就曾上摺條陳"臺灣水沙連歸番田園,并臺地運米商船及考試童生、换班官兵"等各項事宜。經下諭交部議奏,除换班官兵一條之外,餘皆採行。乾隆皇帝素以精明著稱,諒不至於健忘。不過,這正好從一個側面反映出他對巡臺御史的一種成見。經過這次改動,巡臺御史的派任由原來定期變為不定期,派往的時間間隔也變得更長了,短者四年派往一次,長者六年才派一次;而且,即使派往,也只是一種"走過場"的形式而已,原來對地方的稽查、督察功能基本上已喪失殆盡,巡臺御史制度至此已名存實亡了。

關於巡臺御史停派的時間,據《福建通志臺灣府》記載為乾隆五十一年,[②]不過該書所載最後一任巡臺御史塞岱、雷輪是乾隆四十六年上任的。[③] 由於此二位御史巡臺時"敷衍塞責"、奏報不實,乾隆皇帝於當年十二月十七日和次年二月初六日連頒二道上諭,將塞、雷二人交部察議,并一再明確諭示:"巡察臺灣之御史可不必派往矣"。[④]

塞岱、雷輪是末任巡臺御史,自其於乾隆四十七年卸任後,巡臺御史的派遣實際上也就已經停止了。乾隆五十三年三月初四日,清廷正式發布上諭:"前因臺灣孤懸海外,遠隔重洋,民情刁悍,奸徒易於滋事,向來只派御史前往巡視,職分較小,且不能備悉該處情形,殊屬有名無實。着將請派巡臺御史之例停止,令該督、撫及水師、陸路兩提督每年輪值一人前渡臺灣,嚴行稽察。如地方文武有骫法營私、擾累兵民之事,即可就近查明,據實參奏。福州將軍亦係該省大員,自應一體輪派。"[⑤]至此,實行了六十七年之久的巡臺御史制度終

① 《清高宗實錄選輯》,第 141 頁。

② 《福建通志臺灣府》,職官,《臺灣文獻叢刊》第 84 種,臺北:臺灣銀行,1960 年,第 544 頁。

③ 《福建通志臺灣府》,職官,第 547 頁。

④ 《清高宗實錄選輯》,第 254 頁。

⑤ 《清高宗實錄選輯》,第 570～571 頁。

於正式宣告結束。

五、結　語

清代巡臺御史制度的設立始自朱一貴起義之後，歷經康、雍、乾三朝，至乾隆四十七年後停派，五十三年正式裁撤。在巡臺御史停派後不久，臺灣即爆發了林爽文起義，地方上出現了空前未有的大動亂。要討論這兩者之間到底是一種巧合還是具有一定的因果關係，顯然已超過本文論述的範圍；但是，如以歷史的眼光來考察清代巡臺御史這一制度的利弊得失，筆者認為它的積極意義應該是大於消極意義的。

（原載《臺灣研究集刊》1989 年第 1 期）

雍正朝

1.雍正元年五月二十日

巡臺御史吳達禮等奏請臺灣諸羅縣北增設一縣摺

巡視臺灣監察御史臣吳達禮等謹奏,為請增邑治事。

查諸羅縣為臺郡北路,南北延袤千有餘里,東倚層巒,西臨大海,其中山林叢茂,港口繁多,在在皆屬險要。現今縣尉以及北路營弁駐紮諸羅山,去府僅百數十里。自縣治以北,溪深道遠,往返動經浹旬逾月,若遇夏秋水漲更稽時日。伏思北路戶口日增,田疇日闢,縣令為親民之官,相隔遼闊,耳目不能遍及。檢屍驗傷則日久潰變,輸糧聽訟則跋涉維艱。且山深水阻,宵小易潛。一旦竊發,斷難即時緝捕,諸事不能不委之保長、通事,而擾累欺隱,其弊有不可勝言者。查諸羅縣北二百八十里為半線地方,臣等曾親身巡歷,見其平原沃野,民番錯處,實為居中扼要之地。請另立一縣於半線,增設知縣一員,典史一員,分膺民社,以虎尾溪為界。近防三林、鹿仔,遠控淡水、雞籠,人命盜案就近料理,庶可早為歸結。北至淡水數百里,再設巡檢一員,專司稽察附近民番並海岸要口。半線現有守備一員駐紮防守,但額兵一百七十名不足以資彈壓。請將道標裁歸鎮營兵弁,移駐於此,同為防禦,其有裨於地方民番洵非淺鮮也。伏祈聖上勅部議覆施行,為此謹奏請旨。

雍正元年五月二十日

監察御史臣吳達禮

監察御史內陞臣黃叔璥

——中國第一歷史檔案館編:《雍正朝漢文硃批奏摺彙編》,南京:江蘇古籍出版社,1991 年(以下簡稱《雍正朝漢文硃批奏摺彙編》),第 1 冊,第 443 頁

2.雍正元年八月初六日

巡臺御史吳達禮等糾參臺灣府同知楊毓健失職摺

巡視臺灣監察御史臣吳達禮等謹奏:為據實糾參事。

竊查臺灣民番錯處,全在地方官調劑得宜,方於海疆有濟。而鳳山縣近山一帶地方為傀儡土番出沒之所,文武官弁尤宜拊循察訪。今雍正元年七月初九日,有心武里番社女土官蘭雷帶同番婦四人至新東勢莊,被莊民龔海奇、余

義文等將蘭雷殺死，餘番婦負傷逃回。通事具報到縣，該署縣臺灣府同知楊毓健總不相驗，亦不安撫番眾，及拘到起釁兇犯，又不速行究審，致使土番不服，數百為群前來索命。至七月三十日黎明，潛伏莊側，殺死莊民謝尚廷、郭日輝、郭日職三人，將頭顱割去，又鏢傷黃漢岐、余定然二人。附近里民驚駭奔避。現在道、府遣官慰諭，飭查兇手。鎮臣差守備趙國柱帶兵二百名前往防護。似此該署縣臺灣府同知楊毓健廢弛玩延，以致連斃數命，實負我聖主綏輯遠方至意，不職已甚，理合糾參，為此繕摺謹奏。

雍正元年八月初六日

監察御史臣吳達禮

監察御史內陞臣黃叔璥

——《雍正朝漢文硃批奏摺彙編》第 1 冊，第 794～795 頁

3.雍正元年十一月十六日
巡臺御史黃叔璥奏請聖安摺

巡視臺灣監察御史內陞臣黃叔璥跪請皇上聖躬萬安。

雍正元年十一月十六日

【硃批】:朕安。爾等在海疆實心效力，上年甚屬可嘉。今已另着人來更換。爾等候新任到來可將爾等數年經歷、民情土俗、一切地方事宜皆備細令新任知曉。

——《雍正朝漢文硃批奏摺彙編》第 2 冊，第 270 頁

4.雍正二年閏四月二十一日
巡臺御史禪濟布等奏謝天恩並報接任日期摺

巡視臺灣監察御史臣禪濟布、臣丁士一謹奏，為恭謝天恩，並報微臣接任日期事。

竊臣等謭劣庸材，奉命巡視臺灣，深慚□負。臣等於雍正二年二月初六日恭請聖訓，蒙賜克食貂皮，仰承天語諄切，恩逾高厚，敢不力圖報稱。重蒙我皇上恩准，臣等先後起程，於三月十一日在揚州會齊，四月二十五日至福建省城，

閏四月初十日抵廈門，十六日放洋。仰賴聖天子洪福，風順波恬，於二十一日到臺灣，臣等恭設香案，望闕叩頭謝恩。前任監察御史吳達禮、內陞京堂黃叔璥口傳硃批伊等奏摺："將數年經歷、民情土俗、一切地方事宜，備細令新任知曉。欽此。"臣等才識陋劣，諸凡未諳，迺荷殊恩垂眷，諭旨令臣等備細知曉，跪聽之下，感激難名。惟有竭盡犬馬，益加策勵，以上副我皇上委任至意。至一切事宜，容臣等細心諮訪，次第告外，理合具摺恭謝天恩，並微臣接任日期合行報聞。謹奏。

雍正二年閏四月二十一日

監察御史臣禪濟布

監察御史臣丁士一

【硃批】：知道了。汝二人勉為之。應奏事宜，絲毫莫隱奏聞。

——《雍正朝漢文硃批奏摺彙編》第 2 冊，第 971～972 頁

5.雍正二年閏四月二十五日
巡臺御史禪濟布等奏賀大捷摺

巡視臺灣監察御史臣禪濟布、臣丁士一謹奏，為慶賀大捷，中外歡騰事。

臣等於雍正二年閏四月二十一日抵臺灣，查閱卷宗內有閩浙總督臣滿保諮，准兵部諮開，為平定苦苦腦兒捷音頒行各省等因。臣等隨恭設香案，望闕叩頭慶賀。欽惟我皇上位與時乘，智兼勇錫；剛健中正以繼體，肅乂哲謀而有臨。雨露弘敷，遠曁鑿齒雕題之域；德威覃被，不徒衣冠文物之鄉。藐茲逆賊羅布藏丹津，脅臺吉而助虐者八人，分部落以逞兇者三路，洵神人所共憤，乃覆載所不容。爰廑睿懷，大張威武，特命撫遠大將軍太保公川陝總督臣年羹堯統率六師，奉行天討。義嚴戡亂，昭武乃以安民；事切如傷，觀兵適以耀德。師行千里，威振遐荒。番子百萬歸降，生擒惡母；逋寇三千就戮，殄絕黨氛。蠢爾羅布藏丹津跳身入谷，幾同釜底遊魂；易服投林，不異籬邊搖尾。此皆我皇上神武之指授，尤仰賴聖祖仁皇帝之貽謨。恩洽三軍，半月而邊庭靖掃；歡呼萬歲，全師於絕塞凱旋。由是仰德者重譯來朝，向風者思歸恐後。自西自東，自南自北，誠悅服於千八百國；乃文乃武，乃聖乃神，綿曆祚於億萬斯年。臣等踴躍懽忭，情深率舞，理合具摺奏賀。謹奏。

雍正二年閏四月二十五日

監察御史臣禪濟布

監察御史臣丁士一

【硃批】:知道了。

——《雍正朝漢文硃批奏摺彙編》第 2 冊,第 994～995 頁

6.雍正二年六月四日
巡臺御史禪濟布等奏報琉球番船飄泊入境摺

巡視臺灣監察御史臣禪濟布、臣丁士一謹奏,為奏聞事。

雍正二年五月初十日,據臺灣府知府高鐸報稱,據澎湖巡檢朱唯彰申稱,本年閏四月二十七日有琉球國番仔小船一隻,有底無蓋,內番仔一十六人,並無貨物,被風飄至澎湖,在小池角,業經澎湖副將陳倫烱解送提督,轉遞到省等因。臣等隨飭該地方官加意撫恤去後。五月二十九日,又據臺灣府報稱,據諸羅縣知縣孫魯申稱,本月初七日外海有雙桅船一隻被颶風飄泊至八里[坌]坌長豆坑地方。查係中山國琉球番船,內番男二十七名、番婦一名,共二十八人,各帶隨身行李,奔投上岸,船即擊碎,飄散無存。解遞來府,轉報到臣衙門。臣等會同鎮臣林亮及該府員弁查驗,委係琉球國番人,被風飄泊是實。當令臺協弁員伴送廈門,交提督轉遞到省,並聽督、撫二臣優恤安插在案。查琉球中山國雖屬荒徼之區,久效恭順之節,番船兩遭飄泊,殊堪憫惻。臣等隨捐給銀兩米薪,並飭該地方官加意撫恤,沿途保護,毋致失所,以仰副我皇上懷柔遠人之至意。所有外國番船飄泊入境緣由,理合具摺奏聞。謹奏。

雍正二年六月初四日

監察御史臣禪濟布

監察御史臣丁士一

【硃批】:理應如是。著實□□養。

——《雍正朝漢文硃批奏摺彙編》第 3 冊,第 122～123 頁

7.雍正二年六月十五日
巡臺御史禪濟布等奏報雨水田禾地方情形摺

巡臺御史臣禪濟布、臣丁士一謹奏,為恭報雨水、田禾、地方情形事。

臺灣氣候、物產與內地不同,種早稻者少,雜植菁、麻、豆、蔗,栽插晚稻在

五、六月之交。今春雨澤偶稀,閏四月二十八、二十九等日連得大雨,五月及今仰賴皇上洪福,甘霖疊沛,郡屬三路遍處霑足,所種早稻、菁、麻、豆、蔗,俱極茂盛,晚稻悉得及時栽插。老幼歡呼,僉云今年必獲豐收。現今穀價每石三錢五六分,米價每石八錢二三分,全郡大概相似。臣等兩月以來惴惴是凛,仰承天語諄摯,時向文武員弁勤勤告誡。幸荷我皇上德威遐播,地方安靜,民番樂業,文武各官悉皆和衷辦事。合將雨水、田禾、地方情形繕摺奏聞。謹奏。

雍正二年六月十五日

監察御史臣禪濟布

監察御史臣丁士一

【硃批】:"和衷"二字,第一緊要,如有道不同處,只要秉公據實密奏。再不可匿怨而友,以誤公務。

——《雍正朝漢文硃批奏摺彙編》第 3 冊,第 174 頁

8.雍正二年八月初四日
巡臺御史禪濟布奏報颶風情形摺

巡視臺灣監察御史臣禪濟布、臣丁士一謹奏,為奏報颶風情形事。

臺灣於本年七月二十三、二十四等日,大風雨非常迅烈。臣等親身查勘附近里莊,草房間有倒塌,瓦屋均屬無恙。雖早稻吹損一二,幸臺邑所屬佈插無多;晚稻出水二三寸許,並未摧折。衹芒蔗、菁靛不無吹損,所種西瓜,藤芽初生,被風刮損,現在補種。臣等隨差員役分頭星往南、北二路查勘。鳳山縣屬菁靛、早稻被風之處,與臺邑相同,晚稻茂盛,並未損傷。再諸羅縣屬各地方房屋並未吹壞,早晚田禾、蔗苗無損。自諸邑北至彰化縣,風雨俱不甚烈。至於被風兵民房屋及各港口擊壞商哨船隻,臣等飛飭各該地方官弁逐一確查,詳報督、撫題達外,所有颶風情形,理合具摺奏報以聞。謹奏。

雍正二年八月初四日

監察御史臣禪濟布

監察御史臣丁士一

【硃批】:知道了。一切只要據實。

——《雍正朝漢文硃批奏摺彙編》第 3 冊,第 398～399 頁

9.雍正二年八月二十四日
巡臺御史禪濟布等奏陳臺灣營伍管見摺

巡視臺灣監察御史臣禪濟布、臣丁士一謹奏,為敬陳管見,仰祈睿鑒事。

臣等菲才,設荷皇上簡畀巡視臺灣,跪聆聖訓諄諄,又蒙特頒硃批諭旨,令臣等備細知曉民情土俗一切地方事宜,所以望臣等者至切,勉臣等者至深。涓埃未報,兢惕難安,敬抒一得之愚,或有少裨於臺地者,為我皇上陳之。

一、陸路防守宜酌調馬兵也。臺灣水師有安平鎮、鹿耳門、澎湖協伍營,仰遵皇上指授方略,修整炮臺、煙墩,加以常川哨巡,周遭防衛允稱盡善。第臣等於陸師獨有請者,郡屬南北路延袤幾三千里,地方遼闊,山深林密,與水師營渺不相涉。雖鎮標與南、北二營星羅棋布,然皆步兵防守,未設馬兵。荷我皇上德威遐被,生、熟番黎傾心樂業,猶且安愈求安,添防彰化,設汛崗山,規畫制度極詳且至。獨念臺地遊民實多無室無家,恐有一二不肖之徒偶爾作奸,非馬兵不足以壯軍容而迅哨探。臣等籌畫,請就今年換班之期,於步兵額數內將四十三營馬兵酌調三百名來臺,分撥鎮標三營,共一百八十名以防郡治;又分撥鳳、諸、彰三縣營各四十名以為犄角之勢。在四十三營兵目既無所虧,而於額餉亦無所增。一轉移間,各標營汛既得馬兵,足備緩急之調遣,克振南北之聲援。至換班屆期,止換兵不換馬,倘遇倒斃,照例動支□□銀兩買補,可以無累營伍。臣等身歷地方,目覩形勢,不得不請酌調以鞏陸路之防維也。

一、兵餉支給宜就地變通也。臺、澎官兵俸餉,除臺屬丁餉劃兌外,每歲赴藩庫約領銀一十四萬兩,重洋涉險,風信難定。臣等查臺、鳳、諸、彰四縣,每年額徵粟共一十三萬九千四百餘石,除臺、澎各營歲支兵米三萬六千石,該粟七萬二千石,每年尚餘粟六萬七千餘石,逐年積貯,必需添置倉廒。又臺地蒸濕,供粟陳陳相因,易致浥爛,而胥役之侵盜又復百弊叢生。是徵存供粟徒滋陳朽、侵食之虞,而兵餉全資藩庫,恐非計之得也。請將臺郡就田供粟之處,照各郡縣供賦折色例,酌計四縣倉粟留貯三十六萬石足備五年兵食外,每年止派額徵粟七萬二千石供一年兵食,其餘改為折價收銀,即留充臺、澎兵餉。如管見未當高深,臣等再進一說,請將臺屬四縣倉粟循照存七糶三之例,每年將舊存粟石於支放兵米外,酌量出糶,即兌兵餉,其不敷銀兩仍赴藩庫支領。不惟兵餉不須全資藩庫,而出陳易新亦可免積粟紅朽之患矣。

以上二條,臣等就諮訪所及,不揣愚陋,謹抒一得,未知是否有當,伏乞皇上睿裁。為此繕摺具奏。謹奏。

雍正二年八月二十四日

監察御史臣禪濟布
監察御史臣丁士一

【硃批】:諭部議奏矣。

——《雍正朝漢文硃批奏摺彙編》第 3 冊,第 495～496 頁

10.雍正二年八月二十四日
巡臺御史禪濟布等奏報生番接踵歸化摺

巡視臺灣監察御史臣禪濟布、臣丁士一謹奏,為聖德普天,生番接踵歸化事。

案查雍正二年四月內有內山傀儡生番加者惹也社、則加則加單社、擺律社、柯覓社等四社歸化,前差御史臣吳達禮等尚未具奏。茲於本年八月十四日據臺灣府知府高鐸報稱,鳳山縣知縣蕭震詳送新歸化生番陳阿難益難社、大文里社、七腳亭社、拜律社、柯律社、八歹社等六社嚮風慕義,願照加者惹也社等社歲貢鹿皮等因。臣等隨會同鎮臣林亮、臺廈道吳昌祚暨文武員弁宣佈皇上天恩,各加獎賞,遣令通事伴送各番歸社訖。

欽惟我皇上道懋敬承,德隆光被。參天兩地,擴千秋未闢之封圻;一道同風,撫萬古常新之宇宙。廣解推之恩以及中外,咸登庶類於生成;體覆與之義以理陰陽,務俾盈寧於婦子。聲教統遐陬而培育,海隅藉戶口以輸誠。惟昔我聖祖仁皇帝文德超千聖以獨隆,武功邁百王而大啟,闢臺灣之荒徼,歸版籍於潮茲。伏遇我皇上治化既隆於無外,歸心自極於普天,摩義漸仁,常恐或後,衢歌巷舞,罔不爭先,遂致傀儡生番加者惹也社等十社歸誠接踵,向化傾心。深山窮谷之中,歡呼萬歲;卉服文身之侶,快沐恩光。實亘古所未聞,洵聖朝之盛事。臣等不敢壅於上聞,所有歸化緣由及各社戶口冊,應聽督、撫臣會疏題報外,臣等理合恭摺奏聞。謹奏。

雍正二年八月二十四日
監察御史臣禪濟布
監察御史臣丁士一

【硃批】:知道了。

——《雍正朝漢文硃批奏摺彙編》第 3 冊,第 497 頁

11.雍正二年十一月初八日
巡臺御史禪濟布等奏報收成糧價摺

巡視臺灣監察御史臣禪濟布、臣丁士一謹奏,為奏聞事。

臺灣本年雨水、田禾以及颶風情形,臣等已經具摺奏聞。仰賴我皇上洪福,臺灣、鳳山二縣屬早、晚禾稻,俱八分收成,其雜糧、菁、蔗等項,從前雖被風吹,收穫亦有七分;諸羅、彰化二縣屬水田,早、晚禾稻均收八分,祇有沿海旱田,緣八月望後雨澤未能徧足,晚禾僅收陸分,幸雜糧、糖蔗收有八分,足充民食有餘。現今四縣穀價每石四錢五六分,米價每石九錢七八分不等。民番樂業,地方安靜,咸慶升平。再水陸換班兵丁仰荷皇恩特加軫恤,賞給米石養贍家口,俞旨到臺,十營懽舞。臣等目擊兵丁感戴情形,合併繕摺奏聞。謹奏。

雍正二年十一月初八日

監察御史臣禪濟布

監察御史臣丁士一

【硃批】:知道了,凡事只要據實。

——《雍正朝漢文硃批奏摺彙編》第3冊,第958頁

12.雍正二年十二月初一日
巡臺御史禪濟布等奏報生番歸化日眾摺

巡視臺灣監察御史臣禪濟布、臣丁士一謹奏,為聖德丕冒無疆,生番歸化益眾事。

欽惟我皇上治隆虞夏,化邁成康。合天下為一家,弘敷幬覆;聯萬物如一體,共荷生成。禹會崇嚴,玉帛遐周於海澨;堯封式廓,聲教遠訖於山陬。遂致雕題鑿齒之氓,咸覩禮樂冠裳之盛。本年臺灣有內山生番加者惹也社等十社,納貢來歸,臣等已經具摺奏報。茲於十月十六日,據鳳山縣知縣蕭震報稱,南路山前招徠歷歷社、爪覓社、率罔社、大龜文社、謝不一社等五社。十一月初一日,據諸羅縣知縣孫魯報稱,北路山前招徠本祿社、六龜呂走社、南仔加頼社、里色見社等四社。又准鎮臣林亮、臺廈道臣吳昌祚遴委守備吳崐帶同舊歸化卑南覓社土官,徧歷山後各社,宣揚皇上德威,於十一月二十二日報稱,八里罔社、加留難社、射已寧社、膀哈社、八里罔雅社、大板六社、大狗社、蜩仔弼社、柯

末社、勝北社、大里力社、知本社、社馬干社、大鳥萬社、百馬以力社、悶悶社、朝貓厘社、美基美基社、本灣社、八搭禮社、里踏里社、礁那勝狗社、呂佳罔社、拔望社、八絲鬮社、老郎社、達龜文社、蒙六社、里立社、召貓厘社、下加留難社、隆鷲社、蜩仔崙社、搭具文社、多囉覓則社、搭林搭林社、謝臘眉社、大德訖社、大棗高社、確只零社、屢捫社、貓美葛社、礁貓里力社、加那打難社、哆囉網葛氏社、買屢里郊社、礁里望社、馬勝的社、作那作社、加里房曷社、琅仔琅社、干也曷社、思勝宰社、豬馬淵社、誅力社、溫律是社、加勝突社、甕絲社、房仔要社、丁仔荖社、礁勝哈社、加落社、花戀社、甘武突社、舍別社等六十五社心悅誠服，願附版圖，該營縣差員伴送來府。臣等隨會同文武各官，宣佈皇恩，徧加獎賞，遣令通事伴送各番歸社。仍飭該地方官加意撫綏，嚴禁擾累，俾各安居樂業。

臣等伏思歸化生番前後共八十四社，穴居巢處，悉隸版籍，胥享昇平之福，益增史冊之光。仰荷我皇上敬天法祖，愛民養士之至意，凡有血氣莫不尊親。臣等躬逢盛事，目擊輿情，除各社生番戶口冊聽督、撫二臣題報外，理合繕摺恭奏以聞。謹奏。

雍正二年十二月初一日
監察御史臣禪濟布
監察御史臣丁士一

【硃批】：知道了。

——臺北故宮博物院編輯、印行：《宮中檔雍正朝奏摺》，1977—1980 年(以下簡稱《宮中檔雍正朝奏摺》)，第三輯，第 553～555 頁。

13.雍正三年二月二十日 巡臺御史禪濟布奏報御史丁士一卸任日期摺

巡視臺灣監察御史臣禪濟布謹奏，為奏聞事。

雍正三年二月初六日准福建巡撫臣黃國材咨文內開：為國家生齒日繁等事。雍正三年正月二十一日准吏部咨，文選清吏司案呈，雍正二年十一月十五日奉旨：“廣西布政使劉廷琛本屬庸才，近日居官益覺昏惰，著革退；其布政使員缺，著福建布政使黃叔琬調補；福建布政使員缺，著福建按察使秦國龍補授；福建按察使員缺，著御史丁士一補授。欽此。”查黃叔琬福建布政使今既調補廣西布政使，任內有隨帶加一級；秦國龍現任福建按察使，今既補授布政使，任內有紀錄六次；丁士一現任巡視臺灣御史，今既補授按察使，任內有紀錄五次；

俱應帶於新任可也。為此合咨前去,查照施行等因。准此。除行布、按二司外,相應移達等因到臣。隨移陞任御史臣丁士一,遵照部文卸事外,於本月二十日登舟放洋訖。所有陞任御史臣丁士一卸事起身日期,理合具摺奏聞。謹奏。

雍正三年二月二十日

監察御史臣禪濟布

【硃批】:知道了。

——《雍正朝漢文硃批奏摺彙編》第4冊,第487頁

14.雍正三年三月十六日
巡臺御史禪濟布奏報得雨日期摺

巡視臺灣監察御史臣禪濟布謹奏,為恭報得雨日期事。

雍正三年三月十四日據臺廈道吳昌祚報稱,臺灣府屬四縣地方自二月十二日大雨,十九、二十、二十一等日皆雨,入土八、九寸不等。本月初二、初三、十三等日又雨,遍處皆足。各里莊社田園、地畝咸沾雨澤,芒蔗、芝麻、雜糧、早稻已經及時栽種,春花、黃荳、大小麥等項豐收等因到臣。據此,臣覆查無異。此皆仰賴我皇上洪福,民番樂業,文武和協,地方安靜。所有雨澤春花地方情形,理合具摺奏聞。謹奏。

雍正三年三月十六日

監察御史臣禪濟布

【硃批】:深慰朕遠懷。

——《宮中檔雍正朝奏摺》第四輯,第53頁

15.雍正三年三月十六日
巡臺御史禪濟布奏報聖德廣布生番歸化日衆摺

巡視臺灣監察御史臣禪濟布謹奏,為聖德覃被無疆,生番歸化日衆事。

前據陞任臺灣府知府高鐸於雍正二年十二月初一日報稱,北路山前招徠巴荖遠社、麻著麻著社、獅頭社、獅仔社等四社,雍正三年三月十四日據臺廈道

吳昌祚報稱，雍正二年十月內，會同鎮臣林亮捐備賞物，招有八里、罔卑、南覓等六十六社歸誠，業經報請具奏外，職道吳昌祚當諭伴送各番歸山之通事林光等倘遇有未歸化之生番，即宣佈聖朝恩德，率與偕來，並捐備賞物，委淡水巡檢魏如玉率同前往。

茲據招徠南路生番帶領貓仔等社土官妹羅裙新蟯老務等三十五名，經地方營縣差員伴送來府，並賫獻戶口冊，內開：貓仔社、紹勝厘社、豬勝束社、令蘭社、拔蟯社、上哆囉快社、竇力社、猴洞社、龜勝律社、蚊率社、貓籠逸社、貓厘毒社、滑思滑社、加錐來社、施那隔社、慄留社、新蟯牡丹社、德社、下哆囉快社等一十九社前來歸化等情到臣。隨會同鎮臣林亮、臺廈道臣吳昌祚暨各文武弁員宣佈皇恩，徧加獎賞，仍令通事人等伴送各番回社，飭令地方官加意撫綏，嚴禁擾累，俾各安居樂業外，欽惟我皇上德隆萬古，澤普乾坤。徼外群生咸仰堯雲而鼓腹，山中異類爭瞻舜日以輸誠。是以雕題鑿齒之徒，悉傾心而嚮化；卉服文身之輩，皆接踵以來歸。遂致巴荖遠等四社、貓仔社等一十九社生番，皆穴居巢處，飲血茹毛，今漸仁摩義，願附版圖，洵屬聖朝之盛事，實亘古之所未有也。其戶口冊籍，聽督、撫臣會疏題報外，所有生番歸化情由，臣不敢壅於上聞，理合恭摺具奏以聞。謹奏。

雍正三年三月十六日

監察御史臣禪濟布

【硃批】：知道了，聞有生番傷人之事，[未]為何未奏？

——《雍正朝漢文硃批奏摺彙編》第 4 冊，第 632～633 頁

16.雍正三年三月十六日
巡臺御史禪濟布奏陳建築木柵情由摺

巡視臺灣監察御史臣禪濟布謹奏，為奏聞事。

竊臣一介庸愚，蒙皇上天恩，特命巡視臺灣海疆要地，時切水兢，惟思勉竭駑鈍，仰報皇恩於萬一。茲臣查閱郡治，自荷國恩，休養至今，生聚日繁，閭閻稠密，而背山面海，一望曠遙，既為四方雜處之區，乃無一尺藩籬之衛，奸良來往不易稽防，倉庫監獄更關重大。臣再四思維，乃與陞任監察御史臣丁士一、鎮臣林亮、臺廈道臣吳昌祚公同確商，建城則工料浩繁，壘土又沙泥易陷。臣等籌酌樹以木柵，其基三面環山，周經一千八百丈，每丈木植、釘鐵、灰土、人工，料估用銀四兩。木長一丈六尺，下栽四尺，用石灰沙泥填築，以收水氣，以

杜蟻侵。木杪上頂釘以鉤釘，用木板上中下横連三道，大鐵釘釘固。每隔四十丈蓋小望樓一座，上安炮一位，撥兵支守。於要衝之處開闢四門，各築高大門樓一座，安設炮位。木柵之西兩頭俱抵海邊，各設炮位。千把總輪值以司啟閉，以固屏障。臣與陞任御史臣丁士一、鎮臣林亮、臺廈道臣吳昌祚暨各文武弁員，皆協力公捐。復據闔郡紳衿士庶人等咸稱臣等籌畫實為地方，郡有垣籬，民更安業，相率環署籲請捐輸。又據臺灣縣知縣周鍾瑄詳同前由，士民皆歡欣踴躍，自一二尺起以至一二丈不等，並無抑派，樂願捐備。今據臺廈道吳昌祚擬擇本月二十七日興工，仍經報明督、撫，專委臺灣縣知縣周鍾瑄親董其事，經理收支、召匠、購料、工完造冊報銷外，所有建築木柵情由，理合繕摺奏聞。謹奏。

雍正三年三月十六日

監察御史臣禪濟布

【硃批】：兩年來臺灣文武官弁與禪濟布等皆實心任事，即此建築木柵一事籌畫甚悉妥當，深為可嘉。著將摺內有名官弁，該部議敘具奏。

——《宫中檔雍正朝奏摺》第四輯，第 54～55 頁

17.雍正三年五月初四日
巡臺御史景考祥奏報到任日期摺

巡視臺灣監察御史臣景考祥謹奏，爲恭報微臣到任日期，仰冀睿鑒事。

竊臣奉命巡視海疆，於雍正二年十二月二十五日起程，至雍正三年正月二十三日行至揚州府城東七十里宜陵鎮地方，係臣之祖居。臣四十餘年不至故鄉，今蒙皇上天差得便道至臣祖塋祭掃，且得與舊日親戚相見，皆係我皇上高天厚地之殊恩，即臣之祖宗亦應感激於地下。臣隨於二十九日起身，二月十四日至杭州。臣所經過揚州、蘇州、杭州等處地方，俱未敢登岸入城接見地方官員。於三月初十日至福建省城，與督、撫、將軍、藩、臬等官相見。二十八日至厦門地方，因候風信至四月十八日始能出洋，於二十六日進鹿耳門。謹擇於二十八日到臣衙門任事訖。臣仗托皇上弘福，海上並無波濤，甚是平穩。臣昨年面受恩旨，寬臣過海之限，今得浪静風恬，皆賴聖恩垂庇，臣不勝感激之至。其臺灣應行事宜，並臣沿途所訪事件，容臣密具奏摺，遣臣家人親賫至京。所有微臣到任日期，理合先爲報明，伏乞皇上睿鑒施行。臣謹奏。

雍正三年五月初四日

巡視臺灣監察御史臣景考祥

【硃批】:知道了。

——《宫中檔雍正朝奏摺》第四輯,第 259 頁

18.雍正三年五月初四日
巡臺御史景考祥奏爲敬宣敕旨據實回奏摺

巡視臺灣監察御史臣景考祥謹奏,爲敬宣勅旨,據實回奏事。

竊臣面聆聖訓,着臣宣諭總兵林亮。臣遵旨細心訪察,聞總兵林亮爲人謹慎,在地方實心辦事,居官安静,聲名亦好。但原係臺灣兵丁出身,曾爲臺灣之千總,其今日之屬員,昔日有爲其上司者,有平時兄弟相與者。所以將官兵丁人等不盡畏服。總兵林亮係長厚之人,亦有不能節制處。臣於四月二十七日至臺之時,因敬宣皇上諭旨,諭臺灣總兵官林亮:“皇上念爾立功勤勞,知爾實心辦事,地方安静,居官聲名亦好,聖心甚是注念。爾此後更要加意做好官,凡爾所屬大小將官以及兵丁人等,爾當着實教訓。伊等倘有不是處,爾係將主,當時時存公忠之心,不可稍徇情面。伊等能遵爾之約束,乃是守朝廷之法度。務要人人小心謹慎,安分盡職,方不負皇上委任封疆大臣,體恤遠方將士之至意。欽此。”該總兵隨叩頭領旨訖,與臺灣道、府等官俱各感激悚惕。臣又云總鎮當即傳知各營將官,以便回覆聖旨。至五月初二日隨據總兵來文,内開載本標遊擊黄元溥、参將李郡與各營大小將官等呈稱:職等愚鹵庸材,自抵營以來實力奉公,操練營伍,廵查地方,廉潔自持,兵民相安,仰酬皇上豢養之深恩。兹蒙傳宣聖諭,跪聽之下愈知凛惕,益加黽勉,小心謹慎,安分盡職,守朝廷之法度,聽鎮主之約束,俱各實心遵行,不敢違犯懈弛,有負皇上體恤將士之至意,合具欽遵呈覆。臣謹備述緣由,詳陳始末,繕摺復旨,伏乞睿鑒施行。

臣因患目疾不能繕寫,着臣胞侄代書,字多違式,仰懇皇上曲賜寬宥,臣不勝感激之至。臣謹奏。

雍正三年五月初四日

巡視臺灣監察御史臣景考祥

【硃批】:知道了。只務文武和衷,莫論内外。尔等實力任事,朕自然知道。

——《宫中檔雍正朝奏摺》第四輯,第 260～261 頁

19.雍正三年五月初四日
巡臺御史禪濟布奏謝天恩摺

巡視臺灣監察御史臣禪濟布謹奏,爲恭謝天恩事。

竊臣一介微末,至愚極陋,由筆帖式薦歷部曹,重蒙高厚,拔置臺班。日夕兢兢,懼無寸補復荷。伏念臺灣爲海外重地,特簡巡視,迄今一載,凛惕彌深。雖時仰皇上仁育番黎之德意,以希勉循職守,而□負常憂隕越。今接到都院劄付,恭沐天恩,俾臣再任一年。臣聞命自天,惶感無地,惟有益勵冰兢以圖報稱。臣又接兵部來文,於鎮臣林亮摺奏生番歸化事,叙及臣與陞任御史臣丁士一、臺厦道臣吴昌祚等欽奉御批:"林亮等從優議叙。"叠荷聖恩,直同覆載。伏思生番來歸,實惟我皇上恩普德洋,存神過化,致遐方慕義,異類輸誠。即捐賞招徠亦鎮臣林亮、道臣吴昌祚共謀協力,克宣德威。臣無毫髮之功,而濫叨賞格,問心實愧,乞皇上俯鑒愚誠,留此殊恩,以賚有功。庶臣犬馬微□得以自安,臣不勝惶悚感激之至。爲此繕摺恭謝天恩。謹奏。

雍正三年五月初四日

監察御史臣禪濟布

【硃批】:只要在地方實心協理,凡事據實入奏,何愧不安之有?勉力爲之。

——《宫中檔雍正朝奏摺》第四輯,第 261～262 頁

20.雍正三年五月二十五日(推測)
巡臺御史景考祥奏陳閩省鹽政之弊摺

(上缺)奏,爲謹陳閩省鹽政之弊,仰冀睿鑒事。

竊臣自入閩省之後聞地方文官之佐貳雜職,武官之守備千總、把總,皆有賣鹽之責。臣沿途詢問,其市鹽之價各有增加,而建寧、延平等處則鹽價日增,民間甚以爲苦,且聞閩省鹽課已增至三十余萬矣。及臣細加訪察,方知報滿之數,止有二十餘萬,而昨歲二十餘萬正貢之數已有虧空,强爲捏報。彼此欺隱,弊端不可勝窮,臣請爲皇上詳陳之。

各府之佐貳等官,其有身家者,尚能自備盤費,以爲買賣往來之用;至於文官之雜職以及武官之微員,無力賠償,乃有自載私鹽轉圖營利者。因而交相效尤,無復巡查。及至官鹽日積,惟增價以求足數。豈知官鹽之價日增,私鹽之

利益廣。是向者民賣私鹽，今則官賣私鹽矣。向日賣私鹽之民，尚懼捕獲，不過潛至竈户之家盗賣數十觔耳。今聞其相率數十人，各持器械，群至竈户場内肆行搶奪。而買鹽之官以及竈户人等，見其人衆勢兇，慮生事端，聽其滿載而後散去。是向者民間盗買私鹽，今則民間攘奪官鹽矣。如此行之，二十餘萬之正貢，欲不虧空其可得乎？且向日之虧空在商，此後之虧空在官；向日之虧空尚有一年交代之例可以盤查，此後之虧空不知何所底止方得上聞也。

臣見上無紀律、下無法守，行之日久，弊且漸滋，即十餘萬之舊額，將來亦難足數。致使我國家有加賦之名，無加賦之實，徒令營私之輩資以謀利，此臣之萬難隱忍者也。臣又聞舊年因鹽課缺額，官鹽堆積如山，乃出示誘哄商民，令其公買，許其轉賣。及商民繳完鹽價各將鹽運至所賣之地，乃遣人仍封作官鹽，不令發賣。且此受騙之商民，並非素日欠課之商民，所以怨聲載道，大可駭異。伏乞皇上密遣忠幹之臣，嚴加訪察，則臣之所言，猶其大概而已。臣不避嫌怨，據實上陳，叩乞皇上酌奪施行。臣謹奏。①

——《宫中檔雍正朝奏摺》第四輯，第 390～391 頁

21.雍正三年五月二十五日
巡臺御史景考祥奏陳海疆情形摺

巡視臺灣監察御史臣景考祥謹奏，爲敬陳海疆情形，以慰聖懷事。

竊臣奉命巡視臺灣，於雍正三年四月二十八日到任，隨於五月初四日恭具奏摺三扣，交付總督差人代臣賫送訖。伏念臣一介庸愚，至微極陋，仰荷天恩，夙夜悚惕，常思勉効一得，以仰贊聖治之高深。然臣悉心訪察，並無急切宜爲之事，何敢妄逞胄臆，輕擾聖聰。臣竊見今日之臺灣，非復五年以前之臺灣，亦非三年以前之臺灣矣。五年以前，官之求調補臺灣者，所圖惟三年陞轉耳。而臺灣之兵民立社結盟，作盗爲姦，無分晝夜。官員見其難治，惟苟且彌縫而已。即三年以前，民之舊習未改，兵之强[捍]悍未除，而匪類潛踪，難盡搜獲。有司雖竭力盡心，不能遽爲挽回。幸逢我皇上文武聖神，德威遠播，凡屬大小官員皆知惕慮洗心。

臣伏見臺灣之官，惟彰化縣知縣談經正到任未久，賢否難以遽定，其餘皆

① 此奏摺無日期、署名。

才守兼優，實心辦事之員。况文武各官皆甚和洽，所以民漸安於常業，兵漸革其前非，即生番無知皆漸次歸化。雖有傀儡山後遠番不通人性，惟嚴戒兵民不許擅入其地以生事端，彼亦甚知畏懼，必不敢出也。

今歲雨暘時若，舊穀有積，蚤穀已登，禾稼之豐逾於往歲。熙皞富庶，允稱治平，海上邊隅可不必時煩聖慮矣。然臣不敢視爲已治已安，稍存玩忽之意。惟屬地方官員正户口、嚴保甲、禁私渡、驅匪類，以期久安長治，仰答聖主隆恩於萬一而已。

抑臣更有請者，臣素知福建貢生藍鼎元學問優長，人品端方，而臺灣之事尤所諳練。其人現在京師，伏乞皇上賜之召對。如果屬可用，臣查臺灣縣教諭缺員，准其以貢生補用，可以振興文教，商度事宜。臣知其與地方必大有裨益也。臣犬馬愚誠，直抒所見，伏乞皇上睿鑒施行。臣謹奏。

雍正三年五月二十五日

巡視臺灣監察御史臣景考祥

——《宫中檔雍正朝奏摺》第四輯，第389～390頁

22.雍正三年五月二十五日

巡臺御史景考祥奏陳聞見實據仰邀天鑒摺

巡視臺灣監察御史臣景考祥謹奏，爲歷陳聞見實據，仰邀天鑒事。

竊臣微末小臣，恭聆聖訓，不勝悚惕。隨於起程之後，所經過水陸路程，凡地方之利弊，官箴之賢否，無不悉心訪察，其凡聲名優劣，無甚大異於人，以及訪聞未得確實者，皆不敢妄爲陳奏，謹擇聲名之最著者爲皇上敬陳之。

臣至江南之後，即聞常州府無錫縣知縣李玫之名。臣細爲詢問，聞其能以數年之積欠盡皆徵完，誠屬吏治長才，但其天性殘刻，濫用五刑。夾棍短至一尺五六寸，枷厚至五六寸。凡枷人多有硃標限死日放者，甚有八十三歲之老人董惟賢，亦受夾棍枷號。更有周元常者被人盗銀，該縣乃置賊人不論，而將原告周元常重夾雙損，即日斃命，殊傷天地之和也。望皇上用其所長，懲其所短，庶不致縱其兇暴之性，大爲地方之累矣。

臣至杭州聞錢塘縣知縣楊夢琰立心清白，凡衙門大小陋規，裁革必盡。至於辦理地方事件，其有理所不合，心所未安者，雖加以上司之令，亦不能强之使行。誠操守廉潔、品行端方之員也。

臣至桐廬縣地方，聞知縣張坦熊其收糧之火耗，尚不足加一。每年之盤

費，皆從其家中取來供用，且勤敏亦能辦事，而其實心愛民，合縣皆傳頌之。此兩員者聞浙省之上司皆甚愛之重之。倘具有薦章，望皇上特賜擢用，必收得人之效也。

臣由浙江嚴州府之七里隴，行至衢州府之青湖，約水程五百餘里，皆江流一綫，出入萬山之中，素有盜賊出没，商賈常以爲苦。聞此二年來地方寧静，皆由嚴州副將郝弘勳、衢州署副將事張興祖二人能整飭營伍，巡緝盜賊。而郝弘勳者更能捐修營房、盔甲、器械，添設哨船。武臣能留心地方若此，亦屬罕見。望皇上獎勵之，所以示鼓舞也。

臣在福建省城，聞福州府知府胡承謀清廉愛民，聲名特著。凡外府州縣有難處之事，其上司委之辦理必能清楚，誠才守兼優之員。但到任未久，望皇上記其名，可觀其後效也。

臣至泉州府惠安縣聞知縣鄺夢元，係廣東解元出身，爲人老誠，學問亦優，惜過於長厚，不諳吏治，似當以教職改用。但係現任知縣，到任日淺，尚無過舉，不應在降調之列。臣之愚昧，覺此人宜對品調閑散小京官用，庶不致貽誤地方，亦可以成全此人也。至於泉州府知府張無咎，居官廉潔，立心慈祥。聞其聽斷詞訟，全不輕用刑罰，必再三推問，得其實情，令其抒服之極，然後薄示懲戒。且有其人情甘受刑，而猶存案免責，期其悔過自新，所以民皆感激鼓舞。其初放告之期，告狀者多至百餘人，後不過二三人止耳。民間謂不敢欺之，不忍勞之。如此省刑布德，潔己愛民，誠屬僅見。聞其原係特簡之員，誠足見我皇上之知人善任也。

臣自入閩省之後，北自建寧，南至泉州，所在文武官員，言及巡撫黄國材者，無不畏其嚴峻，感其至誠。即臣與之相見時問以地方之事，則開心見誠，直切指示。言及世受國恩，則感激懇切，涕泣不止。雖其人之立心行事久在皇上洞鑒之中，豈臣之愚昧所能深見。然臣見其猶能開誠布公，忠君愛國，尚有封疆大臣之意。

至於將軍宜兆熊清潔嚴肅，約束營伍，從無兵丁與百姓争角之事，亦從無兵丁一名擅敢輕自出城，所以士民之口無不欣感傳頌，亦可謂不負皇上之任使者矣。臣所言官員之優劣，大小文武共計十人，如係素有恩怨，亦或别有私情，臣即喪心蔑理，必顯受冥誅，以彰人臣欺妄之罪。且臣現在結怨，何敢營私。犬馬微忱，必能邀聖主之鑒諒也。臣謹奏。

雍正三年五月二十五日

巡視臺灣監察御史臣景考祥

——《宫中檔雍正朝奏摺》第四輯，第 391～393 頁

23.雍正三年五月二十五日

巡臺御史景考祥奏請聖安摺

巡視臺灣監察御史臣景考祥跪請皇上聖躬萬安。

雍正三年五月二十五日

【硃批】:朕安。所奏三摺知道了。閩鹽之奏甚屬可嘉,此事朕已早聞,因□確尚未整理,凡事能如此據實無隱方不負朕之任用也。勉爲之。

——《宫中檔雍正朝奏摺》第四輯,第 388 頁

24.雍正三年九月初九日

巡臺御史景考祥奏謝授吏科給事中摺

巡視臺灣吏科給事中臣景考祥謹奏,爲恭謝天恩事。

竊臣一介庸愚,遭逢聖主,由翰林拔置御史,特命巡視臺灣。臣到任以來,夙夜兢惕,自愧毫無報稱。今接部箚,授臣吏科給事中。臣聞命之下,隨恭設香案,望闕叩首謝恩。伏念臣微末下秩,遠隔海洋,乃上係聖心,特加遷擢,此臣之感戴殊恩萬難圖報者也。惟有益勵永兢,竭臣犬馬之材力,以冀仰答於萬一耳。爲此繕摺,恭謝聖恩,不勝感激悚惕之至。臣謹奏。

雍正三年九月初九日

巡視臺灣吏科給事中臣景考祥

【硃批】:勉爲之。

——《宫中檔雍正朝奏摺》第五輯,第 120～121 頁

25.雍正三年九月初九日

巡臺御史禪濟布等奏請聖安摺

巡視臺灣監察御史臣禪濟布、巡視臺灣吏科給事中臣景考祥,跪請皇上聖躬萬安。

雍正三年九月初九日

巡視臺灣監察御史臣禪濟布
巡視臺灣吏科給事中臣景考祥

【硃批】:朕安。朕風聞得爾臺灣文武不合,諸事異見。恐與地方無益,兵民受累,朕爲此甚憂之。有則改,無則勉。朕若訪問的確,爾等當不起也。

——《宫中檔雍正朝奏摺》第五輯,第 123 頁

26.雍正三年九月九日
巡臺御史禪濟布等奏請賜天后祠匾額摺

巡視臺灣監察御史臣禪濟布、巡視臺灣吏科給事中臣景考祥謹奏,爲海神効靈乞天嘉賚事。

竊惟聖主御宇,百神受職,天平地成,河清海晏。臣等觀自古以來,版圖式廓,明神効靈,從未有如我本朝者也。臣等聞前靖海將軍臣施琅征服臺灣之時,舟師戰於澎湖,隱隱有神兵助陣,是日海神天妃廟中見神像皆有汗下。大軍既集,島中乏甜水,衆以爲慮。臣施琅禱於天妃廟,移時水泉溢出,足供數萬人飲。及至臺灣之鹿耳門,乃全臺之鎖鑰,四圍水湧,伏有沙綫如鐵,舟不敢近,中通水道,僅容一舟,止可魚貫而進,乃潮水驟長五尺,益以順風,舟師聯帆直入,遂定臺灣。經臣施琅恭疏具題,聖祖仁皇帝勅建天妃神祠於其原籍興化府莆田縣湄洲,勒有勅文,以紀功德,隨又加封天后。康熙六十年臺匪竊發,其時水師臣藍廷珍、林亮等率師至鹿耳門,水亦驟長五尺,久而不退。舟師揚帆並進,七日克復全臺。此天后復大顯靈異,以勷底定之績者也。且自臺灣歸順數十餘年,凡官吏之往返、將士之更替、錢糧之輸挽俱獲穩渡,誠我聖天子至德全福、容保無外,亦天后奉職効靈之明驗也。臣等竊見復臺以來,凡大小臣工片績微勞俱蒙寵賚,况天后之靈感,昭昭在人耳目。臣等仰懇聖恩,親灑宸翰,製成匾額,臣等請恭摹爲三,一奉於天后原籍聖祖勅建之祠,一懸於厦門鎮祠中,一懸於臺灣府祠中。不特海神增光,俎豆翼戴無疆,且使梯山航海、負氣含生之衆,無不就日瞻雲,共仰天顔於咫尺矣。臣等謹具摺恭懇聖恩,伏乞睿鑒施行。謹奏。

雍正三年九月初九日
巡視臺灣監察御史臣禪濟布
巡視臺灣吏科給事中臣景考祥

【硃批】:該部議奏。

——《宫中檔雍正朝奏摺》第五輯，第 124 頁

27.雍正三年九月九日
巡臺御史禪濟布等奏報臺灣雨水田禾摺

巡視臺灣監察御史臣禪濟布、巡視臺灣吏科給事中臣景考祥謹奏，爲恭報雨水田禾地方情形事。

臣等竊見臺灣田禾四時皆能生植，惟以雨水之多寡定年歲之豐歉。今歲臺灣自春月即有雨澤，入夏則大雨時行，七、八月以來雨水連綿，四境霑足，所以田禾之盛逾於往歲，民間早稻已登，雜植菁、蔴、荳、蔗，俱獲豐收。物阜則民安，風和則俗美，熙皞之象允稱治平。此皆我皇上深仁至德感召天和，因而雨暘時若，百姓盈寧。臣等仰承寵命，巡視此邦，見此盛世之休徵，不勝欣幸之至，理合據實奏聞。謹奏。

雍正三年九月初九日
巡視臺灣監察御史臣禪濟布
巡視臺灣吏科給事中臣景考祥

【硃批】：深慰朕懷。

——《宫中檔雍正朝奏摺》第五輯，第 125 頁

28.雍正三年十月初七日
巡臺御史禪濟布奏報臺灣縣知縣周鍾瑄貪婪不法摺

巡視臺灣監察御史臣禪濟布謹奏，爲奏聞事。

竊臣譾劣庸材，臺班末職，蒙皇上天恩，留任巡視臺灣。凡地方之利弊，吏治之賢否，靡不日切體訪。迺有臺灣縣知縣周鍾瑄貪婪不法，縱蠹殃民。臣同前御史臣丁士一當臺灣鎮臣林亮、道臣吴昌祚、前知府高鐸俱在，諄諄告誡，欲其改過自新，以策後效，奈任性不悛。

臣訪有臺灣縣貢生吴素，本年四月内强姦陳秦妻林氏，鳴縣，周鍾瑄即提收監。未幾，餽銀一千一百餘兩，監生陳世淳過付，即釋滅案。復據鎮臣林亮向臣并御史陞吏科給事中臣景考祥面白，前情相符，惟過付説係監生陳良。因

與科臣密商繕摺,科臣以未得確供訪聞,安可具奏爲阻。臣正查周鍾瑄木栅數目,七月二十日據單開,罰吴素造栅一百丈,折銀四百兩。又據臺灣府知府范廷謀爲貪官,不可姑容等事,於七月二十二日詳到臣公署。二十五日,鎮臣林亮、道臣吴昌祚、知府范廷謀、同知王作梅同周鍾瑄等堅請掣回原詳,據詳内稱,典史徐履謙説罰造栅四十丈,呈單内罰一百丈,前後互異,周鍾瑄貪贜之跡鑿鑿紙上。而科臣景考祥説:我出京時,大司農張囑我照看周令,抵閩省時總督滿又以周令托我,且周令係我未會面之同門。此言臣與道臣吴昌祚之所共聞也。臣奉批旨:"和衷二字第一緊要,如有道不同處,只要秉公據實密奏,不可匿怨而友,以誤公務。欽此。"日夜跪繹。至八月内,屢請科臣景考祥列名具奏,科臣徑説:此摺我是不奏的,就是你參了,皇上必交與督、撫審問,督、撫没有不爲他的。臣與科臣凡地方事宜皆和衷商議,獨周鍾瑄一事道不相同。過此則九月九降風時發,海艘艱於駕駛。臣每念若此貪吏終難姑容,況以貢生犯姦賂脱,人愈罔法,蠹愈公行。八、九兩月,即有陳□控生員蔡宗亨强姦伊妻林氏,寡婦吴氏控生員施必焕勒姦,盧氏控謝旺姦殺,冤民叠控臺邑衙蠹洪在、吴進、王璲、葉薦、林貴等,府、廳案審追贜。更異者,周鍾瑄遣新港司巡檢查克成於十月初六晚起更時候,密餽銀三百六十兩爲臣製造衣服,交臣家人阿爾登格另隨禮銀三十六兩。

伏念臣之祖父及己身世世子孫永受皇恩豢養,惠澤綿長,今日豈敢通賄欺隱,澌滅國法。原銀存據,不得不自首於君父之前。爲此備陳科臣景考祥不肯列名之由,並抄知府范廷謀詳文附摺,據實密奏,伏乞皇上俯賜全覽。謹奏。

雍正三年十月初七日
監察御史臣禪濟布

——《宫中檔雍正朝奏摺》第五輯,第256～258頁

29.雍正三年十月初七日

巡臺御史禪濟布奏陳貪官不可姑容聞風核實以申國法摺

抄臺灣府知府范廷謀詳文,謹呈睿鑒。

爲貪官不可姑容,聞風必須核實,亟懇查參,以伸國法事。

緣本月十九日諸羅縣令辭行,據稱景大人面諭,有吴貢生犯姦一案,臺灣

縣周令斷銀一千一百餘兩，止發四百兩修造木栅，又給窮人數十兩，其餘七百兩，太老爺親至臺灣縣衙門，坐至三更天，分三百兩而回。景大人説：我并無他意，嗣後叫他要改過，還是好相與等語。卑府聞言之下，明知景大人格外之包容，孫知縣關切之美意。但思知府一官承流宣化，原爲一郡之表率，今則取容於上憲，見憐於屬員，猶瞻顧不言，腆顔立於民上，誠狗彘之不若矣。是用備陳始末，仰祈鑒察。

查此案於本年四月間據臺灣周令禀稱，有吴貢生犯姦一案，若咨部黜革，又多一番事，現今修造木栅缺少錢糧，可否罰他造木栅數十丈。卑府答以：事關風化，似應律斷。即使造栅亦不可輕易，還是追他貢單爲是。卑府次日赴道禀知，蒙道憲面諭，聞此案未經成姦。卑府答以：未經成姦方是强姦，若已成姦則和姦矣。大老爺學政衙門主持風化，周令意欲議罰，必定來禀大老爺，尚須斟酌。道憲答云：貴府説得狠是。嗣後總未言及。又過半月，臺縣徐典史來府，據稱吴貢生犯姦一案，本縣罰他造木栅四十丈，又給窮人數十兩銀子，已經完案，道爺差卑職來禀與太爺知道。卑府答以：修造木栅亦屬公事，縣裡回過道爺就是了，我有何話説，你先拿我手本回禀，俟我上衙門面禀。及周令來府禀知，卑府答以：雖係因公議罰，似應詳明備案。周令答云：已經回過大人、道爺，何必又動文書。卑府以周令才守向爲各憲所推重，諒無差錯，隨亦置之不問。是此案之始末也。至云親赴臺縣衙門，坐至三更分贜，更屬奇聞。五月二十一日奉到督憲牌行，懇乞睿鑒案内，銀一萬四千餘兩官莊租息撥補。卑府詳查并無著落，惟周令在臺日久，必知原委，當即差人傳請，周令以病足告假。是日下午，卑府往送北路何參將，道經縣署，就便問病，兼詢前事原委。周令前後陳説亦不過頓飯時候，天尚未暝，至半路方才起燈，且事隔月餘，何得揑做一時。况知府爲錢糧總滙，各縣批解正雜錢糧絡繹不絶，倘有饋遺，何難入於解項。登途直送，誰敢過問。何必親至縣署，暮夜分贜，作此鼠竊狗偷之行徑。造謗小人設心雖毒，其計亦左矣。天日在上，鬼神難欺。奈何以無憑無據之事，直加於冰清玉潔之知府，誰肯甘心。

查此案彼此傳言皆係現任職官，受罰既有的人，過付豈無確證，非風聞可以入告。伏乞提出造謗之人并一干當面對質，如卑府果有染指，立賜參處。律載：枉法贜三百兩正斬。近奉上諭："凡係特放之員，有貪污不法者，加倍治罪，法應立斬。"卑府願駢首通衢，棄尸大海，爲魚鱉所吞食，以爲背旨負恩者戒。如無其事，則造謗誣官之人，應照光棍例治罪，庶盆冤雪而國法伸矣。爲此，除詳察院景外，備由具申。

巡視臺灣監察御史臣禪濟布，跪請皇上聖躬萬安。

雍正三年十月初七日具

【硃批】:朕躬安。你所奏之事,乃爾職分中應奏聞者。凡百如此秉公無隱,甚屬可嘉,方不負朕之任用也。你是一老實謹慎人,凡百就行如此本分老實至誠好,再不要弄巧欺隱[凡]反成拙也。勉之。

——《宫中檔雍正朝奏摺》第五輯,第 258～260 頁

30.雍正三年十月初七日
巡臺御史禪濟布奏謝天恩叠錫摺

巡視臺灣監察御史臣禪濟布謹奏,爲恭謝天恩叠錫事。

竊臣庸碌菲材,十長莫補,重荷特恩,留任巡視臺灣。兩載以來,民情土俗備細諮詢,稍有裨益於地方者,靡不殫思竭慮,實力舉行,以求無負我皇上委任之至意。何敢仰希天語褒嘉,殊恩寵賚。乃於雍正三年六月初二日接到兵部來劄,於鎮臣林亮摺奏生番歸化事,叙及臣與陞任御史臣丁士一、臺厦道臣吴昌祚等。欽奉御批:"林亮等著從優議叙。"會議各准其加二級。奉旨:"依議。欽此。"聞命自天,惶感無地。

臣又籌臺灣府治建築木栅事,與陞任御史臣丁士一、鎮臣林亮、臺厦道臣吴昌祚等公議協同,謹具摺奏聞。奉御批:"兩年來臺灣文武官弁與禪濟布等皆實心任事,即此建築木栅一事,籌畫甚屬妥當,深爲可嘉,着將摺内有名官弁該部議叙具奏。欽此。"跪讀之下,頂踵難酬。兹於雍正三年十月初四日接到吏部來劄,會議各准其加二級。奉旨:"依議。欽此。"五月之間連加四級,聖恩稠叠,逾於常格,臣何人斯,獲遭隆遇至此,惟有朝夕與臺灣文武各官互相勸勉,共矢冰兢,揆日課工,俾當城垣以求堅緻,撫番保庶,益躋熙皞以樂昇平,庶竭犬馬之微勞,上報高深於萬一而已。臣不勝瞻仰感激,理合繕摺恭謝天恩。謹奏。

雍正三年十月初七日

監察御史臣禪濟布

【硃批】:知道了。凡事秉公,爾之職分只以無隱爲要,勉力爲之。凡有密奏,密之一字甚爲緊要,在朕斟酌,當宣露者使得,在爾非露章事件,惟以慎密爲要,不然大不利與爾,而亦無益與朕。勉力爲之。

——《宫中檔雍正朝奏摺》第五輯,第 260～261 頁

31.雍正三年十月十六日
巡臺御史禪濟布等奏報臺灣生番傷殺汛兵摺

巡視臺灣監察御史臣禪濟布、巡視臺灣吏科給事中臣景考祥謹奏,爲據實陳情仰邀天鑒事。

臣等於十月初四日接到御批,臣禪濟布本年三月十六日所奏鳳山、彰化二縣生番歸化一摺,奉旨:“知道了。聞有生番傷人之事,爲何未奏?”臣等跪讀之下,不勝悚惕,仰見皇上聖明無微不照,且天心注念遠方,尤臣子之不敢稍有玩愒者也。臣等查得本年二月十九日臺灣之羅漢門地方有汛兵林觀、董廣、楊捷、賴雲、齊歡等五名奉差至坑口伏路,因天雨淋濕衣服,三更時分至路旁空草厝内引火烘衣,忽有生番數人突入厝内,將林觀、董廣鏢傷斃命,而楊捷、賴雲、齊歡執械與敵,幸有巡夜兵丁接應,殺死生番二名,餘番逃竄山中,因黑夜未即擒獲,拾得鏢箭,報縣。其齊歡被傷,亦於次日殞命。隨據諸羅縣知縣孫魯驗明,并訊通事、土官等認看鏢箭,立即差押拏獲兇番三脚、陳匏蘭、雷高娘、答六阿篤四名,通報監禁在案。臣禪濟布即欲奏聞。緣去年九月内亦有生番傷人之事,其時臣禪濟布與臣丁士一查閲舊案,除康熙六十年以前未設巡臺御史,其康熙六十一年、雍正元年及雍正二年春季皆有生番傷人之案,而御史臣吴達禮、黄叔璥皆未陳奏。本年三月内臣景考祥至福建省城,即聞有羅漢門兇番傷人之事,隨與原任總督臣滿保商議。據督臣滿保云,此係人命事情,地方官自當照例具奏者也。

臣等一介庸愚,至微至陋,蒙皇上委任甚切,期望甚殷,惟計文武和衷,兵民安静,以仰慰聖主之焦勞於萬一。其有利弊所關,督、撫、提、鎮未及陳奏者,臣等自當據實奏聞。至於人命、盜案等事,地方官自當照例具題,臣等何敢冒昧輕瀆聖聰。且臣等聞兇番之性等於豺狼,專以傷人爲樂,每逢風雨之夜即出山擾害,所以地方官員立有界限,不許民人輕入生番地界;惟内地之偷渡而來者,不遵禁約,潛入其地,致遭毒手。然地方有司必報知督、撫,用以番擒番之法獲其兇手,以正王法,斷不敢隱匿不究,致縱兇番之性也。臣等已與鎮臣林亮、巡道臣吴昌祚并府、廳、縣衆官公同商酌,務將就近一帶生番之爲民患者,或用招撫,或用勦捕,必審時度勢,謀出萬全,尚未敢輕動也。今蒙天語垂問,謹將生番傷人情節及臣等愚悃據實陳奏,仰邀聖鑒,不勝惶悚惕厲之至。謹奏。

雍正三年十月十六日

巡視臺灣監察御史臣禪濟布
巡視臺灣吏科給事中臣景考祥

【硃批】:招撫則可,勦捕不可輕動。

——《宫中檔雍正朝奏摺》第五輯,第277~278頁

32.雍正三年十月十六日
巡臺御史禪濟布等奏報地方收成穀價摺

巡視臺灣監察御史臣禪濟布、巡視臺灣吏科給事中臣景考祥謹奏,爲恭報地方收成穀價,仰慰聖懷事。

臣等竊見臺灣一郡其米穀爲内地所取資,收成最爲緊要。然必以雨水之多寡,定年歲之豐歉。而臺郡之節氣每逢秋分之後雨澤短少,是以田禾未盡霑足,且慮颶風爲災,歲歲難免。欣逢我皇上愛民之念,下孚民隱,敬天之意,上格天心。今歲雨暘時若,自二月初旬至九月將盡,雨澤從未欠缺。六、七月之間往往夜雨晝晴,人以爲異,且颶風不至爲災。十月内禾稼盡登,十分收足,誠爲大有之年。目下臺灣府治穀價每石三錢三四分不等,鳳山、彰化二縣穀價每石三錢,惟諸羅縣穀價每石二錢六七分,因其知縣孫魯能親身課農,助給工力,濬築埤圳,百姓實受其益,收成尤爲豐厚。臣等見臺郡文武官僚以及商民人等無不歡欣鼓舞,以爲此實臺灣從來未有之年。臣等仰荷聖恩,恭遵盛事,不勝欣幸之至,理合據實奏聞。至於建築木栅之事,因木料多係内地採買,重洋搬運,致需時日,於十一月初旬必能完工,俟工竣之日,謹當另行摺奏,合併先爲聲明。謹奏。

雍正三年十月十六日
巡視臺灣監察御史臣禪濟布
巡視臺灣吏科給事中臣景考祥

【硃批】:深慰朕懷,知道了。

——《宫中檔雍正朝奏摺》第五輯,第278~279頁

33.雍正三年十月十六日
巡臺御史禪濟布等奏請嚴私墾番界摺

巡視臺灣監察御史臣禪濟布、巡視臺灣吏科給事中臣景考祥謹奏,爲請嚴私墾番界之禁,以杜生番擾害事。

臣等於本年八月二十六日據諸羅縣知縣孫魯摺稟内稱,該縣於八月二十日奉委署理彰化縣事,本日即有藍張興莊鄉保報稱,本月十七日三更時分有生番數十人到莊放火,殺死佃丁林愷、賴戀、徐生、徐傑、劉洞、葉天恩、陳秦、林曉等八人,拾有番鏢、番箭、番刀等物。該縣隨即至莊相驗,通報各上司,設法捕獲在案。又據稟稱,查此藍張興莊舊名張鎮莊,逼近生番鹿場,兇番不時出入,不令民人開墾者也。自康熙四十九年原任臺灣副將張國報墾,立户陞科,遂致生番擾害,於五十八年九月間該莊佃民被生番殺死九命,通詳各上司。奉原任總督臣滿保檄行,將該莊毁棄,逐散佃民,開除課額在案。且此地舊屬諸羅縣所管,該知縣孫魯於六十一年到任之後,即赴該地方立石爲界,不許民人擅到彼處。自雍正二年改屬彰化縣,而提督臣藍廷珍復委管事蔡克俊赴該地方招墾,自立莊户,名爲藍張興莊。其原任彰化縣知縣譚經正不能禁止,致令林愷等又遭生番之手[①]。該縣因將原委通稟督、撫外,仍摺稟到臣等。該臣等伏念墾地雖以便民,然因生番爲患,既奉有督臣禁革,何得私行開墾,致起事端。伏乞皇上勅諭督、撫,嚴行禁止,庶有司官知所遵守,而地方得以安静矣。爲此具摺上陳,伏乞睿鑒施行。謹奏。

雍正三年十月十六日

巡視臺灣監察御史臣禪濟布

巡視臺灣吏科給事中臣景考祥

——《宫中檔雍正朝奏摺》第五輯,第279～280頁

34.雍正三年十一月初六日
巡臺御史禪濟布等奏報鳳山彰化生番殺人摺

巡視臺灣監察御史臣禪濟布、吏科給事中臣景考祥謹奏,爲奏聞事。

---

① 據范咸:《重修臺灣府志》卷三《职官》,彰化縣知縣应为談經正。

雍正三年十月二十日據鳳山縣知縣蕭震報稱,本月十六日武洛社熟番猫力同伊子株嘪到山邊砍竹,不知何社生番數人從草間突出,將猫力鏢死,割去頭顱,株嘪走脱,該縣通報督、撫在案。又於本年十月二十四日據署彰化縣知縣孫魯報稱,本月初九日有李化、柯左二人同往東勢山砍木,被水里社同猫螺、眉里社生番鏢死李化,割去頭顱,柯左帶傷走脱,隨即調治,該縣通報督、撫在案各等因到臣等。事係生番傷人,理合繕摺具奏以聞。謹奏。

雍正三年十一月初六日

監察御史臣禪濟布

吏科給事中臣景考祥

【硃批】:知道了。

——《宫中檔雍正朝奏摺》第五輯,第 317 頁

35.雍正三年十二月初二日 巡臺御史禪濟布奏報官員不法事迹摺

巡視臺灣監察御史臣禪濟布謹奏,爲奏聞事。

雍正三年二月二十日前御史臣丁士一陞任。臣望御史臣景考祥涖臺協同巡視,補臣不逮。奈自四月二十七日到任至十一月止,計七個月之間,親戚朋友自浙至者、自粤至者、自楚至者擡輿進署,旋來旋去,絡繹不絶,甚至商船户徐廷盛、吴定安等之父子弟兄出入私衙毫無顧忌。信任胥役借端生事,冤民告訴,批地方官訊問,該役不革問,官不敢追究。更以福省同年陳姓之侄隨任,冒籍彰化縣,送府與考。臣恐御史衙内之人冒籍入泮,關係匪輕,叠經與道府説明矣。臣念同舟共濟,每事勸止,置若罔聞。如雍正三年十月初七日臣奏臺令周鍾瑄一摺,景考祥竟未知覺,且説此係小事,彼不列名,臣難獨奏。殊不思犯贜至千餘金,事亦不爲小,贜亦不爲輕。景考祥原不在大司農張、總督滿囑託照看,而實爲自己同門情面所關也。雍正三年十一月初九日臣與景考祥等接到署總督臣宜兆熊咨文,奉旨調回臺灣御史景考祥,授爲福建鹽運使。即有謝氏控船户吴定安之子吴宗爲景御史乾兒希奪民人蔡愿聘妻張弁之女專娘爲妾、毆媒阻娶一案;又有墾户龔帝臣控蔡天寶於本年二月率黨奪田,毆打佃人何兼,搶去油芥、種子、牛隻等項,五月何兼傷斃,蔡天寶慮罪改名陳榮,充入景御史案下書辦,十月内倚勢到莊,將帝臣墾田遍插竹牌圍占一案。臣隨將陳榮革役,俱發臺灣府訊審,尚未結案。其衙役林升、劉德、胡吟等窩賭、宰牛、打

架、鬮禍告發案，據本月十九日景考祥送到胥役卯簿，林升、劉德竟不聽臣點驗，景考祥反代説先期差往福省矣。若此攬黨縱役實迹，臺之鎮、道文武各官暨兵民人等所共見、共知也。

臣一介旗員，委身事主，巡臺兩載，前總督臣滿保、巡撫臣黄國材委臺灣道、府、縣贈臣寒暑衣服等費，折銀八十兩，臣領情反璧；諸羅縣孫魯贈臣銀一封，幫助臣家人、衣服及幕賓、脯資等費，臣并不知封内銀之多寡輕重，一概辭謝。蓋臣於貪令餽金猶且不受，而况一明白諸羅縣可默然受之乎？雖孫魯憐臣清苦，臣亦無暗室受金，欺天以欺皇上。至於臺地紳袍貢監更絶往來，并嚴禁家人不許擅出衙署，胥役不許在外招摇，有犯必懲，此亦在臺鎮、道、府文武各官暨兵民人等之所共見、共知也。且我皇上明燭萬里，無微不照，臣安敢絲毫欺隱。爲此據實繕摺，密差家人六兒賫奏以聞。謹奏。

雍正三年十二月初二日

監察御史臣禪濟布

——《宫中檔雍正朝奏摺》第五輯，第 447～448 頁

36.雍正三年十二月初二日
巡臺御史禪濟布奏報臺灣生番殺人摺

巡視臺灣監察御史臣禪濟布謹奏，爲據實陳奏事。

雍正三年十一月初十日據署彰化縣知縣孫魯報稱，本年十月二十夜有番突入猫霧捒南勢莊，鏢死支更莊民林逸、朱宣二人，林科走脱，該縣通報在案。臣查南勢莊即本年十月十六日臣與陞任御史臣景考祥等奏爲請禁私墾番界之禁藍張興之莊也。臣更有陳者，本年八月二十八日據諸羅縣知縣孫魯報稱，本月初二日打廉莊莊民同往水沙連口濬通水道，初四日曾寶、李諒先回，至投斷山脚，李諒被生番鏢死，割去頭顱，曾寶走脱。又本年十月十四日武勝灣社熟番屬内秀朗社番子礁巳辰沙箕里沙箕里麻思力嫡嫒猫六吉氏等酗酒殺死武勝灣社丁林宋、吴儉、吴進、方幸、黄霖等五人，俱經該縣通報在案各等因到臣與景考祥等，理合於本年十一月初八日爲奏聞事併奏。緣景考祥以八月打廉莊一案，彰化縣譚經正參革，縣官尚未委署，未有責成，十月武勝灣一案熟番倚醉行兇，既有訊供兇犯的名，應歸命案，均無庸瀆奏。臣謹細繹本年三月十六日具奏生番歸化一摺，奉批旨："知道了，聞有生番傷人之事，爲何未奏？欽此。"則生番傷人合當具奏，熟番醉殺何敢隱匿。但臣於本年正、二兩月同前陞任御

史臣丁士一减從歷巡南、北二路，先向沿山一帶而行，隨從沿海各口岸塘汛而回，稽察地方，兵則各歸營汛，民則各安生業。每到一處，詢問民番風土情形，宣布皇上深仁厚德、愛養元元至意，民番踴躍額慶。并爲細查歷年生番傷人緣由，皆因一、二無知愚民貪圖小利入内山溪岸，非爲樵採竹木，便是開掘水道，甚至踞其鹿場而募丁耕種，無非自取其禍，以戕厥命。況生番性雖嗜殺，不過乘黑夜、值雨天，潛伏伊近界草間，窺伺人伴稀少，突出鏢殺，取人首飾金，以稱好漢，從不敢探越内地，有剽劫殺掠之患。臣屢達鎮、道，飭行地方文武各弁員，嚴禁人民耕種樵採，不許逼近番界，經巡道臣吴昌祚會商鎮臣林亮呈詳督、撫外，現在臺郡文武和衷，風雨調順，南、北路稻田無不足收，雜糧、糖蔗一概豐登，是皆聖天子仁孝格天之所致。孟子曰：菽粟如水火，而民焉有不仁者乎。今日之謂也。臣不勝誠懼誠忭之至，合併據實陳奏。謹奏。

雍正三年十二月初二日

監察御史臣禪濟布

【硃批】：知道了。

——《宫中檔雍正朝奏摺》第五輯，第448～450頁

37.雍正三年十二月初二日
巡臺御史禪濟布奏報驗閲臺灣鎮協水陸操演摺

巡視臺灣監察御史臣禪濟布謹奏，爲奏聞事。

竊臣蒙皇上簡畀巡視臺灣兩載，凡民生之利弊，細加察訪，而營鎮之操練，尤切諮詢。查臺灣鎮屬各營大操之期，應知會文員同日驗閲。臣於去歲閲視臺灣鎮協水陸操演，半係新换班兵，俱屬平常，隨飭訓練。至本年十一月十六日鎮臣林亮知會臣暨道、府、縣驗閲大操，計三營額設馬步戰守兵二千七百名，除分防各塘汛、撥守各營盤及各官隨丁，并先到馬兵。除分撥南、北三營外，現在馬兵一百二十名，步兵一千六百名，本日合操，馬兵各射馬箭一廻，步兵配執排槍一十七隊，藤牌、鈎鐮、大刀共八隊，大炮手四隊，軍火、器械頗皆諳熟，是皆我皇上之聲靈赫濯，以故海國之軍容整肅、步伐有方也。時即嚴飭臺協將領悉憑陸師勤加操演，俾其平地熟習，則戰艦施演自無倉惶失措之虞。俟新任御史臣汪繼熼到臺，臣當即會同簡閲。其澎湖協營向例臺屬文官一員看操，兩載未有具報。臣并商鎮臣林亮，飭行澎協按期操演，至明年春風恬浪静之時大操，照例報知。似此有備無患，安可久安，臺灣全郡幸無廑聖主之遠懷，是誠微

臣之私願也。合將臺鎮陸師大操情形據實奏聞。至於臣前奏請酌撥内地四十三營馬兵三百名防臺，經商鎮臣林亮，委員到厦看驗，如有廣馬、騍馬以及不堪者發回原營更换，務要膘壯以資實用，不許備數以充足額，恐到臺而後更换，則渡載維艱，且稽時日。現在催趲前來，俟齊足之日，謹當另行具奏，合併先爲聲明。謹奏。

雍正三年十二月初二日

監察御史臣禪濟布

【硃批】：朕深爲嘉悦。三年來聞你聲名頗好，所以兩次留你巡臺。近日景考祥著實參奏你，你今又參他，事難擬意，只得調你回閩，汝二人對質，自然水落石出矣。

——《宫中檔雍正朝奏摺》第五輯，第 450～451 頁

38.雍正三年十二月二十八日

巡臺御史景考祥奏謝天恩摺

巡視臺灣吏科給事中補授福建運使臣景考祥謹奏，爲恭謝天恩，敬陳下悃，仰邀聖鑒事。

竊臣一介庸愚，至微極陋，荷蒙聖恩，頻加委任，自愧才識淺陋，寸長未効。兹於雍正三年九月内復蒙特旨補授福建運使，協理鹽務。臣聞命之下，感激彌深，悚惕無已，隨於十一月二十日自臺灣起程，十二月十五日到臣衙門任事訖。謹循例備文詳呈撫臣毛文銓代爲題達，恭謝天恩。竊念臣在臺灣半載，訪察利弊，尚多應行事宜，謹繕奏摺恭呈御覽，伏乞皇上採擇，俾得盡犬馬之微忱。臣係運使職銜，不敢具摺叩請聖安，合併聲明，伏冀睿鑒。臣不勝惶感惕厲之至。謹奏。

雍正三年十二月二十八日

巡視臺灣吏科給事中補授福建運使臣景考祥

【硃批】：既用你後，聞你聲名甚不妥、不安静，若如此，大負朕恩也，慎之。

——《宫中檔雍正朝奏摺》第五輯，第 497 頁

39.雍正四年二月二十一日
巡臺御史禪濟布奏謝恩賜食品摺

巡視臺灣監察御史臣禪濟布謹奏,爲恭謝天恩事。

雍正三年十月初七日臣差家人雅爾泰進摺回閩,於雍正四年二月渡海赴臺,捧到批旨,訓誨諄摯,復蒙恩賜克食一盒。我皇上推心置腹,臣何地能容,謹設香案,叩頭謝恩訖。由是晝夜輾轉熟思,即欲粉身報主亦屬無益,惟有鏤刻聖訓,凡地方大小利弊知無不盡言,言無不緊密,日期與巡臺科臣汪繼燝實心共事,並力勉爲,益襄盛治於億萬斯年,或冀以酬高厚之微涓也。理合繕摺恭謝天恩。謹奏。

雍正四年二月二十一日

監察御史臣禪濟布

——《宫中檔雍正朝奏摺》第五輯,第626頁

40.雍正四年二月二十一日
巡臺御史禪濟布奏請聖安摺

巡視臺灣監察御史臣禪濟布,跪請皇上聖躬萬安。

雍正四年二月二十一日具

【硃批】:朕安。你若無此一奏,幾乎了不得。此事朕即交與高其倬審理,你放心,再不□冤抑你。幸有此奏,不然朕皆被其愚弄。你一□不必疑畏,如果冤你,調爾等來京,朕親復審。

——《宫中檔雍正朝奏摺》第五輯,第631頁

41.雍正四年二月二十五日
巡視臺灣吏科給事中汪繼燝奏請聖安摺

巡視臺灣吏科給事中臣汪繼燝謹奏,恭請皇上聖安。

雍正四年二月二十五日

【硃批】:朕安。爾等奏事之摺留中。

——《宫中檔雍正朝奏摺》第五輯,第 648 頁

42.雍正四年四月十六日
巡視臺灣吏科給事中汪繼燝奏報禪濟布卸任摺

巡視臺灣吏科給事中臣汪繼燝謹奏,爲欽奉上諭事。

本年四月初五日准將軍署福浙總督臣宜兆熊、巡撫臣毛文銓咨開,爲欽奉上諭事。雍正四年三月十八日准吏部咨開,雍正四年二月二十日大學士馬齊等面奉上諭:"禪濟布、景考祥彼此互相參奏,俟總督高其倬到任後,交與質審。此時禪濟布不便仍留臺灣,着回福建省城暫住,以待質對。其巡視臺灣員缺,着都察院堂官於滿御史内揀選三員引見。欽此。"合咨欽遵等因到臣衙門。是日接閱咨文,滿御史臣禪濟布即行卸事,隨於本月十五日遵旨起程回福建省城待質訖。理合奏明。臣汪繼燝更有請者,今春禪濟布家人回臺,齎奉欽發奏匣四個,禪濟布同臣已經奏用二個,尚餘二個,今交臣處敬謹收藏,俟有當密之事,方敢貯用進呈,合併奏明。謹奏。

雍正四年四月十六日

【硃批】:知道了。爾之居心行事尚未見信於朕,諸凡勉之,慎之,毋忽。

——《宫中檔雍正朝奏摺》第五輯,第 813 頁

43.雍正四年四月十六日
巡視臺灣吏科給事中汪繼燝奏報臺地生番摺

巡視臺灣吏科給事中臣汪繼燝謹奏,爲奏聞事。

雍正四年三月二十六日據彰化縣知縣張鎬稟稱,東螺眉社通事陳靖,土官乞芝,鄉保黄解、謝唐等具報,三月二十二夜三更時分不知被何處生番逞兇,焚燒草厝八座,殺死黄賢亮、吕生保、胡應開、陳二、古日祥、古依幸、黄道先、黄羡先、林大九人,被傷謝應賢、古日山二人,又有三人現尋未見,并燒死耕牛,遺下番鏢三枝,番米糍數塊,屍親收去在案。續於四月初二日,據彰化縣稟稱,帶同仵作前往相驗,於灰燼山圳内尋出古蓮生、張子德二屍,又檢得番鏢一枝,番刀

一口,除現在嚴緝外,先將相驗情形通報等因。四月十二日又據彰化縣稟稱,東螺眉社鄉保黄解、謝唐等具報,四月初四日有大武郡保鎮平莊佃民,早往牛相觸口疏通圳道,突遭兇番,殺死江長九一人,被傷江仁山、景軒二人等因前後到臣衙門。事關人命,除令該縣嚴緝兇番,務獲審解院司,定擬具題外,緣係兇番殺傷民人,不敢隱匿,理合奏聞。

臣伏查臺灣雖僻處海外,仰賴皇上洪福,米穀價值賤於内地,即今歲自春徂夏,亦復雨澤均匀,早稻、雜糧現今陸續收獲,百姓家給户足,正含哺鼓腹歌咏太平之日,各縣歸化熟番安分守法,久已盡作良民。惟彰化縣往北地名水沙連一帶,爲向時屢招屢叛之頑番,人形雖具,實類豺狼,本不貪圖錢財、米粟,惟以幽暗殺人爲快,逞兇焚殺慘毒頻聞。臣蒙簡命巡視臺灣,日夜籌蹰,必欲永杜其患,以仰副皇上好生之大德。屢同鎮臣林亮、道臣吴昌祚等細加商酌。今准覆稱,轉據署北路營參將臣陳汝鍵、臺灣府知府臣范廷謀擬詳,水沙連内一十餘社從前曾受招撫,屢招屢叛,倚恃水深山險,恣逞兇毒。今當春夏之交,山水泛溢,難於搜捕。一時權宜,惟禁禦其出入,似爲先務。查生番必由路逕,一從新莊牛相觸地方,一從石榴班斗六東地方。今議於此兩處各撥兵六十名,令把總各一員帶領,駐紮其地,再竹脚寮、南投崎等處亦係生番可走之路,除竹脚寮向有練總鄉壯堵禦已久,今南投崎等處亦招選練總鄉壯配給槍牌,令其互相守禦,倘有生番潛出,即可協同莊衆併力擒捕,飭令淡水同知不時稽察等語。

臣查此數處地界逼近生番,但歷經墾熟已成沃土,佃民依戀安居,勢難遷移委棄。今既撥兵分防,又復招選鄉壯平時聯絡聲援,遇事協力擒捕,兇番聞風自當斂迹,而近山居民可享安寧之福矣。倘兇番始終怙惡,仍敢伺隙逞肆焚殺,萬不得已必須勦撫兼行,當與督、撫諸臣會商具題,恭候乾斷,方敢遵行。爲此繕摺一併奏聞。臣謹奏。

雍正四年四月十六日

巡視臺灣吏科給事中臣汪繼燝

【硃批】:知道了。

——中國第一歷史檔案館、海峽出版交流中心編:《明清宫藏臺灣檔案匯編》,北京:九州出版社,2009 年(以下簡稱《明清宫藏臺灣檔案匯編》),第 10 册,第 60～66 頁

44.雍正四年七月初六日
巡臺御史索琳奏報到任日期摺

巡視臺灣監察御史索琳謹奏,為恭報微臣到任日期事。

竊臣蒙皇上隆恩,令臣巡察臺灣地方,於三月十九日恭聆聖訓,銘心欽遵。隨於本月二十二日起身,於五月十九日至福建省城,三十日至廈門,六月十六日至澎湖,二十八日抵鹿耳門。今於七月初二日在臣署望闕叩頭謝恩任事訖。

至臣從順天南來,所過山東地方,大、小二麥因雨暘及時,俱各十分茂盛。四月初八日入江南地界,春熟亦好,米價每石向賣至一兩六七錢,今每石止賣一兩二錢,小麥時價八九錢不等。四月二十二日經由浙江地方,米價每石向賣至一兩七八錢,今每石止賣一兩二三錢。其各府豆、麥、菜子收成自五六分以至七八分不等,蓋因土有肥瘠,民有勤惰,是以收成各異,故其價亦自六七錢以至一兩以外,不能一定。五月十一日至福建浦城地方,其時上米價值止賣一兩,較之舊冬今春實減四五錢之數。然農間望雨甚慇,幸於十二日沛雨一晝夜,十三日又沛雨一晝夜,十四日午後又微雨,至晚方止。此皆皇上洪福齊天,臣民均叨蔭庇,所以閭閻懽欣鼓舞,俱得盡力南畝。而灘河雨後水漲,臣亦得放舟南下也。十九日抵省城,一路雖見田禾徧插,祇以福建民稠田少,省北各府民食大半取給於浦城所產之米,省南各府民食大半取給於臺灣所產之米,今當青黃不接之時,商販偶稀,米價遂長至一兩七八錢之多。聞經地方大吏斟酌時宜,先將存倉穀石出糶,一面遣員往浙江之溫州府及江西地方買米平糶,故得市價稍平。而從省至臺,所經興化、泉州二府,雖早稻俱已吐花將實,其米價亦如省城之貴,惟廈門米價止賣一兩三四錢。

今臺灣地方早稻已收,且又播種,而於六月二十八日晚間及七月初一、初四、初五等日甘霖連沛,田疇霑足,目下上米每石價值一兩一二錢,小麥每石價值一兩三四錢。其奉旨運濟漳、泉二府之米五萬石,經臣查案,已於正、二、三、四、五等月如數運足矣。

至於所屬各官果否稱職,並兵民及生熟番情何似,臣初到任,未及周知,容臣細心察實另摺陳奏。除驗看臺、澎兩協大操及臺郡雨水情形,並六月十七日臣未到任之前彰化縣界水沙連生番傷害諸羅縣治收麥民人一案,俱經漢御史臣汪繼熺同臣另摺具奏外,所有微臣到任日期,並自京至臺經過地方所知年景米價,緣聖訓有諸事留心之俞旨,理合一併奏聞。謹奏。

雍正四年七月初六日

巡視臺灣監察御史臣索琳

【硃批】:所奏知道了。勉為之。汪繼燝朕深信他不及,看欠實在,你可和衷留心同事,不可似前任禪濟布等出醜也。

——《宫中檔雍正朝奏摺》第六輯,第256～258頁

45.雍正四年七月初六日

巡臺御史索琳等奏報地方米價雨水情形摺

巡視臺灣監察御史臣索琳、吏科給事中臣汪繼燝謹奏,為恭報地方米價雨水情形,仰慰聖懷事。

竊查臺灣米價向來賤於內地。頃者五月間,因福建省城及泉、漳等府米價高昂,俱向臺灣採買辦運,又與廣東接壤之潮州等府聞米價騰貴更甚,以致臺灣有粟之家居奇觀望,價亦漸長。今內地已經豐收,赴臺採買者漸少,價[仍]乃頓減。此時每米一石約值銀一兩一二錢不等,海外黎民可免穀貴之虞矣。

再查臺郡四邑田禾種類早晚不一,全資雨澤頻施,方得群歌大有。仰賴皇上洪福,今歲自春徂夏,雨暘時若,六月望雨尤殷,乃甘霖時沛,四野霑足,早稻已盡登場,稍遲者俱穗穗暢茂,最晚者亦乘時樹藝,民情懽躍,比戶盈寧,此皆我皇上愛惜民隱,感召天和,致此豐亨豫順之象。(【硃批】:爾等地方官員之干係亦居大半。)臣等叨蒙簡命,巡視茲土,見此及時之雨澤,欣逢盛世之休徵,不勝欣幸之至,理合據實奏聞。

雍正四年七月初六日
巡視臺灣監察御史臣索琳
吏科給事中臣汪繼燝

【硃批】:深慰朕懷。

——《宫中檔雍正朝奏摺》第六輯,第258～259頁

46.雍正四年七月初六日

巡臺御史索琳等奏報臺澎兩協操期驗閱已峻摺

巡視臺灣監察御史臣索琳、吏科給事中臣汪繼燝謹奏,為恭報臺、澎兩協操期驗閱已峻事。

竊稽臺灣營制，水陸兼設，洵足樹軍威而資屏障。然必不時訓練，器精藝熟，方能仰副皇上惠愛編氓及保護遐方之至意。查臺灣鎮標陸路營大操，於去年十一月内，經前任滿御史臣禪濟布公同道、府驗閱，先行具摺奏聞，並聲明臺、澎兩協已飭水師將領勤加演習，俟臣汪繼燝到日，會同簡閱。嗣臣汪繼燝於二月初四日蒞任，准臺協副將陳倫炯訂於三月初八日先演陸操，十九日次演水操。臣汪繼燝與滿御史臣禪濟布並鎮、道等公同臨閱，伏見陸操則步伍整齊，水操則進退合度，施演鎗炮、藤牌等藝頗稱嫺熟。其澎湖一協先因副將臣董方稟稱時當巡哨，且值撥護餉銀，在澎船隻無幾，另期具文申請。今於六月十六日新任滿御史索琳路經澎島，候風之暇，該協即留請閱視，隨於十九日看演陸操，施放連環鳥鎗，並對演藤牌、挑刀，齊集有方，又於二十二日看演水操，其開合攻擊之處，亦復人船便熟。此皆我皇上加恩海外，聖武宣昭，所以士卒歡騰，咸思自奮也。除飭令鎮協水陸各營將弁仍不時演習，精益求精，上慰聖衷，下安黎庶，山陬海澨，永慶萬載昇平之福。所有兩協水師大操俱經驗閱已竣，理合繕摺奏聞。謹奏。

雍正四年七月初六日
巡視臺灣監察御史臣索琳
吏科給事中臣汪繼燝

【硃批】：凡事務實為要。況君臣之分，惟以忠誠無隱為主，粉飾迎合，頌贊虛文陋習萬不可法，勉為之。

——《宫中檔雍正朝奏摺》第六輯，第 259～260 頁

47. 雍正四年七月初六日

巡臺御史索琳等奏報臺地生番摺

巡視臺灣監察御史臣索琳、吏科給事中臣汪繼燝謹奏，為奏聞事。

雍正四年六月二十三日，據前任諸羅縣知縣孫魯稟稱：六月十八日據柴里社通事高歉，土官皆知里、布士安，鄉長張達三，管事楊快，甲頭廖士乾等轉據莊民劉日魁報稱，伊夥[記]計陳登攀、劉尚伯、劉士鐸、劉連清、劉應遠等五人本月十七日早因往斗六東埔地方採收芝麻，被生番殺死等情，報明到縣。隨經帶同仵作前往相驗，俱被殺死是實，即着各屍親收斂看守。復據甲頭廖士乾稟稱拾有番弓一把、番箭五枝、番牌一面呈驗。隨令通事、土官等看認，僉稱是水沙連内山生番所用等供。除一面訪緝實兇，務獲究審外，先將驗訊供詞緣由通報到臣衙門。

臣查兇番肆横大概在彰化縣地方,然與諸羅縣僅隔虎尾一溪,而內山之路徑實綿亘相接。今據諸羅縣稟報驗看番遺兇器,並蹟明來往蹤跡,亦屬水沙連內生番,攀越大山,邁虎尾溪而南,遂至斗六東埔地界,則是因彰邑既經守禦,不能逞兇於彼,復又流毒於此。除飭諭該地方文武嚴緝務獲,並令兵役、土官、鄉保等加謹巡防守禦外,事關生番殺人,不敢隱匿,理合繕摺奏聞。謹奏。

雍正四年七月初六日

巡視臺灣監察御史臣索琳

吏科給事中臣汪繼熼

【硃批】:知道了。凡地方此等事當悉心料理,和衷要緊。高其倬非滿保之可比,乃朕一體股肱大臣,凡有所聞所見,一面奏聞,一面就近與高其倬知道,與奏朕一般,他再無不秉公悉心料理之理,爾等可遵諭行。

——《宫中檔雍正朝奏摺》第六輯,第 260～261 頁

48.雍正四年七月十六日

巡臺御史索琳奏明漢御史丁憂摺

巡視臺灣監察御史臣索琳謹奏,為報明丁憂事。

七月十三日,據漢巡臺御史轉補吏科臣汪繼熼家人汪茂呈稱:家主汪繼熼向出繼於胞叔原任戶部江西司郎中臣汪森於本年五月初三日在籍病故,家主汪繼熼現在奉差巡臺,例應丁所後父憂,回籍守制,取具本籍地方官弁、兩鄰印甘各結到臣。查漢御史汪繼熼業經丁憂,理應奏明,以便另差御史,同臣稽察。但漢巡臺御史臣汪繼熼在任半載,居官清慎,馭下有方,臺屬軍民群相愛戴,可否暫令在任,俟期滿更換回籍守制。臣為地方起見,冒昧一併奏聞。謹奏。

雍正四年七月十六日

巡視臺灣監察御史臣索琳

——《宫中檔雍正朝奏摺》第六輯,第 297 頁

49. 雍正四年十月二十四日
巡臺御史索琳奏報臺地生番滋事摺

巡視臺灣監察御史索琳謹奏，為奏聞事。

雍正四年九月初二日，據鳳山縣知縣蕭震、署南路營參將事鎮標中軍遊擊湯忠稟報，本年八月二十三日據港西里新東勢莊管事馬懷璋、淡水司巡檢錢中選各稟報，新東勢莊佃民邱連發家傭工人邱雲麟於本月二十二日往埔種作，被生番殺害，取去頭顱等情。十月十九日，據彰化縣知縣張縞、淡水同知王汧稟報，本月初六日據堋山社通事李旺具稟，本月初二日南日社熟番大宇加六歇等共十一名，同往東勢山邊砍木，修整番厝，被山內生番五十餘人突出，殺死甘仔歇荖鬱、甘仔轄膀女、茅仔末、仔末等四人，割去頭顱三顆，又箭傷二名等情。十月二十二日，又據彰化縣知縣張縞稟報，本月初九日據貓羅社阿密里莊管事陳福具報，本月初八日初更時分，有生番二十餘人，各帶弓箭、鏢槍、木牌，到莊殺死佃人邱末、割去頭顱，又鏢傷佃人林福腰脊，計遺番箭三支，木牌一面，竹箛十枝等情。十月二十三日，又據北路營參將何勉、彰化縣知縣張縞稟報，據半線汛千總呂奕、竹腳寮丁壯林三報稱，南北投鎮番寨守禦竹腳寮民壯朱八，於本月十五日在水沙連河邊被生番殺死，割去頭顱及左手腕，並奪去所執七十二號鳥鎗一桿等情。先後各到臣衙門。

除臣飛飭各該文武，加意防禦外，伏思臺郡南、北二路俱連番界，在北路則惟水沙連一帶兇番屢出傷人，在南路則惟傀儡兇番時出傷人。臣查到任以來，自七月以至十月，南路計一案，傷佃民一人；北路計三案，傷民番共六人，似此光天化日之下，蠢爾醜類乃敢橫行無忌，若不勦捕，示以天威，何以懲創各番，使知歸化。正擬一面繕摺奏明，一面諮商鎮臣林亮，發兵勦捕。隨據臺廈道臣吳昌祚先於八月初十日奉督臣高其倬調赴省城，今回至廈門島先遣家人七十於本月二十二日到臺密稟伊主吳昌祚業蒙督臣高其倬委交令箭三枝，令統臺兵，並調淡水同知王汧一同進勦。臣擬俟道臣吳昌祚到臺之日，星即同至水沙連一帶番境，相機勦撫，則南路兇番自必聞風膽落，可不討而歸誠矣。再，臺灣全郡今年海颶不作，雨順風調，稻穀十分收成，奏聞。臣索琳謹奏。

雍正四年十月二十四日

巡視臺灣監察御史臣索琳

【硃批】：此乃不得已之舉，自然畏威，日下斂跡，然終非長策。全在地方文武大吏秉公約束兵民，不令結怨，能彼此相安方好。經此一番懲治，亦必令知恩之可感，徐徐化導，彼亦人也，自然漸漸向化。若徒令威畏而不懷德，非良計也。聞得臺年夫歲只可言八成收成，為何奏十分收成，凡事當以據實，不粉飾。

——《宫中檔雍正朝奏摺》第六輯，第 764～765 頁

50.雍正四年十一月二十八日
巡臺御史索琳奏報生番殺人摺

巡視臺灣監察御史臣索琳謹奏，為奏聞事。

雍正四年十一月十六日，彰化縣知縣臣張縞並北路營參將何勉稟，據快官莊管事薛良、半線汛千總臣黃曉等各稟報，本月初十日初更時分，被生番數十人到莊焚燒茅屋共九間，殺死莊民陳平及妻吳氏、幼女賞娘並陳平族弟陳夏四名，俱被割去頭顱，又刺傷陳安、鄒祖二名，遺下番鏢二枝、木牌五面、毛毯一枝等情到臣。本月十八日臣同臺廈道吳昌祚等進勦水沙連一帶兇番，至二十日於下加冬途次，據北路營參將臣何勉、彰化縣知縣臣張縞稟據半線汛千總臣呂奕、貓霧揀佃仔莊練總黃文顯稟報，本月十二日二更時分，北勢藍張興莊內被生番數十人殺死管事許元泰、甲頭余廷顯、佃民盧友臣、李八、嚴郡、林解、曾子全、諶永、鄭友生、韓超等十人，俱被割去頭顱，遺下番鏢十一枝、番刀二把、木牌六面、番箭三枝等情。同日，又據北路營參將臣何勉、彰化縣知縣臣張縞稟，據半線汛千總臣黃曉、佃民林明稟報，半線莊內於本月十三日一更時分，被生番焚燒茅屋四間，殺死探親民人林喜一名，割去頭顱等情各到臣。二十六日，臣於竹腳蓁軍次，據南路營參將臣林子龍、鳳山縣知縣臣蕭震稟報，本月十八日枋蓁界外山中傀儡生番鏢傷砍柴民人陳六姐、林賢、柯寧等三人，內陳六姐傷重，隨於十九日身故等情到臣。除臣現同道臣吳昌祚等統兵勦捕兇番務獲外，理合據實奏聞。臣索琳謹奏。

雍正四年十一月二十八日

巡視臺灣監察御史臣索琳

——國學文獻館主編：《臺灣研究資料彙編》，臺北：聯經出版事業公司，1993 年（以下簡稱《臺灣研究資料彙編》），第一輯，第 1782～1786 頁

51.雍正五年正月十二日
巡臺御史索琳奏報勦撫生番摺

巡視臺灣監察御史臣索琳謹奏,為勦撫生番,以保民命事。

雍正四年十一月初二日,道臣吳昌祚自省回任,帶接督臣高其倬諮文一角,內開為兇番戕殺民命,特委臺廈道吳副使為總統,兼委淡水同知王汧、北路營參將何勉、淡水守備鍾日陞等帶兵分路進勦,專委以知州管彰化縣事知縣張縞辦運軍糧等因到臣。

本月十六日,道臣吳昌祚等調領官兵、番壯,自府治先發,臣於十八日選帶丁役十二名,自備行糧,亦從臣署起行。至二十六日入牛相觸番境,渡阿勃泉溪而抵竹腳寮,與道臣吳昌祚官兵會劄於虎尾溪陽,預令曾歷番地之社丁林三招水沙連內決里社土官阿龍等十八名來歸,詢明路徑,又令社丁陳蒲同決里社順番先至北港蛤里難等社曉諭能歸化者,即免誅戮去後。臣與道臣吳昌祚隨撥同知臣王汧領熟番三百名,並同知臣王汧自募民壯一百五十名,由北港南投崎抄入番巢之後,候令進發。仍調參將臣何勉、千總呂奕、把總王提帶兵二百名聯絡接應。一撥守備臣鍾日陞、把總游金闕帶兵二百名、熟番三百名,由南港水沙連之前路竹腳寮候令進發;仍撥千總蔡彬、把總莊子俊帶兵一百名、熟番五十名尾後接應;一撥守備臣楊鈐帶兵一百名,駐劄於兇番之戚屬樸仔籬社傍,以覘動靜;仍撥把總任林五帶兵五十名駐劄於鄰近樸仔籬之貓霧捒社,以備應援。

臣與道臣吳昌祚率守備臣張文耀,千總傅雲章,臺灣府經歷左懋源,諸羅縣革職留任典史趙大章,功加朱紹雄、張厚、林天成、張世俊、許績、張俊、黃恩,效力外委王廷桂等,統兵一百八十名、民壯一百名、熟番二百八十名,由南港竹腳寮進督。臣查自竹腳寮以至水沙連之中港,路雖百有餘里,而其間深溪疊阻,加以崇山峻嶺,密箐深林,軍糧實難運載,除運糧官彰化縣知縣臣張縞派撥熟番負十日兵糧隨行,仍陸續運濟外,臣與道臣吳昌祚躬率官弁、兵役各再身裹五日口糧,徒步進發。前後兩路官兵統令十二月初三日進攻,期於水沙連內中港水里社會合。仍撥千總劉弘量帶兵彈壓彰化縣治,並留把總陳士祥、鄭捷,效力外委阮邦貴領兵八十名駐守竹腳寮營盤,令臺灣縣縣丞馬麟趾散給兵糧。

惟是水沙連一帶共計二十五社,非盡兇番,今此調兵進勦,原止令其獻出殺人兇番,正罪示懲,是以預戒官軍,所經之社,順者撫之,抗者勦之。既體聖主好生,復昭朝廷大法,違者分別參處。遂進督官軍渡虎尾溪上游,入內牛相觸山口渡溪，至稷稷社舊基安營。初四日渡稷稷溪，歷滂雨瀾石子灘，渡武滑納溪，而至武滑納埔安營。是日守備鍾日陞遣把總游金闕帶到社仔社番縢可宗，招引中港麻思丹社土官田仔率番來歸，並願隨軍招撫附近番社，隨經給賞。初五日，即令其前導渡溪，至外麻里關溪，而越麻里嶺北安營。初六日，又渡溪，而至陳武峨安營。初七日，至內里麻溪，而抵外北甲之決里社安營。隨據決里社土官阿龍帶領毛翠社土官卑獵同番壯來歸，當經給賞，令回本社。初八日，據田仔社土官新來田帶領中港貓蘭社、伊力社二社土官並番壯來歸，口稱番等不敢作歹，而時常行兇焚殺者係水里社骨宗等語，並願前導。臣等見外北甲險要，係水沙連前路關隘，官軍過後，倘為番黨據守，則南港一路軍糧不能運濟矣，遂留兵壯一百名，令諸羅縣革職留任典史趙大章領守，並接散兵糧。初九日，臣等統軍帶土官新來田等向中港進發，有山前阻，嶺高勢削，林密如織，其地素無霜雪，草木常青，縱火不燃。臣與道臣吳昌祚鼓舞率眾，攀緣開路，窮日之力，始至水里社之中南岸劄營。

總計一路所經，迎順番社則有社仔社、決里社、麻思丹社、毛翠社、伊力社、貓蘭社等七社，其望風歸附者則有木扣社、大基貓丹社、木武郡社、紫黑社、佛子希社、哆洛社、鑾蘭社等七社，惟骨宗一社抗未來歸。臣等遠望水里社，背山枕湖，左右峻嶺廻抱，湖面寬約十里，深不可涉，土番向以大木丈餘刳空乘渡，名曰"蟒甲"。臣等令人於茂草中搜得其槳棹，遂於十一日直抵骨宗巢穴。番眾初猶恃險，及至官兵一到，鎗炮聲作，俱驚竄嶺北。除令守備臣鍾日陞、千總蔡彬等一面搜得其從前殺去人頭八十五顆，葫蘆外包人頭皮四個，人手一隻並衣飾等物，押交彰化縣收貯，仍焚其寮舍倉穀外，一面率兵於深巖絕壑、茂林深箐中細加搜捕，而同知臣王汧、參將臣何勉亦從水沙連後路而至蛤里難社。除經同知王汧招撫蛤里難社、挽蘭社、貓里眉外社、貓里眉內社、眉加臘社、哆羅郎社、斗截社、平了萬社、佛谷社、致霧社等十社，番衆安定，同參將臣何勉，由北港進攻。惡番骨宗、思麻弄等前阻去路，尾迫官兵，遂因南投崎社土官眉成爻、大霞、隨軍效力楊元祥等徑投參將臣何勉、同知臣王汧軍前就擒。十四、十六等日，又據麻思弄招出伊侄巴荖肉、骨宗二子拔思弄、水里萬及番麻十奔、簡達氏、卯斗肉、烏民、慢里罕、卓肉、歇笠、目改旦、丹腦、貓六甲、擺本、挽藍、谷蹤、雞臘氏、目堵等二十一名，並至軍前，內除幼番雞臘氏一名准貓蘭、伊力二社順番保留，令其招集逃番回社安插，並卓肉一名身故外，餘經道臣吳昌祚差千總蔡彬帶兵押交臺灣府發禁在案。

是皆仰賴聖主天威及督臣高其倬知人善任；道臣吳昌祚盡心竭力，調遣合宜；同知臣王汧等不避艱險，招撫有方；知縣臣張縞運濟四路軍糧各足；並隨征官將兵番同心協力,故自十二月初三日進兵,計十有四日,兵不血刃,而兇番已獲,各社歸誠。除留道臣吳昌祚統兵,挨查南、北、中三港各社番口,令其認輸額餉,開造清冊,詳報督、撫二臣具奏外,臣於十七日帶丁役出山,仍由竹腳藔渡虎尾溪下,稍經南投崎社、北投崎社、貓羅社而至半線社。二十七日,道臣吳昌祚帶同參將臣何勉、同知臣王汧等,亦由蛤里難等社而至半線,與臣又會合。解到貓里眉社綁送本社害人兇番阿密氏貓著一名,並所藏人頭三顆,隨經道臣吳昌祚亦令押交臺灣府發禁,統俟軍旋解訊。又令把總游金闕帶兵一百名駐劄竹腳藔巡察,仍於南投崎之外木柵及貓霧拺二處,議各撥把總一員,帶兵一百名駐劄彈壓,業經道臣吳昌祚詳請督、撫二臣酌奪在案。但查樸仔籬社係兇番戚屬,亦非循良之番,是以臣於三十日率領官軍由阿里史等社而至,逼近樸仔籬社之岸里社駐軍。當據阿里史社土官達舞郡乃、岸里社土官亞賜老等、樸仔籬社土官解旦等率衆相迎。臣等以同知王汧素為番衆畏服,雍正五年正月初一日令其飭取山內、山外各社互保嗣後不法甘罪結狀在案。北路各社俱已平定,即旋軍半線,由大武郡一帶番社取路,於初九日俱回府城。

臣與道臣吳昌祚等勦撫過水沙連一帶二十五社番人凱旋始末,理合繕摺奏聞。臣索琳謹奏。

雍正五年正月十二日
巡視臺灣監察御史臣索琳

【硃批】:此番勦撫,甚屬可嘉。今經此一振作,自然安靜數時,終非久長之策。全在文武官弁撫恤有方,必令漢人總不與熟番交接,熟番總不與生番交接,各安生理,彼此不相干,自然無事。若文官圖利,武官懈弛,漢人欺侵熟番,熟番淩辱生番,激成有事,彼皆為禽獸之類野人,何事而不可為?雖如此加以兵威,未免殺及無知。今既平定之後,務令感恩,徐徐開導,令知人理,方久長之策。如全賴以兵威,朕不取了。爾等可協力共勉之。

——《臺灣研究資料彙編》第一輯,第 1924～1942 頁

52.雍正五年二月十七日
巡臺御史尹秦奏報到任日期摺

巡視臺灣監察御史臣尹秦謹奏,為恭報微臣到任日期事。

伏念臣一介庸愚,於雍正四年十月初九日奉旨:巡視臺灣着尹秦去。欽此。時臣正在監試武場,聞命自天,感激惶悚,於二十四日揭曉出闈,恭逢慶祝

皇上萬壽,於十一月初六日跪聆聖訓,實心欽遵,隨於十二日起程。於雍正五年正月十六日至福建省城,二十六日至廈門,二月初九日至澎湖,十三日進鹿耳門,即於本日到署,望闕叩頭謝恩任事訖。除地方應行事宜,俟臣確查,同滿御史臣索琳另摺具奏外,所有微臣到任日期,理合奏聞。查京城至臺灣水陸路共計八千餘里,臣一路不敢遲延,應將臣自奉旨日起,至到任止始終緣由,一併奏聞。臣尹秦謹奏。

雍正五年二月十七日

巡視臺灣監察御史臣尹秦

【硃批】:覽。你老成忠厚人,但少獃氣些,勉之。

——《臺灣研究資料彙編》第一輯,第 1978～1981 頁

53.雍正五年三月二十五日

巡臺御史索琳等奏報恭繳硃批奏摺摺

巡視臺灣監察御史臣索琳、巡視臺灣監察御史臣尹秦謹奏,為恭繳硃批事。

雍正五年三月十六日福建總督高其倬交承差齎到硃批臣摺俞旨,臣等恭設香案,叩頭跪迎,啟讀之下,恍如面承聖訓,不勝惶悚。除稟遵外,所有硃批原摺,理合恭繳。臣索琳、尹秦謹奏。

雍正五年三月二十五日

巡視臺灣監察御史臣索琳

巡視臺灣監察御史臣尹秦

——《臺灣研究資料彙編》第一輯,第 1982～1983 頁

54.雍正五年三月二十五日

巡臺御史索琳等奏報驗閱臺灣鎮協水陸操期摺

巡視臺灣監察御史臣索琳、巡視臺灣監察御史臣尹秦謹奏,為恭報驗閱臺灣鎮協水、陸操期事。

雍正四年十月十八日,據臺灣鎮臣林亮移送中、左、右三營官兵清冊到臣,

驗閲陸操，臣會同道臣吴昌祚、知府臣孫魯等，即於是日公同閲驗。查鎮標中營額設馬步戰守兵共九百一十名，馬六十匹，内除分防各汛並開除未補等兵不調外，實在操演兵計十二隊。第一隊馬戰兵六十名。第二、三、四、五、六、七等六隊排鎗手，每隊四十八名。第八、九、十等三隊殺手兵，每隊四十八名。第十一、十二兩隊大炮手，每隊四十八名。共調集操演兵五百八十八名。

左營額設馬步戰守兵共九百名，馬六十匹，内除分防各汛並開除未補等兵不調外，實在操演兵計十隊。第一隊馬戰兵六十名。第二、三、四、五、六等五隊排鎗手，每隊四十八名。第七、八、九等三隊殺手兵，每隊四十八名。第十隊大炮手，每隊四十八名。共調集操演兵四百九十二名。右營與左營操同。其操演之法，馬兵先出，分為兩翼，捲作後隊，次則施放連環鳥鎗及大炮火器，然後發縱藤牌、挑刀、單刀等殺手兵奮出攻擊，分合進退，此陸操之法也。

至於安平協水、陸二操，於雍正五年三月初七日據臺灣鎮總兵攝理水師副將事臣陳倫炯呈送水師三營官兵清册到臣，即於是日臣等會同道臣吴昌祚、知府臣孫魯，至安平鎮先閲陸操。

查水師中營額設步戰守兵八百名，内除赴省考拔及分防各汛看守戰船等兵不調外，現集操演兵計八隊。第一、二、三、四等四隊排鎗手各五十三名，第五隊藤牌手五十三名，第六隊挑刀手五十三名，第七、八兩隊大炮手，各三十三名，共操演兵三百八十四名。左營額設步戰守兵八百名，内除分防各汛看守戰船等兵不調外，現集操演兵計八隊。第一、二兩隊排鎗手各五十三名，第三、四兩隊排鎗手各四十八名，第五隊挑刀手五十三名，第六隊藤牌手四十八名，第七隊單刀手四十八名，第八隊大炮手三十三名，共操演兵三百八十四名。右營額設步戰守兵共八百名，内除分防各汛看守戰船等兵不調外，現集操演兵計八隊，第一、二、三、四等四隊排鎗手各五十三名，第五隊藤牌手五十三名，第六隊挑刀手五十三名，第七隊單刀手五十三名，第八隊大炮手三十三名，共操演兵四百零四名。其協標水師三營陸操之法，試演連環火器之後，即以藤牌滚出，夾以挑刀、單刀，分合進退，與鎮標陸操相似。

又於本月十八日據臺灣水師副將臣康陵呈送三營官兵清册到臣，即於是日臣等會同鎮臣陳倫炯、道臣吴昌祚、知府臣孫魯等公閲水操。查水師中營額設戰船十九隻，内除屆期赴廠修造八隻、分防汛口船二隻、出差船一隻不預操外，現集操演船八隻，配兵四百一十名。左營額設戰船十八隻，内除屆期赴廠修造船八隻、出差船二隻不預操外，現集操演船八隻，配兵三百八十五名。右營額設戰船十九隻，内除屆期赴廠修造船九隻、分防汛口船二隻、出差船一隻不預操外，現集操演船七隻，配兵四百二十名。中、左、右三營共調集戰船二十三隻，共配兵一千二百一十五名，操演於鹿耳門內。見其船將合，則對施火器；船既分，則環復相迎。總欲占奪上風，乘勢趨便，以施火器，此則水操之法也。

除臣等共飭水陸營弁，嗣後勤加訓練，勿以閱過怠弛外，所有臣等公閱臺灣鎮協水、陸大操日期，理合繕摺奏聞。臣索琳、尹秦謹奏。

雍正五年三月二十五日

巡視臺灣監察御史臣索琳

巡視臺灣監察御史臣尹秦

——《臺灣研究資料彙編》第一輯，第 1984～1993 頁

55.雍正五年閏三月二十一日 巡臺御史索琳等奏報緝拿盜匪及兇番摺

巡視臺灣監察御史臣索琳、巡視臺灣監察御史臣尹秦謹奏，為奏聞事。

雍正四年十二月初四日，臣於水沙連內武滑納埔軍次，據南路營參將臣林子龍、鳳山縣知縣臣蕭震並報，風聞謠言，阿猴林黃基崙地方有匪類聚集，現在搜捕等因。除臣飛飭南路文武，立速協同細心訪拿外，臣以事屬風聞謠言，未敢輕易摺奏。今年正月初九日，北路事竣回署之後，據鳳山縣知縣臣蕭震稟報，差役於赤山莊地方訪拿得匪類黃萬、王裕、楊全、黃日等四人，又於行劫臺邑陳日隆家案內獲到盜犯陳三奇、林居、鄭國龍、陳隆等，亦係匪黨。其時尚未審取確供，雖未敢遽奏，然臣以臺郡地險人雜，且去年南路傀儡兇番不鑒水沙連兇番被勦為戒，仍敢鏢傷砍柴民人陳六姐等三人，則其冥頑可知。臣因飛諮督、撫二臣，請其仍委道臣吳昌祚等以得勝之兵移勦南路兇番。況阿猴林亦係南路地方，並可藉此潛消奸民不軌之心。隨經督臣高其倬行據道臣吳昌祚以當春雨水溪漲，地濕上蒸，恐染瘴患，請俟冬成水涸，再議勦懲等因詳復在案。

三月二十一日，據南路營參將臣林子龍、鳳山縣知縣臣蕭震並報，熟番阿猴林社於本月十七日三更時分被山豬毛、北葉二社傀儡番殺死番丁巴陵及其甥女阿郎並幼子女二口，又殺死番丁大目卿之妻雙云並其女芒仔，共計六名，俱被割去頭顱，焚燒番寮，阿猴社番丁維朗、礁巴陵等望見火光，即邀同社番壯追至山口格鬥，亦殺死傀儡二名，當被搶回一名，止割取北葉社傀儡大巴連頭顱一顆，而阿猴社番阿里莫、礁巴老媽亦被箭傷，現在醫治等因。

閏三月十七日，又據南路營參將臣林子龍、鳳山縣知縣臣蕭震稟報，本月初十日傀儡番殺死加走莊砍柴民人陳義，十三日二更時分，懷忠里東勢莊糖廍

被兇番放火，殺死民人蘇厚、陳信二人，割去頭顱，並鏢傷蘇文、洪祖二人等因各到臣衙門。除臣等飛飭該管文武官弁，分佈兵壯加意偵防外，隨經臺灣府知府臣孫魯以山豬毛、北葉二社離山口不遠，若不即加懲創，恐殺害之事將接踵而至，詳請道臣吳昌祚酌裁杜害。當據移會鎮臣陳倫炯，飛調南路營守備臣柯連英，帶千、把總各一員，領兵二百名，協同鳳山縣知縣臣蕭震，調領熟番二百名，駐劄武洛地方，相機勦捕在案。

至於阿猴林謀匪各犯，本月十七日據鎮臣陳倫炯諮達道臣吳昌祚呈報並奉督臣高其倬照會令牌，以臺地事勢與內疆不同，似此匪徒若照常審題處決，為時遲久，不足示儆，必權宜辦理，立即嚴處，始足以正人心而肅海疆，仰親審確情，將倡謀為首及為從情重之犯，請出該鎮王命，當眾曉諭，梟斬以儆奸宄。一面舉行，一面飛報，以憑奏聞等因。業經審取確供，於閏三月十六日恭請王命，傳集府、廳、縣各官，將先行強劫陳日隆家分贓真盜、復聚眾謀匪之陳三奇押赴北門外，當眾曉諭，斬首梟示，並將為從情重之林居、黃允、黃萬亦當眾杖斃示儆。又匪黨徐寧為行劫陳日隆家盜案首犯，應歸彼案完結。其餘各犯，或係脅誘，或係知情不首，分別枷責。其未獲之蘇建、鄭填、黃六師、大慨、番仔老、王世龍等仍飭嚴緝解究各等因到臣衙門。理合一並奏聞。臣索琳、尹秦謹奏。

雍正五年閏三月二十一日
巡視臺灣監察御史臣索琳
巡視臺灣監察御史臣尹秦

【硃批】：覽奏，知道了。事事不可隱瞞高其倬，悉聽其指揮而行。

——《臺灣研究資料彙編》第一輯，第 2018～2027 頁

56.雍正五年四月二日
巡臺御史索琳等奏賀黃河水清摺

巡視臺灣監察御史臣索琳、巡視臺灣監察御史臣尹秦謹奏，為恭謝天恩事。

雍正五年閏三月二十六日，准督臣高其倬諮開，本年三月二十三日，准吏部等部諮開，為請旨事，雍正五年二月十八日，本部等部奏前事內開，准禮部諮稱，雍正五年正月十三日，恭奏聖世河清、普天同慶一摺，於本月十七日奉旨：“覽。諸王大臣等奏稱，河水澄清二千里，期逾兩旬，為從來未有之瑞，懇請陞

殿慶賀。朕嘗言,天下至大,庶務至繁,斷非人主一身所能經理,必賴內外臣工協力贊襄,然後可以成一道同風之盛。若上有涼德之主,而下皆皋夔稷契之臣,則工虞水火佐理有人,政務亦不患其不舉。若上有堯舜之主,而下皆共工驩兜之輩,則耳目股肱無所資藉,政務亦必至於廢弛。故人君之道,以得人為要,而人臣之道,以奉職為先,此一定之理也。朕統臨萬方,雖刻刻有勵精圖治之念,然必賴內外臣工共矢公忠,各殫才力,然後有實政實效及於吏治民生,方可以感天和而錫繁祉。不然,則朕雖有勤政之念,豈能事事躬親辦理之也?今見數年之中,荷蒙上天、皇考默佑,疊錫嘉祥,茲又有河清之上瑞,朕細推天人感應之理,自非無因。應是內外臣工能體朕宵衣旰食之懷,洗陽奉陰違之習,分猷效職,有數端之善,上合昊天、皇考之心,是以錫茲福慶,以勵將來。爾等試再思之,人事甫修,僅有數端之善,即邀上天、皇考之嘉貺若此,倘能益竭忠誠,事事皆善,則其獲福又當何如?或由此而侈然自足,怠惰前修,則其獲譴又當如何?可不慎乎,可不懼乎?況天道惡盈,朕心方且因此益加戒儆,所請慶賀典禮,朕必不行。朕念君臣之間實屬一體,上天、皇考既垂訓於朕,朕即以此訓及諸臣,上天、皇考既賜福於朕,朕即以此福及諸臣。凡屬京官,自大學士尚書以下,主事以上,內大臣、都統、前鋒統領、護軍統領、步軍統領以下,參領以上;凡屬外官,自督、撫以下,知縣以上,武官自將軍、提、鎮以下,參將以上,俱著加一級。其王公等管理部院、都統事務者應如何加恩之處,著宗人府議奏。自茲以往,內外臣工當並加黽勉,精白乃心,和衷共濟,矢勤矢慎,秉公去私,凜天鑒之匪遙,念感應之不爽,以至誠至敬,仰承上天、皇考之眷佑,則受福孔多,永永弗替矣。勉之,勉之。欽此,欽遵"移咨前來。

查文職京官,內閣、部院各衙門堂官、詹事府中贊以上,翰林院講讀以上,並各部院衙門之郎中、員外、主事及與主事對品應陞員外郎等官,外官自督、撫、學政、司、道以及知府、知州、知縣正印官,俱遵奉諭旨加一級。其六科給事中、各道監察御史,雖係七品,多由各部郎中、員外、主事補授,其稽察巡查各有職任,應亦准其加級。至翰林院修撰、編檢,雖與科、道品級相同,並無專司職掌,應不准其加級。在外佐貳等官,以及布、按二司首領,概不准其加級。以上應加級現任各官,除初任及補任之員,在奉旨以前到任未及三月者俱不准其加級。其新經陞轉、調補各官,雖未及三月,在前任內應加級者,俱准於新任加級,恭候命下。臣部等部行文各部院等衙門,並八旗都統,直隸各省督、撫,順天、奉天府尹,將軍、提、鎮,將應加級各官註明到任日期,造冊送部查核存案等因。於雍正五年二月十八日奉旨:"翰林院修撰、檢討亦准其加級,餘依議。欽此。"合諮欽遵等因,諮會到臣衙門。

准此，臣隨等恭設香案，望闕叩頭謝恩欽遵外。伏念黃河澄清已為從來罕遇之嘉祥，而地連四省，期逾兩旬，洵屬亘古未有之奇瑞，是皆我皇上敬天純孝之聖德，精粹默孚之所感，乃內外文武臣工並蒙諭旨加級，臣等欣逢盛世，躬被殊恩，曷勝歡忭，除共矢心精白，黽勉奉職，[祗]祇承聖訓外，謹繕摺奏謝天恩，臣索琳、臣尹秦謹奏。

雍正五年四月初二日
巡視臺灣監察御史臣索琳
巡視臺灣監察御史臣尹秦

【硃批】：覽。

——《臺灣研究資料彙編》第一輯，第 2028～2040 頁

57.雍正五年四月初二日
巡臺御史索琳等奏報勦捕臺灣南路兇番摺

巡視臺灣監察御史臣索琳、巡視臺灣監察御史臣尹秦謹奏，為奏聞事。

雍正五年閏三月二十五日，據南路營參將林子龍、鳳山縣知縣臣蕭震並報，本月十五日二更時分，傀儡兇番至東勢莊殺死民人謝文奇、賴登新二人，並割去頭顱，並傷賴應南、賴應西、黃顯義等三人。莊民聞喊追趕，當將殺死謝文奇之兇番殺死，奪回謝文奇頭顱，另又殺死兇番一名等因。二十六日，據鳳山縣知縣臣蕭震、南路營守備臣柯連英稟報，於十八日從武洛社帶領兵番移駐於番仔崙，經遣通事訪知行兇傀儡乃係七齒岸社、大文里社之番，因山裡留社歹番勾引而出，隨於十九日蚤帶領兵番至山裡留社，該社男婦業已逃遁，遂焚蓧而還。二十一日，有傀儡加者惹也社土官遣番謝巳卯、小貴到營，稱伊土官聞大兵勦捕歹番，令伊等下山聽候吩咐。據稱東勢莊行兇係七齒岸社、大文里社、山裡留社之番，其阿猴社行兇係北葉社之巴思立、辛武里，亦有山豬毛社番在內，至於篤佳莊行兇之番則稱遠而不知，當經給賞，令伊回諭土官，傳諭行兇各社獻出兇番並割去頭顱去後。二十二日，帶領兵番抵山豬毛社山口，於二十三日黎明上山，直逼番巢，攻開社門，番眾逃竄，鎗傷傀儡四名，於番屋中搜得人頭三顆，仍回番仔崙社駐劄。當據港東里通事劉崎等稟稱，港東里傀儡勃朗錫幹社、望子立社、無朗逸社、加籠雅社、拜律社、加泵社、加無朗社、陳阿其難社、陳阿修社、柯律社、毛系系社、加走山社等社土官公稱，港西歹番原該征勦，我們港東各社從不下山作歹等語。二十五日，據加者惹也社番謝巳卯、小貴等

率同擺律社、則加則加單社番加勝武力、佳老武里呈送豬一口、番氈一領、番雞三隻、籐籠兩個、箴番箴十九個、青檳榔一百粒，並到軍前稟覆，小番土官遵至七齒岸、大文里等社傳諭，奈各番在逃未歸，容伊等回社後叫他獻出等情。隨經給賞，令其回諭土官，速飭七齒岸等社將兇番並頭顱獻出等因先後到臣衙門。除俟七齒岸等社番人就撫，獻出兇番另摺具奏外，所有南路文武稟報兇番傷人並勦捕港西里傀儡情形，理合一並奏聞。臣索琳、臣尹秦謹奏。

雍正五年四月初二日
巡視臺灣監察御史索琳
巡視臺灣監察御史尹秦

【硃批】：知道了。凡事當務治本之道。爾等既身在臺，遇事當詳悉推求，博採廣問，必得治臺之妙策，將永遠可行之處時時畫籌，得一主見方好。似此隨事支騰料理，亦不過小勤勞耳，朕不甚嘉獎也。勉之。但若見不透，信不及，不可亂言，惑朕與地方大臣之心耳。

——《臺灣研究資料彙編》第一輯，第 2041～2047 頁

58. 雍正五年四月二十日
巡臺御史索琳奏謝遵旨留任摺

巡視臺灣監察御史臣索琳謹奏，為恭謝天恩事。

本年四月初六日接准都察院劄付內開，為請更巡視臺灣御史事，刑科抄出本院題前事，於雍正五年二月二十四日題，三月初二日奉旨："索琳着再留任，與漢御史一同更換。欽此。"欽遵。抄出到院，相應劄付該御史遵照等因到臣。隨於臣署恭設香案望闕叩頭謝恩訖。竊臣一介庸愚，仰荷聖主特命巡察臺灣要地，蒞任以來，兢業自持，深恐隕越，上負朝廷。茲以請更巡視，命臣留任，與漢御史一同更換，聖恩高厚，難以上酬，惟有永矢精白之心，黽勉奉職，以竭匪懈之忱而已。臣索琳謹奏。

雍正五年四月二十日
巡視臺灣監察御史臣索琳

【硃批】：勉為之。

——《宮中檔雍正朝奏摺》第八輯，第 75～76 頁

59.雍正五年四月二十日

巡臺御史索琳等奏報臺灣南路兇番不法請議勦懲摺

巡視臺灣監察御史臣索琳、監察御史臣尹秦謹奏,為奏聞事。

本年四月十一日,據鳳山縣知縣蕭震、南路營守備臣柯連英並報,本月初三日據舊通事李來同加者惹也社番謝巳卯、小貴等拿解北葉巴思社兇番居頓物一名,並刀一把、鏢一枝到營,訊據該番供稱前在阿猴社行兇係山豬毛社番山留、冬卓、搭里、搭倫、石石、難朗、巴朗朗等,並有北葉辛武里社番佳洛同、打罔罔、礁巴連等,而巴思立社番只有洛仔篤和小番兩個,小番並未殺人,內礁巴連與搭里二番當被阿猴社番趕上殺死,那東勢莊行兇是七齒岸幾社的人,篤佳莊傷人的事實不曉得等語。初四日據加泵社女土官着伊母舅卅觔洛等,加走山社土官遣伊第九鬱、礁罔曷氏社土官遣伊男鹿仔篤,毛系系社土官遣伊男均曉等,施率臘社土官遣伊男隻目等同至營盤,呈獻番豬二口、番籐簍三箇、番帶一條,稟稱番們從歸化以來屢蒙賞賜,愚番也會感恩,番等土官叫來稟明,這七齒岸、大文里等社作歹,我們去問他要兇番,倘然不肯,定把他的社平了等情。隨經奬賞去後。初六日,據加者惹也社番謝巳卯、小貴稟覆,我們土官逼着北葉巴思立、辛武里的土官要拏兇番,據稱礁巴連業已被殺,居頓物又被拏了,外有佳洛同等已同山豬毛社番逃遁,一時難拏,今在佳洛同厝內搜出人頭一個,是阿猴社番的,叫我們帶來送上等情。初九日,據通事劉琦稟稱,加泵社女土官着伊夫久留帶領壯番連目等到七齒岸、大文里、山里留三社擒拏歹番,奈俱逃遁,止將番寮平毀等情。初十日,又據通事劉琦稟稱,加泵社女土官著伊夫久留報知,昨夜探望七齒岸、大文里兩社的番已回,請官兵帶同平埔番壯與本社番壯會合協拏等語。十一日,即帶兵、番至五溝水與加泵社番會合,乘夜進山,於十二日寅刻到七齒岸社,見有壯番數十守社,用炮攻開社門,打死社番一名,眾番遂各驚竄,卯刻到大文里社,番眾先已奔逃,官兵仍回番仔崙駐劄等情。併稱此時雨水甚多,不惟火器易濕,且溪河泛漲,勢難前進,玆加者惹也並加泵等大社既已傾心效順,而已征未□諸社又皆驚遁,若令各莊嚴加防範,目前諒可無虞,稟請暫撤兵、番等因前來。本月十三日,又據臺灣府知府臣孫魯報同前因,十八日,准臺灣鎮臣陳倫烱諮稱,前調南路營守備臣柯連英帶領官兵,同鳳山縣知縣蕭震帶領熟番,協捕傀儡兇番,據報勦過山豬毛社並助惡之山里目社、毛邦難社、賓膀龜臘社、加知務難社並山裡留社、七齒岸社、大八里社共八社,焚其番巢,兇番亦被火器中傷,但其登高履險,舉足便捷,不惟官兵不能追擒,即平埔熟番亦難追及。際今天時炎熱,溪水漲發,且值熟番耕種之時，據營縣稟請撤兵，經會商道、府，於本月十五日撤兵，十七日歸伍，仍於武洛社口撥把總一員，帶兵五十名駐防，又於阿里港安兵十名，又東勢莊逼近番山，亦撥兵三十名防禦，併諭各莊互相保護。如兇番冥頑不悛，至冬再議勦懲。所有被傷官兵四名，醫治已痊，除各發賞銀兩、銀牌以示獎勵外，其歸化之加泵社並加者惹也等社也俱經給賞等因先後各到臣衙門，所有鎮臣陳倫炯撤回委捕兇番弁兵，並鳳山縣知縣蕭震帶回熟番歸社日期，併歸誠効力各社及已勦各社情形，理合具摺奏聞。臣索琳、臣尹秦謹奏。

雍正五年四月二十日
巡視臺灣監察御史臣索琳
巡視臺灣監察御史臣尹秦

【硃批】:知道了。凡事不可絲毫隱諱。

——《宫中檔雍正朝奏摺》第八輯，第 76～78 頁

60. 雍正五年七月十六日
巡臺御史索琳等奏報臺灣生番殺人摺

巡視臺灣監察御史臣索琳、監察御史臣尹秦謹奏，為稟報事。

本年六月初四日，據北路營參將臣何勉、淡水同知臣王汧、彰化縣知縣臣張縞稟，據竹塹塘管隊寇得功、竹塹管事黃嘉植並報，莊民俞毓惠、危淑昌、賴漢舉三人於五月十二日入山砍鋸枋桷，俱被右武乃合歡山生番殺死，取其頭顱等情到臣衙門。除飭竹塹社土官、通事、鄉保、甲長等人協力訪緝兇番，並諮行鎮、道轉飭各該文武，嚴禁莊民，毋許擅入深山取木，以重民命外，理合據報奏聞，臣索琳、臣尹秦謹奏。

雍正五年七月十六日
巡視臺灣監察御史臣索琳
巡視臺灣監察御史臣尹秦

【硃批】:知道了。

——《宫中檔雍正朝奏摺》第八輯，第 557～558 頁

61.雍正五年七月十六日
巡臺御史索琳等奏繳硃批奏摺摺

巡視臺灣監察御史臣索琳、監察御史臣尹秦謹奏,為恭繳硃批事。

本年五月初七日,臣索琳家人自京賫回硃批臣摺諭旨,臣等恭設香案叩頭跪迎,啟讀之下,仰見睿慮周詳,奚啻親承聖訓。又於七月十三日,督臣高其倬交新任臺灣府知府臣俞存仁賫到硃批臣摺諭旨,臣等恭設香案,叩頭跪迎啟讀,除各銘心欽遵外,所有硃批原摺二件理合恭繳。再查五月初七日奉到硃批內有"協力,共勉之!"諭旨,臣等是以傳集各官公同閱看,飭令共勉,合併聲明。臣索琳、臣尹秦謹奏。

雍正五年七月十六日
巡視臺灣監察御史臣索琳
巡視臺灣監察御史臣尹秦

【硃批】:是。

——《宫中檔雍正朝奏摺》第八輯,第 558～559 頁

62.雍正五年八月十二日
巡臺御史索琳等奏陳臺郡田糧利弊摺

巡視臺灣監察御史臣索琳、監察御史臣尹秦謹奏,爲訪陳臺郡田糧利弊仰請聖裁事。

查得臺灣全郡盡屬沙壤,地氣長升不降,所有平原總名"草地",有力之家視其勢高而近溪澗淡水者,赴縣呈明四至,請給墾單,召佃開墾。其所開田園,總以甲計,每田一甲約抵內地之田十一畝有零。仍分上、中、下三則取租。上田每甲租穀八石八斗,中田每甲租穀七石四斗,下田每甲租穀五石五斗。上園每甲租穀五石,中園每甲租穀四石,下園每甲租穀二石四斗。此循鄭氏當日徵租舊額。

開臺之後,地方有司即照租徵糧,業戶以租交糧,而無餘粒,勢不得不將成熟之田園,以多報少,訪聞有以十甲之田園而止報四五甲者,此業主欺隱之弊也。至於佃丁自食代耕且備牛種,若果照甲還租,便鮮餘利,勢又不得不從傍私墾以瞞業主,訪聞有墾至二十甲,而止還十甲租穀者,此又佃丁欺隱之弊也。

輾轉相朦遂至百甲田園,完糧者不過二三十甲,此通臺相沿之大弊也。臣等始聞其說未敢遽信,及經訪察乃知實有其事,遂駭為天下罕有之大弊。後又細訪向來任其欺隱、不行清查之故,則其說有五:現徵科則,計畝分算,數倍於內地之糧額,若非以多報少,不能完納正供,此其說一也。臺灣沙地,每歲夏、秋大雨,山水奔瀉,田園衝為澗壑,而流沙壅積,熟田亦變荒壤,若非以多報少,將何補苴虧缺?此其說二也。臺地東南依山,西北臨海,所有田園並無堤岸保障,海風稍大,鹹水湧入,田園滷浸,必俟數年鹹味撤去之後,方可耕種,若非以多報少,何以抵納官糧?此其說三也。臺郡土脈炎熱,不宜用肥,兩三年後,力薄寡收,便須荒棄兩年,然後耕種,若非以多報少,焉能轉換辦公?此其說四也。佃丁悉係漳、泉、潮、惠客民,因貪地寬可以私墾,故冒險渡臺,設使按畝清查,不留餘地,則不惟水衝、沙壓、滷浸等項田園無所彌補,而以租作糧之額,力不能支,業主、佃丁勢必各回原籍,以致田園荒廢,額賦虛懸,且無良之輩或因此而激生事端亦未可料,此其說五也。臣等以前任臺灣府知府臣孫魯在臺年久熟悉情形,令其陳說,則與臣等訪聞無異。

再者臺島孤立海中,訪諸耆老咸稱從前每有海風為災,十年之內只有三四年收成,近賴盛朝洪福,颱颶不作,實為祥瑞,小民感戴不盡等語。然佃民至今猶將早晚雜糧穀種各地分植,蓋防早禾或者被風,猶有晚禾可收,不至饑寒也。故有謂臺地四季收成者,是指另地各種者而言,非指一地而可四番播種,有四次收穫也。夫田糧之欺隱若此,其所以致此欺隱而難以清釐者又若此,今宜作何變通,以除欺隱之弊,海疆重地,與內地不同,臣等愚昧,不敢輕議,亦不敢隱瞞,謹據實奏請聖裁。(【硃批】:此事非理臺急務,何必奏及此。)

至於北路彰化一帶,縣係新設,地稍偏遠,臣等見多未闢之土,亦宜召民開墾,以盡地利而益國賦。案查淡水同知臣王汧,經詳稱北路虎尾溪以上,閒原寬曠,其召民開墾之法:毋許以一人而包佔數里地面,止許農民自行領墾,一夫不得過五甲,十夫連環互保,內擇誠實之人爲長,定限三年,比照內地糧額起科。一夫為匪,並坐九人,一夫逃亡,逋課九人,覓補攤賠,使其互相稽察。再如熟番場地,向有姦棍認餉包墾、久假不歸之弊。若任其日被侵削,番眾無業可依,必至退處山內,漸漸變為生番。宜令大社留給水、旱地五百甲,中社留給水、旱地四百甲,小社留給水、旱地三百甲,號為"社田",以為社番耕種、牧獵之所,各立界牌,將田場甲數、四至刊載《全書》,使日後勢豪不得侵佔。其餘草地,悉行召墾,並限三年起科等因。臣等細加尋繹,事屬當行。惟召墾農民,似宜照臣等前摺所陳,亦令歸莊併甲,務使匪類、姦徒無處托足,以清盜源。(【硃批】:此初創之事或可為之,王汧必見可為而為之者也。)除一面移諮督臣高其倬外，理合逐一陳奏，伏乞皇上睿鑒施行。臣索琳、臣尹秦謹奏。

雍正五年八月十二日

巡視臺灣監察御史臣索琳

巡視臺灣監察御史臣尹秦

【硃批】：覽。

——《宫中檔雍正朝奏摺》第八輯，第 682～685 頁

63.雍正五年十月十三日
巡臺御史索琳等奏報臺郡收成分數摺

巡視臺灣監察御史臣索琳、監察御史臣尹秦謹奏，為臺郡農功已畢，恭報收成分數事。

臣等伏查臺灣南北二路相距甚遠，每月晴雨不盡相同，而田禾收成亦難畫一。臣等行據臺灣縣知縣臣張廷琰申報，本年春夏以來，雨水足用，早稻八分收成，晚稻九分收成，米每石時價一兩一錢七分，穀每石時價五錢七分。又行據鳳山縣知縣臣蕭震申報，今歲自春及秋雨水調勻，邑治早稻八分收成，晚稻九分收成，米每石時價一兩一錢六分，穀每石時價五錢五分。又行據諸羅縣知縣臣劉良璧申報，今年霖雨霑足，早稻九分收成，晚稻八分、七分收成不等，上米每石時價一兩一錢八分三釐，穀每石時價五錢四分六釐。又行據彰化縣知縣臣張縞申報，今年春夏雨水霑足，早稻七分收成，晚稻八分收成，米每石時價一兩一錢五分，穀每石時價五錢五分。各等因具覆前來。與臣等訪聞無異。再臺郡農民因今歲颱颶不作，雨澤頻施，將向日缺水難耕棄地亦皆荷插，是以今年所登之穀多於往歲。現在地方寧靜，閭閻樂業，此皆我皇上至誠上格，仁育下民所致。夫民以食為天，今此收成豐裕，在飽食煖衣之百姓勢易安分，苟守土之官能以精白之實心，教以孝悌忠信之大道，則臺灣雖係海外，其風俗亦易漸化於禮義，而無煩遠廑宸慮矣。臣索琳、臣尹秦謹奏。

雍正五年十月十三日

巡視臺灣監察御史臣索琳

巡視臺灣監察御史臣尹秦

【硃批】：深慰朕懷。

——《宫中檔雍正朝奏摺》第九輯，第 130～131 頁

64.雍正五年十一月初八日
巡臺御史索琳等奏參典史徐履謙虛冒兵糧濫役滋擾摺

巡視臺灣監察御史臣索琳、監察御史臣尹秦謹奏,為特參虛冒兵糧,濫役滋擾事。

該臣等訪得臺灣縣所屬新港司巡檢衙門額設書識一名、皂役二名外,另有弓兵一十八名,原為巡緝地方奸匪而設,乃署新港司巡檢事臺灣縣典史徐履謙敢於額設書識一名之外,多設書識陳吉、金發、林芳等三名,又私設貼寫陳達、林毓、陳祿、洪達、李章、蔡舉、陳陞、陳振、王泰、郭英、陳嵩等十一名,俱在鹿耳門汛口掛驗船隻,抄寫報單,並無弓兵名色。及臣等行據臺灣府知府臣俞存仁、臺灣縣知縣臣張廷琰查取弓兵名冊,則該署巡檢徐履謙即以貼寫陳達等十一人姓名造報,又捏開吳齊、趙吉等假名七名,以足十八名之數。仍於各名下或註退役,或註革逐,現在召補字樣。夫設兵原以緝暴衛民,若果或退或革,自應立時召補,豈可任其懸缺。再者,貼寫係刀筆之徒,巡兵乃弓矢之士,奚容假借影飾,明係虛冒兵糧,濫役滋擾。今據臺灣府知府臣俞存仁、臺灣縣知縣臣張廷琰查報前來,與臣等訪聞無異。所當特參,以儆劣員者也。為此繕摺具奏,伏乞皇上睿鑒施行。臣索琳、臣尹秦謹奏。

雍正五年十一月初八日
巡視臺灣監察御史臣索琳
巡視臺灣監察御史臣尹秦

【硃批】:朕總不□此奏所參者何人,可笑之極。

——《宫中檔雍正朝奏摺》第九輯,第 260 頁

65.雍正五年十二月二十一日
巡臺御史尹秦奏請頒發印信摺

巡視臺灣監察御史臣尹秦謹奏,為請頒印信事。

伏念臣奉旨管理臺灣學政,本年例係歲考,應即行考試,竊思考試生童,凡試卷、出榜以及紅案、發學、造冊送部等項,俱以印信為憑。伏查前臺灣道兼理學政,未奉部頒印信,凡一切學政應用印信之處,即以臺灣道印信通用。今臣無印信為憑,不敢冒昧遽行考試,理合奏明。伏乞皇上勅禮部頒發,俟印信到

臺之日,臣即矢公矢慎,實心辦理,不敢有負皇上任使之聖恩。臣尹秦謹奏。

雍正五年十二月二十一日

巡視臺灣監察御史臣尹秦

【硃批】:覽。[侯]候印者不是了。

——《宫中檔雍正朝奏摺》第九輯,第 508 頁

66.雍正六年二月十五日

巡視臺灣吏科給事中臣赫碩色等奏謝巡視臺灣摺

(首缺)聖訓。初四日自京起程,臣夏之芳復遵旨領賫部鑄學政關防,均於雍正六年二(中缺)二日到臺,循例於駐劄公所恭設香案,望闕叩頭謝(中缺)恩□□訖。伏念臺灣(中缺)入境(中缺)睿鑒事。竊臣等□報微臣(中缺)皇上天恩,(中缺)欽命巡視福建臺灣,於雍正□年十一月初(中缺)日恭請(中缺)行事□□臣等□□□□外,所有受(中缺)期,理合繕摺奏明,伏乞皇上睿鑒。臣等謹奏。

雍正六年二月十五日

巡視臺灣吏科掌印給事中臣赫碩色

巡視臺灣兼理學政監察御史臣夏之芳

【硃批】:覽。勉力和衷辦理,莫效禪濟布等無□□□負朕倚任也。

——《宫中檔雍正朝奏摺》第九輯,第 836～837 頁

67.雍正六年五月初六日

巡視臺灣吏科給事中赫碩色等奏報臺地雨水米價摺

□□□□□□掌印給事中臣赫碩色、□□□□□理學政監察御史臣夏之芳謹奏,為恭報臺地雨水情□□穀價值,仰慰睿懷事。

臣等查臺灣地廣人稠,歷年風雨調和,收成豐稔,地方相安無事。臣等到任以後時時採訪,更飭各地方官凡係天時風雨,民間種植,一切關係地方事務,令其十日一報,俟一季再行彙報,以資見聞。茲據各該縣報到,三春雨水調勻,麥收約八分有餘,目下插秧之時,甘霖疊沛,四野沾足,農民歡呼,正在及時耕

種。至各處米價每石一兩五分至一兩二三錢不等,穀價每石五錢至五錢四五分不等,俱不十分騰貴,民食充足,地方安靖,理合奏報,上慰睿懷。為此謹繕摺奏聞,伏乞皇上睿鑒。臣等謹奏。

雍正六年五月初六日

巡視臺灣吏科掌印給事中臣赫碩色

巡視臺灣兼理學政監察御史臣夏之芳

【硃批】:深慰朕懷。

——《宫中檔雍正朝奏摺》第十輯,第 394～395 頁

68.雍正六年五月初六日

巡視臺灣吏科給事中赫碩色等奏陳臺地事宜摺

□□□□□□□□給事中臣赫碩色、巡視臺灣兼理學政監察御史臣夏之芳謹奏,為敬陳臺地事宜,仰祈睿鑒事。

臣等奉命巡視臺灣,欽遵訓旨於到福建省城之日,向督臣高其倬請出欽交條奏臺灣諸摺,敬謹詳看,隨於到任之後悉心體察,逐一採訪。查得臺灣負山面海,地方遼遠,形勢險要,實屬閩廣江浙諸省之屏障。其間番民雜處,而外來之民尤紛雜難齊,奸良不一,最易生事。巡防兵丁亦不盡馴,文武官弁祇循故例就事了結,不能杜絕弊端。臣等以為法不嚴密,積弊不能盡除,謹將愚見所及臚列四條,敬為我皇上陳之。

一、宜嚴定處分,以重稽查也。查內地渡海,例給印照,從廈門出口至鹿耳門入口,皆由同知查驗,已經例有處分。近有一等棍徒,不僱客船,並不從廈門、鹿耳門出入,賄約數十人,或百餘人,置買船隻出沿海小口,偷渡到臺,棄船登岸。各口汛亦有拿解者,亦有賄縱反為指引者。及犯事逐水,或有故回籍,亦並不問其渡臺來歷,是根本不清,終難查核。臣等請嗣後給照來臺者,令海防同知並各地方官註明冊內;其從前來臺者,亦於保甲牌內註明來臺年月。遇有事故,先查從前來歷,如牌、冊無名,即係偷渡,訊出情由,將該犯所經由各口汛官弁,照失察例處分。庶各知顧忌,自實心查拿矣。(**【硃批】**:此一條理臺第一要事,但未必能實力奉行,不過空文悅朕眼目耳。)

一、宜嚴定條例,以懲奸匪也。臺民刁健,最善冒險為非。近來日禁偷渡、賭博、姦竊、結盟等事,而犯者不少。總因臺民犯事,不過枷責逐水。該犯狡獪性成,逐水未及數月,又頂替夾帶過臺,仍然為害。再犯再逐,循環不已而弊端

終不可絕。臣等請嗣後初犯法者重責枷號，將該犯面上刺字，解回本籍收管。面上有字，難以偷渡窩藏。如再潛身來臺及生事干法者，一經發覺，即議以徒流之罪另籍安插，庶各犯知警，亦驅匪安良之一法也。（**【硃批】**：甚是。但未必肯一一任怨而為之也，不過聲言奉旨，借此彙得市恩行小惠耳。）

一、宜互相查察，以肅軍紀也。臺地兵丁皆三年更換，內地提、鎮諸臣於兵丁換班之日，雖嚴加挑選，始行撥遣，而各營挑選之兵不盡過臺，每有半途賄買頂替者。凡熟習臺灣積慣生事之兵，前期換回，轉眼復來，到臺查點，不無容隱。臣等請嗣後凡換班兵丁到臺，皆令臺灣道會同該總兵、副將對冊查點，如有一名頂替，先將押送武弁議處，再將兵丁重責刺字逐水，並諮回本營，革除本兵及頂替兵名糧。至在營兵丁生事害民者，亦着該地方官審出真情，諮本營革糧，照平民一例刺字逐水，庶兵丁知所畏懼，各守法度矣。（**【硃批】**：此一條更難行矣，何也？有礙各營伍將弁，孰肯破顏為之也。）

一、宜添設官員，以密防守也。查臺灣一府內，臺灣、鳳山、諸羅三縣開闢已久，人民湊集，文武員弁駐劄相近，耳目易周。唯彰化一縣地方空闊，谷邃山深，奸民易匿，其地文官止同知、縣典史各一員，知縣有刑名錢穀之責，典史力微，不能遠巡，止靠同知一員巡查七八百里崎嶇之地，實難遍及。臣等查彰化縣東南竹腳藔至南北投貓霧捒一帶，係生番出入之所，應於適中之地添設巡檢一員，帶領民壯專巡沿山地方。彰化縣西北後[隴]壠至竹塹南嵌一路遼闊，口岸亦多，應於適中之地添設巡檢一員，帶領民壯專巡沿海地方，總令同知管轄，庶南北呼應靈通，而稽查易遍矣。（**【硃批】**：與督、撫商酌具題。）

以上四條芻蕘之見，未知有當聖明，臣等奉命出巡，為地方起見，凡愚見所及，不敢隱匿，因不揣冒昧，謹繕摺奏聞，伏乞皇上睿鑒施行，臣等不勝戰慄隕越之至。謹奏。

雍正六年五月初六日

巡視臺灣吏科掌印給事中臣赫碩色

巡視臺灣兼理學政監察御史臣夏之芳

【硃批】：上三條果能實力行之，朕無憂矣。但可保其必不能而必不肯也。朕實難批"嘉"、"是"二字。

——《宫中檔雍正朝奏摺》第十輯，第 395～397 頁

69.雍正六年八月十八日

巡視臺灣吏科給事中赫碩色等奏報臺地雨水米價摺

巡視臺灣吏科掌印給事中臣赫碩色、巡視臺灣兼理學政監察御史臣夏之芳謹奏,爲敬陳臺地雨水穀價,仰慰聖懷事。

臣等查得臺灣各屬地方自春入夏,雨水調匀,布種插秧俱極沾足,早禾已經收割。唯七月望後雨澤稀少,晚禾正在[須]需雨之時,臣等率同該地方官設壇祈禱,先經屢次得雨,而未能普徧;及八月十三、十四等日大沛甘霖,四野沾足,據各該縣飛報前來,全臺俱經得雨,晚禾正當秀茂,農民稱慶,闔郡歡騰,秋成已在望矣。至近來米穀價值,臣等逐日訪問,又行據各該縣確查禀報,米價每石一兩五分至一兩二三錢不等,穀價每石四錢一二分至五錢不等,較之春夏之價俱屬平減,並不騰貴,民食充足,地方安静。臣等訪查所及,理合繕摺奏聞,上慰聖懷,伏乞皇上睿鑒,臣等謹奏。

雍正六年八月十八日

巡視臺灣吏科掌印給事中臣赫碩色

巡視臺灣兼理學政監察御史臣夏之芳

【硃批】:深慰朕懷,此奏只務無欺隱、不粉飾爲要。

——《宫中檔雍正朝奏摺》第十一輯,第 122～123 頁

70.雍正六年八月十八日

巡視臺灣吏科給事中赫碩色等奏陳臺灣地方事宜摺

巡視臺灣吏科掌印給事中臣赫碩色、巡視臺灣兼理學政監察御史臣夏之芳謹奏,爲敬陳臺地事宜,仰祈睿鑒事。

臣等奉命巡視臺灣,欽遵聖訓,和衷辦事,悉心料理,數月以來日夕冰兢,時爲訪察。凡遇關係地方事務,應移知督、撫者,即陸續移知,飭令該地方官加謹辦理。至民間結盟、賭博、賽會、奸竊等事應行查禁者,亦屢諭該地方官密訪嚴拿,隨時整頓。近來軍民相安,地方寧静。但查臺灣綿亘二千餘里,數十年來土田日闢,人民愈繁,其間土番安分守業,猶爲馴良,唯各處流民湊集,奸匪易生,兼之舊習刁頑,民情險健,知利而不知害,喜動而不喜静,視糾衆爲兒戲,以作奸爲泛常,防範少疏,百弊叢出。臣等以邊海重地必立法詳密,永固根基,

使防禦有資，緩急有恃，方可久安長治。臣等採訪之下，愚見所及約有三條，不揣冒昧，敬爲我皇上陳之。

一、清查奸匪宜責成業主也。臺灣日編保甲，思靖地方，究竟門牌雖設而奸匪終無可稽，其弊皆因在城者少，散處者多；成家者少，單丁、獨漢者多。向來臺地有田之人謂之業主，召募流民種地研糖即謂之佃丁，又謂之雇工，内地來臺餬口者，大概不出此二種。業主利其力作，不問奸良，或數十人，或數百人混雜一處，並不查考，結盟、聚衆、行竊、謀匪無所不爲，及至犯事，又屢更姓名以未入家甲爲辭。該地方官因循姑息，不能窮究根原，其實業主始則容留養奸，繼則推卸遠害，貽累地方，莫此爲甚。臣等愚見以爲，城市之保甲仍按籍編查，至各莊保甲必宜責成業主，業主田多皆各有管事，應於各莊以管事爲保甲之首，其游民投傭伊莊内者，皆令稽查，必來歷有據，引保有人，方容居住，仍於各莊設循環印簿二本，即將留住之人年貌、籍貫、來歷、引保、到莊日期、居住、鄰甲，照門牌詳注簿内，逐季彙集印簿，送縣查驗。如有犯事者，先查其業主管事何人，小事連坐管事，大事並坐業主，彼畏其拖累，必先自行盤察以清其原。此外再有遺漏家甲者，查出並坐房主，如此則臺地無不歸家甲之人，而既歸家甲者，又互相稽查，難以容隱，此實清理奸匪之法也。

一、操練兵丁宜嚴查器械也。凡各營兵丁必歸隊伍，其所執器械亦必堅利，方使軍容整肅，臨時足以資用。查臺灣兵丁俱係内地撥遣，而撥兵之時止論人數，不論各兵所習技勇，往往換至臺灣器械參差不齊，且聞内地各營派往臺灣之兵，其軍器堅好者多留與本營使用，臨時隨便抽換帶至臺灣，以至軍器多有不堅利者，兵丁既無力另備；又舊例，凡臺地軍器皆由省城製造，不許本地繕修，及至將器械修成，兵丁操演將熟，而更換之期又至矣，似此軍器不整殊非防禦之道。臣等愚見，請嗣後先令臺灣各營議定某營鎗手若干、籐牌若干、弓箭等項若干，計其總數移知内地各營均派，令所派兵丁各帶素習精良軍器，不許臨時抽換，該衙門職司查點者，將軍器逐一查對，各寫記號封交押送之弁員，如有不堪用者，即於内地發回另換，到臺之日，照議定之數逐一點收，給還各兵。即以原營各兵酌撥各營，以内地成隊之兵入臺地各營之隊，人器相習，亦易操練，可無參差不齊之患。至三年内有軍器一時破壞者，再議令内地每年酌量預備更換，則軍容整肅、軍器堅利，於防禦之法似有裨益矣。

一、澎湖兵米宜就近存貯也。查澎湖爲内地外洋之接應，設立水師關係甚大。其左、右二營共兵二千名，每年兵米七千零八十石，向來俱將府城倉穀支給，按季轉運，但中隔大洋，或風信靡常，未免需時守候。澎湖既爲接應之地，駐有水師兵丁，則兵糧自應就近存貯，以備緩急，方使呼應得靈。臣等愚見以爲,應在澎湖建倉,約貯米可供兵食一年或半年實貯,在澎湖陸續散給,即陸續運補,務於貯倉實數,無使缺少;偶值風信阻滯,貯倉之米足備緩急,而孤島之弁兵可常恃以自固。且向來澎湖衹設巡檢一員,恐職小不能監守。今既改設通判,可司收放之責,令其平時轉運收倉,臨期會同營弁支放,似於兵食較便。至蓋倉若干間,需費若干,恭候俞允之日,令督、撫查議。

以上三條,皆因臺地孤懸海外,舊屬巖疆,欲永爲保固之計,必思有備無患,臣等芻蕘之見,知識短淺,念受恩深重,日思報効,愚見所及,不敢不盡陳於君父之前。如臣言可採,伏乞皇上飭下督、撫,詳議施行,爲此謹奏。

雍正六年八月十八日

巡視臺灣吏科掌印給事中臣赫碩色

巡視臺灣兼理學政監察御史臣夏之芳

【硃批】:所奏甚屬可嘉,另有旨諭。

——《宫中檔雍正朝奏摺》第十一輯,第 123～126 頁

71.雍正六年十一月初四日

巡視臺灣吏科給事中赫碩色等奏報察閲臺灣陸路水師操演摺

巡視臺灣吏科掌印給事中臣赫碩色、巡視臺灣兼理學政監察御史臣夏之芳謹奏,爲恭報閲操日期事。

臣等奉命巡視臺灣,所有陸路水師一切營務理宜查察,隨於到任之後悉心察訪,其因時聞見關係營務者,已經敬謹繕摺奏聞。查每年舊例,應各閲水旱操一次,當經移會該鎮協訂期會閲。除澎湖副將臣吕瑞麟陞遷離任,現在署員尚未到任外,今於本年十月十八日據安平鎮副將臣康陵造送水師三營戰船兵弁清册到臣衙門,臣等即於本日閲看水操,又於十一月初三日據臺灣鎮總兵臣王郡移送陸路三營兵弁清册到臣衙門,臣等亦於本日閲看旱操。查水旱各營多係新换班兵,鎮臣王郡等俱及時操練,軍容尚屬嚴飭。海疆重地,水陸營務關係緊要,所有閲操日期理合據實奏聞,伏乞皇上睿鑒,臣等謹奏。

雍正六年十一月初四日

巡視臺灣吏科掌印給事中臣赫碩色

巡視臺灣兼理學政監察御史臣夏之芳

【硃批】:覽。

——《宫中檔雍正朝奏摺》第十一輯,第 685～686 頁

72.雍正六年十一月初四日
巡視臺灣吏科給事中赫碩色等奏報臺灣地方收成米價摺

巡視臺灣吏科掌印給事中臣赫碩色、巡視臺灣兼理學政監察御史臣夏之芳謹奏,爲恭報臺地□成分數、米穀價值,仰慰聖懷事。

臣等查得臺灣所屬地方,自春及夏,雨水調勻,唯七月間雨水稍覺愆期,八月即連得大雨,田禾沾潤,各種稻穀以及蔴豆、芒蔗,一切雜糧俱已成熟。今正值收獲之時,除臣等陸續訪聞外,復行查各該縣令確報收成分數並米穀價值去後。兹據臺灣縣知縣張廷琰詳稱,臺灣縣收成計有七分,米價每石一兩三錢零,穀價每石五錢零。署鳳山縣事諸羅縣知縣劉良璧詳稱,鳳山縣收成計有七分,米價每石一兩二錢零,穀價每石四錢零。又稱諸羅縣收成計有八分,米價每石一兩二錢零,穀價每石四錢零。彰化縣知縣湯啓聲詳稱,彰化縣收成計有八分,米價每石一兩零,穀價每石三錢零各等因到臣。與臣等訪聞無異。查田地有近山、近水之别,故收成分數不等,米穀有運費多寡之分,故價值亦復不一。就通臺合算俱屬豐稔,米價亦平。目下民食充腴,地方安静,皆仰賴我皇上福庇蒼生,膏流薄海,故歷年五穀豐登,海疆人民安居樂業。所有收成分數、米穀價值理合奏聞,仰慰聖懷,爲此謹奏。

雍正六年十一月初四日

巡視臺灣吏科掌印給事中臣赫碩色

巡視臺灣兼理學政監察御史臣夏之芳

【硃批】:在臺米價而論仍屬昂,是何故也?

——《宫中檔雍正朝奏摺》第十一輯,第 686 頁

73.雍正六年十一月初四日
巡臺御史夏之芳奏陳臺灣地方學政事宜摺

巡視臺灣兼理學政監察御史臣夏之芳謹奏，爲敬陳臺地學校事宜，仰祈睿鑒事。

臣奉命巡視臺灣兼理學政，其巡察地方之事皆與吏科掌印給事中臣赫碩色謹遵聖訓，和衷料理，所有管見隨公同繕摺奏聞。至於學政事務，臣自開印視事即刻刻整理。查臺灣地方久入版圖，仰沐國家教養深恩，歷今四十餘載。其間士子習俗，漸已蒸蒸丕變，但未經清查冒籍之先，人多紛雜。從前約束，未能畫一。臣到任後見貢、監生員頗有不知禮法、不愛名節者。又好爲夥衆，連名興詞起訟，一切辱身敗品之事，毫不顧避。臣仰體皇上培養士風之至意，再三布告，嚴爲申飭，仍令各該學教官示諭飭禁，使知改悔。其有生事犯禁者，分別輕重，斥革懲治，近來稍遵約束。祇恐舊習相沿，未能始終如一。似此海外巖疆，地勢孤遠，士習不醇，關係民風不淺。臣再四思維，除現在頒行條例謹守奉行外，其因地制宜更應調劑者，愚見所及約有四條，不揣固陋，敬爲我皇上陳之。

一、錢糧宜立的名以便稽查也。查臺灣文武生員已經遵旨，查其有田有屋入籍既定之人，准令留臺在案。但臺灣舊例，田地納糧多非的名，亦非本人自納，其故止因臺地額輸穀石，山溪險隘，本人艱於轉輸，往往委之管事代納，及至錢糧不清，互相推諉，而貢、監生員每恃有護符，從中包攬脱卸，多生事端。或己身並無田地，將他人之田指爲己業，希圖占籍，留臺冒考。總由糧非的名，弊竇遂難釐剔。臣請嗣後飭令臺屬各該縣逐一清查，令貢、監生員凡有田産皆改正的名，輸糧不許假借。如此則糧册既清，一有包攬脱卸，易於指名詳究，而無田之人亦不得借此混冒籍貫矣。

一、貢監宜示畫一，以便懲治也。查雍正五年禮部等衙門議覆，捐納貢監有應行褫革者，令該地方官詳報督、撫、學臣，其事屬督、撫者，准督、撫移咨學臣；事屬學臣者，准學臣移咨督、撫。一面褫革，一面報部等因奉旨："依議。"欽遵在案。但臺灣地在海外，貢、監恃符生事者不少，其所犯皆係有司衙門事務，該衙門理宜申詳督、撫，在學臣雖有褫革之權，而事屬督、撫，必候督、撫批行，方能審理。督、撫遠隔重洋，文移往來動經數月，有司或畏其稽遲拖累，從輕歸結，則伊等愈無畏懼。臣請嗣後臺灣府所屬貢、監飭令各該縣預造清册送學臣衙門，如有應行褫革者，就近徑詳學臣，照生員例先行褫革，追照注册，使該衙門便於速行審理。至所犯事件，仍照例詳報督、撫，歸督、撫衙門結案，一併咨部,如此則事件既易完結,伊等亦知顧忌矣。

一、給頂生員宜另法稽查也。查文武生員,三年例有歲試,各該學又有月課、季考,皆以稽其人品、學問,詳定優劣以示勸懲也。獨有告給衣頂之文、武生員不在考課之列,日與教官疎遠,難以查察,往往散處孤村遠社,借倚生員名色包攬事情,武斷鄉曲;又或串通各衙門胥吏,專作訟師,種種非爲,貽害地方不淺。臣請嗣後給頂生員照例五人互結外,仍令該教官不時驗看稽查,並於歲試之期另造優劣清册,出具並無生事過犯印結,一同送學臣查察。如有行止不端者,詳請褫革;若該教官隱狥,察出亦并議處。如此,則不應考之文、武生員有可稽查,而地方亦漸省事矣。

一、鄉試中式宜另立字號也。查臺灣貢、監生員與内地一體鄉試,但海外文風稍遜内地,從前文場中式者皆係内地冒籍之人,本籍並無一人中式。以致讀書之士,平日既囿於見聞,又未身歷科名進取之榮,遂爾器量愈隘,不思上進。以臣愚見,嗣後鄉試之年,可否於内地八府之外,另立"臺"字號,酌量於正額數内分中一二名,庶海外人材仰沐皇上格外之恩,亦得上入京師觀光謁選。伊等必愈知鼓舞,加意振興,且可共識効力從公之大義,此亦鼓勵邊方之一法也。

以上四條,臣芻蕘末議,識見短淺,敷陳之下,實切悚惶。祇因臺地士習不醇,思以勸懲兼用,使之畏法奉公,並導以輸誠向化之志。愚見所及,謹繕摺奏聞,伏乞皇上睿鑒施行。臣謹奏。

雍正六年十一月初四日

巡視臺灣兼理學政監察御史臣夏之芳

【硃批】:該部議奏。[侯]候旨。

——《宫中檔雍正朝奏摺》第十一輯,第687～689頁

74.雍正六年十二月初六日

巡視臺灣吏科給事中赫碩色等奏報臺灣地方太平嘉瑞摺

巡視臺灣吏科掌印給事中臣赫碩色、巡視臺灣兼理學政監察御史臣夏之芳謹奏,爲奏聞事。

雍正六年十二月初一日,據臺灣縣知縣張廷琰詳稱,該縣東安坊糧長黄智

報稱，本坊居民魏連妻陳氏於本年十一月二十四日一產四男，隨經該縣取結詳報到臣衙門。臣等正在繕摺奏聞間，又於本月初五日據該縣詳稱，本縣東安坊士民王佐等報稱，本坊居民楊紹芳，原籍漳州府漳浦縣人，入籍在臺，務農安業，今壽登一百七歲，例應舉報，隨經該縣確查取結亦詳報到臣衙門。臣等查臺灣久沐國家養育深恩，歷年海不揚波，時和歲豐，人民皆安居樂業，今添丁則一產四男，養老則年逾百歲，皆由聖朝久道化成，太和洋溢，以致人瑞疊見，盛事頻仍，既見陰陽調燮，化育繁衍，實足昭國運昌明，壽世壽民之盛治。臣等聞見所及，似此太平嘉瑞，理合繕摺奏聞，伏乞皇上睿鑒。臣等謹奏。

雍正六年十二月初六日

巡視臺灣吏科掌印給事中臣赫碩色

巡視臺灣兼理學政監察御史臣夏之芳

【硃批】：此皆題奏之事，多此一番煩瀆何爲？

——《宫中檔雍正朝奏摺》第十一輯，第 919～920 頁

75. 雍正六年十二月初六日 巡視臺灣吏科給事中赫碩色等奏繳硃批奏摺摺

巡視臺灣吏科掌印給事中臣赫碩色、巡視臺灣兼理學政監察御史臣夏之芳謹奏，爲恭繳硃批事。

本年十一月二十二日，據督臣高其倬發交臺灣鎮標右營守備林天爵敬賫硃批臣摺到臺，臣等隨恭設香案叩頭跪迎，伏讀聖訓指示周詳，臣等欽遵奉行，感悚交並，其條奏内一件，爲添設官員以密防守事，奉硃批："與督、撫商酌具題。欽此。"欽遵。除一面移咨該督、撫商酌具題外，所有硃批原摺五件，理合恭繳。爲此謹奏。

雍正六年十二月初六日

巡視臺灣吏科掌印給事中臣赫碩色

巡視臺灣兼理學政監察御史臣夏之芳

【硃批】：知道了。

——《宫中檔雍正朝奏摺》第十一輯，第 920 頁

76.雍正七年正月十八日
巡視臺灣吏科給事中赫碩色等奏謝奉旨再留任一年摺

巡視臺灣吏科掌印給事中臣赫碩色、巡視臺灣兼理學政監察御史臣夏之芳謹奏,爲恭謝天恩事。

本年正月十五日准督臣高其倬咨文内開,爲請更巡視臺灣官員事。雍正六年十二月十六日准都察院咨開,刑科抄出雍正六年十一月初六日奏前事,初八日奉旨:"赫碩色、夏之芳着再留臺灣巡視一年。欽此。"移知到臣。臣等隨恭設香案,望闕叩頭謝恩訖。伏思臣等奉命出巡一年以來,毫無報稱,兹復蒙天恩再留一年,聞命之下益切悚惶。臣等唯有和衷料理,實心辦事,竭盡愚誠,保固海疆,以仰酬高厚於萬一爾。爲此謹繕摺恭謝天恩,伏乞皇上睿鑒。臣等謹奏。

雍正七年正月十八日

巡視臺灣吏科掌印給事中臣赫碩色

巡視臺灣兼理學政監察御史臣夏之芳

【硃批】:竭力勉爲之。

——《宫中檔雍正朝奏摺》第十二輯,第 215 頁

77.雍正七年正月十八日
巡視臺灣吏科給事中赫碩色等奏報鳳山縣生番殺人摺

巡視臺灣吏科掌印給事中臣赫碩色、巡視臺灣兼理學政監察御史臣夏之芳謹奏,爲奏聞事。

臣等奉命巡視臺灣,凡一切關係地方事務,理宜悉心訪察。今於本年正月初三日訪得臺灣府屬之鳳山縣地方,有傀儡生番殺人一事,隨即行文該府並該營弁確查去後。續據該府俞存仁詳,據該縣詳稱,番民舊有一定界限,情因雍正六年十二月二十八日鳳山縣長興莊管事邱仁山等領本莊佃民越界,侵入傀儡山開水灌田,致被傀儡生番潛伏殺傷邱仁山等一十二人,復追入竹葉莊殺傷佃民張子仁等二人,當經該縣勘明舊定番界,并親行相驗。據稱長興莊開水之處並竹葉一莊實係界外番地,莊民擅入番界以致被殺等因到臣衙門。臣等查番民地界久立定限,不許民人侵入番界,已經屢行嚴禁。兹愚民貪開水利,擅入番界被殺,雖與生番出山擾害不同,但殺傷人命至一十四人之多,亦漸不可

長,除一面飭令該地方文武官弁設法緝捕兇番,並移知該督、撫查參失察職名外,所有生番殺人緣由,理合繕摺奏聞,伏乞皇上睿鑒。臣等謹奏。

雍正七年正月十八日

巡視臺灣吏科掌印給事中臣赫碩色

巡視臺灣兼理學政監察御史臣夏之芳

【硃批】:自然過在内地佃民也。此皆地方官平素不實力嚴察之所致,及爾等亦難辭疎忽之咎。既生出事端,飭令設法緝捕,有何益也。汝等來時,朕諄諄訓諭,但畫清界限,令熟番、生番、百姓各安生理,不相互爲侵擾,則可保相安無事之諭,汝等忘記耶?向後當防事於未然,方爲治地方之道,若如此隨事整飭,恐不勝其煩矣。總之,汝等庸才之輩,虛應故事者多,實心任事者少,奈何?

——《宫中檔雍正朝奏摺》第十二輯,第 216 頁

78.雍正七年三月十六日 巡視臺灣吏科給事中赫碩色等奏陳臺灣地方事宜摺

巡視臺灣吏科掌印給事中臣赫碩色、巡視臺灣兼理學政監察御史臣夏之芳謹奏,爲敬陳臺地事宜,仰祈睿鑒事。

臣等奉命出巡一年以來,悉心採訪,凡有關係地方事務,皆思斟酌調劑,隨時措置,保護海疆,以期不負聖恩委任。近來地方寧静,米穀充盈,兵民相安,臣等仰體皇上安益求安之至意,不敢不時加謹慎,刻爲訪察,所有臺地尚須斟酌事宜,愚見所及,敬爲我皇上陳之。

一、番民界限宜定例嚴禁也。查臺地番民共處,止可令其各安本分,不可令其互相固結。在熟番納餉當差,甚屬醇良。獨生番性極蠢頑,好以殺人爲事。從前雖經畫界禁止民人出入,而生番之害不能盡絶。臣等細察情形,聞向來内地奸民,間有學習番語,娶其番婦,認爲親戚,居住生番界内者。並將外間所有鹽、鐵、火藥等物販賣與番。從前番社所有鏢、箭等物,皆製造極粗,無多器械;今搜出鎗、刀、木牌頗覺堅利,更有火藥、鳥槍等物,恐係漢人在内爲之教習。若及今不爲嚴禁,將來番民合一,潛匿深山,關係地方不淺。臣等愚見,請嗣後更定嚴例,畫定生番界址,不許番民出入販賣物件,一切火藥、鹽、鐵尤宜查禁。將生番社内通事一概革逐,如有擅入生番界内並販賣違禁物件者,定例置以重典。(**【硃批】**:第一妙策。)其地方官弁縱容失察者,亦定議加倍治罪。如此庶生番不致爲害,而地方可相安無事矣。

一、試用人員宜量發海疆也。查臺灣遠隔重洋,所有道、府、縣以及佐貳等官舊有定額,平時各供厥職,可無貽誤。但該員每有陞遷事故,離任者不得不委員署理。海上風信靡常,每有一員離任,而委署之員不能驟到,該道、府又不便擅行另委,即或有事暫令他員代理,究無着實辦事之員。人缺虛懸,動至經旬彌月。似此海疆重地,難容一日無官。臣等已屢移知該督、撫,必令署事與離任之員,人文一齊并到,以免員缺久懸之患。但臣等細思,地屬巖疆,非得歷練之員難以勝任,與其臨時委署,不若預使練習。可否於本省揀發人員内,令該督、撫選其老成廉幹者,預發一二人,令其先駐臺郡,給以本職額俸,平常無事,凡地方人情風土既可親切見聞,或有要緊公務,聽道、府委派協辦,一遇有陞遷事故離任之缺,即着署理試看。果能勝任,該道、府申詳督、撫酌量題請實授,其不稱職者令回内地,或竟行揭參。該員委署之後,再詳明督、撫揀發,以便將來遴委。如此庶可免海上羈遲之弊,而該員練習既久,人地相宜,於地方公務或可無誤矣。(【硃批】:是。言之督、撫。)

以上二條,臣等因海疆重大,必求保固之法,所有愚昧之見,不敢不陳於君父之前,如臣言可採,伏乞皇上勅下督、撫詳議施行,臣等謹奏。

雍正七年三月十六日

巡視臺灣吏科掌印給事中臣赫碩色

巡視臺灣兼理學政監察御史臣夏之芳

【硃批】:覽。

——《宫中檔雍正朝奏摺》第十二輯,第688~689頁

79.雍正七年三月十六日

巡視臺灣吏科給事中赫碩色等奏報鳳山縣生番潛出殺人摺

巡視臺灣吏科掌印給事中臣赫碩色、巡視臺灣兼理學政監察御史臣夏之芳謹奏,爲奏聞事。

臣等查得臺灣府屬之鳳山縣有傀儡生番,向來遠在界外,不與熟番並處。雍正六年十二月二十八日有長興莊民邱仁山等因開圳取水,被生番潛出殺傷一十四人,已經臣等據實摺奏在案。正在移知該督、撫,並經鎮臣王郡、道臣孫國璽酌量勦捕間。又據署鳳山縣知縣彭之曇報稱,本年二月初一日生番又行

潛出殺傷熟番七命等因前來。隨經該鎮、道一面申報該督、撫,一面撥遣官兵並番丁民壯,於二月十六日前往山猪毛、山里目等社搜捕兇番去後。今據領兵鎮標中營遊擊靳光瀚、署海防同知劉浴,並鄰境協捕諸羅縣知縣劉良璧陸續報稱,進山搜捕數次,搜出被殺熟番頭顱二顆,刀箭、鏢鎗、火藥等物,又殺死生番七人並擒獲生番二十人,即於三月十四日將兵丁番壯撤回各等因具報到臣衙門。臣等伏查生番殺人,原係無知,今所擒生番是否殺人兇犯,須分別懲治,示以威信,方能允服其心。除飭令該地方官分別審擬詳報該督、撫定案,仍加意撫輯餘番外,所有勦捕生番緣由,理合繕摺奏聞。

再臣等查海疆重地,知縣一官必勤謹廉幹、實心辦事之員方能勝任。今署鳳山縣知縣彭之曇於雍正六年十二月二十六日到任,二十八日即有生番殺人之事,其時該縣到任未久,情或可原。但嗣後緝捕防禦,理宜分外加嚴。乃一月之間生番又復殺人,及至撥兵勦捕,在該縣境内將及一月。鄰近之知縣方且親率番壯協力攻截,而該縣置若罔聞,全不料理。及乘此時通詳告病,借此謝過。似此怠玩推諉,殊爲溺職。若仍姑留海疆,官員從此效尤,何以整理地方?除一面移知該督、撫另委賢員署理外,所有溺職知縣彭之曇理合一併附參。伏乞皇上睿鑒施行。臣等謹奏。

雍正七年三月十六日

巡視臺灣吏科掌印給事中臣赫碩色

巡視臺灣兼理學政監察御史臣夏之芳

【硃批】:是。此等劣員,萬不可姑容。況在臺官弁猶爲切要,但須秉公,亦不可苛刻。

——《宫中檔雍正朝奏摺》第十二輯,第690～691頁

80.雍正七年三月十六日

巡視臺灣吏科給事中赫碩色等奏謝賜給哈密瓜摺

巡視臺灣吏科掌印給事中臣赫碩色、巡視臺灣兼理學政監察御史臣夏之芳謹奏,爲恭謝天恩事。

雍正七年二月十五日,臺灣鎮總兵臣王郡進摺家人回臺,仰蒙皇上天恩,賞臣赫碩色哈密瓜一個,臣夏之芳哈密瓜一個,臣等隨恭設香案,望闕叩頭祗受訖。正在繕摺謝恩,並將地方事宜摺奏間,續准督臣高其倬發交臺灣鎮標左營外委千總朱上麟賫捧硃批臣等奏摺到臺,又蒙聖恩,賞臣赫碩色御書福字一

幅、貂皮十張，臣夏之芳御書福字一幅、貂皮十張。臣等復恭設香案，望闕叩頭祇受訖。伏思臣等微末小臣，毫無報稱，叠蒙皇恩寵錫，賞賚頻施，祇受之餘，感激悚惶，一心交并，唯有和衷料理，實心辦事，竭盡駑駘，以仰報高厚於萬一耳。爲此謹繕摺恭謝天恩，伏乞皇上睿鑒。臣等謹奏。

雍正七年三月十六日

巡視臺灣吏科掌印給事中臣赫碩色

巡視臺灣兼理學政監察御史臣夏之芳

【硃批】:覽。

——《宫中檔雍正朝奏摺》第十二輯，第 691～692 頁

81.雍正七年閏七月初十日

巡視臺灣吏科給事中赫碩色等奏報臺灣地方雨水并糧價摺

巡視臺灣吏科掌印給事中臣赫碩色、巡視臺灣兼理學政監察御史臣夏之芳謹奏，爲報明臺地雨水情形米穀價值，仰慰聖懷事。

臣等查臺灣地方本年自春夏至今，雨水調匀，二麥豐收。目下蚤穀已登，晚禾正在需雨之時，七月二十六、七等日，大雨如注，四野霑足。唯二十六日夜間下雨之時，挾有大風，海水浪湧，洋内船隻、人口有被漂失者，海邊多年之房屋有被吹倒者。屋内民人躲避無損，其餘居民亦各安堵如故。臣等隨行文該府、縣，令其履畝親勘田禾雨水情形。據稱甘雨及時，全臺俱遍，蚤禾已經收割，晚禾正在布種。已栽插者，得雨更茂；未栽插者，趁水栽插。雨水充足，農民皆及時力作，今秋可望豐收等語，與臣訪聞無異。

至米穀價值，春夏以來頗屬平減。現今每米一石價銀九錢至一兩七八分不等。每穀一石價銀三錢二三分至四錢不等。全臺地方民食充腴，人情安帖，理合繕摺奏聞，仰慰聖懷。伏乞皇上睿鑒。臣等謹奏。

雍正七年閏七月初十日

巡視臺灣吏科掌印給事中臣赫碩色

巡視臺灣兼理學政監察御史臣夏之芳

【硃批】:覽。

——《宫中檔雍正朝奏摺》第十三輯，第 845 頁

82.雍正七年閏七月二十九日
巡視臺灣吏科給事中赫碩色等奏報臺灣被風情形摺

巡視臺灣吏科掌印給事中臣赫碩色、巡視臺灣兼理學政監察御史臣夏之芳謹奏，為奏聞事。

臣等查臺灣孤處海邊，難免颱颶。本年七月正在望雨之時，二十六日霖雨沾溉，海風大作，其飄失船隻、人口，吹倒房屋，業經臣等於奏報雨水摺內聲明在案。因臺灣地方遼闊，海面甚廣，當即飭令該官弁一面料理，一面遍行詳查去後。兹據署臺灣府知府沈起元彙報各該縣被風詳悉情形，內稱各處倉厫完固，禾苗茂盛無損。確查得南北一帶海口擊破民船一百餘隻，溺死船戶、水手二百餘名，隨經署海防同知劉浴逐一收埋安插。又府治木城吹倒一百三十餘丈。臺灣縣各坊里吹倒瓦房二百餘間，草房六百餘間，溺死海口二人，餘俱無損。鳳山縣吹倒草、瓦房七十五間。諸羅縣吹倒房屋三十八間，人口無損，擊碎民船一十隻，飄去塭丁六人，已經將被風窮黎設法賑濟，加意撫恤。其彰化一縣，澎湖一島風小無損各等因到臣。

又據臺灣鎮總兵王郡諮開，安平鎮水師各營擊碎營船三隻，大壞二隻，損一十五隻，溺失兵丁一十一名，並炮位軍器等物。又南北陸路墩臺營房倒壞十有五六，各造清冊細數到臣衙門。臣等正在繕摺續奏間，又於閏七月二十三日，海風復起，府城以南風勢尚小，據署淡水海防同知劉浴報稱，府治海邊擊破民船三隻，溺死水手十二名。北路海豐港、鹿仔港、三林港共損壞民船一十七隻，溺死十一人。各處吹倒房屋數十間，正在確查。又諸羅縣知縣劉良璧報稱該縣禾苗無損，臨海地方吹倒房屋三十四間，壓死民人一名。擊碎民船十一隻，溺死水手三名。又彰化縣知縣湯啟聲報稱該縣禾苗、倉厫並無損傷，倒壞番房二十八座，壓死老番婦二口。又城內外草房共吹倒八十餘間，人口無損；瓦屋俱各完固。又澎湖通判王仁報稱澎湖一區四面環海，本月二十三日，風勢狂烈，民間房屋吹塌甚多，人口幸俱無損。商哨等船灣泊澳內者多被風擊壞並飄出，各處正在查驗。又澎湖水師副將陳勇報稱營船多飄散打壞，拖擱案山，並營房、兵丁飄損之處正在確查等因各到臣。臣等隨飭令各該管衙門加謹料理安插，並遍行確查去後，澎湖、北路往返，風信靡常，難以再候詳悉彙報。除一面移知督、撫外，所有兩次被風情形，理合具摺奏聞，伏乞皇上睿鑒。臣等謹奏。

雍正七年閏七月二十九日

巡視臺灣吏科掌印給事中臣赫碩色
巡視臺灣兼理學政監察御史臣夏之芳

【硃批】:覽。署督已備細奏聞矣。

——《宫中檔雍正朝奏摺》第十四輯,第 60～61 頁

83.雍正七年十月十五日

巡視臺灣吏科給事中赫碩色等奏報臺地收成分數并米穀價值摺

巡視臺灣吏科掌印給事中臣赫碩色、巡視臺灣兼理學政監察御史臣夏之芳謹奏,為報明臺地收成分數、米穀價值,仰慰聖懷事。

臣等查得臺灣地方本年七月望雨之時風雨交作,其時各處早稻已收,晚禾初插,雖有大風,並未損傷禾苗。閏七月大風復作,中路、南路風勢甚小,北路風勢稍大,臣等當即遍行查看,其稻穀已結實者仍無損傷,未結實者略被風吹損。目今秋收已畢,隨行查該府、縣,令其據實查報分數去後。茲據該府倪象愷詳,據臺灣縣知縣張廷琰報稱,該縣收成東、北俱八分五厘,縣南九分,西臨大海並無田園;署鳳山縣事諸羅縣知縣劉良璧報稱,該縣收成縣東八分五厘,縣北八分,縣西七分五厘,南臨大海並無耕種;又諸羅縣知縣劉良璧報稱,該縣收成縣東八分五厘(【硃批】:從來未聞之談,可謂怪誕亂道之極,想汝等思家念切,俱各瘋狂矣。將此諭與新任觀之),縣南九分,縣西、北九分;署彰化縣事通判劉浴報稱,該縣收成東、南俱八分,縣西七分,縣北六分;就通臺合算,共有八分五厘各等因到臣。臣等又歷行察訪,實屬無異。

至米穀價值,自春夏至今並未騰貴,目下價值確數亦經臣等行查各縣去後。今據臺灣縣知縣張廷琰報稱,現今每米一石價銀一兩一錢四分,每穀一石價銀四錢二三分;署鳳山縣事諸羅縣知縣劉良璧報稱,該縣現今每米一石價銀八錢二三分,每穀一石價銀四錢;諸羅縣知縣劉良璧報稱,該縣現今每米一石價銀八錢四分,每穀一石價銀四錢;署彰化縣事通判劉浴報稱,該縣現今每米一石價銀七錢八九分,每穀一石價銀二錢二三分各等因到臣。臣等合通臺米穀價值計算,尚屬平減,目下民食皆極充足,地方人情亦甚安靜。理合具摺奏聞,仰慰聖懷,伏乞皇上睿鑒。臣等謹奏。

雍正七年十月十五日

巡視臺灣吏科掌印給事中臣赫碩色
巡視臺灣兼理學政監察御史臣夏之芳

【硃批】:覽。

——《宫中檔雍正朝奏摺》第十四輯,第709～710頁

84.雍正七年十月十五日
巡視臺灣吏科給事中赫碩色等奏報閱看陸路水師操演摺

巡視臺灣吏科掌印給事中臣赫碩色、巡視臺灣兼理學政監察御史臣夏之芳謹奏,為報明看操日期,仰祈睿鑒事。

臣等查臺灣地屬海疆,水陸軍務關係甚重,每年舊例於秋、冬間閱看水、陸兩操。兹據安平鎮副將臣祁進忠移送該鎮三營兵弁、船隻清册到臣,臣等隨於九月初九日公同閱看水師兵丁操演;又據臺灣鎮總兵臣王郡移送該鎮三營將弁兵丁清册到臣,臣等隨於九月十一日公同閱看陸路兵丁操演。水陸軍務尚屬整齊嫺熟,其盔甲、器械現今奉旨另行修理更换,已據提臣藍廷珍遣水師提標後營遊擊高得志,協同臺灣鎮標中營遊擊靳光瀚遍將各營清查,另造補换,俟换齊之日,臣等再細行查看。

至澎湖水師二營,前據該副將陳勇報稱,閏七月大風,船隻多受損傷,現經設法修理等因前來。臣等正在行查,並委澎湖通判王仁協同該副將陳勇查閱確報,俟船隻修完,册報到日,另期閱操,合併聲明。為此謹具摺奏聞,伏乞皇上睿鑒。臣等謹奏。

雍正七年十月十五日
巡視臺灣吏科掌印給事中臣赫碩色
巡視臺灣兼理學政監察御史臣夏之芳

【硃批】:許多船隻命武弁如何設法、設何法修理也?朕不解汝等所奏。

——《宫中檔雍正朝奏摺》第十四輯,第711頁

85.雍正七年十月十五日
巡視臺灣吏科給事中赫碩色等奏繳硃批奏摺摺

巡視臺灣吏科掌印給事中臣赫碩色、巡視臺灣兼理學政監察御史臣夏之芳謹奏,為恭繳硃批事。

本年閏七月二十一、三十等日,准督臣高其倬發交臺灣鎮標中營守備陳君贊、千總李振等敬賫硃批臣等兩次奏摺到臺,臣等隨各恭設香案,叩頭祗受訖。啟讀之下,謹聆聖訓懇切周詳,天語諄諄,恩同高厚。臣等悚愧交深,感激無地,唯有銘刻欽遵,益加勉勵,實心辦事,以思仰報天恩於萬一耳。所有兩次奉到硃批奏摺七件,理合恭繳,伏乞皇上睿鑒。臣等謹奏。

雍正七年十月十五日

巡視臺灣吏科掌印給事中臣赫碩色

巡視臺灣兼理學政監察御史臣夏之芳

【硃批】:覽。

——《宫中檔雍正朝奏摺》第十四輯,第711～712頁

86.雍正八年正月二十六日
巡視臺灣工科給事中奚德慎等奏報到臺任事日期摺

巡視臺灣工科掌印給事中臣奚德慎、巡視臺灣兼理學政監察御史臣李元直謹奏,為恭報微臣到臺任事日期,仰祈睿鑒事。

竊臣等至愚極陋,屢蒙天恩拔擢,寸長未効,茲復畀以巡臺重任,臣等自銜命就道以來,時時仰思聖訓,夙夜冰兢。今臣等於雍正八年正月二十六日到臺,准前任巡視臣赫碩色等稱,有欽頒奏匣三個,内一個具摺賫奏尚未蒙批發到臺,所有現存奏匣二個並原鑰賫交臣等公同接受。又前任巡視兼理學政臣夏之芳賫交學政關防一顆,臣元直接受。臣等恭設香案,望闕叩頭謝恩任事訖。伏念臺郡遠隔重洋,關係緊要,臣等職司巡視,惟務潔己奉公,察吏安民,固不敢多事以滋擾,亦不敢畏事以養奸。其一切巡察事宜,容臣等次第料理外,所有臣等到臺任事日期,理合繕摺奏明,伏乞皇上睿鑒施行。為此謹奏。

雍正八年正月二十六日

巡視臺灣工科掌印給事中臣奚德慎

巡視臺灣兼理學政監察御史臣李元直

【硃批】:覽。凡百當知過猶不及,一切事宜稽察,擇中詳理,體情而為之,勉之。

——《宫中檔雍正朝奏摺》第十五輯,第 542～543 頁

87.雍正八年五月十三日
巡視臺灣工科給事中奚德慎等奏報地方寧帖摺

巡視臺灣工科掌印給事中臣奚德慎、巡視臺灣兼理學政監察御史臣李元直謹奏,為奏聞事。

竊惟和輯兵民、安靖地方乃巡臺第一要務,臣等甫及臺境,即聞正月二十二日營兵赴縣嚷鬧等語。及到臺確訪,緣有積匪張攀素以窩賭為業,臺灣縣知縣唐孝本於正月二十二日三更時分親往拿獲,當有該汛兵丁數人爭奪賭犯,該汛千總李振被唐知縣扭辱送營,以致營兵私出營盤,赴縣嚷鬧,隨經該將喝散,各情形是實。臣等到任後,即行文嚴飭,復面加訓誡,諭以父母、妻子內地懸念,各宜小心自保,毋罹法網等語。數月以來,俱各畏罪守法,十分寧帖。為此,謹具奏聞。

雍正八年五月十三日
巡視臺灣工科掌印給事中臣奚德慎
巡視臺灣兼理學政監察御史臣李元直

【硃批】:覽。

——《宫中檔雍正朝奏摺》第十六輯,第 421～422 頁

88.雍正八年五月十三日
巡視臺灣工科給事中奚德慎等奏報地方得雨情形摺

巡視臺灣工科掌印給事中臣奚德慎、巡視臺灣兼理學政監察御史臣李元直謹奏,為報明甘雨情形事。

臣等自二月出巡,四月回署,中間一月有餘,雖有微雨,旋即晴明,延至四月望後,早禾未插,農民望雨情殷。臣等諭令知府倪象愷分飭四縣虔誠祈禱,正在卜期設壇,擬率各官齋戒步禱間,忽於是月十九日甘霖大沛,連綿十餘日,

全臺霑足，遍野插禾，踴躍歡呼，仰見聖德感天，無遠弗屆。臣等官民喜雨情形，理合據實奏聞，仰慰聖懷。至米穀價值較去歲秋冬並無加增之處，合並聲明。伏祈皇上睿鑒。臣等謹奏。

雍正八年五月十三日

巡視臺灣工科掌印給事中臣奚德慎

巡視臺灣兼理學政監察御史臣李元直

【硃批】：覽。

——《宮中檔雍正朝奏摺》第十六輯，第 422～423 頁

89.雍正八年五月十八日

任滿巡視臺灣吏科給事中赫碩色等奏陳管見仰祈睿鑒摺

吏科掌印給事中臣赫碩色、四川道監察御史臣夏之芳謹奏，為敬陳管見，仰祈睿鑒事。

臣等奉命巡視臺灣，二年以來，蒙皇上天恩，諄切教誨，臣等謹遵聖訓，悉心採訪，詳為規畫，凡地方事務必求斟酌辦理，以固海疆。今住臺日久，實見臺地事宜尚有應行參酌者，謹臚所見，敬為我皇上陳之。

一、宜仍照舊例，以專責考成也。雍正七年五月內欽奉恩旨："凡臺灣文職官員，俱一年一換，令舊員協理，半年即回內地。"此誠我皇上體恤遠臣之至意，一時諸臣感激鼓舞，仰戴天恩，臣何敢復為饒舌，但臣等為地方起見，既灼知情形，實不敢瞻徇人情，故為緘默。伏查臺灣地屬巖疆，人情叵測，凡料理地方事務，有非內地蹈常習故可比者，一官到任必至數月乃能悉知風土人情，即為地方建利除弊，亦須次第辦理方有頭緒；再或詳請督、撫，海上文移不能不需時日，展轉數次，更換之期已至，若即令更替，未免諸事不及周詳。雖有舊任指示，而意見才調又各不同，稍有參差，即易至廢事。況地方百姓預知官員居任不久，恐多泄視，加以滑吏奸胥從中躲閃，亦易滋弊。以臣等愚見，應仍照舊例，定限三年，使才幹之員得以盡展其長，廉謹之員亦得策勵圖報；此三年內如果稱職，照例陞轉，如不稱職，照例參處；永停任滿留任並在任加銜之例，不使久羈海外。如此則於地方有益，亦於該員無害。此臺地之舊制應行酌存者也。

一、宜預籌積貯，以永足民食也。查臺灣一區為七省之屏障，而福、興、漳、泉民食尤資於此，歷年以來，蒙皇上天恩，歲運米萬石接濟漳、泉，凡內地之民已沐皇恩於無既矣。但臺灣地土甚廣，所出米穀甚多，民間收穀除正供之外，

每年貯藏不少，一遇內地豐收，則在臺地賤賣，不甚寶重，若內地收成稍減，即販賣搬運，視為奇貨，內外之米價一時騰貴，雖地方官令其減糶，其勢不能，而又海上往來偷販，各洋無從查考，以萬民養贍之資，聽一方之低昂，以操其贏縮，似為非便。臣等愚見，與其使臺灣昂價於臨時，不若使內地積儲於平日，可否令內地沿海諸郡每歲動正項銀兩，於秋成之後、稻穀豐登之時，往臺地糴買穀石，視其縣分之大小，定其穀石之多寡，運至內地預先積貯在倉，以備一時之緩急。至建倉運穀之費，俱令內地各縣議定數目，悉從公項支銷，以免該員賠累之苦。如此則內地之積貯可恃，而臺地之米穀亦資實用矣。

一、宜酌移營汛，以重防要害也。國家設立營汛，原以守禦地方，其安營屯兵之處，先宜扼其要害，使之聲息相通，巡防易遍，方為有益。臣等查臺灣南路一營在鳳山縣治內，偏駐海邊極西之地，去山路甚遠，居民亦少，沿山一帶地曠山多，道路崎嶇，番民散處，奸匪往來藏匿多不可測，雖各口岸分有防汛，而孤弱零星，不足以資彈壓，且大營寫遠，呼應不靈，一時緩急難恃。臣等細酌情形，南、北一帶先宜防山，次宜防海，應將南路一營移駐靠山下淡水、阿猴林等處，令參將駐劄於此，以扼要害。其縣治舊營內，量撥千、把一員，兵丁百餘名留為駐防。至縣治與下淡水之中途，復有埤頭地方，煙火稠密，居民最多，應令守備分防，與新、舊兩營互相聯絡，以為聲援。一轉移間，不用添兵增餉，而控馭有勢，於地方亦有裨益矣。

一、宜量置屯田，以訓養兵丁也。我皇上軫念臺兵，除各兵正糧外，給以眷米，雍正七年又蒙聖恩，額外賞銀四萬兩，以免扣除養家之費，聖心優恤臺兵實周且至矣。但臣查臺地每年所徵丁田銀兩，僅足供臺地兵餉之半，其餘必由內地司庫撥給，臺兵坐食糧餉，海洋轉運稍有愆期，即請借支庫項。且臺兵舊稱驕横，不習勤勞，當此太平無事之時，各營操演之外閒暇日多，無事可為，三五成群即生事端。臣愚以為治臺之兵應仿古人邊上屯田之法，查臺灣南、北兩路番田未開者尚多，目今豪民百計佔墾，以多報少，希圖肥己，既隱國課，又害番黎。不若令地方官各社清查，除社番有力耕種、不願與人者不許強墾外，其餘或有餘田情願與人者，竟量給田價，盡使歸公。現今奉旨，各提、鎮給銀一萬兩孳生利息，以為各營兵丁緩急之需，應否將此項銀兩買作牛種、農具，並蓋造草房，每營派兵若干，使之開墾，墾熟之田即抵官銀正項，每年所收稻穀議給本兵若干，其餘照數開報，交存公處，以為恤兵之用。臺灣地氣發生，田功甚易，不過夏日栽種，但得天雨，秋即收穫；且舊制夏日停操，秋日開操，亦不甚[防]妨營務，兵日習勞而孳生有賴，實為一舉兩便之法。至於查派田畝、分給開墾之任，議令該地方官會同營員辦理，凡有荒廢侵佔、借田生事、欺虐番民之處，俱會同查究。至營中操演、更換、開糧等項,仍歸本營專管,如此則田制既清,軍用亦裕,兵丁亦可免驕惰之患矣。

以上四條臣等愚昧之見,知無當於高深,但為地方起見,芻蕘末議不敢不上達聖聰。為此謹繕摺奏聞,伏乞皇上睿鑒施行。臣等謹奏。

雍正八年五月十八日

吏科掌印給事中臣赫碩色

四川道監察御史臣夏之芳

——《宫中檔雍正朝奏摺》第十六輯,第445~447頁

90.雍正八年六月二十六日

巡視臺灣工科給事中奚德慎等奏請欽敕巡視臺灣之職任以專責成摺

巡視臺灣工科掌印給事中臣奚德慎、巡視臺灣兼理學政監察御史臣李元直謹奏,為恭請勅書以明職掌,以專責成事。

竊惟國家命官分職,責有專司,臣子循例効忠,任無旁貸。臣等猥以庸愚,欽承簡命,巡視臺灣,蒞任以來,夙夜冰兢,時虞隕越,惟有竭盡駑駘,仰報君恩萬一。伏念海疆重地,巡察一官職任匪輕,雖倉庫、錢糧、命盗案件、治民馭兵之事俱有文武各官分司專任,然於地方利弊,官弁賢愚,何一不當持籌措畫,綜核稽查,上達聖聰,下商督、撫,以期有裨於國計民生。

但查臺郡自設立巡察衙門,歷任巡臣辦事各殊,初無定則,其應行辦理條件未蒙欽頒勅書,亦未經部議題定,事無鉅細,並有巡查之責,實無畫一之規,擇便就安,則退諉託於坐鎮,兼綜博覈,則勤職疑於侵官,若不專其責成,未免舉行舛誤。仰祈皇上賞給勅書一道,俾職掌分明,得以凜遵恪守,庶任有專責,既可免因循退縮之咎,而事非分內復不慮侵越紛糾之失矣。臣等為海疆巡察職掌宜專起見,謹繕摺具奏請旨,伏祈皇上睿鑒施行。為此,謹奏。

雍正八年六月二十六日

巡視臺灣工科掌印給事中臣奚德慎

巡視臺灣兼理學政監察御史臣李元直

【硃批】:可謂肆妄之至!

——《宫中檔雍正朝奏摺》第十六輯,第676頁

91.雍正八年六月二十六日
巡視臺灣工科給事中奚德慎等奏報臺灣地方日食情形摺

巡視臺灣工科掌印給事中臣奚德慎、巡視臺灣兼理學政監察御史臣李元直謹奏,為奏聞事。

雍正八年五月十一日承准都察院劄開,禮部諮稱,奉旨:“朕御極以來,七年之中未遇日食之異,今據欽天監奏稱,庚戌年六月初一日,日食九分二十二秒,朕心深為畏懼,想由朕之政事有缺,用人敷治之間未為允當,或內外臣工不能敬謹奉職,民情尚未舒暢,以致上干天和,垂象示儆,朕寤寐之中時刻修省,內外臣工等各宜悚惕,恪盡厥職,共相勉勖,以凛天戒,但期各矢誠心,不必以空言回奏,該部知道。欽此。”等因到都察院,劄行到臣。

當即誡勉文武各官各矢誠心,敬謹奉職,以凛天戒,屆期虔誠齋戒,於六月初一日率同文武各官敬謹拜護,午初二刻初虧,日食僅三分有餘,與九分二十二秒之數相去懸遠,不及未刻早已復圓,光彩照耀,萬目同瞻,咸稱奇異。嗣於六月十五日月食之期,臣等復率同各官虔誠拜護,亥正三刻初虧,月食不及二分,與閩省來文三分十一秒之數亦不相符。臣等伏查誌書,臺灣與閩省同為牛女分野,由閩省至臺之淡水水程不過八更,天行躔度,不應頓殊。正在詢訪內地州縣日食、月食分數,察實具奏間,隨於本月二十五日,准督臣高其倬具揭到臣,內稱六月初一日日食不及四分,與臺所見若合符節。仰見我皇上至誠感格,天心眷顧,偶逢日食,復加修省,告誡臣工矢誠盡職,是以天人叶應,捷於影響,雖天行一定之躔度,亦昭從前未有之奇徵。臣等凛遵諭旨,恐懼修省之餘,親見天象著明,感通呼吸(**【硃批】**:似此言祥瑞,實可謂無知妄論也),不能不踴躍懽忭,為天下生民額慶。所有臺郡日食、月食分數情形,理合奏聞。

再,臺郡以夏秋多雨為豐年之兆,今歲自四月十九日甘霖大沛,至今兩月有餘,雨多晴少,禾苗競茂,將來秋成可望大有,理應附奏,仰慰聖懷,伏祈皇上睿鑒。臣等謹奏。

雍正八年六月二十六日
巡視臺灣工科掌印給事中臣奚德慎
巡視臺灣兼理學政監察御史臣李元直

【硃批】:覽。

——《宫中檔雍正朝奏摺》第十六輯,第 677～678 頁

92.雍正八年十月十一日

巡視臺灣工科給事中奚德慎等奏報臺地收成糧價摺

巡視臺灣工科掌印給事中臣奚德慎、巡視臺灣兼理學政監察御史臣李元直謹奏,為報明臺地收成分數米穀價值,仰慰聖懷事。

臣等查得臺灣地方早禾久已登場,目今晚稻皆獲,隨檄行該府、縣查報分數去後。茲據臺灣府知府倪象愷詳稱,據臺灣縣署知縣事劉良璧、鳳山縣知縣熊琴、諸羅縣知縣馮盡善報稱,各該縣地方收成俱有八分;彰化縣知縣張與朱報稱,該縣收成縣南八分,縣東、西、北七分,就通臺收成合算約有八分等因到臣。臣等細加察訪,實屬無異。唯彰化縣依山傍海之處不足八分,然該縣錢糧地畝在縣南者多,在東、西、北三方者少,合並聲明。

至米穀價值確數,亦經臣等行查各縣去後。茲據臺灣縣署知縣事劉良璧報稱,該縣每米一石價銀八錢六分,每穀一石價銀三錢六分;鳳山縣知縣熊琴報稱,該縣每米一石價銀八錢一二分,每穀一石價銀三錢一二分;諸羅縣知縣馮盡善報稱,該縣每米一石價銀七錢五六分,每穀一石價銀三錢四五分;彰化縣知縣張與朱報稱,該縣每米一石價銀七錢三四分,每穀一石價銀二錢三四分各等因到臣。臣等總核通臺現今米穀價值俱屬平減,民食充盈,地方寧謐,理合繕摺奏聞,仰慰聖懷,伏乞皇上睿鑒。臣等謹奏。

雍正八年十月十一日

巡視臺灣工科掌印給事中臣奚德慎

巡視臺灣兼理學政監察御史臣李元直

【硃批】:覽。

——《宮中檔雍正朝奏摺》第十七輯,第 61～62 頁

93.雍正八年十月二十四日

巡視臺灣工科給事中奚德慎奏報奉到欽頒《大義覺迷錄》摺

巡視臺灣工科掌印給事中臣奚德慎謹奏,為恭報奉到欽頒《大義覺迷錄》事。

雍正八年十月十八日准內閣典籍廳移開,遵旨頒發《大義覺迷錄》一部到臣。臣隨即跪迎至署,恭設香案,望闕叩頭祗受訖。欽惟我皇上仁孝誠敬,事

事念念皆與天心符合，是以瑞應頻昭，慶流率土，凡屬含生稟氣之倫，無不在仁育義正之內。乃有曾靜、張熙等始同鴞犬冥頑，繼若豚魚孚信，我皇上憫其迷途之有覺，遂寬滅族之常刑，猶恐海澨山陬或有一二愚蚩偶為邪說蠱惑，特頒《大義覺迷錄》宣示中外，仰見我皇上覺世牖俗、哀矜下民之心有加無已。臣欽遵旨內事理，檄行該地方官，於朔望日期宣講聖諭廣訓畢，即將《大義覺迷錄》明白宣諭，務令紳士兵民，人人洞曉。仍不時稽查，以防怠忽。復據臺灣府知府倪象愷詳稱，各邑紳衿士民欣聞頒發《大義覺迷錄》，踴躍思奮，敬備紙工，願領講誦，現在差吏詣省刷印一千二百三十餘部給發等因在案。所有奉到欽頒《大義覺迷錄》一部，臣敬謹收貯衙門恭繹，理合奏聞，伏乞皇上睿鑒施行。為此，具摺謹奏。

雍正八年十月二十四日

巡視臺灣工科掌印給事中臣奚德慎

【硃批】：覽。

——《宮中檔雍正朝奏摺》第十七輯，第 101～102 頁

94.雍正八年十一月二十七日

巡視臺灣兼理學政兵科給事中高山奏謝恩准赴任途中便道省親摺

巡視臺灣兼理學政兵科掌印給事中臣高山謹奏，為恭謝天恩仰祈聖鑒事。

竊臣一介庸愚，至微極陋，恭逢皇上御極，元年叨中恩科進士，由庶常拔置秋曹，洊至臺垣，疊荷殊恩，毫無報効。於雍正八年七月二十九日引見，復蒙皇上隆恩，命臣巡視臺灣，仰承聖訓，指示周詳。臣跪聆之下刻骨銘心。

臣又因思親情切，於八月初六日具摺叩乞天恩，請給假五日，便道省視，又蒙皇上恩准歸里。臣於八月十一日自京起程，二十日抵家。臣父母仰沐恩綸，喜出望外，隨同臣敬設香案，向闕叩頭謝恩。臣父母念君恩高厚，難以報答，勖臣清慎做官，公忠辦事，時存敬謹之心，稍盡涓埃之報。臣蒙天語諄切，又受父母教訓，惟有殫竭愚誠，奮勉供職，以仰答皇恩於萬一耳。所有微臣省視父母感激私忱，理合具摺恭謝天恩，伏乞皇上睿鑒施行。謹具摺奏聞。

雍正八年十一月二十七日

巡視臺灣兼理學政兵科掌印給事中臣高山

【硃批】:覽。

——《宮中檔雍正朝奏摺》第十七輯,第 244～245 頁

95.雍正八年十一月二十七日

巡視臺灣兼理學政兵科給事中高山奏報赴任日期摺

巡視臺灣兼理學政兵科掌印給事中臣高山謹奏,為恭報微臣任事日期事。

竊臣於雍正八年七月二十九日引見,荷蒙皇上隆恩,命臣巡視臺灣兼理學政。臣於八月十一日自京起程,十一月二十七日行抵臺灣府,駐劄衙署。所有臣親賫到巡察臺灣關防并任事日期,同臣奚德慎另疏具題外;臣兼理臺灣一府學政,於十一月二十七日接到原任巡察臣李元直委臺灣府學教授鄭拔進賫送雍字五百二十九號學政關防一顆、御賜《大義覺迷錄》一部,臣恭設香案,叩頭謝恩,即於是日開印一併視事訖。所有微臣學政任事日期,理合另摺具奏,伏乞皇上睿鑒施行。謹具奏聞。

雍正八年十一月二十七日

巡視臺灣兼理學政兵科掌印給事中臣高山

【硃批】:覽。

——《宮中檔雍正朝奏摺》第十七輯,第 243～244 頁

96.雍正八年十一月二十七日

巡視臺灣工科給事中奚德慎等題報齎到巡察臺灣關防並任事日期摺

巡視臺灣工科給事中加一級臣奚德慎等謹題,爲恭報齎到印信併任事日期事。

雍正八年十一月二十七日巡視臺灣兵科掌印給事中臣高山親齎到雍字一千一百七十五號欽差巡察臺灣關防一顆,臣奚德慎隨跪迎至署,一同恭設香案,望闕叩頭謝恩。臣高山即於本日任事訖。伏念臣等庸才陋質,迺荷蒙天恩畀以巡臺重任,復蒙恩准頒給印信,以嚴關防,臣等祗受之餘,惟有凛遵聖訓,共相砥礪,勉盡職守,一切事宜勤慎辦理,務期稽察適中無負皇上簡仕之至意。

所有齎到印信并臣高山任事日期，理合題報，伏乞皇上睿鑒施行。謹具題聞。

雍正八年十一月二十七日題

九年正月二十八日奉旨：該部知道。

——《明清宫藏臺灣檔案匯編》第11冊，第53～54頁

97.雍正九年二月二日
巡視臺灣工科給事中奚德慎等奏報臺灣地方事務摺

巡視臺灣工科掌印給事中臣奚德慎、巡視臺灣兼理學政兵科掌印給事中臣高山謹奏，為據實奏聞事。

雍正八年十二月三十日據鳳山縣知縣熊琴詳稱，本月十八日有軍工匠首詹福生分下鋸匠陳勳等八人進入傀儡番界巡視厚力板樹，止有七人回寮，陳勳一名被殺，通事劉琦、黄炳同匠夥等現在尋屍等緣由，錄供通詳督、撫併詳到臣。臣等隨即行文鳳山縣，並照會臺灣道，查出界採辦木料緣由去後。雍正九年正月二十二日據臺灣道劉藩長、協辦臺灣道事臺灣府知府倪象愷覆稱，臺廠修造各營船隻一切案卷康熙六十年臺變被毁無存，無從查覆，其軍工木料原在阿猴林採備，近緣採盡，因於糞箕湖地方另設寮廠，給照各匠同通事，賞給社番鹽、布等物，入山採備，以濟軍工等緣由呈覆到臣。本月二十八日又據鳳山縣知縣熊琴覆稱，本道承修戰船一切應需木料，悉係自行專差辦運，並無牌票到縣，迨去歲十二月二十日蒙本道飭知木料鋸辦足用，諭吊匠工出寮行知在案等因前來。

臣等查前任督臣高其倬為特委勦懲等事疏稱，臺灣生番、熟番經兵威創懲之後，當謀永久安全之法，宜分界勒石，嚴禁擅出界外，其狡猾通事業經革除，遴委老成謹願之社丁催餉，如社丁生事及濫用多人、擾害地方者，將社丁照嚇詐例分别治罪，地方官照濫差累民例議處等因具題。部照所請議覆。於雍正七年七月二十一日奉旨："依議。欽此。"欽遵，通行一體遵照在案。又前任巡視臣赫碩色等為敬陳臺地事宜事奏稱，番性蠢頑，恐漢人在内為之教習，若及今不為嚴禁，將來番民合一，潛匿深山，關係地方不淺，請畫定界址，革逐生番社内通事，如有擅入番界並販賣違禁物件者，例置重典，地方官縱容失察者，亦加倍治罪等因具奏。於雍正七年閏七月三十日奉到硃批諭旨："第一妙策。欽此。"欽遵，照會該道，轉行所屬一體遵照在案。

今臺灣道劉藩長藐視功令，故違定例，藉採辦軍工船料名色，標發諭單，委用通事率同匠夥直出界外採取木料，聞所用鹽、布等物交結番眾，以借路徑。

而狡猾通事劉琦、黄炳，匠頭詹福生等利慾薰心，許而不與。更倚藉公差，抽藤吊鹿，肆行騷擾，致番忿恨，積成殺機。是以鋸匠陳勳等八人出界到力力溪地方，陳勳被番殺死，餘眾逃回。臣等訪查既確。復查雍正八年八月二十六日前任南路營參將黄有才稟稱，軍工匠頭詹福生許番布疋等物不給，因致不和，恐番戕殺，逃走下山，不敢再上；又有匠首廖賜等，不知作何擾害番社，亦與眾逃回。今既與番性不合，若再進入，深為堪虞，已稟本鎮併移臺灣道等語。據此，隨即行文該道，將滋擾之匠頭人等嚴加究治，並飭不時防範。詎該道置若罔聞，仍不加意約束，以致有詹福生分下鋸匠陳勳被番殺死一事，釁有自起，實則咎有攸歸。該道承辦軍工雖云公務，但深入番界，打藔設廠，經年累月，烏合之眾，安能保其絕無奸匪。況既經奉旨定界，嚴禁擅入，自應申詳督、撫，聽候酌議題明，方為妥協，何得藉公故違定例。該道身為海疆表率之員，不以寧謐地方為重，違例出界，既未經申明於前，縱容滋擾，又不能防閑於後。海疆重地，思患預防猶恐踈虞，蔓延日久實屬未便。臣等職司稽察，何敢隱匿、貽誤地方，理合據實奏聞。

至協辦臺灣道事臺灣府知府倪象愷，於雍正八年十一月十三日到任，合併聲明。伏乞皇上睿鑒施行。為此，謹具奏聞。

雍正九年二月初二日

巡視臺灣工科掌印給事中臣奚德慎

巡視臺灣兼理學政兵科掌印給事中臣高山

【硃批】：似此劉藩長□好之員，偶爾似此誤用人役，偶失於檢點小過，當諒之，不隱奏。朕尚可不應加以故違定例生事之名也。所奏知道了，案件照例察審。

——《宫中檔雍正朝奏摺》第十七輯，第 546～548 頁

98.雍正九年四月二十九日

巡視臺灣工科給事中奚德慎等奏報巡視臺灣地方情形摺

巡視臺灣工科掌印給事中臣奚德慎、巡視臺灣兼理學政兵科掌印給事中臣高山謹奏，爲奏聞事。

竊臣等才識庸陋，荷蒙恩命巡視臺灣，任事以來時時恪奉聖訓，以期無忝厥職，仰答高厚洪恩於萬一。臣等於本年三月十八日出巡，自郡城臺灣縣起身，由諸羅縣、彰化縣北至八里坌、南至鳳山縣各地方，到處宣布聖德，明白曉諭。各社番衆，照例給賞。四縣民、番蒸蒸向善，莫不感皇化而凛天威，地方安寧，兵民和輯。臣等閲過臺灣鎮標三營一操，協標水師三營一操，廵至諸羅縣，

閱北路營一操,彰化縣半綫汛一操,八里坌淡水營一操,鳳山縣南路營一操,一體給賞,以示鼓勵。其熟練者獎勵加勉,未至者訓廸教誡,俱大段整肅可觀。至各塘汛兵丁,臣等巡歷所至,均面加訓飭,令其小心防範,毋得滋擾民番,以無負皇上廑念臺地兵丁,恩加豢養之至意。又,澎協兩營因遠隔大洋,臣等檄委澎湖通判王仁、協辦通判梁樟會同該副將陳勇就便閱看。嗣據申報,於四月初二日閱水、陸二操,隊伍整齊,技藝嫻熟等因前來。理合繕摺奏聞,伏乞皇上睿鑒。爲此謹具奏聞。

雍正九年四月二十九日

巡視臺灣工科掌印給事中臣奚德慎

巡視臺灣兼理學政兵科掌印給事中臣高山

【硃批】:覽。不可□實隱飾,臺地所關甚鉅,時刻留訪察方是。[①]

——《宫中檔雍正朝奏摺》第十八輯,第 141～142 頁

99.雍正九年四月二十九日
巡視臺灣工科給事中奚德慎等奏報地方得雨情形摺

巡視臺灣工科掌印給事中臣奚德慎、巡視臺灣兼理學政兵科掌印給事中臣高山謹奏,爲報明甘雨情形事。

臺地一春雨澤稀少,入夏後田疇望雨甚殷,正期設壇祈禱,於四月十六、十七、十八等日甘霖連沛,四野霑足,農民共慶。迄今雨澤時行,秋成可望。伏惟聖德之遠敷,致天心之響應,臣等不勝歡躍。所有臺地甘雨情形,理合奏聞,仰慰聖懷,伏乞皇上睿鑒。爲此謹具奏聞。

雍正九年四月二十九日

巡視臺灣工科掌印給事中臣奚德慎

巡視臺灣兼理學政兵科掌印給事中臣高山

【硃批】:以手加額覽之。

——《宫中檔雍正朝奏摺》第十八輯,第 142 頁

---

① 原文如此。

100.雍正九年四月二十九日
巡視臺灣工科給事中奚德慎等奏謝恩加養廉銀兩摺

巡視臺灣工科掌印給事中臣奚德慎、巡視臺灣兼理學政兵科掌印給事中臣高山謹奏,爲恭謝天恩事。

雍正九年二月十八日准督臣劉世明咨稱,爲奏明事,准户部咨開内閣交出巡視臺灣給事中奚德慎等奏前事。奉旨:"交福督高其倬議奏。欽此。"隨經總督高其倬奏稱,臣遵旨細看奚德慎、李元直奏摺,内稱巡臺御史衙門每年養廉銀各八百兩,實屬不敷,知府倪象愷所議,各加銀四百兩之處,似不可少等語。臣查臺灣道途甚遠,物力稍貴,應如所請加給,至奏摺内稱衙役工食、心紅紙張、出巡夫車等項,應聽福建督、撫查明辦理等因具奏。奉旨:"大學士再行議奏。欽此。"大學士等議得,兩江總督高其倬議覆奚德慎、李元直奏增巡臺御史養廉一條,應如所奏,行令福建督、撫將養廉及夫役等項酌量增給等因具奏。雍正八年十二月十四日奉旨:"依議。欽此。"相應移咨等因咨會到臣。

臣等恭設香案,望闕叩頭謝恩訖。竊惟糈俸既頒,朝廷豢養之恩實厚;廉隅是勵,臣子靖共之義宜先。况優恤特隆於格外,則報稱倍切於微忱。臣等奉命巡臺,愧無寸効,方深覆餗之虞,今又荷蒙天恩,軫念臣等衙門費用不敷,加增養廉。聞命之下,感激無既。惟有永矢清操,奮勤供職,無負皇上體恤臣下之至意,仰報高厚之恩於萬一耳。理合繕摺恭謝天恩,伏乞皇上睿鑒。爲此謹具奏聞。

雍正九年四月二十九日

巡視臺灣工科掌印給事中臣奚德慎

巡視臺灣兼理學政兵科掌印給事中臣高山

【硃批】:覽。

——《宫中檔雍正朝奏摺》第十八輯,第143～144頁

101.雍正九年十二月十三日
巡視臺灣工科給事中希德慎等奏報臺灣編造户口情形摺

巡視臺灣工科掌印給事中臣希德慎[①]、巡視臺灣兼理學政兵科掌印給事

① 原文爲"希德慎",与"奚德慎"爲同一人。

中臣高山謹奏,爲奏聞事。

竊臣等荷蒙天恩,畀以巡察重任,凛遵聖訓,時時以慎重海疆爲念。前因安平鎮協標水師右營兵丁楊龍、周天違例藏匿眷口在臺,臣等於雍正九年十一月初十日將容隱有眷兵丁之該管將弁指名糾參,并聲明戍兵内尚有隱匿眷口之兵丁,交該督嚴行飭查等因具題在案。臣等緣臺地五方雜處,易於藏奸,屢飭地方官嚴行保甲,逐户挨查,以清弊端。今據臺灣縣知縣泠岐暉編造户口清册,詳報前來。臣等查閲安平効忠里保甲册内有水師三營兵丁違例隱匿眷口附雜民居者,竟有五十五名之多。且一人二名,十居其九,不無頂冒情弊。况蒙皇上格外加賞内地眷口銀米,濫邀混給,更屬不法。伏念臺灣重地,不許兵丁住眷,久奉嚴禁。臣等職司稽察,何敢容隱。除一面移咨該督查究外,謹繕兵丁眷口花名清摺,恭呈御覽。臣等因有眷兵丁數多,所關員弁甚衆,故未露章具題,合併聲明。伏乞皇上睿鑒。爲此謹具奏聞。

雍正九年十二月十三日

巡視臺灣工科掌印給事中臣希德慎

巡視臺灣兼理學政兵科掌印給事中臣高山

【硃批】:是。可極言之與督、撫,若仍不加意查禁辦理,再奏以聞。

——《宫中檔雍正朝奏摺》第十九輯,第 245 頁

102.雍正九年十二月二十八日

巡視臺灣工科給事中希德慎等奏參激變番民之淡水同知張弘章摺

巡視臺灣工科掌印給事中臣希德慎、巡視臺灣兼理學政兵科掌印給事中臣高山謹奏,爲特參貽誤地方之劣員,以重海疆事。

竊惟臺灣淡水地方設立同知一官,原爲彈壓番民,防查奸匪,詎該同知張弘章秉性躁率,激變番民,其所轄大甲西社熟番頓起兇心,召結鄰社,聚有千餘人,肆行猖獗,直至沙轆該同知駐劄處所,圍燒房屋,殺死幕賓、家人、衙役人等。而張弘章不思職守攸關,單騎逃至彰化縣治,遂致民人驚散。既已激成變端,又復竟行奔竄,大干法紀。地方正在有事之際,錢糧倉庫,關係緊要。似此庸劣貽誤之員,斷難一刻姑容,理合糾參。臣等因督、撫遠隔重洋,而此事實出難緩,除一面咨明督、撫,一面檄行臺灣道委員摘印,遴選賢員暫行署理,保護

地方外，其同知張弘章應交該督、撫研審律擬具題，理合繕摺具奏，伏乞皇上睿鑒施行。謹奏請旨。

雍正九年十二月二十八日
巡視臺灣工科掌印給事中臣希德慎
巡視臺灣兼理學政兵科掌印給事中臣高山

【硃批】：此時方參奏，未知汝等具何面皮肺腑也？

——《宫中檔雍正朝奏摺》第十九輯，第 285～286 頁

103. 雍正九年十二月二十八日 巡視臺灣工科給事中希德慎等奏報大甲西社熟番逞兇摺

巡視臺灣工科掌印給事中臣希德慎、巡視臺灣兼理學政兵科掌印給事中臣高山謹奏，爲奏聞事。

竊大甲西社熟番逞兇猖獗，已經發兵前往勦服。臺地五方雜處，恐奸宄乘間竊發，今各營汛晝夜巡邏，悉心固守，有司官時刻稽察，加謹防範。其沙轆近社地方逃散居民，亦已撫恤，不至愴惶失所。現今民心寧貼，各安生理。爲此謹具奏聞。

雍正九年十二月二十八日
巡視臺灣工科掌印給事中臣希德慎
巡視臺灣兼理學政兵科掌印給事中臣高山

【硃批】：覽。

——《宫中檔雍正朝奏摺》第十九輯，第 286 頁

104. 雍正九年十二月二十八日 巡視臺灣工科給事中希德慎等奏報官兵進勦大甲西社之兇番摺

巡視臺灣工科掌印給事中臣希德慎、巡視臺灣兼理學政兵科掌印給事中臣高山謹奏，爲奏聞事。

雍正九年十二月二十六日未時據彰化縣知縣陳同善爲飛報事報稱，本月二十四日申刻接到淡防廳手札内開，申刻據牛罵社番來面稟稱，今日小番們駕車同半綫來管甫十二人到大甲西社，有大甲西社番衆擁來放箭，衆番跑回等語。一面已經去傳唤土官、通事，故先行聞知，且不可匆忙具稟等語。即時淡防廳親臨到縣，口稱有衆番猖獗，擁來放火焚燒房屋等語。又據北路營參將靳光瀚稟同前因，内稱立刻飛檄中軍守備王樊，親領兵丁前往大甲一帶堵截，再稟者，番衆猖獗，大抵有激使然，誠恐一時未肯安静，卑職須親身前往查拿等語。二十七日辰時又據淡水同知張弘章報稱，番衆行兇，卑職傳集各民壯，同沙轆番黎，向前抵擋，奈兇番衆多，抵敵不住，單騎赴彰化調兵等語。又據彰化縣知縣陳同善詳稱，卑職以衆番猖獗，於二十五日寅刻隨帶番兵數人親往驗看情形，至沙轆地方，見有被兇番殺死者三四人，傷而未死者二三人，相聞俱係淡分憲家丁、胥役，焚燒署房數間。沙轆、牛罵、大甲西三社毗連，昨日猖獗者止係大甲西一社，今則號召鄰社多番，在沙轆、牛罵地方，現與王守備犄角對峙。其一路民、番紛紛躲避，歸至附近縣治地方。衆番性既狡悍，勢復猖狂，若非添兵堵禦，恐汛兵力不能支，而且衆寡難敵，將遂有不測之患。不得不亟請憲臺，轉請總鎮，迅撥營兵到沙轆堵禦。至起釁緣由，尚未查實等因。

同日申時又據諸羅縣典史方文焕、彰化縣典史王起龍各稟稱，社番作亂，將淡分府衙役殺死數名，蓬山八小社番共有千餘，盡行反出沙轆，已將淡分府金幕賓、桂厨子殺死，門上管家中箭三枝，其餘書役、百姓殺死、被傷者亦有，其逃去未知存亡者不知幾何，猫霧揀、牛罵百姓俱皆逃散等語。

又據彰化縣知縣陳同善稟稱，淡防廳所轄大甲西社兇番猖獗，以致牛罵等各社居民紛紛逃避來至縣治，而治内居民亦有洶洶驚懼、弗能安居之狀。卑職見此情形，立即親歷街衢，家諭户曉，並出示遍諭，令各安生業，不必驚惶。其逃來者，即時令其暫寄縣治處所，每人酌量捐給日食米糧、錢文，俾不致遠避，現在樂業安寧等語叠報到臣。

臣等飛即移咨臺鎮，並檄該地方文武官弁，星速堵禦，撲滅奸兇，安撫良民，並移咨督、撫在案。現今新任臺灣總兵官吕瑞麟北巡，阻隔淡水地方，臣等即會議總兵官王郡，調撥鎮標左營遊擊王臣、右營守備彭捷，帶兵星夜前往，協同北路營參將靳光瀚征勦安服。仍通飭水、陸各協、營，逐汛添兵防範，聽候調取策應。俟料理寧謐，再行具奏。爲此，謹具奏聞。

雍正九年十二月二十八日

巡視臺灣工科掌印給事中臣希德慎

巡視臺灣兼理學政兵科掌印給事中臣高山

【硃批】:覽。

——《宫中檔雍正朝奏摺》第十九輯,第 287～288 頁

105.雍正十年正月十四日

巡視臺灣工科給事中希德慎等奏報官兵進勦大甲西社並查明損失情形摺

巡視臺灣工科掌印給事中臣希德慎、巡視臺灣兼理學政兵科掌印給事中臣高山謹奏,爲奏聞事。

臣等因臺灣大甲西社熟番猖獗,於雍正九年十二月二十八日奏聞在案。今大兵既至,兇番各携家口躲避内山。前據彰化縣知縣陳同善具報,十二月二十九日兇番在猫霧捒各莊焚燒房屋、殺傷居民,該汛把總王來被番射傷二處,兵丁亦有傷損,百姓逃至彰化縣城内者,絡繹不絶。該縣諭保長、居民砍伐竹木,於縣治四圍隘口堵截,并有原署彰化縣試用知縣路以周協力固守,兇番未抵縣治。初二日,北路營參將靳光瀚、鎮標左營遊擊王臣領兵到猫霧捒地方,分路勦捕。四更時有兇番前來窺伺,王臣即令放炮,昏黑之時,兇番潛逃無踪。初三日,鎮標中營遊擊黄貴、海防同知尹士俍奉總督委查各營兵丁、軍器、炮臺,自淡水回至猫盂地方,黎明與兇番對敵,家丁帶傷者三人。有後壠社土官烏牌率領番兵,協力捍禦,兇番亦帶傷逃走,路有血跡。是日午刻,鎮臣吕瑞麟出巡亦回至猫盂。初五日,參將靳光瀚駐扎岸裏社溪邊,據阿里史社通事林華、土官君乃等僉稱,作歹係大甲西社,串通内山朴仔籬、巴荖苑、獅頭、獅尾等社等語。是晚,密菁中搜獲番婦二名,供稱:住在牛駡番婆莊,被大甲西社番放火焚屋拿去的,昨日番子吃酒醉了,我兩人偷跑的。聽見他土官蒲氏講,張太爺起造衙門,撥番上山取木料,每條木要番一百多名;又撥番婆駛車,番婆不肯,通事就拿籐條重打,十分受不得苦,故此作歹的等供。隨押送彰化縣,訊供無異。初六日,遊擊王臣帶兵到大甲西社搜捕,兇番早已先逃,僅存空寮,即時焚燬,絶其舊穴。十二日午刻,朴仔籬兇番數百下山,靳光瀚、王臣各領隊伍,分爲兩路,飛赴擒捕。見兇番四散佈開,對放弓箭、鳥鎗。王臣營内大炮打死兇番五名,又打傷穿紅衣番一名,收回箭矢二十四枝。靳光瀚營内大炮打死兇番一名,鎗傷兇番三四名,悉被拖回,收回箭矢二十一枝。緣險溪深草,未便窮追,暫且收兵。未刻,復分兵暗渡,合圍搜捕,兇番遠望潛逃,極力窮追,拾回大

鑼一面,薄暮收兵。

現今鎮臣吕瑞麟在彰化縣暫駐,差遊擊王臣、參將靳光瀚、臺協左營游擊鄭良達、北路營守備王樊、署淡水營守備何期有帶兵勦捕。一切調度機宜,鎮臣吕瑞麟籌之於外;撥發弁兵、軍器,鎮臣王郡應之於内。相機進兵,可撫則撫,可勦則勦。從前彰邑居民不無驚惶,臣等恐有奸宄訛傳煽惑,遍行出示曉諭,并嚴飭查緝,以安善良。其猫霧捒被害逃竄百姓,已飭該地方官加意撫恤,毋致失所。至被傷兵民、焚燒房屋,尚未查明確數。現今居民相安,人心寧貼。理合據現今情形,繕摺具奏。爲此,謹具奏聞。

雍正十年正月十四日

巡視臺灣工科掌印給事中臣希德慎

巡視臺灣兼理學政兵科掌印給事中臣高山

【硃批】:知道了。

——《宫中檔雍正朝奏摺》第十九輯,第 307～309 頁

106.雍正十年正月二十五日
巡視臺灣兵科給事中高山奏謝天恩摺

巡視臺灣兼理學政兵科掌印給事中加二級臣高山謹奏,爲恭謝天恩事。

雍正十年正月二十日,承都察院劄開,爲請更巡視臺灣官員事。雍正九年十一月十一日題,十四日奉旨:"臺灣地方關係緊要,巡察御史新舊兼用,始爲有益,希德慎已留任一年,這著御史栢修去,高山再留巡視一年。欽此。"欽遵。劄行到臣。

臣隨恭設香案,望闕叩頭謝恩訖,伏念臣譾陋庸材,荷蒙簡命巡視臺灣,在任一年,涓埃未報,正深惶悚,復蒙諭旨留任一年,聞命之下,益加警惕。臣惟有時刻以慎重海疆爲念,殫心竭力,奮勉盡職,以圖仰報皇上高厚隆恩於萬一耳。所有感激微忱,理合繕疏,恭謝天恩,伏乞皇上睿鑒施行。謹具奏聞。

雍正十年正月二十五日奏

三月二十三日奉旨:該部知道。

——《雍正朝内閣六科史書·吏科》第六十七册

轉録自臺灣史料集成編輯委員會編:《明清臺灣檔案彙編》第二輯,臺北:遠流出版事業股份有限公司,2006 年(以下簡稱《明清臺灣檔案彙編》第二輯),第 14 册,第 305 頁

107.雍正十年二月二十五日

巡視臺灣工科給事中希德慎等奏報勦捕大甲西社兇番並安撫賑恤百姓摺

巡視臺灣工科掌印給事中臣希德慎、巡視臺灣兼理學政兵科掌印給事中臣高山謹奏,爲奏聞事。

竊大甲西社兇番猖獗情形,臣等已於本年正月十四日續奏在案。正月十七日北路營參將靳光瀚、鎮標左營遊擊王臣各帶弁兵前往朴仔籬,焚山開路,有兇番千餘迎敵,隨分兵追捕,兇番退走。靳光瀚由山北進發,王臣由山南進發,直抵社寮,將其房屋、倉廒盡行焚燬。兇番躲在密林深坑内放箭,靳光瀚、王臣各率弁兵奮勇攻擊,鎗炮並施,番衆敗却,各打死兇番數十名。靳光瀚營内馘斬兇番一名,奪其首級;守備彭捷左腿傷箭,陣亡兵丁六名,受傷兵丁二十名,收回番鏢一條、番箭二百五十餘枝。二月初二日守備何期有、蔡榮領兵,由烏牛欄小路進朴仔籬後山。參將靳光瀚,遊擊鄭良達,守備王璋、洪就各帶弁兵,由朴仔籬山前進口,分途上山,前後夾擊。至山頂大社,將其房屋、倉廒二百餘間盡行焚燒,糧食、牲畜燒去無數,男婦老幼或死於灰燼,或逃入深林。隨由山後小路下山,兇番放火攔截,箭射如雨,軍士奮勇血戰,鎗炮打死兇番甚多,番始敗北奔逃。把總葉龍受箭帶傷,陣亡兵丁四名,受傷兵丁十八名。

嗣准鎮臣吕瑞麟咨稱,二月初三日到烏牛欄駐劄,初四日到阿里史地方觀形勢,有阿里史社番埋伏暗處放箭,兵丁看見吶喊,番逃入山。因唤土官、社丁繳出弓箭,該番不肯,令兵丁搜出弓一百八十六張、有箭頭的箭一千六百一十枝、無箭頭箭二千餘枝、撒袋五十二副、大鏢鎗六十桿、小鏢鎗一百二十三杆、腰刀五口,内營兵腰刀一口、鹿鎗二桿,社番俱逃入山。初五日復帶弁兵到其地,見番在山坡,令親丁唤他下山,番遂放箭射死親丁二名,因鳥道茂林難以擒拿,將社寮焚燬,絶其糧食等因。

初十日大甲東、西等社歹番串夥,突出岸裏溪北,有岸裏社番墩後那發箭射傷歹番一名,大兵放鎗也有打傷歹番。因歹番衆多,傷者俱抬跑走,大兵得勝回營。十二日參將靳光瀚率領弁兵至大甲東,兇番悉已逃遁入山,隨將社内房屋、倉廒盡行焚燬,燒去稻穀、小米、芝蔴甚多。移兵直指大甲西社,將其房屋、倉廒一概燒燬。該鎮檄令將所帶兵丁駐劄南日南,堵截兇番歸路。十七日守備何期有領兵往大甲東社山後坑底,見兇番藏匿米粟黍蔴等項,隨令各兵放火盡行焚燬,十九日守備洪就帶弁兵、番黎巡至大甲東舊社東北,遥見歹番在山頂探望,隨率隊伍追捕,四散逃匿,搜山下茅草,内藏貯糧食等物甚多。令跟去各番儘其搬取,餘剩者一概焚燒。

現今大甲西、大甲東、朴仔籬、阿里史等社兇番潛匿深山,緣道路崎嶇,草木深密,現在設法擒捕。鎮臣吕瑞麟駐劄烏牛欄,統領澎湖調撥兵丁并换班暫留及提標出哨與臺地各營分撥兵丁共三千餘名,着令將弁分路防守,堵截要口,絶其裹糧,相機進勦。其蓬山、猫盂等社番衆,曾經安撫,今撫臣趙國麟檄令臺灣道倪象愷至彰化縣,臺灣水師副將祁進忠至軍前,復加安撫,協力勦捕。查從前傷損兵丁五十餘名,被害男婦一百餘名口,被燒房屋二千五百餘間,現在地方官仍行細查確數,詳請賑恤。謹將現今情形繕摺奏聞。

雍正十年二月二十五日

巡視臺灣工科掌印給事中臣希德慎

巡視臺灣兼理學政兵科掌印給事中臣高山

【硃批】:覽。

——《宫中檔雍正朝奏摺》第十九輯,第490～491頁

108.雍正十年二月二十五日

巡視臺灣工科給事中希德慎等奏報臺灣地方糧價摺

巡視臺灣工科掌印給事中臣希德慎、巡視臺灣兼理學政兵科掌印給事中臣高山謹奏,爲奏聞事。

竊臣等因兇番未即撲滅,恐居民惶惑,時飭地方官加意撫綏,稽察奸匪,以安善良;並飭各營汛嚴行防範,固守地方。再,查米穀價值,臺灣縣白米每石銀一兩二錢、穀每石銀四錢七分。鳳山縣白米每石銀八錢六七分、穀每石銀四錢。諸羅縣白米每石銀八錢一分、穀每石銀四錢。彰化縣白米每石銀七錢八九分、穀每石銀三錢五六分。目下較之去年價值稍增分數,並無騰貴。現今民食不至艱窘,人民樂業,安堵無虞。爲此,謹具奏聞。

雍正十年二月二十五日

巡視臺灣工科掌印給事中臣希德慎

巡視臺灣兼理學政兵科掌印給事中臣高山

【硃批】:覽。

——《宫中檔雍正朝奏摺》第十九輯,第492頁

109.雍正十年三月初八日

巡臺御史覺羅栢修題報到臺接印日期摺

巡視臺灣陝西道監察御史加二級臣覺羅栢修謹題,爲恭報微臣接印到任日期事。

竊臣於雍正九年十一月十四日蒙皇上天恩,命臣巡視臺灣,祇遵諭旨於雍正九年十二月初三日起程,今於雍正十年三月初八日到臺,接受前任巡察臣希德慎親交欽頒雍字一千一百七十五號巡察關防一顆、《大義覺迷録》一部。臣隨恭設香案,望闕叩頭謝恩,與巡察臣高山同任事訖。

伏念臣至愚極陋,屢荷聖恩,毫無報稱,兹復畀以巡視海疆重任,不勝惶悚。臣惟有矢公矢慎,和衷協力,奮勉供職,寧謐地方,仰報皇上高厚隆恩於萬一耳。其巡察應行事宜,容臣次第辦理外,所有微臣接印到任日期,理合恭疏題報,伏乞皇上睿鑒施行。謹題。

雍正十年三月初八日題

本年四月二十八日奉旨:該部知道。

——《明清宫藏臺灣檔案匯編》第 11 册,第 89～90 頁

110.雍正十年三月十一日(硃批)

巡視臺灣工科給事中希德慎等奏陳臺灣道倪象愷回護激變熟番同知張弘章不行摘印摺

巡視臺灣工科掌印給事中臣希德慎、巡視臺灣兼理學政兵科掌印給事中臣高山謹奏,爲奏聞事。

竊臣等於雍正九年十二月二十八日,爲特參貽悮地方之劣員,以重海疆事,將激變熟番之淡水同知張弘章參奏,並聲明督、撫遠隔重洋,事處難緩;一面咨明督、撫,一面檄行臺灣道,委員摘印,遴選賢員,暫行署理,保護地方等因具奏在案。續據臺灣府知府王士任具揭前來,與臣等所參無異。

行據臺灣道倪象愷詳稱:該同知現在率領民壯、番兵深入勦捕,委員摘印之處,應俟督、撫兩院、兩司行知到日,轉飭遵照等因到臣。

臣等伏思:該同知張弘章係奔逃失守之員,焉能深入勦捕,且賊勢猖獗,放火殺人,禍延百姓,既由該同知激成變端,理應摘印看守,以服人心。

現准臺灣總兵官吕瑞麟咨稱:初二日巳刻,有牛罵、沙轆、猫霧拺各莊民人哭圍張防廳公館,張防廳只恃官威,令役鎖拿,並不曉諭安撫;時彰邑街民紛紛大鬧,守備王樊、外委千總趙仁慮恐奸徒乘機作歹,竭力安慰退散等語。又據北路營參將靳光瀚報稱:淡水同知張弘章,衆番恨入骨髓,十二月二十四日,被番追至綏斯寮,幸飛馬得脱。兇番回頭,始焚房殺人,後張同知至彰化縣,百姓數百奔湧,圍住觀音亭辱詈。幸守備王樊喝止,送入縣衙。玆彼欲赴軍前,辦理軍需,誠恐變出意外等語。

事至如此,該道倪象愷不思地方有關,反代爲粉飾,故意因循,不行摘印。臣等查雍正九年九月内,該道揭參彰化縣試用知縣路以周,初無大過,督、撫並未准揭具題;該道擅自竟行摘印,并委同知張弘章即行署理;較之此事,緩急輕重實屬倒置。臣等職司巡察,世受國恩,何敢膜視,貽誤地方。除咨明督、撫外,理合繕摺具奏,伏乞皇上睿鑒。爲此謹具奏聞。

雍正十年三月十一日奉旨:該部察議具奏。

——臺北"中央研究院"歷史語言研究所藏明清史料

登録號:058913

111.雍正十年三月二十四日

巡臺御史覺羅栢修等奏報勦捕大甲西社兇番摺

巡視臺灣陝西道監察御史臣覺羅栢修、巡視臺灣兼理學政兵科掌印給事中臣高山謹奏,爲奏聞事。

竊大甲西社頑番始因地方官撫綏無術,激成變端,遂至迫脅鄰社,相隨作歹,肆行焚殺;及大兵進勦,俱奔入山内,叠經奏明在案。續據鎮臣吕瑞麟咨稱,歹番逃入朴仔籬山,本鎮駐劄烏牛欄,相機勦捕。二月二十日,遣守備何期有帶兵往朴仔籬山口一帶巡捕,本鎮親帶兵在後接應鳴炮,兵合一處。本鎮林外點鼓,催兵進林,不見歹番,因而收軍。又恐埋伏林内,再催兵進林時,歹番由林外沿溪墘包上,本鎮手執籐牌,家丁數人追至溪墘,與番抵敵,家丁、兵丁負箭傷六人,百總藍機被傷一箭,守備何期有家丁負箭傷六人。二十一日,撥兵交守備何期有、千總葉報再往朴仔籬勦捕。據禀稱,歹番依舊出林拒捕,被大炮打死無數,遂逃走入林。兵丁向前搜捕,緣林徑生疏,被番鎗箭帶傷六人。二十二日卯刻,有兇番百餘乘山霧障蔽,潛至烏牛欄營盤溪邊,伏截水路,殺死擔水兵丁二名,守備何期有帶兵趕捕兇番,即逃入山。二十七日寅時,柳樹湳莊被兇番突出，殺死民人二十五名，被傷三人，焚燒草房二十九間。三月初一日，兇番復出，在牛罵莊有呑霄社丁何科行過，被番射死，又有武鹿莊林阿田被殺。初五日，猫霧捒馬龍潭莊被大甲西兇番數十名身裸紅衣圍莊，①抄殺搶擄，殺死莊民十二人，箭傷一人。初十日夜，水里社盧仁被番射死，倒在綏斯寮竹坑山脚。臣等屢咨臺鎮籌畫，作速勦捕，以靖地方。據稱，鳥道茂林，遽難擒捕。

臣查各社番衆多係大甲西社逼勒附和，並非有心作歹，論法實難寬貸，揆情尚有可原。因發高脚牌，令各社通事、土宫傳諭，逼迫附和、誤入奸匪之良番，及早輸誠投服，以全性命，以保室家，招撫去後。隨於三月十七日據臺灣道倪象愷、水師副將祁進忠呈稱，叠奉憲檄，撫其良者，勦其兇者，所有攻勦情形，屢經報明在案。玆於三月初一日委教諭李倪昱，率民蕭乾、書役温玉、通事張方楷、土官烏牌等入山招撫，當據教諭同各役等於初六日率阿里史全社男婦四百餘名口咸來請命。初八日同副將祁進忠等至山内，復委教諭李倪昱並試縣路以周、典史王咸英等散給每番布四尺、鹽四兩，每日給米一升。該番業經起房歸耕，造册呈繳。至朴仔籬、大甲東兩社及大甲西之良者，經通事張方楷、土官烏牌等引至軍門就撫。至内山之獅頭、獅尾、巴荖宛、沙連仔等社内脅從之番，亦願造册就撫。其大甲西之爲惡不悛者，現在督率兵壯，會同捕拿等語。

十八日巳刻，歹番暗伏南日南營盤前後，有房里社民許漢等駕車二張，一行七人，欲向南日營盤，陡遇歹番，將許漢殺死，一人被傷四箭。二十二日據鎮臣吕瑞麟咨稱，北路參將靳光瀚報稱，十八日黎明，兵丁范隆、繆弘亮二名往溪邊汲水，歹番藏在溪邊放箭，射死范隆一名，繆弘亮左肩傷箭跑回，靳光瀚帶兵突出追捕，適中一箭，透至脇下，兵丁亦有受傷二名，俱不致命。出兵追捕，番衆遠奔，溪水深急，難以追涉，現在嚴着弁兵加緊堵禦防範等因到本鎮。據此，爲照大甲西兇番負固不服，本年二月二十五日據臺灣水師副將祁進忠帶兵到軍前面禀，臺道有云，且不必進兵，好去招撫，是以按兵不動。此數日，阿里史、大甲東已經向化，而大甲西依然負固，本鎮移請臺灣道，會議進勦，駐劄彰化縣等因前來。

查大甲西社兇番屢出焚殺，未能遽行撲滅。雖據鎮臣吕瑞麟言，臺灣道倪象愷有云，且不必進兵，好去招撫，是以按兵不動等語。但沙轆一帶地方，兇番仍時出作歹，而武弁亦難免有失防禦之愆。除移咨鎮臣，於兇番出入要口加緊防禦，相機勦撫，并咨行督、撫籌畫外，所有近日情形及逼迫附和番衆歸順緣

① 原文如此。"裸"字疑爲"裹"字之誤。

由,爲此謹具奏聞。

雍正十年三月二十四日

巡視臺灣陝西道監察御史臣覺羅栢修

巡視臺灣兼理學政兵科掌印給事中臣高山

【硃批】:覽。

——《宫中檔雍正朝奏摺》第十九輯,第569~571頁

112.雍正十年三月二十四日

巡臺御史覺羅栢修等奏請豁免臺灣大甲西社兇番擾害地方之未完穀石及耗羡銀兩摺

巡視臺灣陝西道監察御史臣覺羅栢修、巡視臺灣兼理學政兵科掌印給事中臣高山謹奏,爲請降諭旨,以廣皇仁,以甦民困事。

竊查臺灣府彰化縣兇番擾害之處,北自牛駡、沙轆,南至猫霧捒、柳樹湳莊。沿山五十餘里,慘遭兇番焚燒房屋二千七百九十餘間,殺死民人共計一百五十餘名。所有殘黎悉皆逃散四方,無家可成,無室可棲,顛沛流離,殊堪憫惻。臣等飭今地方官加意撫恤,無致失所,已經具奏在案。但粟穀、廬舍盡遭焚燬,牛隻、農器盡被搶擄,今當東作方興,田地尚屬荒蕪,雖地方官現在給種招耕,無奈兇番不時潛行出没,傷弓之鳥,未敢遽理舊巢。春耕既已失時,秋成安能有望。今據彰化縣知縣陳同善詳稱,被難之處逐户造册查算,尚欠雍正八年分未完穀一十五石五斗五升零,雍正九年分未完穀六千五百三十七石七斗五升零,雍正九年分未完耗羡銀一百二兩一錢二分零。兹值應徵之期,其未完穀石及耗羡銀兩,委無可追。

臣等奉命巡察,仰體我皇上軫念元元至意,閭閻疾苦,不敢壅於上聞。所有未完穀石、耗羡等項,可否邀恩豁免,伏乞皇上睿鑒,特降諭旨施行。臣等未敢擅便。爲此謹具奏聞。

雍正十年三月二十四日

巡視臺灣陝西道監察御史臣覺羅栢修

巡視臺灣兼理學政兵科掌印給事中臣高山

【硃批】:另有旨諭。所奏是。

——《宫中檔雍正朝奏摺》第十九輯,第571~572頁

113.雍正十年四月初八日

巡臺御史覺羅栢修等奏參養奸貽害地方之鳳山縣令熊琴摺

巡視臺灣陝西道監察御史臣覺羅栢修、巡視臺灣兼理學政兵科掌印給事中臣高山謹奏,爲特參養奸貽害地方之縣令以肅法紀事。

竊臺灣乃海外重地,一切防範宜嚴,凡有奸匪聚衆風聲,即應速行查究。今有鳳山縣地方,於正月十七日據鳳彈汛守備張玉報稱,風聞各莊俱有匪類聚集,要與汛防對壘,搶掠埤頭街市等語。臣等隨會商鎮臣王郡,撥添兵丁防守,并行文飭鳳山縣知縣熊琴查緝。據該縣稟摺内稱,細訪各處莊村,全無影響,實係太平安居景象,并以武員所報爲虚。臣等復飭臺灣府知府王士任行查去後。至三月二十八日該府據鳳令轉報前來,仍稱奸匪聚衆俱係風聲影射,毫無實據等語。至二十九日夜,遂有賊衆突出,焚燒崗山汛營房,與兵丁對壘,復至舊社、石井等汛,燒燬營房,搶去軍器。四月初二日焚燒萬丹巡檢司衙署,各處焚殺搶掠,不法已極。鳳令仍復玩忽,遲至初三日始行具報,稱臺邑舊社營房被賊焚燒,欲過溪侵掠鳳地,又退至臺邑舊社等語。

查賊夥在鳳山聚衆蓄謀已久,拿獲奸細李成,係鳳山縣衙役,供出頭目吴福生,居住鳳山濁水溪大莊。該縣熊琴於風聲已露之時猶以訛傳爲詞,並不實心嚴行緝拿,既賊勢猖獗之後,仍欲推諉捏飾,似此養奸貽誤之員,斷難姑容,理合據實參奏,伏乞皇上睿鑒施行。爲此謹奏。

雍正十年四月初八日

巡視臺灣陝西道監察御史臣覺羅栢修

巡視臺灣兼理學政兵科掌印給事中臣高山

——《宫中檔雍正朝奏摺》第十九輯,第 608～609 頁

114.雍正十年四月初八日

巡臺御史覺羅栢修等奏報勦捕鳳山縣不法奸匪摺

巡視臺灣陝西道監察御史臣覺羅栢修、巡視臺灣兼理學政兵科掌印給事中臣高山謹奏,爲據實奏聞事。

竊臺灣兇番作歹,經鎮臣吕瑞麟統兵勦捕,今各社迫脅附和番衆俱已投誠

歸服,惟大甲西兇番尚未伏首就縛。現在設法勦捕間,突有鳳山縣地方奸匪竊發。於本年三月三十日據崗山汛兵劉錫等報稱,二十九日守備彭捷帶兵往南路埤頭地方查緝匪類,隨防把總陳天用是夜帶兵各處伏路,不意四更時分有奸匪二三百人在營盤外喊殺,衆兵即與對壘追趕,賊復擁來放火,燒守備衙署頭門一座,汛兵趕敵方退,把總陳天用見火光,奔回救護,拾得鈎鐮鎗一杆,兵亦有受傷等情。又據舊社汛兵夏有定報稱,本日黎明有匪類來營房放火,搶奪器械等語。鎮臣王郡撥守備林如錦帶兵前往崗山一帶地方追緝,復親率左營遊擊王臣帶兵赴舊社、大穆降等處搜捕,賊逃無踪,隨回府治。四月初二日守備彭捷報稱,辰刻石井汛營房被賊焚燒,搶掠器械,兵丁許春生身被重傷等語。鎮臣王郡隨遣左營游擊王臣、澎湖左營守備林如錦帶兵往猴洞、虎頭山追捕。初三日遊擊王臣、守備林如錦聞埤頭地方於初二日夜被賊圍住攻打,赤山竪有旗幟,又接守備張玉差兵請援,即飛赴防禦,途中盤獲賊犯一名王昆,供稱賊黨甚多,赤山莊有旗,約搶劫埤頭營盤并南路營、鳳山縣等語。遊擊王臣、守備林如錦齊到赤山,果有旗三桿,遠望賊有百餘人站立旗下,分路夾攻,賊衆見兵奮勇,膽落奔逃。王臣追殺一名,林如錦生擒二名。初三日守備張玉報稱,初二日夜賊衆來營盤口對敵,打死賊數人,將屍負走,現獲高照旗一桿,賊人至辰刻方退。

初四日夜鎮臣王郡親帶官兵前往,初五日早同南路營參將侯元勳俱到鳳彈汛,猝值賊到營口,該汛守備張玉帶兵由中路進,守備林如錦帶兵由左路進,鎮臣王郡帶兵由右路進,參將侯元勳帶兵由後路進,四路進攻。密密山頭俱有賊旗,分洒如蟻,自辰刻沿山追趕,殺至未刻。鎮臣王郡提兵直攻入山,賊由左畔逃出,被林如錦堵截夾攻,賊敗逃走。獨守備張玉由中路急欲殺賊,奮勇争先,被賊埋伏殺死;外委千總徐學聖、外委把總鄭光弘俱遭陣亡。各官兵在牛相觸地方遇懷忠里義民千餘人,執大清旗號,奮勇飛到,協助追賊。鎮臣王郡所帶兵丁復應援參將侯元勳兵,殺賊敗去,四散無踪。鎮臣王郡與守備林如錦,左、右二路官兵全軍無失,斬首級九顆,鎗箭殺死賊數十名,生擒賊八名,奪賊旗幟、戰鼓、刀鎗數十件,竹篙鎗一百一十枝。兩路兵丁並無受傷,後路兵丁受傷亦少,惟中路損失兵丁七名,帶傷十數名。恐賊窺縣治空虚,參將侯元勳連夜帶兵并領義民回鳳山縣保固。鎮臣王郡於初六日回府治。遊擊王臣帶兵在鳳山縣劄營,報稱初七日營盤内盤獲奸細一名張鴻,會鳳山縣知縣熊琴審訊,供稱:小的的頭目名唤目卯,總頭目係吴福生,目卯叫我入城打探官兵多少,明日要來搶統領營,俟北路下加冬的同夥人到,從縣裹攻進,後攻府城等語。查張鴻係六十年奸匪案内餘孽,今復爲賊奸細,難容姑存,以摇人心,隨會同鳳令,立就軍前正法示衆等因。現今拿獲賊犯蕭田等十餘名,獲大旗四桿,書"大明"字樣,知府王士任現在審訊口供,根究首惡,四處飛捕,務期根株盡除,以彰國法。鎮臣王郡一面調撥兵丁固守城池,一面遣員帶兵進山勦捕,俟拿獲首惡,另行具奏。爲此謹具奏聞。

雍正十年四月初八日

巡視臺灣陝西道監察御史臣覺羅栢修

巡視臺灣兼理學政兵科掌印給事中臣高山

——《宫中檔雍正朝奏摺》第十九輯,第 609～611 頁

115.雍正十年四月十九日

巡臺御史覺羅栢修等奏報臺灣得雨情形摺

巡視臺灣陝西道監察御史臣覺羅栢修、巡視臺灣兼理學政兵科掌印給事中臣高山謹奏,爲報明甘雨情形事。

竊臺地今歲一春雨澤稀少,田疇望雨甚殷。今於四月初九、初十、十一等日甘霖連沛,四野霑足,農民共慶。迄今雨澤時行,秋成可望。伏惟聖德之遠敷,致天心之響應,臣等不勝歡躍。所有臺地甘雨情形,理合具摺奏聞,仰慰聖懷,伏乞皇上睿鑒。爲此謹具奏聞。

雍正十年四月十九日

巡視臺灣陝西道監察御史臣覺羅栢修

巡視臺灣兼理學政兵科掌印給事中臣高山

【硃批】:覽。

——《宫中檔雍正朝奏摺》第十九輯,第 651 頁

116.雍正十年四月十九日

巡臺御史覺羅栢修等奏報勦捕鳳山奸匪餘黨摺

巡視臺灣陝西道監察御史臣覺羅栢修、巡視臺灣兼理學政兵科掌印給事中臣高山謹奏,爲奏聞事。

竊臺灣鳳山縣地方奸匪竊發,焚燒各處營房,搶奪兵器,經署福建陸路提

臣王郡統領弁兵，親往勦捕，殺死賊衆數十名，生擒八名，交知府王士任審訊口供等情，臣等於四月初八日已經奏明在案。十四日據知府王士任詳報，署提督臣王郡陣前擒獲賊犯蕭田等，供出首惡吴福生、楊秦、許籌、烏眼賽、蔡國、目卯、吴慎等，密遣弁兵捕役緝拿外，署提臣王郡會商臣等，切念臺灣海外重地，五方雜處，流民甚多，恐附入奸匪，愈難撲滅，且民心惶懼，咸欲奔逃，因將陣前所獲賊犯蕭田、許種、李三、蕭照、蕭夷、蕭機并奸細李成等七名，於十六日斬首，懸掛示衆。賊勢始解，民心亦安。已陸續拿獲招匪聚衆之頭目楊秦、許籌、蔡國、烏眼賽等四名，奸細一名張長，餘黨李富等十四名，俱交知府王士任審訊，尚未據供詳報。又署提臣王郡密用計拿獲巨兇一名商大概，查係康熙六十年朱一貴叛案内逸犯，又雍正四年陳三奇叛案内懸緝餘孽，今復聚衆作歹，竪立左都督將軍旗號。署提臣王郡會同臣等審訊，一一供吐不諱。餘黨現在文武協同查拿，俟獲齊首惡，另即具奏。今將撲散賊衆情由，謹繕摺奏聞。

臣等摺奏應交督臣差員代賫，因事關軍情，恐有遲延，謹遣家人化善捧賫恭進。

雍正十年四月十九日

巡視臺灣陝西道監察御史臣覺羅栢修

巡視臺灣兼理學政兵科掌印給事中臣高山

【硃批】:覽。

——《宫中檔雍正朝奏摺》第十九輯，第652頁

117.雍正十年閏五月初十日

巡臺御史覺羅栢修等奏報大甲西社兇番糾衆作歹之緣由摺

巡視臺灣陝西道監察御史臣覺羅栢修、巡視臺灣兼理學政兵科掌印給事中臣高山謹奏，爲奏聞事。

竊大甲西等社兇番作歹，臣等屢奏情形在案。續據鎮臣吕瑞麟、臺灣道倪象愷等報稱，四月二十二日招出大甲西社老幼男婦四百一十九名口，五月初八日獅頭、獅尾等社諸番俱已就撫，其大甲西歸服各番，現在岸裡舊社山口起房暫住，尚未歸其本社，果否輸誠，臣等尚未查實，未敢遽奏。正在察訪間，據北路營參將靳光瀚、淡水營都司蘇鼎元同日報稱，五月十一日奇崙社番作歹，焚

燒社丁郭生房屋，射死郭生、王慶、劉三三人，又鄰居駱淵、沈辰二人，被箭射傷者六人，又焚燒桃仔莊、新莊二處民房。十二日截搶途中公文十七件，十三日甘棠溪桃仔圍莊民房俱被燒燬無存等語。臣等隨咨行鎮臣，遣員擒捕去後。詎閏五月初五日陸路提臣王郡轉咨遊擊林黄彩報稱，先於本月初一日有大肚社番并番婆數人，叩見鎮、道，要根究臺道民壯殺死效力良番情由，隨於初二日有南大肚、水里、沙轆、牛罵等社數百兇番，直抵縣治，圍燒臺道駐劄房屋并彰化縣及典史衙署，鎮臣吕瑞麟令林黄彩帶兵堵御，番隨退去。至未刻，見壙埔有兇番數十人，復令兵鎗炮攻打，兇番隨逃遁，兵丁各向前追捕，兇番埋伏草裡，突出拒兵，追至田洋，水深泥濘，把總張養、外委劉祥、功加宋榮俱被殺，兵丁頭目共損傷三十二名。初三日鹿仔港汛把總陳文、外委陳自達帶兵來縣救援，至城外外埔遇兇番擁至圍住，守備王璋率兵往救時，有義民二三百人從南飛至，奮力夾攻，殺死兇番十餘人，番衆敗走。所有義民及被難逃至莊民共有千餘人，住劄縣治，保守城池、倉庫等語。初五日彰化令陳同善從南社驗屍回縣，至西門外被兇番圍住，幸有義民、兵丁、民壯保護入城，該縣押車家人被番殺死，兵丁、義民、民壯俱有損傷，未經據報名數。

臣等因鎮臣吕瑞麟咨稱，賊勢甚急，請兵救援，隨會商提臣王郡，一面將府城駐防兵丁撥發八百名，先往救援，一面咨行水師提督，調兵三千名星速來臺接應，并咨行督、撫加意籌畫外，臣等查奇崙社在彰化縣極北，與大肚等社相隔四百餘里，據報起釁根由，適因酒醉爲始，其中或有别情，容查實另奏。至大肚等社作歹，查先於本月初一日有大肚番并番婆赴臺道駐劄處所，根究從前該道民壯殺死軍前效力五番緣由，初二日即抵縣治焚殺，其起釁根由已顯有所歸。而鎮臣吕瑞麟統兵三千餘衆，駐劄彰化縣治已經半載，未能擒捕兇番，今兇番仍肆猖獗，又不能堵禦，委難督率弁兵彈壓地方；臺道倪象愷又復邀功飾過，軍前彼此參差，不能和衷辦事，誠恐有誤地方。除會商督、撫酌奪料理外，理合一并奏聞。爲此謹奏。

雍正十年閏五月初十日
巡視臺灣陝西道監察御史臣覺羅栢修
巡視臺灣兼理學政兵科掌印給事中臣高山

【硃批】：似此義民、丁壯，當越格奬賞之。

——《宫中檔雍正朝奏摺》第十九輯，第 850～851 頁

118.雍正十年閏五月初十日

巡臺御史覺羅栢修等奏報審辦鳳山糾衆不法之賊黨摺

巡視臺灣陝西道監察御史臣覺羅栢修、巡視臺灣兼理學政兵科掌印給事中臣高山謹奏,爲奏聞事。

竊臺灣鳳山縣地方奸匪竊發,陞受陸路提臣王郡統兵勦捕,陣前所擒蕭田、李成等七名當即正法示衆,賊勢解散情由,臣等已經摺奏在案。嗣後陸續拿獲賊黨蔡國、楊秦、許籌、李養、楊佛恩、陳夢、陳喜、邱鄂、李富、商大概、許貴、莊玉、烏眼賽、張番、顔孝、顔沛、江連、李棟、陳而、林禄、鄭堯、柯寧、謝量等,經臺灣府知府王士任審訊,俱供認從賊首吴福生爲匪不諱。兹於閏五月初七日准陞受陸路提臣王郡咨,據遊擊王臣禀,據探丁戴典、蔡添獲解賊軍師洪旭一名。

嗣據臺灣府諸羅縣禀稱,縣役楊玉獲解賊首吴福生等因前來。隨會同臣等并知府王士任當堂研訊確供,據吴福生供稱:小的是臺灣生長,今年三十八歲,老婆死了,生兩個兒子,長名愿,次名咏。因去年練總要禀小的交結匪類,隨起意和楊秦、林好、許籌説大家來反,與林好約二月十八日到小的家拜盟,林好轉招吴慎、許籌、楊秦同結拜弟兄,小的爲大哥,林好爲二哥,吴慎爲三哥,楊秦爲四哥,許籌爲五哥,林好就請軍師做劄付黄、青、白三色,中協是黄,左協是青,右協是白;小的爲首大將軍,楊秦是副將軍,許籌、吴慎、林好是國公,許籌、楊秦爲右協,吴慎、林好爲左協,着軍師做了劄付,各去分散。軍師名叫陳倡,三十多歲,長臉,下[闊]頷尖些,身中,鬚微。二十九夜燒崗山汛,那夜旗五桿,小的一杆是長泰白布三角旗,旗上寫“大明”二字,燒了崗山汛,三十早燒舊社汛,是午又去燒猴洞,初一早燒了石井,奪了軍器,初二夜同林好去會烏眼賽,初三早就有十多桿旗,四五百人要搶布店,走回蕭田房後,劄在鳳彈山頂。初五日再去埤頭打仗,遇王大老爺追捕,輸陣敗走。初八日只剩一桿旗,四十多人,回濁水溪。小的把兩個兒子交吴滿往山逃走,小的即由山邊走去北路加冬張壯家,四月二十一日張壯叫小的改名蔡受,領去楊放家,直至斗六門張裕家鋤草,至本月初三晚被拿解訊。

據洪旭供:正月尾烏眼賽叫黄恩和小的説他要民變,搶富家,要請小的去記賬。三月初烏眼賽又説叫小的和他掌事,他人已招便了,崗山各處都是好兄弟,又説六十年我還做過將軍,爾若不從,我也是要做的。三月十五日黄恩又來叫小的去,烏眼賽就拿一張劄付給小的,劄上寫“大明招討左將軍”,是紙做的,烏眼賽是請小的做軍師。初三早竪了旗,即去埤頭,和官兵厮殺,搶奪布店。爲首的是吴福生和烏眼賽。初五午輪陣,小的將帶的劄付燒了,至初一日走到虎尾溪,被營兵拿解是實等供。隨吊出黨犯烏眼賽、楊秦、許籌等對質,一一供吐相符,現在律擬招解,理合具摺奏聞。爲此謹奏。

雍正十年閏五月初十日

巡視臺灣陝西道監察御史臣覺羅栢修

巡視臺灣兼理學政兵科掌印給事中臣高山

【硃批】:覽。

——《宫中檔雍正朝奏摺》第十九輯,第852～853頁

119.雍正十年七月初三日

巡臺御史覺羅栢修等奏報出巡地方宣揚聖德摺

巡視臺灣陝西道監察御史臣覺羅栢修、巡視臺灣兼理學政兵科掌印給事中臣高山謹奏,爲奏聞事。

竊臺灣北路頑番作歹,經今半載有餘,未獲蕩平,放火殺人肆惡已極。臣等屢叙實在情形,咨商督、撫籌畫。今督臣郝玉麟行文將軍,前總鎮吕瑞麟調回府治彈壓,咨陞陸路提督暫駐臺灣臣王郡統兵勦捕。但細查從前不克成功,皆由軍前文武不能和衷所致。今臺灣道倪象愷仍駐軍前,恐與提臣王郡復有參差,於事又難有濟。臣栢修擬於七月初四日分巡北路軍前,務使文武和衷,并審度兇番情形,參酌勦捕機宜,期於早獲蕩平,以安黎庶。從前南路奸民竊發,雖經拿獲首惡吴福生、商大概等九十餘名,現在招解督、撫,審擬具題。但南路鳳山一帶地勢偏僻,最易藏奸,初平之後不時尚有謡言,恐有無知愚民仍迷而不悟。臣高山擬於七月初八日分巡南路鳳山縣及中路諸羅縣地方,曉諭各鄉社民番,宣揚聖德,廣布天威,使愚民知所警省,并考驗各營汛兵丁,諭令嚴加防範,務使地方寧謐。所有分巡日期,理合繕摺奏聞。

雍正十年七月初三日

巡視臺灣陝西道監察御史臣覺羅栢修

巡視臺灣兼理學政兵科掌印給事中臣高山

【硃批】:是。

——《宫中檔雍正朝奏摺》第二十輯,第204～205頁

120.雍正十年七月初三日

巡臺御史覺羅栢修等奏報臺灣北路兇番復起作歹實在緣由摺

巡視臺灣陝西道監察御史臣覺羅栢修、巡視臺灣兼理學政兵科掌印給事中臣高山謹奏,爲據實奏聞事。

竊臺灣彰化縣地方大甲西等社頑番作歹,據報招撫就緒間,適臺灣道倪象愷有表親率領壯役李華等,殺死大肚、沙轆等社軍前效力良番五名,捏稱兇番首級冒功邀賞,以致大肚、沙轆等社番衆不服,另起風波。於閏五月初二日蜂擁彰化縣治,焚燒房屋五百餘間,殺死兵丁、義民、壯役六十餘名,臣等業經奏明在案。

續據彰化縣知縣陳同善報稱,閏五月初八日兇番突至猫霧捒地方大肆焚殺,仍圍聚不散。初十日總鎮吕瑞麟調撥遊擊林榮茂帶兵勦捕,兇番千餘接戰。鎗炮打死兇番十餘人,有義民功加劉魁才率衆隨軍殺賊,被兇番埋伏殺死,兵丁亦有受傷。十一日兇番直抵縣治,東、北、西三路數十里,盡遭荼毒,竟無一人往來其間,被殺民人與焚燒房屋莫知其數。十二日又焚殺快官莊。據總鎮咨稱,是日各處難民在臺灣道駐劄處所喊冤,被臺灣道壯役擒拿扛打,衆難民不服,紛紛喧鬧。總鎮即遣員持令箭勸諭安服。十三日總鎮令遊擊林榮茂帶兵往快官莊救援,至柴坑仔社親擒兇番,愛箸必列、補是斗、甘仔旱三名,解付彰化縣審訊。據彰化縣報稱,隨經訊供,詳請鎮、道二憲於十六日正法,以慰難民之心。但臣等細查所獲柴坑仔三番各供,並未將大肚等社起釁根由,研訊實情,乃捏沙轆地方蓋造淡防廳衙門於彼不利,故此作歹等供。查蓋造衙門非今年爲始,從前大甲東、西等社作歹之時,而大肚等社並未報有附和,現在軍前運糧效力,即道役殺死效力五番之後,彰化縣將道役李華等拿收入監,番仍安静,續經督、撫牌行發審,未曾審訊。而臺灣道硬將李華等釋放,番與番婆始於閏五月初一日來縣喊冤,初二日遂圍縣治焚殺,其爲殺效力五番所致可知。查審訊柴坑仔三番之日,聞臺灣道直入彰化縣内衙,顯有通同捏飾情弊。臣等職司稽察,何敢隱匿。所有實在情形,除咨行督、撫籌畫外,理合據實奏聞。

雍正十年七月初三日

巡視臺灣陝西道監察御史臣覺羅栢修

巡視臺灣兼理學政兵科掌印給事中臣高山

【硃批】:覽。

——《宫中檔雍正朝奏摺》第二十輯,第205～206頁

121.雍正十年七月十三日
巡臺御史覺羅栢修等奏報臺灣道倪象愷屢致民怨并罷市哄鬧摺

巡視臺灣陝西道監察御史臣覺羅栢修、巡視臺灣兼理學政兵科掌印給事中臣高山謹奏,爲奏聞事。

竊臺灣北路兇番不法,放火殺人,肆惡已極。臺灣道倪象愷駐劄軍前,未能寧謐地方,屢致民怨,有失官箴。查該道從前賞給社番,曾用令旗、鹿鎗、箭鏃等物。六月十一日有兇番手執所給令旗,假充好番入柴坑仔快官莊。莊民因有令旗迎入,衆兇突至,殺傷民人。逃出難民張泰、張聖等奔赴該道公館喊冤,被該道衙役擒拿毆打。衆難民紛紛不服,各持石塊欲塞道門,總鎮呂瑞麟立即委員勸諭解散。七月初一日又有該道民壯賴子檀、鄭廷浦、高才生、陳輝章、侯錫文等五人扛擡大炮、火藥、炮子及番弓、番箭、鈎鐮鎗等械城外潛走,兵見盤詰,稱是道爺民壯欲往伏路。問既係伏路何無隊伍、旗號,遂丢炮而走,兵尾追拿獲,解送總鎮李之棟營盤。衆難民隨喊罷市,擁至臺灣道公舘前哄云:道爺民壯扛炮通番等語。該道衙役當即刀傷難民郭明金,箭傷難民張米、林弁,彰令驗明,給錢醫治。總鎮委員捧出總督令箭,諄諄勸諭,并逐舖令其貿易,亦即次第開張。

臣等查賴子檀等五人雖係臺灣道民壯,俱是軍前新招,并有前一日始充者。其中奸良亦難驟辨,且無隊伍同行,又無旗號可據。兵丁理應盤查,但有無通番應候審訊。衆難民遽行罷市哄鬧,固屬不法,而彰化縣詳稱所傷難民三人供,係路過無辜,道役亦有不合。隨飭彰化縣知縣陳同善查拿罷市哄鬧之首倡及擅動刀箭之道役,扛擡炮械之賴子檀等一一研訊確情。除咨明督、撫外,所有臺灣道倪象愷屢致民怨哄鬧之處,理合據實具奏,伏乞皇上睿鑒施行。爲此謹奏。

雍正十年七月十三日

巡視臺灣陝西道監察御史臣覺羅栢修

巡視臺灣兼理學政兵科掌印給事中臣高山

【硃批】:覽。

——《宫中檔雍正朝奏摺》第二十輯,第 254～255 頁

122.雍正十年十月十三日

巡臺御史覺羅栢修等奏報擒獲臺灣北路不法兇番摺

巡視臺灣陝西道監察御史臣覺羅栢修、巡視臺灣兼理學政兵科掌印給事中臣高山謹奏,爲奏聞事。

竊臺灣北番不靖,暫駐提臣王郡統師前往。臣等因從前文武辦事參差,臣栢修分廵彰邑軍前,兼之相機勦撫;臣高山分廵臺灣、鳳山、諸羅三縣地方,已經奏明在案。自七月二十二日進兵以來,叠據提臣王郡咨稱,節次進勦,鎗炮打死兇番甚多,生擒梟首示衆者十三名,杖斃唆謀加已一名。又拿獲首惡大匏、藥瓦厘二名,代番製造鎗箭鐵匠嚴論、戴維坤二名,俱經提臣王郡出令斬首。其首惡大匏、藥瓦厘,衆番恨其誘害,爭碎其屍。而兵丁與效力義民臨陣亦有傷損,尚未據報名數。現今報稱又拏獲奸民林清、籌仔、蔡妹、黄寬等四名,并奇崙社兇番四名外,北投兇番五名,各社土官獻出兇番四十二名,各社投誠歸服者千有餘人。惟有大甲西社兇番抗拒未出,已於十月初五日拏獲二十六名,餘兇正在設法勦捕。所有現在情形理合繕摺具奏。爲此謹具奏聞。

雍正十年十月十三日

巡視臺灣陝西道監察御史臣覺羅栢修

巡視臺灣兼理學政兵科掌印給事中臣高山

【硃批】:覽。

——《宫中檔雍正朝奏摺》第二十輯,第636頁

123.雍正十年十月十三日

巡臺御史覺羅栢修等奏報臺灣收成分數并米價摺

巡視臺灣陝西道監察御史臣覺羅栢修、巡視臺灣兼理學政兵科掌印給事中臣高山謹奏,爲報明臺地收成分數、米穀價值,仰慰聖懷事。

臣等查得臺灣地方早禾久已登場,晚稻現當收獲,隨檄行查報去後。據臺灣府知府王士任詳,據臺灣縣知縣冷岐暉報稱,該縣地方收成共有七分;鳳山縣知縣錢洙報稱,該縣地方收成共有六分;諸羅縣知縣姚孔鍼報稱,該縣地方收成共有七分;彰化縣知縣陳同善報稱,該縣地方收成共有六分。臺防同知署理淡水同知事尹士俍報稱,分管北路地方收成共有七分各等因到臣。臣等細

加察訪，實屬無異。今歲春夏甘霖時沛，早禾并豆、麥、雜糧、糖蔗等項收成頗豐。入秋之後雨澤稍缺，至八月二十七、八等日颶風大作，晚禾不無損傷，秋成因以稍減。總核通臺早禾、晚禾收成，共約計有六分有餘。

至現在米穀價值，據臺灣縣知縣冷岐暉報稱，該縣上米每石價銀一兩二錢，穀每石價銀四錢一分；鳳山縣知縣錢洙報稱，該縣上米每石價銀一兩零八九分，穀每石價銀四錢二三分；諸羅縣知縣姚孔鍼報稱，上米每石價銀八錢五分，穀每石價銀三錢四分；彰化縣知縣陳同善報稱，該縣上米每石價銀七錢二分，穀每石價銀三錢二分。臺防同知署理淡水同知事尹士俍報稱，分管北路地方上米每石價銀七錢，穀每石價銀三錢各等因到臣。臣等總核臺地米穀價值，並無昂貴，民食充足，兵民相安，理合繕摺奏聞，仰慰聖懷，伏乞皇上睿鑒施行。爲此謹奏。

雍正十年十月十三日

巡視臺灣陝西道監察御史臣覺羅栢修

巡視臺灣兼理學政兵科掌印給事中臣高山

【硃批】：覽。

——《宫中檔雍正朝奏摺》第二十輯，第636～637頁

124.雍正十年十月十三日

巡視臺灣兵科給事中高山奏報巡查臺灣等縣摺

巡視臺灣兼理學政兵科掌印給事中臣高山謹奏，爲奏聞事。

竊臣於本年七月緣南路奸匪初平，時有謡言煽惑。臣比欲巡查臺灣、鳳山、諸羅各處地方，適天雨連綿，溪河漲隔，道路難行。臣隨先發告示，遍行勸諭。至八月初八日由臺灣巡至鳳山縣奸匪聚集之處，宣布皇上德威，諄諄告誡。人民伏首馬前，頗有懼法懷恩，欣欣向善之意。其從前奮勇殺賊之義民，臣念其忠義可風，面加獎賞，勉其永爲聖世良民。并考驗鳳山縣各營兵丁，隊伍整飭，技藝亦覺熟練，隨將養廉給賞以示鼓勵。巡至諸羅縣治，查該營兵弁多經調赴軍前，僅存千總一員，兵丁一百八十名。及閱操演技藝，又甚生疏。值此軍興之際，該縣有城池、倉庫之重，且於番變地方緊相接壤，又多生番出入隘口，臣恐疏虞，即行文鎮臣吕瑞麟調撥守備一員，兵丁三百名前往駐防。臣巡歷所至各營汛兵丁，俱面加訓飭，令其小心防範，毋滋擾民番，以仰副皇上恩加豢養之至意。臣所巡臺灣、鳳山、諸羅等縣，百姓安堵，地方寧謐，理合繕摺

具奏。爲此謹具奏聞。

雍正十年十月十三日

巡視臺灣兼理學政兵科掌印給事中臣高山

【硃批】:覽。

——《宫中檔雍正朝奏摺》第二十輯,第638頁

125.雍正十年十一月初九日
巡臺御史覺羅栢修等奏報臺灣業已寧謐情形摺

巡視臺灣陝西道監察御史臣覺羅栢修、巡視臺灣兼理學政兵科掌印給事中臣高山謹奏,爲奏聞事。

竊臺灣北路頑番自上年十二月作歹,而本年三月復有南路奸民乘機竊發。臣等面商暫駐提臣王郡統師往勦,適該地義民鳩集千餘,隨軍奮殺,南路奸匪當即撲滅,已經陸續緝獲首從百餘人,解送督、撫審擬具題。但值初平時有謡傳煽惑,而北路軍前雖有鎮臣吕瑞麟駐劄該處勦撫,奈文武辦事参差,相延日久未獲寧謐。臣等伏念海疆重地,南北二路均屬關係緊要,隨咨商督、撫,轉咨提臣王郡督兵,北路軍前調回鎮臣吕瑞麟彈壓府治,誠恐仍舊参差於事,又難有濟。臣栢修分往北路巡查,兼之相度機宜,順撫逆勦。臣高山分往南路巡查,宣布皇上德威,沿途勸諭,并於鄉村市鎮遍張告示,務令咸知。嗣後南路地方人民俱已安静,疊經奏明在案。臣栢修與提臣王郡自到軍前,進兵十有餘次,陣斬兇番四十一名,生擒正法一十八名;據報鎗炮刀箭傷死一百二十一名,節次拿獲男婦老幼九百八十二名,統交署淡水同知尹士俍、彰化縣知縣陳同善,分别未經殺人及老幼婦女取保釋放外,其餘兇番會訊確供解送督、撫。

今據詳報審明起釁根由,其上年十二月大甲西社首倡作歹,因革職原淡水同知張弘章起造衙門,濫差刻累所致。本年閏五月牛罵、沙轆南、大肚首倡作歹,因臺灣道倪象愷壯役殺死軍前效力良番所致。外有奇崙一社,居彰化極北,亦經作歹。前鎮臣吕瑞麟撥北路營参將靳光瀚駐彼擒勦,今據報稱陣斬首級二顆,投降男婦老幼一百四十名,擒拿十名,自獻首兇三名,現在發淡水同知、彰化縣知縣審訊。查北路作歹頑番共計一十四社,今惟大甲西、牛罵、沙轆三社尚有頑番三十餘名,潛藏深山未出,餘悉安社。臣等緣彰化地方營汛單薄,時當初平,防守宜嚴。咨商提臣留遊擊、守備各一員,千把外委十五員,兵丁一千七百九十名,暫駐彈壓。至於軍前效力文武員弁與陣亡受傷義民兵丁,

應聽提臣王郡查明，分別造册題報。所有全臺業已寧謐情形，理合據實繕摺奏聞。爲此謹奏。

雍正十年十一月初九日

巡視臺灣陝西道監察御史臣覺羅栢修

巡視臺灣兼理學政兵科掌印給事中臣高山

【硃批】：覽。汝二人今番巡臺，可謂實心任事也。朕甚嘉是焉。

——《宫中檔雍正朝奏摺》第二十輯，第750～751頁

126.雍正十年十一月初九日

巡臺御史覺羅栢修等奏報緝拿發禁之彰化逃脱兇番摺

巡視臺灣陝西道監察御史臣覺羅栢修、巡視臺灣兼理學政兵科掌印給事中臣高山謹奏，爲奏聞事。

雍正十年十一月初七日據臺灣縣知縣冷岐暉、協辦知縣路以周詳稱，本府發禁彰化縣軍前解到兇番三十二名，於十一月初二日夜有兇番虎豹厘八帶因觀老尉甌朧其抵伯加滿那姨等四名，扭斷鎖銬掘地踰墻逃走。又據彰化縣知縣陳同善詳稱，軍前發禁兇番二十三名，於十月二十八日夜有沙轆兇番阿甲阿朧箸愛箸哲眉笠奇踏阿朧萬緊緊蒲氏謀眉哲等八名挖墻逃走，當經皂役杜陞拿獲眉哲一名。又大肚社通事方耀於十一月初一日拿獲奇踏一名，實被脱逃六名等因各詳報前來。臣等查所禁兇番俱係解省質審重犯，各該縣均宜加緊看守，乃漫不經心，致有脱逃，甚屬疏防。除現在嚴飭勒限緝拿，并取該管文武員弁各疏防職名，咨會督、撫題參外，理合先具摺奏聞。爲此謹奏。

雍正十年十一月初九日

巡視臺灣陝西道監察御史臣覺羅栢修

巡視臺灣兼理學政兵科掌印給事中臣高山

【硃批】：覽。

——《宫中檔雍正朝奏摺》第二十輯，第752頁

127.雍正十一年三月初三日

巡臺御史覺羅栢修等奏陳臺灣軍工船隻宜歸内地修造摺

巡視臺灣陜西道監察御史臣覺羅栢修、巡視臺灣兼理學政兵科掌印給事中臣高山謹奏,爲敬陳軍工船隻宜歸内地修造,仰祈睿鑒事。

竊查臺灣戰船計有九十六隻,向在福建省城修造,自康熙三十五年始歸臺灣各縣分修,繼歸知府衙門,後歸臺灣道經管。其採取木料,原在界内山場。因近山砍伐已盡,雍正八年遷移生番界外糞箕湖地方設廠。彼時隨有射傷匠役、殺死匠首陳勳等事,尚懸案未結。雍正十年十一月二十七日有匠人鄭恭、車夫郭有明進山鋸板,被生番放箭射傷;十二月初五日通事盧賜、曾仲奇往軍工寮廠,到加六堂地方,被生番射傷;十二月二十五日弓役洪德、社丁林緝往枋寮口查看料廠,行至率蒙社地方,突有生番放箭射傷;雍正十一年正月初三日有匠役韓琛入山尋取木料,被生番殺死。報案纍纍。前督臣高其倬、御史赫碩色等條奏嚴立界限,禁止出入,原期相安無事。今以軍工所需木植,給票出界採取,匠首糾夥數百,成群深入番社,文武稽查莫及,烏合之衆難免假公濟私,騷擾地方。且奸宄不法之徒,不無勾通作弊、交易違禁物件。現今内山竟有刀、鎗等物,豈無由來。恐因循日久,實多未便。况臺灣所出木料僅有猴栗、樟板,其桅、舵、大椗等木并釘鐵、油麻無不出自内地,運載來臺亦不爲易。臣等思閩省延、建、邵三府所屬近河各縣俱係産木之區,沿溪順流,直抵省城,每歲商民從此裝運出海,至江、浙兩省發賣採辦,實不爲難。今在臺地承修,似非萬不得已。况進内山取木,累致殺傷匠役,終非經久長策。臣等請嗣後臺灣軍工船隻,仍照從前舊例,或在厦門廠,或仍在福廠,一體按期修造,似爲妥便。如有仍藉軍工名色,差役出界,採取木料者,照濫差累民例,從重議處;若禁採之後,通事、奸民人等私出界外,照越度緣邊關塞律治罪;營汛不行查拏,嚴加議處。如此則軍工不致有誤,而匠役無得越界滋擾,自無戕殺命案。文武員弁可以一意防閑,民自爲民,而番自番,地方得永寧謐矣。伏乞皇上睿鑒施行。爲此謹奏。

雍正十一年三月初三日

巡視臺灣陜西道監察御史臣覺羅栢修

巡視臺灣兼理學政兵科掌印給事中臣高山

【硃批】:該部議奏。

——《宫中檔雍正朝奏摺》第二十一輯,第 203～204 頁

128.雍正十一年三月初三日

巡臺御史覺羅栢修等奏繳硃批奏摺摺

巡視臺灣陝西道監察御史臣覺羅栢修、巡視臺灣兼理學政兵科掌印給事中臣高山謹奏,爲恭繳硃批奏摺事。

雍正十一年二月初四日頒到硃批奏摺四道,三月初二日頒到硃批奏摺三道,臣等奉命巡視臺灣,毫無報效,跪讀諭旨,愈深惶悚。惟有竭盡駑駘,仰副皇上高厚洪恩於萬一耳。所有硃批奏摺七道,理合恭繳。爲此謹奏。

雍正十一年三月初三日

巡視臺灣陝西道監察御史臣覺羅栢修

巡視臺灣兼理學政兵科掌印給事中臣高山

【硃批】:覽。

——《宫中檔雍正朝奏摺》第二十一輯,第 205 頁

129.雍正十一年三月初三日

巡臺御史覺羅栢修等奏陳清查流民以杜奸匪摺

巡視臺灣陝西道監察御史臣覺羅栢修、巡視臺灣兼理學政兵科掌印給事中臣高山謹奏,爲敬陳清查流民,以杜奸匪,仰祈睿鑒事。

竊臺灣孤懸海外,五方雜處,土著之民少,而流寓之民多。蓋土著者,知有室家、産業爲重,自不敢妄作匪爲,輕身試法。至流寓之人,非係迫於饑寒,即屬犯罪脱逃,單身獨旅,寄寓臺灣,居無定處,出無定方,往往不安本分,呼朋引類,嘯聚爲奸。歷考臺地變亂數次,皆係此等烏合之徒爲之倡首,實由地方官因循苟且,未經清理所致。臣等愚見,欲辨良頑之分,請立認保出結之法,令地方官徹底清查。如自立産業兼有父母妻子者,自有十家甲牌,無庸取保外;其並無家室産業者,如贌田佃户,則取業主認保結狀。如在臺傭工、貿易之人,則取房主、鄰佑認保結狀。一體附於甲牌之末,以便稽查。如業主、房主、鄰佑不爲具結,必非有根良民,即行驅逐回籍。如業主、房主、鄰佑不行出結而私相容隱者,查出一并嚴加究治。倘業主、房主、鄰佑所保之人有妄作非爲,事發一體照律連坐。苟能於未經發覺時查出,實指其妄作匪爲之事首明,仍免究罪。俾土著之民各有身家,見踪跡可疑之人自不敢混保出結。即既保之後,亦必自行

稽查，冀免波累。該地方官果能實力奉行，臺灣地廣人稀，自可清查明晰；如有陽奉陰違，仍前虛應故事，並不稽查、取具的保，以致奸匪托足者，事發將該地保長嚴加治罪，地方官從重議處。如此則無不保結之流民，而奸宄自難容留於海外矣。伏乞皇上睿鑒施行。爲此謹奏。

雍正十一年三月初三日

巡視臺灣陝西道監察御史臣覺羅栢修

巡視臺灣兼理學政兵科掌印給事中臣高山

【硃批】：該部議奏。

——《宫中檔雍正朝奏摺》第二十一輯，第 206 頁

130. 雍正十一年三月初三日
巡臺御史覺羅栢修等奏陳限定存倉穀石數以減少攤派修倉之規銀摺

巡視臺灣陝西道監察御史臣覺羅栢修、兼理學政兵科掌印給事中臣高山謹奏，爲奏聞事。

竊臺灣四縣每年額徵供粟一十六萬六千餘石，其貯粟倉廒，係每石派蓋倉銀六分、修倉銀二分，約有一萬三千二百餘兩。除支放兵米并撥運内地，所存僅有數萬，何需每年攤派如許之多。再加胥役、斗級各項需索，小民殊屬爲累。但係陋弊相沿，難以窮究。臣等思積貯倉廪貴于充裕，而存留穀數宜有常經。查臺灣現在貯倉之粟計有七十餘萬，似不爲少。應將每年新收供粟存倉，將年久倉粟，除散給兵米，其餘運貯内地。即此七十餘萬以爲存臺額數，則倉廒自有定規，每年只用小修，官吏無從苛索，小民實受無窮之福矣。如臣言可採，伏乞皇上諭旨施行。爲此謹奏。

雍正十一年三月初三日

【硃批】：該部一併詳議具奏。

——《宫中檔雍正朝奏摺》第二十一輯，第 206～207 頁

131.雍正十一年四月十九日

巡臺御史覺羅栢修等奏報臺海地方得雨情形摺

巡視臺灣陝西道監察御史臣覺羅栢修、巡視臺灣兼理學政吏科給事中臣林天木謹奏,爲報明甘雨叠沛,民咸沾澤事。

竊臺地歷年春間雨水稀少,今歲三月十二、十三等日霖雨霑足,村莊農民悉皆乘時耕作。續於四月初一、初二等日大雨滂沱,禾苗益加茂盛,秋成大有可望。伏惟聖治弘敷,仁恩廣被,是以天和感召,雨澤時行,萬姓歡呼,居民樂業,臣等不勝欣躍。所有臺地甘雨情形,理合奏聞,仰慰聖懷,伏乞皇上睿鑒。爲此謹具奏聞。

雍正十一年四月十九日

巡視臺灣陝西道監察御史臣覺羅栢修

巡視臺灣兼理學政吏科給事中臣林天木

【硃批】:以手加額覽之。

——《宫中檔雍正朝奏摺》第二十一輯,第 413～414 頁

132.雍正十一年五月二十四日

巡臺御史覺羅栢修等奏報臺灣縣西定坊失火并應常備救火水銃摺

巡視臺灣陝西道監察御史臣覺羅栢修、巡視臺灣兼理學政吏科給事中臣林天木謹奏,爲奏聞事。

竊臣等荷蒙恩命,簡畀巡臺重任,受事以來,夙夜兢兢,敬謹辦理。接見屬員,再三申飭,務期廣宣德化,地方寧謐。兹於本年五月十九日夜亥時,臺灣府臺灣縣西定坊水仙宫地方有燭鋪陳寶店中失火,當經臣等同鎮臣蘇明良、臺灣道張嗣昌、知府王士任星速親往,率領該縣員弁,督令兵壯,胥力救護。火勢飆發,延燒店房三百餘間。隨飭兵壯用力拆燬房屋十一間,截斷火路,燒至丑刻方得救息,並無傷人。竊思地方官員躬膺民社,理合恪遵功令,爲民籌畫。倘或地方失火,早爲置備器具,又何至火勢蔓延,比屋延燒。今臺灣縣知縣路以周臨期取用,雖備有舊桶,其於緊要救火水銃等項器具全不置備,憑何救護,殊屬怠忽。臣等身在地方,目覩情形,不敢壅於上聞,合宜繕摺奏請勅部議處,以

示儆戒。臣等更有請者,伏讀雍正六年諭旨,各府、州、縣并令該地方官悉爲留意預備防範,此誠我皇上灼見致治之原,軫恤民依之聖訓也。内外臣工分應敬謹遵行,但地方官員奉行不力,於緊要救火水銃等項器具多不置備,縱有置辦,亦不過草率塞責,因循怠忽,不獨臺灣地方爲然。仰懇聖恩,勅下各直省督臣,嚴行查明,於未嘗置備之各府、州、縣,作速查明,早爲預備,逐一造册具結呈報,每年委員查點足數,收貯備用。若復仍前不備,揑飾虚報,或扶同徇隱,别經發覺,一併交部嚴加議處。如此則該管官員上緊防範,於救護火警似有裨益。臣等愚見,是否可採,伏祈皇上睿鑒施行。爲此謹具奏聞。謹奏。

雍正十一年五月二十四日

巡視臺灣陝西道監察御史臣覺羅栢修

巡視臺灣兼理學政吏科給事中臣林天木

【硃批】:此奏甚屬可嘉。近日已有嚴諭,可謂不約而同。

——《宫中檔雍正朝奏摺》第二十一輯,第602~603頁

133.雍正十一年十一月二十四日
巡臺御史覺羅栢修等奏報臺地收成分數及米價摺

巡視臺灣陝西道監察御史臣覺羅栢修、巡視臺灣兼理學政兵科掌印給事中臣林天木謹奏,爲據實報明收成分數、米穀價值,仰慰聖懷事。

竊臣等查得臺灣地方本年春間雨水霑足,早禾業已登場,晚禾現在收獲,隨檄行該府、廳、縣查報分數去後。據臺灣府知府王士任、尹士俍詳據臺灣縣知縣路以周報稱:該縣地方收成共有八分;鳳山縣知縣錢洙報稱:該縣地方收成共有八分;諸羅縣知縣陸鶴報稱:該縣地方收成共有七分;彰化縣知縣陳同善報稱:該縣地方收成共有七分;又臺灣府署淡水同知尹士俍報稱:分管北路地方收成共有八分各等因到臣。

臣等親加細訪,實屬無異。今歲夏、秋雨水時沛,所種荳、麥、雜糧、糖蔗等項收成豐稔。雖七月十八、十九等日雨水淋灕,颶風大作,晚禾不無損傷,秋成因致稍減。總核通臺早禾、晚禾收成實有七分有餘。

至現在米穀價值,據臺灣縣知縣路以周報稱:該縣上米每石價銀一兩一錢一分,穀每石價銀四錢五分;鳳山縣知縣錢洙報稱:該縣上米每石價銀九錢一分,穀每石價銀三錢四分;諸羅縣知縣陸鶴報稱:該縣上米每石價銀一兩六分,穀每石價銀四錢七分;彰化縣知縣陳同善報稱:該縣上米每石價銀八錢五分,

穀每石價銀三錢三分;署淡水同知尹士俍報稱:分管地方上米每石價銀五錢,穀每石價銀二錢二分各等因到臣。

臣等總核臺灣地方現當收獲米穀價值并不昂貴,民各樂業,地方安寧。理合據實繕摺奏聞,伏乞皇上睿鑒施行。爲此謹奏。

雍正十一年十一月二十四日

巡視臺灣陝西道監察御史臣覺羅栢修

巡視臺灣兼理學政兵科掌印給事中臣林天木

【硃批】:覽。凡百只務據實莫隱爲要。

——《宫中檔雍正朝奏摺》第二十二輯,第 371 頁

134.雍正十一年十一月二十四日
巡臺御史覺羅栢修等奏報巡視臺灣地方營伍汛防摺

巡視臺灣陝西道監察御史臣覺羅栢修、巡視臺灣兼理學政兵科掌印給事中臣林天木謹奏,爲奏聞事。

竊臣等才淺識陋,荷蒙皇上天恩,畀以巡臺重任。受事以來,夙夜兢兢,務矢公誠。每於屬員進見時,勵以文武和衷,綏輯兵民,寧靖地方,以期仰報高厚隆恩於萬一。兹臣等於本年九月十二日親閱臺協水師三營一操,十一月初九日親閱臺灣鎮標三營一操,續又巡閱南路鳳山營一操,俱皆隊伍整肅,技藝熟練。仍諭不時操演,隨分養廉給賞,以示鼓勵。至澎湖兩營,因大洋遠隔,臣等檄委澎湖通判周于仁會同該副將章隆就便閱看。嗣具申報,就於十月二十一日閱看水、陸兩操,悉皆隊伍齊整,技藝嫻熱等因前來。

臣等又於十一月十二日自郡城臺灣縣起身,出巡南路鳳山縣等處地方,宣昭聖諭,廣布皇仁。令所在居民各宜遵奉聖諭,安分守法,以無負聖主子惠元元之至意。所至埤頭、崗山及羅漢門各營汛地,俱皆勸令弁兵小心防範,實力巡查,無得滋事,擾害番民。至北路地方番民,現在稔收,民皆安堵。臺地添設官弁兵丁渡海尚未來齊,俟於到齊之日,各處汛防臣等再爲巡視,宣布聖化,明白曉諭。俾各社番衆、村莊農民樂業安居,永享昇平。所有臣等閱操出巡,兵民安輯,地方寧謐情形,理合繕摺奏聞,伏乞皇上睿鑒。爲此謹具奏聞。

雍正十一年十一月二十四日

巡視臺灣陝西道監察御史臣覺羅栢修

巡視臺灣兼理學政兵科掌印給事中臣林天木

【硃批】:覽。

——《宫中檔雍正朝奏摺》第二十二輯,第372頁

135.雍正十二年二月二十五日
巡臺御史覺羅栢修等奏報拏獲諸羅縣惡棍蔡馬益摺

巡視臺灣陝西道監察御史臣覺羅栢修、巡視臺灣兼理學政兵科掌印給事中臣林天木謹奏,爲奏聞事。

竊惟安民之道莫先於鋤强禁暴,必强暴懲戒而後民生得所。臣等荷蒙聖恩,簡畀臺灣巡視,受事以來,諄諄告示,至再至三,務期强横知儆,善良安居,以仰副聖主子惠元元、寧謐地方至意。詎知有惡棍如諸羅縣牛椆仔蔡馬益者,臣等本年二月二十日巡歷至鹽水港,即訪聞有土棍蔡馬益糾衆與民人魏龍等争戲起釁,互相擁打,又趕打千總、兵丁,各有帶傷,不勝駭異。續據臺灣鎮臣蘇明良咨稱,釁起魏龍、魏雲與戲主吴鐵、莊主林媽争戲,聚衆百餘猛,互相毆打。甚至汛防千總鄭捷帶領兵役前往勸止,豈料惡棍隱藏蛇心,分錢串爲號,乘衆放火焚燒牛椆,手執短棍并竹篙鈀,將千總同跟役蜂擁趕打,俱有帶傷。差員陳文琦路由經過,均被扭回綑打,扯碎衣服,身帶重傷等因。竊思奸徒聚衆,律有明條,毆辱重傷,法在不宥;況臺灣爲海外要區,豈容光棍肆横。若不嚴行重懲,一任生事妄行,將來效尤成風,必爲百姓之累。臣等於二月二十一日回至府城,立傳臺灣知府尹士俍、諸羅知縣陸鶴等速選幹役,踹緝要犯,必須拿獲,勿使漏網。知縣陸鶴即於二十一夜二更時候將蔡馬益拿獲,詳俟各犯拘齊訊報。臣等蒙皇上洪恩,畀以巡臺重任,似此地方土棍强暴惡習,不亟剪除,民受荼毒。臣等巡歷所至,察訪既確,不敢壅於上聞,相應據實陳奏,伏乞皇上睿鑒施行。爲此謹奏。

雍正十二年二月二十五日

巡視臺灣陝西道監察御史臣覺羅栢修

巡視臺灣兼理學政兵科掌印給事中臣林天木

【硃批】:如果情罪俱實大白,或會同地方官立斃杖下,或以光棍例題請立決,以示惡徒之懲可也。

——《宫中檔雍正朝奏摺》第二十二輯,第640頁

136.雍正十二年二月二十五日
巡臺御史覺羅栢修等奏報巡視臺灣北路地方情形摺

巡視臺灣陝西道監察御史臣覺羅栢修、巡視臺灣兼理學政兵科掌印給事中臣林天木謹奏,爲奏聞事。

竊臣等才識庸愚,荷蒙恩命巡視臺灣,任事以來,時時恪奉聖訓,以期無忝厥職,仰答高厚洪恩於萬一。臣等於本年二月初二日出巡,自郡城臺灣縣起身,由北路諸羅縣、彰化縣、淡水所屬之竹塹、後壠等處,又巡海濱鹿子港、笨港、鹽水港一帶地方。到處悉皆宣揚聖教,明白曉示,各社番衆照例給賞,加意撫綏。所有番黎無不踴躍,蒸蒸向善,感被德化。臣等閱過諸羅縣北路營一操,彰化縣半線汛一操,及淡水所屬之竹塹、猫盂、大甲、西沙轆各處貼防汛兵,俱捐養廉給賞,以示鼓勵。其熟練者,勸其加勉;未至者,令其演習,俱大段整肅可觀。至臺地新添各汛兵丁現在陸續到臺,鎮臣蘇明良漸次安頓,各建營房,派撥分防。沿途塘汛,臣等巡歷所至,均面加訓飭,令其小心防範,毋得惰懶,借端生事,擾害番民,以無負皇上恩加豢養之至意。臣等巡歷地方情形,理合據實奏聞,伏乞皇上睿鑒。爲此謹具奏聞。

雍正十二年二月二十五日
巡視臺灣陝西道監察御史臣覺羅栢修
巡視臺灣兼理學政兵科掌印給事中臣林天木

【硃批】:覽。

——《宫中檔雍正朝奏摺》第二十二輯,第641頁

137.雍正十二年四月二十二日
巡視臺灣禮科給事中圖爾泰等奏報彰化沙里興社生番輸誠向化摺

巡視臺灣禮科給事中臣圖爾泰、巡視臺灣兼理學政兵科掌印給事中臣林天木謹奏,爲遠番輸誠歸化,以昭聖治,以廣皇仁事。

竊臺灣府治北路所屬彰化縣地方山溪險要,番黎雜處,更進内山有沙里興社,離前已經歸化之岸里社相距三百餘里,其番各自野處,從未有來歸者。兹於本年四月二十二日據北路淡水同知徐治民暨臺灣府知府尹士俍詳,據彰化

縣知縣陳同善報稱，有岸里社通事張達京等帶領沙里興社生番席由敏等男婦計一百九十餘名口，年納餉貢，相率向風，願附版圖。臣等仰體皇上惠愛黎元至意，隨宜揚聖德，撫恤安慰，捐備一切賞物，將歸化遠番席由敏等加意獎賞，用愜歸慕之誠，永彰聖治之盛。而岸里通事張達京等招領内山遠番出山歸化，可見張達京等素日留心於生番，臣等一并獎勵賞給。所有番黎人等無不歡呼踴躍，益知感戴皇仁。除各番歸化户册、按年餉貢，應聽督臣、撫臣題報外，臣等謹將沙里興社遠番輸誠向化情形，據實繕摺奏聞，伏乞皇上睿鑒施行。謹奏。

雍正十二年四月二十九日

巡視臺灣禮科給事中臣圖爾泰

巡視臺灣兼理學政兵科掌印給事中臣林天木

【硃批】：覽。

——《宫中檔雍正朝奏摺》第二十二輯，第 846 頁

138.雍正十二年五月二十一日
巡視臺灣禮科給事中圖爾泰等奏報審辦插旗歹徒摺

巡視臺灣禮科給事中臣圖爾泰、巡視臺灣兼理學政兵科掌印給事中臣林天木謹奏，爲奏聞事。

竊臺灣海外要區，五方雜處，最易藏奸，惟在不時稽察，查拿匪類，以靖地方。兹據諸羅縣知縣陸鶴、北路營參將張永龍稟報，本年正月二十一日有營兵黄永興見北門外田中插旗兩桿，收回稟報。一桿中畫紅圈寫一日字，圈上寫大明朱四太子，又寫北路國公陳宗、郭秀山，將軍鄭爲、郭全，南路國公蔡景，丞相賴登患；一桿寫大明復興朱四太子、三國公起義等字樣，具稟到臣。

臣等竊思奸匪插旗，事關重大，查拿根究，刻不容遲。隨即密咨督、撫，一面密飭該縣員弁速問收旗兵丁情由，選擇幹役，分路嚴拿插旗旗上有名人犯，嚴訊確情速報。續據該員弁稟覆，拿獲旗上有名陳宗、郭秀山、郭全、鄭爲、蔡景等，逐名審訊。僉供：各有妻子、産業耕種，鄉民不敢做犯法的事，這是仇家把我們名姓寫在旗上，要陷害我們等供。查現獲人犯且有年逾七十及有殘疾之人，而甲鄰鄉保等呈稱，陳宗等俱係守業耕種農民，不敢爲非生事，這是匪類插旗，將他們名姓寫在旗上陷害他們。若有此事，小的們一體同罪，情願具結保領。再問黄永興收旗情由，供：兵丁係看守城門之人，黎明開門出城，見田中有旗，收來稟報是實，並無别情等因。

臣等竊思插旗之事，煽惑人心，關係重大。據該縣報稱，惟恐未得確情，隨即面商臺灣鎮臣蘇明良、臺灣道張嗣昌等即行提訊，根究確情。隨據該縣員弁將收旗兵丁、旗上有名人犯解至府治，虛心詰問，研訊再三。所供情節俱似該縣稟稱，並無別情，發回照該縣詳報，暫行保領安業。復面商鎮、道，飭令員弁速行嚴拿插旗之人，旗上有名實犯，同謀匪黨，多方設法懸賞招首。猶恐臺地遼闊，未獲奸歹，或躲山村或匿寮舍，刻即飛飭臺疆四縣水陸文武員弁，協力分緝，務期蚤拿渠魁，迅捕夥黨，嚴鞫確情，盡法懲治，剪滅奸宄，以彰國典，以安善良。正在查訪實匪情形奏聞之間，嗣據鳳山縣知縣錢洙、南路營参將李科具稟，該縣武舉謝希元首報蕭全到稱，有人要往觀音山竪旗，旋將蕭全拿稟。該縣員弁訊據蕭全供：路遇無齒甫説欲招伊往觀音山竪旗，在許祖家等他。該縣員弁立將許祖拿獲，稟報前來。臣等竊思諸邑插旗業經懸賞招人出首，或者鳳邑稟報之犯，即係諸邑插旗匪類。且稟稱匪犯欲招人竪旗，事關重大，而該縣一人審理恐其稽遲日期，余黨聞風遠遁。隨密商鎮、道，密飭該縣將現獲蕭全、許祖解府嚴審，仍令四路躧緝要犯無齒甫。嗣據拿獲，護解至府。細思此案關係匪犯，非地方尋常事件可比。臣等隨即公同鎮、道等嚴訊無齒甫等招人欲往觀音山竪旗情由，並從前諸邑插旗之事。一時所供狡猾，不肯全吐實情，而供出林水等十餘人，臣等隨密飭地方官弁作速設法密查嚴拿。而倉卒之間不能得其確情，俟拿獲同謀作歹匪犯，臣等公同一併嚴訊起意之人，根究爲匪夥黨欲往觀音山竪旗情由，并諸邑插旗之事，務使從實供吐，交與地方官律擬招解督、撫核審具題外，所有現在訊究情由，理合據實繕摺奏聞，伏乞皇上睿鑒施行。爲此謹奏。

雍正十二年五月二十一日

巡視臺灣禮科給事中臣圖爾泰

巡視臺灣兼理學政兵科掌印給事中臣林天木

【硃批】：覽。

——《宫中檔雍正朝奏摺》第二十三輯，第 62～64 頁

139. 雍正十二年七月初三日

巡視臺灣禮科給事中圖爾泰等奏報臺灣府城守營右軍守備酗酒不法摺

巡視臺灣禮科給事中臣圖爾泰、巡視臺灣兼理學政兵科掌印給事中臣林

天木謹奏，爲守備酗酒不法事。

竊查臺灣府城守營右軍守備劉瀕於本年六月二十八日，正當時享太廟齋戒之日，該弁竟敢酗酒，無故將民人林錦、朱六等執鞭責打，又拉民人魏任引路，走錯觸怒，連打五六十鞭，而被打負傷之人紛紛奔竄，各躲入民婦盧氏、潘氏家中暫避。該弁馳馬擁門，遍處跟尋，盧氏驚慌跪求馬前，仍復不歇，任意喧鬧地方。臣等職任稽察，一有風聞即飭行臺灣府知府尹士俍轉飭知縣林興泗親自查驗被打傷痕，録供禀報，實與訪聞無異。嗣據臺灣鎮臣蘇明良揭報前來，除咨督、撫外，所有守備劉灝敢於齋戒之日酗酒，無故鞭打民人不法實情，理合繕摺參奏，伏乞皇上睿鑒施行。謹奏。

雍正十二年七月初三日

巡視臺灣禮科給事中臣圖爾泰

巡視臺灣兼理學政兵科掌印給事中臣林天木

【硃批】:言之督臣。

——《宫中檔雍正朝奏摺》第二十三輯，第266頁

140. 雍正十二年十月初二日 巡視臺灣禮科給事中圖爾泰等奏報臺灣番民慶賀萬壽摺

巡視臺灣禮科給事中臣圖爾泰、巡視臺灣兼理學政兵科掌印給事中臣林天木謹奏，爲奏聞事。

竊據臺灣道張嗣昌、知府尹士俍等詳稱，據府屬淡水、臺灣、鳳山、諸羅、彰化等處通事林秀俊等率領各屬番黎慶福、萬年等呈稱，聖朝德敦，覃敷億兆，久隸版圖。聖諭頻宣，蒸黎均霑雅化；皇恩浩蕩，寰宇俱樂長春。際兹太和翔洽，欣逢萬壽聖節，歡呼踴躍，願效華封，籲赴省會，不憚梯航。番黎衆多，情詞懇切。隨曉以重洋往來，未便齊赴，慰諭衆番安業。擇有慶福、萬年等二十餘人，允其赴省。除委員并通事沿途照看，捐給盤費外，合宜通詳等因到臣。臣等每名賞給銀牌一面，以無負聖主綏輯萬方，愛恤黎元至意。理合奏聞，爲此謹奏，伏乞皇上睿鑒。

雍正十二年十月初二日

巡視臺灣禮科給事中臣圖爾泰

巡視臺灣兼理學政兵科掌印給事中臣林天木

【硃批】:覽。

——《宫中檔雍正朝奏摺》第二十三輯,第 597 頁

141.雍正十二年十一月二十九日
巡視臺灣禮科給事中圖爾泰等奏覆惡棍蔡馬益聚衆兇毆案未敢草率具奏摺

巡視臺灣禮科給事中臣圖爾泰、巡視臺灣兼理學政兵科掌印給事中臣林天木謹奏,爲奏聞事。

竊臣等前奏惡棍蔡馬益聚衆兇毆一事,嗣於本年十一月十一日據臺灣府知府尹士俍申報,據諸羅縣知縣陸鶴報稱,惡棍蔡馬益一案,已經質訊,移營取供,造具招册通報,并報臣等存案,所有人犯解赴按察司衙門投審等語。查向例,案犯該府訊後,一面通報各衙門,一面連人招解按察司研審,審明再詳督、撫覆審。如情節相符,照詳歸結;若口供不對,另行駁審,務要情罪俱當,方爲歸結。臣等奉命巡視,一切應奏事件不敢壅於上聞。凡審結通報之案不過報臣等存案,人犯從不解臣等衙門。而通報存案文内就有參差,亦不便於駁詰,何敢據報草率具奏。該府、縣通報既稱質訊録供,連人招解按察司投審,應聽督、撫覆審,合擬具題,理合奏聞。爲此謹奏。

雍正十二年十一月二十九日

巡視臺灣禮科給事中臣圖爾泰

巡視臺灣兼理學政兵科掌印給事中臣林天木

【硃批】:覽。

——《宫中檔雍正朝奏摺》第二十三輯,第 825～826 頁

142.雍正十二年十一月二十九日
巡視臺灣禮科給事中圖爾泰等奏報巡視臺灣營伍摺

巡視臺灣禮科給事中臣圖爾泰、巡視臺灣兼理學政兵科掌印給事中臣林天木謹奏,爲奏聞事。

竊臣等才識淺陋,荷蒙恩命巡視臺灣,任事以來,夙夜兢兢,共矢公誠。每

見屬員即勵以文武和衷，綏輯兵民，寧謐地方，以期仰報聖恩於萬一。兹臣等本年十一月初八日親閱臺灣鎮標三營并城守營一操。初十日親閱臺協水師三營一操，隊伍整肅，技藝嫺熟。仍諭不時操演，隨爲給賞，以示鼓勵。至澎湖二營，因海洋遠隔，臣等檄委澎湖通判周于仁會同該副將顧元亮就便閱看。嗣據申報，就於本月十二日閱看水、陸兩操，悉皆訓練整齊等因前來。臣等又於本月二十二日自郡城臺灣縣起身出巡南路鳳山縣各地方，到處昭宣聖諭，廣布聖德。所在民番，蒸蒸向善。隨閱鳳山營一操，俱大段整肅可觀。并諭時加操練，隨爲給賞獎勵。所至埤頭、崗山及羅漢門各營盤汛地俱皆面加訓飭，令各汛弁兵小心防範，毋得滋事，擾害民番，以無負皇上廑念臺地兵丁，恩加豢養之至意。所有臣等閱操出巡，兵民安輯，地方寧靖情形，理合繕摺奏聞。爲此謹奏。

雍正十二年十一月二十九日

巡視臺灣禮科給事中臣圖爾泰

巡視臺灣兼理學政兵科掌印給事中臣林天木

【硃批】：覽。

——《宫中檔雍正朝奏摺》第二十三輯，第 826～827 頁

143. 雍正十二年十一月二十九日
巡視臺灣禮科給事中圖爾泰等奏繳硃批奏摺摺

巡視臺灣禮科給事中臣圖爾泰、巡視臺灣兼理學政兵科掌印給事中臣林天木謹奏，爲恭繳硃批奏摺事。

雍正十二年十一月二十七日頒到硃批奏摺三道，臣等恭設香案，跪讀諭旨訖。所有硃批三摺理合恭繳，爲此謹奏。

雍正十二年十一月二十九日

巡視臺灣禮科給事中臣圖爾泰

巡視臺灣兼理學政兵科掌印給事中臣林天木

——《宫中檔雍正朝奏摺》第二十三輯，第 827 頁

144.雍正十二年十一月二十九日

巡視臺灣禮科給事中圖爾泰等奏報地方收成分數與米價摺

巡視臺灣禮科給事中臣圖爾泰、巡視臺灣兼理學政兵科掌印給事中臣林天木謹奏,爲據實報明收成分數、米穀價值,仰慰聖懷事。

竊臣等查得臺灣地方本年春間甘霖連沛,四野霑足,早禾業已登場,晚稻現在收獲,隨檄行該府、廳、縣查報去後。兹據臺灣府知府尹士俍通報詳稱,據臺灣縣知縣林興泗報稱,該縣地方收成共有八分;鳳山縣知縣錢洙報稱,該縣地方收成共有八分;諸羅縣知縣陸鶴報稱,該縣地方收成共有八分;彰化縣知縣秦士望報稱,該縣地方馬芝遴等各保收成六分、五分,東螺、西螺二保收成二分不等;淡水同知徐治民報稱,該廳所管北路地方收成共有七分,其雜糧、糖蔗等項收成俱已豐稔;澎湖通判周于仁報稱,該地斥鹵,不産稻穀,所種高[梁]粱、芝蔴等項收成有七、八分不等各等因詳報到臣。臣等親加細訪,實屬無異。前夏秋之間雨水滂沱,颶風傷損,雖東螺、西螺二保收成二分,附近各保俱各收成,而該保米價不至昂貴,統計全臺各屬收成實有七分有餘。

至現在米穀價值,據臺灣縣報稱,上米每石價銀一兩二錢,穀每石價銀五錢五分;鳳山縣報稱,上米每石價銀九錢三分,穀每石價銀三錢九分;諸羅縣報稱,上米每石價銀七錢九分,穀每石價銀三錢九分;彰化縣報稱,上米每石價銀八錢五分,穀每石價銀三錢六分;淡水同知報稱,上米每石價銀七錢八分,穀每石價銀三錢五分等因到臣。臣等總核臺灣地方現當收獲,米穀價值並不昂貴。民番樂業,地方安寧,理合據實繕摺奏聞。爲此謹奏。

雍正十二年十一月二十九日

巡視臺灣禮科給事中臣圖爾泰

巡視臺灣兼理學政兵科掌印給事中臣林天木

【硃批】:覽。

——《宫中檔雍正朝奏摺》第二十三輯,第 827～828 頁

145. 雍正十三年四月二十四日

巡視臺灣禮科給事中圖爾泰等奏報臺灣甘雨時沛摺

巡視臺灣禮科給事中臣圖爾泰、巡視臺灣兼理學政兵科掌印給事中臣林天木謹奏，爲報明甘雨時沛群黎霑澤事。

竊臺灣地方歷年春間，田疇需雨。今歲三月初二日雨澤遍注，復於四月二十二、二十三等日霖雨霑足，村莊農民俱各乘時耕作，禾苗彌加暢茂，秋成大有可望。伏惟聖德宏敷，皇仁遠被，是以天和感召，雨澤時沛，黎庶歡呼，民番安業，臣等不勝欣躍。所有臺灣地方甘雨情形理合奏聞，仰慰聖懷。伏乞皇上睿鑒。爲此謹具奏聞。

雍正十三年四月二十四日

巡視臺灣禮科給事中臣圖爾泰

巡視臺灣兼理學政兵科掌印給事中臣林天木

【硃批】:深慰朕念。

——《宫中檔雍正朝奏摺》第二十四輯，第 428～429 頁

146. 雍正十三年四月二十四日

巡視臺灣禮科給事中圖爾泰等奏報臺灣北路大甲西等社番屬感戴皇仁叩謝天恩摺

巡視臺灣禮科給事中臣圖爾泰、巡視臺灣兼理學政兵科掌印給事中臣林天木謹奏，爲奏聞臺灣北路大甲西等社番屬感戴皇仁，叩謝天恩，以徵聖化，以昭盛治事。

竊臣等於本年二月二十日接准督咨，欽奉上論："從前臺灣北路大甲西社頑番不法，官兵已經勦滅，餘黨亦已就擒。論叛犯之律，所有屬産一併緣坐，無可宥貸。朕念此等愚番，冥頑無知，究非旗民可比。從前妄行不法，罪在正犯。其眷屬散處各社，未必知情。今當平定之時，若一一搜查，不無牽累驚擾。用是格外恩宥，免其[跟]根究。該督、撫、提、鎮可仰體朕心，妥協辦理，以安番衆。并將朕諭明白宣示，咸使聞知。倘朕如此開恩，而愚番等仍不知感激，再有干犯法紀者，則是蠢頑不靈之輩，不可以恩惠化導，朕必加以重懲。欽此。"欽遵。除飭令地方官遵行外，相應移咨等因到臣。

臣等隨即飭令地方官作速奉行，親將奉到聖諭明白宣揚，務使愚番眷屬、男婦、老幼無不知悉，以仰副聖主恩施溥博，格外矜全之至意。嗣據臺灣道張嗣昌詳，據知府尹士俍詳稱，據北路同知暨彰化縣詳報，該同知等欽奉上諭，敬謹遵行，隨即親爲宣示，所有番愚眷屬無不家喻户曉。兹據大甲西等社番屬六觀蒲氏悦等呈稱，群番性本愚蠢，幸生盛世，中外一統，隸入版圖，久沐皇恩，輕徭薄賦，理應守分遵法，共享昇平之樂。孰意一時兇頑，致煩勦除。所遺眷屬，即連坐罪不足蔽辜，安望衆命再獲生全？乃蒙皇仁普被，德廣好生，俾三社數百生靈既免斧鉞之誅，復開自新之路，男婦老幼盡沾再造。從此彌加感激，籲乞詳報，情詞懇切等因。臣等竊思天威遠播，聖德弘深，是以海外遐區，愚蠢之儔，莫不歡愉感激，頂戴洪慈，相率叩謝。洵昭聖主恩膏之普，益徵聖朝德化之盛。該道、府等備由通報，詳請代達前來。臣等何敢壅於上聞，理合繕摺奏聞。爲此謹奏。

雍正十三年四月二十四日

巡視臺灣禮科給事中臣圖爾泰

巡視臺灣兼理學政兵科掌印給事中臣林天木

【硃批】:覽。

——《明清宫藏臺灣檔案匯編》第 11 册，第 279～285 頁

147.雍正十三年閏四月二十八日(硃批)

巡臺御史圖爾泰等奏報番黎拾遺不昧摺

巡視臺灣圖爾泰、林天木謹奏，爲聖化遠被無外，番黎拾遺不昧，以徵淳風，以昭盛治事。

竊照本年三月十七日據臺灣道張嗣昌詳稱據臺灣府申詳據北路淡水同知徐治民詳報據蓬山社通事李榮稟稱，二月二十六日有番婦茅朥番女嫣嫣到社交出花布包袱一個，内有青布銀包裝銀一兩四錢八分，大小五件，又銀一封，重二十兩，另有衣服等物。問説情由，緣昨晚夜間得雨，番婦母女喜歡，黎明往園中巡看小米粟苗，行至大路傍拾着包袱一個，拆開内有銀兩、衣服等物，不敢隱瞞等語，相應稟報等因。該同知隨即驗明，將原包袱交通事等暫且收存，一面出示招領。

續於三月初四日據彰化縣民人林耀稟稱，二月二十五日晚刻跟同伊祖林鳳自竹塹回來，僱車由蓬山社大路經過，遇雨路滑，又值暮刻，遺失花布包袱一

個，内裝銀包等物，遍處尋覓無踪。茲聞出示招領，合宜開明衣服、銀兩數目，叩乞查對給領等因。隨即唤齊通事人等，逐一稱點查對，數目俱各相符，應付林鳳領回。时林鳳願將銀一半道謝番婦，而番婦母女俱不肯領，口稱我若收他一半銀子，當初便不將此包袱銀兩全交通事，堅辭不受。該同知隨將番婦等獎賞，其衣服、銀兩照數盡給林鳳收領等因通報到臣。臣等伏思我皇上德備生成，道隆位育，恩施優渥，訓諭昭宣，教澤所孚，涵濡廣被，普天率土赤子蒼生，莫不講謙與廉。今以海外遐區番黎婦女亦能遺金不昧，介節自持，俗美風醇，史册罕覯。臣等不勝歡忭，酌加奬勵，以期仰副聖主撫綏善良，化民成俗之至意。理合據實繕摺奏聞，爲此謹奏。

雍正十三年閏四月二十八日奉旨：數年以來，内地民人拾金不昧者屢見。今據臺灣御史圖爾泰、林天木奏稱臺地番婦母女拾得衣服、銀兩比即報官，給還原主，不肯受謝，似此廉□之義舉，見之番黎婦女，更屬可嘉。着該督、撫宣旨再賞銀三十兩，以示奬勵，欽此。

——臺北“中央研究院”歷史語言研究所藏明清史料

登録號：169036

148.雍正十三年閏四月二十八日(硃批)

巡視臺灣禮科給事中圖爾泰等奏報臺灣府淡水等處士民番黎樂捐社穀摺

巡視臺灣給事中圖爾泰、林天木謹奏，爲聖德遐邇均霑，番民向風慕義樂捐社穀以輸誠悃事。

竊照本年三月二十日據臺灣道張嗣昌詳據臺灣府申報據北路淡水同知徐治民詳報該管地方士民王錫祺等願捐社穀二百石，大甲東等社番黎尤加眉等願捐社穀三百餘石；臺灣縣林興泗詳報該管新港等社番黎羅寧哦等願捐社穀一百石；鳳山縣錢洙詳報該管上淡水等社番黎萬年等願捐社穀八十石；諸羅縣陸鶴詳報該管灣里等社番黎大獵獵等願捐社穀二百餘石；彰化縣秦士望詳報該管半綫等社番黎阿單等願捐社穀一百三十餘石，共捐社穀一千餘石，理合通報等因前來。

臣等竊思歡躍捐貯出於海表士民已稱盛舉，而慕義樂輸，遍及海隅番黎，更徵善良。此皆聖德覃敷，恩膏叠沛，是以盈寧共慶，編户番黎莫不踴躍歡呼，輸誠向慕,洵爲聖朝盛事,不敢壅於上聞,所有願捐穀石細數并如何收貯之處,應聽督、撫酌行清理外,臣等謹將樂捐情形據實繕摺奏聞,爲此謹奏。

雍正十三年閏四月二十八日奉旨:臺灣士民捐輸社穀,以備本地之用,樂善慕義,甚屬可嘉,其如何加恩賞賚之處,著該部定議具奏,欽此。

——臺北"中央研究院"歷史語言研究所藏明清史料

登録號:169037

149.雍正十三年五月初八日

巡視臺灣兵科給事中林天木奏報交印日期摺

巡視臺灣兵科掌印給事中臣林天木謹題,爲恭報微臣交印日期事。

雍正十三年四月十二日,承都察院劄付,爲請更巡視臺灣官員事,刑科抄出本院題前事,于雍正十三年二月十三日題,十五日奉旨:"巡視臺灣著嚴瑞龍去。欽此。"欽遵。劄行到臣。臣於雍正十三年五月初八日,謹將欽頒學政関防一顆,并《大義覺迷録》一部、《駁呂留良四書講義》一部,隨交新任巡視臣嚴瑞龍接受。所有微臣交印卸事日期,理合恭疏具題。伏乞皇上睿鑒施行。爲此謹題。

雍正十三年五月初八日題

七月初七日奉旨:該部知道。

——《明清宫藏臺灣檔案匯編》第 11 冊,第 302～303 頁

150.雍正十三年五月初八日

巡視臺灣吏科給事中嚴瑞龍奏報接印任事日期摺

巡視臺灣兼理學政吏科掌印給事中加二級紀録二次臣嚴瑞龍謹題,爲恭報微臣接印任事日期,仰祈睿鑒事。

竊臣奉命巡視臺灣,遵於雍正十三年三月十二日自京起程,於本年五月初八日抵臺,接受前任巡察臣林天木送交欽頒雍字五百二十九號學政關防一顆,并《大義覺迷録》一部、《駁呂留良四書講義》一部。臣隨恭設香案,留望闕叩頭,即日任事訖。伏念巡察職司風紀,臺灣尤地屬海疆,臣以庸材荷兹重任,撫

衷自問,寔切悚惶。惟有勉竭愚誠,與現任巡察臣圖爾泰協恭辦理,務期地方寧謐,職守無虛,以仰副我皇上簡任之至意。除巡察學政事宜容臣次第辦理外,所有微臣接印任事日期,理合恭疏題報。伏祈皇上睿鑒施行,爲此謹題。

雍正十三年五月初八日題

七月初七日奉旨:該部知道。

——《明清宮藏臺灣檔案匯編》第 11 册,第 299～301 頁

151.雍正十三年十二月初四日

巡視臺灣禮科給事中圖爾泰等奏報地方收成分數與米價摺

巡視臺灣禮科給事中臣圖爾泰、巡視臺灣兼理學政吏科掌印給事中臣嚴瑞龍謹奏,爲據實報明收成分數,米穀價值,仰慰聖懷事。

查得臺灣地方,本年春夏雨水調匀,禾苗秀實,早稻已經收獲,晚稻陸續登場。臣等將實在收成分數并米穀價值檄行該府,飭令所屬各廳、縣確查詳報去後。兹據臺灣府知府尹士俍詳,據臺灣縣知縣林興泗報稱,該縣地方早、晚二稻以及糖蔗收成共有八分;鳳山縣知縣錢洙報稱,該縣地方早、晚二稻以及糖蔗收成八分、九分不等;諸羅縣知縣陸鶴報稱,該縣地方早、晚二稻以及糖蔗收成共有八分;彰化縣知縣秦士望報稱,該縣地方早稻收成九分,晚稻收成八分,糖蔗收成計有六分;又據淡水同知徐治民報稱,淡屬早稻收成九分,晚稻收成七分,雜糧、芝麻收成共有九分;澎湖通判周于仁報稱,該地斥鹵,不産稻禾,所種高粱、芝麻等項收成共有八分各等因詳報到臣等。

伏思每歲收成分數實爲民命攸關,臣等身在地方敢不據實陳奏。捧讀上諭,令奏報各地方收獲分數不得絲毫假飾(**【硃批】**:是),臣等益加詳慎察訪,該廳、縣所報分數,委無捏飾,統計全臺收成實在八分有余。至現在米穀價值,據臺灣縣報稱,上米每石價銀一兩一錢五分,穀每石價銀四錢七分;鳳山縣報稱,上米每石價銀八錢四分,穀每石價銀四錢三分;諸羅縣報稱,上米每石價銀一兩一錢二分,穀每石價銀四錢六分;彰化縣報稱,上米每石價銀一兩零七分,穀每石價銀四錢二分;淡水同知報稱,上米每石價銀七錢,穀每石價銀三錢四分;澎湖通判報稱,民間食米係往臺屬買運糶賣,每石時價銀九錢五分各等因。臣等總核臺灣地方米穀價值,現在均平,海宇安豐,民番樂業,理合據實奏聞。爲此謹奏。

雍正十三年十二月初四日

巡視臺灣禮科給事中臣圖爾泰

巡視臺灣兼理學政吏科掌印給事中臣嚴瑞龍

【硃批】:覽,臺灣乃極外海疆,汝等應巡察之任,於此海宇安豐,民番樂業之時,益當整飭地方,和輯兵民;暇則興廉讓之風,爲久遠之計,不可視爲五日京兆,偷容苟安而已。

——《明清宫藏臺灣檔案彙編》第 11 册,第 336～341 頁

152.雍正十三年十二月初四日

巡視臺灣禮科給事中圖爾泰等奏報巡閲臺疆營兵摺

巡視臺灣禮科給事中臣圖爾泰、巡視臺灣兼理學政吏科掌印給事中臣嚴瑞龍謹奏,爲奏聞事。

竊臣等荷蒙恩命,巡視臺疆,夙夜兢兢,矢公矢慎。惟期地方寧謐,兵民翕和,以庶幾仰報高深於萬一。玆臣等於本年十月初三日親閲臺協水師三營一操,隊伍整齊,大段可觀。隨量爲給賞,以示鼓勵。其澎湖左、右二營,因遠隔海洋,隨委澎湖通判周于仁會同該副將顧元亮就近閲看,嗣據報稱於十月十一日閲看兩營目兵,俱皆整齊嫻熟等因。至臺灣鎮標兵弁,因現派各處遊巡稽查,是以暫緩閲看。臣等隨於十一月十五日自府治臺灣縣起程,出巡北路一帶地方,查閲沿途營汛。所至番黎沐浴盛朝恩澤至厚至深,臣等仰體皇上惠養黎元之心,加意賞恤。番民人等無不蒸蒸向化,感頌皇仁。臣等隨閲過諸羅營一操、彰化營一操,俱大段整肅可觀,均酌量獎賞,仍飭勤加操演。又巡閲淡水所屬之沙轆、大甲西、猫盂等處并濱海之鹿子港、笨港、鹽水港一帶塘汛弁兵,俱面加訓飭,令其小心防範,以勤職守。至十二月初二日,臣等回署閲看鎮標三營并城守營一操,悉皆隊伍整齊,技藝嫻熟,復量爲獎賞,仍令不時操練,務期精鋭,以無負皇上廑念臺地兵丁恩加豢養之至意。所有臣等出巡閲操,兵民相安,地方寧謐情形,理合繕摺奏聞。爲此謹奏。

雍正十三年十二月初四日

巡視臺灣禮科給事中臣圖爾泰

巡視臺灣兼理學政吏科掌印給事中臣嚴瑞龍

【硃批】:知道了。

——《雍正朝漢文硃批奏摺彙編》第 30 册,第 145～146 頁

153.雍正十三年十二月二十二日(推測)[①]
巡視臺灣禮科給事中圖爾泰等奏報臺灣地動摺

巡視臺灣禮科給事中臣圖爾泰,巡視臺灣兼理學政吏科掌印給事中臣嚴瑞龍謹奏,爲奏聞事。

竊查臺灣地處海濱,時有地動之事。兹於雍正十三年十二月十八日丑時地動,爲時較久。臣等隨將有無倒壞房屋,損傷人口之處,檄行該府、廳、縣,確查飛報去後。今據臺灣府知府徐治民報,據臺灣縣知縣林興泗報稱,遍查邑屬地方,僅有與諸邑交界之新化里及大穆降倒壞房屋一百四十二間,歪斜一十二間,壓斃男婦大口六十二名,小口四十四名,壓傷男婦大小口共九名。據諸羅縣知縣陸鶴報稱:遍查邑屬地方,僅有與臺邑交界之善化里東西保,并新化里保,倒壞房屋五百五十六間,歪斜二百三十五間,壓斃男婦大口一百六十四名,小口一百零二名,壓傷男婦大小口共一百二十名。其淡水同知今陞臺灣府知府徐治民,據報淡屬地方,並未地動,又鳳山縣知縣錢洙、彰化縣知縣秦士望各報稱該邑地方,地雖微動,人口、房屋俱未損傷各等因前來。除被壓人口、房屋,飛飭該地方官一面加意撫恤,並報督、撫外,理合繕摺奏聞,爲此謹奏。

——國家檔案局明清檔案館編:《清代地震檔案史料》,北京:中華書局,1959 年,第 146 頁

---

① 《清代地震檔案史料》書中,本奏摺標注的日期為"雍正十三年二月二十二日",然而,根據嚴瑞龍自己所奏,其到臺接任的時間為"雍正十三年五月初八日",且本次地震發生的時間為"雍正十三年十二月十八日",所以,《清代地震檔案史料》書中所標注的日期明顯有誤。最大可能是將"十二月",誤為"二月",現予以更正。

乾隆朝

154.乾隆元年五月初六日
巡臺御史白起圖等奏報臺灣地方雨水霑足摺

巡視臺灣掌陝西道監察御史臣白起圖、巡視臺灣兼理學政吏科掌印給事中臣嚴瑞龍謹奏，爲報明雨澤霑足仰慰聖懷事。

竊查臺灣地方每年播種早晚二稻均需雨澤霑潤，今歲入春以來雨水調匀，至四月初四、十五及二十七、八等日，甘霖叠沛，四野均霑。臣等欣睹民番共樂，不敢遂生怠忽，益飭地方官勸導農民，乘時耕作，俾得秋成豐稔，以仰副皇上重農足民之至意。所有雨澤霑足情形，理合繕摺奏聞，伏祈皇上睿鑒，爲此謹奏。

乾隆元年五月初六日

巡視臺灣掌陝西道監察御史臣白起圖

巡視臺灣兼理學政吏科掌印給事中臣嚴瑞龍

【硃批】：忻悦覽之。

——《明清宫藏臺灣檔案匯編》第 12 册，第 34～37 頁

155.乾隆元年九月二十八日
巡臺御史白起圖等奏報確查臺灣番民放火射殺莊民摺

巡視臺灣掌陝西道監察御史臣白起圖、巡視臺灣兼理學政吏科掌印給事中臣嚴瑞龍謹奏，爲奏聞事。

竊查臺灣地方路分南北，番有生熟。自雍正十年熟番作歹，仰賴盛朝恩威遠播，勦撫兼施，凡屬番黎無不輸誠向化。惟北路淡水所屬之後壠、中港等處，地逼生番，附近莊民多有私越番界，輒被殺傷；又或僻處荒村，遭其焚劫。屢經臣等檄行地方員弁多設兵役游巡，并立界牌嚴禁。而茂林深草，時有生番潛出殺人，所賴熟番抗拒，不致肆行逞兇。兹於本年七月初九日，據北路副將靳光瀚禀報，中港汛南海汊塘房一座被番燒燼，射死塘兵一名，帶傷一名等情。又於本月二十五日禀報，後壠汛霾里莊被番射死民人九名，帶傷六名。細查新港社逃走熟番十名，加志閣逃走熟番七名等情，俱經臣等飛飭該副將會同淡水同知確查起釁實情，并逃番十七名是否正兇，速即撫歸究擬。仍將現在民番加意撫綏，毋致驚惶失所去後。續於九月初四日，據淡水同知趙奇芳以二社逃走兇

番業經招撫歸社,查明在山尚有五十餘人,其起釁確情俟訊明另稟,惟是番氛未斂,莊民晝夜驚惶等情詳報前來。

臣等查所報逃番與副將靳光瀚原報十七名之處,數目不符,且因何起釁日久未據查覆,顯有別情。況莊民晝夜驚惶,尤堪憫惻。適因臺灣府知府徐治民九月十一日查勘北路地方,隨飭就近撫恤莊民,俾各安業,仍令將二案起釁情由及逃番確數詳查飛報。并檄行副將靳光瀚、同知趙奇芳將歸社各番留心防範,未歸之番設法撫歸去後。兹據知府徐治民於九月二十五日稟稱,莊民俱各安堵,惟兇番十七名歸而復逃,連眷屬實有數十餘人,現在中港又有殺人之事等語,而副將靳光瀚、同知趙奇芳亦報稱逃番已經歸社,至九月二十日復遁入山,二十二日勾引生番到南莊後莊燒燬草房十三座,燒死一人,射死十一人等情各到臣等。除飛飭該將、該廳一面將緊要隘口嚴加防範,并將零星莊民移置一處,撥兵調護,仍速緝兇番獲究外,伏查北路後壠等處時有生番放火殺人,誠爲貽累地方。兹逃番復行入夥,肆其焚殺,若不及早剪除,恐致釀成事端,且兇番確因何事起釁并歸社後何以任其復逃,非臣等親臨確查,地方各官未免支飾遷延。現今出廵届期,臣等即日前往確查,應參究者即行參究。其逃走各番作何擒捕,務在會同文武悉心辦理,以期計出萬全,并如何善後不致生番爲累,一并俟斟酌妥協另行具奏外,所有兇番逃走、臣等前往確查情由,理合繕摺奏聞,伏祈聖明睿鑒,臣等謹奏。

乾隆元年九月二十八日

巡視臺灣掌陝西道監察御史臣白起圖

巡視臺灣兼理學政吏科掌印給事中臣嚴瑞龍

【硃批】:覽。

——《明清宫藏臺灣檔案匯編》第 12 冊,第 136～142 頁

156.乾隆元年十月二十一日

巡視臺灣監察御史白起圖等奏報擒獲兇番情形摺

巡視臺灣臣白起圖、臣嚴瑞龍謹奏,爲報明擒捕兇番情形事。

本年九月二十六日經臣等將北路南海汊塘兵并霾里莊民人被番射死及兇番歸社復逃勾引生番焚殺多人各緣由繕摺具奏,并聲明臣等前往確查起釁實情及作何擒捕兇番,務在會同文武悉心辦理,以期萬全等因在案。續於十月初一日臺灣府知府徐治民自北路回郡,據稟莊民良番俱各安堵。訪得九月十六

日淡防廳詳報香山厝射死民人三名,亦係逃番作歹。伊等現有番親在社,深恐貽累,願同通事、土官等誘令各番歸社伏祈暫緩前往,以免驚惶等語。臣等現擬先往南路遊巡,次及北路查訪各種情節,悉心辦理。但思番性難馴,不可不預加防範。隨會商臺灣總兵臣馬驥、臺灣道臣尹士俍飛飭北路副將靳光瀚、淡防同知趙奇芳相機籌畫,倘兇番果皆悔罪歸誠,衹將元兇究擬,不得概行株累。如其執迷不悟,或應調兵追捕,或即以番攻番。一面酌量調撥,一面具文呈報,并令將緊要隘口密加防範。兇番出入處所,添兵駐防,以絶糧道。仍將在山之悠吾乃生番密遣通事、土官前往勾通,令其内外堵截去後。兹於十月二十日據副將靳光瀚、同知趙奇芳各報稱二社歹番前經撫歸復遁入山,職等詳細籌畫,非大加懲創,難使慴服,但躧探路徑十分險惡,隊伍難進。因調岸里各社番壯并會悠吾乃生番内外合捕。職光瀚於本月十一日先率中營把總康盛、火器外委把總莊玉、征番外委把總王明、兵丁一百名,左營把總洪慶、火器外委把郭欽、黄大榮、兵丁一百三十名,右營千總王登、兵丁五十名,淡水營火器外委把總范隆、兵丁五十名,直抵加志閣山邊要口駐箚,絶其糧道,仍留右營把總王廷樑、中營外委千總潘朝佐領兵一百五十名防守後壠。十六日霾里社土官十班、社丁劉解帶出悠吾乃生番九十名,岸里社通事張達京帶到本社土番一百七十六名,德化社通事林秀俊帶到本社及雙寮、南日各社土番二百四十名,并後壠社土官烏牌加已等聚集酌撥,議令悠吾乃生番由山後搜出,德化社土番由山南北上,其岸里社派番四十名協同後壠、中港、新港等番由山北南下。職光瀚帶同千、把總,外委王登、康盛、洪慶、范隆,兵丁二百二十名并岸里、後壠二社土番由山前攻入,於十七日寅刻領兵進發,山路陡險,僅容單行,歹番狡黠,沿途草際密布枯簽,砍倒大樹,□横攔截。被枯刺傷兵丁三名、土番四名。土官烏牌率番嚮導收枯,官兵魚貫馳入,至巳刻始抵巢穴。歹番猝見隊伍進山,奔入樹林,其糧食、小米、鍋釜什物盡行遺棄。職光瀚指麾兵番分投追捕,雙寮土番射死歹番一名,割下首級。茂林密蔽,遍地枯刺,追趕不及,將其糧食一概焚燒,什物盡番收取。歹番往東逃竄,適遇悠吾乃生番搜至,相拒,射殺歹番二名。悠吾乃生番亦被傷三名,均不致命。解到首級着令土官烏牌識認,係加志閣歹番加己右武踏何東、生番打老曰大匏、葉下朥務三人頭顱。時已午後,暫且出山。而北路番壯亦至會合,遂全師還營。查歹番所恃者山路險要,敢於負隅盤踞,今已直搗巢穴,糧食盡燒,膽落心驚,不難撲滅,合將情形報明等情前來。除飛飭該副將即將出力各番從優獎賞,受傷兵番傷飭醫調治,仍將逃竄兇番乘機追捕,務期全獲,以净根株,并嚴飭各處隘口加意防守,毋致疎虞外,所有擒捕兇番情形,理合繕摺奏聞,仰祈睿鑒,臣等謹奏。

乾隆元年十月二十一日

乾隆二年正月初九日奉硃批：覽，欽此。

——《明清宫藏臺灣檔案匯編》第 12 冊，第 143～150 頁

157.乾隆元年十月二十一日
巡視臺灣監察御史白起圖等奏報臺灣諸羅縣地震被壓人口房屋及賑濟灾民用銀數目摺

巡視臺灣掌陝西道監察御史臣白起圖、巡視臺灣兼理學政吏科掌印給事中臣嚴瑞龍謹奏，爲據實奏聞，恭慰聖懷事。

查臺灣上年十二月十八日丑時地動，所有被壓人口房屋情形經臣嚴瑞龍同前任廵查臣圖爾泰繕摺具奏，奉硃批諭旨：令將地方官辦理如何隨便奏聞。欽此。欽遵。仰見我皇上仁育萬民，務令各得其所之至意。臣等細加察訪臺灣縣原報被壓人口大小一百一十五名，房屋一百五十四間；諸羅縣原報被壓人口大小三百八十六名，房屋七百九十一間。經臣等於再行飛飭事案内行令將有無遺漏未報再加確查去後。據臺灣縣續查出被壓人口大小四十五名，房屋八十三間；諸羅縣續查出被壓人口大小一百五十七名，房屋五百九十六間等因詳報到臣等。隨飭通報督、撫在案。嗣准督臣郝玉麟、撫臣盧焯知照動支庫銀二千兩委員賑給。經臣等檄委臺灣府知府徐治民督同臺、諸二縣親身散給，毋許假手吏胥致滋侵冒。酌定大口每名給銀二兩，小口每名給銀一兩，瓦厝每間給銀八錢，草厝每間給銀四錢。查臺灣縣被壓人口通共一百六十名，内大口八十一名，小口七十九名，共給過銀二百四十一兩；被壓房屋通共二百三十七間，内瓦厝一百一十七間，草厝一百二十間，共給過銀一百四十一兩六錢。諸羅縣被壓人口通共五百四十三名，内大口二百五十四名，小口二百八十九名，共給過銀七百九十七兩，被壓房屋通共一千三百八十七間，内瓦厝七百六十一間，草厝六百二十六間，共給過銀八百五十九兩二錢。統計二縣給過銀共二千零三十八兩八錢。除動支庫銀二千兩外，其余銀三十八兩八錢，查係公項補給。兹據該府、縣造報散賑清册，并出具并無侵冒遺漏印結前來。臣等復加遍訪灾民，果皆均霑實惠，房屋俱經整理。除賑過花名清册并用過銀兩細數應聽督、撫核銷外，合將辦理地動情節繕摺奏聞，伏祈聖明睿鑒，爲此謹奏。

乾隆元年十月二十一日

巡視臺灣掌陝西道監察御史臣白起圖
巡視臺灣兼理學政吏科掌印給事中臣嚴瑞龍

【硃批】:知道了。

——《明清宮藏臺灣檔案匯編》第 12 冊,第 151～156 頁

158.乾隆元年十一月初三日
巡視臺灣監察御史白起圖等奏請臺灣番黎及澎糧淡防兩廳丁銀照臺灣四縣例一體減徵摺

巡視臺灣掌陝西道監察御史臣白起圖、巡視臺灣兼理學政吏科掌印給事中臣嚴瑞龍謹奏,爲皇仁覆冒已周,番黎仰望彌切,據實陳奏,恭請聖裁事。

竊惟臺灣丁銀一項仰荷恩綸,着照内地之例酌中减則,每丁徵銀二錢,以舒民力,欽此。臣等遵即轉飭地方官遍行示諭。當據蕭壠社番黎于銅、四吧來茅老、于螺等呈稱,銅等感沐聖朝隆恩,豢養五十餘年,淪肌洽髓,凡有公務無不勤勞,逐年每丁徵銀二兩,合社共納銀四百五十二兩二錢八分九厘,又加火耗銀二百一十七兩七錢一分,每年通共納銀六百七十二兩。雖番餉加倍,民丁俱竭力完納,不敢抗延。兹蒙天恩浩大,將臺灣丁銀酌定二錢,伏祈出榜示諭,銅等世世歌誦等情。臣等以减丁關係特恩,自應民番普被,檄行臺灣府遵照减徵去後。據該府徐治民覆稱,民間完納錢糧,除地糧外另有額徵丁銀,自應遵照减則。至番黎耕田捕鹿每年止輸番餉並無完納丁銀,不在應减之列等語,臣等復飭該府,將所屬番黎社分應納餉銀數目,并每年番餉作何徵收之處,逐一分晰查報。續據該府查明四縣一廳番黎大小計九十六社,年納餉銀共八千零十四兩五錢五分四厘二毫,另徵[拆]折色番粟銀二千零十六兩九錢三分六厘,本色糯米二十三石,俱係按社分之大小定額完糧等因詳報前來。查詳内開載每年番餉有按番黎名數派徵者,亦有照男婦人口定額者。查其究竟,各番佔定地界設立圍場,每年捕鹿爲生,間或播植糯粟,以資口糧,與民間載地承糧,動至數十甲或以百畝計者,原自不同。所有應納番餉,惟娶婦成丁者酌派之;其未經娶婦之番,例不加派。是番餉一項,即民間所謂丁銀也。但民間每丁連火耗不過徵銀五錢,而番丁多則二兩至一兩有餘,少亦五錢、六錢不等,再加火耗雜費實爲加倍民丁。即如蕭壠一社額徵銀四百五十餘兩,火耗輒加銀二百一十七兩有奇,其大較也。我皇上愛養元元,民番原無歧視。若謂番黎人等向無

丁銀名目,不應在減則之列,似非仰體我皇上一視同仁之盛心。且現今四川、貴州苗民番衆均叨特典,薄賦輕傜,而海外番民捕鹿之外别無土産,變納課餉,較之他處苗番竭蹶爲難,應否加恩以廣皇仁,臣等冒昧瀆陳,恭懇聖明裁斷。

再查臺灣四縣丁銀仰荷恩綸,每丁定則二錢,而所屬三廳内除臺防廳專司稽察船隻外,其澎糧廳向有額編人丁六百七十二丁,淡防廳向有額編人丁一十一丁,俱係每丁徵銀四錢七分有零。有司官因未經奉旨未便擅減,合無仰懇天恩,准照四縣之例,勅下督、撫,轉飭該地方官一體減則,將普天之下莫非厚澤之汪洋,遵海而南共沐太和之翔洽矣。臣等見聞所及理合一並奏聞,伏祈聖慈訓誨施行,爲此謹奏。

乾隆元年十一月初三日

巡視臺灣掌陜西道監察御史臣白起圖

巡視臺灣兼理學政吏科掌印給事中臣嚴瑞龍

【硃批】:知道了,有旨諭部。

——《明清宫藏臺灣檔案匯編》第 12 册,第 168～175 頁

159.乾隆元年十一月初三日

巡視臺灣監察御史白起圖等奏請臺灣四縣丁税照内地例酌減摺

巡視臺灣掌陜西道監察御史臣白起圖、巡視臺灣兼理學政吏科掌印給事中臣嚴瑞龍謹奏,爲臺民感恩實深,公籲題達輿情據實奏聞,仰祈睿鑒事。

乾隆元年九月二十日,准閩浙總督郝玉麟、福建巡撫盧焯咨准户部咨開福建司案呈乾隆元年八月初八日内閣奉上諭:朕愛養元元,凡内地百姓與海外番民皆一視同仁,輕傜薄賦,使之各得其所。聞福建臺灣丁銀一項每年徵銀四錢七分,再加火耗則至五錢有零矣。查内地每丁徵銀一錢至二錢、三錢不等,而臺灣則加倍有餘,民間未免竭蹶。着將臺灣四縣丁銀悉照内地之例酌中減則,每丁徵銀二錢,以舒民力。從乾隆元年爲始,永著爲例。該督、撫可速行曉諭,實力奉行。若因地隔海洋,官吏等有多索濫徵等弊,着該督、撫不時訪察,嚴參治罪,欽此。欽遵。抄出到部,相應行文福建督、撫欽遵可也等因移咨該督、撫轉咨到臣等。當經轉飭地方官遍行示諭,并實力奉行,毋得多索濫徵,致干嚴參去後。兹於本年十二月十五日,據臺灣道尹士俍呈據臺灣府知府徐治民詳

據臺、鳳、諸、彰四縣士民王世恩、黄恩溥、陳國輝、施士安、張方高、潘俊、吴振綸、祝萬年等僉呈爲臺民感恩實深，公籲詳題以達輿情事内稱我皇上仁恩廣播，已遍及於九州；聖澤覃敷，彌加意於海甸。發帑賑恤，民番共沐生成；薄賦輕徭，遠邇群霑雨露世恩等，海氓頂祝，固已如天如地矣。兹荷皇恩垂念臺地每丁徵銀四錢七分，較之内地稍重，特沛綸音，酌中減則，每丁止徵銀二錢，以舒民力。聞命自天，歡呼遍地。男婦老幼用是各執瓣香，相率北望，叩謝皇恩，伏祈詳請題達，俾展草野蟻忱等情到府。卑府職司民牧，不敢壅於上聞，合就據情詳請賜詳題達等由到道。據此本道查看得額編丁賦，本屬力役之徵。續奉恩旨，永不加增，普天久已沾戴。兹蒙皇恩軫念臺灣隸在海表，額載丁糧每丁徵銀四錢七分六厘，較之内地稍重，特頒諭旨一視同仁，酌中減則，每丁止徵銀二錢，此誠千古未有之盛典。恩綸下賁，萬姓歡呼。據士民王世恩等公籲題達等情，由府詳報到道，合就轉呈等因到臣等。欽惟我皇上孝思纘緒，元德重華。念民力之艱，膏雨灑來天上；頒輕徭之詔，春風吹到寰瀛。惠澤與江海同深，鹿耳門前處處恩流慶洽；聲名偕日月俱照，鳳山城裏人人巷舞衢歌。白叟黄童咸稱有道，雕題鑿齒共祝無疆。兹據該道、府呈詳士民公籲題達輿情前來。臣等身在地方，目擊情形懇切，理合繕摺奏聞，伏祈睿鑒，爲此謹奏。

乾隆元年十一月初三日

巡視臺灣掌陝西道監察御史臣白起圖

巡視臺灣兼理學政吏科掌印給事中臣嚴瑞龍

【硃批】：覽。

——《明清宫藏臺灣檔案匯編》第12册，第176～183頁

160.乾隆元年十二月初四日

巡臺御史白起圖等奏報番民恣行不法參奏疏誤官員摺

巡視臺灣掌陝西道監察御史臣白起圖、巡視臺灣兼理學政吏科掌印給事中臣嚴瑞龍謹奏，爲查明參奏事。

竊照新港、加志閣二社歹番恣行不法，業經臣等將情由摺奏并聲明確因何事起釁，及歸社後何以任其復逃，臣等前往確查，應參奏者即行參奏等因在案。兹臣等細加查訪，緣後壠通事張方楷任意作威，遇事苛索，番人含怨已久，焚殺南海汊塘兵，係因嫁禍張方楷而起。而奸民陳天生又倡爲官兵勦滅之説，煽惑衆番，致令挈眷潛逃，肆行猖獗，均屬罪魁。除現経商同鎮、道飭拿拘禁，俟研

訊確情,移會督、撫題結外,伏查海外土番,生性難馴,惟在地方官查於先事,防於臨時,庶使兇頑斂跡,地方肅清。今專管竹塹等處巡檢王心棠、兼管該地方署淡水同知事彰化縣知縣秦士望,并專管中港汛右營把總周詩、專管後壠汛右營千總王登、兼管該營守備袁鉞一任張方楷等構怨摇惑,播弄番民,既不能查察於前,及至衆番逃竄,擾累村莊,又不能防禦於後,所有玩愒疎悞之咎,不能爲該員弁等寬也,相應指參,請勑該部議處。至現任淡水同知趙奇芳雖到任在各番既逃之後,但於歸社後不行防範,以致復遁入山,勾引生番作歹,咎實難辭。再查北路協副將靳光瀚,臺灣府知府徐治民有督率稽查之責,似此歹番恣行不法,不能預先查出,督令早爲擒捕,均干定例,理合一並參奏,交與該部察議。臣等未敢擅便,爲此謹奏請旨。

乾隆元年十二月初四日

巡視臺灣掌陜西道監察御史臣白起圖

巡視臺灣兼理學政吏科掌印給事中臣嚴瑞龍

【硃批】:這所參情節,該部分别察議具奏。

——《明清宫藏臺灣檔案匯編》第 12 册,第 184～188 頁

161.乾隆元年十二月初四日

巡視臺灣監察御史白起圖等奏陳臺灣彰化縣登臺等莊被蒙面兇番擾害擬查辦摺

巡視臺灣掌陜西道監察御史臣白起圖、巡視臺灣兼理學政吏科掌印給事中臣嚴瑞龍謹奏,爲奏明事。

本年十一月二十七日,臣等北巡至彰化縣屬,據登臺柳樹吴厝等莊民人魏廷標、謝昌文、利日旬等呈稱,本月十六日有兇番數十餘猛,首戴布巾,身穿布衣,夜入登臺莊,喊殺陳成宗等三命,焚居百餘間,蒙縣勘驗在案。泣思兇以衆聚,衣人之衣,解漢之語,必非生番所能獨成。况現有木牌鏢箭出自何社原有定式,似宜深究,叩准行縣查實掃除等情。查向例生番殺人俱係地方官驗明,詳報督、撫,於命案内歸結,勒限緝兇,逾即題參。但查登臺等莊自上年十月至今,據報生番殺人六案,共殺莊民二十人,兹又被殺三人,地方官徒有緝兇之名,實未見其緝獲一兇,致使兇番肆行無忌,深屬未便。查生番殺人原賴土番堵禦,今登臺等莊介在猫羅、阿里史二社之間,該社土番如果聞聲應援,何致生

番叠次殺戮？况據民人呈稱，現有木牌鏢箭出自何社，無難識認，亦未便指爲生番，不行深究。伏思登臺等莊勢雖倚山，地實鄰縣，實難因循貽悞，以致釀成事端。臣等現在移行鎮、道飛飭地方官弁，派撥良番目兵嚴行防範，毋致疎虞，仍將被害莊民加意撫綏，務俾得所，并令嚴飭通事、土官等確認木牌鏢箭委係何社器械，一面設法緝捕外，查副將靳光瀚久任北路，熟悉番情，前於雍正十年間曾經征番出力。兹辦理淡屬歹番一案將次告竣，俟事平之日，臣等會商鎮臣馬驥另行遣員前往彈壓，將靳光瀚調回彰化，確查登臺等莊係何兇番滋擾，商同相機辦理，務期掃除，以靖地方，并訊明起釁情由，應參奏者仍照例參奏外，理合繕摺奏明，伏祈皇上睿鑒。爲此謹奏。

乾隆元年十二月初四日

巡視臺灣掌陝西道監察御史臣白起圖

巡視臺灣兼理學政吏科掌印給事中臣嚴瑞龍

【硃批】：知道了。地方官若不盡力，何不告之督、撫，令其參奏？即汝等職司巡察，參奏亦可。

——《明清宫藏臺灣檔案匯編》第 12 冊，第 189～194 頁

162.乾隆元年十二月十一日

巡臺御史白起圖等奏報臺灣乾隆元年收成分數及米穀時價摺

巡視臺灣掌陝西道監察御史臣白起圖、巡視臺灣兼理學政吏科掌印給事中臣嚴瑞龍謹奏，爲據實報明收成分數米穀價值，仰慰聖懷事。

竊照臺灣各屬收成分數并米穀價值，臣等例應於每年歲底奏報。查雍正十三年十月初七日欽奉諭旨：嗣后奏報各地方收獲分數，不得絲毫假飾，以干重戾。欽此。欽遵在案。今乾隆元年各屬收成分數及米穀價值，臣等檄行臺灣府飭令各廳、縣確查詳報去後。兹據該府徐治民詳據臺灣縣知縣林興泗報稱該縣新豐、新化、依仁等處收成實有八分；永寧、永豐、長興等處收成實有七分；仁和里、大穆降等處收成俱有六分。鳳山縣知縣方邦基報稱該縣港東、港西等處收成實有九分；長治里鳳山莊等處收成實有八分；仁壽里、觀音山、文賢里等處收成七分、六分不等。諸羅縣知縣戴大冕報稱該縣開化、善化等處收成實有八分；新化、開定等處收成實有七分。彰化縣知縣秦士望報稱該縣東螺、

半線、大武郡等處收成實有八分；馬芝遴、深耕仔等處收成俱有六分。其淡水同知趙奇芳據報所屬地方收成實有七分。澎湖通判曹顯庚據報該地斥鹵，不產稻禾，所種高粱、芝麻等項收成七分、六分不等，地瓜收成實有十分各等因前來。臣等細加查訪無異。統計全臺收成實在七分有餘。至各屬米穀價值，據臺灣縣報稱白米每石價銀一兩一錢二分，穀每石價銀四錢八分。鳳山縣報稱白米每石價銀九錢四分，穀每石價銀四錢二分。諸羅縣報稱白米每石價銀九錢八分二厘，穀每石價銀四錢一分八厘。彰化縣報稱白米每石價銀一兩零七分，穀每石價銀三錢六分。又淡水同知報稱白米每石價銀六錢，穀每石價銀三錢。澎湖通判報稱民間食用糙米係往臺屬買運，每石價銀八錢四分各等因。臣等總核臺灣地方米穀價值，現在均平，年歲豐登，民人樂業，理合繕摺奏報，伏祈聖明睿鑒。臣等謹奏。

乾隆元年十二月十一日

巡視臺灣掌陝西道監察御史臣白起圖

巡視臺灣兼理學政吏科掌印給事中臣嚴瑞龍

【硃批】：知道了。

——《明清宮藏臺灣檔案匯編》第 12 冊，第 203～208 頁

163.乾隆元年十二月十一日
巡臺御史白起圖奏報擒獲臺灣新港等社首兇并斬示首兇清單

新港社首兇二名：烏麼抵抵、搭藥烏麼。

加志閣社首兇九名：茅老尉、加已打老曰、馬馬毛毛、老仔已狗骨、武葛毛毛、胆馬轄勝務、買葛氏老尉、末仔末士甲、末仔末夷劉。

以上首兇共十一名。

斬示首兇二名：新港社番茅遠下勝務、加志閣土官合番九歪。

乾隆元年十二月十一日

巡視臺灣掌陝西道監察御史臣白起圖

——《明清宮藏臺灣檔案匯編》第 12 冊，第 209～211 頁

164.乾隆元年
巡臺御史白起圖等奏請免查驗箕斗以便商民摺

臣白起圖、嚴瑞龍謹奏，爲請免查驗箕斗，以便商民，以除弊竇事。

伏查臺灣遠處海濱，插田收稻，以及挑運造作，在在需用人工。内地貧民，競趨就食。祇緣奸良錯出，地方□□□□無照遊民，輒多頂冒水手，偷渡過臺。雍正□□□□臣高其倬檄令商船舵水填註箕斗，出□□□□□相符，始准放行。續經管理海關事泉□□□府張無咎力陳不便，請免填註在案。雍正八年，督臣高其倬復飭填注箕斗，又經商船户黄長興等以商民未便呈請免填，經府、廳、縣詳覆仍照舊免填在案。凡以查驗箕斗，原以防範頂冒，而奉行不善，每致爲累商民也。兹于本年九月内，復准部文，令汛口文武官盤查舵水箕斗。現經總理海關税務興泉道朱淑權以商船填照後，舵水或因事故不能同往，另行僱募，多與原照不符。若俟回籍改填，往返需時，議令就地稟請給單填註，是□□□□民之一法。但臣等細加訪問，查驗箕斗，□□□□□商船出口，動以百計，少亦不下五六□□□□□舵水或十餘人至二十餘人不等。以千□□□之手指，汛口各官豈能逐一親驗，不得不假手胥役。此輩借端需索，稍有不遂，則指羅爲箕，以箕爲羅，勢所不免。且渡海船隻，全憑風信。若俟挨驗畢始准放行，則風信已逾，守候動羈時日。况舵水衆多，保無吉凶事故，口角微嫌，勢必另行僱募。若令回籍改填原照，往返誠多未便；就使所在地方稟請給單填註，而經過各汛口仍須挨次查驗，需索守候，弊適相同。現今臺地物價日昂，詢其究竟，蓋因商船以箕斗爲累，觀望不前之故。是查□□□不惟有累于商船，亦且不便于臺民也。我□□□□□不周，至今查驗箕斗種種未便，若非□□□□□□□□□時行時止，弊難永除。應請□□地方官，嗣後商船過臺，祇令原籍縣將舵水年貌、鄉貫填明照中，或因有事另僱，就地稟請給單填註，仍取具船户行保甘結，不許頂冒。汛口官弁驗明放行。并令臺地各官，務照内地之例，設立十家牌，將各家實在籍貫、人口確數并作何生理，逐一注明牌内。遇有滋生病故等事，一體開除。責令坊長保甲不時稽察，每月出具并無招攬游民甘結，報所司查核。如有違碍，一并嚴究。如此則奸宄□□□其潛藏，而商民均稱便益矣。臣等淺陋之(尾缺)……

——臺北“中央研究院”歷史語言研究所藏明清史料

登録號 059931

165.乾隆二年三月十二日
巡臺御史白起圖等奏請寬减臺灣生番鹿餉銀兩摺

巡視臺灣掌陝西道監察御史臣白起圖、巡視臺灣兼理學政吏科掌印給事中臣嚴瑞龍謹奏,爲據實奏聞仰祈聖裁事。

竊查臺灣北路一帶與生番境界毗連,伊等在山别無活計,惟設圍捕鹿藉以資生。且其地多産籐條,可爲繩纜之用,或採與通事、熟番换易鹽觔、糯粟。而不法民人利其所有,輒多潛入内山,抽籐吊鹿,以致含憤被殺,屢經臣等嚴飭地方官弁勘立界牌,不許民人私越,違即重懲,并將疎防之員查究在案。兹於本年三月初三日據北路副將靳光瀚詳據南北投外委把總沈然禀稱巡遊至水沙連萬丹坑内有棍徒搭蓋草寮,集衆數百人越界抽籐吊鹿等情。職光瀚隨飭把總鄭成龍前赴查緝,果有抽籐草寮十間,吊鹿草寮三間,拿獲棍首余才、高就等及車夫陳遺等送縣訊究。據覆高就等係該縣給照,抽籐吊鹿,完納水沙連年納餉銀四百餘兩,所有籐觔,准其運賣完餉等情。職光瀚查水沙連社餉原令通事與番交易輸納,非令民人入山採捕完餉也。今通事藉口完餉,勾引棍徒深入内山,汛弁緝拏送縣,而該縣又以餉之所出,瞻顧開脱。設有意外之虞,咎將誰諉?請將該社餉銀題免,庶奸徒無自藉口,足跡不許入山,則稽查易而邊界清等情詳報前來。

臣等查彰化縣屬水沙連生番自雍正四年歸化,即有每年認納鹿餉銀四百餘兩,何得稱係通事人等招引民人抽取籐觔,變賣完納等?因檄行臺灣府將是否該番愿納抑或通事代輸之處確查詳報。據該府徐治民禀稱,水沙連、北港生番計十社,南港、中港生番計十五社,年納鹿餉銀共四百二十五兩五錢八分,另徵糯米二十三石。歸化之時,係通事施贇、賴敬認完。歷年以來係通事陳蒲催納等語。臣等復加細訪,該番等名雖歸化,實則斂迹深山,不知服役奉公爲何事,所有應徵鹿餉銀兩,歷係通事代納,而通事苦於賠墊,不得不招引民人吊鹿抽籐,借完公事,以致殺戮時聞,受累安窮。在有司因課餉攸關,姑爲容隱,以清帑項,而汛弁恐疎防干咎,必欲嚴禁,以顧考成。因之彼此掣肘,尤多未便。我皇上加意海疆,現在各屬民丁社餉俱荷覃恩减免,似此生番鹿餉銀兩,徒爲虚名,實貽重累,合無仰請天恩飭令寬减,庶棍徒不致藉口輸將番境任其私越,汛弁得以實力稽察,地方因之肅清矣。

再查鳳山縣屬之大竹橋舊有官地一所,向係民人佃種,因康熙六十年埤頭汛兵移駐鳳彈,將此地建築營盤、教場,所有年徵餉四十四兩,地方官因其無着,歷年係派佃户完墊。臣等巡歷所至,據佃户洪酉等以課累民輸等情鳴控,隨經行縣查明屬實。伏思課餉原從地派,今地已改建營盤,而課仍佃民輸納,雖數目亦屬無幾,歷年之賠累何堪,應否一體豁除,以廣皇仁?臣等訪聞確實,理合一并奏聞,伏祈聖明裁斷。爲此謹奏。

乾隆二年三月十二日

巡視臺灣掌陝西道監察御史臣白起圖

巡視臺灣兼理學政吏科掌印給事中臣嚴瑞龍

【硃批】:著交與總督郝玉麟,聽其酌議。

——《明清宫藏臺灣檔案匯編》第12册,第295～302頁

166.乾隆二年三月十二日

巡臺御史白起圖等奏報遵旨裁減臺灣丁銀民番呈謝天恩摺

巡視臺灣掌陝西道監察御史臣白起圖、巡視臺灣兼理學政吏科掌印給事中臣嚴瑞龍謹奏,爲欽奉上諭事。

乾隆二年三月初七日,准閩浙總督郝玉麟、福建巡撫盧焯咨准户部咨開乾隆二年正月初五日内閣抄出奉上諭:向來臺灣丁銀重於内地,朕已加恩仿照内地之例,酌中減則,每丁徵銀二錢,以紓民力。今聞臺灣番黎大小計九十六社,有每年輸納之項,名曰"番餉",按丁征收,有多至二兩、一兩有餘及五六錢不等者。朕思民番皆吾赤子,原無岐視,所輸"番餉",即百姓之丁銀也。着照民丁之例,每丁徵銀二錢,其余悉行裁減。該督、撫可轉飭地方官出示曉諭,實力奉行,務令番民均霑實惠。又聞澎糧廳、淡防廳均有額編人丁,每丁徵銀四錢有零,從前未曾裁減,亦着照臺灣四縣之例行。欽此。欽遵。抄出到部行文該督、撫轉咨到臣等。准此當經檄行臺灣府飛飭各該廳、縣,遍行示諭,務實力奉行,毋得私徵苛累去後。續據該府徐治民詳據淡防廳、臺、鳳、諸、彰四縣詳據所屬番黎烏牌、羅寧哦、阿老夢、大臘臘愛箸等呈爲籲請詳達代謝皇仁事。詞稱烏牌等島服芻蕘,久霑聖朝雨露;海陬鯫鮒,重沐盛世恩波。念自累世得入版圖,深蒙列憲,時加撫字,歡欣有日,愛戴朝天。伏思率土之濱,莫非王土,光天之下,共惟帝臣。丁糧原爲朝廷維正之供,減則實乃亘古希逢之典。今我皇上心涵兩大,德遍遐方,一視同仁,番民盡屬赤子,推心置腹,臺海悉係蒼生。舊餉減徵概以二錢,番民丁糧均照一則。聞命自天而下,歡聲遍地而來。俯仰

皇恩,惟效嵩呼於海外;服膺聖德,共深鰲戴乎寰中。用是相率匍呈,伏祈詳請題達,烏牌等曷勝望光引領等情。

又據淡防、澎糧二廳詳據民人黄恩溥、蔡俊等呈爲沾沐隆恩籲詳題達事内稱:我皇上堯天浩蕩,舜日舒長。至德覃敷,化及雕題黑齒;深仁普被,澤施蔀屋茅簷。丁銀悉照一則減征,輸納概以二錢爲定。開千載未逢之盛典,慶萬年有道之昌期。相率匍呈,詳請入告恩溥等曷勝踴躍懽忭激切之至等情各到府。據此該卑府徐治民謹查得各廳、縣民丁番餉原係惟正之供,每名兩數五錢亦屬相沿舊例。欽蒙皇上恩同天地,澤遍遐陬。念淡、澎皆屬赤子,雨露應溥雕題。特沛綸音,一例寬減。民丁番餉,悉照二錢;蔀屋社寮,均爲一則。恩命自天而下,山陬同切嵩呼;群心捧日而來,海澨并深鰲戴。僉詞懇切,衆志歡欣。理合詳請轉達天聽等由到臣等。伏思則壤成賦,禹貢著有常經,賜復蠲租,漢代遂傳令典。今我皇上太和育物,元善統天。處高聽卑,沛茅簷之陰雨;發邇見遠,佈暖穀之陽春。自群黎以逮番黎,務期德洋而恩溥;由已減而推未減,必使賦薄而徭輕。從此僻壤遐陬,同遊化日光天之下;快覩蓬首堆髻,盡成含哺鼓腹之休。兹據該府詳據民番呈請代謝皇仁前來。臣等不敢壅於上聞,理合繕摺恭奏,伏祈聖明睿鑒。臣等謹奏。

乾隆二年三月十二日

巡視臺灣掌陝西道監察御史臣白起圖

巡視臺灣兼理學政吏科掌印給事中臣嚴瑞龍

【硃批】:覽。

——《明清宫藏臺灣檔案匯編》第 12 冊,第 303～311 頁

167.乾隆二年四月初二日

巡臺御史白起圖等奏參臺灣知府徐治民等員玩忽疏縱議處摺

巡視臺灣掌陝西道監察御史臣白起圖、巡視臺灣兼理學政吏科掌印給事中臣嚴瑞龍謹奏,爲據實參奏事。

竊照彰化縣屬之登臺、柳樹湳等處莊民屢被生番殺戮,誠恐釀成事端,經臣等於上年十二月初四日奏明,俟副將靳光瀚後壠事平調回彰化,確查是何社番滋擾,相機剪除,并聲明應參奏者仍照例參奏等因在案。兹臣等於本年正月

十八日因往後壠籌畫搜捕餘孽,途接彰化縣知縣秦士望據禀登臺等處被害莊民查係内山梅加臘生番每於秋冬水涸之際,輒乘月夜突出傷人,取其頭顱以誇等輩,誠爲貽累。而副將靳光瀚亦稱梅加臘生番殺人,現擬設法剪除等語。臣等隨調岸里社屢次征番出力之通事張達京、土官敦仔等而加獎賞,令其協同靳光瀚查緝兇番獲究。俟擒獲之日,研訊起釁確情會核題結外。查登臺等處被害民人,臣等於具報之日即嚴飭各該員弁加意防範,毋致踈虞。并勒緝兇番,務獲究治在案。乃該地文武一任兇番肆行滋擾,既不能防範於前,又不能緝拏於後。玩忽踈縱,難以寬容。查文職專防係猫霧捒巡檢吴文龍,兼轄係彰化縣知縣秦士望;武職專汛係猫霧捒把總康盛、接任把總鄭成龍、協防把總林逢春,兼轄係北路中軍都司今陞湖廣提標前營遊擊朱虎也。相應指參,請勅部議處,以肅功令。至臺灣府知府徐治民、北路副將靳光瀚職司統率,不能督令屬員上緊查拏,使兇番斂跡,均難辭咎,理合一并參奏,統聽部議。

再查知府徐治民辦理一切刑名并前在淡水同知任内開墾事宜,種種未協。現據民番互控,已飭臺灣道逐一確查,照例通詳督、撫題參,合并陳明。臣等未敢擅便,爲此謹奏請旨。

乾隆二年四月初二日

巡視臺灣掌陝西道監察御史臣白起圖

巡視臺灣兼理學政吏科掌印給事中臣嚴瑞龍

【硃批】:這所參情節,該部分别察議具奏。

——《明清宫藏臺灣檔案匯編》第 12 册,第 312～317 頁

168.乾隆二年四月十二日

巡臺御史白起圖等奏報臺灣雨水苗情摺

巡視臺灣掌陝西道監察御史臣白起圖、巡視臺灣兼理學政吏科掌印給事中臣嚴瑞龍謹奏,爲報明雨水霑足,仰慰聖懷事。

伏查臺灣地方每年春夏播種稻禾,需雨恒殷。今歲入春以來雨水無缺,至四月初三、初七、八等日甘霖叠沛,早禾現在穎實,晚稻陸續插秧。黎庶歡呼,秋成可望。仰惟聖德覃敷,統遐邇而普被;是以天和感召,沛雨露以滋生。臣等目睹田禾豐稔,不勝歡欣,合將霑足情形繕摺恭奏,伏祈聖明睿鑒。爲此謹奏。

乾隆二年四月十二日

巡視臺灣掌陝西道監察御史臣白起圖
巡視臺灣兼理學政吏科掌印給事中臣嚴瑞龍

【硃批】:覽。

——《明清宫藏臺灣檔案匯編》第 12 冊,第 330～333 頁

169.乾隆二年四月十二日

巡臺御史白起圖等奏報臺灣合番社生番情願輸誠歸化摺

巡視臺灣掌陝西道監察御史臣白起圖、巡視臺灣兼理學政吏科掌印給事中臣嚴瑞龍謹奏,爲奏聞事。

乾隆二年四月初九日,據臺灣道尹士俍詳據臺灣府知府徐治民詳准淡水同知趙奇芳牒稱本年三月十三日據岸里等社通事張達京等、土目烏牌等帶到合番社生番土目把老北斗僯末仔帶因并番衆抹末等前來呈爲輸誠歸化事。詞稱切惟聖朝德威,無遠不届;皇恩浩蕩,率土均沾。把老等野處穴居,同具血氣;草衣木食,久戴高深。近見後壠等社番群識大義,踴躍用命。把老等聞風感激,不敢自外聖化,願率合屬三社男婦老幼共二百八十五名口,附入版圖,年貢鹿皮、獐皮各八張,長爲良民,永輸貢賦。謹由後壠土目烏牌等、通事張達京等譯傳呈懇詳題歸化等情。據此卑職看得合番社生番僻處内山,附近中港,原未歸服王化。近因加志閣頑番竄逃潛依勾引結連,該社生番始雖被惑容留,旋即畏威用命,屢次擒堵,具見實心,合屬輸誠,争先向化,情愿年貢鹿皮、獐皮一十六張,計值銀三兩二錢。敬爲據情上請,伏乞恩准詳題,俾得附入版圖等由,并繳合番三社丁口名册到府。

卑府看得三社男婦老幼二百八十五名口,願附丁册,年貢鹿皮、獐皮各八張,實惟聖恩浩蕩,草木亦解向榮;帝德淵深,蠢動咸知鼓舞。合就具文轉詳察奪等由到道。據此除飭該府轉飭淡水同知照例賞賚,以示撫綏外,理合據由轉詳等由到臣等。伏思聖主御宇,月支之俗悉皆冠帶而朝;哲后當陽,日出之鄉亦必梯航而至。凡以荒陬之遠,原屬列土宇而隸王民;既居涵蓋之中,誰不奉正朔而尊帝制。兹合番三社番衆因加志閣歹番逃竄依棲,經臣等飭遣通事人等前往指陳利害,并爲宣揚德化,該番等奮勇争先,兇首藉以斬擒,脅從招令歸社。近又斬獲餘孽二名。前經臣等親臨獎賞,復經督、撫、鎮、道叠次賚予。伊

等願率合屬隸籍版圖，先據淡水同知詳請題達，臣等恐係通事撰造，駁令詳慎確查。茲據道、府僉詞請題歸化，臣等細按情形肫切，仰惟聖澤之覃敷，遐邇一體；是以海隅之率俾，中外同風。除飭該同知會同北路副將加意撫綏，仍飭通事人等不得往來滋擾，并通報督、撫查核具題外，合將生番輸誠緣由繕摺奏聞，并將丁口清單恭呈御覽，伏祈聖慈睿鑒。臣等謹奏。

乾隆二年四月十二日

巡視臺灣掌陝西道監察御史臣白起圖

巡視臺灣兼理學政吏科掌印給事中臣嚴瑞龍

【硃批】：知道了。

——《明清宮藏臺灣檔案匯編》第 12 冊，第 339～345 頁

170.乾隆二年五月十一日

巡臺御史白起圖等奏陳臺地善後事宜摺

巡視臺灣掌陝西道監察御史臣白起圖、巡視臺灣兼理學政吏科掌印給事中臣嚴瑞龍謹奏，爲敬陳臺地善後事宜事。

竊照新港、加志閣二社頑番不法，經臣等將會同文武辦理情由繕摺具奏，并聲明如何善後不致番人爲累一并俟斟酌妥協另行摺奏在案。茲荷天威遠震，番衆同心，妖氛蕩平，地方寧謐。所有善後事宜，臣等悉心察訪，除職分所得爲者，隨即照例辦理外，惟是關係重務有必須請旨更定者，謹列數條爲我皇上敬陳之。

一、分別歸還番地，以安民生也。查臺灣全係番人土地，自歸版籍以來，民人生聚日繁，或向番人贌地貼餉，或番人契賣民人管業。祇緣番性愚拙，民人多於契外越佔，又或貼餉日久，漸且據爲己業。甚至勢豪土棍串同通事牙胥，借開墾爲名，將番人熟地任意混耕，屢經番人鳴控，俱經飭發勘審。茲奉部文番人土地不許民人贌買，并令將贌賣漢人地畝議還歸結，誠爲體恤番黎。但查內地民人携眷來臺者不下數十萬眾，所有贌買番地久經墾熟陞科。若一概令其歸還，不但熟地抛荒，課餉缺額，且以數十萬民人無地可耕，覔何資生，保無別生事端。況漳、泉一帶食米全係臺地採買，茲地畝既令歸番，勢必米石無出，漳、泉何所倚賴，關係尤覺匪輕。臣等愚見應飭地方官嚴禁，嗣後番地不許暗贌私賣，并將偪近生番界址之地，畫清示禁，以絶侵越滋擾之端。仍將貼餉日久，佔爲已業及豪棍指稱開墾混耕地畝，逐一勘丈，歸番管業。其民人久經契

買墾熟田土，祇應照契清釐，立定四至，不許界外越種。至地土歸番伊等未必有力耕種，向來原有舊佃應仍聽其向番承贌，以便收租完餉。如此則民番相安，而地方不致滋擾矣。

一、停止班兵派車，以恤番黎也。查臺地汛兵俱由内地調換，向因分防寫遠，且有什物行囊，需車馱載，是以定有每兵十人，用車一輛之例。詎日久弊生，竟有三四人一輛，或每人一輛者。且經過番社勒令供給酒食，甚至强行借宿凌辱番婦。雖經地方示禁，終屬陽奉陰違。伏查班兵過臺既給口糧，以恤勤勞，又加銀米養贍家屬，體恤不爲不至。伊等自内地來臺，不聞沿途應付夫役，何獨於抵臺後轉行派車，致滋擾累。況每年班兵絡繹調换，舊者方去，而新者旋來。番黎終歲供應車輛，動輒誤農廢業，誠堪憫惻。請嗣後班兵需用車輛令其自行僱募，應停止派車，以杜滋擾番黎之漸。再伊等過臺之日，雖派有千把押送，但均屬微員，不足以資彈壓而嚴約束。并請於到臺分汛時，令鎮臣酌派遊、守大員沿途鈐束，毋許任意需索。抵汛後仍飭該管官不時訓誡，嚴禁入社滋擾，違即按律究懲。倘狥隱不究，并治該管官以縱容之咎。庶班兵咸遵法紀，而番社得以寧帖矣。

一、嚴禁民人私[取]娶番婦，以防煽惑也。查番人婚姻多不以正，有能餽以財物者，即與作合成耦。而不法奸民潛入其社，厚相贈遺，久遂成爲夫婦。迨至生育子女，認爲番親往來，輒多利其所有，故爲愚弄，以圖謀佔產業。而番性愚騃，往往墜其術中。有因一言一事之微漸至釀成巨創者。即如後壠頑番作歹，皆緣番婦之子陳天生摇惑所致，其彰明較著者。其他唆番争控地畝，妄生覬覦，聳番擾累民人，希圖洩忿者，不可勝數。若非嚴行禁止，實爲重累地方。應請飭令有司官嚴飭通事、土官等嗣後不許番婦牽手漢民，違者即行離異。仍將漢民重責逐水，并將通事、土官照不行首告律究治。地方官以失察狥隱分别參處。其從前娶有番婦生子者，查明即行安置爲民，不許往來番社，庶煽惑之弊可除而社務借以肅清矣。

一、民壯一役宜照舊設立，以昭武備也。查臺灣道、府、廳、縣有稽查地方之責，向例設有民壯，出入護衛，并廵查一切匪類、賭博。祇因此項人役多係無賴流寓投充，每致生事滋擾。是以雍正十一年議令裁革，將附近營兵酌量撥給。道員撥兵二十四名，知府撥兵二十名，臺同知撥兵十五名，淡同知撥兵二十四名。臺、鳳、諸、彰四縣各撥兵二十名，以資護衛廵查。但營兵身列戎行，多以文員非其該管，不服約束。而文員亦每礙於情面，遇有生事不行深究，於地方未見裨益。伏查内地官員尚且設立民壯，臺灣爲海疆重地，顧將民壯裁革，未免偏枯，且現在臺府經歷暨四縣縣丞等官俱有民壯供役，而道、府、廳、縣職任稽查,轉係營兵撥給,亦未妥協。現今登臺等莊生番滋擾,據副將靳光瀚會同彰令秦士望議設鄉勇防範堵禦,是民壯一役於臺地實爲切要。應請將道、府、廳、縣撥給營兵悉令歸伍差操,仍按撥兵名數設立民壯,務飭於本籍民人内遴選有身家誠實可信者,取具的保充當,不得濫收無賴流寓,致滋擾累。所需工食器械,一并照舊支給,以便操演供役。如此則調撥匀而海疆愈重,亦稽查便而匪類潛消矣。

一、請飭文武互相稽察以重海防也。地方事務全在文武協和,庶幾兵民相得。况海疆重地尤當猷念相從以期道一風同。乃臺地向來積習文員遇有兵丁滋事,則以爲事隸營伍,漫不經心。武職遇有民人不法,又以爲責在地方,視同膜外。迨至釀成事體,又往往互相推諉,既非所以慎重海防,尤非仰體我皇上和衷共濟之訓旨。伏思文武雖職有專司,而兵民則事同一體,請嗣後飭令地方文武務須互相稽察。如有民人不法等事,許令武職移送地方究治;其兵丁生事滋擾,亦許文員關會營伍責懲。如有仍前推諉者,即行照例參處。并飭各該汛防員弁於所轄番社内彼此按月稽查,取具並無兵民滋擾、社棍容留印結,呈報該管上司查核。倘奉行不力,或有意狗縱,查出分別指參,庶稽查嚴而兵民得以相安,亦協和著而彼此不致推諉,或亦慎重海防之一法也。

一、府治城垣宜增築土墻,以資防範也。查臺灣孤懸海外,且有地動之事,是以從前停建磚城,議令栽插莿竹,以固藩籬,原有深意。但地勢高阜之處,風力稍勁,既難發生;而平坦處所,廵防未周,又有牲畜踐食,隨長隨即干枯,實不足以資防範而重地方。伏思府治爲五省藩籬,民番雜處,城垣未建,無論監獄、防閑,勢難嚴謹。且恐奸匪乘機竊發,番性易於煽惑,倘有叵測,憑何捍禦,關係尤匪淺鮮。現今動帑萬餘兩,修建府治城門,若不增設城基,則城門徒爲虚設。臣等再四思維,磚城既不可建,防範必不可少。查諸羅縣治之土築城垣,猶爲嚴謹。請將府治城垣,飭令地方官一體建築土墻,衛以莿竹,務期加厚謹密。仍飭營汛多撥兵丁,不時廵防。遇有坍塌之處,立即報明地方官,隨時粘補。其有民間牲畜踐食莿竹者,查明責令賠栽。倘兵丁不行查報,經地方官查出,一并着落賠補。如此則用力少而成功最易,藩籬固而防範愈嚴,未始非善後之一策也。

以上數條臣等實爲地方起見,如果可採,伏祈聖慈勅下九卿議覆施行。臣等謹奏。

乾隆二年五月十一日

巡視臺灣掌陕西道監察御史臣白起圖

巡視臺灣兼理學政吏科掌印給事中臣嚴瑞龍

【硃批】:總理事務王大臣會同九卿定議具奏。

——《明清宫藏臺灣檔案匯編》第 12 册,第 381～394 頁

171.乾隆二年七月二十五日

巡臺御史白起圖等奏報全獲臺灣新港加志閣等社兇番情形摺

巡視臺灣掌陜西道監察御史臣白起圖、巡視臺灣兼理學政工科給事中臣單德謨謹奏,爲奏報全獲不法兇番仰祈聖鑒事。

竊查臺灣北路新港、加志閣等社兇番不法肆行焚殺,業調兵番圍捕,嗣據具報陸續擒斬,經臣等奏明在案。緣有餘孽武葛猫吶干等三名未獲,時届東作,恐番黎失業,且春霖泛漲,糧運維艱,暫令回軍。臣等於三月十二日繕摺具奏,仍飭該副將等設法防範,伺間誘擒務盡餘孽去後。兹據北路副將靳光瀚、署淡水同知徐林等各報稱:本年七月十五日據革職員弁王登、周詩、王心棠,通事林秀俊、張方楷等拿獲餘孽武葛猫吶干、交臘奇毋胆、馬轄奇毋等三名理合呈報等情前來。該臣等查此案兇番已經盡獲,除飭該地方官研訊起釁確情,按律究擬,統歸督臣核題完結外,所有全獲兇番情形,理合繕摺奏聞。伏乞皇上睿鑒,臣等謹奏。

乾隆二年七月二十五日

巡視臺灣掌陜西道監察御史臣白起圖

巡視臺灣兼理學政工科給事中臣單德謨

【硃批】:知道了。

——《明清宫藏臺灣檔案匯編》第 13 册,第 8～12 頁

172.乾隆二年閏九月初四日

巡臺御史白起圖等奏報彰化縣通事陳浦等押同土官罩籠仔前往眉加臘查辦兇番摺

巡視臺灣掌陜西道監察御史臣白起圖、巡視臺灣兼理學政工科給事中臣單德謨謹奏,爲奏明辦理兇番情形事。

竊查臺灣彰化縣屬之柳樹湳等莊被番戕害,業已查明,係眉加臘生番肆殺。緣春夏溪流泛漲,俟秋晴水涸辦理,經臣等奏明在案。續查眉加臘地方,離縣窵遠,山路崎嶇,兵糧難進。若遽行進勦,恐驚擾各社良番滋事未便。一面檄飭地方文武分布嚴防,遣吊該社通事、土官開諭禍福,賞賚優恤,令其自獻兇手;一面吊到熟識番情之通事張達京,面令帶撥土官、社番入山查探,協同緝捕去後。玆據臺灣府知府劉良璧詳據彰化縣知縣劉埥詳稱:本年九月十六日據通事陳蒲、賴敬等帶同眉加臘社土官罩籠仔一名,白番鴨密巴淵二名到縣,隨訊據供是小番們要做好漢,出來殺人,是有的,共有六七次。今年因社番不做好,菽子被蟲吃了,聞内裡番子都是快樂,又有吃的,小番們心裡也想爲善了。若肯饒小番們回社去計較,將所殺首級并兇手解來,求通事保小的們進去等供,除飭令進山擒獻外,合就申報、轉報并據北路副將靳光瀚報同前由各等情前來。該臣等查眉加臘生番屢次戕殺莊民,若不嚴究,無以示儆,除批速飭陳蒲等押同土官罩籠仔前往眉加臘,查明確實兇手,會同各通事、土官設法擒捕,并將頭顱解獻,一面安頓各社良番毋致驚惶滋事外,合將辦理兇番情形繕摺奏明,伏乞皇上睿鑒。爲此謹奏。

乾隆二年閏九月初四日

巡視臺灣掌陝西道監察御史臣白起圖

巡視臺灣兼理學政工科給事中臣單德謨

【硃批】:覽。

——《明清宫藏臺灣檔案匯編》第13册,第28～32頁

173.乾隆二年十月二十七日

巡臺御史白起圖等奏報巡歷南路鳳山縣并閱驗營伍情形摺

巡視臺灣掌陝西道監察御史臣白起圖、巡視臺灣兼理學政工科給事中臣單德謨謹奏,爲奏明事。

竊惟臺灣孤懸海外,武備最關緊要,臣等荷蒙聖恩,委以廵察重任,惟有夙夜兢兢,留心地方,勸勉文武和衷,期以輯兵安民,鞏固海疆爲務。玆臣等於本年十月初一日看閱臺協水師一操。初四日,復閱臺鎮標四營一操,俱各隊伍整齊,技藝嫻熟,器械鮮利。均量捐給賞,以示鼓勵。至澎湖遠隔海洋,經檄飭澎

糧通判曹顯庾就近會同副將顧元亮看閱詳覆。嗣據具申稱,本年十月初九日會閱澎協兩營操演,軍伍整齊,船隻器械堅利等情形前來。臣等即於十月十八日自府治起程,前往南路巡歷鳳山縣屬之埤頭、新園各地方。沿途訪察民間情形,吊集各社番黎、土目勸導、撫綏,并讀書識字之番童加意獎勵,分別賞以紙、筆、布、烟等物。二十日再閱南路營一操。隊伍操練純熟,器械、技藝可觀,亦經獎賞。復自臺灣縣屬之羅漢門、崗山各處巡查,凡經過大小營汛皆查驗兵丁器械、技藝,仍嚴飭勤加訓練,守法奉公。到處村莊市鎮,唤集耆民,宣布皇仁,悉皆歡忻鼓舞。臣等例應再往諸羅、彰化各地方巡視,緣本年春間往北路籌酌後壠番社事宜,已經順途查閱,各處兵伍亦皆整飭有方,俯容來年再往巡查。臣等即於二十一日回府治,所有巡歷地方閱驗營伍情形,理合繕摺奏明,伏乞皇上睿鑒。爲此謹奏。

乾隆二年十月二十七日

巡視臺灣掌陝西道監察御史臣白起圖

巡視臺灣兼理學政工科給事中臣單德謨

【硃批】:知道了。海疆武備尤與内地不同,所當時時訓(練),以期有濟於意外者也。

——《明清宫藏臺灣檔案匯編》第 13 册,第 89～93 頁

174.乾隆二年十月二十七日

巡臺御史白起圖等奏報臺灣本年收成分數米穀價值摺

巡視臺灣掌陝西道監察御史臣白起圖、巡視臺灣兼理學政工科給事中臣單德謨謹奏,爲據實奏報收成分數、米穀價值,仰慰聖懷事。

竊查臺灣地土有早晚二禾,早禾種沙地,約居三分;晚禾種水田,約居七分。每年收成分數、米穀價值例應臣等於歲底奏報。查雍正十三年十月初七日奉諭旨:“嗣後奏報各地方收獲分數不得絲毫假飾,以干重戾,欽此。”欽遵在案。今乾隆二年臺屬二禾收成將届,臣等檄行該府轉飭各屬確查,據實開報去後。續因聞九月初七、八等日,颶風連作,晚稻正當登場,未免少損,亦經諭令勘覆。兹據臺灣府知府劉良璧報,據臺灣縣知縣林興泗、協辦知縣馮紹立等報稱:查邑屬今歲早禾收成俱有八分,其晚稻查新豐、崇德二里收成實有九分,永康等十二莊收成實有八分,廣儲東等二里收成七分,大穆降莊收成六分,新化、永寧二里收成四分,新昌、仁和二里收成三分。據鳳山縣知縣方邦基報稱:查

邑屬今歲早稻港東里收成實有八分,港西里收成實有九分;其晚稻查港東西等里收成實有九分,興隆、鳳山等莊收成實有八分,觀音、赤山等莊收成七分,仁壽等里收成六分,文賢等里收成五分。據諸羅縣知縣戴大冕報稱:查邑屬早稻新化等三里收成七分,開化、下加冬等六里莊收成實有八分,大坵田等莊收成實有九分;至晚稻,查開化、下加冬等里莊收成實有八分,新化、善化等里莊收成七分,安定等里收成六分。據彰化縣知縣劉埥申稱:查縣屬早稻半線等六保收成七分,馬芝遴等四保收成六分;其晚稻,查半線等保收成六分,馬芝遴等保收成五分。又准淡防同知趙奇芳報稱:查廳屬早稻淡水保等莊收成實有八分,竹塹保等莊收成七分;其晚稻淡水保收成七分,竹塹保收成六分。准澎糧通判曹顯庾報稱:查澎屬地鹵,不種二禾,惟有高粱、蔴荳等雜糧,今歲被風,收成有四五分不等各等情前來。臣等覆加訪查無異。統計今歲早晚二禾收成實七分有餘。至各屬米穀價值,據臺灣縣報:白米每石時價一兩一錢三分,穀每石時價五錢五分;據鳳山縣報:白米每石時價一兩,穀每石時價五錢五分;據諸羅縣報稱:白米每石時價一兩一錢四分,穀每石時價五錢六分;據彰化縣報:白米每石時價一兩五六分,穀每石時價四錢五六分;又淡水同知報:白米每石時價六錢三分,穀每石時價三錢六分;澎湖通判報該地食米係就臺買運,白米每石時價一兩一錢五分各等情。該臣等查:臺灣地廣土沃,禾穗倍大。每年所收早稻已足民食,其晚稻則資内地搬運。又有二麥、蔴、荳、地瓜、芒蔗等雜糧,收成甚多。現在米價均平,民情安樂,地方寧静。臣等仰體聖懷廑念海疆至意,理合據實繕摺奏明,伏乞皇上睿鑒。爲此謹奏。

乾隆二年十月二十七日

巡視臺灣掌陝西道監察御史臣白起圖

巡視臺灣兼理學政工科給事中臣單德謨

【硃批】:覽。

——《明清宫藏臺灣檔案匯編》第13册,第94～100頁

175.乾隆二年十月二十七日

巡視臺灣工科給事中單德謨奏陳臺灣人文日盛請建考棚摺

巡視臺灣兼理學政工科給事中臣單德謨謹奏,爲海疆人文日盛,郡治宜建

考棚,以隆聖化,以肅宫墻事。

竊臣奉命同監察御史臣白起圖巡視臺灣,臣兼理學政,本年應當科試。臣隨行臺灣府考録臺灣、鳳山、諸羅、彰化四縣童生,併册送各學生員考試。但臺灣向未建有考棚,歲、科兩試俱在海東書院,其地湫隘,不足以容。緣毗鄰府學,即於堂下别開一門,轉至聖廟戟門外搭蓋棚廠,以爲考試之所。臣伏思戟門内即係大成殿,此地理宜敬謹肅静。今生童數百,每逢考期雜沓踞坐,殊屬慢褻。且查内地各府俱建考棚,堂下甬道兩旁,生童列坐,學臣一目了然,便於稽察。今臺郡因考棚未建,在戟門外搭蓋棚廠,其南面係櫺星門一帶短垣,垣外即行人來往之大路。關防不密,易滋弊竇。况今文教覃敷,海外人文日盛,臺灣一縣童生多至七百餘人。戟門外週廣數十步,一場考此一縣童生已覺擁擠,將來與考生童歲有增加,其勢更不能容。我皇上尊崇至聖先師孔子備極誠敬,凡屬臣工俱宜仰體,豈得因考試無地遷就在戟門外踞坐慢褻。臣不揣冒昧,仰懇聖恩,勅令臺郡照内地一體建造考棚,相地度材,經營告竣,從此宫墻肅静,考試謹嚴,聖天子棫樸作人之休,垂之億萬斯年永賴矣。臣蒭蕘之見,是否有當,伏乞皇上睿鑒。謹奏。

乾隆二年十月二十七日

巡視臺灣兼理學政工科給事中臣單德謨

【硃批】:知道了,有旨諭部。

——《明清宫藏臺灣檔案匯編》第 13 册,第 101～107 頁

176.乾隆三年正月初九日

巡臺御史白起圖等奏報臺灣城守營兵與民人争鬥兵王長壽被毆身死摺

巡視臺灣掌陝西道監察御史臣白起圖、巡視臺灣兼理學政工科給事中臣單德謨謹奏,爲奏明事。

本年正月初八日,據臺灣縣知縣馮紹立奔赴面稟稱:本月初七日晚有城守營兵丁在東安坊鳳山倉地方與民人争角打降,兵丁王長壽被毆身死。該縣即於初八日早到該地相驗,甫經到地,有兵丁擁衆諠鬧,推倒公案,不容相驗。復擁喊毆傷該縣跟役等語。時臺灣鎮臣馬驥到署,臣等會令中營遊擊范榮、臺灣府知府劉良壁同到該地彈壓。該馮令相驗明白,兵衆復喧譁擁迫,立要兇手。

緣地近臣署,該馮令奔禀。兵丁復擁聚轅門,抛擲磚石,扯壞栅欄,直入大門,推倒鼓架,打破乘轎、堂具等物。鎮臣馬驥在臣署内目覩,不能喝退兵丁,至晚始散。其毆斃兵丁兇犯,於初九日據該縣禀稱拿獲二名,内一名係臣衙門從前革役。除命案應聽該縣審詳外,臣等伏思戍臺兵丁蒙皇上天恩,加給餉米,自當竭力報效,守法奉公,於海疆要地,方爲有益。似此諠譟不法,該鎮臣無能鈐束,一面告知督臣,嚴查參究,理合繕摺奏明。伏乞皇上睿鑒,爲此謹奏。

乾隆三年正月初九日

巡視臺灣掌陝西道監察御史臣白起圖

巡視臺灣兼理學政工科給事中臣單德謨

【硃批】:已據郝玉麟奏報矣。不能約束兵丁,固屬鎮臣之罪;至縱容蠹役,又豈非汝等之罪邪!

——《明清宫藏臺灣檔案匯編》第 13 册,第 299～303 頁

177.乾隆三年三月二十一日
巡臺御史白起圖奏報交印日期摺

巡視臺灣掌陝西道監察御史加三級臣白起圖謹題,爲恭報微臣交印日期,仰祈睿鑒事。

乾隆三年正月二十四日承准都察院劄開,爲請旨事,刑科抄出,本院題前事等因。於乾隆二年十一月十四日題,本日奉旨:"稽察吉林烏拉事務,着蘇赫臣去;巡視臺灣,着諾穆布去。欽此。"欽遵。劄行到臣。

經新任巡視御史臣諾穆布抵臺,臣於乾隆三年三月二十一日將欽頒巡察臺灣官員關防一顆親交接受任事。所有微臣交印日期,理合恭疏題報,伏乞皇上睿鑒施行。謹具題聞。

乾隆三年三月二十一日

巡視臺灣掌陝西道監察御史加三級臣白起圖

——臺北"中央研究院"歷史語言研究所藏明清史料

登録號:032080

178.乾隆三年五月二十五日

巡臺御史諾穆布等奏報臺灣地方雨水田禾摺

巡視臺灣江南道監察御史臣諾穆布、巡視臺灣兼理學政工科給事中臣單德謨謹奏，爲恭報雨水情形，仰慰聖懷事。

伏查臺灣地方每年春夏播種，禾稻需雨甚殷。本年自春入夏，雖時得有雨澤，各處不齊。至五月初八、九、十、十一、二等日連夜得雨；十七、十八等夜，甘霖下沛。現在蚤禾秀茂，晚稻陸續播插，秋成有望，民番樂業。臣等率同地方官勸導農民乘時耕作，俾得收成豐稔，以仰副聖天子重農足食之至意。所有雨水情形，理合繕摺奏聞，伏乞皇上睿鑒。爲此謹奏。

乾隆三年五月二十五日

巡視臺灣江南道監察御史臣諾穆布

巡視臺灣兼理學政工科給事中臣單德謨

【硃批】:覽。

——《明清宫藏臺灣檔案匯編》第 13 册，第 376～379 頁

179.乾隆三年七月二十日

山西道監察御史白起圖奏陳臺灣濱海要地請專差大員前往兼轄摺

掌山西道事監察御史臣白起圖謹奏，爲臺灣要疆請專職守以收實效事。

竊臣於乾隆元年奉命巡視臺灣，二年之内，夙夜兢惕，事無大小，皆詳加諮訪，盡心籌畫，以期無負皇上之委任至意。是以苟有所見，莫不繕摺奏聞，多蒙恩准施行。然事必先求其原，治尤貴得其本。臣身歷其境，深知其故，一得之愚敢爲我皇上敬陳之。

查臺灣地方孤懸海外，番民雜處，甚爲緊要，皇上特簡科道前往巡視，誠所以慎重其地也。臣到任後歷查前案，不二三年必有釁端，雖亦番性獷悍獪詐叵測，總由於職守不專，所以鮮獲實效。蓋臣等職司稽察，非地方長吏，雖命盜案件亦皆咨稟，不過照例批發，仍以督、撫爲主。至其餘案件，并不得與知。夫事莫不由小而漸至於大，能於其小時而彌縫之，自可化爲烏有。大《易》所以嚴履霜也。乃臣等於地方事務有所見聞，交該地方文武員弁辦理，伊等雖面尊臣言

而奉行不力，瑣屑之事又未有實據，難於參奏。即督、撫亦知臺灣係濱海要地，甚爲懸心，不時差員探察，但所差不過千把微職，其言豈能盡確。且文職庇民，武職庇兵，不能和衷，相沿成風。臣諄諄開示，陽遵陰否，往往同報一事，而高下其手，情節互異，復致督、撫行查。兼之相去寫遠，中隔大海，往返動經一月，一遇風濤即數月爲計。幸仰賴皇上洪福，地方無事。倘一旦事出意外，豈可耽延片時，此所謂鞭長不及馬腹也。臣請嗣後專差大員前往，兼轄文武，一應事務就近辦理，或即專任巡視科道，如此則事權歸一。在督、撫既免兼顧之虞，在彼處官員亦皆知所遵依，實力奉行。而所差之員考成攸關，自矢公矢慎，竭蹶整理，凡事必能消彌於未然，不至釀成釁端，庶臺灣人民得以永行安枕矣。此臣二年以來所身歷深知者，不敢容隱，敬陳愚見，伏乞皇上睿鑒施行。謹奏。

乾隆三年七月二十日

掌山西道事監察御史臣白起圖

【硃批】：九卿詳議具奏。

——《明清宫藏臺灣檔案匯編》第 13 冊，第 434～439 頁

180.乾隆三年七月二十日

山西道監察御史白起圖奏陳臺灣依山臨海番民錯雜管理甚難不宜頻更官員摺

掌山西道事監察御史臣白起圖謹奏，爲官員不宜頻更，以肅吏治，以重要疆事。

竊惟臺灣依山臨海，番民錯雜，文武員弁必熟悉其形勢習俗，實心任事，始不至貽悞地方。從前以臺地險遠，是以道、府、鎮、協，定爲二年一易，其餘官員俱定爲三年一易，所以體恤臣工恩至厚也。臣歷任二年，細心體察，文武員弁莅任之初，於地方諸事未免生疎，至半年一年後，方漸次諳練，而滿期已屆。夫人一有將滿之見，在其意中，未免一切事件皆草率辦理。且往往借稟報督、撫爲名，輾轉支吾，動經數月，以求卸責下任，惟恐有干罪譴。而此往彼來，終日交代，交代或有不清，遂致羈留彼處。臣思開臺有五十餘年，承平已久，業經設立府縣倉庫，與内地無異，非從前可比。若文武員弁仍二三年更換，恐伊等未必盡心辦事，有悞地方。嗣後請亦照内地停止更換，除平常供職者，照例較俸陞遷外，其不職之員，該管上司即行參處；其卓異之員於大計時，將該員任内政

績據實聲明，出具考語，送部引見，祈聖恩從優遷擢，以示鼓勵。如此，則文武員弁皆知責無旁貸，一應事務，自實心辦理。而歷任既久，熟悉風土，措置必皆合宜，於地方實有裨益。臣不揣管蠡，冒昧陳言，伏祈皇上睿鑒訓示施行。謹奏。

乾隆三年七月二十日

掌山西道事監察御史臣白起圖

【硃批】：九卿詳議具奏。

——《明清宫藏臺灣檔案匯編》第 13 冊，第 440～444 頁

181.乾隆三年九月十三日 巡臺御史諾穆布等奏陳臺灣事宜摺

巡視臺灣江南道監察御史臣諾穆布、巡視臺灣兼理學政工科給事中臣單德謨奏爲敬陳管見，仰祈聖鑒事。

竊臣等奉命巡視臺灣，才識庸愚，夙夜惶悚，一切地方事宜無不悉心體察，謹就見聞所及，似有裨益民生，鼓舞弁兵，振興士氣者，不揣冒昧爲我皇上陳之。

一、官莊賦重，宜減照民則徵收也。臺屬各縣有官莊田園，向係業户私墾不報，投寄文武衙門蔭免徭役，田畝完納馬料、粟石，園地折徵青白糖銀。更有另發採買糖粟，或令佃户另納小糖，名色不一。各佃情願輸納者，緣有額外餘地可資耕種。至康熙六十一年奏報歸公，各衙門將各項私收糖粟名色報出，又徹底清丈，凡牛埔、牧場一概丈入無遺，並不查照民莊科則定額陞科，竟造爲養佃給種開墾，或造爲僱民領資開墾。從前交納糖租料粟及額外採買糖粟等項，一例造入正供，按額追徵。雍正五年復加增耗羡，徵收紋庫，較之從前民戥番銀更重。又於田園内原有竪廍硤糖者，復加廍餉。各佃力不能支，有逃往他邑關提比追者。緣糧浮賦重，捨原佃之外，無人頂種，子孫世受其苦。臺灣縣官莊田園共二百八十六甲零，年徵正供粟石，又納糖粟租、糖廍餉等項共一千三十四兩六錢零，每甲攤筭該銀三兩六錢零。比照民莊則例應徵粟一千一百四十八石九斗零，每石照採買價四錢科筭，每甲徵銀一兩六錢零。官莊每甲實多徵銀一兩九錢九分零。鳳山縣官莊四十二所，共田園二千三百三十三甲零，年納馬料，粟、青白糖及廍餉等項共折銀六千五百六十九兩零。比照民莊中則田園，該完粟九千九百九石九斗零，每石四錢科筭，共三千九百六十三兩零。各莊輕重不一，難以攤筭，實多徵銀二千六百五兩零。諸羅縣官莊十二所，年徵

糖，粟、廊餉，每甲攤筭徵銀三兩一錢零；民莊田園徵粟折價，每甲徵銀一兩二錢零。官莊每甲實多徵銀一兩八錢零。彰化縣原係諸邑分出，官莊三所，共多完銀一百七十八兩零，俱現在督、撫行查。臣等伏思各省浮糧俱蒙皇上天恩分別寬免酌減，今臺郡官莊倘荷聖恩與民莊則例一體徵收，海外黎庶永享樂利於億萬斯年矣。

一、臺兵餉銀用度不敷，宜量爲增給也。臺灣孤懸海外，地方緊要，設立營制，調兵戍守，三年爲期。由内地各營派撥輪换，通共戰兵六千三百九十五名，守兵六千二百七十五名。查戰兵餉銀，月給一兩四錢五分，小建月減去五分。守兵餉銀月給九錢七分，小建月減去三分。查臺灣惟米糧比内地價賤，兵丁月給餉米無庸買食，其餘火柴、食物無不比内地昂貴。從前錢價每兩兑一千六七百文，通臺行使四十餘載。今錢文日用日少，生齒日繁，每兩銀只兑錢一千餘文，俱係小錢，從無大制錢行使。臺地以内地大錢之數計筭，每兩不過得錢五百餘文。市易諸物不因錢貴減價，更兼差操汛防，靴帽鞋襪易於敝壞，時需製辦更换，價值比内地加倍。查康熙六十年以前，原不分戰守，一例給餉。後經議裁，由内地調换，始照内地營制有戰守多寡之殊。戰兵月餉一兩四錢零，已不免於拮据，守兵所辦事務與戰兵實同一體，並無重輕勞逸之分，而每月餉銀較減四錢有零，似爲偏枯，且尤覺其艱難。臣等目覩情形，不敢壅於上聞，倘得仰邀聖主格外施恩，調臺戰兵每月加給至一兩六錢，守兵每月加給至一兩四錢，小建照例扣筭，不與内地兵丁一例，匪特臺地各丁歡聲雷動，益思報效，而全省兵丁陸續調臺者無不踴躍，咸思用命海疆矣。

一、武職俸滿宜與文員一例陞轉也。臺地遠隔重洋，民番交錯，武職之操防與文員之撫字同其勞瘁。查定例：知府、同知、通判、知縣二年俸滿，俟調補之員到任，協辦半年，期滿離任，回至内地，督、撫以本省應陞之缺即行題補。道員三年俸滿送部引見，候旨陞用。蓋以海疆勞吏，陞遷迅速，庶幾群思感奮，鼓勵人才。其武職俸滿人員，除把總由督、提咨補内地千總，千總即赴部推陞守備毋庸議外，守備、都司、遊擊、參將亦如文員府、廳、縣二年俸滿，但其中有大銜者，則陞缺一等，其小銜者則祇虚銜調轉，並不陞缺。海外重地，揀選賢員調補，在臺所辦原係參、遊、都、守之事，及至俸滿，或仍補參、遊、都、守之官，以視文員之即行陞用者，似屬偏枯。臣等伏思文武員弁同屬一體，可否仰祈聖恩將臺灣武職援照文員之例，俸滿守備即以都、遊兼陞，遊擊即以參將陞補，參將即以副將陞補，不必歸入部選。以閩省邊海重地，必得熟悉風土之員方爲有益。此項武職俸滿人員既在臺疆供職勝任，或用至閩省内地，或仍陞任臺郡，更得駕輕就熟，似應與文員一體，統令督臣於本省應陞之缺即行題補。至副將俸滿補放總兵，恭候皇上簡用，則弁員益加感激，操防撫字同其鼓勵矣。

一、會試取中宜另編“臺”字號也。查臺灣一郡原屬海外邊隅，自隸入版圖六十年來，文教覃敷，人文日興。世宗憲皇帝憫其重洋赴試，往返維艱，特頒諭旨，鄉試另編“臺”字號，每科取中二名。仰見我國家鼓勵人才無微不至，以故臺地文風丕變，倍於曩時。但臣等竊查臺郡數年以來，中鄉試者有人，入會選者未覩。蓋伊等既經鄉薦，誰不樂於上進。而會場爲天下人文之藪，海外僻遠，豈能與内郡士子一體較量。且自臺抵都經萬里之遥，歷重洋之險，盤費辛苦，十倍尋常。迨至不第歸來，徒勞跋涉，在有力者難免觀望不前，而單寒之輩更覺畏難裹足。是臺疆士子僅有賢書之登，並無南宫之選，殊爲可憫。臣等伏思衡文取士，固屬大典攸關，破格登庸，亦爲鼓舞善政。查現在舉人已有八名，請嗣後會試之期，臺郡士子亦照鄉試之例於福省名額内另編“臺”字號，取中一名，不致虚其往返。俟數科之後，臺郡舉人增添，數目再爲酌改。將有志進取者見定額有中，無不踴躍赴試，而讀書生童士類咸思奮興，海外文風益加振作矣。

以上四條臣等芻蕘之見，是否有當，伏乞皇上睿鑒。爲此謹奏。

乾隆三年九月十三日

巡視臺灣江南道監察御史臣諾穆布

巡視臺灣兼理學政工科給事中臣單德謨

【硃批】:知道了，俟朕緩緩酌量。

——《明清宫藏臺灣檔案匯編》第 14 册，第 38～50 頁

182.乾隆三年九月十三日 巡臺御史諾穆布等奏報臺灣被旱情形摺

巡視臺灣江南道監察御史臣諾穆布、巡視臺灣兼理學政工科給事中臣單德謨謹奏，爲彙報被旱情形事。

竊查臺灣各屬每年播種，晚禾必於五、六、七等月得有雨水霑足，乘時播插，可望有秋。本年五月内連次得雨，經臣等摺奏在案。不意六七月以來，天時亢旱，雨澤愆期，有時得雨，各處多寡不齊，不能溥遍。查北路諸羅縣、彰化縣、上淡水以及南路鳳山縣之下淡水、港東西里，臺灣縣之羅漢門各地方俱時常得雨，並有埤圳可資灌溉，晚禾栽插秀茂。惟臺灣、鳳山兩縣沿海一帶高燥田區，雨水缺少，並無埤圳，難以播插。又有已插而無水蔭注，禾苗現多枯槁成

災之處,臣等據報檄行該府、縣確查去後。兹據臺灣府知府劉良璧轉據臺灣縣知縣殷鳳梧、鳳山縣知縣方邦基詳報,各里莊併官莊未插田園、已插枯槁田園數目。隨經該府劉良璧親歷臺、鳳兩邑逐一查勘,已播、未播田畝,除成熟田園外,總計臺灣縣各里莊被旱田園七千五百一十六甲八分零,鳳山縣各里莊被旱田園六千八百一十六甲六分零,官莊被旱田園五百七甲三分零。各偏災有五、六、七、八、九、十分不等,造具分數册結前來。臣等一面咨明督臣、撫臣查核具題;一面飭令地方官分别加意賑恤,毋致失所。所有臺屬地方被旱情形繕摺奏聞,伏乞皇上睿鑒。爲此謹奏。

乾隆三年九月十三日

巡視臺灣江南道監察御史臣諸穆布

巡視臺灣兼理學政工科給事中臣單德謨

【硃批】:知道了。賑恤之事,雖地方官之責,汝等不可不用心查察,使灾黎有不受實惠之嘆也。

——《明清宫藏臺灣檔案匯編》第 13 册,第 51～55 頁

183.乾隆三年十一月二十日

巡臺御史諸穆布等奏報臺灣本年早晚二稻收成分數米穀價值摺

巡視臺灣江南道監察御史臣諸穆布、巡視臺灣兼理學政工科給事中臣單德謨謹奏,爲據實奏報收成分數、米穀價值,仰祈睿鑒事。

竊查臺灣早晚二禾,每年收成分數、米穀價值例應臣等於歲底奏報。又雍正十三年十月初七日奉有諭旨,嗣後奏報各地方收獲分數不得絲毫假飾,以干重戾。欽此,欽遵在案。除據臺灣、鳳山兩縣詳報各里莊偏災之處,業經臣等恭摺奏聞,並咨明督、撫臣飭行地方官查明賑恤外,其餘臺屬早晚二禾收成分數,臣等檄行該府確查去後。兹據臺灣府知府劉良璧詳稱,據臺灣縣知縣殷鳳梧申稱各里莊早禾收成確有七分;其晚稻羅漢門莊收成十分,新豐等四里俱收成五分,武定等六里及大穆降莊俱收成四分,永康等九里俱收成三分,通匀計算共有四分收成。所有米穀價值上米每石銀一兩二錢八分,中米每石銀一兩一錢六分,穀每石銀五錢六分。又據鳳山縣知縣程芳申稱:查縣屬之文賢等里莊,地處高燥,從無栽種早稻。惟有港東、港西二里傍溪近水之處,早稻收成計

有七分。所有晚稻因秋間雨澤愆期,縣屬之文賢等三里莊並無栽種,俱未收成。至維新里通計匀算收成不及一分,仁壽里通計匀算收成不及四分,觀音山等三莊通計匀算收成不及三分,小竹橋莊通計匀算收成不及四分,赤山、半屏山莊通計匀算收成不及二分,嘉祥里通計匀算收成不及五分。惟有港東、西二里賴有溪水灌漑,收成計有七分。通計匀算共有三分收成。所有米穀價值上米每石銀一兩一錢一分,中米每石銀一兩二分,穀每石銀五錢五分。又據諸羅縣知縣戴大冕申稱,查邑屬地方四五月間雨水沾足,各莊早稻俱有八九分收成。至入秋以來,雨澤稀少,所有水田及低窪田園俱經播種,各莊收成查勘有七八分不等。惟接壤臺邑之新善、定安等里田少園多,早稻已有收成,水田亦經播種收獲。間有高埠未種田園,現在俱各改種雜糧,匀算亦有六分收成。通縣匀算確有七分收成。所有米穀價值上米每石銀一兩二錢四分,中米每石銀一兩一錢四分,穀每石銀六錢二分。又據彰化縣知縣劉埥申稱,自春及夏雨水充足,所有依山之半線等五保,早禾收成九分,晚禾收成八分。沿海之馬芝遴等五保,早禾收成八分,晚禾收成七分。匀算早禾收成實有八分半,晚禾收成實有七分。所有米穀價值上米每石銀一兩二錢五六分,中米每石銀一兩一錢五六分,穀每石銀五錢二三分。又據淡水同知趙奇芳牒稱:淡、塹二保早稻收成有十分、九分不等,晚稻均有七分收成。又據署澎湖通判胡格牒稱:澎地斥鹵,不種二禾,惟可播種高粱雜糧等物,收成有十分、七分、五分不等。至於米價每石銀一兩一錢一分。統計匀算臺屬今歲早、晚二稻收成六分五厘各等情。臣等復加訪查無異。現在米價均平,災户賑恤,民番安堵,地方寧静。臣等仰體聖懷廑念海疆至意,理合據實繕摺奏明,伏乞皇上睿鑒。爲此謹奏。

乾隆三年十一月二十日

巡視臺灣江南道監察御史臣諾穆布

巡視臺灣兼理學政工科給事中臣單德謨

【硃批】:知道了。

——《明清宫藏臺灣檔案匯編》第 14 册,第 108～115 頁

184.乾隆四年五月二十一日

巡臺御史諾穆布等奏繳硃批奏摺摺

巡視臺灣江南道監察御史臣諾穆布、巡視臺灣兼理學政監察御史臣楊二酉謹奏,爲恭繳硃批奏摺事。

乾隆四年正月初七日文,乾隆四年三月初七日頒到硃批奏摺共七道。臣等謹恭設香案跪迎進署,伏讀諭旨訖,所有硃批七摺理合恭繳。爲此謹奏。

乾隆四年五月二十一日

巡視臺灣江南道監察御史臣諸穆布

巡視臺灣兼理學政監察御史臣楊二酉

【硃批】:覽。

——臺北故宫博物院編輯、印行:《宫中檔乾隆朝奏摺》,1977—1980年(以下簡稱《宫中檔乾隆朝奏摺》),第一輯,第17頁

185.乾隆四年五月二十一日

巡臺御史諸穆布等奏報臺郡雨水霑足情形摺

巡視臺灣江南道監察御史臣諸穆布、巡視臺灣兼理學政監察御史臣楊二酉謹奏,爲恭報雨水霑足情形,仰慰聖懷事。

伏查臺灣一郡每年春夏播種禾稻需雨甚殷,今荷皇上鴻庥,甘霖叠沛。本年正、二、三月,雨水調匀,四月初九、初十、十三,連日得雨,十九、二十、二十一等日大雨;五月初三日大雨,十六、七、八等日又雨。臺、鳳、諸、彰,四邑俱各霑足,早禾播種得時,現俱暢茂,二麥收獲足有九分。晚禾漸次下種插秧,現在民番樂業,秋成可望。臣等仍督率地方有司加意勸諭,俾得乘時力作,以期大有外,所有雨水霑足情形,理合繕摺奏聞。伏祈皇上睿鑒。爲此謹奏。

乾隆四年五月二十一日

巡視臺灣江南道監察御史臣諸穆布

巡視臺灣兼理學政監察御史臣楊二酉

【硃批】:欣悦覽之。

——《宫中檔乾隆朝奏摺》第一輯,第17～18頁

186.乾隆四年七月十六日

巡臺御史諸穆布等奏報臺灣番民赴省嵩祝萬壽聖節摺

巡視臺灣江南道監察御史臣諸穆布、巡視臺灣兼理學政貴州道監察御史

臣楊二酉謹奏，爲據情奏聞，仰祈聖鑒事。

臣等於本年七月初一日據臺灣府知府劉良璧申稱，臺屬各廳、縣所轄番社土目肆老、眉壽等呈稱，海表愚番自入版圖以來，歷荷聖朝豢養，耕食鑿飲，含餔鼓腹，并令讀書識字，習知倫理。又蒙聖主隆恩減免社餉，薄納丁糧，綿力日蘇。近又勘立社田界址，永杜侵耕，種種鴻仁，天高地厚。番等雖屬蠢類，具有良心，感激日深，報酬念切。今歲更沐聖主鴻福，四野雨水通足，早稻業已豐收，晚冬可占大有。兹於八月十三日恭逢萬壽聖節，正普天同慶之時。番等地去神京遥遠，不獲匍叩闕門，虔欲赴省嵩祝，以展蟻忱，乞爲上達等情。該府以番黎愛戴情切，除具詳督、撫、提臣照給各番，着令通事王恩等管約，渡載赴省外，一面申報到臣。臣等不敢壅於上聞，理合繕摺具奏，伏乞聖鑒。爲此謹奏。

乾隆四年七月十六日

巡視臺灣江南道監察御史臣諾穆布

巡視臺灣兼理學政貴州道監察御史臣楊二酉

【硃批】：督、撫處降有諭旨矣。

——《明清宫藏臺灣檔案匯編》第14册，第279～283頁

187.乾隆四年十一月初十日
巡視臺灣兼理學政楊二酉奏陳臺灣地方情形摺

巡視臺灣兼理學政貴州道監察御史臣楊二酉謹奏，爲奏聞事。

竊臣一介庸愚，蒙皇上簡任巡臺，訓諭："臺灣地方緊要，汝去當以鎮静爲主，凡事與督、撫商量，不可多事。向來臺地文武不和，竟成習氣。汝去要時加勸諭。至爾等滿漢御史更要和氣，乃於地方有益。官員中有不好者，汝不得不奏朕知道。然亦祇可與督、撫商酌，從内地更换，不要輕易參奏。"天語諄切，臣跪聆之下，鏤骨銘心。抵臺以來，細察地方情形俱在聖明洞鑒之中。從前地方屢屢多事者，原因滿漢御史情性多不相投，遇事則挾執偏私，彼此參商，因而文武員弁亦遂各立崖岸，漸致諸事掣肘，貽誤地方。臣仰承聖訓，身體力行。滿洲御史臣諾穆布爲人明白謙謹，事無鉅細必和衷商辦，臣受益實多。其文武員弁，臣等每一接見，必宣悉聖意，勸勉交至。而督、撫兩臣亦念切海疆重地，臣等每有札商，俱極能照應。所有現在年歲收成，兵民安帖，及文武各員情形，臣等另摺具奏外，臣思臺地遠隔重洋，爲數省鎖鑰，每年養廉、兵餉之費俱取資於内地，朝廷設官設兵之意，良以固臺灣者固内地也。雖其地兵悍民刁，素稱難

治。然惟在善撫番黎，約束兵丁，嚴緝游匪數者。地方員弁果能實力同心，奉行不倦，久安長治之道，即無踰於此。若有意更張，或以多事爲能，且恐激而成變。若一味因循，或以無事爲福，又不能防患於未然，均於臺灣大不相宜，非徒無益矣。蓋番黎不識不知，自歸化以來，傾心服役，甚可矜憫。從前偶有跳梁，實因不法通事等侵剥已甚，地方有司又不善撫綏，以致情急使然，究無他志。生番隔居内山，不敢輕出。間有戕殺民命者，亦由奸民貪其材木、藤、鹿，竊取無厭所致。故設官以撫番，惟禁民之賊番者，而番不足患也。兵三年從内地更换，以示戍守之義。伊等因身在海外，動輒恃衆凌人，約束稍不得法，必致兵氣驕而商民擾矣。故兵民皆皇上赤子，不容歧視。治兵即以安民，無二道也。臺民有家室者，十不及三四，士農工賈尚各安其業而易治。惟有一種游民多係内地無賴之徒頂充水手，私渡來臺。海口既難清辨，又無職業以安其身，勢至朝南暮北，鼠竊、訟棍率係此輩。故保甲之法行於臺地爲更宜。此數者臣等時將切諭地方員弁，現在行之，頗有成效。然不可謂無奇也而或事紛，更不可謂已治也而或至疎防，則番漢兵民常得相安，盜賊不至竊發。臺地雖孤懸海外，安如磐石矣。臣仰體聖訓“鎮静”二字之義，確見地方情形誠有毋庸多事者，故不敢冒昧别陳事宜，伏祈皇上睿鑒訓示遵行。臣謹奏。

乾隆四年十一月初十日

【硃批】:所奏俱悉。

——《明清宫藏臺灣檔案匯編》第 14 册，第 374～380 頁

188.乾隆四年十一月初十日
巡臺御史諾穆布等奏報閲操巡視情形摺

巡視臺灣江南道監察御史臣諾穆布、巡視臺灣兼理學政貴州道監察御史臣楊二酉謹奏，爲奏報閲操巡視情形，仰祈睿鑒事。

竊查臺灣鎮協各營官兵及地方情形，例應臣等每年閲看巡查。兹臣等遵於本年十月初三、初六等日，會同鎮臣章隆閲看鎮標及臺協水師各營官兵操演，盔甲器械、船隻隊伍等項，各整齊配足，技藝亦皆嫻熟。臣等俱量捐給賞，以示鼓勵。隨於本月二十四日，自府治起程，前赴南路一帶地方巡視。先由鳳邑所屬之大湖、二濫、阿公店等處至縣治，查閲南路營汛官兵操演。其盔甲器械、漢仗技藝，俱各鮮明整肅、熟練可觀。亦經捐資獎賞，并傳集各社番黎土目及讀書識字之番童等開誠撫諭，以布疋、鹽、烟、紙、筆等物分别賞給訖。復自

淡水、鳳彈、新園、萬丹、山猪毛各汛社，轉入臺灣縣界内所屬羅漢門、崗山等處地方訪察。經過營汛，官兵俱稱恪守紀律。檢查器械，試演技藝，實有可觀。而到處村莊、市鎮、社落，民番亦各相安無事。臣等俱經召集耆民、土目，宣揚聖諭，廣布皇仁。期各勉爲良姓，樂此豐年。并勸諭各營汛將備弁目兵丁，善爲約束，勤謹操防，務使兵民綏輯，共享清寧之福，無不歡忻鼓舞。臣等巡視已畢，即於十一月初一日回署訖。至澎湖一協，遠隔大洋，先經臣等遵例檄委署理澎湖通判胡格就近會同署澎協副將高地看閱去後。兹據該署通判胡格申覆稱，於本年十月十六日會閲澎協兩營兵丁水陸各操，隊伍整齊，旗甲鮮明，船隻器械，俱各配足等情形前來。臣等訪察無異。所有臣等閲看各營操演及巡歷南路地方情形，理合繕摺奏報。其北路諸、彰、淡水一帶地方，臣等訪查亦甚安静。今歲係鎮臣章隆前往巡查，應聽該鎮另摺奏報，合併聲明，伏乞皇上睿鑒。爲此謹奏。

乾隆四年十一月初十日

巡視臺灣江南道監察御史臣諾穆布

巡視臺灣兼理學政貴州道監察御史臣楊二酉

【硃批】:知道了。

——《明清宫藏臺灣檔案匯編》第 14 册，第 381～386 頁

189.乾隆四年十一月初十日

巡臺御史諾穆布等奏報臺灣本年早晚二禾收成分數摺

巡視臺灣江南道監察御史臣諾穆布、巡視臺灣兼理學政貴州道監察御史臣楊二酉謹奏，爲據實奏報收成分數，仰慰聖懷事。

竊查臺灣地土有早晚二禾，每年收成分數例應臣等於歲底奏報。今歲自春徂秋，雨澤調匀，臺屬四邑早稻通計有九分收成，經臣等於五月内恭報雨水摺内奏明在案。至晚稻將登，臣等檄行該府轉飭各屬確查據實開報去後。兹據臺灣府知府劉良璧報准淡水同知戴大冕報稱，查廳屬大佳臘、八芝蓮、瓦笠芝、巴里南北等莊晚稻收成八分，北投、萃豐二莊收成七分，扈尾、中港二莊收成九分。又據臺灣縣知縣袁本濂報稱遵查邑屬永康、歸仁、北長興、永豐等里，大目降一莊，晚稻收成各有九分；武定、廣儲西、仁德、文賢、新昌、永寧、依仁、歸仁、仁和等里收成八分；新化保、大東西、新豐、崇德、廣儲東等里，羅漢門一莊收成足有十分。據鳳山縣知縣程芳報稱，遵查縣屬唯文賢一里晚稻收成八

分,其長治、嘉祥、維新、仁壽、觀音山等里莊收成俱有九分,半屏山、興隆、赤山、鳳山、大竹橋、小竹橋等莊,港東西二里收成足有十分。據諸羅縣知縣何衢報稱,查轄屬開化、諸羅山、打猫、下加冬等里莊晚稻收成九分;善化、安定、他里霧、斗六門、大槺榔、大坵田、鹽水港等里莊收成八分;新化一里收成足有十分。據彰化縣知縣劉埥報稱,查縣屬半線、猫霧捒、燕霧、大武郡、東螺等保,晚稻收成十分;西螺、馬芝遴、二林、深耕、仔布、嶼稟等保收成九分。通計臺灣府屬匀算晚稻收成足有九分。其澎湖地方向無栽種禾稻,唯有雜糧,俱各豐熟各等情前來。臣等查臺灣地廣土沃,禾苗、二麥、蔴荳、地瓜、芒蔗等物原屬易長,但連年天時稍歉,是以微艱。今歲雨水沾足,各項豐收,民間囤積充滿。通郡米價减平,誠數年來未有之豐象。現在民番安樂,地方寧静,皆由我皇上聖德感召所致。臣等身在地方,目覩盈寧,無任慶幸。用是仰體聖懷厪念海疆至意,合將收成分數,據實繕摺奏明,伏乞皇上睿鑒。爲此謹奏。

乾隆四年十一月初十日

巡視臺灣江南道監察御史臣諾穆布

巡視臺灣兼理學政貴州道監察御史臣楊二酉

【硃批】:欣悦覽之。

——《明清宫藏臺灣檔案匯編》第14册,第387～392頁

190.乾隆四年(推測)

巡臺御史楊二酉奏報臺灣諸羅縣貢生施士安請捐置水田千畝摺

巡視臺灣兼理學政貴州道監察御史臣楊二酉謹奏,爲奏聞事。

臣於本年十一月二十七日據諸羅縣貢生施士安呈稱竊惟我朝文教覃敷,薄海内外咸成鄒魯。本省會城向設鰲峰書院,歷荷皇恩栽培,異至多士奮興,於今尤盛。臺地士子深切引領,無如重洋險阻,艱於就學,獨致向隅。伏查臺郡舊有海東書院,内計房三十餘間,現在空閑,似可倣照福省之例,選擇各學中有志之士,延師指授,以成一道同風,仰慰聖天子化隆作育,無遠弗届之至意。但士子温寒不一,膏火勢所必需。士安世居臺地,深沐聖朝教養,報效有誠,鄉誼念切,情願捐置水田一千畝,交官充書院束脩膏火之費。如蒙批准,士安出貲置田,足數交割。但置田必須相擇,未免稍需時日。請另交净穀五百石上

倉,以副乾隆五年先爲舉行撥給。容一面交割田畝到官,其乾隆六年分聽官就田收息接濟。伏懇俯鑒微誠,恩准批示,庶書院可垂永久,而海外人文亦得駸駸日盛矣等情到臣。

臣查臺郡雖隸閩省,實隔遠洋,是以省會書院罕有臺人肄業。本郡雖設有義學,薪水原屬無幾,不過延本地文理稍優之士爲童子師,終究於文風無補。臣蒙皇上天恩,簡任巡臺兼理學政。本年九月間舉行歲試,親校文武生童,定次去取。武則弓馬技藝,猶有可觀;文則理路行文,實無講究。僅就短中求長,姑置前等數名,究不足爲金科玉律之選。書院之設誠爲緊要。查海東書院在郡治學宫右側,向爲歲、科兩試校士之所。今已奉旨别建考棚,此地現在空閑,正可循名責實以造就多士。但膏火諸費年需數百金,無項可動。若欲捐俸倡行,不惟無力,且難永久,故未敢冒昧奏請。兹據該貢生施士安具呈前情,願捐置水田千畝,永充書院膏火,并請另交穀石,先副舉行。經臣等面詢該生,實出至願,并無别情。臣再細訪,該生果係安分好義,輿論頗服。緣事關捐項歸公,除批諭臺灣府知府劉良璧查議通詳,俟該府詳覆到日,咨會督、撫兩臣具奏外,臣請自乾隆五年爲始,令每學各保送數人,臣等遞加考驗,果係文堪造就者,准入書院肄業,不得濫送。再臺地素乏良師,若赴内地延聘,未免又艱跋涉。查府學教授一官多由進士出身,該學衙齋,即在學宫左側,與書院接連,即令該教授兼司其事,朝夕認真訓迪,定期課文。臣等與道、府各官,凡係科甲出身者,俱得輪流校閲。臣仍間時親往查考,以示鼓勵。其本年先捐穀石收貯府倉,量撥四分之一爲該教授束脩,其餘酌給士子,按季領發,先爲舉行。俟施士安置田交割到官,以次就田内收息多寡,照項分給,毋許官吏絲毫侵削。仍將該田原買價值、畝數、坵段、租額先行逐一造報,并每年收成分數及撥給過數目年底造册報銷。更請行令督臣嗣後遇臺灣教授缺出,務詳加考驗,係進士出身而文理優長者方可題膺斯職。仍於該員報滿時將如何課士、勤惰及書院文風有無成效之處,確具考語,一并聲明。倘該教授不實心訓課,虚縻廩粟,即行嚴參。如此,庶士氣奮興而文風一振矣。是否允協,伏祈皇上睿鑒,訓示遵行。臣謹奏。

【硃批】:該部議奏。

——《明清宫藏臺灣檔案匯編》第15册,第99～105頁

191.乾隆五年正月初三日(硃批)

巡臺御史諾穆布等奏報臺灣鎮章隆辦理臺灣佃民寮房過於輕率摺

巡視臺灣御史臣諾穆布、巡視臺灣御史臣楊二酉謹奏,爲密奏事。

臣等蒙皇上天恩,簡用巡臺重任,一應事宜俱必悉心商酌,惟以保固疆圉爲重,毫不敢越外滋事,日與地方文武交相勸勵,務期和衷共濟,仰慰聖懷。督臣郝玉麟、撫臣王士任俱能留心海疆,臣等凡有札商事件,無不速時照應,故諸事不至掣肘。知府劉良璧熟諳臺地事宜,番民感悦,向來文武偶有參商,俱極賴其調停。其兩廳四縣及各營將備,雖未可稱一體同心,然現在兵民相安,已有成效。又天庥滋膺,雨暘時若,年登大有。臺屬士民稱自開臺以來,未有如今歲景象者。此皆我皇上之洪福,而臣等得藉以享太平於海外者也。但履安思危,又必防患未然,而後可保無患。

鎮臣章隆,辦事認真,敢作敢爲,可謂鎮臣中矯矯者矣。惟賦性過於剛執,凡事不容商[確]権。如臺地南、北兩路沿山一帶,向有農民報墾,日漸一日,侵出界外,搭蓋草寮,竟成莊落,所在多有。本年七月内,督臣郝玉麟念惜民命,恐被生番戕殺,檄飭地方文武加意防範。知府劉良璧酌定條規,具摺通稟候示,并請俟秋成後,親往各處,會同武員,因地制宜,詳悉次第辦理,洵爲妥協。而鎮臣章隆忽於八月初八日出示,令各處界外佃民寮房通限十日内拆移,如違,遣兵并禾稻盡行焚燬。一時民心惶惶。臣等緣民□瞨耕蓋寮已非一日事,况此等皆無[藉]籍窮民,一旦盡行焚逐,將來作何安插,恐生番尚未必戕殺也,而兵火先爲之殘賊矣。因急向伊婉勸數次,文札數致,俟秋成後酌行,徑不肯從。督、提兩臣亦飛飭令交與地方文員從容辦理,俱置若罔聞,差守備馬龍圖,帶兵前往焚逐。知府劉良璧見其勢不可阻,飛飭諸羅縣知縣何衢星往各處豫行安頓,而何衢亦能措置得法,點查貧民之艱於搬移者,分别捐賞,漏夜安插近莊,衆心感泣。及馬龍圖至彼,俱已騰空。八月二十三、九月十五等日,兩次燒去大武壠等各莊瓦舍、草寮共三百三十四間,倖得保安無事。臣等現在飭行府、縣,速籌善後,毋使前項窮佃愴惶失所。

再臺鎮標營設有探丁一項,此輩原非善類,往往藉端挾私,擾害平民。鎮臣章隆輕信其言,以爲確鑿,每致妄拿妄報,發交地方文員審理,儼如督、撫。一經審□,使怫其意,任情咨揭,或在公所嫚罵,府、縣雖不敢曲徇,然礙難措辦矣。弁兵中偶有過誤,又未免處之過刻,兵丁逃去者頗多。臣等屢次諷勸,毫不介意。在鎮臣勇往辦事,非不爲地方起見,然似此率意任情,終恐於海疆無益。伏懇皇上密諭新任督臣,令其嚴切誡飭,果能悛改,地方幸甚。

臣等航海來臺,君門萬里,祇期地方寧謐,以仰慰我皇上簡任至意。再臣等關防原有“巡視臺灣官員”字樣,故不得不據實直陳,伏祈皇上睿鑒,訓示遵行。臣等謹奏。

乾隆五年正月初三日奉硃批:早已更换矣。欽此。

——《明清宫藏臺灣檔案匯編》第 15 冊,第 106～111 頁

192.乾隆五年三月初三日

巡臺御史舒輅奏報江蘇浙江等處瑞雪及閩省雨水糧價摺

巡視臺灣監察御史兼批本處行走臣舒輅謹奏,爲奏聞事。

竊臣樗櫟庸材,智識淺陋,荷蒙皇上天恩,擢授御史兼在内廷行走,正思勉圖報稱,上年十月十四日又蒙特恩,命臣巡視臺灣。膺兹重任,倍加兢惕。十二月初九日恭請聖訓,蒙恩策勵,勉臣上進。聞命之下,感激愈深。即於十二日出京,經過直隸、山東、江蘇、浙江、福建等省,其上年偶被偏災之山東、淮安所屬州縣、村莊,已蒙皇恩賑恤,又被格外加賑之恩,蔀屋窮簷俱已安定,米價亦漸平減。地方老幼,感戴皇仁,巷祝衢歌,頂頌不朽。而江蘇、浙江上年五穀豐收,米價更平。且本年正月初一日至初四日,自山東至江蘇、浙江等處,俱得大雪,約有一尺餘深、二尺餘深不等。沿途父老歡欣鼓舞,以謂今歲得此瑞雪不但禾麥可望豐收,兼可屏除蝗蝻之害。二月二十四日抵閩,其閩省上年亦係豐收,今歲又雨水霑足,現在米價較之上年愈見平減,地方寧謐。臣謹就所經省分民風和樂之處,具摺奏聞,上慰宸衷。至於臺地年成風景,容臣過臺之後有所見聞,另行奏聞。伏祈睿鑒。謹奏。

乾隆五年三月初三日

【硃批】:知道了。

——《明清宫藏臺灣檔案匯編》第 15 冊,第 148～152 頁

193.乾隆五年三月十一日

巡臺御史諾穆布等奏報查明臺役王文等確係漢御史衙役摺

巡視臺灣江南道監察御史臣諾穆布、巡視臺灣兼理學政貴州道監察御史臣楊二酉謹奏,爲奏明事。

乾隆五年二月十六日承准吏部箚開,考功清吏司稟呈,乾隆四年十二月十二日内閣抄出刑科給事中白起圖奏稱,本月十一日臣科接出署福建巡撫王士任題,爲特參玩公債事之劣員,以重海疆事等因。奉旨:該部核議具奏,欽此。查本内開王文等毆死王長壽一案,除王文業經監斃,莊藍、黄力俱依□人律杖責革役,現在抄發,聽候部議。再奏内開王文原役名王生,誤卯革役,改名復充,與莊藍、黄力俱係前任巡臺御史臣白起圖衙役,所有失察職名合併開報,聽候部議等語。查巡臺滿漢御史衙門原設有衙役書辦,□各分隸滿漢御史承辦,此巡臺衙門之舊規也。現在滿漢御史衙門各有著役卯簿可查,并有現在兩處之衙役可詢。今王文、莊藍、黄力俱係漢御史衙役。該縣取供時,王文業已監斃,莊藍、黄力見臣差滿回京,遂任意捏供,認爲滿御史衙役。該縣并不確查,竟以漢御史專管衙役指爲臣專管衙役,即行據供詳報,其中顯有朦混規避等情。仰懇皇上敕下吏部行文現任巡臺滿漢御史,確查著役卯簿,并將現在衙役細加訊問,監斃之王文并革役之莊藍、黄力果否係滿御史衙役,取其確供,據實奏聞,請旨議處等因具奏。奉旨:該部議奏,欽此。欽遵。

臣等查此案監斃之王文,并革役之莊藍、黄力,該撫原疏内聲明,俱係前任巡臺御史白起圖衙役,將失察職名開報,聽候部議等因。臣部現候刑部主稿會議具題。今原任巡臺御史已陞刑科給事中白起圖奏稱,王文、莊藍、黄力俱係漢御史衙役,該縣取供時,王文業已監斃,莊藍、黄力見臣差滿回京,遂任意捏供,該縣并不確查,據供詳報,其中明有朦混規避等情,仰懇皇上敕下吏部行文現任滿、漢巡臺御史確查著役卯簿,并將現在衙役細加訊問,王文、莊藍、黄力果否係滿御史衙役,取具確供,據實奏聞,請旨議處等語。是王文等或係滿御史衙役,或係漢御史衙役,臣部難以懸定。應行令該撫并現任滿、漢巡臺御史,確查王文等果係何衙門專管著役,據實奏明,到日再議等因。於乾隆四年十二月二十日奏,本日奉旨:知道了,欽此,欽遵箚行到臣。臣等隨傳集現在臣等衙門滿漢兩邊辦事書役,并吊歷任點役卯簿公同查閲。查得前任滿御史臣白起圖任内止有滿役印册一本,係乾隆三年三月開造。漢御史臣單德謨任内止有漢役卯簿一本，係乾隆三年四月開造，俱在王生、黄力、莊藍三役緣革之後。而三役未革以前，並無卯簿存留可查。再查白起圖、單德謨以前歷任卯簿内，雖有黄力、莊藍役名，而滿漢兩邊衙役俱係合造合點，未曾分註滿漢字樣，無從分別。且册内止□有黄陞，並無王生之名。隨訊據書辦陳許振、朱□漢、蔡清、李縱業、蘇琰、傳長瑞等僉供王文原役名黄陞，來文開爲王生，想因土音黄王、陞生俱同一音，係取供時誤寫字樣，其實即係黄陞，係雍正十年充役至乾隆二年八月二十九日退卯；原案現存黄力係雍正十年充頭役，莊藍係乾隆元年充役，俱係漢官處衙役。黄力係門役林彩保充，黄陞係黄力保充，莊藍係黄力、林彩保充。林彩現在可訊，并林彩結狀在卷可查，其卯薄係退書陳輝經手，問陳輝即知等語。隨吊陳輝到案質訊。據陳輝供，革役王生即黄陞，與黄力、莊藍俱係漢官衙役，從前滿、漢兩邊衙役，俱係合造卯薄，滿漢官同堂合點，其實各用各役，此例相沿已久。至白、單兩御史到任，點役卯薄，亦係滿漢合造合點，自因奉裁冗役之後，白御史於乾隆三年三月著另行分造滿役印册一本；單御史于乾隆三年四月亦著另行分造漢役名册一本各存案，其未裁冗役以前，合造合點之原卯薄兩邊俱未蒙發房。但以前歷任俱有合造點卯册簿在房，開載黄陞、黄力、莊藍役名。雖無分註滿、漢專役字樣，其實三人俱係漢官衙役，黄力還是頭役，係伊同班漢門役林彩保充，黄陞係黄力保充，莊藍係林彩、黄力保充。現有原保林彩并伊等同班各役及滿御史人役可訊，又有投充原□保結在卷可查。又據漢御史門役林彩供，黄力於雍正十年係彩保認充頭役，莊藍于乾隆元年係彩同頭役黄力保認充役，并已革黄陞即王文，俱係漢官衙役，并非滿官衙役是實。又據各役供同并各具結在案。據此，臣等覆加詳查，王生即黄陞，并黄力、莊藍三役，雖前任卯簿内無從分別滿、漢，但據現在各役衆口一詞並同班保結，確係漢御史衙役無異。除王文已經監斃，黄力、莊藍業已解回内地原籍。該犯從前如何吐供之處，應聽撫臣就近着落原審各官查訊另奏外，所有臣等查訊過各情由理合據實奏聞，伏祈皇上睿鑒施行。爲此謹奏。

三月十一日

乾隆五年五月二十一日奉硃批：該部知道。欽此。

——《明清宫藏臺灣檔案匯編》第 15 册，第 153～161 頁

194.乾隆五年六月十九日
巡臺御史舒輅等奏報臺灣雨水霑足情形摺

巡視臺灣協理山西道監察御史兼批本處行走臣舒輅、巡視臺灣兼理學政貴州道監察御史臣楊二酉謹奏,爲恭報雨水霑足情形,仰慰宸衷事。

竊臺灣一府幅員千餘里,田有水旱之不同,穀有早晚之各異,全賴春夏二季雨水調匀,秋成始大有望。去歲仰荷皇上鴻庥,雨水霑足,禾稻豐收,現今米價平減。今歲春夏之交,三、四、五等月,雨澤無缺。六月初五、六、七并十五、六等日,又得甘霖叠沛。臣等職任巡方,親與鎮、道、府、縣各官前往郊外巡行勸勞,以仰副皇上務本足民至意。見各處早禾秀穎,將次收割,晚禾盡已蒔種,土融水足,無任懽忭。因道里遥遠,仍恐有偏雨、偏晴之處。隨飛檄臺灣府通查去後。兹據彙報前來,查得臺、鳳、諸、彰四縣,淡、澎二廳,今歲春夏以來,雨水時降,田疇霑足,早禾秀實將收,晚禾現在播插,秋成有望等語。臣等謹據實奏聞,仰慰宸衷,俯祈睿鑒。謹奏。

乾隆五年六月十九日
巡視臺灣協理山西道監察御史兼批本處行走臣舒輅
巡視臺灣兼理學政貴州道監察御史臣楊二酉

【硃批】:欣悦覽之。

——《宫中檔乾隆朝奏折》第一輯,第18～19頁

195.乾隆五年七月十二日
巡臺御史舒輅等奏報臺灣府屬被風情形摺

巡視臺灣協理山西道監察御史兼批本處行走臣舒輅、巡視臺灣兼理學政貴州道監察御史臣楊二酉謹奏,爲奏聞事。

竊臺地雨水霑足,米價平減。經臣等具摺於六月十九日奏明後,兹於閏六月二十二、二十三兩日風雨交作。臣等即行飭查,據臺灣府臺灣縣報稱,郡城内外吹倒房屋大、小共五十七間,營房七間,經府、縣查明賑卹。又據諸羅縣報稱,自二十二日起至二十五日止,颱風連作,縣城内外官舍軍民房屋均有損壞,其鹽水港、笨港二處山水驟下,溪流漲漫,浸倒房屋二百餘家。鹽水港倉廒盡行倒壞,被浸倉穀現在極力曬晾,幸人民無甚傷損。現在起蓋修理,仍可安業

等語。經臣等飭行臺道委海防同知魏素，即帶存公銀兩星馳前往，查勘賑恤，毋致失所。又據彰化縣報稱，自二十二日起至二十五日止，亦遭風雨，城垣衙署軍民房屋均有損壞。亦經飭臺道行令查勘。其鳳山一縣未聞被風，無[容]庸查報外，臣等細查風雨雖大，幸臺灣、諸羅二縣早禾均已收獲，彰化一縣十收八九，間有一二未收者，損亦無多。晚禾暢茂，尚未胎甲，將來尚望有秋。至倉穀曾否霉爛，并賑恤過緣由俟該府、縣詳悉具報，應聽督、撫辦理。臣等謹將被風情形具摺奏聞，伏祈睿鑒。謹奏。

乾隆五年七月十二日

巡視臺灣協理山西道監察御史兼批本處行走臣舒輅

巡視臺灣兼理學政貴州道監察御史臣楊二酉

【硃批】:所奏俱悉。

——《明清宫藏臺灣檔案匯編》第 15 册，第 241～245 頁

196.乾隆五年七月十二日
巡臺御史楊二酉奏陳臺灣吏治民儲略加變通摺

巡視臺灣兼理學政貴州道監察御史臣楊二酉謹奏，爲敬陳一得仰祈睿鑒事。

臣承命巡視臺灣兩年來，荷皇上鴻庥，雨水調匀，年穀豐稔。本年閏六月間雖有颶風偶發，幸不爲灾，臣等另摺奏聞外，現在地方寧静，文武協和，差堪仰慰聖懷，所有一二事宜，似當略加變通者，敬爲我皇上陳之。

一、臺屬知府、同知、通判、知縣等官定例二年報滿，俟協辦人員到臺半年後交代清楚離任，誠以海疆綦重，恐新員未諳，便於商同辦理，且可免其藉端諉延交盤之弊，立法至善。但查臺員報滿之後，督、撫始就内地人員内揀選題補，俟部文到日，該員任内交代清楚，然後渡臺，其間正需時日。而臺員緣已經報滿，惟望新員一至便可渡海有期，雖不至諸事懈弛，未免觀望拖延，亦情勢之必有。及新員到臺，錢穀刑名原與内地無異，實不難接辦，即偶有不晝一處，亦可比案辦理。故舊員惟得優游數月，期滿而去，協辦之義僅存其名。臣愚謂不慮新任者之未習海疆，而慮報滿者之或至廢事。請嗣後報滿各員於新員抵臺之日，除命盜及接緝追催關提等案，任内實難歸結者，俱照常交代接辦外，其餘一切詞訟文移事件，原係舊員經手，仍著落本員自行清理。於辦竣之日，令該管上司及接任官查明，出具並無未清事件印結，至期准其離臺。果係實心任事，

始終勤幹之員，督、撫加具考語，給咨送部引見，以示鼓勵。倘至期尚有未清事件，仍著留臺，俟新員代辦完日結報，方許渡回内地。如該管上司及接任官不據實查報，扶同捏結者，察出并行參處。如此庶報滿者，不復萌拖延之弊，而新任者亦得符協辦之實矣。

一、向例臺屬文武員弁年逾四十無子息者，督、撫據實奏明，准帶妻妾過臺，仰見我皇上體恤海外臣工無微不至。但查調臺人員俱由通省現任屬員内題補，多係帶有眷口在任所，其間或有有力送眷回籍者，或有親屬照管者，均屬易處。或祇有一二婢妾隨身，並無親丁至戚，既不合例帶赴新任，又不能遣歸原籍。該員抵臺至去臺，動經三四年不等。更有因其諳練才能，即就地節次題陞臺缺者，至七八年十餘年始得調回。雖國爾忘家臣子之分，而萍踪寄託未免關情。臣請嗣後調臺員弁年逾四十無子，仍照例奏請帶眷；其已經有子，家口衆多及有親屬照管者仍概不准帶外，如本員雖經有子而隨任僅有妻妾一兩人，並無親屬者，許督、撫於題請調臺之日確查，一並聲明，仰邀皇上格外天恩，准其帶赴臺任。捏飾者，即炤規避例參處。如此，庶海外臣工毫無内顧之憂，愈得專心任事，於地方亦有禆益矣。

一、閩省捐收本色以備積貯。臺灣遠屬海外，議俊秀自赴内地泉防同知衙門投捐。數年以來，捐者寥寥無幾。臣細詢其故，實緣重洋遠涉，民運維艱，兼之交收守候更需時日。間有一二報捐者，亦係就内地買穀上倉，甚屬無益。查臺地每年應運内地平糶民食等項米穀，至數十萬石。值此兩年，連獲豐收，有餘之家蓋藏甚多。與其令赴内地買穀投捐，不若酌加運脚盤耗等費，令就近在臺府報捐。該府出具倉收，每年彙報藩司，給發實收，咨部换照到日，仍發交該府，給本人親領，庶乘時易舉，既無運載守候之艱，又免包攬詐騙之弊。捐者踴躍自多，實於積貯有益。至此項穀石或即備儲臺倉，或仍撥運内地之處，併請敕諭督、撫，酌量辦理。

以上數條，臣目擊現在情形，敬參末議，似於吏治民儲均有實濟，伏祈皇上睿鑒施行。臣謹奏。

乾隆五年七月十二日

巡視臺灣兼理學政貴州道監察御史臣楊二酉

【硃批】：該部議奏。

——《明清宫藏臺灣檔案匯編》第15冊，第246～254頁

197.乾隆五年七月十二日

巡臺御史舒輅等奏報蘇禄國王遣使入貢并送回遭風内地難民摺

巡視臺灣協理山西道監察御史兼批本處行走臣舒輅、巡視臺灣兼理學政貴州道監察御史臣楊二酉謹奏,爲奏聞外夷嚮化趨義事。

竊照海外蘇禄一國,自雍正四年遣使入貢後,兹於本年閏六月二十七日據鳳山縣報稱,該縣海界岐後地方泊有外海夷舟一隻,正在查訊間,隨有該船夥長馬燦上岸稟明,伊等番夷一十二名,係蘇禄國差船送回遭風失水之難民楊興發、蔡長茂等二十五人往厦門投交。自六月初三日在本國開洋,半道遭風,布帆破裂,不堪駕駛,隨風飄泊至地,現乏伙食等由。臣等隨飭該縣備辦糧米食物,星往接濟撫恤,又購給帆布去後。續據起送該船番目烏人皆色爹等,夥長馬燦并難民楊興發等抵郡,臣等面加獎諭,捐資賞給綢布吃食等物。又據該番目、夥長出伊國王蘇老丹麻喊末呵稟勝寧帶與水師提督并興泉永道二書内稱,伊祖父蘇老丹母漢水母律粒林蒙世宗憲皇帝皇恩德澤,波及海表,因遣使職貢,叨蒙寵錫龍物,加以慰誨。今欲效伊祖父朝貢,伏祈奏明聖上,並送回難民等語。臣等一面咨移督撫提鎮,并檄行臺道,將該番目等加意撫綏,并伊原船遴員護送赴厦,應聽督、撫、提臣奏明,請旨施行。伏思外夷趨義,自古罕聞,今蘇禄國能遠冒風濤,誠請入貢,並送難民,此皆世宗憲皇帝仁恩遐暢,暨我皇上御極以來,盛德大業,化行無外之所致也。事關外夷嚮化趨義,遭風來臺,理合奏聞。伏祈睿鑒。謹奏。

乾隆五年七月十二日

巡視臺灣協理山西道監察御史兼批本處行走臣舒輅

巡視臺灣兼理學政貴州道監察御史臣楊二酉

【硃批】:知道了。

——《明清宫藏臺灣檔案匯編》第 15 册,第 255～260 頁

198.乾隆五年十一月初十日

巡臺御史舒輅等奏報閲操巡歷情形摺

巡視臺灣協理山西道監察御史兼批本處行走臣舒輅、巡視臺灣兼理學政

貴州道監察御史臣楊二西謹奏，爲奏明閱操廵歷情形，仰祈聖鑒事。

竊惟臺灣一郡，遠居重洋之外，爲東南諸省藩籬，地方兵防最爲緊要。臣等荷蒙皇上天恩，畀以廵察重任，夙夜兢兢，惟期文武和衷，協力綏緝，民番樂業，山海敉寧，以仰慰聖懷。第南北兩路勢俱綿亘，向應分年遞廵，並閱看各營汛操防事宜。兹臣等遵例於九月十三日閱看臺灣鎮標營併城守營會操，俱各旗幟鮮明，甲械堅利，隊伍嚴整，技藝熟嫻。二十日閱看臺協水師操演，其舡隻堅固，器械齊備，駕駛便捷，俱有可觀。且查鎮協各營兵丁近來俱遵約束，罕有滋事。俱面加奬諭，仍捐資給賞，以示鼓勵。其澎湖一協，遠隔大洋，照例檄委該地駐防通判就近閱看。據該署通判胡格申稱，遵於本年十月十一日會同副將高得志將該協左右兩營水陸各操，逐一看閱。隊伍整齊，旗甲鮮明，兵丁技藝嫻熟，舡隻器械俱皆配足等情并繳各册前來。臣等查核無異。

至本年應值北廵，臣等遵於十月初三日輕裝減從，自府治起行，由諸羅所屬之木栅仔、灣里、茅港尾等處至縣治，閱看北協左軍一操。次由該邑打猫、他里霧、斗六門渡虎尾溪，入彰化縣境内。從東西螺、大武郡沿山一帶歷至縣治，閱看北路營一操。各營旗幟器械、兵丁操演俱鮮明嫻整，汛塘防守亦皆足備嚴密。更由該邑由大肚等溪以至淡屬各界，復往沿海鹿仔港、二林、南社及笨、鹽各港岸訪查，村莊地面，宵小潜踪，地方較前寧謐，而所過各社番黎鑿飲耕食，急公慕義，番童多有讀書應考者。臣等一一宣布皇仁，開誠勸約，并捐給烟、布、紙筆等物，咸爲懽慰鼓舞。廵歷已畢，臣等遂於十月十六日回郡署訖。所有臣等閱看各營操演及廵歷北路地方民番情形，理合繕摺奏明。臣等謹具摺奏聞。伏祈皇上睿鑒施行。爲此謹奏。

乾隆五年十一月初十日

乾隆六年正月十一日奉硃批：所奏俱悉，欽此。

——《明清宫藏臺灣檔案匯編》第 15 册，第 338～342 頁

199.乾隆五年十一月初十日
廵臺御史舒輅等奏報臺灣各邑本年收成分數及糧價摺

廵視臺灣協理山西道監察御史兼批本處行走臣舒輅、廵視臺灣兼理學政貴州道監察御史臣楊二西謹奏，爲奏報臺屬各邑收成分數，仰慰聖懷事。

竊惟臺郡年産米穀，除本處倉儲、兵民食用之外，又供内地各處採買接濟，需項實多。今歲春夏雨澤調匀，早禾幸獲有收。閏六月間偶被颶風，田稼查無

傷損，俱經臣等恭摺奏聞。唯八、九月内，雨水較稀，高低田禾秀實，間有不齊，分數未免稍減。臣等檄令臺灣府轉行各廳、縣確實開報去後，據該府攝理知府劉良璧同協辦知府錢洙覆稱，行據各廳、縣查報，各就所屬田莊通匀計算，臺灣縣收成實有七分；鳳山縣收成實有八分；諸羅縣收成實有七分；彰化縣收成實有七分七厘；淡水廳屬收成實有七分七厘；澎湖廳屬地方風多土瘠，向植番薯、土荳等項雜糧約有八分等情前來。臣等覆查無異。統計臺郡四邑收成實共七分五厘有奇。現在郡城米價每石一兩一錢四分。各邑産米處所無運脚等費，更覺平減。所有臺屬各邑收成分數，理合繕摺奏明，伏祈皇上睿鑒。爲此謹奏。

乾隆五年十一月初十日

巡視臺灣協理山西道監察御史兼批本處行走臣舒輅

巡視臺灣兼理學政貴州道監察御史臣楊二酉

【硃批】：知道了。

——《明清宫藏臺灣檔案匯編》第15冊，第348～352頁

200.乾隆五年十一月初十日 巡臺御史舒輅奏報臺灣地方情形及收成摺

巡視臺灣協理山西道監察御史兼批本處行走臣舒輅謹奏，爲奏聞臺地情形仰祈睿鑒事。

竊臣賦質駑鈍，材復疎庸，荷蒙皇上特簡巡臺，又蒙天語諄諄訓誨，以臺地緊要，居民盡係漳、泉刁惡棍徒，實爲五方雜處之區，而生熟番子交錯其中，又常生事，擾害地方。彼處只有爾等巡察須着實留心，彼此和睦，商量辦理，不可各立己意。有應奏聞者，奏朕知道。應商總督者，咨商總督，欽此。臣跪聆之下，謹勒五中，朝夕兢兢，惟恐奉行無狀，不足以仰副聖懷爲懼。抵臺以來，見其幅員千有餘里，多係閩粵漳、泉、潮、惠四府之人，番漢雜處，兵悍民刁。俗尚奢侈，誠爲緊要。從前滿、漢御史及鎮、道多有不和，而兵民胥役得以乘機肆横，故地方往往生事者有之。臣深悉其弊，自到任以來，諸事與漢御史商量，和衷辦理。而漢御史臣楊二酉爲人和平敏慎，亦悉其弊，言之鎮道，彼此爲戒，故各無崖岸。因此地方文武均亦上下同心，習氣迥異往日矣。

臣復留心體察，見臺地人民百萬有餘，可稱富庶，而吏治民生則猶有所憾。蓋臺地横隔重洋，波濤險惡，遠涉非易。地方文武因念其勞苦，復狥於海外尚

安静之名,無敢整頓以干多事之目。是以姑息之政,雖賢員有所不免。故衙蠹之舞弊、兵丁之恣睢、棍盜之剥竊,相沿成風,歷來如此。不知姑息之行,譬如養癰,一至於潰,其傷必大。且爲治之要,在於安民。民有所害,則不得安。如昧於此義而姑息兵役棍竊以擾之,民何以安?夫所謂安静者,謂不事紛更,於民不擾也。如其姑息,以致擾民,豈安静之謂乎?(**【硃批】**:是。)是以臣自抵臺以來,於文員府、廳、縣,則諄切諭以稽察衙役,留心訟棍匪類。平日上緊查拏,有犯必行嚴究,無或姑容養奸。於武員副、參、遊、守,則諄切諭以約束兵丁,勤加訓練。設兵原以衛民,如有不安營伍,酗酒打降,騷擾百姓者,必行懲治,無或姑容遺患。地方文武俱能實力奉行,不法之兵役,已經究處數案。近日悍兵、訟棍、蠹役之風稍息。

兹臣於十月初三日北路巡查,其諸羅、彰化,水土肥美,人烟稠密,法俱易行,盜賊斂跡。惟自彰化以上,界外之地,既已遼闊,即界内之地,亦土曠人稀,且村莊散漫,稽查尤難,偷牛搶物者,往往而有。北協副將暨彰化縣俱到任未幾,亦能極力整頓緝拏。無如臺地五方雜處,流棍極多,皆無妻室家業,朝東暮西,踪跡靡定。法令稍寬,則散於各處,嚴則遁入彰化,是以彰化常爲盜藪。又經臣等飭該縣力行保甲,設法嚴查。並面諭北協副將,飭行塘汛,加緊盤查。臣回署之後,今據北協副將稟稱,經該營、縣協力訪查究處,近已宵小潜踪,竊案較前稀少矣。臣仍囑以時刻留心,不可懈怠,以期盜風永息也。其熟番急公趨上,甚屬可憫,所當加意撫恤。如生番之殺人則其俗使然,不可理導,惟在巡防之嚴而已。

再臣奉命巡察臺灣,於地方之事,有分所應知者,如應奏聞者,具摺奏聞。餘或咨商總督告諸道、府,督臣德沛甚是和衷參酌,而道、府所商,亦俱屬妥協。臣抵臺以來,所辦理者如此。今歲早冬收成極好,及秋雨澤愆期,冬成稍薄。詢諸府、縣,俱稱匀筭尚有七分有零收成,民間不致乏食。至於地方之利弊,俟確有見其可行,另行具奏。臣謹將近日臺地情形具摺奏聞,伏祈睿鑒。謹奏。

乾隆五年十一月初十日

【硃批】:所奏俱悉。足見汝留心也。

——《明清宫藏臺灣檔案匯編》第15册,第353~360頁

201.乾隆五年十一月二十七日

巡臺御史舒輅奏謝巡視臺灣任滿回京時再轉補外任摺

巡視臺灣外轉御史臣舒輅謹奏,爲恭謝天恩,仰祈睿鑒事。

本年十一月十二日准督臣咨開十月初八日准吏部咨開,乾隆五年八月二十六日抄出内閣奉旨:滿洲御史内無可外轉者,着御史舒輅外轉。伊現今巡視臺灣,俟伊任滿回京時,再轉補外任,欽此。同日又准撫臣咨開十月二十日准吏部咨同前由各移咨到臣。聞命自天,感激無地。謹恭設香案,望闕叩頭謝恩訖。竊臣一介庸才,由内閣侍讀,蒙皇上天恩補授御史,仍兼在内廷行走,並無涓埃報效。上年十月荷蒙特簡巡視臺灣,而臺灣幅員遼闊,民番雜處,素稱難治,又爲七省藩籬,所關綦重。抵臺以來,朝夕兢兢,惟恐隕越。又蒙皇上鴻恩外轉,且俟臣任滿回京再轉補外任。恩綸周匝,刻骨銘心。惟有益加黽勉,竭力辦理,務期山海敉寧,民番樂業,文武協和,士卒競勸,以仰報皇恩於萬一耳。所有微臣感激私忱,理合奏謝。臣謹具摺奏聞,伏祈睿鑒。謹奏。

乾隆五年十一月二十七日

【硃批】:覽。

——《明清宫藏臺灣檔案匯編》第 15 册,第 361～365 頁

202.乾隆六年三月十九日

巡臺御史舒輅等奏報鎮臣何勉自捐廉俸建築營壘摺

巡視臺灣外轉御史臣舒輅、巡視臺灣兼理學政貴州道監察御史臣楊二酉謹奏,爲奏聞事。

竊臺灣向無城郭,與臺鎮營盤俱圍樹木栅,栽種莿竹,以障内外。兹於本年三月初五日,准臺灣鎮臣何勉咨開上年十月初三日起建營墻,時以臺地土脉浮鬆,恐難就工,故未行報明,先行試築。今於本年二月二十九日工已全竣備咨前來。查營墻周圍共三百零三丈,基寬五尺,高八尺,上砌磚垛三尺五寸,共高一丈一尺五寸,東西南北設立四門,通共用過銀二千一百餘兩。内除臺灣道、府、廳幫辦磚瓦料銀二百五十餘兩,俱係鎮臣何勉一人捐俸修築。臣等謹按臺鎮興建營墻,既可以資捍禦,而早晚啓閉,更便約束兵丁,不致闌出生事。誠亦慎重邊防,寧謐地方之舉,合行奏聞,伏乞睿鑒。謹奏。

三月十九日

乾隆六年五月十五日奉硃批：知道了，欽此。

——《明清宫藏臺灣檔案匯編》第16冊，第175～178頁

203.乾隆六年三月十九日

巡臺御史舒輅等奏請臺地連年薄歉米價高昂民生艱難豁免未完銀粟摺

巡視臺灣外轉御史臣舒輅、巡視臺灣兼理學政貴州道監察御史臣楊二酉謹奏，爲奏聞事。

竊因臺地上年秋間缺雨，收成僅七分有零，業經臣等奏明。入春以來，米價日昂，每石至二兩有零，小民拮據難堪。臣等細查其故，緣臺地雖素稱産米之鄉，然既接濟漳、泉二府民食，又採買補倉等項，歲運内地米粟約至數百萬石。而漳、泉二府上年亦值薄收，未免商運較倍平時。兼以連年遇旱，僅乾隆四年一稔，元氣未能驟復，民困尚未全蘇，而上年又值薄收，是以各縣俱鮮蓋藏。然向所以不至周章者，以臺地風氣與内地不同，冬日恒暖，如鳳山之淡水各處村莊，竟有冬月佈種，禾苗至春收獲者。其餘各縣亦俱於冬月漸次收獲地瓜、土豆、甘蔗等物，源源接濟，以爲日食完糧之資。不意去冬天氣嚴寒，隕霜冰凍，禾苗雜籽一切罕收。而正、二兩月間又雨水稀少，不得耕種，所有應完新舊各項銀粟，小民實竭蹶難前。臣等目擊情形，因密飭府、縣確查酌議。今據臺府錢洙稟稱，米價高昂，小民完納維艱，但以上年收成雖薄，不合詳請緩征之例，而隕霜損物又不可言之冬月之時，格於成例，莫可如何。惟有自甘處分，稟商本道暫行緩征以紓民力等語。臣等身在地方，正月間見米價日增，業已札商督臣停止採買，並嚴行禁止本地米粟出口。仍一面商之道、府，開倉平糶。現在暫行緩征，民力似可少紓。但以雨水未霑，民心未安，一時米價總未能平減。雖六月間有一二縣早稻接濟，然此時尚未佈種，勢難懸待。臣等又將現在情形咨明督、撫兩臣外，伏思臺灣關係重大，皇上是以命臣等巡察，凡以有緊要之事，地方官所不能辦理者，臣等得以據實奏聞也。況臺地五方雜處，人心易動難安。值此困迫情形，若不設法以培元氣，恐有簧惑多事者。我皇上惠愛元元，凡偏災所在，無不勤加優卹。臺屬海外，尤廑聖懷。其乾隆三年被災以前未完銀粟雖邀諭旨帶徵，但新逋既難全輸，舊欠焉能再納？閭閻徒苦催科之

煩,而地方官終不免奏銷之處分,民生國計兩無裨益。如臺灣縣自雍正十三年起,至乾隆三年止,未完人丁正雜錢糧餉稅銀合共二千二百一十六兩八錢零,未完供粟合共四萬三千七百一十石零;鳳山縣乾隆三年來未完人丁正雜錢糧餉稅銀共三百五十六兩九錢零,又未完四、五、六等年帶徵三年分被災官莊銀四百三十六兩零,未完供粟五千一百四十七石零;諸羅縣乾隆元年起至三年止,未完官莊銀共四百三十九兩零,未完供粟共二千六百三十二石零。三縣自雍正十三年起至乾隆三年止合共未完銀三千四百四十八兩七錢零,未完粟五萬一千四百八十九石零。伏乞皇上天恩,概行豁免,使海外窮黎稍得釋肩。其自乾隆四年豐收以後未完銀粟并乞恩允至本年十月新舊一併徵收。則小民均得免追呼之擾,安心東作,以待秋成。閭閻既受福無窮,而地方亦得以寧謐,永沐皇仁於無既矣。臣等爲地方起見,不揣冒昧,謹繕摺密奏,伏乞睿鑒施行。謹奏。

乾隆六年三月十九日

【硃批】:知道了,有旨諭部。

——《明清宫藏臺灣檔案匯編》第 16 冊,第 179～186 頁

204.乾隆六年四月十二日

巡臺御史張湄題報接印任事日期摺

巡視臺灣兼理學政監察御史臣張湄謹題,爲恭報微臣接印任事日期,仰邀睿鑒事。

竊臣奉命巡視臺灣,又蒙皇上天恩,賞給臣假省親。臣隨恭請聖訓,於乾隆五年十二月初三日自京起程,至本年四月十二日抵臺郡,接受前任巡察臣楊二酉親交欽頒學政關防一顆。臣隨恭設香案,望闕叩頭,即日任事訖。伏念海疆重地,巡方重任,訓旨煌煌,天威咫尺,惟有勉竭愚誠,與現任巡察臣舒輅協恭辦理,務期文武和衷,兵民寧謐,以仰副我皇上簡任至意。除巡察并學政事宜容臣次第辦理外,所有微臣接印任事日期,理合恭疏題報,伏祈皇上睿鑒施行。爲此謹題。

乾隆六年四月十二日

巡視臺灣兼理學政監察御史臣張湄

——《臺灣研究資料彙編》第一輯,第 8710 頁

205.乾隆六年五月十一日
巡臺御史舒輅等奏報臺灣得雨情形摺

巡視臺灣外轉御史臣舒輅、巡視臺灣兼理學政監察御史臣張湄謹奏，爲奏聞近日得雨情形，仰慰聖懷事。

竊臺灣自去秋缺雨，收成歉薄，冬月嚴寒，雨霜傷稼。本年春間，雨澤稀少，米價昂貴，小民應納銀米竭蹶難前。前經臣舒輅同漢御史臣楊二酉已將地方情形并現在緩徵之處，具摺奏明在案。嗣入夏以來，尚未得雨，米價更增，人情惶急，户鮮蓋藏。臣等伏思臺地孤懸海表，關係重大，與内地不同。目覩天時亢旱，民間急迫情形，是以公同文武齋肅，設壇祈求雨澤。一面商之道、府，飛行督、撫二臣，借運内地倉穀，迅速來臺接濟平糶，以慰民情。兹准督、撫二臣已經委員前赴粵省潮屬地方，採買官穀六萬石，由海運糶，斷不致臺地兵民有乏食之虞等因咨覆到臣。適臣張湄於四月十二日莅任，隨又會同鎮、道諸臣虔誠叩禱，即於十四、十五兩日略得微雨；二十日至二十四等日，連得大雨，隨急行臺府通查去後。據臺灣府知府錢洙稟稱，據所屬各邑詳報俱得大雨連綿，田園霑足，溪河漲滿，早禾暢茂，晚稻亦得播種，官民欣忭，四野歡騰等語。

臣等伏思現在米價雖未驟減，通臺雨水霑足，耕種並舉，早稻可望有秋；又得粵穀不日到臺，以資平糶，其米價亦可不禁而自減矣。至將來雨水會否繼續調勻，俟臣等勸農耕作之時，另行具奏外，誠恐上廑宸衷，合將現今得雨霑足，萬民帖然歡樂情形，據實先行奏聞，伏乞睿鑒。謹奏。

乾隆六年五月十一日

【硃批】：此等事至今方奏，殊爲遲緩，非朕念切民瘼之意也。欽此。

——《明清宫藏臺灣檔案匯編》第16冊，第281～286頁

206.乾隆六年五月十一日
巡臺御史舒輅等奏報臺灣城守暨臺澎南北路各協營目兵周廷元等换班過臺戍守摺

巡視臺灣外轉御史臣舒輅、巡視臺灣兼理學政監察御史臣張湄謹奏，爲皇恩彌深彌極，戍卒難名難報伏懇代題叩謝以伸感激事。

據臺灣鎮標中左右城守暨臺澎南北路各協營目兵周廷元等呈稱，竊元等

係內地各標協營兵丁，輪流抽撥，換班過臺分營戍守。雖重洋跋涉亦分所宜，然荷蒙皇上深恩厚澤，賞給膳眷銀米，俾元等無內顧之憂，有樂郊之適，實出皇仁下逮，無一不被其澤。兹復降諭旨賞給往返盤費，使同營無幫貼之累，而水陸有資斧之樂。自亘古以來，未有如聖恩之格外覃敷如此備至者也。元等雖屬微賤戍卒，叠受皇恩，感激難名，惟有遥望闕廷，嵩呼九叩，永祝帝德無疆。合情相率具呈，匍懇代達蟻衷，則元等銜恩無既等語。又准鎮臣何勉咨同前由到臣。臣等伏思臺灣撥換防守兵丁既蒙皇上賞給膳眷銀米，俾免內顧之虞，復荷恩旨，賞給往返路費，更得資斧之裕，誠千古未有之曠典。所有兵丁感激私忱，理合恭摺代謝天恩，爲此謹奏。

乾隆六年五月十一日

【硃批】：覽。

——《明清宫藏臺灣檔案匯編》第 16 冊，第 276～280 頁

207.乾隆六年六月二十八日

巡臺御史舒輅等奏報臺灣五月以來雨水情形摺

巡視臺灣外轉御史臣舒輅、巡視臺灣兼理學政監察御史臣張湄謹奏，為恭報雨水霑足情形仰慰聖懷事。

竊臺灣水旱田園早晚禾稻均需雨澤霑潤，始獲有秋。今歲春間雨澤愆期，米價昂貴。臣等目覩情形，移諮督、撫，借內地倉穀，來臺接濟。並將四月望後連得大雨，地方寧謐，民番樂業之處，已經臣等奏聞在案。嗣於五月二十、二十一等日，六月初五、初六、初七、十八等日疊降甘霖，四野田疇霑足。臣等職任巡方，恐有惰農貽誤耕作，與鎮、道、府、縣各官前往郊外，循行勸勞，以仰副我皇上務本足民至意。見各處早稻漸次收穫，晚禾及時播插，土融水足，高下青葱。官弁民番，咸深歡躍。仍因道里遼闊，或有偏雨偏晴之處，隨飛檄臺灣府通查去後。兹據臺灣府知府錢洙彙報，臺、鳳、諸、彰四縣及淡、澎二廳雨水霑足，早稻已經收割，晚禾現在蒔種，秋成有望等語。至借運內地之穀，經督、撫二臣委員赴粤採買舶載，今已陸續抵臺。臣等將現在穀石接濟糶賣，而雨澤又復應時，故米穀日見平減。現在郡城每石價值一兩四錢，各邑產米處所更覺平減。所有雨水霑足，民情懽洽情形，謹據實奏聞，仰慰聖懷，伏祈皇上睿鑒。謹奏。

乾隆六年六月二十八日

【硃批】:欣慰覽之。

——《明清宫藏臺灣檔案匯編》第 16 冊,第 341～345 頁

208.乾隆六年七月十一日
巡臺御史舒輅等奏謝天恩摺

巡視臺灣外轉御史臣舒輅、巡視臺灣兼理學政監察御史臣張湄謹奏,爲恭謝天恩事。

乾隆六年七月初一日,准督臣德沛、撫臣王恕咨,准户部咨開,乾隆六年五月十五日内閣抄出,奉上諭:"福建臺灣地方上年秋間缺雨,收成較常歉薄,聞今春以來米價日漸昂貴,小民謀食艱難,而納課尤爲竭蹶。查臺灣縣自雍正十三年起至乾隆三年未完人丁正雜錢糧餉税銀共二千二百一十六兩零,未完供粟共四萬三千七百一十石零;鳳山縣乾隆三年未完人丁正雜錢糧餉税銀共三百五十六兩零,又未完四、五、六等年帶徵三年分被灾官莊銀四百三十六兩零,未完供粟五千一百四十七石零;諸羅縣乾隆元年起至三年未完官莊銀共四百三十九兩零,未完供粟共二千六百三十二石零。此皆多年舊欠,今若責償於儉歲之後,民力未免拮据。朕心軫念,特沛恩膏,概行豁免。至乾隆四年以後未完銀粟,統俟本年十月成熟之後再行徵收,庶追呼無擾,力量寬紓,海疆百姓共受蠲免緩徵之益。該部即遵諭行。欽此。"欽遵。抄出到部,相應移咨該督、撫,轉咨到臣等。即飛檄臺灣府,轉飭各該廳、縣遍行曉諭,宣布皇上殊恩,務使小民共受蠲緩實益外;是日巽命初頒,闔郡士民歡聲雷動,咸稱天恩高厚,惠養臺民,叠布鴻慈,有加無已,令萬姓淪肌浹髓,感激難名等語。臣等隨同文武員弁及士庶人等,齊集萬壽宫,恭謝天恩,并面諭士民,咸知皇仁浩蕩,曠典難逢,各宜敦行從善,勉圖報稱,以仰副我皇上軫恤海疆至意。

續據郡屬紳衿耆庶陳邦傑等僉呈懇請題達以抒下悃事,内稱:伏惟帝德如天,愷澤協雨風之好;皇仁似海,恩波廻島嶼之春。蠲逋賦於歷年,窮簷起色;緩徵輸於全郡,蔀屋凝庥。惟兹臺地,僻處海隅,入版圖者五十餘年,隸編氓者百千萬户。室廬相望,生聚日繁。承列聖之重熙樂育,與乾坤同久;迨我皇之御極照臨,偕日月齊明。酌減丁銀,喜溢塗歌巷舞;蠲除番餉,歡騰黑齒雕題。乃復以去歲收成偶歉,小民納課維艱,特沛恩綸,自雍正十三年以及乾隆元、二、三年之積欠,概行豁免;更加慈恤,將四、五、六等年未完之正供,俱緩徵收。實亘古未有之殊恩,若降甘霖於大旱;爲邊方希逢之曠典,如沐滄海之洪波。

千里桑麻，物具懷新之象；萬家烟火，人餘鼓腹之吟。龍潭雨露增輝，鹿渚烟霞競爽。東溟西嶼，群遊化日舒長；茅港木崗，共樂光天浩蕩。從此野盈穲穗，卜豐歲於金穰；户慶倉箱，咏康年於玉燭。億兆瞻帝廷而稽首，士民頌聖德而難名。敬達蟻忱，用伸雀躍等情。

又據臺灣道劉良璧、知府錢洙詳稱，據臺、鳳、諸、彰四縣各紳士、里民人等公籲題達等情同前由到臣等。欽惟我皇上心涵九有，德協三無。上下惠孚，益廣時行之道；東南暨訖，恩敷日出之鄉。多年逋負全蠲，白叟黄童到處謳歌盈野；萬井京坻在望，光風瑞雨由來和氣致祥。臣等身在地方，目覩士民歡欣、感激誠切情形，理合繕摺，代謝天恩，伏祈睿鑒。爲此謹奏。

乾隆六年七月十一日

【硃批】：知道了。

——《明清宫藏臺灣檔案匯編》第 16 册，第 351～359 頁

209.乾隆六年九月初七日(硃批)

任滿巡臺御史楊二酉奏請先實臺灣倉儲摺

任滿巡視臺灣兼理學政工科給事中臣楊二酉謹奏，爲具陳臺地現在情形，仰祈睿鑒事。

臣蒙皇上天恩荷任巡臺并理學政於本年三月十五日二年差滿，嗣於四月初九日，御史臣張湄到臺接印受事，經各題明在案。再本年三月内經臣同滿洲御史臣舒輅將臺灣旱稻望雨，米穀價昂，并現在停徵平糶各情形俱奏明在案。臣等仍同臺灣道、府等官悉心商酌每年臺倉所儲衹供運赴内地，現今内地雖經儲運，而臺倉平糶之穀僅足敷四、五兩月，倘再四月不雨，旱稻既不能播種，勢必無穀可賑，關係非小。因亟咨行督、撫兩臣，速撥内地濱海之穀接濟來臺，以示有備無患去後。嗣臣於四月十九日冒雨登舟，二十日放洋又雨。二十一日至厦門，知督臣已備得粤穀六萬石將星速運臺矣。

五月初五日，臣至福州，又據攝臺灣縣事郝霔禀稱臺灣於四月十九至二十一等日連日大雨，旱稻可望有收等語。大約臺地每年至四、五、六等月雨水時有，旱稻既獲播種，又有粤穀接濟，一時米價自得平減。抑臣竊有請者，臺地今歲縱獲有秋，亦當先實臺倉之穀，以備民食。俟臺倉既盈，穀價果減，然後照前買運内地，以資漳、泉等府平糶民食之用。蓋臺地孤懸海外，運載維艱，非若内地或有歉收，即可取給於鄰省之爲便易也。再臺地雖稱産米之鄉，自雍正十年

來,連年歉收,穀價頗昂,即乾隆四年大獲豐收,每石尚需四五錢不等。而内地發買穀價僅得三錢六分或三錢不等,裝運脚費俱從此出。在從前穀賤之年,原足敷用。以内地固不爲短發,而承買之臺屬四縣又必委辦於業户,賠累之苦,勢不能免。伏祈皇上勅諭督臣先實臺儲,以固其本,嗣遇臺穀果賤,亦必依臺地時價、運費發買,庶地方官民均有裨益矣,臣謹奏。

乾隆六年九月初七日奉硃批:知道了。欽此。

乾隆六年九月初七日奉旨:此摺折角處,著軍機大臣記着,俟德沛來京交伊議奏。欽此。

今德沛已調任兩江總督,此摺應否交那蘇圖、劉於義議奏,謹此請旨。

——《明清宫藏臺灣檔案匯編》第16冊,第360～365頁

210.乾隆六年九月初七日

任滿巡臺御史楊二酉奏報閩浙直隸等地方雨水米價摺

任滿巡視臺灣兼理學政工科給事中臣楊二酉謹奏,爲具陳經過地方米價雨水情形,仰慰聖懷事。

前臣在臺灣聞閩省漳、泉地方早稻需雨甚殷,該府、縣現各虔禱平糶。嗣臣於四月二十一日自臺抵厦,而閩省所屬地方已俱於十九、二十等日同日得雨,處處霑足。臣於二十七日自厦起程,由泉州、興化達福州省城。一路遇雨,禾苗暢發。其泉屬米價每石一兩六七錢不等。福、興等屬每石一兩四五錢不等。再由水口起程,經上游之建、延等府,俱雨水調勻,米價平減。六月初三日入浙江界,其江山一縣田苗頗望雨,米價每石一兩四錢。自衢、金、嚴達杭、嘉等府,俱雨水調勻,米價每石一兩四五錢不等。六月十八日至蘇州府,所屬地方俱雨水調勻,米價每石一兩三四錢不等。其常、鎮兩府地方官現在求雨,而商販雲來,米價亦不甚昂。自揚抵淮,田苗俱各秀發。惟淮、徐等府有夏間被潦之數州縣地方官現各查辦賑濟。然細詢里民,亦係低窪阡畝被淹,其高阜處所仍可豐收。現在米價每石一兩四五錢不等。七月十五日至山東界,沂州、泰安兩府雨水調勻,可登大有。其濟南屬之齊河、禹城等縣,各有偏旱之處,撫臣現各委員查勘。然有鄰府州縣米穀接濟,價值亦不至昂,每石一兩四錢,與沂、泰兩府同。七月二十五日,入直隸界。河間、保定兩府所屬州縣俱雨水調勻,禾稼可獲豐稔。現今米價每石一兩二三錢不等。

再臣自閩、浙、江蘇、山東、直隸至京一路墩臺完整,弁兵肅齊。所有臣經

過地方各情形理合奏明,伏祈皇上睿鑒。臣謹奏。

乾隆六年九月初七日

【硃批】:所奏俱悉。

——《明清宮藏臺灣檔案匯編》第16冊,第366～371頁

211.乾隆六年九月二十六日 巡臺御史舒輅等奏請添建臺灣府倉以裕民食以固地方摺

巡視臺灣外轉御史臣舒輅、巡視臺灣兼理學政監察御史臣張湄謹奏,爲請建設府倉,以裕民食,以固地方事。

竊查臺郡孤懸海外,雖一隅之地,實爲數省藩籬,關係最爲緊要。所恃以綏戢牧寧者,全在倉廩實而後民食足,民食足而後人心安。故足食之道,惟經理蓋藏,預籌儲蓄,庶可以待緩急不時之需。此直省常平倉之設,所以爲國家愛養斯民第一良法也。查各省府、州、縣莫不照地方之大小,定有積貯之額數。其既設縣倉而又立府倉者,緣府治爲一郡之都會,人烟聚集,食指更繁,設遇水旱不齊,應行賑糶。雖有附郭之縣倉,恐或不敷,是以另立府倉,以廣蓄積。此在各處且然,況海外尤非内地可比。乃臺郡自來並未設立府倉,向少積貯,現在僅有官捐等穀二千五百餘石,寄貯臺邑縣倉。細察由來,蓋緣臺地素稱産穀,從前每年所出,除支放臺澎兵米并運内地各項穀石外,尚屬充裕,各邑縣倉所貯儘足以備緩急。邇來烟户日增,地無閑曠,自開搬眷之例,生齒益繁,數倍疇昔。是出産有定,而食費無窮,所以一遇歉收,民虞艱食。即如本年春夏亢旱,米價騰貴。郡治爲五方雜處、商舶鱗集之區,待食尤衆。附郭縣倉不敷平糶,既撥外縣倉穀協濟,又復借運粤穀,始免一時惶急。然遠涉風濤,衝冒艱險,迨至粤穀到臺,三萬石内已損棄十分之一,此所謂鞭長不及者。若使府治有倉,就近糶濟,亦何至仰藉鄰封,而求助於呼吸難通、重洋間隔之地哉?

查閩省内地各府府倉所積之穀,自四五萬石至七八萬石不等,臺郡所係尤重,與内地不同。臣等愚見,請於府治建造倉廒,額貯穀十萬石,以濟青黄不接平糶之用,則要地巖疆庶幾有備無患。其買穀建倉等費,應動用司庫正項錢糧,報部查核存案,照例入於交盤册内,永遠遵行。但積穀至十萬石,每年不能盡數出易,臺地卑濕,不無氣頭倉底耗折,恐經手之員難免賠累。伏查現在欽

奉諭旨，將州、縣積穀不至賠累之處，交部通行查議；此項倉廒穀石，應如何採買、建造并交盤、報銷、補墊折耗之處，統候部議，以便遵守。則粟額常充，地方有賴，而官無賠累，事可永久矣。再查臺地捐監穀石，雖經部准在臺收納，但此地現在報捐之人甚少。即令將來足額，其數不過一萬石，亦屬無幾，且原議暫存府城，隨運内地，於臺郡積貯實無裨益，合并聲明。臣等爲海疆民食起見，冒昧陳請，是否可採，伏乞皇上睿鑒，勑部議覆施行。爲此謹奏。

九月二十六日

乾隆六年十一月十七日奉硃批：該部議奏。欽此。

——《明清宫藏臺灣檔案匯編》第 16 冊，第 377～382 頁

212.乾隆六年九月二十六日

巡臺御史舒輅等奏陳採買臺地倉穀并海船帶米接濟漳泉民食摺

巡視臺灣外轉御史臣舒輅、巡視臺灣監察御史臣張湄謹奏，爲奏聞事。

竊照臺郡素稱産穀之區，各邑亦備倉庾之蓄，惟是每年有撥運内地兵餉及接濟平糶等項，需用米穀甚多，又因連歲歉收，應徵供粟照例停緩，故年多積欠，以致倉儲不甚充裕。去歲收成又歉，今春雨澤愆期，各屬平糶穀石較多於往年至十一萬石有零。幸夏秋以來雨暘時若，禾稻豐收，實屬難逢景象。臣等伏思海外巖疆，關係尤重，欲地方之寧謐，務期民食之充足；而欲民食之充足，必在年穀之順成。所有應行買補本年平糶倉粟，應運臺、澎、金、厦督標各營兵米、兵眷米，應運漳、泉四府及領價未買等項穀石，通共不下四五十萬石。當此豐年，若不預爲籌畫，及時買補足額，恐將來青黄不接，未免臨事周章。臣等一面寄信督臣，一面嚴行督催地方官，經理買補，以實倉儲。現據府、縣照價陸續採買，以還前項。

再查臺地之與漳、泉唇齒相依，而米價之低昂，呼吸相應。漳、泉民食向藉臺穀接濟，是以船隻出口，每船准帶米六十石，以數石爲該船伙食之資，其餘接應漳、泉民食，此舊例也。本年三月因臺地米價昂貴，經道、府酌議暫減一半，每船止准帶米三十石，俟晚稻收成，再照舊携帶，通詳在案。夫每年出口商船，通計約有三千餘隻，以一船三十石計之，可得米九萬餘石，以一船六十石計之，可得米十八萬餘石。是臺地雖當儉歲米貴之時，念及漳、泉民食攸關，猶且不

容歧視。兹幸秋成豐稔,固應仍復舊例,每船帶米六十石,并嚴飭稽察海口官員,悉心查驗,以杜透越私賣等弊,則於漳、泉有接濟之實,而於臺地亦無侵礙之虞矣。臣等謹將現在採買倉穀并海船帶米事宜,繕摺奏聞,伏祈睿鑒。爲此謹奏。

九月二十六日

乾隆六年十一月十七日奉硃批:所奏俱悉,妥協爲之。欽此。

——《明清宫藏臺灣檔案匯編》第 16 册,第 383～387 頁

213.乾隆六年十一月初四日
巡臺御史舒輅等奏陳臺地田園科則事宜摺

(前缺)

臣等查得此案經閩省督、撫三次題請,雖係爲海外民生起見,但合舊科、新墾田園並請減徵,不特有虧國課,且於地方經費亦多未便,此皆該督、撫未曾通盤籌畫、冒昧疏漏之處。故部臣再三駁令查覆,良以賦額均關度支,正供不宜虧缺,此亦慎重錢糧之意也。惟是七年續墾田園,已於九年經部議覆准照同安科則,奉旨:"依議。"欽遵在案。是此項田園,自報陞至今,俱係減則徵收;兹經部議,於乾隆五年起,令照臺屬舊則輸納,頓增三分之二。是先輕後重,小民固力有難堪,而既減復增,守令亦無以示信。自奉部文以來,官吏彷徨,農氓驚顧,既無良法以催科,勢必違誤於徵解。不獨地方官盡受處分,而於國體民情均有關係,恐非仰體聖主子惠臺民之至意。但此案事關科則,不得不交部議,部臣亦未必先後互異,遂議准行。臣等伏思皇上鴻恩浩蕩,天地爲懷,豈惟臺地一隅屢蒙曠典,凡歷年以來薄海内外,仰荷蠲租、豁賦、免税、減徵之仁,其數不可以億萬計。乃此項田園已經減則,復議照舊額徵,每年所增之粟不過二萬餘石,於國家徒有加賦之虚名,略無裨補之實益。其在豐年,尚恐不能勉力輸將,設遇歉歲,有司照額取盈,安保無意外之釁,似非安輯地方之道也。再此案係督、撫現奉部咨移查辦理,非臣等所得與參末議,但督、撫身隔重洋,未免與親歷者有間,其如何辦理題覆之處,臣等不及周知。現在目覩地方拮据情形,不敢壅於上聞,是以冒達愚忱,妄抒管見,於常格外另加説帖,據實先行密奏。伏乞睿裁施行,海外地方臣民幸甚。

乾隆六年十一月四日

巡視臺灣外轉御史舒輅

巡視臺灣兼理學政監察御史張湄

【硃批】:覽。

——《明清宫藏臺灣檔案匯編》第16冊,第393～398頁

214.乾隆六年十二月二十四日(硃批)
巡臺御史舒輅等奏陳臺地田園科則事宜摺

巡視臺灣外轉御史臣舒輅、巡視臺灣兼理學政監察御史臣張湄謹奏,爲密陳臺地田園科則事宜,仰祈聖鑒事。

竊惟任土作貢,固有不易之經,而因地制宜,亦有變通之道。賦額之輕重,惟視地土之肥瘠,以斟酌損益,定爲科則,斯上不虧乎正課,下各愜乎輿情,似可於國計、民生兩無妨礙也。臺郡孤懸海表,地方最屬緊要,每年賦税所入,不敷經費,仰荷聖恩撥濟餉銀二十餘萬兩,歲以爲常。猶以小民賦繁力薄,上廑宸衷,減丁額,除社餉,蠲積逋,爲海隅蒼生甦困累而計安全者,實已至周且渥。臺民屢被鴻恩,不啻淪肌浹髓,豈容復邀寬典。惟是現奉部議,改增新墾田園科則之處,尚有不得不急爲呼籲者。臣等目擊民艱,敬爲我皇上密陳之。

查臺地田園向係按甲徵收,每上田一甲徵粟八石八斗,中田一甲徵粟七石四斗,下田一甲徵粟五石五斗。照内地同安則例科算,每甲得田十一畝,每上田一畝徵銀八分五厘零、米六合零,中田一畝徵銀六分五厘零、米三合零,下田一畝徵銀五分七厘零、不徵米,是臺地與内地科則輕重懸殊。經前督臣劉世明題請,將雍正七年以後報墾田園,按照同安科則征收,嗣准部覆,以同一田園新舊科則懸殊、未免偏枯等因咨行再議。復經請將七年报陞及續墾田園先行改照同安則例,已減輕過半。其舊墾田園一時不敢並改,致虧賦額,俟陸續報墾,足敷額數,另請一例徵收等因。經部奏准,於雍正九年十二月奉旨:“依議。”欽遵在案。至乾隆四年前督臣郝玉麟題請,若俟續墾足額始爲議改,則終無改則之日,請將舊墾田園亦照同安則例畫一徵收。經部駁以臺地向係按甲征收,若照同安科則,所徵銀米較之按甲所徵粟石不及十分之三,未便減免,并令將已減新墾田園仍照臺屬科則一體徵收,及報墾田園何以無上、中二則之處,行令勘定報部,按額徵解等因。

查臺屬舊則獨重於内地者,緣開臺之初,土廣人稀,地多遺利,墾户恣擇膏腴,是以供賦雖重,而民力尚紓。迨後生齒日繁,開闢幾遍,隱漏者首報悉盡,

歸番者清釐無遺。其所續墾之地，類皆依山傍海、沙磧斥鹵之區，實屬惟下之壤。若責以上、中之賦，不獨未墾者裹足不前，且恐已耕者懸耒而廢。故屢據里民環籲請減，經該督、撫先後敷陳，無非洞悉民隱，不敢膜視之意也。但并將舊墾田園概行請減，計畫未周，不無混冒。部臣慎重錢糧，自應議駁。惟是新墾田園減則徵收，業經雍正九年欽奉世宗憲皇帝恩旨俞允，迄今十有餘年，通臺萬姓群沾薄賦之仁，久免追呼之擾，熙熙皞皞，比户同風，蓋已習爲固然，安之若素矣。兹復令改照舊則，海外窮黎疑慮却顧，其拮据之狀既倍覺難堪，急公之情更何能踴躍。臣等伏思皇上軫念海疆，視民猶子，痌瘝罔釋於聖懷，恩施有逾於常格，似此已准減輕之賦，復行議增，恐非聖主惠養元元之至意。臣等職任巡方，既有所見聞，不敢不據實密奏，其臺屬新墾田園，合無仍照同安則例之處，伏候睿鑒，勅部施行。謹奏。

乾隆六年十二月二十四日奉硃批：該部議奏。欽此。

——《明清宫藏臺灣檔案匯編》第 93 册，第 382～388 頁

215.乾隆七年二月十七日

巡臺御史舒輅等奏陳現辦臺地米穀事宜并地方情形摺

巡視臺灣外轉御史臣舒輅、巡視臺灣兼理學政監察御史臣張湄謹奏，爲奏聞事。

竊臣等上年九月内奏爲臺地買補米穀、稽查海口事宜一摺，奉硃批："所奏俱悉，妥協爲之。欽此。"查臺地情形，雖歷年産穀頗多，而民人倍聚，與昔不同，其間土著甚少，大半皆漳、泉、潮、惠無家室之人僑寓於臺，以墾種爲業。故一當收成之後，粤人惟知糶穀易銀，以便携帶回籍；閩人則將穀搬運内地，以贍其家口。而土著之民又習俗浮華，輕視米穀，不知蓄積，兼内地採買及商販圖利偷運者，皆取給於此，是以無論歲之豐歉，民間實少蓋藏。官斯土者，若不於秋成時酌盈劑虚，善爲樽節，則臺地之穀一罄於趕急糶賣，一竭於搬運透漏，病農病民，兩礙之道也。所以向例商船回棹止許帶米六十石，必經鹿耳門掛驗，既以肅清海道，亦慎重内外地方民食之一法也。去年因春夏缺雨，米價昂貴，暫減商船帶米一半，隨於秋後仍復弛禁，照舊携帶。至於去年應解運内地四府及各營兵眷等項米穀十八萬餘石，又應買補平糶粟十一萬餘石，尚有舊項應行買補者十七萬餘石，通共約計四十餘萬石，皆不可不及時辦理者。是以臣等於秋成後，咨明督、撫，面飭有司，急爲籌畫，以實倉儲，已經奏明在案。兹據地方

官開報,已經買補及徵收正實粟石確數,扣至六年分十二月底止,計存倉共三十三萬有零,除支放七年分正月至十月各項兵米外,實在存倉正雜米粟二十三萬餘石,其未完供粟,尚在徵收等語。臣等就本年而論,臺地倉儲既可敷撥運之用,復堪備緩急之資,不但年豐可享盈寧,即或偶值歉收,亦可無虞乏食矣。伏思積儲之道,在官實爲有益,惟經理不善,斯有穀貴傷民之患,然於豐稔之秋,不預爲籌畫,坐失機宜,則又何以待不時之需,此惟在地方官措辦何如耳。且平糶者,原爲青黄不接之際,平市價之不平,所以安衆心而固疆圉,非專爲救荒而設也。官無餘粟,則地方空虚,所關匪細。在内郡且不可,况海外孤懸之地乎?故臣等既嚴檄海口官員,立定章程,協力稽查,以杜透漏,則米穀可存;更飭地方官,因時平價採買,務使有益於官,無損於民,方爲妥協。而有司亦各實力奉行,現在倉儲有備,米價亦平,自去冬至今,雨水調匀,民情寧謐。謹將現辦米穀事宜并地方情形據實奏聞,仰慰聖懷,伏乞睿鑒。謹奏。

二月十七

乾隆七年四月十一日奉硃批:欣慰覽之。欽此。

——《明清宫藏臺灣檔案匯編》第 17 册,第 412～416 頁

216.乾隆七年二月十七日

巡臺御史舒輅等奏報恭繳硃批奏摺摺

巡視臺灣外轉御史臣舒輅、巡視臺灣兼理學政監察御史臣張湄謹奏,爲恭繳硃批奏摺事。

乾隆六年十一月十一日頒到硃批奏摺三道,乾隆七年正月初六日頒到硃批奏摺五道,二月初十日頒到硃批奏摺四道。臣等恭設香案跪迎進署,伏讀諭旨訖,所有三次奉到硃批共十二摺,理合恭繳,爲此謹奏。

乾隆七年二月十七日

【硃批】:覽。

——《明清宫藏臺灣檔案匯編》第 17 册,第 417～420 頁

217.乾隆七年四月十五日
巡視臺灣給事中書山奏報自京赴臺沿途晴雨及本年臺灣米糧時價摺

巡視臺灣刑科給事中臣書山謹奏,爲恭報沿途晴雨及臺地米糧時價事。

竊臣世受國恩,荷蒙皇上簡拔御史,更擢給事中。兹復膺命巡視臺灣海疆重地。自念庸材,惟恐隕越,祇承聖訓,夙夜銘心,務竭駑駘,以無負我皇上飭臣鎮静和衷之至意,所有任事日期,除已具本謹題外,臣蒞任之初臺屬一切事宜,現在虚心察訪俟灼見利弊,與漢御史臣張湄審慎商[確]榷,次第入告。惟是臣歷任中書侍讀,復列言路,得在禁近,伏見皇上宵旰憂勞,軫念民瘼,直省雨暘,偶爾愆期,無不上廑宸衷。臣自京師道經各省,仰體聖心,沿途晴雨概不敢忽,勤加訪問,謹就見聞所及據實陳奏。

臣於去年十二月二十四日出都,由直隸至山東地方,其時係冬盡春初,民間猶未需雨。入江南界,經徐之宿遷,淮之桃源、清河、山陽等處,因去秋被水,民食維艱。蒙皇上發粟給賑,貧民得免饑餒,但春熟未經播種之處頗多。揚、鎮、常、蘇等府麥苗雖好,而舊冬雨雪希少,農人正在望雨。及抵浙之嘉、杭,聞自正月初旬起,連陰月餘,錢塘水漲,沿江一帶麥田多有淹没。詢之土人,據云天晴水退,尚可有收。其時督臣德沛率屬祈晴。嚴、衢等府大略相同。二月下旬,臣至福建省城,值早禾待雨蒔插。署督臣策楞、撫臣王恕率屬祈雨。三月初十、十一兩日,臣在途連得小雨而未霑足。及抵厦門守風,知該處米價騰貴,望雨甚切。四月初八日,臣到臺任事,聞省城已得雨佈插。詢知臺灣自春初以來晴雨停勾,入夏稍覺雨缺,目下郡城米價亦復增貴,米每石價至一兩六七錢不等,南北兩路米每石一兩一二錢至一兩三四錢不等。臣現在與漢御史臣張湄會同鎮、道文武各員設壇祈雨,俟得雨之後另摺恭報。所有臣沿途經過雨暘情形及臺郡米糧時價,據實具摺奏聞,伏祈皇上睿鑒。爲此謹奏。

乾隆七年四月十五日

【硃批】:所奏俱悉。

——《明清宫藏臺灣檔案匯編》第 17 册,第 439～445 頁

218.乾隆七年五月初四日

巡視臺灣給事中書山等奏報臺地北路三處四月雨水及米價摺

巡視臺灣刑科給事中臣書山、巡視臺灣兼理學政監察御史臣張湄謹奏，爲恭報得雨情形，仰慰聖懷事。

竊照臺地入春雨澤調匀，米價甚平。自三月以後稍覺缺雨。臣等會同鎮、道文武各官於四月十五日起設壇虔誠祈禱，至十八、十九、二十等日連得時雨。因地方遼闊，恐有晴雨不齊，臣等即行飭查。嗣據北路淡水、彰化、諸羅三處報稱該地正當栽插之時，需雨殊急，於四月二十日起至二十四、二十五等日，甘霖叠降，現在田園浸潤霑足，俱得及時犂種，鄉農歡忭等情。

又據南路臺灣、鳳山二處報稱，雖連日得雨而未甚霑足，但該地蒔插尚可稍緩，目下並無妨礙等情。惟是時當青黄不接，又值内地漳、泉缺雨，米價昂貴，大小船隻帶米協濟頗多，臺地米價亦因之日增，現在上米每石一兩八錢。經臣等飭令有司開倉平糶，以減市價，民間可無乏食之虞。其地方民情自得雨之後俱皆安恬樂業。誠恐上廑宸衷，合先將北路三處雨水霑足情形繕摺恭報，少慰聖懷。俟各屬更得大雨普遍，臣等循例勸農後，再當具摺奏聞，伏祈睿鑒。謹奏。

乾隆七年五月初四日

【硃批】：欣慰覽之。

——《明清宫藏臺灣檔案匯編》第18冊，第8～12頁

219.乾隆七年六月二十七日

巡視臺灣刑科給事中書山等奏報臺地五六月份雨水禾情摺

巡視臺灣刑科給事中臣書山、巡視臺灣兼理學政監察御史臣張湄謹奏，爲恭報雨水霑足情形，仰慰聖懷事。

竊臺地水旱田園種早禾者十之二，種晚禾者十之八。早禾春種夏熟，晚禾則於夏間播種，至秋末冬初陸續收獲。今歲春夏之交，北路諸羅、彰化雨澤尚匀，惟臺灣、鳳山二處缺雨，所有祈禱平糶情形，經臣等奏聞外，兹於五月二十

八日起至六月中旬,半月之間疊降甘霖,田疇霑足。臣等職任巡方,恐有惰農不克乘時耕作,遂於二十日會同鎮、道各官前往郊外循行勸勞,目覩各處高下地畝均有積水旁流,土膏融潤,村民踴躍播插,彌望菁葱。官弁民番,咸深懽忭。臣等隨各捐資犒勞訖。因道里遼闊,雖經各縣節次具報得雨,猶恐未徧,隨檄行臺灣府通查去後。嗣據臺灣府知府范昌治確查,彙報臺、鳳、諸、彰四縣及淡、澎二廳均得及時澍雨,晚禾現俱栽種,可望秋成。其各處早禾正在收割,又因得雨,故米價漸見平減。現今郡城每石價值一兩五六錢不等,其出米之處更平。民心安樂,地方敉寧。所有雨水霑足,田禾茂盛情形理合據實奏聞,仰慰聖懷,伏祈睿鑒。謹奏。

乾隆七年六月二十七日

【硃批】:欣慰覽之。

——《明清宫藏臺灣檔案匯編》第 18 册,第 80～84 頁

220.乾隆七年十月十八日

巡視臺灣刑科給事中書山等奏請嚴查私運米石小船至臺摺

巡視臺灣刑科給事中臣書山、巡視臺灣兼理學政監察御史臣張湄謹奏,爲奏聞事。

竊查臺灣地隔重洋,一方孤寄,實爲數省藩籬,最關緊要。雖素稱産米之區,邇來生齒倍繁,又禁止漢人開墾番地,土不加闢,今非昔比。偶因雨澤愆期,米價即便昂貴。蓋緣撥運四府及各營兵餉之外,内地採買既多,并商船出口所帶接濟漳、泉米石,每年通計不下四五十萬。尚有額外多載者,屢經察出在案。又南北各港來臺小船巧借失風名色,私裝米穀,透越内地。彼處概給失風船照,奸梢恃爲護符,運載遂無底止。且游手之民、逋逃之犯乘機偷渡來臺,莫可究詰。不特地窄人稠,米少價貴,一遇歉歲,甚虞掣肘,而生事不法多從此起。臣等涖任以來詳加體察,嚴諭各汛口,毋許小船透越。凡拏獲偷渡船隻、人口,即移回原籍,其包攬船户照例遞解彼處重懲。但查此項人等俱從厦門所轄之曾厝垵、白石頭、大擔、南山邊、劉武店及金門所轄之料羅、金龜尾、安海、東石等處小口下船,一經放洋不由鹿耳門入口,任風所之,於臺地南北諸路但得片土著足,即將人口登岸,其船遠棹而去。或遇不通陸路之處,遂致束手無

措,愚民受害亦甚可憐。況臺灣惟藉鹿耳爲門户,稽查出入。今任游匪潛行往來,海道便熟,將鹿耳一口亦難恃其險要,殊非慎重海疆之意。

再查偷渡一事内地非不明禁,臺灣道、府亦屢經議詳,該督、撫俱已准行,而未能盡絶者,實由濱海各營汛稽察未週疎忽之故。臣等因臺地民食維艱,海洋關係重大起見,不敢因循坐視,除經移咨督、撫,令内地凡透越小船,不得概給失風護照,并現飭全臺官弁處處查察透越私渡諸弊外,合將辦理情形繕摺具奏,仰懇皇上勅諭閩省督、撫,加意嚴行該屬文武,實力清查汛口,不使稍有疎縱,庶幾民番足食,港道肅清,於海疆内外地方均有裨益。爲此據實奏聞,伏祈睿鑒,訓示施行。謹奏。

乾隆七年十月十八日

【硃批】:知道了,有旨諭部。

——《明清宫藏臺灣檔案匯編》第 18 册,第 172～177 頁

221.乾隆七年十一月十七日
巡視臺灣刑科給事中書山等奏報閲操巡視情形摺

巡視臺灣刑科給事中臣書山、巡視臺灣兼理學政監察御史臣張湄謹奏,爲恭報閲操巡視情形,仰祈睿鑒事。

竊查臺灣海外巖疆,爲東南數省藩籬保障,武備最關緊要。臣等荷蒙皇上天恩畀以廵察重任,惟有仰遵聖訓,文武和衷,夙夜兢兢,以輯兵安民,防微杜漸,整飭地方爲務。兹於本年十月初六日會同鎮臣何勉閲看臺灣鎮標三營及城守營兵操。初八日,又閲看臺協水師三營操演,俱各隊伍整齊,甲械鮮利,船隻堅固,駕駛便捷。臣等隨量捐給賞,以示鼓勵。其澎湖左右二營因遠隔大洋,照例檄委澎湖通判王鶚會同該署副將高省就近閲看。嗣據申報於十月十八日閲過兩營目兵操演,俱軍伍整肅,船隻器械堅利鮮明等情,并繳各册前來。臣等覆察無異。至本年例應廵歷北路地方,隨於十月二十四日輕装減從自府治起程,由灣里、木栅仔、茅港尾等處至諸羅縣治,閲看北協左營操演。次由該縣之斗六門渡虎尾溪,從東西兩螺、大武郡沿山一帶歷彰化縣治,閲看北協全營操演,均各整齊熟練,防守嚴密,亦經酌量獎賞後。由彰化廵閲至遷善、感恩等社,過大甲溪淡水屬各界,循海濱而南,經鹿仔港、笨港、鹽水港等地方貨船停泊、客民叢聚之處,尤加意訪察,以期防範得宜。臣等所過村莊各社番民並皆樂業,意象恬熙。隨唤集耆民土目及讀書識字之番童,一一宣布皇仁,開誠

撫諭,給以烟、布、紙、筆等物,莫不歡忻鼓舞。至沿途大小營汛,俱嚴加訓飭,令其約束兵丁,不時操演,毋致怠惰滋事,貽累民番,以仰體聖主廑念海疆,惠養元元之至意。巡歷既訖,臣等於十一月初十日回署。所有閱驗營伍,巡視地方情形,理合繕摺奏聞,伏祈皇上睿鑒。爲此謹奏。

乾隆七年十一月十七日

【硃批】:所奏俱悉。

——《明清宫藏臺灣檔案匯編》第18册,第221～226頁

222.乾隆八年二月十五日 巡臺御史張湄奏請增設臺灣書院房間膏火摺

巡視臺灣兼管學政監察御史臣張湄謹奏,爲海外人文日盛請增書院膏火以廣栽培事。

竊照臺灣自入版圖,歷來歲科兩試取進生員,因本處讀書能文者少,大半借才於内地。彼既冒籍入學,一青其衿,隨即星散,教官未經識面,罔知居址。是以月課從無一應,歲試亦難遍傳。此臺郡學校之積弊也。

臣奉聖恩兼理學政,蒞任以來加意課士,見該地生長諸童不乏聰俊可造之資,故於歲試時按照定例,嚴飭廩保剔除頂冒。凡内地航海而來者,皆不得倖雋。所取進新生無一非土著,庶幾學臣、教職得以時時與士相見,勤加訓迪;而少年讀書向上之心亦因之一奮焉。惟是臺士惡習,甫獲入泮,輒恃護符,包攬詞訟,欺壓鄉愚,往往起争召釁,率由於此。倘不從入學之後嚴定課程,有以約束其身心而作興其志氣,則非惟不能振文風之頹,亦適足貽地方之累也。乾隆五年,前任學政楊二酉奏請設立海東書院,以貢生施士安報捐水田一千畝,充士子膏火之費,奉旨准行在案。但邇來生童願進書院肄業者數倍於前,舊設書院房舍止十餘間,甚爲狹隘,且前項田畝每年收粟五百石,官依定價易銀二百五十兩,實不敷該師生膏火修脯卷紙等用。現在院中肄業生童,臣親加校閲,文藝既有可觀,舉止亦復彬雅,與衆不同,則教學頗著成效,似宜益加恢崇,以宏作養。無如臺地經費乏出,限於額數,臣屢商之道、府等員,俱束手莫應。伏思古之設科也,來者不拒。今海邦人士荷蒙聖朝文教覃敷,皇仁樂育,人材日見蔚起。其志圖上進,呈請入院者紛紛雲集。而臣等不能廣爲汲引,使之有願莫遂。臣忝作人之職,即上負聖主懷遠之恩,若隱而不言,罪又甚焉。爲此不揣冒昧,懇祈皇上俯念海外人文關係地方,書院實兼庠序,勅下閩省督、撫,照

會城鰲峰書院例,於司庫公餘銀内,每年酌量撥給,或令臺地官員就近設法補助,俾得添蓋房舍,充裕膏火,擇其有文品者,萃處於中。學臣師儒詳立規條,盡心督課,則修禮義以化囂凌,敦士習以厚民俗。所謂師道立而善人多,其有裨於海邦正不徒文風丕振已也。臣言是否可行,伏候睿鑒。爲此謹奏。

二月十五日

乾隆八年四月初四日奉硃批:此摺交那蘇圖聽其議奏。欽此。

——《明清宫藏臺灣檔案匯編》第 18 册,第 347～351 頁

223.乾隆八年四月初四日(硃批)

巡視臺灣刑科給事中書山等奏請臺地米穀採買應依時價摺

巡視臺灣刑科給事中臣書山、巡視臺灣兼理學政監察御史臣張湄謹奏,爲敬陳臺地米穀情形,仰祈睿鑒事。

竊惟穀價以豐歉爲低昂,採買視歲時爲損益,未有守以前之成例而不務變通者也。臺灣雖素稱産米之區,而生齒日繁,地不加廣,兼之比歲雨暘不時,收成歉薄,蓋藏空虚。荷蒙皇上聖明遠照,洞悉情形於重洋萬里之外,歷奉俞旨,跪讀之下,臺民無不感激。惟是内地臣工,身未親履其境,徒執傳聞之豐裕,未曉今昔之不同。即如御史陳大玠,生長泉州,尚疑臺郡有岐視漳、泉之見。殊不知臺灣固爲東南數省之藩籬,八閩全省之門户,而於漳、泉所繫尤非淺鮮也。臺郡寧謐,則漳、泉安,漳、泉安而全閩俱安矣。然地以民爲本,民以食爲天。臺灣四面俱海,其舟楫相通者惟泉、厦耳。而泉、厦又山多地少,仰藉臺穀,是臺灣之米有出無入,猝有水旱,非同他郡有鄰省通融,商賈接濟也。臣等蒙皇上畀以巡視重任,豈不知春秋嚴遏糴之戒,况同隸閩省版圖,原無分於此疆彼界。而於海口之米穀,不得不責懲官吏嚴其出入者,實由事勢使然也。若任其運載透越,則臺穀指日可竭,而地方不能寧謐,日後之漳、泉亦無從而仰藉矣。此臣工之籍隸漳、泉者,亦宜爲久遠計,而毋徒争目前之利也。至地之所出,每歲止有此數,而流民漸多,已耗臺穀之半,復有兵米、眷米,及撥運福、興、漳、泉平糶之穀,以及商船定例所帶之米,通計不下八九十萬,此即歲歲豐收,亦斷難望其如從前之價值平減也。是以臣張湄、前同任滿御史臣舒輅有請建府倉以裕民食之請,工科給事中楊二酉有先實臺倉之奏,臣等於上年十月亦有請禁透

越私渡之摺。即近今閩省督、撫二臣議覆科道楊二酉等條奏，亦以臺倉之積貯不充，則内地之轉輸易竭，海外設有緩急，他處難以接濟爲慮。但督、撫所議，令臺灣四縣貯粟四十萬石，恐一時買足，爲數太多，爲期太迫，應定三年之限，照數購買等因。而部臣以採買倉穀定例，年歲豐稔應盡數採買，並無預限三年之期議覆。

臣等思臺灣上年收成實止七分，既非豐稔，似不得盡數採買。且楊二酉原奏，請先實臺倉，然後買運内地。該督、撫等以内地兵糈、民食無從措辦，關係非小，仍請照舊撥運。部議既准其奏，而本處貯穀又不寬其限期，未免米價更昂，轉於民食有礙，是不若督、撫所請三年之議爲得也。再，楊二酉所稱：内地發買穀價僅得三錢六分或三錢不等，裝運脚費俱從此出，在從前穀賤之年原足敷用，今則不免賠累，嗣後必依時價、運費發買等語。該督、撫亦議請以後按年歲豐歉，酌量增減，所見相同。而部臣拘於成例，謂從前并無以年歲不齊稍議加增，又臺灣素稱産米，迥與内地不同，倏增倏減，恐啓浮冒捏飾之端，宜仍循舊例，是猶以從前之臺灣視今日之臺灣也。臣等查上年臺灣於收成之際，米價每石尚至一兩五錢不等，則穀價亦在七錢上下。續又准閩省水、陸提督及金門鎮等各移咨督、撫，赴臺採買兵米，俱不下數千餘石。目下各屬米價，自一兩七八錢至二兩不等，則與從前大相懸殊。可知原議之穀價，即不論裝運脚費，已不抵時值之半，倘仍不議增，必致因循歲月，互相觀望，採買無期；若勒以嚴限，迫之使趨，非縣令受賠償之累，即閭閻罹短價之苦。小民終歲勤動，至秋成而賤買之，既失皇上愛民重農之意，若使有司賠墊，勢必那移虧空，亦非皇上體恤臣下之心。況賢愚不等，或思因他事取償，是其累仍貽於民也。至因倏增倏減，恐啓浮冒捏飾之端，則終歲晴雨、穀價低昂，各屬每十日必通報督、撫、提、鎮，而臣等衙門現駐其地，貴賤俱循例奏聞，倘有不實，定即指參，何能浮冒。夫浮冒之弊小，累民之事大，即果不能盡絶，猶當權其重輕，況本無從捏飾乎。

臣等仰荷恩命，廵視臺疆，身處局中，不敢以既經部覆之案，瞻顧隱默，有負委任之至意。謹將現在穀價情形，據實奏明，伏祈皇上天恩，准照閩省督、撫所議，俾得按年歲豐歉，酌量價值，及時採買，庶於海外地方實有裨益。至將來閩省提、鎮等採買臺穀，亦乞敕諭，令其預爲咨商臺地官員，俟果有盈餘，然後委員赴買。臣等仰體聖心，自必隨時斟酌變通，使中外有無相濟，斷不敢稍存爾我畛域之私，以違協恭和衷之道也。爲此繕摺具奏，伏乞睿鑒，訓示施行。謹奏。

乾隆八年四月初四日奉硃批：該部議奏。欽此。

——《明清宫藏臺灣檔案匯編》第 18 册，第 419～426 頁

224.乾隆八年四月初六日

巡視臺灣刑科給事中書山等奏報臺地本年三月以來雨水苗情摺

巡視臺灣刑科給事中臣書山、巡視臺灣兼理學政監察御史臣張湄謹奏,爲恭報臺地春雨普被情形,仰慰聖懷事。

竊照臺灣春初雖得微雨,未甚霑足,米價漸增。隨飭該府將所儲倉穀照例酌減平糶外,但東作方殷,現種雜糧亦均需雨。兹據臺灣府暨各廳、縣摺報於三月十九日至二十五等日,甘霖叠沛,南至鳳山,北抵淡水,以及澎湖無不普遍。一切雜糧、芒蔗俱各青葱暢茂,土膏滋潤,高下田畝皆得及時翻犁等情前來。臣等復察無異。自得雨之後,米價亦經稍減。海疆重地誠恐上廑宸衷,合將春雨普被,雜糧暢茂情形先行繕摺恭報,仰慰聖懷。俟入夏以後雨水再得調勻,臣等當另摺奏聞。爲此謹奏。

乾隆八年四月初六日

【硃批】:欣悦覽之。

——《明清宫藏臺灣檔案匯編》第 18 冊,第 433～436 頁

225.乾隆八年四月初六日

巡視臺灣刑科給事中書山等奏請給臺灣班兵車價以恤番困摺

巡視臺灣刑科給事中臣書山、巡視臺灣兼理學政監察御史臣張湄謹奏,爲請給臺灣班兵車價以恤番困事。

竊照臺灣地方遼闊,北路離府寫遠。自雍正十一年添設營制,每年换班兵丁一切行李俱係各番社撥車供應。三年大换,絡繹往來,番尤苦累。在兵丁無車輛運載行李,難以遠行。而番車當差並不給價,枵腹驅役,勞苦無休,甚可憐憫。是以除南路地近社遠,向無車輛當差無庸置議外,其北路諸社所撥車輛歷經臺灣道、府議以每里應給銀五釐,請於該營生息盈餘銀内包封送縣沿途給發。而營員以各營息銀動賞不敷勢難支應,詳飭内地各營動支存公銀兩撥給。而内地又以無公銀可動,請仍飭臺屬府縣查議,往返移查,經年累月,徒成畫餅。

臣等查臺鎮册開北路三營,中營駐劄彰化,至府治二百里。該營實兵八百三十二名,定例十兵一車,需車八十三輛。每車一里給銀五釐,按里該給銀一兩,共應需銀八十三兩。左營駐劄諸羅,至府治一百里,實兵七百五十七名,需車七十六輛,每車該給銀五錢,共應需銀三十八兩。右營駐劄竹塹,至府治三百五十里,實兵六百四十七名,需車六十五輛,每車該給銀一兩七錢五分,共應需銀一百一十三兩七錢五分。淡水營至府治五百里,實兵四百六十二名,需車四十六輛,每車該給銀二兩五錢,共應需銀一百一十五兩。以上共銀三百四十九兩七錢五分,新舊班兵來回合計通共需銀六百九十九兩五錢,匀作三年,每年應需銀二百三十三兩一錢六分零。今營中既無生息銀兩可動,内地又無存公銀兩可支,换班兵丁行李每十人一車既不可免,而窮番當差終成勞役,誤農廢業,日益貧困。

臣等伏思番黎同屬聖朝赤子,屢蒙皇上減賦輕徭,加恩軫恤。而此項車價所費無多,所關匪細。凡屬地方文武官員仰體聖主愛育元元、一視同仁至意,所當悉心籌畫,以紓積累,以杜滋擾者也。現届大换之年,臣等復飭道、府酌議去後。兹據會詳臺地有官莊項下徵收租粟銀兩,撥充内地各官養廉,似可於此内每年扣出銀二百三十三兩一錢六分零,每逢三年共該銀六百九十九兩五錢,以爲换班兵丁僱備車輛之費。是以臺地之公項,而稍匀臺地之公用。支給既便,管理亦易。其内地養廉額内二百三十三兩一錢六分零,請於司庫另撥補項。如此一轉移間,則班兵行李無患運載之艱,而番黎應差亦可免饑驅之苦,全臺兵番皆感沐皇仁於生生世世矣。是否有當,伏乞皇上睿鑒,勅諭施行。爲此謹奏。

乾隆八年四月初六日

【硃批】:有旨諭部。

——《明清宫藏臺灣檔案匯編》第 18 册,第 437~443 頁

226.乾隆八年四月十八日

巡臺御史張湄奏報交印日期摺

巡視臺灣兼理學政監察御史張謹揭,爲恭報微臣交印日期事。

乾隆八年正月十六日承准都察院劄付,爲請旨事。經歷司案呈,刑科抄出,本院題前事。於乾隆七年十一月初十日題,十二日奉旨:"巡視臺灣,著熊學鵬去。欽此。"欽遵。劄行到臣。臣隨於乾隆八年四月十八日謹將欽頒臺灣

學政關防一顆,交新任巡視臣熊接受。所有微臣交印日期,理合恭疏具題,伏乞皇上睿鑒。爲此,除具題外,理合具揭。須至揭帖者。

乾隆八年四月十八日

——臺北"中央研究院"歷史語言研究所藏明清史料

登録號:040961

227.乾隆八年五月二十一日
巡臺御史熊學鵬奏報巡視臺灣民番及辦理情形摺

巡視臺灣兼理學政山西道監察御史臣熊學鵬謹奏,爲敬抒愚忱,仰祈睿鑒事。

竊臣奉命巡視臺灣,於乾隆七年十二月内具摺恭請聖訓,蒙恩召入,諭以:"臺灣係海外地方,民番雜處,汝去不可疎縱,不可擾累,其好事之徒,當使知有王法。再武職兵丁等,如有驕縱不妥協處,應救正者,隨時救正;應知會督、撫者,知會督、撫;應奏朕知道者,奏朕知道。至於地方事務,固宜整頓,然亦不可輕易恃才,以致整頓轉不如法。汝須與滿御史和衷辦理。欽此。"臣跪聆之下,銘心鏤骨,馳驛赴臺。除臺地雨水情形另摺奏聞外,該臣看得臺灣一郡僻處重洋,南北兩路綿亘千有餘里,實爲東南數省保障,必須文武官弁協力和衷,兵士民番安居奉法,方足以靖邊方,而收實效。然必巡察和而後文武能和,文武和而後能於地方有益。現任滿巡察臣書山爲人明白持重,事無鉅細,皆與臣悉心商酌,虚公計議,臣受益實深。

至於臺郡田土,多屬膏腴,種植恒有利益,福、興、漳、泉等府民食皆仰給於臺地。然欲撥臺穀以濟他郡,必先實臺儲以固本原。無如向來福建地方官習氣,在臺地者,則惟知嚴禁米穀之出口;在内地者,又每怨臺灣禁米之太嚴,彼此各持意見。臣思内外皆屬一體,如果臺灣豐收,與其粒米狼戾,自應酌盈濟虚,多爲運送,添助内地民食。倘臺地本處計算尚覺不敷,若於應撥額米及所帶食米外,再任民船搬運一空,關係匪淺。況在昔日臺灣民少,近來生齒浩繁,加以内地無業之輩偷渡到臺,日聚日衆,養贍維艱,安插匪易。臣至閩省即於邸抄内捧讀上諭,嚴飭各海口查禁偷渡民人,睿鑒周詳,無微不照。而督臣那蘇圖、前任撫臣劉[于]於義亦極能仰體聖心,將内外情形悉心籌畫,毫無偏見,在臺員弁防範私販者,亦頗得宜。所以,上年臺地雖未豐收,而本處民食尚不至於匱乏者,職此故也。今年臺灣各屬早稻既登,晚禾又俱各乘時蒔插,若六七月内再得大雨接濟數次，即可以慶豐年。(**【硃批】**:若果有收，自應變通。)其本年秋收以後所有接運福建内地米穀或應仍照舊例，或應量爲增減之處，届期臣與滿巡察臣書山同地方各官相時商酌辦理。

至若臺地民番雜處，姦良不一，民則有閩粤之不同，番則有生熟之各別。民人多係内地貧極無聊者始來臺郡，然一經到臺，則每好結黨援。如閩人則與閩人爲伍，粤人則與粤人爲伍。而閩、粤之中，又有分府分縣各相爲伍。一遇釁隙，蚊趨蟻附，争鬬成群。即無事之時，游手好閑者，常聚賭行竊；務農耕種者，又侵番奪地。地方官御之稍寬，則恣肆横行，毫無畏懼；治之過嚴，則不惟怨讟繁興，謡言揭帖，更恐意外激出事端，誠有如聖諭所云"不可踈縱，不可擾累者也"。臣與滿巡察臣書山及道、府等官商議，凡遇民人生事不法，務必分别懲究，應逐回内地者，即行逐回内地；應按律治罪者，即行按律治罪，毋許稍爲寬縱。如遇結盟聚衆等事，一有端倪，務必將首犯一二人緝拏根究，(**【硃批】**:是。)盡法處治以戒其餘，亦不必蔓引株連，致滋驚擾。

其熟番性皆魯直，踴躍急公，頗覺安分，間有一二生事者，皆由漢匪逼迫教誘所致。生番性雖好殺，居處深山，立有界限，内外原屬隔絶，無如民人惟利是圖，不畏險阻，潛入其境抽藤打鹿，致被割去頭顱，兇手未能緝獲。臣與滿巡察臣書山時常告戒地方官嚴查生番境界，毋任民人偷越取利。至熟番既歸王化，即係朝廷赤子，更不容姦民佔誘，以致番累日深。

再查臺灣向日兵丁每至驕縱生事者，固由伊等隻身來臺，無家無業，好勇逞强，亦由該管員弁姑息袒護，有意寬縱之所致也。現今臺灣總兵官何勉約束嚴謹，控馭有方，所屬將弁俱各凛遵法紀。各營兵丁安守汛防，尚未見有生事之處。惟是海疆要地，駐劄重兵，總兵有節制全臺之責，管轄士卒，寬嚴稍不如法，則民番俱不免受累。鎮臣何勉業經調補南澳，現候交代起程，將來新鎮臣張天駿到任後，如能體察臺地情形，虚心妥辦，則自有裨益。

總之，海外事勢動關緊要，務在因地制宜，官斯土者，不可一日懈弛，不可一念矜躁。雖其兵悍民刁，風俗奢侈，要當隨事隨時調劑整頓，不可輕議紛更，妄矜才智。臣與滿巡察臣書山職司糾察，竭力同心，諸凡慎重。如遇地方官辦理未協事件，必剖晰開陳，囑其改正。内有應知會督、撫之處，仍行知會督、撫酌定。如遇事關重大者，臣等一面札商督、撫，從長妥辦，一面繕摺奏聞，務期斟酌允當，有益地方，以仰副我皇上綏靖海疆，乂安黎庶之至意。

伏念臣才識庸愚，仰荷聖恩，奉差海外，君門萬里，雙親遠寓京師，戰戰兢兢，惟恐稍有隕越，謹將臺地情形及臣辦理緣由繕摺，恭請聖明訓示遵行。臣曷勝惶悚待命之至。謹奏。

乾隆八年五月二十一日

【硃批】:所言皆是,實力行之。

——《明清宫藏臺灣檔案匯編》第 19 冊,第 128～138 頁

228.乾隆八年八月十六日

任滿巡臺御史張湄奏報沿途雨水苗情米價摺

任滿巡視臺灣湖廣道監察御史臣張湄謹奏,爲恭報沿途雨水米價情形,仰慰聖懷事。

竊臣於本年四月二十六日自臺起程渡海至閏四月中旬舟抵厦門,凡經過閩省各屬地方,田禾俱已栽插茂盛,但因陰雨連綿,又時值青黄不接,是以米價騰貴,每石三兩上下,延、建等府民食尤艱。至浙省地方,春夏雨水調勾,豆麥已經豐收,禾稻亦復暢發,米價每石一兩六錢。江南上下二省,臣所經過之處,田禾一望青葱,漸次結穗。聞本年雨暘時若,春花收成十分,秋收亦可卜大有。現在米價日減,每石一兩四五錢。惟山東春夏缺雨,臣隨處訪問,聞兖、濟以南收成尚好,自德州以北至直隸交界地方,有未經播種之處,實稱歉歲。現蒙聖恩賑濟,水次米船絡繹相望,其各處饑民亦陸續歸籍,輿情寧輯。臣謹將自臺至京沿途見聞所及據實瀆陳,仰慰聖懷,伏祈睿鑒。臣謹奏。

乾隆八年八月十六日

【硃批】:所奏俱悉。

——《明清宫藏臺灣檔案匯編》第 19 冊,第 217～220 頁

229.乾隆八年十月初五日(硃批)

任滿巡臺御史張湄奏陳安置臺灣義民摺

任滿巡視臺灣湖廣道監察御史臣張湄謹奏,爲敬籌安置臺地義民密請睿鑒事。

竊照臺灣自入版圖六十年來,民物恬熙,如登衽席。間有小醜竊發,如康熙六十年朱一貴之變,雍正十年吴福生之變,旋即撲滅。其所以克致底定者,固賴國家無疆之休,與行間將士之力,而在臺耕種之粤民先後亦與有□勞焉。

是以兩經督臣奏報,蒙世宗憲皇帝暨我皇上念其致命之誠下部議定功績,前次討朱一貴者,俱已給功加都司僉書之銜;后次討吴福生與北路兇番者,亦俱給功加千總之銜,共一千有餘名在案,所以酬忠也。第此輩皆椎魯不學,爲數既衆,其中固多安分守己者,亦即有泛駕跅弛者。或强争田地,或藉庇族姻。在地方官待之固宜少異於齊民。而若輩愚妄無知,謂[巳]己之聲勢足以與地方官抗衡,反因此而陷於法網,既墮其前功,亦灰其後念,殊堪憫惜。良由給劄之後,仍令群居鄉里,以事耕作,既無上進之思,復倚有護符,故蕩踰閑檢,或所不免。臣愚以爲此等義民宜散置之於閩、廣各標營,給以名糧,使之效力奔走,如果材技出衆堪任驅策者,即漸次提拔,以示優賞;如或不法誤公,小則追劄,大則抵罪,彼亦以自致愆尤,受罰而無怨矣。蓋賞其功而慕之者,見而奮興;罰其罪而使聞之者,不致解體。明示以鼓勵之方,而潛消其未形之戾,似亦善後之一策也。臣爲海外地方起見,不敢因已經離任置而不言,爲此密陳愚衷,仰祈睿鑒。倘或臣言可採,伏乞皇上勅議施行。謹奏。

乾隆八年十月初五日奉硃批:該部密議具奏。欽此。

——《明清宫藏臺灣檔案匯編》第 19 册,第 287～291 頁

230.乾隆八年十月二十九日
巡視臺灣吏科給事中書山等奏請揀發佐雜人員來臺以備委用摺

巡視臺灣吏科掌印給事中臣書山、巡視臺灣兼理學政山西道監察御史臣熊學鵬謹奏,爲請旨事。

竊照臺灣爲海外巖疆,綿亘千有餘里,番民雜處,口岸繁多,所設佐雜等官,必足以供任使,方有裨益。今查臺郡額設縣丞三員、巡檢七員、典史四員,各有巡邏地方、防禦生番、稽查船隻之責。每遇俸滿缺出及有事故等項,向就在臺現任佐雜中委署,一人兼理二任,殊覺顧此失彼。即如臺邑羅漢門乃兇番出没之區,諸邑鹽水港係海舶往來之所,彼此俱屬緊要,相離亦甚遥遠。上年佳里興司鹽水港巡檢缺出,將臺邑羅漢門縣丞虞蔭南委署,半載有餘,新官方到。該縣丞兩處奔馳兼顧,頗爲竭蹶。又如諸邑笨港縣丞姚國興解餉赴省,鳳邑萬丹縣丞凃坤差往内地办理桅木,經年累月,曠職時多,遇有差委,每至乏員。臣等伏思海疆要地稍有貽誤,關係匪輕。將此情形屢與道、府等官面商,

俱以佐雜額設不敷爲慮，理合據實奏明，伏乞皇上飭諭閩省督、撫於内地佐貳雜職人員内，或係現任，或係候補，酌量揀選二員，咨送來臺，以備差遣委署。遇有缺出，臣等行文督、撫補用，仍行咨督、撫揀選發臺。其該員到臺之日，如何分别論俸陞轉及給與養廉等項之處，應聽閩省督、撫定議辦理。但福建内外地方俱關緊要，倘現在内地佐雜無多，難以遽行揀發，俟該督、撫酌量情形，奏請簡發。如此庶差委不致乏員，而於海疆大有裨益矣。臣等愚昧之見，是否有當，恭候聖鑒訓示遵行。謹奏。

乾隆八年十月二十九日奉硃批：交該督、撫議奏。

——《明清宫藏臺灣檔案匯編》第19冊，第340～345頁

231.乾隆八年十月二十九日
巡視臺灣吏科給事中書山等奏報核定臺屬各種案件摺

巡視臺灣吏科掌印給事中臣書山、巡視臺灣兼理學政山西道監察御史臣熊學鵬謹奏，爲敬陳管見，仰祈睿鑒事。

竊查臺灣爲海疆緊要之區，巡視有稽察撫綏之責。國家設立滿、漢巡臺御史各一員，原欲其留心體察、彈壓地方，以佐督、撫耳目之所不及，固邊圉而收實效也。臣等涖任以來，凡遇地方官辦理未協之處，無不剖晰開陳，囑其改正。惟是向來臺地各官案件，有報知巡察衙門者，有不報知巡察衙門者。其不報知之案，迨經該處民人告發查詢，始將緣由聲明。而此聲明案件，更復任意延捺，有遲至經年不覆不結者。查例載地方官辦理事件非不定有限期，無如臺郡懸居海外，恃有重洋間隔，既與督、撫相去遥遠，呼應不靈，而巡察衙門又向不稽查，是以因循玩愒。今若逐案參處，則參之不可勝參。若僅摘出一二事題參示懲，則掛一漏萬，亦於政體未合。其案牘久懸則事端百出，無辜待質者，拖累難堪；逞刁健訟者，奸謀得遂，此廢事之患實所以生事也。

伏思臣等奉命巡臺，自應查核整頓，毋致廢弛，應請嗣後臺灣地方官所辦案件，按月將已結未結，分晰造册，申送巡察衙門查核。除依定限完結各案，及實有情節不能限内完結者，毋庸具題外，其並無難結情節任意遲延及隱匿案件不行造送者，一經查出，臣等繕本題參，交部察議。

再查臺地民人每將地方官已結各案屢次向巡察衙門控告不休，此等刁風亦不可長。嗣後遇有控告呈狀，除查原案判斷明晰者，嚴行批飭不□外，其另稱冤抑有關民生風化者，臣等酌量輕重，分别批發提訊，如所控是實，應即時改

正者，飭令地方官改正；應知會督、撫者，行會督、撫；應奏聞者奏聞。如所控涉虚，將此健訟之棍徒，交地方官照誣告律，嚴加治罪，以儆不法。庶可以息事寧人，而於臺疆似有裨益。臣等職任巡察，此等事件原可直行辦理，但海疆要地，一應舉動，關係匪輕，不敢冒昧，是以繕摺奏明，仰懇睿鑒勅諭遵行。謹奏。

十月二十九日

乾隆八年十二月二十七日奉硃批：著照所請行。欽此。

——《明清宫藏臺灣檔案匯編》第19冊，第329～333頁

232.乾隆八年十月二十九日

巡視臺灣吏科給事中書山等奏報閲驗營伍巡視臺灣地方情形摺

巡視臺灣吏科掌印給事中臣書山、巡視臺灣兼理學政山西道監察御史臣熊學鵬謹奏，爲恭報閲操巡視情形，仰祈睿鑒事。

竊查臺灣一郡爲東南保障，閩粤藩籬，武備實關緊要。所有鎮協各營官兵以及地方利弊、民風番俗情形，例應臣等查閲巡視。除澎湖左右二營因遠隔大洋，照例檄委澎湖通判陸鶴、協辦通判王鶚會同該署副將楊瑞就近閲看詳報外，臣等遵於本年十月初六日會同鎮臣張天駿閲看臺灣鎮標三營及城守營兵操演。十一日，又閲看臺協水師三營操演，俱各旗幟鮮明，甲械堅利，隊伍整齊，水師駕駛亦頗便捷。臣等隨量捐給賞，以示鼓勵。

至本年例應巡歷南路地方，臣等於十月二十一日輕裝減從，自府治起程，由鳳邑所屬之大湖、二濫、阿公店等處至縣治，閲看南路營官兵操演，實在整肅，亦經量捐獎賞。再由該縣之鳳彈、萬丹、新園、下淡水社以至南路生番盡界之放索等社，復沿傀儡山脚以至茄籐、力力、上淡水、阿猴、山猪毛、搭樓、武洛等八社，循山而北，轉入臺灣縣界之大傑顛社、羅漢内外門、崗山等處，周歷情形，經過營盤，皆飭其防範嚴密，不時操演。巡行各社俱親集老番、土目及讀書識字之番童開誠撫諭，宣布皇仁，給以烟、布、紙、筆等物，莫不歡欣鼓舞。

再查臺、鳳二邑今歲雖遇偏災，臣等沿途體察，雜糧尚可療飢，閭閻亦不至十分困苦。凡遇耆老詢問，俱稱仰沐聖恩，並無失所。巡歷既訖，臣等於本月二十九日回署。所有閲驗營伍、巡視地方情形，理合繕摺奏聞，伏乞睿鑒，爲此謹奏。

乾隆八年十月二十九日

【硃批】:所奏俱悉。

——《明清宫藏臺灣檔案匯編》第19冊,第334～339頁

233.乾隆九年三月初十日

巡視臺灣吏科給事中書山等奏報臺灣雨水情形摺

巡視臺灣吏科掌印給事中臣書山、巡視臺灣兼理學政山西道監察御史臣熊學鵬謹奏,爲恭報臺郡春雨溥被情形,仰慰聖懷事。

竊照臺郡於上年八九月間天時亢旱,臺、鳳、諸三邑偶有偏災,經臣等奏聞,荷蒙聖恩賑恤,海外民人不致失所。本年入春以來,自正月下旬至今,膏雨時降,二麥早冬以及地瓜、雜糧等項無不菁葱秀發,緑縟盈疇。據各屬摺報遍處甘霖大沛,四野霑足,早稻可望豐收,米價亦較前平減。現在各屬米價每石銀一兩六七錢至一兩三四錢不等,地方俱各寧謐。除將來收獲早稻分數另行奏報外,臣等恐上廑宸衷,爲此將入春以來雨水霑足情形先行奏聞。謹奏。

乾隆九年三月初十日

【硃批】:欣慰覽之。

——《明清宫藏臺灣檔案匯編》第20冊,第258～261頁

234.乾隆九年三月初十日

巡視臺灣吏科給事中書山等奏請臺灣會試舉人到京十名以上禮部編號不必拘定中額摺

巡視臺灣吏科掌印給事中臣書山、巡視臺灣兼理學政山西道監察御史臣熊學鵬謹奏,爲敬陳管見,仰祈聖鑒事。

查先經禮部議覆前任巡視臺灣御史諸穆布等條奏臺灣舉人會試另編字號一疏内稱將來臺郡士子來京會試至十名以上之多再行奏聞,恭請欽定中額等因具題。奉旨:依議,欽此。

臣等伏思會試乃賓興大典,定例各省分給中額,原欲令普天士子均沐皇仁,以昭樂育人才之盛。部議臺郡舉人積至十名以上,再定中額。查福建鄉試

每科臺灣取中舉人二名，積至五科以后方滿十名以上。當此五科之久，閱歷一十五年，其間少壯衰老不一，其侶膴厚貧寒不一，其境再雜有事故例不會試之人。是後者方興而前者已缺，雖至五科以後仍不能滿十名之數。若如原議必俟十名以上方定中額，恐臺灣舉人雖有會試之名，究無中式之日，成例竟爲虚設。伏惟皇上加意育才、振興文教，無微不至。臺灣阻隔重洋，道途險遠。士子會試往返經年，資斧匪易。如不論文理高下、人數多寡，概予一名進士，固非所以慎重掄才之道。然以海外呫嗶之寒儒，拘於十名難滿之成例，永無一人獲登甲第，亦屬可憫。臣等酌議嗣後臺灣會試舉人到京十名以上仍照原議定以中額外，其未至十名，禮部另編字號，不必拘定中額，届期令考試官憑文酌量，有可取者，取中一名，無可取者，仍缺無濫。如此庶邊海寒儒有階上進，而掄才大典亦不致濫邀矣。臣等愚昧之見，是否有當，伏乞睿鑒訓示遵行。謹奏。

乾隆九年三月初十日

【硃批】：該部議奏。

——《明清宫藏臺灣檔案匯編》第 20 册，第 262～267 頁

235.乾隆九年三月二十五日

巡視臺灣吏科給事中書山奏報交印日期摺

巡視臺灣吏科掌印給事中臣書山謹題，爲恭報微臣交印日期事。

乾隆九年正月二十一日，承准都察院箚付：爲請旨事。刑科抄出，本院題前事。於乾隆八年十一月初九日題，十一日奉旨："稽察吉林烏拉事務，著台柱去。巡視臺灣，著六十七去。欽此。"欽遵箚行到臣。臣於乾隆九年三月二十五日，謹將欽頒巡察臺灣官員關防一顆交新任巡視臣六十七接受。所有微臣交印日期，理合恭疏具題，伏祈皇上睿鑒施行，謹具題聞。

乾隆九年三月二十五日

巡視臺灣吏科掌印給事中臣書山

【硃批】：該部知道。

——臺北"中央研究院"歷史語言研究所藏明清史料

登録號：072246

236.乾隆九年三月二十五日

巡視臺灣户科給事中六十七奏報任事日期并臺地情形摺

巡視臺灣户科給事中紀録三次臣六十七謹題,爲恭報微臣任事日期,仰祈睿鑒事。

竊臣材質駑鈍,荷蒙皇上特恩,畀以巡臺重任。臣於乾隆八年十二月二十二日自京起程,兹於本年三月二十五日到臺任事,接受前任巡視臣書山親交欽頒巡察關防一顆,臣謹恭設香案,望闕叩頭,恭謝天恩訖。

伏念臺灣海疆重地,巡察係風紀攸司,臣膺兹重任,敢不殫心竭力,勉盡職守。惟有凛遵聖訓,與現任巡視臣熊學鵬敬謹辦理,務期文武和衷,兵民安輯,官常整飭,地方寧謐,以仰答皇上簡任之至意。除應辦事宜容臣次第舉行外,再臺郡今春叠沛甘霖,所屬地方無不霑足,高下田園雜糧暢茂。現在郡城各色米價每石銀一兩五六錢不等,其淡水産米之處更覺平減。兩路民番因時雨普遍,俱各安恬樂業。海疆重地,誠恐上廑宸衷,合將春雨霑足,人民安輯情形一併上聞,伏乞皇上睿鑒。爲此恭疏謹具題聞。

乾隆九年三月二十五日

巡視臺灣户科給事中紀録三次臣六十七

【硃批】:該部知道。

——臺北"中央研究院"歷史語言研究所藏明清史料

登録號:074635

237.乾隆九年六月二十日

巡視臺灣給事中六十七等奏報臺郡本年四至六月田禾雨水米價摺

巡視臺灣户科給事中臣六十七、巡視臺灣兼理學政山西道監察御史臣熊學鵬謹奏,爲恭報田禾雨水情形,仰慰聖懷事。

竊臺郡今春時雨霑足,業經臣熊學鵬會同前任滿巡察臣書山繕摺奏聞外,入夏以來仰賴皇上洪福,於四月十五日起至六月十八等日甘霖叠沛,四邑兩廳遍沾普被,所有早禾俱各陸續收獲登場,據報八分九分不等。晚稻現在乘時蒔插。臣等職任巡方,恐有惰農或荒厥業,應行勸勞。於六月十八日會同鎮、道各官前往郊外,目覩土膏融潤,禾苗秀發,村民踴躍佈插,各種雜糧無不暢茂。官弁民番咸深歡忭。臣等隨各捐資犒勞,慰勉力作,以仰副我皇上務本重農之至意。目下郡城米價每石一兩四錢,各屬自一兩三四錢以至八九錢不等,較之近年米價殊爲平減,地方寧謐。若七八月内再得雨澤接濟,可獲全稔。至於民間米價業經平減,所有臺灣平糶米石,隨飭該府暫停,以重倉儲。臣等因地懸海外,恐上廑宸衷,所有雨暘時若,禾苗茂盛情形合行據實奏聞,仰慰聖懷,伏祈睿鑒。謹奏。

乾隆九年六月二十日

【硃批】:欣慰覽之。

——《明清宫藏臺灣檔案匯編》第 21 册,第 1～5 頁

238.乾隆九年六月二十日

巡視臺灣給事中六十七等奏請臺灣陞墾及新墾田園照同安科則徵賦摺

巡視臺灣户科給事中臣六十七、巡視臺灣兼理學政山西道監察御史臣熊學鵬謹奏,爲密懇聖鑒事。

乾隆八年十一月内,户部議復閩浙總督那蘇圖題請雍正七年以後臺灣陞墾田園并將來新墾田園均照同安下則計畝定額一疏内稱,臺屬雍正七年以後陞墾田園既據該督查明悉係斥鹵,委係下則,自應照臺屬下則報陞,不便比照同安之例,按畝減征,應令該督遵照原題辦理等因具題。奉旨:依議。欽此。

臣等伏查原題案件,臺地田園向係按甲征收,内地同安則例則係按畝科算。計臺灣一甲,可作内地十一畝。以臺灣田園舊額與内地同安科則相較,臺賦重而同安輕,不及十分之三,多寡懸殊。雍正九年前任督臣劉世明曾將雍正七年以後陞墾田園,請照同安科則徵收,經部覆准在案。迨乾隆四年接任督臣郝玉麟又請將臺灣舊墾田園,亦照同安則例畫一徵收,復經部駁以臺地向係按甲徵收,若照同安科則,計畝較算,不及十分之三,未便減免。并稱從前劉世明題准新墾田園均照同安科則徵收之案,乃係訛錯,不惟舊額不准議減,復令將已減新墾田園仍照臺屬科則一體徵收。此乃現今户部議令該督遵照辦理之原題也。

臣等竊思臺灣開闢之初，土廣人稀，地多肥饒。當年墾户莫不盡擇膏腴之壤然後耕種。在民收獲既多，食指又少，是以定賦雖重而照額完納，民力有餘，原不覺其受累。迨後生齒日盛，養贍維艱，逐次漸墾之地，又不盡皆沃壤。民人仰事俯畜之外，所餘租穀無幾。若必概照舊額陞科，未免輸將拮据。督臣那蘇圖請仍照同安下則徵收者，乃係深悉海外窮黎完納之艱難，勢不能概令加賦也。今部臣以同安科則過輕，議將雍正九年已經議覆准照同安則輸納之新墾田園復令俱遵乾隆四年原題，按臺灣舊額輸納。在部臣持籌國計，核算錢糧，立論亦爲慎重。殊不知已定之舊章固不可以輕議删減，而甫定之新額又豈可以復議增添？臺灣雍正七年以後陞墾田園照同安則例陞科者，乃奉世宗憲皇帝諭旨允准，聖恩浩蕩，臺民沾濡十有餘年，爲日已久。今無故於十餘年後忽令改照舊額加添無限粟石，勒其輸納，不惟臺地愚民驟聞驚駭，勢有未能，亦非所以仰體我皇上綏靖邊方，誠求保赤之道。惟是同安則例亦有上中下不同，其已照下則者，固不必議加，至將來新墾田園，若不論高下概照同安下則完納，亦屬未協。臣等身在臺灣，目擊民間已定成額礙難加賦情形，不揣愚昧，據實密陳，仰懇聖主鴻恩，特降諭旨，除臺灣從前開闢田園照舊完額，毋庸減則外，其雍正七年以後報陞新墾之地，仍遵雍正九年奉旨允准之案辦理。其已照同安下則徵收者，不必再議加賦。至嗣後墾闢田園，令地方官確勘肥瘠，酌量實在科則，照同安則例分别上中下定額徵收。如此庶海外民力既紓，而國家成賦亦屬維均矣。

臣等管見如此，是否有當，伏乞睿鑒，訓示施行。謹奏。

乾隆九年六月二十日

【硃批】:是。有旨諭部。

——《明清宫藏臺灣檔案匯編》第 21 冊，第 12～19 頁

239.乾隆九年八月初三日(硃批)

巡視臺灣給事中六十七等奏請准許臺民搬眷赴臺編入家甲安插摺

巡視臺灣户科給事中臣六十七、巡視臺灣兼理學政山西道監察御史臣熊學鵬謹奏，爲敬陳管見，仰祈睿鑒事。

竊照臺灣爲海外巖疆，依山環水，最易藏奸，是以例禁偷渡不得不嚴。然

所謂嚴偷渡者，乃恐内地游手無籍之輩，潛聚日多，久而滋事，貽累海疆，並非謂此循良安分之民，禁其祖孫、父子、夫婦不得團聚也。臣等伏查臺地汛防員弁所報偷渡各案，有祖父母、父母、夫在臺，而子孫、妻室前來尋訪者，亦有子孫在臺，而祖父母、父母年老無依，前來倚靠者，按其赴臺情節，皆有不得已之苦衷。因而檢查舊案，原有准令臺民搬眷及内地民人來臺探親之例。迨乾隆四年前任閩浙總督郝玉麟恐搬眷日久弊生，或有假揑多報、略販頂冒等事，奏請定限一年，逾限不准給照。於乾隆五年，將搬眷之例停止。而所留探親一條，又僅勒限五個月，逾限不回，即行解回内地究治。在内地民人或聞臺地親年衰老，欲來侍奉，或因内地孤獨無依，欲來就養。原圖天倫聚順，永遠相親，勢難五月即返。無如格於成例，一經呈請，轉有限期，不能久聚，於是思作便捷之事，甘蹈偷渡之愆。而内地不肖客頭從中漁利，包攬偷載。現據彰化縣所報拏獲一案，即有夫死無依之婦人携帶幼子、幼女前來臺郡尋覓長子度活者數名。諸如此類，難以枚舉。此在客頭攬載之罪，固無可寬；而在愚民偷渡之情，則實有可憫也。

再查偷渡各犯到臺拏獲之後，其罪不過解回内地審理，尚不至於死亡。而未至臺灣沉溺風濤者，尤堪憐惜。揆厥所由，蓋緣不肖客頭貪利攬載，見内地汛防查禁嚴密，用朽壞之舡隻於荒僻之口岸，毋分男婦，填入倉内，以板蓋定，並將不諳海道遊手無籍之人充爲水手，己身却留内地，其舡一涉汪洋，動遭傾覆。更有一種奸艄，惟恐舡隻近岸，官弁巡緝被獲，將船駛至外洋，或遇沙洲，或遇荒島，詭稱到臺，促令客民登岸，自即揚帆而遁。嗟此客民以爲彼岸獲登，可謀生理，詎知荒島之中人烟斷絶，覓食無由，欲歸不得，坐而饑斃。至於沙洲之上，本非實地，去岸尚隔一水，不過潮退片時，沙存地現。俄而潮信復來，人隨沙没，群命盡歸魚腹。種種苦狀，不一而足。夫此偷渡喪命之徒，如果皆係内地游惰，毫無依繫，伊等謀利輕生，違禁犯法，殞其身體，原不足以深惜。無如内有迫於倫常天性，因礙請照之難，致有亡身之事，其情悲切，較之尋常偷渡者，實難概論。

臣等竊思王道本乎人情，治教首重倫理。屺岵瞻望之思，孝子實所莫已，煢獨無告之苦，仁政更所必先。今既欲申嚴偷渡禁約，而又不爲揆度情理之平，並杜生全之路，無怪乎日禁偷渡而偷渡之民愈見其衆多也。伏惟我皇上以仁孝治天下，常恐一夫不獲其所，時切痌瘝，宵旰勤求，無微不至。此等民人在臺置有産業，勢不便無罪而勒令抛棄，悉行逐回，又不許其父母妻子前來聚首，骨肉隔絶。在畏法者，兩處俱抱向隅；在偷渡者，一身先蹈不測。若必拘於成例，不爲亟請變通，殊非所以推廣皇仁、愛民保赤之至意。臣等酌議，嗣後内地游曠之民仍照例嚴禁偷渡，不准給照外，其有祖父母、父母在臺，而子孫欲來侍奉；或子孫在臺置有産業，而祖父母、父母内地别無依靠，欲來就養；或本身在臺置有産業，而妻子欲來完聚者，准其呈明内地原籍地方官，查取地鄰甘結，給與印照來臺。仍報明臺籍廳、縣，俟到臺之日，查訊確實，令伊祖父母、父母、夫及子孫認[令]領，編入家甲安插。倘有假冒揑飾等情，解回原籍，與出結之地鄰一并照例治罪。其伯叔父母、兄弟及侄概不准混行指稱，呈請給照，以致臺地游民聚集衆多，有妨生計。倘内外地方汛口員弁見有嫡親眷屬給照之條，遂將偷渡禁約漸生懈弛，查明分别嚴參，交部處分。如此庶安分良民生命獲全，而無籍棍徒亦不致藉端滋弊矣。臣等職任廵方，深悉情狀，用敢縷細敷陳，是否有當，伏乞皇上睿鑒，訓示施行。謹奏。

乾隆九年八月初三日奉硃批：該部議奏。欽此。

——《明清宫藏臺灣檔案匯編》第 21 册，第 150～156 頁

240.乾隆九年八月二十八日
巡視臺灣給事中六十七等奏報臺地七八月雨水霑足晚禾茂盛摺

巡視臺灣户科給事中臣六十七、巡視臺灣兼理學政太常寺少卿臣熊學鵬謹奏，爲奏明臺地秋雨霑足，晚禾茂盛情形，仰慰聖懷事。

竊照本年春夏臺地雨水調匀，早稻豐收，業經臣等繕摺奏聞外，自立秋以來，七月内共得大雨七次，八月初二日起至二十日，又得大雨四次。據地方官查報高下田園，無不霑足。其各處所種晚禾雖未收獲登場，内有埔占及圓粒名色之穀，已經結實者，俱各漸次黄熟。又有三杯及占穀名色之穀，播種在後，現在值吐花抽穗者，亦各菁葱茂盛，緑縟盈疇。至於一切芒蔗、地瓜、落花生、黄豆等項雜糧，更無不繁盛秀實。若九、十月内收獲之期颱颶不作，穀穗不致稍有摇落，則今歲臺灣可慶大熟。目下郡城米價每石一兩三錢，各屬米價自一兩二錢至八錢零不等。將來晚禾收獲以後，尚應遞減。臣等伏思臺灣爲産米之區，向因歷年歉收，不惟欠運内地穀石既多，即本地倉厫亦少積貯。本年仰賴聖主洪福，風雨調和，歲兆豐稔，若不趁此米價平減之時，將應運應貯者及時買補，從此因循積欠，於内地及臺灣兩處俱大有關係。惟是臺地綿亘千有餘里，所屬廳、縣各該處出産穀石多寡情形亦有不同，其某廳、某縣、某處可以買貯者

若干，必須通盤計算，將民食永遠籌畫，務使豐年穀賤之日，既不致有傷農，將來青黄不接之時，更不稍有匱乏，官貯倉廒與民間蓋藏兩覺充裕，方於海疆有益。臣等業經飭令道、府將應運内地穀石，照例陸續撥運。其臺地應行買貯倉穀逐一確核計議，俟呈覆到日，臣等詳細移咨督、撫，聽其酌量妥辦外，所有臺地秋雨霑足，晚禾茂盛情形，理合繕摺具奏，恭慰聖懷。

再查臺郡目下民番寧謐，地方營伍俱各肅清，合併附摺奏聞。爲此謹奏。

乾隆九年八月二十八日

【硃批】：欣慰覽之。

——《明清宫藏臺灣檔案匯編》第 21 冊，第 189～194 頁

241.乾隆九年十月十五日

巡視臺灣給事中六十七等奏明臺郡採買倉穀情形摺

巡視臺灣户科給事中臣六十七、巡視臺灣太常寺少卿臣熊學鵬謹奏，爲奏明臺灣現在採買情形，仰祈睿鑒事。

竊照今年臺郡豐收，所有歷年欠買倉穀，自應及時買補。查臺灣府庫現存未買穀價銀共七萬九千六百三十五兩零，内四萬五千九百二十一兩零，應買穀一十一萬四千八十零四石，係起運内地補倉之項；又三萬三千七百一十四兩，應買穀九萬三千六百五十石，係分派臺屬四縣存貯、預備緩急之項。向因市值高昂，價不敷用，俱未採買。際兹豐年，殊難延誤。臣等業將應貯情由，詳咨督、撫飭辦，并令該府飛催各邑，將現存未買穀價銀照數領價，上緊採買，以裕儲蓄在案。

兹復據撫臣周學健以福、興、泉、漳四府連歲歉收，議撥銀五萬兩，來臺糴買穀十萬石，運送内地，補足倉廒。其所撥之銀，尚未到臺。臣等與道、府等商議，一面按各産穀處所多寡情形，預定分派買穀數目，俟撥項到日，乘時糴買；一面將備運船隻妥議派撥章程，陸續裝載運送，毋使内地倉儲久懸。並嚴行查禁胥吏人等短價、扣尅、苛索等弊，勿致絲毫有累臺地船户、商民。其採買穀石，務令揀擇圓净，以便歷久長存，毋許收買下色不堪之穀抵塞；並令將所買穀樣另行封送内地，俟撥運到日，照樣查驗。倘地方官有草率辦理及奸梢攙和、更换之處，分别查參治罪。合計臺灣府庫舊存價銀應買穀二十萬八千四百五十四石，巡撫周學健撥帑來臺採買穀十萬石，現在臺地議買穀共三十萬八千四百五十四石。此番廣爲採買，臣等與地方官細將來歲青黄不接之時各處民食

預行籌畫,盡覺有餘。除分款採買,奏銷確數,應仍聽撫臣照例題報外,臣等仰體我皇上惠養民生,籌邊足食之至意,誠恐上廑聖懷,謹將臺地現在議辦採買及民食充裕情形,繕摺奏聞,恭候睿鑒。謹奏。

十月十五日

乾隆九年十二月二十四日奉硃批:所奏俱悉。欽此。

——《明清宫藏臺灣檔案匯編》第 21 册,第 277～281 頁

242.乾隆九年十月十五日
巡視臺灣給事中六十七等奏請在臺灣攤丁入地摺

巡視臺灣户科給事中臣六十七、巡視臺灣兼理學政太常寺少卿臣熊學鵬謹奏,爲據實陳奏,仰祈睿鑒事。

據全臺老民于化龍等僉呈,内地光丁餉課悉歸田畝徵輸,惟臺灣海疆仍就光丁,窮民苦累,延今未除,懇乞丁歸糧輸,除臺灣之第一苦累等情。臣等隨飭道、府將臺地田賦、丁銀是否有輕重不均、偏枯累民之處逐一確查明晰,並將闔郡全局籌酌妥議詳覆去後。兹據署臺灣道莊年、知府范昌治等詳稱:澎湖地畝斥鹵,非若臺地田連阡陌,止有光丁,賦重可以匀攤去累者比。該處地丁分款完納,民間歷來相安,應仍循舊例,以順輿情,無庸更易。其淡防一廳暨臺、鳳、諸、彰四縣所屬地方,共額徵丁銀三千六百三十一兩有零,應將前項丁銀匀入通臺地畝一體催徵,仍按照新、舊田園上、中、下等則科算匀攤。舊則田園科徵較重,每畝匀銀四、五、六厘零不等,新墾田園科徵較輕,每畝匀銀七厘零不等。在有産之家匀徵銀數無幾,不致拮据難完,而赤貧黎庶永免追呼之苦等因詳請具奏前來。臣等伏查臺屬丁銀一項,舊額較重,荷蒙聖鑒,屢沛恩旨,於乾隆元年將臺灣四縣丁銀酌中減則,每丁徵銀二錢。乾隆二年又將澎、淡二廳丁銀亦照臺屬四縣例行,皇仁浩蕩,軫念窮黎,至優至渥。惟是臺民生齒日繁,貧富不一,富户有産無丁,貧户有丁無産。現在應徵各户多係赤脚光丁,家無立錐之地,時聞輸納之艱,實爲編氓苦累。倘遇逃亡、故絶,該管鄉保、里長難免科派里民馱賠完納等弊。若不量請均匀,丁歸糧納,似非所以仰體我皇上加惠海外窮黎兩次減免丁銀之至意。且查閩省内地各郡俱邀曠典,凡有丁銀,久已匀歸地畝,按則徵收。乃獨臺灣一府無業貧民不能一視同仁,尚留苦累,殊屬未協。臣等細核該道、府等所議,若將臺屬四縣及淡防一廳丁銀匀入田糧,分别輕重科則徵輸,在有田之家每畝所匀不過數厘,既不覺加派之多,而無業之輩從此

永除苦累,所豁已深,貧富兩便,似於海外民生實有裨益。爲此繕摺具奏,可否俯如所請,丁歸糧輸之處,伏乞睿鑒,勅部議覆施行。謹奏。

乾隆九年十月十五日

【硃批】:該部議奏。

——《明清宫藏臺灣檔案匯編》第 21 册,第 287～292 頁

243.乾隆九年十一月十九日
巡視臺灣給事中六十七等奏報巡閱臺灣鎮標營伍并地方收成情形摺

巡視臺灣户科給事中臣六十七、巡視臺灣兼理學政太常寺少卿臣熊學鵬謹奏,爲恭報閲操巡視情形,仰祈睿鑒事。

竊查臺灣爲海外巖疆,武備最關緊要,所有鎮協各營官兵以及地方利弊例應臣等查閲巡視。兹於本年十月初六日會同鎮臣張天駿閲看臺灣鎮標三營及城守營官兵操演。十七日,又閲看臺協水師三營操演,俱各隊伍整齊,甲械鮮利,船隻堅固,駕駛便捷。臣等隨量捐給賞,以示鼓勵。其澎湖左右二營因遠隔大洋,照例檄委澎湖通判陸鶴會同該副將楊瑞就近閲看。嗣據申報於十月二十二日閲過兩營目兵操演,俱軍伍整肅,船隻器械堅利鮮明等情,并繳各册前來。臣等覆察無異。

至本年例應巡歷北路地方,隨於十月二十四日輕裝减從,自府治起程,由灣里、木栅仔、茅港尾等處至諸羅縣,閲看北協左營操演。次由該縣之斗六門渡虎尾溪,從東西兩螺、大武郡沿山一帶,歷彰化縣治閲看北協全營操演,均各整齊熟練,防守嚴密,亦經酌量獎賞。復由彰化巡閲至遷善、感恩等社,過大甲溪,循海濱而南,經鹿仔港及笨港、鹽水港等處貨船停泊、客民叢聚之所,加意訪察,地方俱各安静。所過村莊,各社番民並皆樂業,意象恬熙。隨唤集耆民、土目及讀書識字之番童,一一宣布皇仁,開誠撫諭,給以烟、布、茶、紙、筆、墨等物,莫不歡忻鼓舞。至沿途大小營汛,俱嚴加訓飭,令其約束兵丁,不時操演,毋致怠惰滋事,貽累民番,以仰體聖主廑念海疆,惠養元元之至意。巡歷既訖,臣等於十一月初十日回署。所有閲驗營伍,巡視地方情形理合奏聞,伏乞睿鑒。

再查本年早晚二禾收成豐稔,業經臣等于十月十五日繕摺奏報。目下郡城米價每石銀一兩零,各屬米價每石自一兩零以至八錢零不等。向來臺灣地

方十月以後雨澤稀少，今冬十月二十暨二十一日，十一月初二暨十二、十六日，共得雨五次，所種麥苗、地瓜、芒蔗、落花生等物倍加茂盛，即明歲早稻内如雙冬名色之穀，業已乘時佈插，亦甚爲得力。臺地老幼民番無不稱爲僅見，現在歡呼載道。理合一並附奏，恭慰聖懷。爲此謹奏。

乾隆九年十一月十九日

【硃批】：臺地遠在海外，此等奏報須據實在情形奏聞，不可稍涉粉飾也。

——《明清宫藏臺灣檔案匯編》第 21 冊，第 331～337 頁

244.乾隆九年十二月初七日

巡視臺灣給事中六十七等奏報查辦理臺灣武員官莊完竣摺

巡視臺灣户科給事中臣六十七、巡視臺灣太常寺少卿臣熊學鵬謹奏，爲欽奉上論事。

乾隆九年三月初十日内閣奉上諭："外省鎮、將等員不許在任所置立産業。云云。欽此。"欽遵。仰見我皇上子惠民番，乂安邊海之至意。臣等隨檄飭地方官，將嗣後臺郡武員創立莊産、開墾草地之處永行禁止，並將從前臺郡歷任武職大員所置莊産來歷逐細查明，有無侵佔、投獻、争控之處，分晰開列，造册呈報，以憑會同查辦去後。

兹據福建布政司臣高山於乾隆九年十月二十七日到臺，臣等會同高山將地方官所造各册細加察核，並陸續據各番民所控呈詞與高山逐一批閲，究明原委，徹底清查。内除並無侵占、投獻、與民番争控等情，及所控不實、審明並無侵佔之處者，無論係本人子孫及轉售他人，仍令照舊管業外，所有彰化縣南社番蛤肉等控告原任福建陸路提督蘇明良一案，緣該番有草地二處，賣與陳林李爲業，林李於界外未買之地一并墾種，恐番控告，以蘇明良爲大員，勢可壓制，遂倍價轉售；兹查蘇明良止用銀四百兩獲熟地四千九百畝，而該番從前又止得銀二百兩，所有越界佔墾之地，現飭地方官丈出三百餘甲，計地三千餘畝，俱應給還該番耕種。

又臺灣縣民黄贊等控告原任靖海侯施琅一案，緣大穆莊有田園四百六十五甲，原係民業，投獻施琅名下，冀免差徭，兼修埤岸，年納租粟一千餘石。迨後埤岸崩陷，施姓不修，莊民鳩資自築，而施姓子孫仍遣家丁勒租，衆佃争控不

已。經前任臺灣縣知縣徐琨詳明,不許再收租粟,令各佃自行立户輸糧。但查乾隆三年有施世范在旗指稱,將此田作爲伊産,呈請變價,後雖中止,而佃民惶惑,誠恐日久施姓子孫復起侵佔之端,僉名具呈。臣等會同確核,除大穆莊内佃民新墾田園三十一甲,原與施姓無涉,應歸佃民管業外,其舊墾田園四百六十五甲零,計地五千一百一十餘畝,既係投獻是實,埤岸又係佃民自修,相應一併立案,永爲民業,不許施姓子孫再行過問,以免後累。

又鳳山縣民許賜等控告原任靖海侯施琅一案,緣觀音山等莊有田八百五甲零,原係僞鄭時民人墾業,投獻施琅名下,冀免差徭,乃年收之粟僅足以完正供,各佃不肯加租;後施姓子孫置此田於不問,而租簿尚未開除,且亦經施世范在旗指稱,作爲伊産,呈請變價。雖經恩免,而葛藤末斷,自應將此田永歸民管,以杜争端。

又彰化縣社番愛著等控告原任定海總兵官張國及原任福建水師提督藍廷珍一案,緣社番有菜埔一所,向係藍、張二姓夥墾,户名藍張興,年貼社餉,立有合約,嗣將田園三股均分。今查藍廷珍分得二股之界,所墾熟田業已奏請充公,先後丈報,共計九百八十四甲,其餘荒埔亦在二股界内,於番界並無侵佔,毋庸議畫還番外;其張國分得一股之界,與番界密勝、轆牙二處毗連,續被張國之子張嗣徽將二處番地越界佔墾,臣等飭令地方官丈出佔墾轆牙田園一百四十五甲、密勝田園三百零三甲,二共田園四百四十八甲,俱應畫歸番管,以恤番黎。

以上各案俱係武職侵佔及投獻、踞有之業,合共田園二千四十余甲,計二萬二千五百三十畝零,經臣等與高山會核確查,斷給民番,並取兩造遵依在案。此外並無侵占、投獻之業。現據地方官出具印結詳報。臣等伏思,臺灣地土膏腴,人情健訟,此番清查之後,在争控佔奪者,民地歸民,番地歸番,業已所有遵依備案;其并無争控佔奪者,若不立法限制,不惟伊等子孫及家丁、佃户日久貪利,越界佔墾甚過,有累番民,且恐好利之徒生事作害,争控不休,唆番啓釁,别滋擾累。臣等與高山悉心核議,以此並無争控、佔奪之武職莊産,既令照舊管業,應飭地方官開列土名,查明四至,另造清册詳送,嗣後所造四至之外永遠不許絲毫越佔。從此界限既清,在本人固無所容其佔奪,在訟棍亦無從用其控争,庶足以寧輯民番而肅清海隅。臣等會查既竣,除地方官詳覆各原委,業經高山備叙主稿,會同臣等合詞覆奏,並移咨督、撫核題外;兹高山已於十二月初七日起身回任,所有臣等遵旨先後查辦緣由,理合繕摺具奏,恭候睿鑒。

再,查現在臺灣地方寧謐,郡城米價每石銀一兩一錢零,各屬米價每石銀自一兩外以至八錢零不等,民番俱各得所,合併附摺奏聞。謹奏。

十二月初七

乾隆十年二月二十九日奉硃批:所辦甚妥。知道了。欽此。

——《明清宫藏臺灣檔案匯編》第21冊,第370～377頁

245.乾隆十年三月十五日
巡視臺灣給事中六十七等奏報臺屬邑廳正月至三月雨水禾苗情形摺

巡視臺灣户科給事中臣六十七、巡視臺灣兼理學政太常寺少卿臣熊學鵬謹奏,爲奏明臺地春雨霑足,禾苗茂盛情形,仰慰聖懷事。

竊照去歲臺郡十月、十一月間連得透雨,所有早稻、春麥、芒蔗、地瓜、落花生、黄豆等項俱各繁盛暢茂之處,業經臣等附摺奏聞外,今年正月初二日起,至三月初四等日所屬四邑兩廳陸續得雨共十數次至二十次不等,處處田園遍沾普被,稻麥、雜糧倍加秀發。就中鳳邑早稻已經抽穗,約于三月中旬後即可漸次收獲。目下郡城米價每石銀一兩二錢零,各屬自一兩一錢零以至九錢零不等,較之近年青黄不接之時米價殊覺平減。詢諸本地民人無不稱爲僅見,官弁番黎咸深歡忭,地方營伍俱各肅清。臣等因地懸海外,恐上廑宸衷,所有春雨霑足,禾苗茂盛情形合行據實奏聞,仰慰聖懷,伏祈睿鑒。謹奏。

乾隆十年三月十五日

【硃批】:欣慰覽之。

——《明清宫藏臺灣檔案匯編》第22冊,第143～147頁

246.乾隆十年四月(推測)
巡臺御史范咸恭請聖訓摺

監察御史臣范咸謹奏,爲恭請聖訓事。

切臣荷蒙恩命巡視臺灣事宜,兹擇於本月初六日起程赴任。伏念臺灣爲海外要地,番民雜處,關係綦重,且兼理學政,職主教化。臣才識短淺,仰祈皇上聖訓,俾知所遵循,庶不致有隕越,爲此謹奏。

——《明清宫藏臺灣檔案匯編》第93冊,第433～435頁

247.乾隆十年六月二十六日

巡視臺灣給事中六十七等奏報臺灣道府按季出巡摺

巡視臺灣户科給事中臣六十七、巡視臺灣兼理學政雲南道監察御史臣范咸謹奏,爲備陳臺地出巡情形,仰祈睿鑒事。

竊臺郡地處海外,形勢袤長不下二千里,民番雜居,風俗澆悍。其生番語言不通,居深山之中,遇見外人即行戕殺,兇狠與豺狼無異。是以臣等每年於冬季出巡一次,南北兩路與鎮臣分年輪巡一周,於以奉揚國家聲靈,宣布聖主德意。其道、府亦各按年分巡一次,歷年遵行無異。

查乾隆九年九月内經九卿議覆尚書訥親條奏令各省道員及知府按季巡查各該管州、縣地方等因,奉旨:依議。欽此。欽遵通行在案。臣等在臺言臺,竊見其事竟有難以奉行者,查臺灣離省城七百餘里,又遠隔重洋,文移往返動經數月。本地以道、府爲大員,一應錢糧、倉庫、刑名案件,責成綦重,其承上[起]啓下,庶務殷繁,非計日辦理,克勤克慎,難免曠廢貽誤之愆。若該道、府按季出巡,以二千里之遠,必須遍歷細細查察,非月餘不能往返。一年四次出巡,是一年四月在外,僕僕道途,必至貽誤公事。且臺地番民情性躁動,遇事生風。道、府爲方面大吏,若出行之時,單騎減從,於邊海之區,不足以肅觀瞻而資彈壓。且臣等每年出巡凡遇各社番黎迎接,必宣講聖諭,布告皇仁,加以賞賚,使之知所感畏。即鎮、道出巡,亦照此辦理。今若道、府按季巡查,彼社番愚頑之性,但見官府經過便思覬覦賞賚。若遍賞,既屬太濫,力實不能;而不賞,則又易於起怨,於海疆殊屬未便。更兼濱海半屬沙土,田畝毗連,非若内地之有官塘大道。夏秋淋雨,水深泥濘,禾苗在地,雜糧遍野,車馬隨從人等難免蹂躪之虞,有妨農事。如按季巡歷,實有不能遵行之勢。臣等愚見以臺地情形一年之内已有臣等與鎮、道、府各行出巡一次,已極周密。其州縣之賢否、辦事之優劣,自可悉知,似無庸道、府再行按季巡歷,致多種種未便之處。臣等身在其地,目覩情形,不敢以新經定例,緘默不言,用是直陳,仰祈睿鑒。至臣等區區之愚,以直省道、府或有似此不能按季出巡者,亦宜令各該督、撫直陳,聽候部議,恭請欽定。大凡奉行功令,必須實力遵循,方有裨益。若明知其不可虚應故事,僅存其名,於吏治,亦復何益?臣等謹據愚見,冒昧瀆陳,是否合宜,伏祈勅部議覆施行。謹奏。

乾隆十年六月二十六日

【硃批】:該部議奏。

——《明清宫藏臺灣檔案匯編》第22冊,第288～294頁

248.乾隆十年六月二十六日
巡視臺灣給事中六十七等奏報臺地五六月雨水禾情收成分數摺

巡視臺灣户科給事中臣六十七、巡視臺灣兼理學政雲南道監察御史臣范咸謹奏，爲恭報臺地入夏雨水情形及早禾收成分數仰慰聖懷事。

竊臺郡今春雨澤調匀，業經臣六十七會同前任漢巡察熊學鵬繕摺奏聞外，入夏以來，仰賴聖主洪福，甘霖叠沛，自五月十三日以後，陸續徧得透雨，四邑兩廳高下田園均已霑足。所有早禾現在登場，通郡匀算收成有八分之外、九分之内。其各處晚稻現在及時蒔插。臣等職任巡方，恐有惰農或至失時廢業，於六月二十日會同鎮、道各官前往郊外，目覩陂圳充盈，禾苗秀發，農民踴躍佈插，一切雜糧無不暢茂，官弁民番咸深歡忭。臣等隨各捐資犒勞，勸勉力作，以仰副我皇上宵旰勤民務農重本之至意。目下郡城米價每石一兩三錢，各屬自一兩零二分以至一兩一錢五分不等。郡城米價較之上年已屬平減。地方現在寧謐。七八月間若再得雨澤接濟，可獲全稔。至民間米價不昂，糧實充裕，各縣倉貯無庸平糶。俟秋成更獲豐收，臣等即與督、撫商酌并飭道、府等官通盤籌畫採買，以實倉貯。臣等因地懸海外，恐上厪宸衷，所有雨暘時若，禾苗茂盛情形合行據實奏聞，不敢稍有一字粉飾，以期仰慰聖懷。謹奏。

乾隆十年六月二十六日

【硃批】:欣慰覽之。

——《明清宫藏臺灣檔案匯編》第 22 册，第 295～299 頁

249.乾隆十年八月十二日
巡視臺灣給事中六十七等奏陳臺地秋禾可獲豐稔請乘時採買穀石摺

巡視臺灣户科給事中臣六十七、巡視臺灣兼理學政雲南道監察御史臣范咸謹奏，爲臺地秋禾可獲豐稔，請乘時採買穀石，以補倉貯，以資接濟事。

竊臺灣自入夏後甘霖叠沛，臣等已於六月二十六日奏報在案。兹自七月以來，又復連得透雨，所屬四邑、兩廳處處霑足，秋禾秀發滋長，較上年更覺茂盛，將來颱颶不作，收獲可望大有。現在郡城及各邑米價一兩二錢零不等，甚

爲平減。臣等案查上年臺灣府庫現存未買穀價銀共七萬九千六百三十五兩零,内四萬五千九百二十一兩零,應買穀一十一萬四千八百零四石,係起運内地補倉之項,又三萬三千七百一十四兩,應買穀九萬三千六百五十石,係分派臺屬四縣存貯預備緩急之項。因昨年臺郡收成甚好,經撫臣周學健奏准,另行採買穀十萬石,運送福、興、漳、泉四府,迄今雖已買足,衹因海上往來臺、厦之大船原自有數,又兼海道風信靡常,陸續起運,至今尚有尾數未完。其舊欠二項共穀二十萬八千四百五十四石,經臣等節次嚴催,而各縣所報採買之數竟屬寥寥。聞得閩省内地今歲夏秋之交頗爲缺雨,猶恐民間乏食,臺郡秋成既屬有望,自應乘時採買,以資接濟。臣等一面札商督、撫,一面嚴飭該府、縣,即時上緊採買穀石,應運内地者陸續撥運,以完歷年積欠。其餘存貯臺倉,以備緩急,民食自屬無虞。將來内地或再須接濟,臣等俟督、撫咨文到日,即與臺灣道等籌酌,除臺地來春青黄不接之際,應預留米穀,毋致民食缺乏外,其餘盡其所有,於海船向例帶米六十石之外,少寬二三十石,許其通融帶往,便於漳、泉等府自足接濟。惟是近年議海運者,每慮臺灣穀石有透越他處之虞,不知臺灣米船出口必在臺防同知處掛號,及至厦門收口則在厦門同知處驗照,彼此互相稽查,若有一船不到,必行跟究下落;且臺灣船隻自來只收厦門,緣海道至險之地,若非熟知風信,焉敢輕蹈。(【硃批】:庶不知慣作弊者皆熟知風信之人也,此處當宜酌量。)臣等親在其地,始知臺灣米穀實無偷漏他處之虞,合行一併陳明。臣等因地懸海外,誠恐上廑宸衷,合將秋禾可獲豐稔及乘時辦理採買,接濟民食,催補積欠緣由,繕摺奏聞,仰祈睿鑒。謹奏。

乾隆十年八月十二日

【硃批】:所奏俱悉。

——《宫中硃批奏摺·財政類倉儲項》

轉録自《明清臺灣檔案彙編》第二輯,第19册,第82~83頁

250.乾隆十年九月初五日

巡視臺灣給事中六十七等奏報澎湖突遇颱颶委員辦理查勘并郡城及各縣米價情形摺

巡視臺灣户科給事中臣六十七、巡視臺灣兼理學政雲南道監察御史臣范咸謹奏,爲奏聞事。

竊臣等於九月初二日據澎湖水師副將楊瑞及澎湖通判汪天來等報稱八月二十五日辰刻澎湖地方東北風作,巳刻突轉東南,狂風暴雨,浪湧滔天,至戌刻颱颶尚無寧息。澎協兩營船隻及收泊澳内商船各椗繚俱被風浪刮斷,衝礁擊碎甚多。至二更時候,方得少止。該副將等隨即前往海口查勘,目擊情形,實在可憫。至文武衙署、倉厫及民居房屋俱有倒塌。現在逐一清查商船并淹没人口、民房確數,另文具報外,其各澳杉板頭小船以及田園、民居房屋亦被風雨衝損,現在另行查勘明確具報等情飛禀前來。該臣等查澎湖地方本係海中島嶼斥鹵砂磧之地,向來不能種植禾稻,即有些少田園,亦祇種地瓜、雜糧等物,每年僅徵銀一百五十九兩六錢零在案。據報八月二十五日突遭颱颶風潮,營商收泊船隻,擊碎甚多。其衙署倉廒以及民居房屋,俱有倒塌,人口亦有淹没等語。臣等隨與署臺灣道莊年面商,飛委臺防同知方邦基星即前往,協同澎湖通判汪天來徧行查勘澎湖各澳擊碎商船及淹没人口民房確數,是否成災,如有應行賑恤之處,臣等仰體皇仁,即令其在澎湖通判衙門備公銀兩内動用,照例撫恤,毋致失所。倘有應用米穀賑恤者,即令在澎湖存貯倉穀内動用,另行酌量撥補。至所報倉廒倒塌,其存貯米穀有無傷損,以及田園雜糧被風雨衝損之處,一并飭令查勘明確,造具清册詳報。臣等一面飛咨督、撫,聽其酌量辦理外,理合將澎湖突遇颱颶及臣等現在委員辦理情形,據實奏聞。至臺灣離澎湖水程四更,計二百四十里。八月二十五日,臺灣地方風潮甚小,一切田禾、民居毫無傷損。現在四邑晚稻陸續登場,其未收刈者俱已秀穎結實。從此十日之内,不遇颱颶,豐收可必。現今郡城及各縣米價自一兩三錢零至一兩零不等,誠恐上廑聖懷,合行一并據實具奏。謹奏。

乾隆十年九月初五日

【硃批】:所奏俱悉。

——《明清宫藏臺灣檔案匯編》第22册,第419~424頁

251.乾隆十年十月二十二日

巡視臺灣給事中六十七等奏報澎湖地方被風及委員辦賑摺

巡視臺灣户科給事中臣六十七、巡視臺灣兼理學政雲南道監察御史臣范咸謹奏,爲奏明事。

竊澎湖地方於本年八月二十五日偶遇風災，臣等聞報隨與署臺灣道莊年面商，飛委臺防同知方邦基星即前往，徧行查勘，酌量賑恤，業經臣等於九月初五日繕摺奏聞。繼經督、撫二臣委命倖滿鳳山縣知縣鄒承垣協同澎湖通判汪天來查辦，并撥銀四百兩賫帶前往賑恤。兹據方邦基、鄒承垣、汪天來會詳内稱澎屬園地斥鹵，不堪樹藝稻穀，所有雜糧俱於六、七兩月未經被風之前，先已收割，頗稱豐稔。田園實未被災，毋庸賑恤。惟是居民廬舍被風損壞，其實在倒塌無力起蓋者計七十間，每間賑銀一兩，共賑銀七十兩。瓦片被飄無力修葺者計六百四十一間，每間賑銀三錢，共賑銀一百九十二兩三錢。俱各按照間數逐名給發，務使小民均霑實惠，並不假手胥役。其杉板頭船擊碎共四隻，每隻賑銀一兩五錢，共賑銀六兩。淹斃船户舵水一十七名，每名賑銀一兩，共賑銀一十七兩。漁船共擊碎四十三隻，每隻賑銀一兩，共賑銀四十三兩。俱按名給發，均各得所等語。臣等覆查無異。除賑恤過銀兩該廳、縣逐一分晰，備造清册，詳請督、撫二臣核題外，所有臣等委員辦理賑恤已竣緣由理合繕摺奏明，仰祈睿鑒。謹奏。

乾隆十年十月二十二日

【硃批】：知道了。

——《明清宫藏臺灣檔案匯編》第 23 册，第 76～80 頁

252.乾隆十年十月二十二日

巡視臺灣給事中六十七等奏報臺灣各廳縣本年早晚二禾收成分數米糧時價摺

巡視臺灣户科給事中臣六十七、巡視臺灣兼理學政雲南道監察御史臣范咸謹奏，爲恭報臺屬收成分數年歲豐稔情形，仰慰聖懷事。

竊查臺郡今春雨澤調匀，夏秋以來甘霖疊沛，所有各廳、縣高下田園禾苗暢茂之處，臣等叠經繕摺奏聞外，兹届收獲之候，隨檄令臺灣府轉行各屬將收成分數確實開報。據該府褚禄查覆前來，内稱除澎湖地方向不栽種禾稻，臺灣縣地方向不栽種早禾無庸開報外，查臺灣縣晚稻收成確有八分五釐，鳳山縣早禾收成確有八分，晚稻收成確有九分五釐。諸羅縣早禾收成確有八分，晚稻收成確有九分。彰化縣早晚禾稻收成俱確有九分。淡防廳所屬地方早晚禾稻收成俱確有九分。其各種雜糧收成分數，計澎、淡兩廳及臺、鳳、諸、彰四縣通算

確有九分等語。臣等覆加察核無異。

查本年臺郡所有早晚二禾及各種雜糧收成分數實爲豐稔,可書大有。目下郡城米價每石一兩三錢零,各屬米價自一兩零以至九錢零不等。現在地方寧謐,人民樂業,營伍亦皆肅清。臣等恐上厪宸衷,謹將收成分數,年歲豐稔情形,據實繕摺奏報,仰慰聖懷。其閱操巡歷事宜,容俟臣等巡訪事竣另行具報,合并聲明,仰祈睿鑒。謹奏。

乾隆十年十月二十二日

【硃批】:欣慰覽之。

——《明清宫藏臺灣檔案匯編》第 23 冊,第 86~90 頁

253.乾隆十年十一月十七日

巡視臺灣給事中六十七等奏報澎湖地方偶被風灾賑過銀數及擊碎商船應行賑恤摺

巡視臺灣户科給事中臣六十七、巡視臺灣兼理學政雲南道監察御史臣范咸謹奏,爲奏明事。

竊澎湖地方於本年八月二十五日偶被風災,業經臣等節次奏聞。除田園並未成災無庸賑恤外,其居民廬舍被風損壞者,共計七百一十一間,酌量輕重,賑過銀二百六十二兩三錢,擊碎杉板頭船四隻,共賑過銀六兩,淹斃船户舵水一十七名,共賑過銀一十七兩,擊碎漁船四十三隻,共賑過銀四十三兩,以上通共賑過銀三百二十八兩三錢。繼經委辦查賑之同知方邦基等報稱尚有擊碎内地商船三十七隻,淹斃之船户舵水,共計一百六十二名,緣先奉藩司駁查未敢造報,但查是日海洋之風猛於陸路,船户之災甚於居民。此等商船人亡船破,尤堪憫惻,議將擊碎内地商船三十七隻,每隻賑銀三兩,共計銀一百一十一兩,淹斃之船户舵水一百六十二名,每口恤銀一兩,共計銀一百六十二兩。現在逐一分晰備造清册,詳報督、撫請賑等語。

臣等查商船遭風擊碎,片板無存,且船户舵水皆係朝廷赤子,既經淹没,自應一體賑恤,以廣皇仁。惟是查賑之同知等既經通報督、撫,應聽督、撫二臣核實具題。臣等合將查出擊碎商船,應行賑恤緣由續行奏明,伏祈睿鑒。謹奏。

乾隆十年十一月十七日

【硃批】:知道了。

——《明清宫藏臺灣檔案匯編》第 23 冊,第 131～135 頁

254.乾隆十年十一月十七日

巡視臺灣給事中六十七等奏報驗閱臺灣鎮協官兵營伍摺

巡視臺灣户科給事中臣六十七、巡視臺灣兼理學政雲南道監察御史臣范咸謹奏,爲恭報閱操巡視情形,仰祈睿鑒事。

竊臺灣一郡僻在海外,武備既關緊要,政務尤宜整飭。所有鎮協各營官兵以及地方利弊、民風番俗情形,例應臣等查閱巡視。除澎湖左右二營因遠隔大洋,照舊例檄委澎湖通判汪天來會同該副將楊瑞就近閱看詳報外,臣等遵於本年十月十二日會同鎮臣張天駿閱看臺灣鎮標三營及城守營兵丁操演。十七日,又閱看臺協水師三營操演,俱各旗幟鮮明,甲械堅利。其陸路步伍既屬整齊,即水師駕馭,亦頗便捷。臣等隨捐資給賞,仍微加分别等第,以示鼓勵。

至本年例應巡歷南路地方,臣等於十一月初一日輕裝減從,自府治起程,由鳳邑所屬之大湖、阿公店等處至鳳山縣治,宣講上諭,集士民等面加訓誨,布揚皇仁。并飭該知縣及佐雜等官,留心教養,實政撫恤民番。即閱看南路營官兵操演,俱甚整肅,亦經量捐獎賞。再由該縣之鳳彈、萬丹、新園、下淡水番社以至南路盡界之放縤等社,復沿傀儡山以至茄籐、力力、上淡水、阿猴、山猪毛、搭樓、武洛等八社循山而北,轉入臺灣縣界之大傑巔社、羅漢門山等處,周歷情形,經過營盤,皆飭其防範嚴密,不時操演。臣等巡行各社時,俱親集土目、衆番及讀書識字之番童,開誠撫諭,宣布聖天子仁恩,給以烟、布、紙、筆等物,莫不歡忭鼓舞。

再有鳳邑瑯嶠十八社及傀儡生番,素居深山之内,歷來未經撫恤。臣等至茄籐社與傀儡山相近,伊等聞風向慕。瑯嶠社土目率領衆番二十八名,傀儡社土目共六名,僉赴臣等駐劄處所稽首歸誠,願霑王化。臣等隨宣揚聖主至德,捐資倍加恩賞,歡聲動地,此皆我皇上聖德遠播,以致異類[格]革面傾心。臣等不勝慶幸,合行一并陳明,以仰慰聖主廑念海疆之至意。

至臣等巡歷既訖,於十一月十二日回署,所有閱驗營伍,巡視地方情形謹據實繕摺奏聞,伏祈睿鑒。謹奏。

乾隆十年十一月十七日

【硃批】:此不過虛應故事耳。各云生番向化,何以復有熟番焚掠之事?此後一切務實,邊海要地,汝等其慎之!

——《明清宫藏臺灣檔案匯編》第 23 冊,第 136～141 頁

255.乾隆十年十一月十七日

巡視臺灣給事中六十七等奏報拿獲臺灣縣大傑巔殺人兇番摺

巡視臺灣户科給事中臣六十七、巡視臺灣兼理學政雲南道監察御史臣范咸謹奏,爲奏聞事。

竊臺郡内山生番性同豺虎,其俗以戕殺人多者爲雄長。所居在密林荆棘之中,難以搜捕,是以臺地生番殺人之案每多不能完結。臣等訪聞近有一種巧黠熟番,假作生番裝束,潛行刼殺,情殊可惡。隨與鎮臣張天駿、署臺道莊年面商,嚴飭府、廳、縣如遇刼殺之案,必在生番地界者,方許以生番作歹通報。若在平地離山尚遠之處,不得藉口生番推諉,務必嚴緝兇徒正法,以警兇頑。倘有捏報等情,必行嚴加參處。

本年十月初十日,據臺灣縣知縣李閶權面禀,稱該縣所屬番薯寮地方於十月初八、初九兩日連被兇番刼殺放火,燒燬房屋十一間,用鏢殺死人民大小十口,割去頭顱九個等語。臣等查番薯藔離縣治八十餘里,去山尚有十餘里,不在生番地界。隨飭令即行嚴緝密訪,務獲殺人兇番到案去後。嗣經臣等出巡之便,隨親往其地踏勘。見番薯寮地方介在臺邑之大傑巔社及鳳邑之武洛社二社熟番之間,因密訪有武洛社土目等與大杰巔社番通謀作歹。當即委隨行之署鳳山縣下淡水巡檢徐夔、南路營千總王廷樞將武洛社土目阿無義押交臺邑嚴審。繼經臺灣縣李閶權通報,陸續緝獲大傑巔社番小沙林微明阿難斗丁沙翁、番婦大尾及武洛社番大仁肉萬那挨惟朗等九人,研審供稱初七日與武洛社番等在番婦大烏媽家飲酒同謀,於初八、初九等日連行刼殺是實。臣等隨面諭李閶權詳加研訊,務必起出頭顱,贜證明確,方可抵罪。若已審明爲首之犯及下手爲從人等已經就獲,飭令即速審明詳結,不得牽累多人,以至番社驚惶,一面令其出示曉諭各社。現在地方俱各寧静,民番安堵無事。除此案審明擬罪應俟撫臣具題,其臺灣縣知縣李閶權辦理此案,晝夜查訊,遍處密訪,實心緝

捕，一月之内兇犯已獲過半。業經札知督、撫二臣外，臣等身在地方，目擊情形，合將兇番刼殺已經擒獲，地方寧謐緣由，據實奏聞。謹奏。

乾隆十年十一月十七日

【硃批】：平時踈縱之咎，不可辭其責！而即速緝獲，並不掩飾之處，稍足自贖其愆耳，然不可不慎□。

——《明清宫藏臺灣檔案匯編》第 23 冊，第 142～147 頁

256.乾隆十一年正月十七日

巡視臺灣户科給事中六十七奏報奉旨留任二年謝恩摺

巡視臺灣户科給事中紀録三次臣六十七謹奏，爲恭謝天恩事。

本年正月十五日接准都察院劄開，乾隆十年十一月初六日奉旨："稽察吉林烏拉事務，著塔坦去；巡視臺灣，六十七着再留任二年。欽此。"欽遵劄行前來。臣恭設香案，望闕叩頭謝恩訖。伏念臣賦性凡庸，至微極陋，由内閣中書歷任刑部主事，因北路軍前行走議叙，仰荷皇上天恩，陞授禮部員外郎，更蒙簡擢監察御史，隨擢户科給事中，於乾隆八年奉命巡視臺灣，二年以來，寸長未効。兹復奉旨留任二年，臣聞命之下，感激無地，惟有益加奮勉，務竭駑駘，以圖仰報皇恩高厚於萬一耳。所有微臣感激下忱，理合繕疏，恭謝天恩。爲此謹具奏聞。

乾隆十一年正月十七日

巡視臺灣户科給事中紀録三次臣六十七

【硃批】：該部知道，這本尾遺寫奏聞字樣，並字數、紙數俱不合，著飭行。

——《臺灣研究資料彙編》第一輯，第 10412 頁

257.乾隆十一年正月十七日

巡視臺灣給事中六十七奏謝天恩摺

奴才六十七跪奏，爲恭謝天恩事。

本年正月十五日接准都察院劄開，乾隆十年十一月初六日奉旨："稽察吉林烏拉事務，著塔坦去；巡視臺灣，六十七着再留任二年。欽此。"欽遵劄行前來。奴才恭設香案，望闕叩頭謝恩訖。伏念奴才賦性凡庸，至微極陋，由内閣

中書歷任刑部主事,因北路軍前行走議叙,仰荷皇上天恩,陞授禮部員外郎,更蒙簡擢監察御史,隨擢户科給事中。於乾隆八年奉命巡視臺灣,二年以來,寸長未効。兹復奉旨留任二年,奴才聞命之下,感激無地。

竊思臺郡孤島獨懸,與督、撫相去遥遠,更兼海上風信靡常,文移往返動經數月。國家設立滿、漢巡臺御史各一員,原欲其留心體察,彈壓地方,以佐督、撫耳目之所不及,固邊圉而收實效也。奴才蒞任以來事無大小,必與漢御史及地方官等虚心商酌計議後行。現任漢御史臣范咸政練才優,老成持重,奴才受益實深。至若臺屬四邑兩廳,民番雜處,奸良不一,俗□澆悍,遇事生風,結黨打降,習爲尋常故事。現今總兵官臣張天駿鈐束嚴明,加意訓練,所屬將弁兵丁,俱各凛遵法紀,不似從前驕縱。署臺灣道臣莊年爲人明白,幹練勤敏。凡遇地方官辦理未協之處,奴才等無不剖晰開陳,囑其改正。或有民人生事不法,即與道、府商酌,分别懲究。如遇結盟聚衆,或兇番殺人等事,一有端倪,必與鎮、道公同籌畫,務將正犯嚴緝根究,盡法處治,以儆其餘,亦不使根株連及,致滋驚擾。總之,海外事勢,動關緊要,官斯土者,雖值承平無事之際,不可一日懈弛,不可一念浮躁。隨事隨時,補偏救弊。縱有調劑整飭之處,斷不可妄恃才智,輕議紛更,以至誤人觀聽,於海邊大有不便。如遇事關重要者,奴才等一面札商督、撫,聽其酌量妥辦;一面繕摺奏聞,務期斟酌允當,有益地方,以仰副我皇上綏靖海疆,任用滿洲奴才之至意。

伏念奴才才識短淺,仰荷聖恩奉差海外,惟有戰戰兢兢,不敢稍求安逸。諸事和衷辦理,杜漸防微,以期地方安静,宣示天朝體統,廣布皇仁,益使遐方知感,仰報高深於萬一耳。所有奴才感激下忱,除繕本恭謝天恩另行具題外,謹將臺地情形及奴才辦理緣由據實陳奏,恭候聖明訓示遵行。爲此謹奏。

乾隆十一年正月十七日

乾隆十一年閏三月十六日奉硃批:覽。欽此。

——《明清宫藏臺灣檔案匯編》第 23 册,第 370～375 頁

258.乾隆十一年正月十七日

巡視臺灣給事中六十七等奏陳稽查臺灣米穀偷漏情形摺

巡視臺灣户科給事中臣六十七、巡視臺灣兼理學政雲南道監察御史臣范

咸謹奏,爲恭繳硃批奏摺事。

乾隆十一年正月初九日頒到硃批奏摺二道,臣等跪迎進署,恭設香案,伏讀諭旨訖,所有臣等奏請乘時採買穀石,以補倉貯,以資接濟事一摺内稱近年議海運者,每慮臺灣穀石有透越他處之虞,不知臺灣米船出口必在臺防同知處掛號,及至厦門收口,則在厦門同知處驗照,彼此互相稽查,若有一船不到,必行[跟]根究下落。且臺灣船隻自來只收厦門。緣海道至險之地,若非熟知風信,焉敢輕蹈。臣等親在其地,始知臺灣米穀實無偷漏他處之虞等語。奉硃批:"殊不知慣作弊者,皆熟知風信之人也。此處尚宜酌量。欽此。"臣等恭讀之下,仰見我皇上聖明遠照,慎重海疆之至意。臣等謹遵訓旨,不時稽查,仍嚴飭臺、厦二廳於船隻出入口岸時細加查核,嚴行防範偷越,務使諸弊肅清,以期仰慰聖懷。至現在兵民和樂,地方甚爲寧謐。郡城於臘月間屢有微雨,至三十日,密雨竟日,一切雜糧、園蔬俱得滋潤。其鳳山縣所種之早冬名色之稻,已經陸續播種。現今米價一兩三錢有零不等。恐廑睿懷,合行一并奏聞。謹奏。

乾隆十一年正月十七日

【硃批】:覽。

——《明清宫藏臺灣檔案匯編》第 23 冊,第 382～386 頁

259.乾隆十一年閏三月初四日

巡視臺灣户科給事中六十七等奏報臺灣二麥收成分數并雨水米價摺

巡視臺灣户科給事中臣六十七、巡視臺灣兼理學政雲南道監察御史臣范咸謹奏,爲恭報二麥收成分數及現在得雨情形,仰祈睿鑒事。

竊臺灣地方麥收較内地獨早,兹於三月二十七日,據臺灣府知府褚禄報稱除臺灣、鳳山二縣向俱不種二麥,彰化一縣向不種大麥外,本年諸羅縣大小麥收成確有七分五釐,彰化縣小麥收成確有九分等因前來。臣等覆查無異。至臺、諸、彰三縣現在禾稻種植爲時尚早。惟鳳山縣有早冬名色之稻,此時將次抽穎,然栽種亦不甚多。臣等查得今歲臺郡自入春以來,北路諸、彰二縣雨水霑足,惟臺、鳳二縣微覺少旱。兹三月二十六日已得大雨,入土深透,所有地瓜、芒蔗等項俱各青葱秀茂,將來交四月再得雨水接濟,早、晚二稻自可漸次佈種。至目下郡城及各縣米價自一兩二錢至一兩三四錢不等。惟恐五六月間青

黄不接，米價或至少昂。臣等自當飭府、縣酌量將存貯倉穀減價平糶，以濟民食。臣等因地懸海外，恐上厪宸衷，理合將現在情形據實奏聞。爲此謹奏。

乾隆十一年閏三月初四日

【硃批】：覽奏俱悉。

——《明清宫藏臺灣檔案匯編》第 24 册，第 13～17 頁

260. 乾隆十一年閏三月初四日 巡視臺灣户科給事中六十七等奏陳臺灣官莊錢糧未經蠲免緣由摺

巡視臺灣户科給事中臣六十七、巡視臺灣兼理學政雲南道監察御史臣范咸謹奏，爲奏聞事。

竊乾隆十年九月二十日内閣奉上諭："閩省丙寅年地丁錢糧已全行蠲免，惟是臺灣府屬一廳、四縣地畝額糧向不編徵銀兩，歷係徵收粟穀，今内地各郡既通行蠲免，而臺屬地畝因其編徵本色，不得一體邀免，非朕普遍加恩之意。著將臺灣府屬一廳、四縣丙寅年額徵供粟一十六萬餘石全數蠲免，該部即遵諭行。欽此。"欽遵在案。

臣等伏查臺灣一郡僻在海島，其田園徵納錢糧與内地迥異，欣逢我皇上大沛鴻仁，湛恩汪濊，更復睿慮精詳，旁燭海外，特詔蠲免臺灣府一廳、四縣供粟。雕題鑿齒之倫莫不歡聲動地，此誠亘古未有之盛典也。臣等再查得臺灣一府供粟之外，尚有官莊一項，原係康熙年間在臺文武各官出資開闢田園，官收租息，名爲官莊；繼於雍正三年原督臣滿保題報歸公，按照向日文武官所收租息，歲徵銀三萬四千一百一十二兩四錢三分一釐零。嗣因閩省歲入耗羨不敷通省各官養廉之用，荷蒙世宗憲皇帝將臺屬官莊租息賞給爲各官養廉。此項田園名爲官莊，其按畝徵納課銀，與民間佃户完租無異。臣等竊見上年大學士等議准，耗羨爲地方一切公用，毋庸蠲免等語。此項宫莊既爲通省各官養廉，以公辦公，事同一例，自不在蠲免之内。

伏讀本年正月初四日上諭："朕愛育黎元，格外加恩，將各省錢糧普免一次，以爲休養萬民之計。經大臣等酌議，國家每年一定之經費皆取資於正賦，應將各省分作三年蠲免，則經費有賴，而先後之間，萬民均沾膏澤；至於耗羨，乃有司養廉及辦理公務之所必需，應令照舊輸納。朕已允行。今思朕之逾格

蠲免天下正賦者,所以藏富於民,且使閭閻之間終歲不聞催科之聲也。今正賦既蠲,而耗羨又令完納,是官民仍有交關,猶不免有追呼之擾。若將蠲賦之年應徵耗羨一并緩至開徵之年按數完納,使小民於交官之便完此些須,不必兩次伺候於公庭,亦體恤民情之意。著該部即遵諭行,並將公用不敷之處,作何撥抵,酌議辦理。各省督、撫當董率有司,善爲之,勿因此又别生弊端也。欽此。"欽遵。仰見我皇上浩蕩鴻慈,惟恐天下有一夫不被其澤,是以屢頒恩旨,反覆周詳,普天率土均沾厚澤至於此極。臣等竊思,臺灣官莊一項,雖與耗羨同爲養廉之用,而耗羨則爲正供之餘,尚蒙聖主加恩,緩至開徵之年按數完納;若臺灣官莊錢糧,向照佃户完租,即同正項錢糧,更與耗羨有别,每年舊例,官莊皆緩至十月開徵。在此次通天下錢糧全行蠲免,實出我皇上格外隆恩,固非臣下所敢置議。但臣等既身在地方,深悉情形,合將臺灣官莊一項未經蠲免緣由,據實密奏,伏祈睿鑒。謹奏。

乾隆十一年閏三月初四日

【硃批】:該部密議速奏。

——《明清宫藏臺灣檔案匯編》第 24 册,第 18～25 頁

261.乾隆十一年四月十二日
通政使司右通政熊學鵬奏陳厦門盤驗裝運臺灣米船摺

通政使司右通政臣熊學鵬謹奏,爲敬陳管見,仰祈睿鑒事。

竊臣在通政司衙門拆閲本章,見福建總督馬爾泰題參一本,係爲船户陳合盛、張永利從臺灣鹿耳門出口偷載米三四百餘石不等至廣東地方查出,將鹿耳門守口員弁題參,請旨解任訊究等因,除將原本業經封送内閣進呈外,臣查海口例禁綦嚴,船户陳合盛等違禁偷載米石至三四百餘石之多,該管員弁所司何事,不行查察,自應嚴參示懲,以重海防。惟是臺灣販米之禁尚有當因時酌議,以濟民生者。伏思臺灣一郡僻處海外,地土膏腴,素爲産米之鄉,福建漳、泉二府山多田少,該處地方民食多仰給於臺郡。向因臺地屢次歉收,本處儲蓄尚覺未備,是以定例商船出口止許帶食米六十石,多者不准裝載。然當日福建内地米價昂貴,每每歸怨臺灣禁米太嚴。臣於乾隆八年奉命巡視臺灣,到任時曾將情由摺奏,欽奉硃批:"若果有收,自應變通。"續因臺地連遭颱颶,秋間雨澤稀少,致被偏災,所有民船帶米數目未敢遽議增益。迨乾隆九年秋收雖稔,然而元氣初復,臺地未備倉儲及内地應運官米甚多,俱當及時購買,亦不便將民船

帶米之數再行議加。臣聞乾隆十年臺郡又獲豐收,時和歲稔,是該處米石甚屬有餘。當此有餘之際,若仍將民船米數嚴禁,顆粒不准多載,不惟將來内地漳、泉民食或至不敷,抑且恐海外巖疆亦有穀賤農傷之患。惟是海口關係重大,稽察必須緊嚴。民間船隻所帶之米,其數目可以議增,而其盤核尚當加密。向來臺灣船隻出口,惟鹿耳門員弁查驗一次。及迴至内地厦門,其厦門同知從未將所帶米石查驗,立法似覺稍疎。應請嗣後福建内地民船如有前往臺郡裝買米石運迴内地糶賣者,俱令其將所買米數呈明本地州縣,移知厦門同知給照赴臺,該臺灣鹿耳門員弁查驗照内米數放出。其餘商船食米仍照舊額,顆粒不准多帶。每日鹿耳門放出船隻、米數若干,備文移知厦門同知,其船迴至厦門,該同知再行盤核,約計船内舵工、水手人等在洋日期所用食米外,其餘數目是否相符,細加根究,則永無透漏接濟外洋之弊。

再查向來鹿耳門盤獲多帶米石,俱照時價酌減一二文平糶,其價仍給船户收領,爲禁亦似稍寬。今既准内地民船請照前往臺地買米,其違例私行多載之米石,毋論多寡,一經查出,概行入官,私放者照例治罪,如此既可以濟民食之需,又可以嚴海防之禁。此臣就臺地歷年及現在情形敬爲籌畫,以期内外有益。至恐嗣後臺地豐歉不齊,搬運或致太過,有礙本處民食,應令巡臺御史於每年秋收時將該處米石除本地官民儲蓄外約計所餘若干、足供内地若干,其逾數多買即應相時停止之處,詳酌妥議,移咨督、撫,再加確核,一面飭辦,一面奏聞,庶從此海疆民食内外永無匱乏,而覓利奸徒亦無所容其伎倆矣。

臣言是否有當,伏乞睿鑒訓示施行。謹奏。

乾隆十一年四月十二日

【硃批】:該部速議具奏。

——《明清宫藏臺灣檔案匯編》第 24 册,第 71～78 頁

262.乾隆十一年四月二十九日

巡視臺灣給事中六十七等奏報臺屬地方四月份雨水糧價摺

巡視臺灣户科給事中臣六十七、巡視臺灣兼理學政雲南道監察御史臣范咸謹奏,爲恭報入夏雨水霑足情形,仰祈睿鑒事。

竊臺地入春得雨情形業經臣等於閏三月初四日具摺奏聞。繼自穀雨之

後，一月不雨，早稻未能下種，天氣漸覺亢旱，米價亦日騰貴。郡城數日内賣至二兩一石。臣等一面飭府、縣酌動倉穀，減價平糶，隨於閏三月二十七日起臣等率同道、府、廳、縣等官虔誠齋戒，步禱甘霖，仰賴聖主福祐，於四月初八、初九兩日連得甘雨，闔郡普徧霑足。旋經陰雨連旬，兩廳四縣高下田園，處處深透。早禾已種者青葱茂盛，其未種者漸次翻犁候種。晚稻一切雜糧、地瓜、蔬菜之屬發榮滋長。民番喜得時雨，地方寧帖。其鳳山縣早冬名色之穀，收獲已畢，計有六分五釐。現今郡城及各縣米價稍平，自一兩六錢零至一兩三錢不等。誠恐上廑聖懷，合行據實具奏。謹奏。

乾隆十一年四月二十九日

【硃批】：覽奏稍慰朕懷。

——《明清宫藏臺灣檔案匯編》第 24 冊，第 109～113 頁

263.乾隆十一年六月十七日

巡視臺灣給事中六十七等奏報臺灣六月得雨早禾收成及糧價折

巡視臺灣户科給事中臣六十七、巡視臺灣兼理學政雲南道監察御史臣范咸謹奏，爲恭報臺地早禾收成分數及現在得雨霑足情形，仰慰聖懷事。

本年六月十一日，據臺灣府知府褚禄册報早禾收成分數，除臺灣一邑自來不種早稻外，淡防廳早稻收成確有九分，鳳山縣確有六分五釐，諸羅縣確有七分五釐，彰化縣確有八分，通計廳、縣早稻收成匀算確有七分七釐五毫等因前來。臣等覆查無異。至郡城現在正播插晚稻之時，臣等職任巡方，應行勸勞農民，俾其各勤力作。因於六月十二日會同署鎮及道、府等官前往郊外，目覩晚稻種植已經過半俱各秀發，其雜糧亦皆暢茂。臣等隨各捐資犒勞農民，勉其各勤厥業，以仰副我皇上務本重農之至意，一時官弁民番咸深歡忭。臣等勸勞之下，細察高地不無過燥，尚須雨澤，仰邀聖主洪福，於十三、十四兩日先得微雨，至十五日甘霖大沛，繼而密雨連日，四郊十分霑足深透，未種之田園得以乘時盡行插秧，其已種之禾苗更得及時長茂尤爲得力。現在郡城米價一兩五錢零，其各廳、縣自一兩五錢至一兩零不等。緣臺邑不種早稻，故郡城米價尚昂。其淡、彰二處早稻俱已豐收，有僅賣一兩零者。此番得雨之後，郡城米價自可平減矣。

陞任鎮臣張天駿已赴水師提督之任，總兵事務督臣馬爾泰現委水師副將施

必功護理,臣等自當和衷協同辦理,以期營伍整飭。現在地方寧静,民番樂業。臣等因地懸海外,恐上廑宸衷,合將地方實在情形據實奏聞,仰慰聖懷。謹奏。

乾隆十一年六月十七日

【硃批】:欣慰覽之。

——《明清宫藏臺灣檔案匯編》第 24 冊,第 220～225 頁

264.乾隆十一年十月二十二日

巡視臺灣給事中六十七等奏報臺屬地方本年收成分數摺

巡視臺灣户科給事中臣六十七、巡視臺灣兼理學政雲南道監察御史臣范咸謹奏,爲恭報臺屬收成分數,仰祈睿鑒事。

竊查臺郡今歲春夏雨水霑足,可望豐收,經臣等節次繕摺奏聞外,惟是入秋以後郡城雨澤稀少,南北二路陸續得雨,雖不致旱,而收成不無少減。兹據臺灣府知府褚禄册報,除澎湖地方向來不種禾稻,臺灣縣地方向來不栽種早禾俱無庸開報外,查臺灣縣晚稻收成分數確有六分六釐;鳳山縣早稻收成確有六分五釐,諸羅縣早稻確有七分五釐,晚稻確有七分;彰化縣早稻確有八分,晚稻確有七分;淡防廳所屬地方早稻確有九分,晚稻確有七分四釐。其各種雜糧收成分數,計澎、淡兩廳及臺、鳳、諸、彰四縣通算,確有七分等語。臣等覆加察核無異。現在撫臣委員來臺採買倉穀,米價未能平減。郡城每石一兩七錢三分零,各屬米價自一兩五錢五分至一兩三錢零不等。現在地方寧謐,兵民相安。臣等惟恐來春米價過昂,理應先爲籌畫。因本年平糶存有銀兩,隨與署臺灣道莊年面商,業於八月中預在淡、彰二處多産米穀之所採買穀一萬石,運貯郡城,以備明年青黄不接之時酌量平糶,以濟民食。

臣等因地懸海外,恐上廑宸衷,謹將收成分數及臣等辦理情形,據實繕摺奏報,仰慰聖懷。其閱操巡歷事宜,容臣等巡訪事竣,另行具報,合并聲明,仰祈睿鑒。謹奏。

乾隆十一年十月二十二日

【硃批】:覽奏俱悉。

——《明清宫藏臺灣檔案匯編》第 24 冊,第 342～346 頁

265.乾隆十一年十月二十二日
巡視臺灣給事中六十七等奏陳暫停臺米發買事宜摺

巡視臺灣户科給事中臣六十七、巡視臺灣兼理學政雲南道監察御史臣范咸謹奏,爲奏明事。

竊本年十月十一日臣等接到撫臣周學健咨稱,委建寧府同知甄鏋齎銀八萬兩來臺,會同各廳、縣,採買穀二十萬石等語。該同知即於是日到臺,暫住郡城。臣等隨一面大張告示,毋許奸民乘時射利,高擡米價,以致民食有虧;一面飭行道、府,會同各廳、縣,商酌妥協,作何分派採買之法,務使米價不昂,而於倉貯有益等因去後。臣等伏思,臺郡本年荷蒙聖恩蠲免正供,較之常年,民食自屬充盈。惟是今歲秋間缺雨,收成不無少減,現在米價一兩七錢三分零,較之上年秋收後之米價已貴四錢有零。今採買之數比上年更爲加倍,在積貯固屬緊要,但恐米價日逐增長,於海外要地亦屬未宜。臣等身膺地方重任,不得不鰓鰓過慮。在撫臣委員之時,原在臺郡未經收成之前,及委員之後,而臺郡少雨,米價漸增,現在各廳、縣尚未領價,俟將來採買,米穀果屬充裕,無礙民食,自應飭廳、縣妥協辦理。設發買之後,米價日長,或致病民,臣等當一面據實奏聞,一面即咨明撫臣,暫停採買。此臣等愚昧之見,是否合宜,恭候聖訓遵行。謹奏。

乾隆十一年十月二十二日

【硃批】:汝等只知在臺言臺,全不思全閩民食之攸繫也。且此事周學健早奏臺米發買之弊皆出官吏之作奸,汝等此奏,想又入官吏之計矣。不能察吏去弊,而惟姑息了事,以博寬大之名,至内地民食、倉儲最要之處,則視爲膜外,延挨一年半載,以冀廻京。汝等鄙見以爲最巧,朕不知者,朕知之豈不悉哉?

——《宫中硃批奏摺·財政類倉儲》第二十七册

轉録自《明清臺灣檔案彙編》第二輯,第19册,第158～159頁

266.乾隆十一年十一月二十六日
巡視臺灣給事中六十七等奏報驗閱臺灣營伍巡視地方民番情形摺

巡視臺灣户科給事中臣六十七、巡視臺灣兼理學政雲南道監察御史臣范咸謹奏,爲恭報閲操巡視情形,仰祈睿鑒事。

竊臺灣爲海外巖疆，武備與吏治均關緊要，所有鎮協各營官兵以及地方利弊例應臣等查閲廵視。玆於本年十月初九日會同鎮臣陳汝鍵閲看臺灣鎮標三營及城守營兵丁操演。十一日，又閲看臺協水師三營操演，俱各旗幟鮮明，甲械堅利，其水師駕馭頗爲便捷。惟陸路兵丁新經全行更换，鎮臣陳汝鍵亦到任未久，是以步伍雖屬整齊，而火器尚欠嫻熟。臣等隨捐資給賞，仍嚴飭將弁勤加訓練，以肅營伍。其澎湖左右二營因遠隔大洋，照例檄委澎湖通判汪天來會同該副將楊瑞就近閲看，嗣據申報於十月二十五日閲過兩營目兵操演，軍伍嚴整，船隻器械俱各堅利鮮明等情，并繳各册前來，臣等覆查無異。至本年例應廵視北路地方，隨於十一月初二日輕裝減從自府治起程，由灣里溪、茅港尾等處至諸羅縣，閲看北協左營操演。次由該縣之斗六門社渡虎尾溪，沿大武郡山一帶，歷彰化縣治，閲看北協全營操演，均各步伍整齊，亦經酌量獎賞。復由彰化廵閲至遷善、感恩等社，過大甲溪，循海濱而南，經鹿子港及笨港、鹽水港等處貨船停泊、客民叢聚之所，加意訪察，地方甚爲安静，所過村莊各社，到處唤集耆民、土目及讀書識字之番童一一宣布皇仁，開誠撫諭教誡。凡經番社二十餘處，每社衆番賞給烟、布、茶、紙、筆、墨、酒、餅；番婦賞給紅布、針線等物，莫不歡欣鼓舞。至臣等沿途接見廳、縣及佐雜等官，皆飭其留心教養，實政撫恤民番。其經由大小營汛，諭令員弁約束兵丁，不時操演，貼近生番地方務須加意防範，以仰體聖主厪念海疆，惠養元元之至意。

臣等廵歷既訖，於十一月十八日回署。所有閲驗營伍，廵視地方情形，理合據實奏聞，伏祈睿鑒。謹奏。

乾隆十一年十一月二十六日

【硃批】：知道了。

——《明清宫藏臺灣檔案匯編》第 24 册，第 377～382 頁

267.乾隆十一年十一月二十六日

廵視臺灣給事中六十七等奏陳臺郡年内務行採買穀十萬石積貯臺倉其尚有十萬石請俟明歲秋收後買足摺

廵視臺灣户科給事中臣六十七、廵視臺灣兼理學政雲南道監察御史臣范咸謹奏，爲奏明事。

竊臺郡今歲入秋以後雨澤稀少，業經臣等於恭報收成分數摺内據實奏聞

外，兹自立冬以後仍復缺雨，幸府城種麥者少，亦無大礙，其南、北二路常得微雨。臣等本年巡視北路，沿途見麥苗青葱，地土亦滋潤，其雜糧等項尚需透雨，現在米價日昂，郡城已長至二兩一石，南、北二路一兩六七錢不等。兹撫臣周學健奏明就臺地採買穀二十萬石，臣等於十月二十二日具奏内稱撫臣委員之時，原在臺郡未經收成之前，及委員之後，而臺郡少雨，米價漸增，俟將來採買，米穀果屬充裕，無礙民食，自應飭廳、縣妥協辦理；設發買之後，米價日長，或致病民，臣等當一面據實奏聞，一面即咨明撫臣，暫停採買等語奏明在案。繼撫臣周學健委建寧府同知甄鏘等來臺採買，臣等隨與署臺灣道莊年、臺灣府知府褚祿面商，將運到銀八萬兩，分發淡防廳與四縣，各就地方採買。迨發領之後，已將一月，而一廳、四縣報買之數甚少。查撫臣周學健原奏内稱，令委員赴臺，會同道、府，按各廳、縣産穀多寡，派定採買數目，畫一議定價值，原未嘗限定四錢一石。今現在臺郡穀價市賣八錢一石，而委員甄鏘執定八萬兩之數，買穀二十萬石，每石衹給廳、縣領銀四錢，至與市價竟差一倍，即較之撫臣從前奏明四錢五分之數亦未相符。但海外遠隔重洋，若再往返商酌，恐誤秋收買補之期，臣等隨飭道、府，令各廳、縣多方勸諭積穀之家，就四錢一石之數，善爲設法辦理去後。迨臣等巡視北路，沿途百姓紛紛具呈，以穀價昂貴，民食漸艱，請停採買者不一而足。臣等諭以爾等今歲荷蒙皇恩蠲免，自當踴躍急公，往年官徵錢糧，今年官給銀買穀，在有餘之家仍屬有益，其家無餘穀者，原不許有司抑買，因到處委曲開導。臣等細察現在情形，與道、府等再四籌酌，年内竭力採買，約可得穀十萬石，若再多買，必致病民。

伏讀本年七月内上諭："今歲豐收之處尚多，正宜乘此時留心籌畫，預爲倉儲、民食之計，俾不致穀賤傷農。但必以本地之穀補本處之倉，恐收成分數不齊，産米多寡不一，或因一時採買，米價又致昂貴，有妨民食。著該督、撫酌量地方所屬情形，有二麥既豐而收成又稔者，動撥歷年所存穀價，分路採買，亦不必迫期足額，務使妥協辦理，使倉儲可以漸充，而米價不致增長。欽此。"仰見我皇上念切民依籌畫周詳之至意。臣等深知臺郡此日實有不能買足二十萬石之勢，隨欽遵不必迫期足額之聖諭，一面咨明撫臣，臺郡年内務行採買穀十萬石，積貯臺倉，其尚有十萬石，請俟明歲秋收後買足。謹將現在情形，據實奏明，請旨遵行。至委員建寧府同知甄鏘不能深悉地方情形，其如何採買發價之處，皆係道、府籌酌辦理，若俟明年再行採買穀十萬石，此際留伊在臺，既無所事，徒令愚民見有採買之員在臺，米價竟不肯下，於海外地方甚屬無益。臣等與署臺灣道莊年細商，一面咨明新撫臣陳大受，令其將委官三員酌行掣回，合行一併奏聞。謹奏。

乾隆十一年十一月二十六日

【硃批】:爾等十月奏摺中已批示矣。

——《宫中硃批奏摺·財政類倉儲》第二十七册

轉録自《明清臺灣檔案彙編》第二輯,第19册,第165~167頁

268.乾隆十二年二月十五日

巡視臺灣給事中六十七等奏報臺地入春得雨情形摺

巡視臺灣户科給事中臣六十七、巡視臺灣兼理學政雲南道監察御史臣范咸謹奏,爲奏明臺地入春得雨情形,仰慰聖懷事。

竊照去歲臺郡秋冬少雨,業經臣等節次據實奏聞在案。兹自入春以後,於元旦即得微雨,繼於正月十三日以後,甘霖叠沛。節據臺灣府知府褚禄稟稱:入春以來,民間所栽春麥及雜糧、芒蔗,正須雨水滋灌,兹於正月十三、十五、十六、二十六等日,連得甘雨,隨遣役徧查各鄉,田水霑足,可以翻犁,其雜糧俱各秀茂青葱。詢之農民,皆稱今歲得雨甚早,又復滋透,大於農功有益。各廳、縣所報皆同等語稟報前來。臣等覆查無異。

至各屬米價,因上年秋收少薄,南、北二路亦皆昂貴,今自得雨之後,陸續漸減,郡城現在每石一兩六錢零,各屬自一兩五錢零至一兩四錢零不等。目下米穀不至缺乏,民情安堵,臣等因地懸海外,上年秋冬雨澤稀少,恐上廑宸衷,所有入春得雨霑足情形,合行據實奏聞,仰慰聖懷,伏祈睿鑒。謹奏。

乾隆十二年二月十五日

【硃批】:欣慰覽之。

——《明清宫藏臺灣檔案匯編》第25册,第128~132頁

269.乾隆十二年二月十五日

巡視臺灣給事中六十七等奏陳接奉硃批諭旨并臺地採買米穀情形摺

巡視臺灣户科給事中臣六十七、巡視臺灣兼理學政雲南道監察御史臣范咸謹奏,爲接奉硃批諭旨,備陳臺地採買情形事。

竊臣等於乾隆十一年十月二十二日摺奏爲奏明事一件，於乾隆十二年二月初六日接到硃批諭旨："汝等只知在臺言臺，全不思全閩民食之攸係也。且此事周學健早奏，臺米發買之弊皆出官吏之作奸，汝等此奏想又入官吏之計矣。不能察吏去弊，而惟姑息了事，以博寬大之名，至内地民食、倉貯最要之處，則視爲膜外，延挨一年半載，以冀迴京。汝等鄙見以爲最巧，朕不知者，朕知之豈不悉哉？欽此。"欽遵。同日准撫臣陳大受咨稱，乾隆十一年十二月十一日内閣奉上諭："據巡臺御史六十七等奏稱，撫臣周學健委員赴臺買穀二十萬石，臺郡現今米價較上年秋收後已貴，而採買之數倍於上年，恐米價日增，將來如果無礙民食，自應飭廳、縣妥辦，設米價日長，或致病民，咨明撫臣，暫停採買等語。先經周學健摺奏，臺郡採買之弊，由地方官乘機私買射利，已將歷來積弊詳悉敷陳。朕思臺郡本産米之區，福、興、泉、漳等郡向資接濟，縱邇來人民赴臺者衆，然地土亦日漸開墾，何至米價較前更昂。及覽周學健所奏，臺郡官吏有此種種情弊，伊經理有年，實心體察，故能言之切中。今觀御史所奏，明係官吏不能射利，以昂貴病民之説，聳動衆聽，而御史等不爲全閩計民食，只知目前圖了事，姑息養奸，意欲停止，益信周學健之言不虚矣。著傳旨申飭該御史等，令協同地方官，妥協辦理，毋得掣肘。當周學健身自經理，該御史等尚爲此奏，今陳大受甫經蒞閩，恐未能深悉該處情形，地方官吏益得售其欺僞，著將周學健所奏發陳大受，知其情弊，以便妥辦。該部知道。欽此。"欽遵。轉行咨會到臣等衙門。臣等跪讀之下，慚汗浹背，悚惕靡寧。

查臺地採買情形，臣等已於昨年十一月二十六日備細奏明，於年内務行採買穀十萬石，積貯臺倉，其尚有十萬石，請俟明歲秋收後買足等語奏聞在案。繼經署臺灣道莊年、臺灣府知府褚禄會詳稱，各廳、縣共收買穀一十萬七千七百六十六石，經節次轉報在案，尚未買穀九萬二千二百三十四石，兹據各廳、縣詳請寬限，容俟來歲冬成買足等語。臣等隨據詳移明撫臣。兹接到諭旨申飭臣等，令協同地方官，妥協辦理。臣等欽此。欽遵。一面檄行道、府，將一廳、四縣已領未買之穀價，速飭相時妥辦，陸續買足貯倉，以候内地撥運，毋許推諉不前。一面詳查地方情形，臺地現在雖已得雨，而穀價所減有限，正在青黄不接，採買不無艱難，然亦可副臣等前奏，於秋收時買足，必不至有誤也。惟是臣等受皇上高厚之恩，以小臣膺海外重寄，夙夜兢惕，祇懼材力有所未及，而一腔愚忱，更有不敢不備陳於聖主之前者。

伏思臺灣孤懸海島，而實爲閩、粤、江、浙四省之藩籬，惟臺灣安而後四省沿海之地皆安，亦惟臺灣足而後全閩之民食可足，固久在聖明洞鑒之中。上年閩省内地收成尚好，而臺郡收成稍薄，米價又昂。臣等初聞前撫臣周學健遣員採買之信，惟恐二十萬石一時全買，米價益昂，且恐地方官辦理不善，或致病民，激成事端。臣等身在地方，目擊好動惡静之百姓，實有不能不鰓鰓顧慮者，是以有十月二十二日之奏。及後委員來臺，在撫臣本專責成道、府恊辦，而臣等不敢袖手旁觀，隨督率道、府，嚴飭廳、縣，上緊辦理，不及兩月，已買穀十萬石有零，臣等非惟不敢掣肘，亦斷不敢膜視也。至周學健摺奏，臺郡採買之弊，由地方官乘機私買射利等語。查臺郡向例撥運内地督標及金、厦兵米，臺、澎班兵眷米每年定額五萬二千餘石，又有每年採買撥補福、興、漳、泉四府平糶穀七萬餘石，款項既多，地方官不無那移之弊。臣等向無盤查倉庫之責，不能深悉底裏，即周學健但行奏明而不竟參劾者，亦自有故，在臣等不能察吏去弊，咎實難辭。但因採買米穀關係生民之大命，不得不加慎重，是以將二十萬石分爲兩次採買。緣臣等巡歷北路時，目擊民情，兩人細酌，意見相同，非敢聽官吏聳動之言，遂不爲閩省民食計也。

自來臺灣巡視御史，每因採買一事與閩省督、撫意見不合。在督、撫則以内地民食爲重，在御史則以臺灣地方爲重，各顧責成，遂致各有岐見。夫内地與臺灣莫非王土，督、撫與御史自當平心和氣，一秉至公，通盤籌畫，始無偏向。在臺灣每年原有採買撥運内地之定額，若年歲豐稔，採買定額有餘，自當多方另行採買，以補内地倉貯；若收成平常之年，即向來定額尚買不足，而又另行採買，反置定額於不問。如乾隆十年前撫臣周學健奏明買穀十萬石運送内地，而是年應起運内地補倉之穀一十一萬四千八百零四石，又分派臺屬四縣積貯應買穀九萬三千六百五十石，竟顆粒未買，懸宕至今。是因另行採買十萬石，而反停買二十餘萬石之舊額，是未得採買之益也。臣等深悉情形，曾札致周學健云，新買之穀雖已足數，而舊欠之穀竟至虚懸，是此盈彼絀，内地所得之穀止有此數，似不如不另立名色之爲愈也。至上年採買穀二十萬石，臣等飭廳、縣先於年内買十萬石，而上年應買撥運福、興、漳、泉四府平糶之定額，計穀七萬餘石，則又顆粒未買，是又未得採買之益也。總之，年歲雖有豐歉，而一方所産米穀止有此數，蓋中平收成之年分多，而大豐大歉之年原不常有。臺郡向日地廣人稀，米穀原多，近則開墾已遍，惟沿山逼近生番之處尚有餘地，然因民人私墾多被生番戕殺，屢經條陳分界，禁止越墾。是臺地可開墾者亦屬無多，而内地流民日聚，惟年穀順成，始保地方寧謐。今内地狃於目前之昇平，每於定額採買之外又行採買，在内地積貯固屬緊要，而臺地之積貯亦復無幾。從前周學健於通籌臺郡供粟撥運事宜摺内，亦曾慮及臺地積存穀石趕運空虚。今查現在臺郡積貯倉穀，惟彰化一縣實貯穀有四萬三千餘石，如臺灣係首縣尚不及萬石，至淡防一廳祇有三千餘石，設遇水旱不齊，亟須賑濟，内地尚有他省可以撥運，而臺地遠隔重洋，斷難望内地一時救急。夫年年採買，臺郡方欲顧内地之積貯，而不能顧本地之積貯，此臣等所夙夜思維，束手無策者也。伏懇聖明俯念海外要地，敕下督、撫二臣，相時斟酌，遇臺灣時和歲豐，每年常額採買有餘，方可以更議採買。設定額尚不能買足，縱另議採買，亦那此應彼，徒有採買之虚名，究不得採買之實濟，恐非爲國家實心任事之道。臣六十七仰荷天恩留任二年，現在已逾一年；臣范咸現在惟候新任交代，非不知遵旨再採買九萬二千二百三十四石便可以結此次採買之案，但臣等深思受恩既重，不得不反覆備陳。蓋爲臺灣正所以爲内地，而爲久遠之臺灣計，自不敢僅爲一時之臺灣計，是以披瀝愚誠，詳悉敷奏。若存心取巧，衹顧一己之私，固不能逃聖明洞鑒，即清夜自思，其何以上對君父。臣等雖至愚陋，尚具人心，斷不敢自暴自棄，以負皇上天恩也。緣係奉旨申飭事宜，謹備陳情形，併抒管見，恭候聖訓，臣等不勝激切惶悚之至。謹奏。

乾隆十二年二月十五日

【硃批】：覽奏俱悉。

——《臺灣研究資料彙編》第一輯，第 10582～10592 頁

270.乾隆十二年四月初六日

巡臺御史范咸奏報交印日期摺

巡視臺灣兼理學政雲南道監察御史加一級紀録三次臣范咸謹題，爲恭報微臣交印日期事。

乾隆十二年二月十二日，承准都察院劄付爲請旨事，刑科抄出本院題前事，於乾隆十一年十一月十三日題，十五日奉旨："稽察吉林烏拉事務，著官泰去；巡視臺灣事務，著白瀛去。欽此。"欽遵劄行到臣。臣隨於乾隆十二年四月初六日，謹將欽頒臺灣學政關防一顆，交新任巡視臣白瀛接受。所有微臣交印日期，理合恭疏具題，伏乞皇上睿鑒施行。爲此謹具題聞。

乾隆十二年四月初六日

巡視臺灣兼理學政雲南道監察御史加一級紀録三次臣范咸

——《臺灣研究資料彙編》第一輯，第 10670～10674 頁

271.乾隆十二年四月初六日
巡臺御史白瀛奏報接印任事日期摺

巡視臺灣兼理學政陝西道監察御史紀録一次臣白瀛謹題,爲恭報微臣接印任事日期,仰祈睿鑒事。

竊臣奉命巡視臺灣,恭請聖訓,於乾隆十一年十二月十二日自京起程,至本年四月初六日抵臺。准前任巡視臣范咸親交欽頒雍字五百二十九號學政關防一顆到臣,臣隨恭設香案,望闕叩頭接受,即日任事訖。伏念臺灣爲海疆重地,巡視御史有稽查、督率、撫綏、彈壓之責,職任匪輕。臣一介庸愚,荷蒙聖恩簡用,恭聆訓旨煌煌,惟有敬謹遵奉,勉竭微誠,與現任巡視臣六十七協恭辦理,務期文武和衷,兵民安輯,以仰副我皇上任用之至意。除巡視並學政事宜容臣次第辦理外,所有微臣接印任事日期,理合恭疏題報,伏祈皇上睿鑒施行。爲此謹具題聞。

乾隆十二年四月初六日

巡視臺灣兼理學政陝西道監察御史紀録一次臣白瀛

——《臺灣研究資料彙編》第一輯,第 10676～10681 頁

272.乾隆十二年四月二十二日
巡視臺灣給事中六十七等奏報臺郡四月雨水糧價摺

巡視臺灣户科給事中臣六十七、巡視臺灣兼理學政陝西道監察御史臣白瀛謹奏,爲恭報入夏雨水霑足情形,仰慰聖懷事。

竊臺郡今春時雨霑足,業經臣六十七會同漢巡察臣范咸繕摺奏聞外,入夏以來,仰賴聖主福庇,於四月初三、初四等日得雨。以后晴霽旬日,田園正需雨澤。兹十四、十五兩日,連得大雨,甘霖普遍,四野霑足。隨查據兩廳四縣報稱於十四日得有大雨,自辰時起至亥時止,淋灕如注,入土深透。十五日巳時又得密雨,至午時止,遍查城鄉各里高下田園,咸各深透霑足。目下正當晚禾下種之時,得此透雨,便可翻犁播種。其芒蔗、落花生、黄荳等項雜糧,均各菁葱改色,愈加暢茂。農民欣躍,喜溢郊原等語。臣等覆查無異。至闔屬米價,三月間自一兩六錢至一兩四五錢不等。目今郡城米價減至一兩四錢有零,各屬米價亦各平減。番民安樂,地方寧謐。臣等因臺郡孤懸海外,誠恐上廑宸衷,

所有雨水霑足情形，理合據實奏明，伏祈睿鑒。謹奏。

乾隆十二年四月二十二日

【硃批】：覽。

——《明清宫藏臺灣檔案匯編》第 25 冊，第 246～250 頁

273.乾隆十二年四月二十二日
巡臺御史白瀛奏陳到任辦理事宜情形摺

巡視臺灣兼理學政陝西道監察御史臣白瀛謹奏，爲敬陳到任辦理事宜，仰祈睿鑒事。

竊臣一介庸愚，蒙皇上天恩，俾以巡察重任。出京之日，又蒙皇上特賜召見，諭以實心任事，不可好名。臣跪聆之下，感激無地。本年四月初六日到任視事，除照例具本題謝外，伏念臺灣遠隔重洋，向來官斯土者，往往視爲傳舍，不肯實心辦公，以爲苟且了事，將來任滿，便可卸責他人，因循已久，習爲故然，非大破積習，不能整頓。所有供應積弊，另摺奏聞外，查地方設立巡察，原欲其察吏安民，以佐督、撫耳目所不及，至於一切詞訟細事，自應照例逐層辦理，方無滋擾掣肘之弊。况臺地民番雜處，人情浮囂易動，尤不宜喜事邀名，以長澆風。乃臣到任後，見番民紛紛投遞呈詞，率皆瑣屑細故，混行越瀆。案查歷來巡察衙門，原無親理詞狀之例，乾隆八年十月内，經前任巡察給事中臣高山等爲敬陳管見一摺内稱：凡有關於民生風化者，酌量輕重，分别批發提訊等語，奉旨俞允，遵行在案。立法之始，未嘗不善，而日久弊生，未免濫觴。竟有一等奸民，每遇地方官稍稍執法，即奔赴巡察衙門，揑疑越訴，希圖騙准，挾制本地官吏。種種弊端，不可枚舉，刁健之風，斷不可長。臣因出示嚴禁，指明條例，凡未經地方官審斷，並未向道、府控理，以及毛舉細故，牽扯浮詞者，除一概不准外，並檄令逐回本地，交地方官照違例律責懲，以儆刁風。

再，衙門之有吏役，所以供使令也。乃臣於到任後，循例點卯，查有並不隨衙辦事，止於點卯時一到者，共二十來人。逐一詢查，俱稱相沿已久，未便革除。臣思果係安分守法，無庸假此虚名，萬一借端生事，招摇撞騙，則貽害地方，誠非淺鮮。現在照額定數目，酌量存留，令其隨衙服役，仍嚴行約束，不時稽查外，其餘一概革除，永行禁止。夫欲治人必先自治，臺地吏治民風怠縱已久，臣凛遵皇上聖訓，謹將臣等衙門積弊，漸次清理，并於府、縣因公進見時，諄諄誡以實心辦公，力除陋習，仍不時留心訪查。凡有關於吏治民生之處，一有

見聞,自當一面據實奏明,一面咨商督、撫,聽其查辦。固不敢任意紛更,邀取虛名,亦不肯扶同欺隱,代人受過。所有現在目擊情形,並酌量辦理之處,據實具奏,是否有當,伏祈皇上睿鑒訓示施行。謹奏。

四月二十二日

乾隆十二年六月十四日奉硃批:知道了。欽此。

——《臺灣研究資料彙編》第一輯,第 10705～10710 頁

274.乾隆十二年四月二十二日
巡臺御史白瀛奏報嚴禁各縣家人坐府辦事借稱供應名色招搖撞騙摺

巡視臺灣兼理學政陝西道監察御史臣白瀛謹奏,爲據實奏聞事。

竊臣沿途接閲邸抄,見陞任撫臣周學健摺奏臺郡採買積弊一摺。内稱:四縣按季輪流供應御史衙門,每季約需費三四百金等語。及至福省,撫臣陳大受向臣云,巡察衙門歷來借辦公名色,令四縣家人任意出入,往來供給,競尚浮靡,各縣每年賠墊至三四百兩,誠爲未便。督臣喀爾吉善所言,大略相同,臣聞之不勝駭異。

伏念臺灣爲海疆重地,巡察御史有表率地方、整齊風俗之責,理宜潔己率屬,弊絶風清,方不負我皇上簡用之意。遂於到任後,逐款親查,加以密訪,始知各縣原有供應,而供應各有開銷,但日久弊生,有不可不亟加釐剔者。查歷來巡察犒兵賞番,及一切食用等物,原係自備,所有養廉盡足敷用。惟是修理衙署,執事備用心紅紙扎,以及油硃、火藥等項,定例在各縣耗羨項内,按款支銷銀共四百三十兩,年終彙册報銷。向緣此項銀兩,係四縣報銷,即令四縣承辦,未立定章程,漫無覺察,以致家人吏役,任意侵漁,借端浮冒,往往有僅費一兩,竟開至三四兩者,甚有並未支用,混行開銷者。在巡察以公項既定,無庸稽查,在各縣以事屬因公,未便核減,若輩從中侵蝕,弊端叢生。此所以有按季供應之名,而每季賠墊三四百金,亦非無因而云然也。

臣訪查既確,深知此弊,總因上下既有交手,又無稽查所致,不清其源未有能止其流者。現今飭令該府,將例設公項按款分别提解該臣衙門巡捕官妥協辦理,年終造册查核統計。一年如於原定額數尚有贏餘,則留於節省項下,爲地方公事之用。倘有不敷,量其多寡,或於養廉内撥補,或咨明督、撫,聽其酌

量籌辦。至各縣家人坐府辦事，借稱供應名色，招摇撞騙，窩賭窩娼，大干法紀，臣已面諭各該縣，令其立刻撤回，不許逗遛生事，仍一面出示嚴禁，地方毋得容隱滋弊，務期弊絶風清，以仰副我皇上澄叙官方，奠安海疆之至意。所有查明實在緣由，並現在辦理情形，理合據實奏聞，是否有當，伏祈睿鑒。謹奏。

乾隆十二年四月二十二日

【硃批】：知道了。

——《明清宫藏臺灣檔案匯編》第25冊，第251～257頁

275.乾隆十二年七月初一日

巡臺御史白瀛奏報臺郡雨水勻調早稻收成分數摺

巡視臺灣兼理學政陝西道監察御史臣白瀛謹奏，爲恭報臺地雨水情形及早禾收成分數，仰慰聖懷事。

竊臺郡今春雨澤調勻，初夏甘霖大沛，各處田園禾苗暢茂，疊經臣等陸續奏聞外，五六月以來，北路一廳兩縣及鳳山縣之南路時得透雨，均屬霑足。所有早禾現在登場，晚稻及時蒔插。惟臺灣一縣及鳳邑之北路，六月内雨澤稀少。臣恐有悮佈插之期，於六月二十二日親履郊外，遍視禾苗，尚無大傷。詢之農民，咸稱三五日内若得透雨，蒔插非遲，秋收可望。臣仰體皇上念切民依之意，齋戒步禱，旋於二十六、七等日連得透雨，四野霑足。二十九日，即會同鎮、道各官前往郊外，目覩[坡]陂圳充盈，禾苗秀發，農民踴躍乘時佈插，一切雜糧無不暢茂。官弁番民咸深歡忭。臣等隨各捐資犒勞，勸勉力作，以仰副我皇上宵旰勤民，重農務本之至意。所有早稻收成分數，通郡勻算確有八分之外，九分之内。目下郡城米價每石一兩四錢有零，各屬自一兩二錢至一兩四五錢不等，均屬平減。地方現在寧謐。七八月間若雨水不缺，全稔可望。至民間米價不昂，糧實充裕，各縣倉貯無庸平糶。俟秋成後如果豐收，臣當即與督、撫札商，嚴飭各廳、縣將上年領價未買之穀石，及時採買，以實倉儲。並設立印簿，實力稽查，斷不使仍蹈前轍，致滋擾累。臣因地懸海外，恐上廑宸衷，所有雨水情形、米價數目，謹據實奏聞，不敢一字粉飾，以期仰慰聖懷。

再，臣六十七於六月二十八日接准撫臣咨文已經奉旨革職離任回京，合并聲明。謹奏。

乾隆十二年七月初一日

【硃批】：覽奏俱悉。

——《明清宫藏臺灣檔案匯編》第 25 冊,第 386～391 頁

276.乾隆十二年九月二十二日

巡臺御史白瀛奏報臺灣整飭吏治營伍摺

巡視臺灣兼理學政陜西道監察御史臣白瀛謹奏,爲備陳臺地情形,仰祈睿鑒事。

竊照臺灣孤懸海外,爲東南四省籓籬。番漢雜處,民無土著,率皆粵之潮、惠,閩之漳、泉游手好閑之流偷渡來臺。各分黨羽,好利輕生,非平時嚴行查禁,遏其萌芽,遇事不少假借,務窮根株,不足以静浮囂而固邊圉。向緣督、撫、巡察各持意見,以致上下觀望,遇事粉飾,吏職日廢而民氣愈驕,[①]其所由來者漸也。臣自到任數月以來,凡遇大小事件,悉與督、撫商酌而行,務令内外通達,嫌疑胥泯,使官吏無所容其揑飾,地方諸務逐件實力奉行。如查拿偷渡以清奸匪之源;嚴行逐水,以絶奸匪之流。其餘打降、拜盟、賭博、竊盜等事,有犯必懲,雖小必除,務期吏治整飭,地方寧謐。至於生番潛處内山,本無生事之心,熟番愚直性成,原有奉公之意,總緣漢奸貪利忘生,往往私入内山,抽籐吊鹿,或欺熟番無知,奸盜邪淫,無所不至,以致憤怨莫訴,釀成事端者有之。臣現在嚴飭各地方官,凡逼近内山地方有私搭草藔零星居住者,概行驅逐。其熟番社内所有生事不法之徒,不時查拿,毋許容留隱匿,致令混雜生端。其定立界限之處,現准督臣來咨,徹底清查。臣當督率有司殫心經理,務令内外肅清,以成一勞永逸之計。

再海外重地,營伍最關緊要。臺地兵驕將惰,積習已久。總緣上下相蒙,以姑息爲安静。畏懦者倖免無事,任其跋扈;貪邪者朋比作奸,情同猫鼠。驕兵之盤結愈固,將弁之畏縮愈甚。此時已成痺痿不仁之象,將來必有潰敗難收之勢。現任鎮臣陳汝鍵長厚有餘,精明不足。間有設施不中要肯,以致將弁輕玩,恐於積玩已久之地不甚相宜。臣已將實在情形詳悉札商督、撫,應參者,核實指參;應調者,酌量掣調。現准督臣來札逐漸查核辦理。臣仍不時留心稽察,務令兵氣寧輯,將弁整頓,以仰副我皇上慎重邊疆,整飭戎行之意。

再臺地米穀出入歷來聚訟紛紜。在内地則取之惟恐不多,在臺員則禁之

① “吏職”似爲“吏治”之誤。

惟恐不嚴。臣以爲財利所在,止宜設法流通,不必過爲增損,徒滋弊端也。且臺郡現議積貯四十萬石,猝有緩急,不患無備,而沿海居民仰食甚衆,自應接濟。况有無相易,於臺地本無所損。惟是出入之間,自應加意稽查,使酌盈濟虚之權,操之自上,而裒多益寡之利,受之自下。此固臣所日夜籌畫,不敢稍執意見,貽誤公務者也。

總之,臣一介迂愚,蒙皇上拔置臺諫,屢加訓誨,兹復畀以海疆重地,臣惟有竭盡駑駘,凡事無欺無隱,以報高厚之恩於萬一耳。謹將體訪情形并辦理緣由撮其大略,繕摺陳奏,伏祈睿鑒訓示。謹奏。

乾隆十二年九月二十二日

【硃批】:覽奏俱悉。

——《明清宫藏臺灣檔案匯編》第 26 册,第 106～112 頁

277.乾隆十二年九月二十二日
巡臺御史白瀛奏報臺灣鳳山二縣秋旱偏災情形摺

巡視臺灣兼理學政陜西道監察御史臣白瀛謹奏,爲彙報秋旱偏災情形,仰祈睿鑒事。

竊臺郡今歲春夏雨水調匀,禾苗暢茂,經臣陸續奏報在案。兹届秋成,所有北路淡水廳、諸羅縣、彰化縣所屬各地方,及鳳山縣屬之下淡水等處,素稱産米之區,雨澤充盈,禾苗現在結實,豐收可望。惟臺灣一縣,及鳳山之北,地處高阜,水圳稀少,自八月初旬得雨後,經月不雨,恐有被旱之處,經臣檄飭各該縣親往查勘,務得確實分數,毋漏毋冒去後。

兹據臺灣縣報稱,該縣共二十二里,通計田園一萬二千二百餘甲,内除永康等十二里,園多田少,且有陂塘、埤溝,足資灌溉,禾苗現在青葱結實,可獲豐收外,其仁和等十里,田園高低不一,内有黄萎漸枯,不能結實者,約共一千一百餘甲,統計被災雖不及十分之一,但就仁和等各里,已成偏災等語。又據鳳山縣報稱,該縣官民莊田園共一萬三千餘甲,除有水園田一萬餘甲,仍獲有秋外,其餘無水可溉者,約二千餘甲,禾苗多半萎黄,偏災之象已成等因各詳報前來。

臣隨飛檄府、廳,輕裝減從,親往分頭履勘明確,照例分别賑恤,勿得絲毫延漏,致令貧民失所。仍一面即將被災分數,並酌量辦理情形,飛咨督、撫,聽其查核外。臣查現在米價平減,民情安帖,通郡合算,元氣本屬無傷,但被旱之

處未免向隅，自應仰體皇仁，照例分别賑貸，以副我皇上愛民若子之至意。除收成分數統俟届期查明，另行奏報外，所有臺、鳳兩縣被旱偏災情形，理合據實摺報，伏祈睿鑒。謹奏。

乾隆十二年九月二十二日

【硃批】：仍應督率地方官，詳查辦理，務使均霑實惠可也。

——《明清宫藏臺灣檔案匯編》第26冊，第113～118頁

278.乾隆十二年十月十九日

巡臺御史白瀛奏報臺屬收成分數米穀價值摺

巡視臺灣兼理學政陝西道監察御史臣白瀛謹奏，爲恭報臺屬收成分數、米穀價值確實情形，仰祈睿鑒事。

竊臺屬今年春夏，雨澤調匀，入秋以來，淡水一廳，諸羅、彰化二縣，時沛甘霖，惟臺灣、鳳山二縣，間有被旱成災之處，節經臣繕摺奏聞外，兹届收獲之期，隨檄飭臺灣府轉行各屬，將收成分數，確實開報，毋得粉飾去後。

兹據該府褚禄查覆前來，内稱除澎湖地方向不栽種禾稻，臺灣縣地方向不栽種早稻，無庸開報外，查臺灣縣晚稻連被旱偏災，通匀計算，收成確有六分五釐；鳳山縣早稻收成確有八分，晚稻連被旱偏災，通匀計算確有六分；諸羅縣早稻收成確有八分五釐，晚稻收成確有七分；彰化縣早稻收成確有八分五釐，晚稻收成確有八分七釐；淡防廳所屬地方早晚二稻收成俱確有八分；其各種雜糧收成分數，計澎、淡兩廳及臺、鳳、諸、彰四縣，通計確有七分等語。

臣覆加察核無異，查本年臺郡所有早晚二稻及各種雜糧收成分數，雖臺、鳳二縣被旱偏災，而通郡匀算，尚有七分之外，目下郡城米價每石一兩四錢有零，各屬米價自一兩一錢有零以至一兩六錢不等。地方寧謐，番民安帖，其被旱之家，臣現在督率有司，照例賑恤，民情歡忻，委無失所。誠恐上廑宸衷，謹將收成分數、米穀價值確實情形，繕摺奏報，仰慰聖懷。其閱操巡歷事宜，容俟新任巡察臣伊靈阿到任後，臣即會同照例出巡，事竣之日，另行分析具報，合并聲明，仰祈睿鑒。謹奏。

乾隆十二年十月十九日

【硃批】：知道了。被旱之處應加意撫恤，海外不比内地也。

——《明清宫藏臺灣檔案匯編》第26冊，第169～173頁

279.乾隆十二年十一月二十八日
巡臺御史白瀛奏報閲看臺灣水陸操演情形摺

巡視臺灣兼理學政陝西道監察御史臣白瀛謹奏,爲恭報水陸操演情形,仰祈睿鑒事。

竊查臺郡孤懸海外,爲東南四省藩籬,武備最關緊要。所有鎮協水陸官兵,每年秋末冬初,例應臣等簡閲,緣滿巡察臣伊靈阿尚未到任,臣隨遵例,於十月初十日,會同鎮臣陳汝鍵閲看臺灣鎮標三營及城守營官兵操演。十三日,又閲看臺協水師三營操演,俱各旗幟鮮明,甲械堅利,其陸路步伍,尚屬整齊,水師駕駛,甚爲便捷。當即布揚天威,申明法令,誥誡獎勸,不啻再三,仍捐資分别給賞,以示鼓勵。其澎湖左、右二營,因遠隔大洋,照例檄委澎湖通判汪天來,會同該副將楊瑞,就近閲看。嗣據申報,於十月二十二日閲過兩營目兵操演,俱軍伍整肅,船隻器械,堅利鮮明等情,并繳各册前來,臣覆察無異。理合將閲過水陸兩操情形,繕摺奏聞,伏祈睿鑒。謹奏。

乾隆十二年十一月二十八日

【硃批】:覽。

——《明清宫藏臺灣檔案匯編》第26册,第263～267頁

280.乾隆十二年十一月二十八日
巡臺御史伊靈阿等奏報巡視臺灣南路情形摺

巡視臺灣陝西道監察御史臣伊靈阿、巡視臺灣兼理學政陝西道監察御史臣白瀛謹奏,爲恭報巡視南路情形,仰祈睿鑒事。

竊臺灣爲海外巖疆,所有南、北兩路營伍吏治,民風番俗,例應臣等分年親歷稽查,除鎮協各營官兵,業經臣白瀛閲看,另摺奏報外,查今年例應巡視南路地方,臣等仰體我皇上澄清吏治、體恤民番之意,輕裝减從,自備裹糧,一切支應悉行革除。於十一月十五日,自府治起程,由鳳山所屬之大湖、阿公店等處,至鳳山縣治宣講上諭,集士民等詳切訓誨,布揚皇仁,面飭該知縣及佐雜各官,留心教養實政,撫恤民番,隨即閲看南路營官兵操演,俱各整齊嚴肅,亦經量捐獎賞,以示鼓勵。

再,由該縣之大埤頭、萬丹、新園、下淡水,以至南路盡界之放縤、茄藤、力

力、上淡水、阿猴等番社，復沿傀儡山至山猪毛，閱看官兵，循山而北至鳳山縣屬之搭樓、武洛等社，及臺灣縣屬之大傑巔社、羅漢門山等處，周閱情形，留心訪察，俱各安静，到處番民並皆樂業。經過村社，隨時喚集耆民、土目及通事、番童等，一一宣布皇仁，開誠撫諭，捐資備給烟、布、紙、筆等物，莫不歡忻鼓舞。至沿路大小營汛，俱嚴加訓飭，令其奉公守法，勤謹防範，毋致驕惰滋事，貽累民番，以仰副聖主奠安海疆，懷保民番之至意。巡視既訖，於十一月二十二日回署。所有巡視南路地方情形，謹據實繕摺奏聞。

再，查臺、鳳兩邑今秋被旱偏災，業於九月内，經臣白瀛一面奏報，一面檄飭道、府，督率有司，照例加意撫恤在案。此次臣等緣巡視之便，於被災處所詳加體訪，俱各料理妥協，並無浮冒、遺漏等弊，民情忻豫，咸戴聖恩。現在地方寧謐，糧價平減，民食充裕，委無失所，理合一并附聞，恭慰聖懷。爲此謹奏。

乾隆十二年十一月二十八日

【硃批】:覽奏俱悉。

——《明清宫藏臺灣檔案匯編》第 26 冊，第 257～262 頁

281.乾隆十三年三月十九日

巡臺御史伊靈阿等奏報臺屬正月至三月初雨水糧價摺

巡視臺灣陝西道監察御史臣伊靈阿、巡視臺灣兼理學政陝西道監察御史臣白瀛謹奏，為恭報春雨情形並米穀價值，仰慰聖懷事。

竊臺郡上年秋間被旱偏災，三冬雨澤稀少，臣等仰體皇仁，督率地方官辦理賑務，所有閭閻均霑實惠，並無冒濫遺漏緣由，業經附摺奏聞外，兹本年正月初三、四等日起至三月初十等日，所屬兩廳四縣陸續共得雨七八次，或十餘次不等，各處田園遍沾普被，稻、麥、雜糧均各秀發。就中鳳山之雙冬稻已經抽穗，約於三月下旬即可漸次收穫。目下郡城米價每石銀一兩四錢零，各屬自一兩一錢以至一兩三錢零不等。較之上年青黄不接之時米價殊覺平減，毫無失所情形。官弁番民咸深歡忭，吏治營伍俱各清寧。臣等因地懸海外，恐上廑宸衷，所有春雨霑足，米價平減及地方安静情形，合行據實奏聞，仰慰聖懷。伏祈睿鑒，謹奏。

乾隆十三年三月十九日

【硃批】:覽奏欣慰。

——《明清宫藏臺灣檔案匯編》第 27 冊，第 95～99 頁

282.乾隆十三年七月初三日
巡臺御史伊靈阿等奏請移駐營員以實要地摺

巡視臺灣陝西道監察御史臣伊靈阿、巡視臺灣兼理學政陝西道監察御史臣白瀛謹奏，爲請移駐營員，以實要地事。

竊臺陽向分南、北、中三路，而羅漢門者，乃居中扼要之區也，北控諸羅，南連鳳山，東縮萬山，西臨府治，地勢險要，民居稀少，不特生番不時出没，擾害地方，凡南、北兩路無常業之奸民，利其地險人稀，稽查難周，往往藏匿爲匪，甚至潛通番黎，肆行不法者有之。查臺灣縣縣丞分駐羅漢門，而營員僅設千總一員，帶兵五十名，兵單力薄，不足以資彈壓。且其地分内、外二門，中隔三四十里，並無汛防，外門而南五十里爲南路營之阿里港汛，内門而東北五十餘里爲北路營之茇仔林汛，迤西離府六十里，中止舊社一汛，地廣兵單，防範難周，猝遇緩急，呼應不靈，鞭長莫及，坐失事機，不可不預籌也。況北設副將，南設參將，鎮臣居中控制，而東路近山一帶，地勢遼闊，守禦稀疏，揆之體制，殊未允協。

臣等於去冬出巡之便，身履其地，相度形勢，若不移駐大員，使四面聲勢聯絡，不足以固苞桑而靖邊圉。按查郡城有鎮臣駐劄，標下三營，共帶兵二千七百名，不爲無備，羅漢門内外原係城守營所轄地方，臣等公同商酌，似應將城守營參將，移駐羅漢内門，其標下左軍守備，移駐羅漢外門，右軍守備，仍駐崗山，各帶本標兵丁，隨處操演，不時查察，庶番黎消覬覦之心，而奸匪無藏聚之所。且大兵所駐，商賈雲集，漸成聚落，於要地實有裨益。

再，查城守營額設兵一千名，内除分防各汛外，標下隨操者，實止三百名，爲數尚少，不無單弱之虞。應於鎮標三營，每營撥兵一百名，共足六百名之數，統令城守營參將管轄，如此一轉移間，既無庸添設滋擾，而於要地控制，甚爲得宜。臣等因海疆重地，防守宜密，因是不揣冒昧，繕摺具奏，是否可行，伏祈睿鑒，敕部議覆施行。如蒙俞允，其移建衙署營房，並一應善後事宜，容臣等悉心熟籌，咨明督臣，聽其查辦，合併聲明。爲此謹奏。

七月初三日

乾隆十三年八月初一日奉硃批：該部議奏。欽此。

——《臺灣研究資料彙編》第一輯，第 11335～11339 頁

283.乾隆十三年七月初三日

巡臺御史伊靈阿等奏報臺地入夏雨水情形并早稻收成分數摺

巡視臺灣陜西道監察御史臣伊靈阿、巡視臺灣兼理學政陜西道監察御史臣白瀛謹奏,爲恭報臺地入夏雨水情形,並早稻收成分數,仰慰聖懷事。

竊臺郡今春雨澤調匀,禾苗暢茂,業經臣等於三月十九日據實奏聞外,四月以後,連旬不雨,高阜田園,早稻未能遍插。又當青黄不接之時,以故米價頓昂。郡城每石至一兩八錢有零,各屬自一兩五六錢以至一兩八九錢不等。臣等仰體皇上軫念民艱之意,當即檄令各縣,開倉平糶,一面虔誠齋戒,祈禱雨澤。旋於五月初二日起,甘霖大沛,陰雨連綿,至十五、六等日,各屬陸續共得雨七八次或十餘次不等。六月初七、八暨十六、七,二十五、六等日,又復大雨疊沛,四邑兩廳,高下田園,均已霑足,官弁民番,咸深歡忭。米價亦較前稍平,郡城減至一兩六錢有零,各屬自一兩二錢至一兩五六錢不等,均屬平減。因於六月二十九日檄飭各屬止糶,以節倉儲。七月初二日,會同鎮、道各官,前往郊外,目覩[坡]陂圳充盈,禾苗秀發,農民踴躍,乘時力作。臣等隨各捐資賞犒,諄切勸勉,以仰副我皇上宵旰勤民,重農務本之意。所有早稻收成分數,通郡匀算,確有七分,尚不至於歉薄。晚稻蒔插甚早,雨水又復充盈,秋稔可望。現在民情安帖,地方寧謐。臣等因地懸海外,恐上廑宸衷,謹將雨水、米價情形,並早稻收成分數,據實奏聞,恭慰聖懷。謹奏。

乾隆十三年七月初三日

【硃批】:覽奏俱悉。

——《明清宫藏臺灣檔案匯編》第27册,第361~365頁

284.乾隆十三年閏七月十一日

巡臺御史伊靈阿等奏報臺灣被水偏災並查勘賑恤緣由摺

巡視臺灣陜西道監察御史臣伊靈阿、巡視臺灣兼理學政陜西道監察御史臣白瀛謹奏,爲恭報被水偏災,並查勘賑恤緣由,仰祈睿鑒事。

竊本年七月初七日,據彰化縣稟稱:本月初二日半夜起,至初三日酉刻,風

雨大作，山水驟漲，沿溪一帶，田園、廬舍俱有損傷等情。當即飛檄淡水同知曾曰瑛，督同彰化縣知縣陸廣霖，携帶存公銀兩，速往各村莊詳查履勘，照例分別賑恤，務使災黎得所，毋漏毋冒去後。兹據該廳、縣詳稱：查得被水各村莊，冲倒瓦、草房屋共一千八百餘間，内除有力之家，尚有另屋棲止，别業謀生，毋庸賑恤外，其餘分别瓦屋、草披，間數大小，按户賑恤，共賑過銀四百七十六兩二錢五分。淹斃男婦一十八名口，照例賑給銀兩，飭令收埋。其臨溪傍河之田園，内有沙土浮鬆，被水冲崩者，共八十餘甲，查明糧額照例請豁外，其餘被沙壓蓋者，或一二畝，或二三分不等，共計七十餘畝，現在勸令各業佃，乘時挑復，補種晚禾。再，被水處所，秋禾未種，早稻方收，均有餘糧，無須借給口糧、籽種等情前來。現在檄飭臺灣府知府方邦基，輕裝減從，速往被水各里莊，詳確覆勘，加結申送到日咨明督、撫，聽其察核題銷外，臣等伏查風水爲患，乃屬一隅偏災。本年七月初三日午時，彰化縣山水陡長，大肚、虎尾二溪同時漲發，宣洩不及，以致沿溪一帶低窪民房，被水坍塌，人口、田園間有損傷，臣等仰體皇仁，督率地方官詳細確查，分别賑恤，現今房舍及時修整，田園協力挑復，民情安帖，委無失所，合將被水情形，並辦理緣由繕摺具奏，伏祈睿鑒。

再，查臺郡夏、秋以來，雨水充盈，禾苗暢茂，官弁肅清，民番寧謐，合併聲明。爲此謹奏。

乾隆十三年閏七月十一日

【硃批】：此事汝等所奏遲延，已有旨了。

——《明清宫藏臺灣檔案匯編》第 27 册，第 435～440 頁

285.乾隆十三年九月十一日
巡臺御史伊靈阿等奏報臺鳳彰三縣秋旱偏災情形摺

巡視臺灣陝西道監察御史臣伊靈阿、巡視臺灣兼理學政陝西道監察御史臣白瀛謹奏，爲彙報秋旱偏災情形，仰祈睿鑒事。

竊臺郡今歲入夏以來，雨水調匀，禾苗暢茂，經臣等據實奏報在案。兹届秋成，所有北路淡防廳，及鳳山縣所屬之下淡水等處，雨水充盈，禾苗現在結實，可望有收。諸羅縣水源充足，雖被風摇落，不無稍減分數，尚不致成災外。惟臺灣縣之中路、鳳山縣之北路，及彰化縣之沿海一帶，地處高旱，水圳稀少，自閏七月下旬以來，連旬不雨，及兼八月十五六等日，風霾大作，雖廬舍船隻並無損壞，不致成災，而禾苗之正吐華者，間被摇落。地氣乾燥愈甚，當即親往郊

外察看情形，詢之農民，咸稱旬日内若得時雨，尚無妨礙。臣等隨率領各屬虔誠祈禱，並檄飭各該縣，一體虔求，以冀有秋。嗣越旬日，仍無雨澤，亢旱更甚，災象已成，隨飛檄各該縣，親往查勘，務得確實分數，毋漏毋冒去後。

茲據臺灣縣禀稱：該縣田園共計一萬二千餘甲，内除依仁等五里，向有埤溝陂塘可資灌溉，禾苗漸次收割，尚屬有秋外，其永康等十七里，高阜田園，半屬黄萎，不能結實者，約共一千三百餘甲，統計被災在一分以上，偏災已成等語。又據鳳山縣禀稱：該縣官民莊田共有一萬三千餘甲，内除下淡水等處，俱有埤圳，可以引水灌溉者，約一萬二千餘甲，均無妨礙外，其高阜處所栽種極遲，晚禾無水滋潤者，均屬黄萎，實共六百餘甲，合縣通計雖被灾不及一分，但就乾旱之處，已成偏災等語。又據彰化縣禀稱：該縣共計十一保，其沿山之半線等六保，俱有水源引灌，現在將次收割，尚屬有秋；沿海之馬芝遴等五保，額徵田園計三千二百餘甲，除開有水道，可資灌溉者，不至傷害外，實在被旱晚禾共一千九百餘甲，通縣匀算，被災幾及二分等因，各禀報前來。臣等隨飛檄府、廳，輕裝減從，親往分頭履勘明確，照例分别賑貸，勿得絲毫延漏，致令貧民失所，仍一面將被災分數，並酌量辦理情形，飛咨督、撫，聽其查核外，臣等查淡、鳳、諸三處，現在米價每石自一兩七八錢至二兩不等，惟彰化縣水旱頻仍，現在米價每石長至二兩二錢有零。郡城食指殷繁，北路接濟較少，以致米價每石亦長至二兩二錢有零。通臺計算，米穀雖不至缺乏，而被旱之處，民食未免艱難，自應仰體皇仁，分别賑貸，以副我皇上軫念海疆，愛民若子之意。除收成分數，俟届期查明，另行奏報外，所有臺、鳳、彰三縣，被旱偏災情形，理合據實摺報，伏祈睿鑒。謹奏。

乾隆十三年九月十一日

【硃批】：一切賑恤事宜，督率地方官善爲之，臺灣不比内地，更宜加之意也。

——《明清宫藏臺灣檔案匯編》第 28 册，第 31～37 頁

286.乾隆十三年九月十一日

巡臺御史伊靈阿等覆奏臺屬彰化發水奏報遲延緣由摺

巡視臺灣陝西道監察御史臣伊靈阿、巡視臺灣兼理學政陝西道監察御史臣白瀛謹奏，為覆奏事。

本年九月初六日，接到大學士伯張廷玉、協辦大學士尚書傅恒寄字，内開：

乾隆十三年八月初一日奉上諭:“臺灣府屬之彰化縣,七月初二日夜半,狂風大雨,初三日水勢驟漲,城内水深數尺,倒壞民房三百數十間,附近大肚溪一帶村莊盡行沖淹。因發蛟水勢驟湧,隄防不及,受災甚重。諸羅縣笨港等處亦有沖压田畝,倒壞民房之處,較之沿海各邑被風更重,現據該督、撫等具摺陳奏。乃伊靈阿、白瀛此次所奏早稻收成一摺,即係七月初三日所發,而於此等重災並無一語奏及。可見伊等於地方事務全不留心辦理,其所奏事件不過虛文塞責。即如此次奏摺既係初三日拜發,豈有不將彰化縣風災一事陳奏之理?必係將每年循例奏報之事先期書寫,預填月日,以應故事,殊非朝廷設立巡察之意,著傳諭申飭之。欽此。”遵旨寄信前來。臣等跪誦之餘,惶悚無地。伏念臣等至微極陋,蒙皇上天恩,畀以海疆重地,感激圖報,夙夜靡寧。本年七月初三日拜摺後,始聞有彰化縣被水之事,即傳諭道、府,飛行確查。旋於初七日,據該縣稟報大概情形前來。隨即飛檄淡防同知曾曰瑛,攜帶存公銀兩,就近查勘確實,照例先行分別賑恤。彼時自應預先奏報,臣等拘迂之見,以為未經查明確實分數,不敢冒昧瀆陳。兹蒙皇上傳諭申飭,如夢方醒,從前愚昧之咎,實所難辭。惟有凜遵訓諭,力圖改過,以仰報高厚生成之恩於萬一耳,伏祈睿鑒。臣等不勝恐懼悚惶之至。謹奏。

乾隆十三年九月十一日

【硃批】:覽。

——《明清宫藏臺灣檔案匯編》第 28 册,第 38～43 頁

287.乾隆十三年十月十一日

巡臺御史伊靈阿等奏報巡視臺灣南路情形摺

巡視臺灣陝西道監察御史臣伊靈阿謹奏,爲恭報巡視南路情形,仰祈睿鑒事。

乾隆十二年十二月内,准督、撫來咨,内稱:兩巡察於每年農隙時,分路各自巡查一次。經部議覆,奉旨:“依議。”欽遵。移咨在案。今年臣伊靈阿例應巡查南路地方,隨於九月二十八日輕裝減從,自備裹糧,自府治起程,由鳳山所屬之大湖、阿公店等處,至鳳山縣治,宣講上諭,集士民等詳切訓誨,布揚皇仁,面飭該知縣及佐雜各官,留心教養實政,撫恤民番。隨即閱看南路營官兵操演,俱各整齊敬肅,亦經量捐獎賞,以示鼓勵。再由該縣之埤頭、萬丹、新園,下淡水以南畫界之放縤、茄藤、力力,上淡水、阿猴等番社,復沿傀儡山至山猪毛,

閲看官兵,循山而北,至鳳山縣屬之搭樓、武洛等社,及臺灣縣屬之大傑嶺、羅漢門山等處,周圍情形,留心訪察,俱各安静,到處番民並皆樂業。經過村社,俱隨時唤集耆民、土目及通事、番童等,一一宣布皇仁,開誠撫諭,捐資備給煙、布、紙、筆等物,無不歡欣鼓舞。至沿路大小營汛,俱嚴加訓飭,令其奉公守法,勤謹防範,毋致驕惰滋事,貽累民番,以仰副聖主□安海疆,懷澤民番之至意。巡視既訖,於十月初六日回署。所有巡視南路地方情形,謹據實繕摺奏聞。

再,查臺、鳳、彰三縣,今秋被旱偏災,業於九月内,經臣等據實奏報在案。兹臣等南巡之便,經過臺、鳳兩縣被災處所,詳加體訪,俱各開報確實,委無遺漏冒濫等弊。當即面諭各該地方官,照例分别賑貸,務使災黎均霑實惠,仍不時督察,實心料理,以仰副我皇上軫念海疆之意。爲此謹奏。

十月十一日

乾隆十三年十二月初二日奉硃批:知道了。欽此。

——《臺灣研究資料彙編》第一輯,第11666～11670頁

288.乾隆十三年十月十一日
巡臺御史伊靈阿等奏報臺屬收成分數米穀價值摺

巡視臺灣陝西道監察御史臣伊靈阿、巡視臺灣兼理學政陝西道監察御史臣白瀛謹奏,爲恭報臺屬收成分數,米穀價值確實情形,仰祈睿鑒事。

竊臺郡今年入秋以來,風旱交加,除淡水、諸羅不致成災外,其臺、鳳、彰三縣,偏災情形,業經臣等繕摺奏聞。兹届收獲之期,隨檄飭臺灣府,轉行各屬,將收成分數確實開報,毋得粉飾去後。兹據該府方邦基查覆前來,内稱:除澎湖地方向不栽種禾稻,臺灣縣地方向不栽種早稻,無庸開報外,查臺灣縣晚稻連被災收成確有六分;鳳山縣早稻收成確有七分五釐,晚稻連被災收成確有六分五釐;諸羅縣早、晚二稻收成俱確有七分;彰化縣早稻收成確有六分,晚稻連被災收成確有五分;淡水廳早稻收成確有七分五釐,晚稻收成確有七分。通郡匀算,早稻收成確有七分,晚稻連被災收成確有六分三釐等語。臣等覆加察核無異。查本年臺郡所有早、晚二稻及各種雜糧收成分數,連被災計算在六分以外,七分之内,較之往年,實屬歉薄,目下尚堪無虞,明春青黄不接之時,甚屬可慮。

再四思維,海外不比内地,惟有預爲樽節之一法。現在出口船隻,臣等諭令各該管官員實力稽查,除照例攜帶食米接濟漳、泉民食外,其額外增帶及整

船販運者,概行嚴禁,庶幾稍留有餘,不至匱乏。目下郡城米價,每石二兩零五分,各屬自一兩七錢至二兩零不等,較之初秋,頗覺平減。地方寧謐,番民安堵。其被災之處,臣等現在督率有司,照例分別賑貸,務使窮黎均霑實惠,以仰副我皇上軫念海疆,愛民若子之意。所有收成分數、米穀價值確實情形,謹繕摺奏報,伏祈睿鑒。其南巡事宜,臣伊靈阿另摺具報。至閱操北巡事宜,容俟事竣後,另行分析具報,合并聲明。謹奏。

乾隆十三年十月十一日

【硃批】:實力稽察妥辦,海外不比内地也。

——《明清官藏臺灣檔案匯編》第 28 冊,第 82～87 頁

289.乾隆十三年十一月二十一日

巡臺御史伊靈阿等奏報閱看臺灣水陸操演情形摺

巡視臺灣御史伊靈阿、白瀛謹奏,爲恭報水陸操演情形,仰祈睿鑒事。

竊查臺郡海外巖疆,武備最關緊要,所有鎮協各營水陸官兵,例應臣等簡閱。兹於本年十月二十二日,會同新任鎮臣薛瓀,閱看臺灣鎮協三營及城守營官兵操演,二十五日,閱看臺協水師三營,俱各旗幟鮮明,甲械堅利,其陸路隊伍尚屬整齊,水師船隻堅固,駕駛便捷。當即布揚天威,申明法令,仍捐資分別奬賞,以示鼓勵。其澎湖二營,因遠隔大洋,照例檄委澎湖俸滿通判汪天來,會同護副將鄭李嘉就近閱看。嗣據申報,於十月初三日閱過兩營目兵操演,俱軍伍整齊,船隻器械堅利鮮明等情,並繳各册前來。臣等覆察無異。除巡視北路情形,臣白瀛另摺奏報外,合將閱過水、陸兩操情形,繕摺奏聞,伏祈睿鑒。謹奏。

十一月二十一日

乾隆十四年正月十六日奉硃批:知道了。欽此。

——《臺灣研究資料彙編》第一輯,第 11712～11714 頁

290.乾隆十三年十一月二十一日
巡臺御史白瀛奏報巡視北路情形及雨水米價摺

巡視臺灣兼理學政陝西道監察御史臣白瀛謹奏,爲恭報巡視北路情形,仰祈睿鑒事。

乾隆十二年,准督、撫咨開,兩巡察於每年農隙時,分路各自巡查一次。經部議覆,奉旨:"依議。欽此。"欽遵在案。今年臣白瀛例應巡查北路地方,隨於十月二十七日,輕裝減從,自備裹糧,由府治起程,經木栅、茅港尾、下加冬等處至諸羅縣,閱看北協左營操演。該營積玩已深,守備李景泌到任不久,兵丁隊伍技藝,俱覺生疏。臣隨詳悉指授,嚴加訓飭,仍不時留心體訪,倘有違玩,即行咨參。次由該縣之斗六門,渡虎尾溪,從東、西螺,大武郡沿山一帶至彰化縣治,閱看北協全營操演,均各整齊熟練,防守嚴密。該協副將馬龍圖,熟悉風土,馭兵有法,俱經量捐獎賞,以示鼓勵。復由彰化東北沿山一帶之猫霧捒、岸里社等處,過大甲溪至淡防廳所屬之蓬山、呑霄、後壠、竹塹等處,見其地勢遼闊,流寓繁多,而兵單官少,稽查難周。隨嚴飭新任淡水同知陳玉友,將所屬各港口,並沿山各險要處所,竭力防範,毋許稍有怠玩。從竹塹循海而南,經過遷善、感恩等社,至鹿仔港、笨港、鹽水港,貨船停泊,客民叢聚之所,加意訪察,俱各安静,間有一二不法之徒,俱就近密諭地方官,嚴拿究處,不使稍有疏縱。其往返經過各莊社,俱傳集耆老、通、土番衆人等,一一宣布皇仁,開誠撫諭,捐資備給烟、布、茶、紙、筆、墨、針、線等物,莫不歡忭鼓舞。沿途大小塘汛,俱逐加訓飭,令其不時操防,毋許怠惰滋事,以仰副我皇上廑念海疆,惠養元元之至意。巡查既訖,於十一月十七日回署。所有巡視北路情形,理合據實奏聞,伏祈睿鑒。

再,查臺、鳳、彰三縣,今秋被旱偏災,七月内彰化被水,俱經臣等節次奏報,並檄飭確查,照例賑貸各在案。兹臣於巡查北路之便,經過臺、彰兩邑被旱、被水處所,詳加察看,其廬舍房屋俱各修復齊整,田園溝圳並皆挑濬深通,遍種小麥、雜糧等物,俱各秀茂,所有應賑人户,實在按名散給,委無遺漏冒濫等弊,番民安堵,氣象恬熙,毫無被災景色。

連年臺郡秋冬少雨,兹十一月初一暨初九、初十等日,連得透雨,沿途水圳充盈,土田滋潤,其麥苗、地瓜、芒蔗等項,倍加秀茂,官弁番民歡呼載道,稱爲數年僅見。現在米價,郡城每石一兩九錢,各處自一兩六錢有零至一兩八九錢不等,較前又加平減。臣等隨公同商酌,現在諭令鹿耳門照督、撫奏准新例,每船增帶食米六十石,以濟彰、泉民食,俟明春二月,即行停止。其額外私帶,並各處小口，仍行嚴禁，不許私越滋弊。總之，隨時酌辦，不敢稍執成見，使過於壅塞，歧視内地，或任其漏卮，貽誤海外也。所有現在雨水米價情形，並酌量辦理緣由，理合一併附聞。爲此謹奏。

乾隆十三年十一月二十一日

【硃批】：覽奏俱悉。

——《明清宫藏臺灣檔案匯編》第 28 冊，第 155～161 頁

291.乾隆十四年二月初一日

巡臺御史伊靈阿等奏請在臺灣淡水地方添設營縣以固海疆摺

巡視臺灣御史臣伊靈阿、臣白瀛謹奏，為請添設營縣，以固海疆事。

竊臺灣爲東南半壁藩籬，控制外海諸倭，而淡水一區處臺極北，離府千有餘里，海道距福州僅止四更，土田寬廣，番民稠雜，所産米穀居臺郡之半，而道里遠近，又倍過，論其形勢，實爲全臺之後户，不可不思所以防之也。

查雍正元年，添設淡水同知一員，駐箚竹塹，都司一員，駐箚八里坌。在彼時土田初闢，人民稀少，一廳一營，足資彈壓。數十年來，臺、鳳、諸、彰人稠地窄，無業貧民相聚就淡謀食，因而聚積日衆，開闢日廣。現在八里坌迤東一帶，直抵蛤仔難山，南至桃仔園，北至大鷄籠山，中間一望平蕪，周廣數百里，村莊番社聯絡數十處，閩粤流民不下數萬。其海山北首又有名新莊者，山水蔚秀，土田肥饒，徑直百餘里，縱横數十里，中有□河一道，船隻往來甚便，民居稠密，百貨叢聚，每年所産米穀，約計數十萬石，實極北之一大都會也。再轉而由艋舺渡過溪□峰仔峙，至金包裏等處，亦復民番雜處，倚溪傍嶺，中間居民□啻數萬。統計淡、塹程途，實在千有餘里，合算流寓民番，不下數十萬户口，止屬一廳管轄，稽查難周，所以每遇命盜案件，該同知據報往勘，非半月、二十天不可。命案則尸壞兇逃，盜案則贜滅賊遁，往返誤事。再當春、夏水漲之時，溪河阻隔，與郡城聲息動遲數月，此猶平常無事之時言之。至于該地形勢險要，如迤南之南嵌、後嶺、海山口，迤北之關渡門等處，非重山峻嶺，羊腸鳥道，即兩山壁立，中夾溪流，均係藏奸納匪，亟宜防守之區。而平時則官少兵單，防範難周，有事則鞭長莫及，呼應不靈，若不急為之所，恐非慎重邊疆之意也。

臣等再四熟籌，似應將淡水另設一縣，其竹塹一處，即令原駐竹塹之同知

專管，照州、縣之例，設立倉庫、監獄、學宫等項，一切刑名米穀，由府報解，兼轄淡、塹海防事宜。巡檢二員，照舊設立，移駐要地，劃疆分界，以專責成。至北路協所轄地方，自諸羅縣起，至八里坌大鷄籠山止，袤延一千六七百里，而該協三營，係一都司、兩守備，八里坌止一都司，官卑兵少，分防尚且不足，府城更覺單弱，實不足以資彈壓而固邊陲。臣等愚見，協標三營照舊駐箚，但每營多撥目兵一二百名，令其添設塘汛，以廣聲援。其八里坌都司，改爲遊擊一員，駐箚新設之縣，統歸北協兼轄。如此廣千餘里之險要，處處足資防範，數十萬之番民，人人有所約束矣。

臣等爲邊方要地，冒陳愚見，是否可行，伏祈睿鑒，敕部議覆。如蒙俞允，其經費章程，並善後事宜，容臣等詳悉籌畫，繪圖立説，咨商督、撫，妥協料理，合并聲明。為此繕摺具奏，臣等不勝隕越之至。謹奏。

二月初一日

乾隆十四年三月十七日奉硃批：軍機大臣等會同該部議奏。欽此。

——《臺灣研究資料彙編》第一輯，第 11791～11794 頁

292.乾隆十四年六月十一日

巡臺御史楊開鼎奏報臺郡現在情形摺

巡視臺灣兼理學政河南道監察御史臣楊開鼎謹奏，爲恭報臺郡現在情形，仰祈睿鑒事。

切臣一介庸愚，荷蒙天恩，簡命巡視臺灣，面覲聖訓，以體恤番民，慎重兵食爲務，兼命臣於接任後，將現在情形奏明。欽此。仰見我皇上胞與爲懷，遐邇一視之至意。

臣念海疆之寧謐，全仗年歲豐稔，查臺屬田畝，終歲皆視雨水多寡，分别豐歉，而米價之長落隨之。四月以來，各屬雨水多寡，不無偏及，至本月初六、初七、初八、初九等日，連得甘霖，四野沾足。鳳山、彰化、淡水地方，早禾已登，八分、八分五厘、九分不等，晚禾皆已先後蒔插，米價減至一兩五錢零、一兩九錢、二兩不等。臺灣、諸羅二縣，自連日得雨之後，早禾將次有收，晚禾亦皆可耕播。米價減至一兩七錢、一兩四錢零不等。經查各屬高下田園，禾苗、雜糧、蔗、薯等項，俱□暢茂。臣與滿巡視臣伊靈阿親巡郊外，履勘田疇，見雨膏敷布，原野歡騰，有秋可卜矣。

至臺地番民雜處，熟番甚屬馴良，一切供役俱勤，務當體恤。臣到任之始，

首嚴胥役、兵民魚肉番愚之禁。他若生番僻處,守禦必嚴,方免滋擾;兵丁營伍訓練必勤,方資捍衛;米穀出口,必嚴私越透漏,方可以實郡儲;游民紛雜,必力懲刁悍積習,方可以期整頓。且士習爲民風之倡,臺郡士子近頗知讀詩書,第習尚浮靡,從容導引,自可轉移。此皆臺郡緊要時政,伏念臣才識短淺,蒞土方旬,見聞未廣,不敢揣摩妄議,容臣次第舉行。

茲因現在米穀充裕,番民樂業,官弁安静,理合先將情形具奏,以仰慰我皇上軫念海疆孤郡之聖心。從此臣惟竭盡駑駘,矢公矢慎,協同滿巡視臣伊靈阿悉心辦理,不敢因循苟且,亦不敢好事邀功,俱期文武和衷,海疆寧謐,以盡臣職,以覆天恩,伏祈聖鑒。謹奏。

六月十一日

乾隆十四年八月十八日奉硃批:知道了。

——《臺灣研究資料彙編》第一輯,第 11983～11987 頁

293.乾隆十四年六月二十九日

巡臺御史伊靈阿等奏報及時勸課並早禾收成米價摺

巡視臺灣陝西道監察御史臣伊靈阿、巡視臺灣兼理學政河南道監察御史臣楊開鼎謹奏,爲恭報微臣及時勸課,並現在收成米價,仰慰聖懷事。

竊臺郡今春雨澤調勻,入夏甘霖叠沛,各處田園禾苗暢茂,經臣楊開鼎於蒞任後,本月十一日具奏現在情形摺内,已將各屬雨水,暨早禾收成大略奏聞,已蒙睿鑒。臣等竊念臺郡土廣人稠,全以農事爲重,而禾兼早、晚,一歲再熟,耕種之事,四時不輟,園圃雜項,利賴亦普,幸自本月初間以至於今,霖雨優渥,正是早禾收獲、晚禾佈種之候。臣等仰體皇上念切民依之至意,於二十七日率同署鎮、道各員,輕騎減從,前往鄉村,目睹[坡]陂圳充盈,禾苗秀發,鄉農力作踴躍。臣等隨各捐資犒勞,勸勉及時作勤,毋得游惰荒蕪,并宣講聖諭,務知樽節物力,毋致狼藉妄費,宜守己安分,力除刁悍,以迓天庥,諄諄誥誡,民番鼓舞。所有早稻收成,除澎湖地方向不栽種禾稻,臺灣縣地多砂土,亦不栽種早禾,無庸開報外,其北路之淡水一廳,彰化、諸羅兩縣,及南路之鳳山縣,早稻收成,各屬勻算,確有八分之外,九分之内。目下各屬米價,臺灣縣每石一兩六錢,彰化、諸羅每石俱一兩四錢零,鳳山、淡水每石俱一兩三錢零,不獨較減於春,即較夏初亦大減。七、八月間若雨水不缺,全稔可必,米價更可遞減。民間米價既減,不資官粟,各縣倉廒,自春入夏,止糶出米一萬二千餘石,臣等因與

各屬酌議，市米充裕，無事虛糜倉儲，現在各屬平糶之事，俱於本月陸續報停。臣等伏念海外不比内地，際此豐稔之兆，亟宜及時調劑，惟時率郡屬文武，加意體恤，俾四境民番，家有蓋藏，官無滋擾，弁員兵役謹飭寧謐，以仰慰皇上軫念海隅之盛心。

茲因微臣及時勸課，現在收獲情形、米糧價目，理合恭摺奏聞，伏惟睿鑒。謹奏。

乾隆十四年六月二十九日

【硃批】：欣慰覽之。

——《明清宫藏臺灣檔案匯編》第 29 冊，第 180～185 頁

294.乾隆十四年七月初五日

巡臺御史伊靈阿等奏報外番船隻被風飄泊來臺摺

巡視臺灣陝西道監察御史臣伊靈阿、巡視臺灣兼理學政河南道監察御史臣楊開鼎謹奏，爲外番船隻被風飄泊，據報奏聞事。

竊據臺灣府北路淡水同知陳玉友、北路副將馬龍圖等報稱，六月二十一日，吕宋番船一隻，被風飄流到大溪漧海中外汕泊停，大小桅俱砍斷，尾柁砍半，船身未破，番黎三十三名無損，船内裝載白米約有六七百石，大、小夾板共一十八個，其小夾板二個，一裝貯番銀三小布包、一裝貯番銀二大布包，約計二千餘元，其大夾板十二個，係裝貯番衣，並煙貨雜項，又番銃十枝、黄朱子二隻、番布三綑、宋肉脯數百觔、小猪一隻、雍瓦二個青固。[1] 又該國番備漢字書四封，上寫投繳厦門水師提督、興泉永道、水師中軍、廈防同知各衙門開看。番書内稱，嘗聞兩洋雖隔一葦，相通聲聞，鄰國秀年缺少，米穀高價，人間困苦，各往採糴，第思之念及連邦之重，切備土食、生珍、白米千餘石，即令使者運載，以赴國内人間貸追發糶，或價高低以隨行需，勿遺相棄，不敢不遵上督福建分府許察奪施行，宋國數及即一示知辦叩等語。此係該國番與廈防同知之書，其餘書並未拆閲等情到臣等。

據此查得番船載米，欲往廈門糶賣，遭風到此。當經飛飭該廳協，先將番黎加意安頓，其在船米貨等物，躬同來番盤查確數，造册稟報，就近搬運堆貯，

① 原文如此。

派撥弁兵看守防衛，即由陸路護送番黎人等赴臺，以便臣等親詢來由，撥船載送廈門，一面咨明督、撫，作何辦理，並所有米貨如何售價給領，資送回宋之處，統聽督、撫酌行。茲因外番船隻遭風入境，合先據報赴奏，伏乞皇上睿鑒施行。謹奏。

七月初五日

乾隆十四年八月二十九日奉硃批：知道了。欽此。

——《乾隆朝軍機處檔》

轉録自《明清臺灣檔案彙編》第二輯，第 20 冊，第 362～364 頁

295.乾隆十四年十月初十日

巡臺御史伊靈阿奏報巡視臺灣北路軍營及民番摺

巡視臺灣陝西道監察御史臣伊靈阿謹奏，爲恭報巡視北路情形，仰祈睿鑒事。

乾隆十二年准督、撫咨開，兩巡察於每年農隙時分路各自巡查一次。經部議覆，奉旨：依議。欽此。欽遵在案。今年臣伊靈阿例應巡查北路地方，隨於九月二十二日輕裝減從，自備裹糧，由府治起程。經過木[册]栅、茅港尾、下加冬等處至諸羅縣治，宣布皇仁，集士民等詳切訓誨。因諸羅地多空僻，嚴飭該縣及各塘汛弁員加意撫綏，嚴行防範。閱看北協左營操演，其兵丁隊伍技藝俱無廢弛之弊。由該縣之斗六門渡虎尾溪，至彰化縣治，閱看北協全營操演，均各整齊熟練。該協副將馬龍圖訓練約束俱嚴，該處兵丁亦無滋事擾累之處。臣俱經量捐獎賞，以示鼓勵。但該地沿山傍海，游民繁衍，俗素刁悍，嚴飭該地方官實心整頓，以期寧謐。由彰化東北過大甲溪至淡防廳所屬之蓬山、吞霄、後壠、竹塹以及遷善、感恩等社，鹿仔港、笨港、鹽水港等處，其地勢較諸、彰縣治更屬遼闊，番民雜處，最易滋事，貨船停泊，亦易滋弊。臣嚴飭該副將馬龍圖及淡水同知陳玉友等於險要處所實力巡查，並嚴禁客民偷渡、米穀透漏等弊。經過各莊社俱傳集番民人等一一宣講上諭，開誠勸導，捐資給賞煙、布、茶、紙、筆、墨、針、線等物，莫不歡忻鼓舞。臣所歷諸、彰、淡水等處，雨暘時若，水圳土田，俱甚滋潤。其稻穀、地瓜、薯蔗等項倍加暢茂。現在收割未竣，米價每石值一兩二三錢不等，較夏秋更減。番民樂業，弁員安静。巡查既訖，於十月初八日回署。所有巡視北路情形，理合奏聞。謹奏。

乾隆十四年十月初十日

【硃批】:覽奏俱悉。

——《明清宫藏臺灣檔案匯編》第29册,第333~338頁

296.乾隆十四年十月二十九日

巡臺御史楊開鼎奏報巡視臺灣南路兵營及民番摺

巡視臺灣兼理學政河南道監察御史臣楊開鼎謹奏,爲恭報巡視南路情形,仰祈睿鑒事。

乾隆十二年十二月内准督、撫來咨内稱兩巡察於每年農隙時分路各自巡查一次,經部議覆,奉旨:依議。欽遵在案。今年臣楊開鼎例應巡查南路地方,隨於十月十六日輕裝減從,自備裹糧,從府治起程,由鳳山所屬之大湖、阿公店等處至鳳山縣治查訪,該處吏治、員弁、風土尚屬安静。該知縣亦尚竭力辦事。當經齊集士民宣講聖諭,布揚皇仁,面飭該知縣及佐雜等官實心撫恤民番,毋許絲毫擾累。隨看南路營兵操演,因俱是本年换班新兵,雖不能十分嫻熟,而訓練尚未廢弛。由該縣之新園、下淡水、萬丹各莊港以至南路之放索、茄藤、力力、阿猴、山猪毛、搭樓、武洛等番社及臺灣縣屬之大傑巔、羅漢門、燒羹寮等處遍閲情形,各番民幸逢豐年,俱皆樂業。所過村社俱唤集耆民、通事、土目、番童等詳細宣布皇仁,開誠撫諭,捐資備給煙、布等物,莫不歡欣鼓舞。惟是該處傀儡山亘綿數十里,生番最難防範,近早已立界牌,不許漢民逾界滋擾。而偏僻之地,稽查偶踈,遂有亡命之徒越界偷取籐木等物,致生釁端。臣遍歷其地,訪明通事、土目、鄉保之防範踈忽者,當經甄别懲革,並飭該處員弁設法周密,嚴加整理,以期永遠寧貼。再南路一帶沿山地方,兵單官少,最易藏匪。上年曾經酌定每歲交冬,於險要處所撥兵防範,至春撤去。此法雖善,第臣查南路尚有遺漏不周之處,隨飭該參將詳細查明,宜添設者,急速增撥,務須實力巡哨,使奸匪無從托足。並令撥兵之處,交春不必撤去,以補營汛之所不到,爲永遠防範之法。現在與署鎮酌定並令南北各營一體查辦。再保甲之法,自古弭盗安民之善政。臺地流民最多,形踪無定。歷來各處保甲雖行,難期實有其效,此弊相沿已久。臣飭南路知縣及佐雜等官,各分司其地,力行保甲,設法務期周密,以求實濟。並飭臺灣府知府,嚴飭各屬,一體實力奉行。臣以海外之地,不敢逞能滋事,惟期率由舊制,務獲實益,俾各處安寧,便臻上理。臣巡歷之處,惟於沿路大小員弁嚴加訓飭,令其勤謹慎密,毋致懈玩貽累,以仰副我皇上奠安海疆,懷保民番之至意。巡視既訖,於十月二十六日回署。除秋成分數

及各地情形並閲看水陸營兵操演,臣與臣伊靈阿另摺奏報外,所有巡視南路情形謹據實繕摺具奏,伏惟睿鑒。謹奏。

乾隆十四年十月二十九日

【硃批】:知道了。

——《明清宮藏臺灣檔案匯編》第 29 冊,第 363～369 頁

297.乾隆十五年四月十三日

巡臺御史書昌等奏報臺郡本年一至四月初雨水苗情糧價摺

巡視臺灣江南道監察御史臣書昌、巡視臺灣兼理學政河南道監察御史臣楊開鼎謹奏,爲恭報春雨霑足,米穀價平,二麥收成分數,地方寧謐情形,仰慰聖懷事。

竊臺郡上年秋成豐稔,米價平減,業經臣伊靈阿、臣楊開鼎具摺奏聞外,冬月雨水亦復調勻。今年入春以來,正月、二月節次得雨,土膏滋潤,已可及時播種,三月初旬又時得微雨,迨至三月二十五日起至四月初三日止,加以甘霖大沛,四境霑足,一切稻穀、芒蔗、地瓜、雜糧等項,秧苗秀茂,徧野菁葱。現在二麥俱已登場,麥價甚屬平減。除臺灣、鳳山二縣向不栽種大小二麥外,諸羅縣所屬地方二麥收成確有九分;彰化縣上淡水地勢偏北,氣候微寒,不宜大麥,其彰化縣所屬地方小麥收成確有九分二釐,上淡水所屬地方小麥收成確有八分。至臺、鳳、諸、彰四縣暨淡防一廳,現在米價自一兩一錢起至一兩二三四錢不等,較前更屬平減,實爲數年來所罕有。民番歡忭鼓舞,莫不預慶有秋。現據各府、廳、縣陸續詳報到臣等,臣等覆核無異。

再臺郡孤懸海外,民番雜處,非内地可比。臣等仰體聖心,恪遵聖訓,惟期地方寧謐,不致上厪宸衷。凡遇屬員進見莫不諄諄誡諭,令其實心料理,以期事有實濟。所屬地方事不便於番民者,輒爲嚴行禁革。胥役内有不安静及魚肉番黎者,即行嚴拿究治,使不斂怨於下民。而奸滑刁悍之徒一有不法,亦即盡法繩治,以期小懲大戒,消患未萌。至於南北兩路沿山一帶,生番出没,尤易滋事殃民。臣等與地方文武大員公同和衷,悉心籌酌。惟有責成各社通事、土目人等,使之善爲撫恤,嚴爲防範,庶生番懷惠畏威,自可不生事端。隨公同議定賞罰條規,陸續傳集南北兩路各通事、土目等,一一面加誡飭,督令實力奉

行，以期獲臻實效。而現今文武和輯，民番樂業，地方寧静，兵民相安，總皆出於我皇上德威廣被，訓諭周詳之所致也。臣等庸才下質，謬膺簡命，敢不殫竭心力，稍圖報稱，而遠隔重洋，一切辦理緣由更不敢不一一據實陳奏，上壅天聽。所有現在雨水、米價，地方收成辦理各情形，合行恭摺奏聞，伏祈睿鑒。謹奏。

乾隆十五年四月十三日

【硃批】：欣慰覽之。

——《明清宫藏臺灣檔案匯編》第 30 册，第 285～290 頁

298.乾隆十五年五月十八日

陝西道監察御史伊靈阿奏請修築臺灣紅毛城垣摺

陝西道監察御史奴才伊靈阿謹奏，爲敬陳管見，仰祈睿鑒事。

奴才查臺灣一郡爲海東之咽喉，而安平一鎮爲全臺之保障。該鎮設立副將，管轄三營，統領官兵戰艦，彈壓巡防，用資捍衛，誠重之地也。該處有紅毛城一座，由來久遠，内貯火藥軍器，以及倉厫穀石，無不備具。守禦兵丁多棲處其中。城雖彈丸，實爲安平一鎮之鎖鑰，所關甚巨。惟是該城基亘綿三百餘丈，四面環海，沙土虚浮，難受狂濤衝刷。近年以來，城基日薄，勢甚危險，且附城居民甚衆，若水勢衝刷入城，不特城垣難免傾圮，而廬舍亦屬可憂。奴才於巡視時，每飭地方文武官民時加幫築，即該督、撫亦常飭行修理，以資保固。然皆不過暫爲目前補苴之計，若不加以大石壘築，定以寬闊基址，及時動帑興修，以期永固，恐日浸日甚，一旦傾頹，而一鎮不可支矣。奴才親歷其地，目擊情形，常與漢巡察及所屬弁員籌畫至再，思爲一勞永逸之圖。兹奴才雖滿任，不敢以事關費帑，隱默不言，伏乞皇上勅部妥議并勅該督、撫委員估計興修，則城垣鞏固，而全臺之保障無虞矣。是否可採，伏惟睿鑒。謹奏。

乾隆十五年五月初八日

——《臺灣研究資料彙編》第一輯，第 12232～12235 頁

299.乾隆十五年八月二十五日

巡臺御史書昌奏報巡臺御史楊開鼎丁憂其兼管臺灣學政關防可否暫爲代理摺

巡視臺灣江南道監察御史臣書昌謹奏,爲奏聞事。

竊本年八月二十二日據巡臺御史臣楊開鼎接到家信,内稱伊親母汪氏於本年六月初六日在籍病故,懇爲據情代奏等語。查臣楊開鼎現經丁憂,所有巡臺一切事宜,臣書昌照舊遵例自行辦理。至臣楊開鼎尚有兼管臺灣學政關防,目今科考已過,歲試之期尚遠,考棚事務盡可緩待新任,其上下文移等項内如有應辦事件,容臣書昌暫爲代理,恭俟命下之日可否即令楊開鼎回籍治喪,俾得全盡子道,出自聖恩。除咨明閩省督、撫外,相應恭摺陳奏。臺灣爲海外要區,伏祈皇上另簡賢員,令其速爲赴臺接辦,庶臣愚得以參酌料理,於地方事務大有裨益。

再查本年七月内臺郡雨水過多,各屬廬舍田園不無稍有妨礙,正在飭令委員會查間,詎於八月初八、初九等日風雨驟烈,近溪田園復有冲刷,官署、民房間有倒壞,而沿海一帶船艘商漁亦不能保無損傷失事。現在諭令道、府大員飛飭各該廳、縣善爲撫恤,不令窮黎失所。仍星速委員親赴各該處確細查勘果否成災,詳報到日,另行具奏外,合將臺郡風雨并現在查辦各情形先爲附疏聲聞,伏候聖鑒。謹奏。

乾隆十五年八月二十五日

【硃批】:覽奏俱悉。

——《明清宫藏臺灣檔案匯編》第 30 冊,第 382～386 頁

300.乾隆十五年十一月二十七日

巡臺御史書昌奏報巡視臺灣南北兩路并地方情形摺

巡視臺灣江南道監察御史臣書昌謹奏,爲恭報巡視南北兩路地方情形,仰祈睿鑒事。

查乾隆十二年准督、撫來咨開兩巡察於每年農隙時分路各自巡查一次,經部議覆,奉旨:依議。欽此。欽遵等因在案。今御史臣楊開鼎現經丁憂,所有巡察一切事宜,臣書昌自行照例辦理緣由已於八月二十五日附疏聲明亦在案。

兹查各處田禾收獲將峻，於十月十六日輕裝減從，自備資斧，由府治起程，先赴北路巡察。經木栅、茅港尾、下加冬等處至諸羅縣治，閱看北協左營弁兵操演。即由該縣之斗六門渡虎尾溪，從東、西螺，大武郡沿山一帶入彰化縣治，閱看北路協副將所轄全營兵目操演，其隊伍技藝、盔甲器械，均屬鮮明整練，壯健可觀。第查彰化縣所屬地方遼闊，人烟稠密，事務糾紛，爲四縣中第一繁難要缺，所設官吏則較少於他縣。蓋諸、鳳、臺三邑俱經照例設有縣丞，而彰化獨無。推原其故，[①]衹以彰邑係續行增設，方其初設時，地廣人稀，無庸多官已足料理，今則户口什倍於前，一切情形迥非昔比矣。且該縣所轄東山内有地名水沙連者，約去縣城百里以外，其間廣狹不一，綿亘幾二百里，中有漢民莊落十餘，半熟番二十四社，毗連内山生番十二社，山口嚴密，道路崎嶇，水源茂盛，地土肥饒，誠爲最易藏奸之所。雖已設有把總一員，帶領目兵數十名駐防其地，實不足以資彈壓而聯聲勢。臣目擊情形，難容緘默，現經札商該督、撫籌酌辦理。

復自彰化縣城東北沿山一帶之猫霧捒、岸里社等處過大甲溪至淡防廳所屬之竹塹地方，仍由竹塹沿海而南經遷善、感恩、大肚、馬芝遴等社，至鹿仔港、笨港、鹽水港各隘口，過臺灣縣所屬之新港舊社，前赴大傑巔、羅漢山内門、外門一帶查察。隨由鳳山縣屬之搭樓、武洛等社至南路山猪毛營汛閱看官兵操演，沿傀儡山而南遍歷阿猴、力力、茄藤、放繂各番社以及下淡水、新園、萬丹、大埤頭地方入鳳山縣治，閱看南路營參將所轄全營兵目操演。其隊伍、技藝嫻習有素，較他營爲獨最。該參將李現祥曉暢營務，任事實心。

臣伏思海外重地，民番錯處，吏治固爲首務，而武備所關尤屬緊要，每至一營一汛，操演事畢，復令各兵目射[把]靶打牌，考較優劣。多中者，捐資賞賚，量予陞進；不中者，立爲訓飭，使之各知奮勵，壯益軍實。每至一縣，即傳集士子，宣講聖訓，面加誥誡，使知勤學敦行，安業守分，表率庶民。凡經過村社，隨唤集耆民及通事、土目、番童等宣布皇仁，撫綏訓諭，捐備烟、布等物，逐加犒賞，莫不踴躍歡欣。其迫近生番處所，隨嚴飭通、土、鄉保人等輪番巡警，設法約防，勿令滋事。地方中或有不法之徒，一經訪聞，立予拿究，帶眷押逐，務使宵小斂輯，不敢妄萌異志。有應添設汛防之處，即移知臺鎮公同和衷，商酌辦理。并飭諭地方文武各員弁，惟以公務爲重，己念爲輕，勿致意見參商。兵民吏役，不得稍有歧視，以啓袒護之端，開黨同之漸。大小事務，催令速結，以省無辜拖累，惠蠹長奸。從前被風被雨處所，一有經由其地者，即爲查勘慰問，已覺民情安貼，毫無瘡痍景象。巡視既畢，遂由鳳邑之阿公店、大湖等處回郡，於

① 原文如此，似應爲"推其原故"。

十一月十四日抵署。臣乃不時隨處體察,先事綢繆,督率屬員,實心料理,以期地方漸有起色,仰副我皇上軫念海疆,委任差遣至意。

除晚稻米價,雨水情形另摺具奏外,所有文武和協,兵民相安,地方無事,巡視南北兩路及一切查辦緣由理合恭摺奏聞,伏祈聖鑒。臣謹奏。

乾隆十五年十一月二十七日

【硃批】:覽奏俱悉,實心妥協爲之。

——《明清宫藏臺灣檔案匯編》第 31 册,第 77～85 頁

301.乾隆十五年十一月二十七日
巡臺御史書昌奏報閱看臺灣水陸營伍操演情形摺

巡視臺灣江南道監察御史臣書昌謹奏,爲恭報閱看水陸營操情形,仰祈聖鑒事。

竊查臺灣一郡,遠隔重洋,屏藩七省,所賴以控制彈壓者,端在於整飭武備。向例臺灣鎮協水、陸各營官兵,以及軍裝、器械,臣等每歲冬月應簡閱一次,仍將簡閱過緣由,恭摺奏報,以示鄭重戎行之意。

臣書昌身係滿員,不敢以文職而暫忘武事,每於公務餘暇,輒習射以爲營伍倡。凡遇營員因公謁見,即與之講求約束兵丁之道,操演防禦之術,使各知檢束策勵,自可不至闒茸。除南、北兩路官兵營汛,另於奏報巡視地方情形摺内聲明具奏外,兹於十一月十七等日,會同新任鎮臣林君陞,閱看臺灣鎮標三營、城守營,并臺灣協水師三營官兵操演,布揚軍威。一切旗幟、甲械均屬鮮明,隊伍、技藝均屬整練,船隻、篷繚均屬堅固。隨申明紀律,逐加訓誡,仍量爲捐資,分别獎賞,以昭鼓勵。其澎協所屬左、右二營,因間隔大洋,照例檄委澎湖通判何器,會同副將邱有章就近閱看。嗣於十一月十八日,據該通判呈稱,遵於十一月初五日閱看兩營目兵操演,隊伍整齊,船隻、器械俱各鮮明堅利,將閱過兵册呈繳等因到臣。臣覆核無異,但思澎湖一協,爲全臺保障,犄角聲援,有關緊要,隨商同臺鎮,凡澎屬兵目遇有公務,令其輪流赴臺,以便隨時考驗,分别優劣,立予賞罰,務使各知奮惕,以期海疆營伍,實有裨益。

所有現在閱看過水、陸營操一切情形,理合繕摺奏聞,伏祈睿鑒。臣謹奏。

乾隆十五年十一月二十七日

【硃批】:知道了。

——《明清宫藏臺灣檔案匯編》第 31 册,第 86～91 頁

302.乾隆十五年十一月二十七日

巡臺御史書昌奏報臺灣各屬收成及米價摺

巡視臺灣臣書昌謹奏,爲恭報收成米價地方各情形事。

竊查本年臺郡各屬,二麥全收,七、八月間,雨水過多,烈風時起,以致近溪田園房舍,間有冲刷倒壞,仍亦不過千百中之一二,並未成災,且當經諭令道、府,督率廳、縣各員,逐一撫卹料理被傷各户,□□不致流離失所,而坎坷已復,景象如故,經臣委員親履詳查,復於十月初十日,具摺奏聞。

兹届秋禾收獲之期,隨據攝臺灣府轉行各屬,將收成分數,確實開報。旋據攝理臺灣府事臺灣道金溶,逐一查覆稱,查澎湖地方向不種禾,無庸開報外,淡防廳屬晚禾收成確有七分,臺灣縣八分,鳳山縣七分,諸羅八分,彰化七分,其地瓜、雜糧等項,通算共有八分等語。

臣覆查無異,雖兩遭風雨,仍屬有收。現在兩廳四縣所轄地方,白米一石自一兩五分至一兩三四錢不等,稻穀自五錢五分至六錢零不等,價值平減,且冬月雨水向不多有,今於本月初九、初十等日,南、北路均得普雨,地瓜等項秋苗青茂,□□來春豐稔之兆。謹奏。

十一月廿七日

乾隆十六年正月二十五日奉硃批:欣慰覽之。欽此。

——《臺灣研究資料彙編》第一輯,第12383～12384頁

303.乾隆十五年十二月二十四日

巡臺御史書昌奏報臺灣地方情形并伸賀悃摺

巡視臺灣御史奴才書昌謹奏,為恭報地方情形,并伸賀悃事。

竊臺郡孤懸海外,民番錯處,奴才隨事隨處,和輯文武,未雨綢繆,留心體察,設法防範,以期有備無患。邇來仰賴聖天子德威遠播,無遠弗届,民番樂業,盜匪無聲,而强悍争鬬之氣亦覺稍息,生番戕害之事較前漸少,且米價平減,甘霖時沛,麥豆、雜糧、秧苗秀茂,凡屬野叟、番童,莫不含哺鼓腹,預慶有秋。頃閱邸抄,知陽春布澤之時,皇上聖駕南巡,省方問俗,不惟民番聞者踴躍□□蒭之無由,在奴才恭候翠華臨幸之日,草木蒙休,而海山遠阻,孺慕之情,尤無以自解,惟有届期恭設香案,虔心叩祝,稍抒□□之忱。臣今理合一并恭

摺奏聞。

十二月廿四日

乾隆十六年二月廿五日奉硃批:覽。

——《臺灣研究資料彙編》第一輯,第 12387～12389 頁

304.乾隆十六年七月初三日
巡臺御史書昌等奏報臺郡秋雨調適及時勸課地方寧静摺

巡視臺灣江南道監察御史臣書昌、巡視臺灣兼理學政河南道監察御史臣錢琦謹奏,爲恭報臺郡秋雨調適及時勸課地方寧静各情形,仰慰聖懷事。

竊照臺灣南北兩路,自春徂夏,雨澤霑足,雙冬二麥早稻俱屬豐獲,業經臣等於本年閏五月奏報地方情形摺内附疏聲聞在案。自入六月以來,中、上二旬雨水稀少,微覺乾旱;迨至六月下旬秋霖普降,地瓜、雜糧等項秧苗,在在秀茂,亦不致有淫溢過多之患。農民歡欣力作,佈種晚禾,正宜及時勸課。臣等隨率同道、府、廳、縣各官輕騎减從,親赴郊外各鄉適中處所,傳集耆民、農佃人等宣揚聖德,多方化誨,仍勞以酒食,令其轉相告語,各知安分力田,勉爲善良。

至現在米價,臺灣縣屬每石約值銀一兩五錢零,鳳山縣屬每石約值銀一兩六錢零,諸羅縣屬每石約值銀一兩四錢,彰化縣屬每石約值銀一兩三錢零,淡水廳屬每石約值銀一兩一錢零,較之夏令亦無大增减。各處營伍,臺鎮臣李有用督率所屬,勤加操練,不敢懈弛,宵小匪棍畏於查拿,亦各斂輯,不敢肆行。臣等仍仰體我皇上軫念海疆至意,尤不敢以目前無事而稍忘戒懼之心,不時督飭各屬勤加體訪,務使耳目周遍,有犯必懲。不肖吏役重加懲治,不令魚肉民番,以期海宇永奠,不致有負任使,圖酬高厚洪恩於萬一耳。除地方一切情形,臣等仍隨時體察,據實繕摺奏報外,所有及時勸課,民番樂業,雨水調勻,米價平減,地方寧静各情形,理合一並恭摺奏聞,伏冀聖鑒。臣等謹奏。

乾隆十六年七月初三日

【硃批】:覽奏俱悉。

——《宫中檔乾隆朝奏摺》第一輯,第 43～44 頁

305.乾隆十六年七月初三日
巡臺御史書昌等奏報恭繳硃批奏摺摺

巡視臺灣江南道監察御史臣書昌、巡視臺灣兼理學政河南道監察御史臣錢琦謹奏，爲恭繳硃批奏摺事。

乾隆十六年六月十二日頒到硃批奏摺二道，六月二十四日頒到硃批奏摺三道，臣等隨跪迎進署，恭設香案，伏讀諭旨訖。所有奉到硃批奏摺五道，理合繕摺恭繳，爲此謹奏。

乾隆十六年七月初三日

【硃批】：覽。

——《宫中檔乾隆朝奏摺》第一輯，第 44 頁

306.乾隆十六年九月二十二日
巡臺御史書昌等恭祝太后萬壽摺

巡視臺灣江南道監察御史臣書昌、巡視臺灣兼理學政河南道監察御史臣錢琦謹奏，爲聖母壽與天齊，萬姓歡同雀躍，敬伸賀悃，仰祈慈鑒事。

欽惟我皇上治洽重熙，德隆千古。運無爲之雅化，世躋春臺；推錫類之深仁，人登壽域。道隨運泰，孝以身先。文德修而善必歸親，式崇顯號；尊養至而孝思維則，肅奉慈闈。幸際貞元，千載一時。恭逢聖母，六旬萬壽。九重愛日溥錫，幅以承歡；六合從風群稱，觥而拜舞。

欽惟皇太后仁符厚載，德協坤元。恭儉性成，遠邁女中堯舜；慈祥化洽，聿觀天下文闕。六十年花甲甫週，十一月陽和初復。泰臨子舍，運啓開天，星麗斗杓，春回匝地。樽傾北斗，飛來五色紅雲；桃熟西池，銜自三山青鳥。覆慈雲於萬國，巷舞衢謳；敷湛露於九天，鳥歌花拜。臣等情殷擊壤，志切傾葵。遥瞻瑞靄於南山，竊効山呼萬歲；恭奉使旌於東海，願添海屋千籌。九如未罄形容，百福悉從幾式。定知内政隆而慈顔愈渥，仙壺日月，偕玉燭以常調；自今純禧介而福履無疆，天保岡陵，共金甌而永固。

除現在地方寧静，年歲豐熟各情形，容俟晚稻收獲竣日另摺奏報外，所有微臣等慶祝下悃，理合恭摺奏聞，伏祈聖鑒。臣等謹奏。

乾隆十六年九月二十二日

【硃批】:覽。

——《宫中檔乾隆朝奏摺》第一輯,第 763～764 頁

307.乾隆十六年十月十八日
巡臺御史書昌奏報巡視臺灣北路地方情形摺

巡視臺灣御史臣書昌謹奏,爲恭報巡視北路一帶地方情形事。

查乾隆十二年,經督、撫咨開:兩巡察於每年農隙時,分路各自巡察一次。經部議覆,奉旨:“依議。欽此。”欽遵等因在案。今歲例應臣書昌巡察北路,而各處晚禾收獲,亦將次告竣。隨於九月二十二日,輕裝減從,自備資斧,捐帶煙、布等物,由府治起程,前赴北路巡察。先從沿山一帶之新港社、灣里社、赤山、哆囉嘓社等處,踏地方形勢。至諸羅縣治,較閱北協左營弁兵操演,技藝嫻熟,軍裝整齊。其彰化縣所屬水沙連地方,山深土肥,向易藏奸,業經臣等飭令文武員弁,嚴拿究治,不時巡警,獨慮根株未盡,致貽後患,遂由諸邑之斗六門,紆路至九姜林,徑入彰邑之水沙連山口,渡溪涉嶺,察訪相度,俱甚寧静無虞。惟當添汛彈壓,聯絡聲勢。後自東埔臘等莊,渡濁水溪,過水沙連内山口,而水沙連内山之半熟番有聞信出迎者,隨厚加賞賚,宣布德威,諭各安享昇平,遣令入山歸社。復自南投、北投二番社,歷猫霧捒、岸裡社等處,過大甲溪,至淡防廳所屬之吞霄、後壠等社住宿,而内山生番,亦有出山迎接者,臣隨傳集營兵,演放鎗炮,宣示軍威,捐資厚加賞賜,示以聖天子如天好生,無遠弗照,各宜安静,勿滋事端之意。俱皆□□凛服,懽欣踴躍,隨令各還本社,不許擅自出山。又由後壠越中港,至竹塹城,較閱北協右營,一切軍裝技藝,均屬整練。而上淡水地方之半熟社番,亦有來至途次迎謁者,俱皆從重賞賚,面加訓誡,令各相安。遂由故道至彰化縣治,閲看北協中營官兵操演,人材技藝,亦俱可觀。復自彰邑遠至沿海一帶之鹿仔港、笨港、雜港、鹽水港各汛口,查勘情形,經由馬芝遴社、大突社、南社、蔴荳等各番社。凡至一社,即傳集番衆,宣諭皇仁,逐加犒賞,令其各安本分,勿聽漢民唆使。每接見地方文員,則諭其嚴約查役,善撫苗黎,速清案牘,密查奸匪;接見各營武弁,則諭其勤加操防,鈐束兵目,務使軍威壯盛,足資彈壓,尤當一視同仁,不可偏袒滋事。巡視既畢,遂由茅港尾、木栅等處回郡,於十月十五日抵署。

臣伏念臺郡地隔重洋,民多流寓,事事總宜先事預防,方可有備無患。查有採辦船料之各軍工寮廠,俱遠在重山之内,人跡罕至。雖經分隸各縣佐雜官

查點,酌定名額,給帶腰牌,現在軍匠人等俱知斂輯畏法,不敢滋事。但恐工料愈取愈遠,法度日久易弛,或有作奸犯科者,逃匿其間,即難免養癰成潰,事後周章。似應於各該寮廠左近處所,添設汛防,使文武牽制,互相稽查,并議定文武官弁,失察處分,俾各知儆惕,不敢縱逸。其地勢或有難設防汛者,即飭交該營派員專管,與分隸之佐雜官,一體查察,會哨巡警,庶稽查較密,蹊徑熟識,情形洞悉,自可不致有意外之虞。臣與漢巡察臣錢琦,逐細面商,意見相同。隨一面會咨該督、撫,籌酌辦理,應將移咨辦理緣由,附摺奏聞。除巡察南路應聽臣錢琦照例巡視奏報,其閱看□四營,並水師協標三營兵操,兹俟新任巡察臣立柱接辦外,所有巡視北路情形,恭摺奏聞,伏祈聖鑒。謹奏。

上年十月十八日

乾隆十七年正月十二日奉硃批:知道了。

——《臺灣研究資料彙編》第一輯,第 12926～12931 頁

308.乾隆十六年十一月二十二日
巡視臺灣給事中立柱等奏報閱看水陸各營操演情形摺

巡視臺灣户科掌印給事中加三級紀録三次臣立柱、巡視臺灣兼理學政河南道監察御史臣錢琦謹奏,爲恭報閱看水陸各營操演情形,仰祈睿鑒事。

查定例,臺灣水陸兩路營操演每年應臣等簡閱一次,具摺奏報。兹於十一月十八、二十一等日會同新任鎮臣馬負書閱看臺灣鎮標三營、城守營并臺協水師三營官兵操演,其旗幟、船隻、隊伍、技藝均屬嚴整可觀,臣等當即量爲捐資,分別獎賞,以示鼓勵。至澎協所屬左、右二營因遠隔大洋,照例先期檄委澎湖通判何器會同副將邱有章就近閱看,嗣據該通判等申報於十月初一日閱看操演,兵丁壯健,技勇嫻熟,船隻器械俱各便利等因,并繳操演清册前來。據此,臣等理合遵例繕摺奏聞,伏祈睿鑒。謹奏。

乾隆十六年十一月二十二日

【硃批】:知道了。

——《宫中檔乾隆朝奏摺》第二輯,第 23 頁

309.乾隆十六年十一月二十二日
巡視臺灣給事中立柱等奏繳硃批奏摺摺

巡視臺灣户科掌印給事中加三級紀録三次臣立柱、巡視臺灣兼理學政河南道監察御史臣錢琦謹奏，爲恭繳硃批奏摺事。

乾隆十六年十一月十一日，頒到硃批奏摺三道，臣等隨跪迎進署，恭設香案，伏讀諭旨訖。所有奉到硃批奏摺三道理合恭繳，爲此謹奏。

乾隆十六年十一月二十二日

【硃批】：覽。

——《宫中檔乾隆朝奏摺》第二輯，第 23 頁

310.乾隆十六年十一月二十二日
巡臺御史錢琦奏報巡查南路情形摺

巡視臺灣兼理學政河南道監察御史臣錢琦謹奏，爲恭報巡查南路情形，仰祈睿鑒事。

竊臺郡本年地方寧謐，收成豐稔，歷經臣會同前任滿巡察臣書昌節次繕摺奏聞在案。查定例，兩巡察於每年農隙時分路各巡查一次，本年應臣巡查南路，現在各處晚稻收獲告竣，臣於十一月初二日輕裝減從，自備資斧，自府治起程，由鳳山縣所屬之大湖、小店仔等處至鳳山縣治，傳集士民宣講聖諭，播揚皇仁，并面飭該地方文武各員弁，海外不比内地，兵民俱屬赤子，惟當以公務爲重，不得少存參差意見，致開黨同立異之漸，至番民愚直無知，尤須加意撫恤，村莊遼曠隔絶，務須加意防閑，該員弁亦各知儆惕。隨閲看南路營官兵操演，其隊伍、技藝、盔甲、器械均屬嚴整鮮明，臣捐備銀牌，量加獎賞，以示鼓勵。再由該縣之鳳彈、新園、下淡水以至南路盡界之放[illegible]、茄藤、力力、阿猴等番社，復沿傀儡山至山猪毛，閲看官兵，各技亦尚嫻習可觀，照前分别給賞。循山而北至鳳山縣之搭樓、武洛等社及臺灣縣之大傑巔、羅漢門等處周閲情形。

本年歲值有秋，大局俱各寧静，凡經過村社隨時唤集耆民及通事、土目、番童、番衆人等一一宣布皇仁，開誠撫諭，捐備烟、布、紙、筆、銀牌等物，逐加犒賞，莫不踴躍歡欣。凡迫近生番處所，嚴飭通、土、鄉保人等輪番巡警，設法防範，務令宵小斂跡。各該地間有不法滋事之徒，立交該縣查拿，分别訊究押逐。

至沿路大小營汛俱嚴加訓飭，令其奉公守法，勤修職守，捍衛民番，毋致驕惰，以滋事端。巡視既訖，於初十日回署。臣仍不時留心訪察，一切事務，與新任滿巡察臣立柱和衷商酌辦理，務祈地方漸有起色，以仰副我皇上軫念番黎，奠安海疆之至意。除抵署後現在閱看水陸操演，臣會同滿巡察臣立柱另摺具奏外，所有巡視南路地方情形，理合恭摺奏聞，伏祈聖鑒。臣謹奏。

乾隆十六年十一月二十二日

【硃批】：覽奏俱悉。

——《宫中檔乾隆朝奏摺》第二輯，第 27～28 頁

311.乾隆十七年三月初十日

巡視臺灣給事中立柱等奏報彰化生番殺害兵民事件經過并辦理情形摺

巡視臺灣户科掌印給事中臣立柱、巡視臺灣兼理學政河南道監察御史臣錢琦謹奏，爲奏聞事。

十六年十二月十五日據彰化縣知縣程運青、北路副將郭弘基等禀報，本月初八日夜有内凹莊民人，被兇番焚殺賴、白二姓男婦共二十二口。又十一日晚，柳樹湳汛兵被兇番殺傷七名等因到臣。臣等恐附近村莊不無驚擾，當即飛飭臺灣府知府陳玉友星往查勘，妥協安撫，務令安堵。隨檢查舊卷，兇番作歹，節年所犯，俱由地方官通報督、撫查辦在案，但此次被傷人數較多，未便照常辦理。一面札商督、撫會銜奏明外，一面嚴飭該地文、武加謹防範，毋致再滋事端，並速踹訪何社兇番，會同設法妥協查緝，務獲究擬，並將一切情形詳悉查報去後。續於本年正月十一日，據營、縣禀報，本月初六日據北協都司聶成德訪查，得有北投社番現在受傷，延醫調治。當經該縣差拘查訊，並無確供。初七日又據差往内山查探通事葉福等禀稱，查出作歹爲首者係水沙連内山斗截社，帶引眉加臘、截仔等社似屬確情各等因復到臣。

臣等查得，北投社係熟番，水沙連内山共計二十八社、内南港十二社、北港十二社，每年每社只納鹿餉一兩，從不與熟番一體當差。而斗截社在其中，其餘均未歸化，如眉加臘、截仔等社皆是也。先據臺灣府知府陳玉友回郡禀稱：現在居民俱已安堵。至被殺之處與北投社地界毗連，兵民因指爲北投社番，署卑府親詣該地，查勘來往踪迹，即住宿該社細驗，檢獲番箭似非北投社番等語。

臣等查番性不常，其中或有勾通作歹，奸民唆使情弊亦未可定。即飭臺灣府先將該都司所指北投社有名人犯，委淡防廳會同該都司另行研訊，務得確情具報。仍嚴飭該文、武將查出之斗截等社速行設法緝捕，一并嚴究。現據該營稟稱，會縣飭差，督催辦理；該縣稟稱，親督通、土，加謹嚴緝。臣等復飭令實力會同，慎重妥辦。兹於三月初六日接准督、撫札覆此案，業經自行奏聞。重洋遠隔，未便會銜，令臣等專摺具奏。除文、武疎防仍聽督、撫查辦外，所有前後情形，並該地居民寧謐及現在辦理緣由，理合恭摺奏聞，伏祈聖鑒。謹奏。

乾隆十七年三月初十日

【硃批】：此奏不實，另有旨申飭。爾等耳目之司，尚如此扶同狥隱，則差汝等之意何□？

——《宫中檔乾隆朝奏摺》第二輯，第 411～412 頁

312.乾隆十七年三月初十日

巡視臺灣給事中立柱等奏報本年米穀價值雨水情形摺

巡視臺灣户科掌印給事中臣立柱、巡視臺灣兼理學政河南道監察御史臣錢琦謹奏，爲恭報本年米穀價值，雨水情形，仰祈睿鑒事。

竊臺郡上年收獲豐稔，米價平減各情形，經臣等節次附疏奏聞在案。本年正月、二月以來，春雨稀少，緣臺地露重，地瓜、雜糧、二麥、早稻等項俱無大礙。三月初二日諸羅、彰化兩縣地方各得雨二寸，雖未透足，已爲潤澤。至各路米價，因上年撥運温州，配載閩省約有二十萬石，市民不無居奇；又時值青黄不濟，每石自二兩一二錢至二兩五六錢不等，較之上年略爲昂貴。現諭令各該廳、縣備詳及時開倉，減價發糶，以平時價。四月中旬二麥登場，即可漸就平減。其二麥收成分數，容俟届期另行繕摺據實奏報外，所有現在米穀價值，雨水情形理合恭摺奏聞，伏祈睿鑒。臣等謹奏。

乾隆十七年三月初十日

【硃批】：覽。

——《宫中檔乾隆朝奏摺》第二輯，第 413 頁

313.乾隆十七年三月初十日

巡視臺灣給事中立柱等奏繳硃批奏摺摺

巡視臺灣户科掌印給事中臣立柱、巡視臺灣兼理學政河南道監察御史臣錢琦謹奏,爲恭繳硃批奏摺事。

乾隆十七年正月十二日,頒到硃批奏摺二道;二月二十八日,頒到硃批奏摺四道。臣等隨跪迎進署,恭設香案,伏讀諭旨訖。所有奉到硃批奏摺共六道,理合繕摺恭繳。爲此謹奏。

乾隆十七年三月初十日

【硃批】:覽。

——《宫中檔乾隆朝奏摺》第二輯,第 413 頁

314.乾隆十七年三月十七日

巡視臺灣給事中立柱等奏報奸徒僞造居民奪食旗簿案情形摺

巡視臺灣户科掌印給事中臣立柱、巡視臺灣兼理學政河南道監察御史臣錢琦謹奏,爲奏聞事。

三月初十日,據諸羅縣知縣徐德峻稟報,本月初六日據北路左營守備歐世亮稱,防守斗六門千總張觀德稟,初四日巡至他里霧水披頭竹林下,拾有白布鑲紅旗一面,上寫"居民奪食",旁寫"詹字"字樣,旗下花名簿一本。隨檢閱旗簿内,寫詹崇等一百人名,字跡不堪,明屬無賴棍徒挾仇傾陷。現在按簿密訪有無其人,另行稟報。並據北路副將郭弘基抄録簿上花名稟繳,并稱簿内名字俱屬不經鬼名,差訪並無影響等因到臣。

臣等伏查,臺灣一郡,上年收獲豐稔,入春以來米價微昂,皆由市民居奇,並非米穀甚少。現今各縣開倉平糶,以濟民食,閭閻安業,並無居民奪食之事。若奸徒膽敢不法,摇惑衆心,大干法紀,自應嚴拿,按律治罪。即並無影響,懷挾私仇,竟至制旗立簿,藉端傾陷,海外重地,刁風亦斷不可長。臣等除一面嚴飭府、縣,或係棍徒擾事,或係奸民匿謗,密行訪拿,並通行各屬,無分疆界一體查緝,務獲究擬。一面咨明臺鎮,轉飭各屬營汛弁兵實心協力,嚴密盤查,毋致疎漏,以靖地方。仍令各該文、武約束兵役人等,俱不得借端滋事,擾害良善。

並札知督、撫,俟拿獲之日另行咨達查辦外,理合恭摺奏聞。

再,本年春雨稀少,惟諸羅、彰化兩縣地方已各得雨二寸,業經臣等奏聞在案。今淡水一屬,據該廳稟稱,三月初一日,甘霖大沛;臺灣縣一屬,亦於十六日得雨,均入土深透,農民歡躍,咸得及時深耕,合并聲明,仰慰聖懷。謹奏。

乾隆十七年三月十七日

【硃批】:亦非汝等所能了者。

——《宫中檔乾隆朝奏摺》第二輯,第 448 頁

315.乾隆十七年四月二十日

巡視臺灣給事中立柱等奏報臺屬二麥收成米價雨水情形摺

巡視臺灣户科掌印給事中臣立柱、巡視臺灣兼理學政河南道監察御史臣錢琦謹奏,爲恭報臺屬二麥收成分數,米穀價值,地方雨水情形,仰慰聖懷事。

竊臺郡本年正、二兩月春雨稀少,米價微昂,經臣等奏聞在案。三月初一、初二等日淡[少]水、諸羅、彰化界屬俱各得雨,而淡水尤爲深透。至十六、十七、十八、二十五等日,淡水、臺、鳳、諸、彰各路節次俱□透雨,一切稻穀、芒蔗、雜糧等項大加暢茂。四月十三、十五、十六等日,各路復大沛甘霖,田園霑足,農民懽洽,咸得及時播種。現在二麥登場,隨檄飭臺灣府知府陳玉友轉行各屬,將二麥收成分數確實查報。兹據該府逐一查覆前來,除澎湖一廳、臺灣、鳳山二縣向不栽種大小二麥,彰化縣並淡水兩屬地勢偏北,氣候微寒,不宜栽大麥外,其諸羅縣所屬地方,大麥、小麥收成確有七分;彰化縣所屬地方,小麥收成確有八分五釐;淡防廳所屬地方,小麥收成確有八分。臣等覆核無異。

其各處米價,三月以前因配運閩、浙兩處約有二十萬石,市民不無居奇,又時值青黄不接,是以價值微昂,臣等當即飭令各屬開倉平糶。現據府、廳各縣陸續詳報,每石自一兩五六錢至二兩二三錢不等,較之三春已就平减;現今地方無事,兵民相安。除臣等前奏明諸羅縣地方製旗立簿一案,據該縣將簿上有名人犯查拿嚴訊,俱屬有業良民,録供詳報,其爲挾仇傾陷無疑。現飭密行訪緝,務獲正身究擬,以遏刁風。再,彰化縣地方兇番作歹一案,另摺恭奏外,所有二麥收成分數、米穀價值、地方雨水各情形,理合恭摺奏聞,伏祈睿鑒,謹奏。

乾隆十七年四月二十日

【硃批】:覽奏俱悉。

——《宫中檔乾隆朝奏摺》第二輯,第705～706頁

316.乾隆十七年四月二十日
巡視臺灣給事中立柱等奏繳硃批奏摺摺

巡視臺灣户科掌印給事中臣立柱、巡視臺灣兼理學政河南道監察御史臣錢琦謹奏,爲恭繳硃批奏摺事。

本年三月二十五日,頒到硃批奏摺四道,臣等隨跪迎進署,恭設香案,伏讀諭旨訖。所有奉到硃批奏摺四道,理合繕摺恭繳。爲此謹奏。

乾隆十七年四月二十日

【硃批】:覽。

——《宫中檔乾隆朝奏摺》第二輯,第706頁

317.乾隆十七年四月二十日
巡視臺灣給事中立柱等奏報查明彰化縣兇番戕殺兵民緣由摺

巡視臺灣户科掌印給事中臣立柱、巡視臺灣兼理學政河南道監察御史臣錢琦謹奏,爲遵旨奏聞事。

四月十四日,承接軍機大臣三月十三日傳奉上諭:"臺灣彰化縣兇番戕殺兵民一案,據提督李有用奏:據弁兵稟報稱,彰化縣相驗時弔責本莊業户簡耕等佔墾番界,以致生番殺人;時有被傷走脱老人,認係該縣擡轎熟番,而該縣謂係生番,與熟番無干,以致鄉民不平。又柳樹湳汛兇番焚燒營盤,殺傷兵民,亦係熟番作歹;又搜獲奸民勾通番社,并查出通事張達京巧卸生番,希圖了事等語。御史爲耳目之官,事無遠近,俱應據實入告。該地方既有此等情節,即當備細陳明,令該提督一一奏聞。而該御史等並無摺奏,此豈設立巡察本意耶?况此係地方官承辦之案,該御史等雖非道、府有司可比,而身處其地,耳目易周,當日之情形與現在之輿論,稟報之真僞,辦理之當否,俱可逐一究訪,得其確實,著即明晰奏聞,以贖前愆;若與地方有司通同隱諱,一以苟且了事爲心,

必將該御史等從重治罪。欽此。"欽遵。

伏念臺灣爲海外要區,臣等不能弭事於未形,以致上煩聖慮,咎已難辭。今奉諭旨,不加譴責,令臣等逐一究訪,詳晰奏聞,跪讀天語,感悚交集。伏查上年十二月初八、十一等日,内凹莊民、柳樹湳汛兵被兇番焚殺,割去頭顱,當經臣等據報,先行飛飭臺灣府知府陳玉友星往撫輯莊民,務令安堵去後。即檢查從前所辦犯案舊卷,俱由地方官通報督、撫查辦,但此次被傷人數較多,未便照常辦理,隨一面札商督、撫會銜奏聞,一面嚴飭該文、武踩訪何社兇番,設法緝捕,并將一切情形詳悉查報。嗣於本年三月,准督、撫札覆以重洋遠隔,未便會銜,令臣等專摺具奏。臣等於三月初十日將該地寧謐,及辦理緣由恭摺奏聞在案。

查此案事初,兵民均指爲南、北投社番,該地武員同聲一詞,本年正月間據都司聶成德訪稱:南、北投社番有大斗六八仔、小斗六女壻、不識名富仔女壻、不識名他里罵大兒,被鎗打着右手,現延醫魏觀進、黄純調治;并有林烏明、林全代買箭頭等語。文員則指爲水沙連内番,據彰化縣知縣程運青差訪通事葉福、賴春瑞等稟稱:查出作歹者係斗截社帶引眉加臘、截仔等社等語。查内凹莊、柳樹湳一帶,西爲北投、南投等社,是爲界内熟番;東爲水沙連,其中共二十八社,内二十四社每年但納鹿餉,不與熟番一體當差,是爲界外熟番,餘四社爲生番。臣等聞該文、武因訪指互異,意見齟齬,屢經以公事均有責成,海外不比内地,諄諄諭令,和衷酌辦;且生番、熟番、界内、界外,水落自然石出,無庸預存成見,是以前奏聲明,飭令兩路查辦亦在案。

本年二月間,有水沙連通事賴春瑞,該縣差探伊即係水沙連内福骨社之甥膽,因奉差連眷,逃匿内山,情節顯露。臣等牌飭一并查拿,三月間該縣親至内木栅地方督同水沙連通事葉福,又因岸裡社通事張達京、德化社通事林秀俊,身家殷實,且充當通事年久,熟諳番情,飭令選撥壯番一同協力搜緝,於二十六日到水沙連二十四社内哆羅嘓社,該番聞信逃匿,傷獲兇番首級一顆,搜出漢人頭顱七顆,皮鬚髮辮全。四月初四日,於水沙連二十四社内之福骨社,誘獲頭顱四顆,皮鬚髮辮亦全,似已有據。又十六日於哆羅嘓社拿獲兇番一名,應俟解到日嚴行[跟]根究何社作歹,并起釁各確情。

查水沙連通事葉福等原訪作歹之三社,一斗截係熟番,二眉加臘係生番,三截仔係生番,與前哆羅嘓、福骨兩社不符,應一并再加確查。至該都司所訪,南、北投社受傷之番並奸民林烏明、林全等,現拘齊到案。據會同淡防同知王鶚逐名點驗,並無所指傷痕,即醫生等亦極口稱誣。内據該社通事三甲供稱:上年十二月二十九日曾託林全代帶箭頭,因本社係隘口,恐生番出没,要去防守,稟過縣裡的等語。其曾否稟明該縣,果否爲防守使用,現在弔卷詳查并各犯亦須細加研訊,庶幾無枉無縱。至當日之情形,上年十二月初八夜,内凹莊地方突有兇番數十人擁入該莊,焚燒茅屋八間,殺死賴、白二姓男婦共二十二口,俱被割去頭顱。該縣到地相驗,莊民俱指爲南、北投社番,不容收殮。時該縣防護、轎役人等即係北投社番,莊民因紛紛擲石亂毆,該番被傷六名。經縣驗傷,該縣諭以事無確據,尚須詳查,莊民喧争。該縣因莊民多係業户簡耕之佃户,特將簡耕責十五板,衆亦旋散,並非因簡耕佔墾而責,亦別無被傷;走脱之老人指認該縣擡轎熟番,查簡耕從前曾與北投社番争控草地,經前任臺灣府知府方邦基將地斷還該番,並將簡耕監生詳革,租欠飭追,是該番訟已獲勝,無仇可挾;而案結數載,並無更有争控之事,未便執此爲起釁之據,現在仍吊取舊卷,再行確查。

又,十一日柳樹湳汛兵被殺一事,臣等訪得,是日酉刻有兇番數十人,突入該汛,先行放火,兵丁措手不及,被傷七名,割去頭顱,守汛草房亦被燒燬數間,兇番旋即遁去。而文、武之禀報把總蔡鳳等帶兵遊廵猝遇兇番,衆寡不敵,以致兵弁被傷,其中不無掩飾。屢經臣等牌查,未據切覆。現在吊把總蔡鳳等到案,一并嚴究確情,而是日民人並無受傷之事。至生番、熟番,輿論不一。臣等查得生番越界,文、武均干嚴議;若熟番止照尋常命案歸結,歷來犯案大率其先均指爲熟番,蓋百姓藉此可以援例斷歸家産給領燒埋;兵弁藉此可以免避處分,諉卸責守。惟知縣爲承審之官,定案後,必由院、司核擬人命出入;吏議更嚴,遷就者少。即如乾隆十一年柳樹湳汛兵亦曾被殺傷三名,乾隆十四年淡水西保莊兇番突入殺傷民人十一命。初,兵民亦指爲毗界熟番,俱訊無確據。又乾隆十年臺灣縣淡埔莊兇番突入殺傷民人十命,時指爲大傑巔社熟番,知縣羅織成招,司審駁回,改正屍親坐誣,成案鑿鑿,皆其明驗。是以此案訪指互异,不得不慎重切實查究。至通事張達京巧卸生番,希圖了事之處,查水沙連、南北投均非其本管之社,現飭令協辦其起獲之頭顱、拿獲之兇番雖屬界外,亦係熟番。是其現在辦理尚無巧卸生番情事,但與葉福等原訪生、熟三社不符。其中有無別情,應俟審明各犯後證明。

現經督臣奏委糧驛道拕穆齊圖到臺,會仝臣等并臺鎮陳林每公同審理,除作歹的係何社兇番,焚殺因何起釁,奸民有無勾通,通事有無情弊以及禀報之虚實,俟人犯解齊,將一切情節逐一再加詳細研訊明確,另摺具奏外,謹將現在查究辦理各緣由先行遵旨奏聞,伏祈聖鑒。謹奏。

乾隆十七年四月二十日

【硃批】:此奏仍屬不明,有旨諭部。

——《宫中檔乾隆朝奏摺》第二輯,第707~710頁

318.乾隆十七年八月二十二日

巡視臺灣給事中立柱等奏繳硃批奏摺摺

巡視臺灣户科掌印給事中臣立柱、巡視臺灣兼理學政河南道監察御史臣錢琦謹奏,爲恭繳硃批奏摺事。

本年六月二十九日頒到硃批奏摺五道,七月二十三日頒到硃批奏摺五道。臣等隨跪迎進署,恭設香案,伏讀諭旨訖。所有奉到硃批奏摺共十道,理合繕摺恭繳,爲此謹奏。

乾隆十七年八月二十二日

【硃批】:覽。

——《宫中檔乾隆朝奏摺》第三輯,第 639 頁

319.乾隆十七年八月二十二日

巡視臺灣給事中立柱等奏報臺地海盜行劫摺

巡視臺灣户科掌印給事中臣立柱、巡視臺灣兼理學政河南道監察御史臣錢琦謹奏,爲奏聞事。

本年五月二十五日,據護理海防同知臺灣縣知縣魯鼎梅報稱:有該縣船户徐得利於本月十八日由鹿耳門出口,二十日至大甲洋面,遇有賊船,内十餘人面塗紅色,手執刀棍,登船將船户人等綑毆,衣服、銀物盡行刼去。經該護同知驗傷鑿鑿,臣等飭令嚴緝在案。今八月初六、初七等日,據北路副將郭宏基報稱:有船户許得萬於七月二十二日由鹿耳門出口,於二十四日至油車港洋面,有一船尾船而追,本船因風停泊被追上,將衣服、銀兩盡行劫去。又一件,據淡水同知王鶚報稱:有鳳山縣船户李長茂,於七月初九日由鹿耳門出口,二十日夜至後壠中港外洋,遇有賊船,内約二三十人,手執棍棒,用鐵鈎搭住該船,將船户人等綑縛,衣服、銀兩盡被刼去。又一件,據該同知報稱:有臺灣縣船户陳鄭全,於六月十一日由鹿耳門出口,二十日至鐵鉆山外洋,突被賊艘追趕,賊夥各執器械擁登上船,内水手林恭等三人挾帶竹篙從舟後下海逃避,至晚遇別船撈救得脱,船户陳鄭全等四人尚在船中,被賊連船搶駕而去。又一件,據北路副將郭宏基報稱:七月三十日有右營後壠汛千總丁維賢帶兵遊巡至海岸,聽見洋面炮響,隨在海岸放鎗接應等候,見有船隻駕至後壠港口,詢係安平協把總

徐念帶兵王開春等共六十五名，奉水師協檄配搭商船，往北路海洋一帶遊巡。遇有漁船篷上字號不明，與配兵船隻對敵時，將漁船户船隻拿獲，并獲舵水等七名，另鎗傷死舵水二名。其水師協巡兵亦被漁船擲石打傷數名各等因到臣。

臣等查得搶劫盜案節年雖間亦有之，今本年五月内一犯，六、七月則連日數犯，不但白日綑縛事主，竟至拒捕與巡兵對敵，恣横已極。除現在各案應聽地方官稟詳督、撫查辦外，臣等查船隻出入，勢必經由沿海内外各港汛口，如果加謹防範，實力盤查，亦何至盜匪偷渡，任意出没，搶劫頻行；若非督、撫嚴行查辦，妥協設法，以儆將來，以靖要地，於海外邊疆關係匪淺，理合恭摺奏聞。爲此謹奏。

乾隆十七年八月二十二日

【硃批】：已有諭旨。

——《宫中檔乾隆朝奏摺》第三輯，第640～641頁

320.乾隆十七年九月初三日

巡視臺灣給事中立柱等奏陳未能訪奏彰化兇番戕殺兵民案銷去加級謝恩摺

巡視臺灣户科掌印給事中臣立柱、巡視臺灣兼理學政河南道監察御史臣錢琦謹奏，爲恭謝天恩事。

乾隆十七年八月二十八日，接到都察院劄付内開准吏部移咨吏科抄出吏部覆内稱巡視臺灣給事中立柱等具奏臺灣彰化縣地方兇番戕殺兵民情節一摺，於六月初四日奉上諭："臺灣彰化縣兇番戕殺兵民一案，督、提所奏據該地方文武稟報互異，俱未得實情。立柱、錢琦現差巡察，久之未奏，因傳旨詢問，並令察訪確情。今立柱、錢琦覆奏仍屬支吾，未得實情。言官為朝廷耳目，況身處其地，無難審察情偽。乃僅據地方官稟報，敷衍其詞，並非親往察勘；且稱初札商督、撫會銜入告，經駁回專摺具奏。似此則巡察竟成冗贅，於設官本意失之遠矣。立柱、錢琦著交部議處，原摺并發。看來臺灣文有道府、武有鎮營，足資彈壓。巡察三年更替，徒擁虚名；事權則不如督、撫，切近又不如守、令，介在其間。在有志向上者，或以多事致敗；而循分供職者，多致志氣隳頹，或且歎為擯斥外出也，於公事殊無裨益！所有巡察臺灣御史，著三年一次命往，事竣即回，不必留駐候代，著為例。欽此。"欽遵。抄出到部，查給事中立柱等身爲

巡察,遇有兇番戕殺兵民情事,理應察勘明確,據實陳奏。乃從前並未具奏,及奉旨詢問,又不親往察勘,僅據地方官稟報之詞,含糊入告,殊屬不合。應將巡視臺灣給事中立柱、御史錢琦均照含糊具題降一級留任例,降一級留任。查立柱有加四級,錢琦有加一級,應各銷去加一級抵降一級,均免其降級,恭候命下,臣部遵奉施行。謹題請旨等因。於六月二十四日題,本月二十六日奉旨:"立柱、錢琦俱著銷去加一級,免其降級。欽此。"等因轉行劄付於八月二十八日到臣。臣等恭設香案,望闕叩謝天恩訖。伏思臣等恭膺簡命,身任巡察,彰化縣地方兇番戕殺兵民一案,事初未即奏聞,日久猶未能訪究切實根由,明白具奏。是臣等愚昧已極,應受嚴懲,於心稍安。乃蒙皇上天恩俯賜矜全,照部議銷去加一級,免其降級。臣等自顧何人,邀恩格外,高厚難名,感激無地。惟有叩謝聖恩,自愧愚蒙,從兹力加奮勉,以圖仰報隆恩於萬一耳。所有臣等感激下忱,理合繕摺恭謝天恩,爲此謹奏。

乾隆十七年九月初三日

【硃批】:覽。

——《宫中檔乾隆朝奏摺》第三輯,第 738～739 頁

321.乾隆十八年三月十七日

巡視臺灣給事中立柱等奏報巡察關防賫交閩省藩庫及巡視臺灣地方情形摺

巡視臺灣户科掌印給事中臣立柱、巡視臺灣河南道監察御史臣錢琦謹奏,爲奏聞事。

乾隆十七年九月初八日,接准都察院劄付内開内閣抄出巡視臺灣給事中立柱等奏臺灣彰化地方兇番戕殺兵民一摺,奉上諭:"臺灣彰化縣兇番戕殺兵民一案,督、提所奏,據該地文武稟報互異,俱未得實情。立柱、錢琦現差巡察,久之未奏,因傳旨詢問,並令察訪確情。今立柱、錢琦覆奏仍屬支吾,未得實情。言官爲朝廷耳目,况身處其地,無難審察情僞,乃僅據地方官稟報敷衍其詞,並非親往察勘,且稱初札商督、撫會銜入告,經駁回,專摺具奏。似此巡察竟成冗贅,於設官本意失之遠矣。立柱、錢琦著交部議處,原摺并發。看來臺灣文有道、府,武有鎮、營,足資彈壓。巡察三年更替,徒擁虚名;事權則不如督、撫,切近又不如守、令,介在其間。在有志向上者,或以多事致敗;而循分供

職者,多致志氣隳頹,或且歎為擯斥外出也,於公事殊無裨益！所有巡察臺灣御史,著三年一次命往,事竣即回,不必留駐候代。著為例。欽此。”所有學政關防仍交道員管理,業經禮部具奏,奉旨:依議。欽此。相應一併抄單行文該處欽遵查照外,再該員等於文到日,有應行交代之處,即行交代,事峻即回。其巡察關防,該員帶回繳送禮部可也等因到臣。時臣錢琦正在試院辦理科試事務,於九月十三日考畢出場,隨造具部科清册,於十九日完峻,謹將欽頒學政關防一顆先交臺灣道拕穆齊圖收受管理,當經恭疏題報在案。

至臺灣巡察官員向例農隙之時,南北兩路巡查一次。臣等隨於九月秋成之后,各輕裝減從,自備斧資,巡查南北兩路。凡經過村莊番社各傳集耆老、通、土人等,宣布皇仁,勉爲良善。其各路番社,各捐備銀牌、烟、布、筆墨、針綫等物逐加賞勞。並閱看各路營伍操演,中有技藝嫻熟者,捐備銀牌、制錢,分别賞給。仍諄切嚴飭各該地文武員弁,務須和衷共濟,整頓地方,以仰副皇上軫念海疆至意。所有十七年晚稻收成,臣等沿途查看,臺灣、鳳山兩縣屬匀計俱有七分,諸羅、彰化兩縣屬匀計俱八分有零,淡水廳屬匀計有八分。地瓜雜糧匀計亦均有七分零。米價各路自一兩六七錢至二兩不等,民情相安。

巡查事竣,隨將各衙門自雍正元年起至乾隆十七年止所有一切文移案卷,造具清册,交存臺灣府知府收貯訖,於十一月初三日登舟渡海。及抵厦門復接准浙閩總督喀爾吉善咨開巡察關防存貯福建藩庫,奏聞請旨一摺。奉硃批:是。又奉硃批:覽,欽此。欽遵。臣等謹將欽頒巡察關防一顆至福建省賫交藩庫收貯。再巡察任所原貯有欽頒摺匣三個、鑰匙一柄,今滿、漢巡察官員俱欽遵諭旨回京,無可交代,敬謹賫回。並陸續奉到硃批奏摺五道,理合恭繳,爲此謹奏。

乾隆十八年三月十七日

——《明清宫藏臺灣檔案匯編》第 33 册,第 411～417 頁

322.乾隆二十年十二月初五日
巡臺御史官保等奏請聖訓摺

巡視臺灣御史臣官保、給事中臣李友棠謹奏,爲恭請聖訓事。

竊臣等譾劣庸材,備員臺諫,未効涓埃,乃復欽奉恩命,巡視臺灣。聞命自天,感激無地。伏念臺灣爲海疆重鎮,巡察有稽查督率之責,一切事宜較之内地更爲緊要,惟有竭力盡心,以圖報稱。然非仰承天語指示周詳,縱勉策駑駘,

不無竭蹶之慮。臣等擬於本月中旬起程,理合趨赴宫門,恭請聖訓。爲此謹奏。

乾隆二十年十二月初五日

——《臺灣研究資料彙編》第一輯,第 15500～15501 頁

323.乾隆二十一年四月二十九日

巡視臺灣給事中李友棠奏謝補授刑科掌印給事中摺

巡視臺灣刑科掌印給事中臣李友棠謹奏,爲恭謝天恩事。

本年四月十一日接閲邸抄,内開:都察院爲請掌科印事。奉旨:"李友棠補授刑科掌印給事中。欽此。"聞命自天,感激無地。伏念臣一介庸愚,世受國恩,備位臺垣,涓埃未効。現今奉差海外,復荷聖慈,擢掌科印,惟有竭盡心力,勉策駑駘,務期吏治肅清,民番安輯,以圖仰報高厚隆恩於萬一耳。所有微臣感激下情,理合恭摺叩謝天恩。爲此謹奏。

乾隆二十一年四月二十九日

【硃批】:覽。

——《宫中檔乾隆朝奏摺》第十四輯,第 296～297 頁

324.乾隆二十一年四月二十九日

巡視臺灣給事中官保等奏報臺灣雨水霑足糧價平減情形摺

巡視臺灣給事中臣官保、臣李友棠謹奏,爲恭報雨水霑足情形,仰慰聖懷事。

竊照臺灣春間雨水調匀,鳳山所種早稻,名曰"雙冬",現已收獲;北路二麥,亦已登場,俱有八分收成。至於各屬早禾,次第播種。第入夏以來,兼旬晴霽,農民待澤甚殷。仰荷聖主福庇,四月二十三日,臣等正在南路巡查,自本日未刻得雨,至二十四、二十五等日,淋灕普遍,入土深透。臣等目覩陂圳充盈,田園秀潤,傳詢村莊農民,咸稱目下正當晚禾布種之時,得此透雨,俱可翻犁下種,其芒蔗、地瓜等項雜糧,愈加暢茂,民情欣悦倍常。並據該府等申報,闔屬雨水俱各霑足。至米石價值,原賣銀一兩二錢至一兩五六錢不等,自得雨後,

每石各遞減價銀二三錢,民番樂業,地方寧謐。臣等因臺郡孤懸海外,誠恐上廑宸衷,所有雨水霑足情形據實奏聞,不敢稍有粉飾,以期仰慰聖懷,伏祈皇上睿鑒。謹奏。

乾隆二十一年四月二十九日

【硃批】:欣慰覽之。

——《宫中檔乾隆朝奏摺》第十四輯,第 297～298 頁

325.乾隆二十一年四月二十九日 巡視臺灣給事中官保等奏報閱看臺灣水陸操演并巡視南路情形摺

巡視臺灣給事中臣官保、臣李友棠謹奏,爲恭報閱看水陸操演并巡視南路情形,仰祈睿鑒事。

竊臣等在省接印受事,業經恭疏題明在案。兹於四月初六日抵臺,查臺疆孤懸海外,武備最關緊要,所有水、陸官兵,例應臣等簡閱。即於十六日閱看鎮標三營及城守營官兵,十八日閱看安平協三營水師、陸路隊伍,俱各嫻習,水師駕駛尚屬整齊,而鎮標兵丁技藝尤爲熟練,實因鎮臣馬大用平日訓練有方,故能著有成效。當即布揚天威,申明法令,並捐資分別獎賞,以示鼓勵。二十一日,臣等輕裝減從,自備裹糧,先往巡查南路地方,由大湖、橋仔頭等處,至鳳山縣治,接見知縣、佐雜等官,詳切訓誨,留心教養,務令民番樂業,毋得陽奉陰違。隨閱看南路營官兵營伍,技藝俱屬可觀,亦經臣等量爲捐賞。再由該縣屬之埤頭、阿里港過武洛、淡水諸溪,至阿猴、搭樓等番社,循傀儡山而北,至臺灣縣屬之大傑巔、羅漢門等處,留心察訪,俱各安帖。經過村社,傳集通事、土目、番民等,開誠撫諭,宣布皇仁;仍捐備羊、酒、烟、布等物,分別賞賚,莫不鼓舞歡悦。沿途營汛,逐一訓飭,令其不時操防,其附近内山各隘,加意勤慎防範,毋致怠縱滋事,以仰副我皇上奠安海疆,惠養元元之至意。巡視既訖,於本月二十六日回署,除現在雨澤霑足,確實情形另摺具奏外,所有臣等閱過水、陸官兵,并巡查南路事竣各緣由,理合恭摺奏報,伏祈皇上睿鑒。謹奏。

乾隆二十一年四月二十九日

【硃批】:覽奏俱悉。

——《宫中檔乾隆朝奏摺》第十四輯,第 298～299 頁

326.乾隆二十一年九月十二日
巡視臺灣給事中官保等奏報巡視臺灣營伍及地方情形摺

巡視臺灣給事中臣官保、臣李友棠謹奏,爲恭報巡視事竣,仰祈睿鑒事。

竊臣等奉命巡臺,於四月内閲看鎮標安平水、陸各營伍,隨往南路巡查,業經恭摺奏明在案。其澎湖一協,遠隔大洋,照例檄委澎湖通判張埰會同副將林貴就近閲看。嗣據覆稱:兩營軍伍船隻配足,技勇熟嫻等情亦在案。臣等因臺地孤懸海外,諸務未免因循,嚴飭府屬廳、縣將所辦事件,分别欽部、批查、自理三項開明事由,按月造具清册,送臣衙門察核。務令依限完結,毋得稍有懈弛,以仰副我皇上慎重海疆,整飭吏治之至意。

兹於八月十七日,輕裝減從,前往巡查北路,由木栅過灣里、哆囉咽等社,至諸羅縣閲看北協左營操演;次由斗六門,過虎尾溪經東螺、西螺、大武郡諸社,至彰化縣閲看北協中營操演;復由猫霧捒、岸里社,過大甲溪,經吞霄、後壠、中港等處,至淡水同知駐劄之竹塹地方閲看北協右營操演。各營隊伍軍裝,俱各整齊。臣等量爲捐賞,以示鼓勵。復沿海岸而南經沙轆、馬芝遴等社,過鹿仔港、笨港、鹽水港加意訪察,民番俱各安帖,其往返所過莊、社,俱傳集通、土、番衆,宣布皇仁,開誠撫恤,各捐烟、布、羊、酒等物,分别賞賚,莫不歡欣鼓舞。沿途塘汛及内山險隘處所,俱飭令不時操防,竭力防範。於九月初七日事竣回郡,現在俶裝登舟,候風渡海。俟到省時,照例將巡察關防交送藩庫存貯,另疏題明外,所有臣等巡察事竣緣由,理合奏報。再,前奉到硃批奏摺四件,合併恭繳。謹奏。

九月十二日

【硃批】:知道了。

——《宫中檔乾隆朝奏摺》第十五輯,第 344～345 頁

327.乾隆二十一年九月十二日
巡視臺灣給事中官保等奏報臺郡雨水米價情形摺

巡視臺灣給事中臣官保、臣李友棠謹奏,爲恭報臺郡雨水米價情形,仰祈睿鑒事。

竊查臺郡入夏以來,雨澤應時,米價平減,業經奏聞,已蒙聖鑒。自夏徂秋,雨水尤覺調勻,早稻俱屬豐稔。臺屬一廳四縣,據該府申報早稻收成分數,通算確有八分四釐,至現在米價,每石自一兩五分至一兩四錢,穀價每石自五錢至七錢五分不等,較之往歲俱屬平減,其地瓜、雜糧等項價亦甚賤。臣等巡查所至,目擊晚禾暢茂,遍野青葱,現已有登場者,將來晚稻收成,更可預慶大有。臣等仍傳集鄉農,宣揚聖訓,諄諄誥誡,務須安分樂業,撙節勤儉,共享昇平之福。所有現在雨水米價情形,理合恭摺奏報,伏祈皇上睿鑒。謹奏。

乾隆二十一年九月十二日

【硃批】:欣悦覽之。

——《宫中檔乾隆朝奏摺》第十五輯,第345頁

328.乾隆二十五年三月二十八日

巡察臺灣給事中實麟等奏報閱看水陸操演并巡視南路情形摺

巡察臺灣給事中署副都統臣宗室實麟、給事中臣湯世昌謹奏,爲恭報閱看水陸操演并巡視南路情形,仰祈睿鑒事。

竊臣等在閩省接印受事業經恭疏題明在案,於二月初八日抵臺。查臺灣遠隔横洋,重兵彈壓,武備最關緊要,所有水陸官兵准鎮臣甘國寶咨送兵册,於三月初七等日閱看鎮標城守兵丁及安平協三營水師陸路隊伍,技勇俱各嫻習,當即布揚天威,申明法令,分别獎賞,以示鼓勵。二十一日,臣等輕裝減從,先往巡查南路地方,由大湖街店仔等處至鳳山縣,接見知縣、佐雜等官,詳切指示,加意教養,務令民番樂業,毋得陽奉陰違。隨閱看南路各營防汛官兵營伍,技藝均屬可觀,亦經臣等量爲捐賞。再由縣屬之埤頭、阿里港過武洛、淡水諸溪,至阿猴、搭樓等番社,循傀儡山而北,至臺灣縣之大傑巔、羅漢門等處,留心訪察,俱各安静。經過村社,傳集通事、土目、番民,開誠撫諭,宣布皇仁,仍捐備煙、布、羊、酒等物,分别賞犒,莫不歡欣鼓舞。沿途汛弁,逐一訓飭,令其不時操防,其附近内山各隘,尤須諸務整飭防範,毋致怠縱滋事,仰副皇上奠安海疆,惠養群黎之至意。

巡視既訖,於本月二十七日回署。除現在雨暘時若,糧價平減情形另摺具奏外,所有臣等閱過水陸官兵并巡查南路各緣由,理合恭摺奏報,伏祈皇上睿

鑒。謹奏。

乾隆二十五年三月二十八日

【硃批】:覽奏俱悉,□有旨諭。

——《明清宫藏臺灣檔案匯編》第 43 冊,第 412～416 頁

329.乾隆二十五年三月二十八日
巡察臺灣給事中實麟等奏報臺灣春季收成分數及米鹽價值摺

巡察臺灣給事中署副都統臣宗室實麟、給事中臣湯世昌謹奏,爲恭陳臺地情形,仰祈睿鑒事。

竊臣等查得臺灣一郡在海東南,四無接壤,其地多暄少冷,冬無霜雪,蟲不蟄藏。開臺以來皆閩、廣人民寄寓,迄今百餘年,生息蕃衍,占籍六十餘萬。番民歸化者七十餘社,服田輸賦,近皆剃髮,與内地良民無異,亦甚畏法。内山生番時加防範,亦斂迹遠伏。濱海諸山,沃野千里,兼多溪泉流注,易於發生。土産米、糖、魚、鹽,他無所出。今春雨水調匀,近屆翻犁之際,又得透雨連朝,所種番薯、甘蔗、雜糧俱已勃生。通郡亦間有上則田園,一年三種,皆賴埤水通流,無虞旱潦。現今春稻將收,可稱豐稔。臺、鳳農民無不歡忭。① 其諸羅、彰化兩縣皆有雨澤,早禾長茂,二麥登場,統計春季收成將及八分以上。現在市米照上、中、下米色,南路價值每官石庫紋銀自一兩六錢至零七八錢,北路價值自一兩二錢至零四五錢不等。官鹽每斤制錢五文。臣等據各屬呈報,時加體察,并親閲兩路地方民番樂業,山海敉寧,理合恭摺奏聞,伏祈皇上睿鑒。謹奏。

乾隆二十五年三月二十八日

【硃批】:欣慰覽之。

——《明清宫藏臺灣檔案匯編》第 43 冊,第 417～421 頁

---

① 此句原奏中缺,似爲影印製版時脱漏,現根據《明清宫藏臺灣檔案匯編》第 43 冊第 405～407 頁録副奏摺補上。

330.乾隆二十五年五月初七日

巡察臺灣給事中實麟等奏報巡視北路情形及雨水米價摺

巡察臺灣給事中署副都統臣宗室實麟、給事中臣湯世昌謹奏,爲恭陳臺地北路情形,仰祈睿鑒事。

竊臣等巡視諸羅、彰化二縣及淡水一廳等處,其道里較南路臺、鳳二邑更爲廣遠,民番散居村社,俱以耕種爲業,其開通埤圳之處,泉流自山而下,曲折灌注,不憂水旱。其距水稍遠之地,則栽種芝麻、小米、甘蔗、番薯、雜糧。今歲三、四月間早得透雨,田禾暢茂。所過民居皆有含哺鼓腹□象,盜刼寢息,命案無多。統計現在收成可有九分,市米價值,照上、中、下米色,南路每官石白米庫紋銀自一兩五錢至零六七錢,北路每官石白米庫紋銀自一兩□□□至零三錢七分。小麥每官石紋銀自九錢三分至九錢六分,大麥每官石紋銀自五錢六分至七錢六分。較之三月所報更覺平減。臣等據各屬呈報,不時體察,并親歷北路地方,民番安静,山海清恬,理合恭摺陳奏,伏祈皇上睿鑒。謹奏。

五月初七日

乾隆二十五年六月十八日奉硃批:知道了。欽此。

——《明清宫藏臺灣檔案匯編》第43册,第449~451頁

331.乾隆二十五年五月初七日

巡察臺灣給事中實麟等奏報巡視北路閱兵賞犒情形摺

巡察臺灣給事中署副都統臣宗室實麟、給事中臣湯世昌謹奏,爲恭報巡視北路事宜仰祈睿鑒事。

竊臣等於本年二月初八日抵臺,於三月二十八日將閱看鎮標水師、陸路官兵及巡查南路臺灣、鳳山兩縣地方,賞犒番民,并查年景糧價各情形附福建巡撫臣吴士功馳摺奏明在案。

兹於四月十六日,臣等輕裝減從,復往巡查北路地方,由臺灣縣至下茄冬,入諸羅縣界,過虎尾溪,入彰化縣界,又至大甲溪,係淡水同知所轄。又從竹塹沿海而南,道途紆折,往返十有九日。留心訪察,俱各安静。所見同知、知縣、佐雜等官詳悉詢問,加意指示,務令民番樂業,毋得偷安闒冗。至北協陸路及

分防各營官兵隨地閲看,行陣技藝尚稱嫻整,亦俱量爲獎賞。至三處散居番民大小共五十二社,逐處親歷。雖皆剃頭辮髮,率皆㔠耳文身,服飾斑駁,言語不通。惟該番土目、通事略備衣履,率同老幼伏迎道左,甚爲恭順。臣等諭以聖朝威德,一視同仁,仍捐備煙、布、羊、酒等物,分别賞犒,無不歡欣鼓舞,感戴途次。所過防汛兵弁,俱面加訓飭,其分防内山隘口尤須加意防範,仰副我皇上安靖海疆,嘉惠群黎之至意。

巡視既訖,於五月初六日回郡。除將現在晴雨糧價情形另折具奏外,所有巡查北路,閲兵賞番各緣由,理合恭摺奏報,伏祈皇上睿鑒。謹奏。

乾隆二十五年五月初七日

【硃批】:覽奏俱悉。

——《明清宫藏臺灣檔案匯編》第 43 册,第 452～456 頁

332.乾隆二十五年七月十一日

巡察臺灣給事中實麟等奏報巡閲營伍獎賞兵番銀兩出自養廉摺

巡察臺灣給事中署副都統臣宗室實麟、原任給事中降一級調用湯世昌跪奏,爲遵旨據實具奏事。

竊臣等巡臺事竣,于六月二十四日自閩省起程回京。七月初二日,行至浦城縣地方,適遇撫臣吴士功所遣賫摺營弁賫回臣等原奏巡查臺灣南路各摺,并接准廷寄内開乾隆二十五年五月二十一日奉上諭:"據實麟等奏巡查臺灣營伍摺内於兵丁及村社番目等婁舉捐賞之語。使臣巡視海徼,量爲獎賞,自屬體制宜爾。但此等賞需,向來豈無酌量支用之項,而必該御史等自行捐出耶?且該御史等豈能於赴任時自行多帶銀兩到彼處置買烟、布,以備賞賚之用耶?着傳詢實麟等此項賞需究係作何取辦,或係給自閑款,或係養廉内原有從容酌計預備之處,令其據實具奏。欽此。"欽遵。

臣等跪讀之下,不勝惶悚。伏念臣等於上年在京奉旨差往巡臺之時,問之前任差員。據稱到臺後即應閲兵賞番,所需烟、布等物,俱非臺地所出,務必預行買備等語。臣等於去年十二月行至閩省接印任事,布政使司衙門即先各移解臣等養廉銀三百兩,係從接印起,按月每員一百兩。臣等即於省城酌買烟、布等物,携至臺灣,照例巡閲兵番,量爲獎賞。是臣等此次給賞兵番之項,悉皆

出自恩賞養廉，並未支動閑款，亦非自解私囊。乃摺内婁舉捐賞字樣，實屬愚昧。今蒙諭旨查詢，臣等跼蹐無地，謹遵旨據實具奏，伏祈皇上睿鑒。臣等不勝悚惕待罪之至。謹奏。

乾隆二十五年七月十一日

【硃批】：實屬□小。

——《明清宫藏臺灣檔案匯編》第 44 册，第 144～148 頁

333.乾隆二十八年五月十六日

巡察臺灣給事中永慶等奏請巡視臺灣俯賜訓誨摺

巡視北城給事中奴才永慶、御史李宜青跪奏。本月十四日，奴才等欽奉恩命巡視臺灣，謹欽遵料理，束裝就道。伏念臺灣海外重地，奴才等才識短淺，深懼隕越，仰懇皇上天恩，俯賜訓誨，俾得敬謹遵循，冀酬高厚於萬一，曷勝悚惕之至。爲此謹奏。

乾隆二十八年五月十六日

——《明清宫藏臺灣檔案匯編》第 48 册，第 270～273 頁

334.乾隆二十八年十二月十五日

巡察臺灣給事中永慶等奏報抵臺日期并閲看臺鎮各營水陸操演情形摺

巡察臺灣給事中兼佐領奴才永慶、御史臣李宜青謹奏，爲恭報微臣抵臺日期，並閲看臺鎮三營，及城守安平各營水、陸操演情形，仰祈睿鑒事。

竊奴才永慶等，前在閩省接印受事，業經恭疏題報在案。隨自省起程，至厦門即登海船，因守候風信，於十一月十五日抵臺，進署視事。伏思臺地遠隔重洋，孤懸海外，鎮壓巡防，武備最關緊要，且民番逼處，賢愚雜遝，地方事務更應加意體察。奴才永慶等，謹遵聖訓，實心實政查辦諸事，不敢稍存瞻顧，以期吏肅民安，戎行奮勉，仰副我皇上綏輯海疆，惠養群黎之至意。當即出示宣佈皇仁，開誠教誨，仍嚴飭該府、縣各官，勤加察防，嚴禁奸匪滋擾，併飭營員諭令弁兵、各汛隘口，加緊巡防，務須實力奉行，俾莊社綏靖，民番樂業，所有臺疆地

方事務，及各營水、陸官兵，例應奴才等查閱。奴才永慶等隨於十七日，查看臺郡七門守汛弁兵，併閱看四圍木栅竹茨、守城軍裝，尚俱完整。十八日即循例放告，料理一切詞訟事件，嗣准護理臺灣鎮總兵澎湖副將龔宣，咨送鎮標三營並城守營弁兵圖册前來。奴才永慶等於二十二日，下教場閱看該營操演，隊伍陣式均皆整齊，鎗炮弓箭俱屬可觀，籐牌亦爲嫺熟，又據安平協副將陳啟燦呈送該協三營水陸弁兵圖册，奴才永慶等於十二月初七日前赴安平地方，閱看該協陸路操演，隊伍鎗炮尚屬整齊，弓箭籐牌亦皆可觀。其水師駕駛俱亦便捷。奴才永慶等當於各教場布揚天威，申明法令，仍諭飭各該弁勤慎操防，嚴加約束，管轄營伍，賞罰務須公平，無使懈馳；並將各營弁兵，分别量加獎賞，以示鼓勵。奴才永慶等現在料理稽查各事件，即前赴巡查南、北兩路營汛，及各縣治番社情形，另行具奏。所有奴才永慶等抵臺日期，並閱過水陸各操緣由，理合恭摺奏報，伏祈皇上睿鑒。謹奏。

乾隆二十八年十二月十五日

【硃批】：知道了。

——《宫中檔乾隆朝奏摺》第二十輯，第 62～63 頁

335.乾隆二十八年十二月十五日
巡察臺灣給事中永慶等奏報臺地情形摺

巡察臺灣給事中兼佐領奴才永慶、御史臣李宜青謹奏，爲奏聞臺地情形，仰祈睿鑒事。

竊奴才永慶等抵臺，查得該郡地方，孤懸外海，東南四無接壤，其地多暄少寒，冬令風多，罕見霜雪，夜露如同濛雨，樹木花草猶多鮮妍，四時氣暖，蟲不蟄藏，種植易於發生。本處土産番薯、花生併米、糖、魚、鹽等類，雜糧稀少，他無所出。臺地自開臺以來，多係閩、廣人民寄居，迄今百餘年，生息蕃衍，占籍六十餘萬，番民歸化者七十餘社；熟番皆係剃髮，已與民人相同，耕田輸賦，均爲順則之民。

奴才永慶等到臺時，正值隆冬，晚稻俱已收割，尚有番薯、花生、甘蔗在田，亦俱暢茂。本年臺郡各屬晚收，據臺灣道覺羅四明、臺灣府知府蔣允焄册報，均在七分以上；現在米糧時價，節據各該縣摺報，俱屬中平，地方寧謐，民番皆各安静。至南、北兩路情形，俟奴才永慶等巡查後，再爲具奏外，所有臺郡地方情形，理合恭摺奏聞，伏祈皇上睿鑒。謹奏。

乾隆二十八年十二月十五日

【硃批】:知道了。

——《宫中檔乾隆朝奏摺》第二十輯,第 63～64 頁

336.乾隆二十九年二月初十日

巡察臺灣給事中永慶等奏報巡查臺灣南路事宜摺

巡察臺灣給事中兼佐領奴才永慶、御史臣李宜青謹奏,爲恭報巡查臺灣南路事宜,仰祈睿鑒事。

竊奴才永慶等,前將抵臺日期并閲看臺鎮及水師各營操演暨臺郡情形,業經恭摺奏聞在案。本年開印後,奴才永慶等隨於正月二十七日輕裝減從,自臺郡起程,先往南路一帶地方巡查,由二層行溪入鳳山界,至大湖街經小店仔、礁巴斯絨等處,抵鳳山縣,接見知縣、佐雜及武弁等官,詳切指示,令其嚴行稽查流匪并漢奸私通生番等事務,使民番相安,地方綏靖。旋據該南路營參將呈送合操弁兵圖册,奴才永慶等隨赴教場閲看操演,陣勢、技藝均屬嫻習。又由該縣之南下埤頭至鳳彈汛閲看,該汛弁兵操演陣勢亦屬可觀。奴才永慶等即於各教場佈揚天威,申明法令,量加獎賞,以示鼓勵。隨自鳳彈由坪仔頭、小竹橋過淡水諸溪,至阿猴、搭樓、武洛等社,各該處有放縤、茄藤,上、下淡水、力力等各番社,循傀儡山而北,至臺灣縣界之羅漢門、大傑嶺等處社番,據各通事、土目率同熟番男婦欣迎道左,類皆剺耳文身,服飾斑駁,其中亦有稍通漢語粗識字義者。奴才永慶等開誠撫諭,宣佈聖恩浩蕩,惠養番黎有加無已至意,該番等老幼莫不感戴皇仁,歡忭俯叩,極其恭順。奴才永慶等即以烟、布、羊、酒等物量爲犒賞。所過汛防逐加訓飭文武員弁於分防近番山隘處所,加意巡防,毋稍懈怠,務期民番樂業,邊境敉寧,以仰副我皇上奠安海疆之深意。巡視既訖,於二月初四日回署,所有奴才永慶等巡視過南路各緣由,理合恭摺奏聞,伏乞皇上睿鑒。謹奏。

乾隆二十九年二月初十日

【硃批】:知道了。

——《宫中檔乾隆朝奏摺》第二十輯,第 518～519 頁

337.乾隆二十九年二月初十日

巡察臺灣給事中永慶等奏陳臺灣南路地方情形摺

巡察臺灣給事中兼佐領奴才永慶、御史臣李宜青謹奏，爲恭陳臺灣南路地方情形，仰祈睿鑒事。

竊奴才永慶等巡查南路，自郡城之南至鳳山縣，由縣城東南過諸溪，循傀儡山由東道而北，至臺灣縣界之羅漢内、外門過山回郡。查得鳳山縣西南，大海環繞，東、西兩道，中隔觀音、銀錠、大小岡各内山，接連羅漢門之茅草諸山，沿東一帶界外均係傀儡大山，層巒叠嶂，下有大溪，山内俱屬生番住居之處。所有鳳邑平坦地面，多係水田，其水源俱從傀儡各山内流出，入於貯水之埤圳，灌溉田畝，種植稻穀，旱田仍可接連播種甘蔗、番薯、花生各項雜糧，無慮雨水之多，溢則由溪歸於大海。民番散處，莊社四佈，氣候較臺郡稍暖。早秧概已插竣，隴畝聯絡，一望暢茂菁葱。至熟番男婦多屬纏頭跣足，皆知力穡務農，頗爲馴順。而所在民番亦皆樂業安耕。至現在米糧市價據各屬摺報，白米每官石自一兩四錢至一兩八錢，穀每官石自七錢至八錢不等，雜糧雖少，大、小麥及黄豆等項市價尚屬中平，所有南路地方情形并臺地米糧市價，理合恭摺奏聞，伏祈皇上睿鑒。謹奏。

乾隆二十九年二月初十日

【硃批】:覽奏俱悉。

——《宫中檔乾隆朝奏摺》第二十輯，第 519～520 頁

338.乾隆二十九年三月二十二日

巡察臺灣給事中永慶等奏報巡查北路事宜摺

巡察臺灣給事中兼佐領奴才永慶、御史臣李宜青謹奏，爲恭報巡查北路事宜，仰祈睿鑒事。

竊奴才永慶等前將巡查南路臺、鳳二縣治，並看過南路營操演及地方各情形，業經恭摺奏明在案。兹奴才永慶等復於二月二十五日輕騎減從，前往巡查北路一帶地方。自郡起程，由臺屬過新港溪入諸羅縣界，過虎尾溪入彰化縣界，由彰化縣過大甲溪入淡水同知界，至竹塹城從竹塹沿海而南過諸溪，由鹿仔、鹽水各港等處回程，道逕紆折，往返二十一日。所到之處接見同知、知縣、

佐雜並營員等，細詢地方，俱皆安静。奴才永慶等隨詳加指示，並令其嚴查奸匪，務使地方寧謐，民番相安。其北路協副將標下諸、彰、竹塹各營，俱隨地閲看，操演陣勢技藝，尚俱嫻整可觀，當即嚴切告誡員弁，必須共相奮勉，無怠操防。

二十七日，在諸羅縣地方有阿里山等社生番男婦三十六名，出山跪迎。奴才永慶等隨詢及該知縣稟稱，此項生番雖歷年據册報輸餉，而均不出山，地方官亦向不許入内界，恐其性野滋事。今該番等知感皇上恩德，聞巡察官員到境，出山迎接。奴才永慶等次日教場閲看北路左營操演，隨合通事帶領該生番等在傍觀看，軍容嚴肅，旗幟鮮明。奴才永慶等申明法令，佈揚天威，操畢當即宣佈皇仁。諭令該番等各安分自守，不可妄行生事。隨賞以酒食並銀牌、烟、布等物。詢其通事，具稱衆番均感皇上生成之恩，普被海外。奴才永慶等雖不曉其番語，察看衆番情形甚屬感激，俯叩歡忭，且見鎗炮轟震，莫不悚懾，隨令該通、土仍送回山。

至北路廳、縣所屬各熟番大小共七十餘社，奴才永慶等沿途巡歷到處，各社通、土俱帶領該社熟番男婦俯伏道左，俱爲恭順。各番雖已剃頭辮髮，率皆文身㔷耳。男婦服飾，各社斑駁異同。惟各該通、土、番童，衣履率同漢人，間有稍知漢話字義者。奴才永慶等就地開誠撫慰，諭以聖德覃敷，無分民番，一視同仁，惠養群黎，有加無已，爾番等毋得妄聽漢奸誘騙滋事。其附近生番各山隘口嚴加巡防，各該番等均感戴聽命，仍皆以烟、布、羊、酒等物量爲犒賞。沿途所過汛防文武員弁，逐加訓飭，分防處所加意巡查，以仰副我皇上綏輯海疆之至意。巡視既訖，於三月十六日回署。所有奴才永慶等巡視北路各緣由，理合恭摺奏報，伏祈皇上睿鑒。謹奏。

乾隆二十九年三月二十二日

【硃批】：覽奏俱悉。

——《宫中檔乾隆朝奏摺》第二十輯，第 840～841 頁

339.乾隆二十九年三月二十二日
巡察臺灣給事中永慶等奏報臺地北路情形摺

巡察臺灣給事中兼佐領奴才永慶、御史臣李宜青謹奏，爲恭陳臺地北路情形，仰祈睿鑒事。

竊奴才永慶等巡視臺灣北路一帶地方，查得諸羅、彰化二縣及淡水一廳在郡城之北，其地勢西北盡皆大海，沿東界外崇山叠嶂，皆生番所居。諸、彰二邑

地面寬闊，自諸羅縣北多皆水田，俱有開通水圳，曲折灌溉，水源從内山流出。其虎尾溪之北至竹塹一帶逼近山海，地勢稍窄，再北至淡水又屬寬展，是淡防同知所轄之地，紆折而延長，多有曠土。近北氣候稍寒，常多雨霧。北路一廳兩邑地方較南路臺、鳳二邑廣遠，水田概插早秧，埤水灌注，高下田疇，暢茂菁葱。距水稍遠之處，臺屬風土四、五月間，雨水充足，即翻犁播種晚禾。旱園常可樹藝粟米、蒜荳、番薯、甘蔗各雜糧。今歲二、三月雖時得有雨澤，尚未霑透，但夜露甚濃，土膏滋潤，已種雜糧俱皆茂盛。所過莊社，民番在田耕耘，民情安静。其二麥現已登場，據報收成統計八分。現在米糧價值各屬摺報，奴才永慶等亦不時體察，照上、中、下米色，白米每官石自二兩三錢至一兩三錢，大麥每官石八錢，小麥每官石一兩二錢不等，雜糧價亦中平。所有北路地方情形並臺屬米糧市價，理合恭摺奏聞，伏祈皇上睿鑒。謹奏。

乾隆二十九年三月二十二日

【硃批】：知道了。

——《宫中檔乾隆朝奏摺》第二十輯，第 841～842 頁

340.乾隆二十九年八月初十日

巡察臺灣給事中永慶等奏復欽命摺

巡察臺灣給事中奴才永慶、監察御史臣李宜青謹奏，爲恭復欽命事。

竊奴才等奉命巡察臺灣，所有在臺巡察過南北兩路各事宜，業經奴才等節次恭摺奏聞在案。奴才等於五月初四日自臺起程，於本年八月初十日到行在恭復恩命。謹奏。

乾隆二十九年八月初十日

——《宫中檔乾隆朝奏摺》第二十二輯，第 386 頁

341.乾隆二十九年九月十四日

户部“爲内閣抄出巡臺御史李宜青奏”移會：條陳臺灣事宜

户部爲移會事：廣西司案呈，乾隆二十九年九月十四月，當月官廣西司主

事梁英佐由内閣抄出漢字上諭一道，原奏□件，相應移會内閣典籍廳可也。須至移會者。計粘單一紙，右移會典籍廳，乾隆二十九年九月□日。

乾隆二十九年九月十一日，内閣奉上諭：御史李宜青條陳臺灣事宜一摺，所奏應行與否，且不具論，而其用意之取巧器小，已大失言官之體。該御史奉差巡臺，地方之事，皆其職分所難諉。第同差滿、漢二員，考成均屬一體，見聞所及，理宜和衷共酌，會銜入告。即意見容有參差，亦應據實聲明，專摺奏請。乃李宜青既不於在臺時彼此會商，至回京復命，亦未聞一言及此，直至差滿日久，挾此爲獨得之秘，羅列見長。彼以建白博名高者，存心鄙瑣，固當如是耶？此等伎倆，猶得以嘗試爲得計耶？李宜青着傳旨申飭。至所奏各條，亦不必以人廢言，仍着交部議奏。欽此。

掌江南道監察御史臣李宜青謹奏，爲敬陳臺灣事宜，仰祈聖鑒事。

乾隆二十八年五月内，臣欽奉恩命，巡察臺灣關口，恭請聖訓，荷天語慈仁誨諭，臣跪聆惕悉，感愧交并。抵臺後，留心訪察，博採人言，舉凡現在所行與從前相沿未及者，其應行酌議，約有數端，敬爲我皇上陳之。

一、彰化縣水沙連官莊，從前流寓無業貧民，在彼開墾，以資日食。嗣於乾隆十六年，將已成田園奏報入官，奉文自乾隆十七、十八兩年，每粟一石，折徵銀六錢；十九年以後，概徵本色。所有該□自乾隆十九年至二十六年止，除正供粟每年應徵二千三百四十九石零，俱經清完外，其應徵餘租，除節次徵收，尚欠餘租粟一萬二千七百四十九石零；又十七、十八兩年粟價及節年耗羨廍餉，尚欠銀六千六百四十四兩八錢。臣於本年三月按巡北路，據該地民人黄重等以地瘠租重，原佃逃散，不能以現在頂耕之民，彙追十餘年積欠等因具呈到臣。於時猶以佃民未可盡信，沿途體察，咸稱該處地近内山，所在荒埔，外多浮土沙石排列，地本瘠薄，而傍溪環澗，每多冲决，泥去石見，遂成棄壤。舊佃力不能支，逃散屬實。及詢之該縣與從前檄委臺、諸二縣查勘各令，備述情形，亦異口同聲。然督、撫所由尚未題請者，蓋以事關額賦，不敢遽行議豁，原屬慎重錢糧之意。查臺灣藍興莊官莊原報四百九十一甲，後復丈溢田四百九十三甲，其丈溢田畝應徵餘租，亦以舊佃轉徙，經該督、撫先後題請恩豁等因在案。我皇上如天之仁，蠲租減賦，歲不下數十百萬，薄海内外，共荷生全。臣欽奉恩命，巡察臺灣，具知水沙連民力之艱，隱默不言，則其罪滋大。所有該處舊佃逃散並田畝坍没處所，應請勅下該督、撫，另委員履訪確勘，是否屬實，再行奏明辦理。則濱海貧民皆歌舞於蟹舍漁村間矣。

一、臺地官員過海，並運送内地班兵眷米，以及補送州縣借動穀石，係派商船承運。然船户所最畏者莫如運載粟石，蓋兑收則有守候之苦，重洋則有風濤之患，抵倉交卸，如倉書斗級等在在需費。查該處現今配撥船隻，俱係將來臺商船分别大、中、小配載。凡配粟一次，給予免單一張；配運四次者，准免配運一次。但查來臺商船是否福、興、漳、泉四府屬，凡編有名號來臺各船照運糧艘例，按先後名次預行撥派。抑係只就現在來臺商船遇便配撥。其有無偏苦并賄放倖脱之處，應作何查核？再，查臺郡志内稱：運穀至福州府及南澳等處交卸者，給予免單二張；其興、泉等屬各程較近，給予免單一張；該船下次入口，免其配運，與今配運四次者免配一次，亦屬不符。至大小船隻出入各口岸，官弁各派兵役人等稽查巡防，紙筆、飯食、房租等費，勢所必需。據該同知稱，現奉督憲飭行，除遵照酌留書役辦公外，其陋規一概革除等語。然取給支銷各數，亦未奏明。臣伏思法制定而後賢愚皆可奉行。今運送兵糈等項，本臺地年例應辦之事，乃杜倖免而均勞逸，尚未有一定成規，其守口兵役，容或有暗中需索等弊。該督、撫身任地方，自應熟籌妥議，立定章程，斯海澨風清而弊端永息矣。

一、考校首嚴冒籍及鎗手頂替等弊。爰設立廩保童生互結，法至詳也。臺灣四縣，應試多福、興、漳、泉四府之人，稍通文墨，不得本籍，則指同姓在臺居住者認爲弟侄，公然赴考。教官不及問，廩保互結不暇詳，至竊取一衿，輒褰裳以歸。是按名爲臺之士，實則臺地無其人。臣於上月抵臺，以文觀風，四縣生員只八十餘卷。詢之該處官吏，據稱俱在内地。夫庠序之設，凡以宏奬風教，使居其上者知所向方。今臺屬南北二路，廣袤一千數百餘里，計其莊户，不下數萬，而博士弟子員，寥寥不少概見，皆内地竄名之所致也。查臺地考試，從前具有明禁，非生長臺地者不得隸於臺學。聖朝作養邊陲之至意，人所共見。又定例入籍二十年亦無原籍可歸者，方准予寄籍考試。今四府人士，其本籍不患無可以應試之處，而遠涉重洋，或兩地重考，抑頂名混充，藐功令而竊榮名，莫此爲甚。請將内地冒籍臺屬各該學文、武生員，照冒籍北闈中式之例，悉改歸本籍。仍請勅下督、撫，飭行兼管提督學政之臺灣道，嗣後府、縣試及該道考試應作何設法稽查，識認精細，其廩保等不敢通同徇隱及受賄等弊，則海邦皆鄒魯，而作人之化無遠勿届矣。

一、臺灣文、武員弁，俱係該督、撫就内地揀選賢能，請旨調補，三年滿仍撤回内地候陞，此定例也。惟是吏以安民，民勿安即旦夕不可使留；苟其安之，雖久何害？查牧民之道，有守文無害、安静而理者，亦有因民立法；調寛猛之宜，遲之久而次第展布者。政與日方新，而瓜期已届，則雖有應辦之事，亦姑聽後之人而不能卒其功。且海外漢奸錯處，新官到百其術以相嘗，而多方以誤之者，實繁有徒，不特數易長吏，胥吏因緣絶簿書爲奸利已耳。三代後吏治，惟兩漢最爲近古,其時置吏有終其身勿易者。彼民也,知若人將久於涖我,則服從其教而不忍欺。至水陸各營汛三年替换,則有弁甫到而兵屆應换者,即有兵方來而弁已内移者。夫更番代戍,國家之良法美意,豈臣之知識短淺,所能窺測?特以兵换而弁亦隨之,則整飭之方、考核之術,恐非倏往倏來所能究其事;而且山川之阨塞險易,風信沙線之改易明晦,三年内恐未能驟諳也。查三年更代,原以各省邊地水土惡劣,聖朝深體恤之仁,以使之休息。臺灣歸入版圖百餘年,和風甘雨,地氣潛移,風土饒樂,同符内地。而乃使之視同傳舍,則苟安之情,在所不免。臣愚,請將調臺員弁,除老病及政績平常者三年滿仍照舊例辦理外,其有循聲卓著及整飭行伍有方者,許該督、撫保題,以陞銜留任,俟陞缺既及,内部咨取引見,然後離任。則海外得賢員久於其地,民必且相安無事,而弁兵之腹心臂指,邊防益鞏固於億萬斯年矣。

臣愚昧罔知治體,敬抒一得之見,用比蒭蕘,伏乞皇上睿鑒訓示遵行。謹奏。

——《臺灣研究資料彙編》第一輯,第 17268～17271 頁

342.乾隆三十二年六月初三日

巡視臺灣給事中朱丕烈奏陳前往臺灣驛路經由本籍請賞假赴家探母摺

給事中朱丕烈跪奏,爲仰懇天恩俯准省視事。

竊查前往臺灣驛路,經由臣本籍嘉興府。臣生母在家,現年七十三歲,雖有臣兄侍養,但臣自庚辰歸省之後,至今又及八年。此次經過里門,距臣家只數十里,臣母聞知必切倚望。臣若恝然徑過,於心難安。若乘便私歸,尤非奉差之義。爲此奏明,恭懇皇上恩准臣於過嘉興府之日,順道赴家一視臣母,仍即行前進,不敢稍稽使程。俟事竣回日,懇賞假五日,暫侍庭除,稍展烏情。臣仍星馳回京,恭復恩命,則臣舉家仰戴高厚鴻慈於無既矣。臣不勝悚惶待命之至。謹奏。

乾隆三十二年六月初三日

——《明清宫藏臺灣檔案匯編》第 53 册,第 300～304 頁

343.乾隆三十二年九月初八日

巡視臺灣給事中覺羅明善等奏報抵臺日期并地方糧價摺

巡視臺灣給事中臣覺羅明善、臣朱丕烈跪奏,爲恭報抵臺日期並地方糧價,仰祈睿鑒事。

竊臣等前在閩省接印受事,業經恭疏題報在案,隨於閏七月十二日,自省城起程,赴厦門守候風信渡海,於二十九日上船,至八月初十日抵臺灣,即日進署任事。臣等查得臺地本年雨暘時若,入秋並無風患,各屬晚稻屆近收成,俱可望有八分以上。其土産花生、番薯、甘蔗等類,亦俱田植暢茂。

現在七、八月糧價,府城稻米上者,每倉石價銀一兩七錢,中次者遞減一錢,穀每石八錢;小麥、黄荳每石各一兩二錢五分。南路鳳山縣各項糧價每石較府城減少一錢及五分不等;北路諸羅、彰化二縣較府城糧價每石減二錢及一錢五分不等;淡水地方最爲平減,稻米上者每石價銀一兩四錢,中次者一兩二三錢,穀每石六錢二分,荳每石一兩三分。各屬鄉民、社番樂業安居,地方寧謐。臣等據廳、縣所禀情形復加訪察,實屬無異,理合專摺奏報,伏祈皇上睿鑒。謹奏。

乾隆三十二年九月初八日

【硃批】:知道了。

——《宫中檔乾隆朝奏摺》第二十八輯,第103～104頁

344.乾隆三十二年九月初八日

巡視臺灣給事中覺羅明善等奏報閱看營伍并查明臺灣倉庫錢糧情形摺

巡視臺灣給事中臣覺羅明善、臣朱丕烈跪奏,爲奏聞事。

竊查臺地防守鎮營各兵,臣等抵臺之後例应校閲,准臺灣鎮總兵臣甘國寶咨送鎮標三營並城守營弁兵册籍前來,臣等於九月初二日率同在城道、府,至教場閲看各營操演陣伍,施放槍炮、弓箭,並試藤牌各技,俱嫺熟可觀,一切盔甲軍器亦甚整齊。其府治四週,木栅爲城,環植莿竹,西面向海一門,其餘三面各設大、小二門,皆有弁兵汛防無懈。

再臺灣府、縣倉庫向來衹由道、府盤查結報,但帑項攸關,理宜察核。臣等

仰遵聖訓,此次親赴查驗。於八月二十六、二十八等日,查得臺灣府庫現存銀二十八萬三千八百兩零,縣庫現存銀九千七百八十兩零;府倉現貯穀一十八萬石有零,縣倉現貯穀二萬五千二百七十石有零,均與册開款項數目相符。緣臺郡額徵銀項,除經費支用外,撥充兵餉,每年尚於藩庫領銀十五六萬兩到府,始敷給發。其倉穀除常平備貯外,每月碾發各營兵米,及每年運交内地兵糧,皆有定額,是以均無虧缺。至於兵餉一項,有無剋扣,臣等自入閩境,沿途遇臺灣換回班兵,即留心訪問,及抵臺後,復加確查各營,實係按月赴府庫支出,即行散給並無剋扣。所有臣等查過府城營伍倉庫各事宜,理合奏聞。至南北二路情形,俟巡察後另行摺報,爲此謹奏。

乾隆三十二年九月初八日

【硃批】:覽奏俱悉。

——《宫中檔乾隆朝奏摺》第二十八輯,第102～103頁

345.乾隆三十二年十一月十二日

巡視臺灣給事中覺羅明善等奏報巡察臺灣北路一廳兩縣地方摺

巡視臺灣給事中臣覺羅明善、臣朱丕烈謹奏,爲奏聞事。

竊臣等抵臺之後,查過府城倉庫並閱看營伍,業經恭摺具奏在案。嗣於九月十九日渡海赴安平鎮地方,校閱該協水師三營弁兵操演隊伍,槍炮、弓箭、藤牌等技,次至海口閱看駕駛戰船,演放火砖、火罐等器,俱熟習可觀,其中扒桅兵丁能於桅末站立,演試弓箭、刀棍,升降便捷,尤爲出色。臣等於十月十八日由府城起程,巡視府北一廳兩縣地方,自新港溪抵諸羅縣,過虎尾溪抵彰化縣,過大甲溪抵淡水廳,皆係近東沿山之路;自竹塹回程過西螺等溪,由鹿仔、笨港、鹽水一帶巡視,皆係西界沿海之地。臣等沿途順閱北路協一二營及淡水一營弁兵演習,陣式、弓箭、槍炮、藤牌等技俱爲嫻熟,器械、軍裝亦甚整飭,並查看一路弁兵分守汛地並無懈弛。

其兩縣一廳各有庫項倉穀,諸羅縣存銀九百三十兩零,穀七萬一千一百餘石;彰化縣存銀二千二百二十兩零,穀十七萬二千八百六十餘石;淡水廳存銀二千二百四十兩零,穀五萬五千一十餘石。臣等親詣查驗,皆係實貯,與造報數目相符。再往返所經番社,淡水有德化等二十八社並新附末毒兩社,彰化有

遷善等二十四社，諸羅有大武瓏等十三社，其田宅與民村比附交錯，其人較鄉民倍爲拙實，各社通事、土目率衆番男婦迎接，貌極恭順。臣等宣揚皇仁，諭令勤耕守分，並賞以布疋、食物，莫不悦服感領。至於生番散處深山，白晝罕出，稚魯無知，並非苗、猺之比。現在各山隘口皆築瞭樓，添撥社丁、民夫互爲守望，足資防範，無虞滋事。

再，本年晚禾收成，臺郡所屬合計均在八分以上，各縣米價每石自一兩四錢至一兩五六錢，穀價自六錢至七八錢不等，均屬平減，地方甚爲寧謐。臣等於十一月初八日回至府城，所有巡視北路情形，理合繕摺恭奏，伏祈皇上睿鑒。謹奏。

十一月十二日

乾隆三十三年正月初七日奉硃批：覽奏俱悉。欽此。

——《明清宫藏臺灣檔案匯編》第 54 册，第 92～95 頁

346.乾隆三十二年十二月初十日

巡視臺灣給事中覺羅明善等奏報巡視臺灣南路地方情形摺

巡視臺灣給事中臣覺羅明善、臣朱丕烈跪奏，爲奏聞事。

竊臣等前於十月中往臺灣府北巡視一廳二縣地方，並查過倉庫營伍，業經恭摺具奏在案。兹於十二月初一日，由府城起程巡視府南一帶地方，自二層行溪抵鳳山縣治，皆係迤南近海之地；由縣屬阿猴社、搭樓社，以達羅漢門回至府城，皆係迤東近山之地。臣等順道閲看南路參將營及下淡水都司營弁兵操演，陣式、弓箭、槍炮、藤牌等技，俱熟習可觀，一切軍裝、器械鮮明整齊，其都司營之排槍手尤覺出色。沿海沿山處所各有弁兵分守汛防，查閲所經並無弛懈。鳳山縣庫貯正、雜款項銀四千二百一十一兩有零，倉穀現存九萬八千四十六石有零。臣等親詣查驗，皆係實貯，與册報數目相符。至鳳山縣屬熟番阿猴等八社，臺灣縣屬大傑巔等三社，其番衆務農力作，謹愿守法，早與民人無二。經過社地，各該通事、土目率衆出接，臣等宣揚皇仁，賞以布疋、食物，莫不感悦。

此外，山猪毛、傀儡山、琅嶠、卑南覓等社歸化生番，皆山居，不入内地。現在各山隘口築有瞭樓，撥定丁夫巡邏防範，並無滋事。再，鳳山地氣甚暖，此際季冬時候，近東山田現已栽插禾秧，一望青葱，不殊春仲。其米穀糧價俱屬平

减,民番安樂,地方寧謐。臣等於十二月初七日回駐府城,巡察諸事將次辦竣,擬於開春風順之候渡海回閩。所有臣等抵臺後查過府、廳、縣各倉庫銀、穀、印册,並辦理一切文卷,應於回省之日移送督、撫衙門存貯備查,理合繕摺奏聞,伏祈皇上睿鑒。爲此謹奏。

乾隆三十二年十二月初十日

【硃批】:知道了。

——《宫中檔乾隆朝奏摺》第二十八輯,第 869～870 頁

347.乾隆三十六年正月二十九日 巡視臺灣給事中喀爾崇義等請聖訓摺

巡視臺灣給事中臣喀爾崇義、臣王顯曾跪奏,爲請聖訓事。

本月二十三日奉旨:巡視臺灣著喀爾崇義、王顯曾去。欽此。臣等現即束裝擇期就道,理合繕摺恭請皇上訓諭,伏祈睿鑒。謹奏。

乾隆三十六年正月二十九日

——《明清宫藏臺灣檔案匯編》第 58 册,第 440～443 頁

348.乾隆三十六年五月初七日 巡視臺灣給事中喀爾崇義等題報接印日期摺

巡視臺灣刑科掌印給事中臣喀爾崇義等謹題,爲恭報微臣接印日期,仰祈睿鑒事。

竊臣等奉命巡視臺灣,於乾隆三十六年正月二十九日恭請聖訓,荷蒙皇上天恩,指示詳晰,得所遵循。臣等隨於三月初一日由京起程,至五月初三日抵福建省城。據福建布政使司布政使錢琦於初四日,委經歷耿允謙賫送存貯藩庫欽頒巡察關防一顆到臣。臣等恭設香案,望闕謝恩,叩頭祇領訖。伏念臺灣遠隔重洋,實爲海疆屏障,一切地方應辦各事宜,容臣等渡海到臺之日次第悉心巡察外,所有臣等接印日期,理合恭疏題報,伏乞皇上睿鑒施行。爲此繕本,謹具題聞。

乾隆三十六年五月初七日

巡視臺灣刑科掌印給事中臣喀爾崇義
巡視臺灣禮科掌印給事中臣王顯曾

【硃批】:該部知道。

——臺北"中央研究院"歷史語言研究所藏明清史料
登録號:049349

349.乾隆三十六年十月十八日

巡視臺灣給事中喀爾崇義等奏報臺灣府屬收成糧價、海口情形及查閲臺灣鎮安平協水師營伍摺

巡視臺灣給事中臣喀爾崇義、臣王顯曾跪奏,爲奏聞事。

竊臣等於本年六月初十日抵臺灣後,隨將早禾收成、糧價雨水情形恭摺具奏在案。臣等駐劄府城以來,照例放告,所收呈狀俱屬尋常事件,並無冤抑重情及控告官吏等案。查海口以鹿耳門爲正口,例通厦門商船。其茄藤港、笨港、海豐港、三林港、鹿仔港、後壠港、中港、竹塹港、淡水港各小口,例准臺境小船往來,現俱嚴密稽查,游民私渡者稍知斂跡。各縣晚禾業經刈獲,芒蔗、地瓜俱屬豐稔。其收成分數,臣等細加體訪,臺灣縣確有六分,諸羅縣六分有餘,淡水廳、彰化縣、鳳山縣確有七分。糧價自一兩六錢起至二兩二錢不等。本年恭逢皇太后八旬萬壽,荷蒙恩詔蠲免正供,業佃等咸深懽忭,共樂昇平。

臣等查得臺灣内山外海,周圍以木栅爲城。臣等諭令該地方官隨時修補,務使經久整齊。所有該府及臺灣縣倉庫錢糧,臣等逐細盤查。除倉穀内應碾兵米,按月支放報銷外,其餘實貯穀石庫項均與册報數目核對相符,並無虧短霉爛。

再臺灣鎮中、左、右、城守四營,安平協中、左、右三營,臣等親歷查閲。軍裝完整,戰船堅固,其水陸兵丁尚俱壯健可觀。臣等面飭各官弁兵丁等務各時勤訓練,冬夜巡警,毋稍疎懈。至北路淡水廳,諸羅、彰化二縣,南路鳳山縣,臣等於拜發奏摺後即行前往查察,另容具摺奏聞。

再澎湖,臣等赴臺時乘風不能往泊,未經查視,合併聲明。

謹將臣等查閲過臺灣府、臺灣縣城池、倉庫,臺灣鎮、安平協水陸營伍及府屬晚禾收成分數、糧價、海口情形繕摺恭奏,伏祈皇上睿鑒。謹奏。

乾隆三十六年十月十八日

【硃批】:知道了。

——《明清宫藏臺灣檔案匯編》第 59 冊,第 107～112 頁

350.乾隆三十六年十二月十三日
巡視臺灣給事中喀爾崇義等奏報查閱臺灣南北兩路地方暨倉庫營伍情形摺

巡視臺灣給事中臣喀爾崇義、臣王顯曾跪奏,爲奏聞事。

竊照臺灣府、臺灣縣倉庫、營伍及地方情形,經臣等逐細查察,據實陳奏在案。臣等於十月二十四日,由府城先往北路諸羅縣、彰化縣、淡水廳,次往南路鳳山縣周行查視。諸羅縣城四圍培土上種刺竹,彰化縣、淡水廳俱就地種竹爲城,鳳山縣城東、西、南三面環山,其斷續之處,聯以土墻,間植竹樹。臣等諭令各該地方官隨時培植修補,務使經久堅固茂密。各廳、縣庫項,臣等親赴兑盤,核之册報數目,均無虧短,各倉實貯穀石,抽廒盤驗,與報數相符,亦無虧缺霉爛。

臣等經過沿途煙户稠密,土田寬廣,以諸羅、彰化、鳳山三縣爲最,淡水廳次之。臣等於二十九日途次諸羅縣斗六門地方得雨。十一月十一日,至淡水廳屬之後壠地方,得雨濕透,遍及彰化,二麥、地瓜、花生、芒蔗俱各青葱暢茂。鳳山縣東西港一帶,俱屬水田,現已插秧,出土二寸許。至糧價統計自一兩五錢起,至二兩一錢不等。臣等細加察訪,地方安静,海口寧戢。其附近大路各社熟番,於臣等過往時,男女俱出迎送,臣等量爲賞勸,仍面飭各通事,諭令守分安業,勿與漢匪交往,致生事端。該番等俱叩頭領諾,頗形恭順。凡沿邊生番出入隘口,向有熟番壯丁及隘丁數十名把守,臣等飭令該丁等,小心防範,嚴謹廵查,勿使生番出外,漢匪入内,教唆生釁,亦不得無事滋擾。

再,北路協中、左、右三營,上淡水一營,南路一營,下淡水一營,臣等點查軍裝、器械,俱爲完整,演試兵丁技藝,尚屬可觀。訪查沿途防汛兵丁,廵警亦不致疏懈。臣等親赴各廳、縣查閲之後,於十二月初九日回至府城。所有查閲過南北兩路地方情形,暨倉庫營伍緣由,理合恭摺具奏,伏祈皇上睿鑒。謹奏。

乾隆三十六年十二月十三日

【硃批】:知道了。

——《明清宫藏臺灣檔案匯編》第 59 冊,第 147～152 頁

351.乾隆三十七年七月初十日
巡臺御史喀爾崇義等奏報巡視臺灣事竣回京日期摺

臣喀爾崇義、臣王顯曾謹奏,爲恭復恩命事。

竊臣等於乾隆三十六年正月二十三日奉旨派往巡視臺灣,今於本年七月初四日事竣回京,趨赴行在,恭復恩命,伏祈皇上睿鑒。謹奏。

乾隆三十七年七月初十日

——《明清宫藏臺灣檔案匯編》第 59 册,第 245～248 頁

352.乾隆四十二年五月初九日
巡臺御史覺羅圖思義等恭請聖訓摺

巡視臺灣御史臣覺羅圖思義、臣孟邵跪奏,爲恭請聖訓事。

竊臣等欽奉諭旨巡視臺灣,伏思臺灣地界海隅,人慕聖化,凡一切地方情形久在皇上鑒照之中。臣等奉命巡查,仰祈慈誨面加訓示,庶得恪守遵循,勉圖報稱,爲此繕摺恭請聖訓。謹奏。

乾隆四十二年五月初九日

——《明清宫藏臺灣檔案匯編》第 64 册,第 230～233 頁

353.乾隆四十二年七月十八日
巡臺御史覺羅圖思義等奏報接印日期摺

巡視臺灣福建道監察御史加二級紀録十二次覺羅圖思義等謹題,爲恭報微臣接印日期,仰祈睿鑒事。

竊臣等奉命巡視臺灣,於乾隆四十二年五月初九日恭請聖訓,荷蒙皇上天恩指示詳晰,得所遵循,臣等隨於五月二十六日由京起程,至七月十六日抵福建省城。據福建布政司布政使錢琦於十七日委經歷周垣賫送存貯藩庫欽頒巡察關防一顆到臣。臣等恭設香案,望闕謝恩,叩頭祗領訖。伏念臺灣遠隔重洋,實爲海疆屏障,一切地方應辦各事宜,容臣等渡海到臺之日,次第悉心巡察外,所有臣等接印日期,理合恭疏題報,伏乞皇上睿鑒施行。爲此繕本,謹具

題聞。

乾隆四十二年七月十八日

巡視臺灣福建道監察御史加二級紀録十二次覺羅圖思義

巡視臺灣掌貴州道監察御史加二級紀録六次臣孟邵

——臺北"中央研究院"歷史語言研究所藏明清史料

登録號:051472

354.乾隆四十二年八月二十四日

巡臺御史覺羅圖思義等奏報抵臺任事日期摺

巡察臺灣御史臣覺羅圖思義、臣孟邵跪奏,爲奏聞事。

竊臣等奉命巡視臺灣於七月十六日抵福建省城,十七日祗領欽頒關防。業經恭疏題報在案。臣等拜本後即於二十一日由省起程,二十七日至厦門候風過洋,兹於八月二十一日渡海抵臺任事。一切應辦事宜,容臣等悉心次第查辦,並沿途雨水情形,另繕摺恭奏外,所有過臺日期理合具奏,伏祈皇上睿鑒。謹奏。

乾隆四十二年八月二十四日

【硃批】:覽。

——《宫中檔乾隆朝奏摺》第三十九輯,第820～821頁

355.乾隆四十二年八月二十四日

巡臺御史覺羅圖思義等奏報自京至臺途經地方所見莊稼情形摺

巡察臺灣御史臣覺羅圖思義、臣孟邵謹奏,爲奏聞事。

竊臣等仰蒙恩命巡視臺灣,於五月二十六日自京起程,經由直隸、山東、江、浙等省。維時二麥俱已登場,早禾亦各暢發。於七月初五日抵福建界,所過之建寧、延平、福州、興化、泉州等府,早稻全行刈竣,訪問村民,咸稱本年收成較之往年倍加豐稔。現在雨水調匀,溝澮充滿,目覩近北處所,晚稻俱栽插齊全,近南一帶業已條達暢茂,預卜有秋。兹於八月二十一日抵臺灣任事,據

臺灣府知府蔣元樞稟稱：所屬廳、縣，早禾已收獲，其臺灣縣晚稻全行栽插，雜糧、園蔬均各茂盛，合計該縣收成在八分以上。臣等復親加查勘無異，并訪查得米糧價值現俱平減。至南路鳳山，北路諸羅、彰化一帶，俟臣巡察該處後，另摺恭奏外，所有由京到臺灣各情形，理合繕摺奏聞，伏祈皇上睿鑒。謹奏。

乾隆四十二年八月二十四日

【硃批】：知道了。

——《宫中檔乾隆朝奏摺》第三十九輯，第 819～820 頁

356.乾隆四十二年十月初八日

巡臺御史覺羅圖思義等奏報查閱營伍盤查倉庫情形摺

巡察臺灣御史臣覺羅圖思義、臣孟邵謹奏，爲恭報查閱營伍、盤查倉庫等情形，仰祈聖鑒事。

竊臣等巡視臺灣抵任以來，一切應行事宜，俱遵照章程敬謹辦理外，伏查臺鎮水陸各營，例應臣等較閱一次具奏。兹因現駐郡城，先於九月十四等日，會同鎮臣董果公同閱看。查得鎮標三營及城守營官兵操演陣式，悉率整齊；施放鎗砲，聲勢聯絡。馬步箭可觀者十之五六，餘皆合式。又查閱臺協水師三營，旗幟嚴整，所有在船施放鎗砲，及火箭、火筒等項，尚能合式。至駕駛船隻、浮水爬桅，亦皆便利。此内有技藝較優者，當即會同鎮臣量加獎賞。其中的一二操演生疎者，亦即分别重責，以示勸懲。至軍裝、器械，俱令該營造册加結，移送臣衙門。臣等復加查核無異。再，駐臺弁兵遠隔重洋，誠恐習染繁華，虛糜月餉。臣等到任後，即凛遵聖訓，一面出示曉諭各宜恪守營規，毋蹈浮糜積習，并嚴飭各營該管將備實力稽查，勤加訓練，以期仰副皇上整飭戎行，綏靖海疆之至意。

至府、縣倉庫，均須一體盤查。據該府蔣元樞等造送清册結報前來。隨於九月二十八等日跟同臺灣道張棟，將該府蔣元樞暨臺灣縣知縣郁正等存貯倉庫粟石銀兩，逐一按册清查。彈兑銀兩并無短少，抽驗倉穀俱屬乾潔，廒座亦甚堅固。再，臣等於查盤後，即將該城一一閱視。查臺郡舊係木城，該府蔣元樞於舊基周圍捐修木栅，并添建窩鋪，招募壯丁巡防，又增設瞭樓十八座，移營撥兵防守。近城海口處所舊有砲臺二座，今該府又添建三座，捍衛益加嚴密。至臺地濱臨閩之漳、泉，粤之惠、潮，誠如聖諭，不法匪徒易致透洋偷渡。臣等惟恪遵諭旨，不時留心體訪，每接見文武員弁則諄諄告誡，諭以巘疆各隘口關

係緊要，惟當嚴查偷越，肅清邊隅，而地方益得寧謐矣。所有查閱現在各情形，理合恭摺奏聞，伏乞皇上睿鑒。謹奏。

乾隆四十二年十月初八日

【硃批】:知道了。

——《宫中檔乾隆朝奏摺》第四十輯，第363～365頁

357.乾隆四十二年十月初八日
巡臺御史覺羅圖思義等奏報臺屬晚禾豐獲米穀價平摺

巡察臺灣御史臣覺羅圖思義、臣孟邵謹奏，爲恭報臺屬晚禾豐獲米穀價平，仰祈聖鑒事。

竊臣等於八月二十一日抵臺灣，業將早稻有收并地方晴雨情形，恭摺奏報在案。兹於十月初三日，據該府蔣元樞將臺屬晚禾收成分數并現在糧價，據實册報前來。内開：淡水一廳并臺灣、鳳山、諸羅、彰化四縣，所報晚禾以及合郡芒蔗、雜糧，收成分數有八九分不等，通匀合算確在八分以上。至澎湖地方沙多田少，向不栽種禾稻，所收成者惟地瓜、雜糧，足資養贍。臣等逐加查訪，均屬無異。現在各屬米穀、麥豆等項，價值俱屬平減，所有本年晚稻收成情形，理合恭摺奏聞，伏祈皇上聖鑒。謹奏。

乾隆四十二年十月初八日

【硃批】:欣慰覽之。

——《宫中檔乾隆朝奏摺》第四十輯，第365頁

358.乾隆四十二年十二月十八日
巡臺御史覺羅圖思義等奏報巡視北路情形摺

巡察臺灣御史臣覺羅圖思義、臣孟邵謹奏，爲恭報巡視北路情形，仰祈聖鑒事。

竊臺郡南北，例應分路巡察一次。臣圖思義、臣孟邵遵於十一月十八日輕騎減從，由府城起程，先赴北路沿山一帶地方循覽形勢，經由諸羅、彰化兩縣，并淡防廳所屬等處，大局俱各寧静，所有北路各營弁兵係分駐諸、彰、淡水，經

臣等沿途逐加考驗，查得各營兵丁年力壯健，軍裝器械尚屬嚴整鮮明，其操演各技藝，惟北協左營嫻習純熟，中、右兩營亦平順可觀，至淡水營間有弓馬一二未能合式者，當經臣等重加懲責，并嚴飭該管官勤加訓練，以收實用。於閲操之便順道抽盤諸、彰兩邑及淡防廳各倉庫，均屬存貯無虧。查北路道里綿長，村莊寥闊，誠恐游匪潛踪出没，不可不嚴爲稽查。經知府蔣元樞于要路處所俱添建望樓，令各廳、縣招募壯丁巡緝，足資防範。至民番地原以土牛爲界，其附近生番各隘口向俱設有隘寮，該地方官撥派熟番常川看守，又經臺灣鎮臣董果嚴飭各營汛不時巡警，頗稱寧謐。此臣等目覩沿山一帶之情形也。

再，各處番社民莊較之昔年更加稠密，臣等每至一處，即有鄉耆及通事、土目、番童、番衆人等來至途次迎謁者，逐一宣布皇仁，照例賞賚并諭令各番安亨昇平，勤於耕織，毋聽漢奸唆使，而各番雖稚魯無知，莫不感戴天恩，歡欣踴躍。其各該地方遇有不法滋事，并健訟不安本分之徒，當經臣等查拿，交該廳、縣分别訊究治罪，以示懲儆。至途次接見文武員弁，惟恪遵聖訓，文員則諭其善撫番黎，速清案牘，無任書役舞文滋弊；武弁則諭其勤加操防，毋染绿營虛誑積習。倘不實力奉行，一經查出，定行指名嚴參，該員弁等亦各知凛遵。巡視既畢，即由淡屬之竹塹遶至諸、彰沿海地面之鹿仔港、笨港等處查勘海口，亦極安貼。并面飭守口官員嚴查船隻出入，毋使匪徒偷越，以仰副皇上奠安海疆，綏靖邊隅之至意。臣等於十二月十四日回署，仍不時留心訪察一切事務。緣封篆在邇，俟開印後，再遵例巡察南路，合併陳明，所有巡視北路各情形，理合恭摺奏聞，伏乞皇上聖鑒。謹奏。

乾隆四十二年十二月十八日

【硃批】：覽。

——《宫中檔乾隆朝奏摺》第四十一輯，第 453～455 頁

359.乾隆四十二年十二月十八日
巡臺御史覺羅圖思義等奏報臺郡北路二麥雜糧種植情形並糧價摺

巡察臺灣御史臣覺羅圖思義、臣孟邵謹奏，爲奏聞事。

竊臺郡所屬收成晚稻分數並米糧價值，業於十月初八日恭摺奏報在案。兹臣等往還北路，經由諸羅、彰化、淡水等處，查得臺地和暖，節氣微早，栽插較

易，是以晚禾收獲之后接種二麥，將次吐穗，其芒蔗、雜糧均各暢茂。時值雨水調適，預兆年豐。現在各屬米價亦甚平減，理合繕摺具奏，伏乞皇上聖鑒。謹奏。

乾隆四十二年十二月十八日

【硃批】：覽。

——《宫中檔乾隆朝奏摺》第四十一輯，第455頁

360.乾隆四十三年二月初八日
巡臺御史覺羅圖思義等奏報巡視臺郡南路各情形摺

巡視臺灣御史臣覺羅圖思義、臣孟邵謹奏，爲恭報巡視臺郡南路各情形，仰祈聖鑒事。

竊查臺郡北路各情形，業於上年十二月十八日恭摺具奏，并聲明開印後，即遵例前往南路巡察。兹於本年正月二十二日，臣圖思義、臣孟邵輕裝減從，由臺郡起程，經由大湖等處，至鳳山縣城。據該縣李桐呈送倉庫清册，經臣等察盤，存貯銀兩暨穀石數目，均屬相符。查南路額設二營，一駐鳳山縣城，係參將圖爾那所屬；一駐鳳山之下淡水，係都司馬龍圖所屬。臣等逐加考驗，該二營官兵年力壯健，弓馬嫻熟，施放鎗砲，聯絡有準，一切軍裝、器械俱極嚴整鮮明。所過各番社照例賞賚，逐一宣布皇仁，番黎莫不樂業，各勤耕作。該處節氣微早，禾苗亦皆秀發。至民間詞訟，各有定限，俱飭令有司，勒限完結。

惟查鳳屬之山猪毛等處沿山居民，約計二百餘莊，俱與傀儡山生番逼近。從前設有隘寮六座，派撥熟番巡守，但所蓋寮屋無多，所撥熟番亦少。且今昔情形不同，前此生番出没之處，今則番跡罕到；前此番跡罕到之區，今則易於出没，不可不稍爲變通，立法防範。據臺灣府知府蔣元樞詳明，總督鐘音會同鎮、道，議於莊後山脚各生番出没之所添建隘寮，并將舊有隘寮籌酌改移，其圍墻或用石砌，或用木栅，前後共建隘寮十六座。仍按地勢之險夷，酌派守番之多寡，俱飭令該丁挈眷同住，并撥給就近無礙埔地，令守隘番丁墾種，俾資衣食，以堅防守之心。各莊民等均極同聲稱便。

臣等巡歷所至，查勘該處添設各隘寮房實爲扼要，其各莊内又有望樓、營汛互相防守，復經鎮臣董果不時派員稽查，層層巡警，邊境頗稱寧謐。惟是各該處從前原定界址以山根及溪溝爲限，但查該處山形起伏，地勢綿長，大小溪溝冲塞無定，倘日久混淆，即難保無民番侵越之患。伏查臺屬北路番界向俱勘築土牛，挑挖深溝，俾民番共知遵守。臣等悉心酌議，即飭令地方官倣照北路

一體築牛挑溝，使界址犁然，一望可知，庶民番各有界限，兵役不難稽查。仍飭照例於每年農隙時，派員核勘，隨時修理詳報，務期永遠遵行，以仰副我皇上垂念番黎，清釐界限之至意。

臣等於本月二十九日回署，所有巡視南路并查辦各情形，謹繕摺奏聞。

再臣等於渡臺時，取道澎湖，候風十日，察訪該處情形，四面環海，額設一廳一協，實爲臺、厦要區。經臣等嚴飭文武員弁，勤修職守，一切稽查各事件惟當實心辦理，官兵尤宜不時練習，以資彈壓。兹據澎湖通判謝維祺會同署副將温靖波申報，該處軍民相安，地方寧輯，官兵不時操演等因前來，理合循例附摺具奏。臣等拜摺後，即便配船候風過洋，仍由厦門到省交印。除照例另行繕本具題回京復命外，爲此恭摺具奏，伏祈皇上睿鑒。謹奏。

二月初八日

乾隆四十三年三月十六日奉硃批：知道了。欽此。

——《明清宫藏臺灣檔案匯編》第65册，第35～39頁

361.乾隆四十三年四月二十三日
巡臺御史覺羅圖思義等奏報恭復恩命摺

巡視臺灣御史臣覺羅圖思義、臣孟邵跪奏，爲恭復恩命事。

竊臣等奉旨巡視臺灣，業將該處一切情形節經恭摺奏聞在案。兹因差竣，臣等於本年四月二十二日回京，理合繕摺恭復恩命，伏乞皇上聖鑒。謹奏。

乾隆四十三年四月二十三日

——《宫中檔乾隆朝奏摺》第四十二輯，第759頁

362.乾隆四十六年五月二十日
巡視臺灣給事中塞岱等恭請聖訓摺

給事中臣塞岱、臣雷輪跪奏，爲恭請聖訓事。

竊臣等欽奉恩命巡視臺灣，今臣塞岱、臣雷輪現在料理起程，理合繕摺恭請聖訓指示，臣等敬謹遵行，仰副聖主撫馭海隅番民，稽察邊方吏治之意。爲此謹奏。

乾隆四十六年五月二十日

——《明清宫藏臺灣檔案匯編》第 66 冊,第 410～413 頁

363.乾隆四十六年八月二十四日
巡視臺灣給事中塞岱等奏報到臺日期及臺屬年歲情形摺

巡視臺灣給事中臣塞岱、臣雷輪跪奏,為恭報臣等到臺日期及臺屬年歲情形,仰祈睿鑒事。

竊臣等奉命巡視臺灣,前於七月初七日抵福建省接受關防業經具疏題聞,並聲明剋期前赴廈門候風渡海等因在案。今臣等行至廈門登舟守候風信,仰賴皇上鴻庥廣被,無遠弗屆,臣等風帆順適,利涉無阻,已於八月十五日到臺視事。臣等看得臺灣地闢民聚,四野青蔥,禾苗俱各暢茂。隨據各廳、縣申報,自夏及秋雨水霑足,晚稻播種齊全,現在禾苗、雜糧秀發穎栗,收成可望大有等語。伏念臺地遏近海濱,氣候和暖,四季霧露濃厚,土脈常帶滋潤,洵屬膏腴沃壤,以故居民稠密,商賈輻輳,但五方雜處,其間不無滋事之徒擾累番民。臣等謹宣揚聖訓,嚴飭地方文武官員,務使兵民和輯,番黎樂業,以仰副皇上綏靖海疆,拊循番庶之意。除鎮、協、府、廳、各縣營伍、城垣、倉庫等項容臣等次第親身校閱查核,另行具奏外,所有臣等抵臺日期及臺屬年歲情形理合先行繕摺具奏,伏乞皇上睿鑒。謹奏。

八月二十四日

乾隆四十六年十月十三日奉硃批:覽。聞臺灣近年吏治廢弛,頗有盜賊,爾等何無一言耶? 欽此。

——《明清宫藏臺灣檔案匯編》第 67 冊,第 30～33 頁

364.乾隆四十六年十月十六日
巡視臺灣給事中塞岱等奏報閱視城垣營伍盤查倉庫摺

巡視臺灣給事中臣塞岱、臣雷輪跪奏,爲恭報閱視城垣營伍盤查倉庫,仰祈睿鑒事。

竊臣等廵視臺灣所有抵任日期暨年歲情形業經繕摺奏聞在案。至應行查辦各事宜隨行知鎮、道、府、縣,令先造具清册,移送到日,臣等遵照章程敬謹辦理去後。玆因現駐郡城,先於八月二十五日閲視城垣。查臺灣地方土脉沙松,舊係木栅爲城,只有一層,經前任知府蔣元樞於舊栅外周圍捐修添建木栅一層,於新舊相間空地栽植竹樹,栅外密種林報樹、緑珊瑚樹,枝幹相交穿插,如籬盤結,木栅堅穩完固,其緑栅添建瞭縷、窩鋪。並西面海口炮臺完整如數,俱無剥落。嗣於九月二十八日會同鎮臣張繼勳閲視鎮標三營城守營官兵操演,排列陣式,進退分合,悉屬整齊,施放鎗炮,聲勢聯絡緊凑,打準亦能中靶。官弁兵丁,馬步弓箭,架式準頭,尚屬可觀。各營籐牌跳舞便捷,對械破打亦皆認真。至臺協水師三營在海疆尤關緊要,臣等細加校看,其駕舡擺陣,捩舵駛戧,浮水爬桅,亦俱便利輕趫。所有在舡施放鎗炮及火筒、火箭等項,尚屬靈便。又點驗各營軍裝、器械、舡隻,俱整齊全足。其弁兵内擇其技藝較優者,量加奬賞。並宣布皇仁,諭令安静守法,廵防操演。仍飭該管將備勤加訓練約束,仰副皇上整飭戎行,綏靖海疆之意。

至府、縣倉庫,據知府萬緜前等造送清册結□前來,臣等先將册内各款逐細查核,隨會同臺灣道俞成將該府萬緜前暨署臺灣縣海防同知劉享基所存庫帑親視彈兑,並無短少。抽盤倉穀,俱屬幹潔,亦無虧缺。復將册造各款數目逐一□對,實屬相符。所有臺郡應行辦理各事宜等,臣等業經查閲事畢,伏念臺灣濱臨閩粤,番民錯處,臣等恪遵諭旨,嚴飭文武員弁撫循番黎,緝弭盗迹,務使地方寧謐,海隅肅清,不可稍存懈弛之心。至南北兩路臣等例應廵察一次,容俟分廵事竣,另行具奏外,謹將現在查辦各情形恭摺具奏,伏乞皇上睿鑒。謹奏。

十月十六日

乾隆四十六年十二月十七日奉硃批:此奏不實,已有旨了,欽此。

——《明清宫藏臺灣檔案匯編》第 67 册,第 70～75 頁

365.乾隆四十六年十月十六日
巡視臺灣給事中塞岱等奏報臺灣晚稻收成雨水糧價摺

巡視臺灣給事中臣塞岱、臣雷輪跪奏,爲恭報晚禾收成暨雨水米價情形,仰祈睿鑒事。

竊查臺灣氣候和暖,土脉滋潤,民間栽插較易。臣等於八月抵任後,先據

各廳、縣申報,各屬晚禾、雜糧播插齊全,俱各秀發茂密,收成可望大有。現在晚稻業經刈獲完峻,其地瓜、雜糧俱先後登場。玆於九月二十九日及十月初六、七等日,連得透雨,高下田園均各□渥。番民無不懽躍。隨於收獲後,又復接種稻麥及各項雜糧,民番樂業,地方敉寧。至各屬米價亦均平減,理合繕摺恭奏,伏乞皇上睿鑒。謹奏。

十月十六日

乾隆四十六年十二月十七日奉硃批:覽。欽此。

——《明清宮藏臺灣檔案匯編》第 67 冊,第 76～78 頁

366.乾隆四十六年十二月初五日

巡視臺灣給事中塞岱等奏報督緝叛民及巡視地方情形并請交部議處摺

巡視臺灣給事中臣塞岱、臣雷輪奏,爲覆奏事。

竊臣等於十二月初二日巡察臺灣北路,在[漳]彰化縣途次接到臣等恭報抵任摺内奉硃批:覽。聞臺灣近年吏治廢弛,頗有盜賊,爾等何無一言耶?欽此。臣等跪讀之下,悚惶無地,仰見皇上戢盜安民,整飭海疆吏治之至意。伏念臣等仰荷恩命巡視臺灣,出京之日跪聆聖訓,指示周詳,臣等凜遵不忘。隨於八月初四日行抵厦門,候風渡海時即風聞臺灣府諸羅縣有賊匪洪籠等肆行偷竊,因日久未獲,經該省督、撫將該縣查參之信。臣等於八月十二日到臺接見鎮、道、府、廳、縣各官即謹遵聖諭,嚴飭文武員弁會同該參令楊尉設法緝拏洪籠等犯,並此外所有賊犯,務期全行盡獲,以絶根株,毋使擾累地方,庶海疆要地民番得以寧謐。據府、廳、營、縣報稱自二月後已經拿獲賊犯多人,現在嚴究辦理等語。此臣等到任後督飭查辦賊匪情形,前於恭報到臺摺内未經詳細聲明具奏,實屬疎漏。伏乞皇上天恩將臣塞岱、臣雷輪交部議處。至該廳、縣先後緝獲賊犯二十餘名,業經撫臣楊魁行提過海審辦。又於十一月内,據臺灣鎮、府咨報續獲盜匪陳明等八名,臣等已飛飭各縣嚴究辦理,仍勒限偵緝盜首洪籠,務獲在案。

再臺屬地方氣候和暖,四時皆可栽種。臣等訪聞若遇九、十月後雨水稀疎之年,民間播種稍艱,每有無業游民間出偷竊。今歲暮秋以后,仰荷皇上鴻庥廣被,膏雨疊沛。據各廳、縣具報,田園皆獲栽插,但時值冬令防範仍不可不

嚴。臣等已商□鎮臣張繼勳及新調知府蘇泰督飭文武員弁，凡於汛口及望樓等處多撥巡丁、幹役，嚴加防查，不得稍存踈懈，務使宵小潛踪，地方敉寧。及臣等北路所經，見各屬晚禾收獲之田俱已翻犁待種，其旱園所種地瓜、花生、豆麥、雜糧俱各秀發茂密，民番現屬安堵，合並聲明。至北路營伍、倉庫，容臣等查閱事竣，另行繕摺恭奏外，謹將緝匪及年歲情形據實覆奏，伏乞皇上睿鑒。謹奏。

四十六年十二月初五日

乾隆四十七年二月初六日奉硃批：已有旨了。欽此。

——《明清宫藏臺灣檔案匯編》第67册，第128～131頁

367.乾隆四十六年十二月十七日

巡視臺灣給事中塞岱等奏報巡視臺屬北路各情形摺

巡視臺灣給事中臣塞岱、臣雷輪跪奏，爲恭報巡視北路情形，仰祈睿鑒事。

竊查臺屬南北兩路，地方寥闊，營伍、倉庫俱關緊要。臣等到任後例應分路巡察一次。今臣塞岱、臣雷輪遵於十一月十五日由府城起程，先赴北路諸羅、彰化二縣，淡防一廳所屬逐加巡察。查得北路一協三營，考閱各營弁排列陣勢，進退合法，施放鎗炮及馬步弓箭亦合式有準，藤牌破打尚屬便捷，一切軍裝器械皆整齊鮮明。惟淡防營間有操演生踈者，當即懲儆，飭令勤加訓練，務抵精純。並逐一面諭各弁兵，惟當嚴謹防巡，實力稽查賊匪，毋得欺壓民人，以滋事端。

臣等所至各屬即將該廳、縣倉庫錢糧，按照所造册結，逐款查核，復加彈兑抽盤，均屬存貯無虧。但臺地濱海地方濕潤，臣等面諭管倉胥役人等不時攤曬，無使穀色稍有霉變，庶倉儲愈昭慎重。至各廳、縣熟番社寮遠近錯處，多寡不一。臣等往返經由各番社，通事、土目、男婦老幼，跪伏路傍迎送，甚屬恭順。當即傳集該番衆，宣布皇仁，照例賞賚，莫不感戴天恩，懽忻踴躍。查臺屬近年地[僻]闢人稠，民莊番社錯雜其間，大半皆係閩、粤之人，而漳、泉民人强悍健訟爲尤甚。臣等並傳諭各社通事、土目，遍告番衆，務須安居樂業，勤於耕織，毋與民人交接，聽其唆使。並飭令地方官將滋事不法之徒，嚴訪查拏，勿致欺誘番民，以仰副皇上綏輯番黎，奠安海疆之至意。

臣等行至竹塹即繞至沿海地面之鹿仔港、笨港等處，查勘海口，面飭守口員弁嚴查舡隻出入，以防偷渡，不得稍有踈縱，庶海隅肅清，而地方益見寧謐。

臣等查辦事竣即行回署,緣封篆在邇,所有南路地方,俟開印後再遵例前往巡察,合併陳明。謹將巡視北路情形理合繕摺奏聞,伏乞皇上睿鑒。謹奏。

四十六年十二月十七日

乾隆四十七年二月初六日奉硃批:知道了。欽此。

——《明清宫藏臺灣檔案匯編》第 67 冊,第 182～185 頁

368.乾隆四十六年十二月十七日
巡視臺灣給事中塞岱等奏陳預解兵餉及增設望樓摺

巡視臺灣給事中臣塞岱、臣雷輪跪奏,爲敬陳管見,仰祈睿鑒事。

竊臣等仰荷恩命巡視臺灣,一切事宜理應小心敬謹,照例查辦。凡事關錢糧餉項以及防範巡查等事,尤宜加意留心察看,以期妥協遵行。臣等謹就查辦所見敷陳二事,不揣冒昧,敬爲皇上陳之。

一、臺澎兵餉宜預解一年,並分員解運,以免挪移守候也。查臺澎每年額領兵餉共一十九萬餘兩,而由知府於年終結算清楚始派委文武員弁赴藩庫支領次年餉項,分撥兵舡解運渡海。但洋面相隔,風信無定,按其解到之日遲早不一。臣等前於盤查府庫時見所造册内有墊給兵餉一款至十萬餘兩之多。面詢該府萬緜前,據稱本年餉舡至今未到,而兵餉又需按月給發,不能稍待,向例俱係挪用别項支放等語。臣等調查册檔詳細核算無異,並無揑飾假冒。伏思以公抵公,雖係有着無虧,但輾轉挪移,日久保無朦混舛錯,不可不預爲之防。臣等愚見請嗣后將臺澎餉額預解一年,存貯府庫,如本年餉舡未到之先應發兵餉,即於預解下運用,俟餉舡到日,即行歸足。其按年應領兵餉仍年終結算委員赴藩庫支領。如此以餉抵餉,既不得挪用别項錢糧,而兵丁亦可按月支領,庶免牽算朦混之弊,似於兵餉錢糧俱昭慎重。再臺灣與澎湖計水程雖相去只數更,但澎湖澳嶼盤屈,出入不便,每遇風信不順,竟至數月逗遛。向來解運兵餉,臺澎併歸一處,先由澎湖交清始至臺灣,以致臺屬之餉又因澎湖稽滯,亦宜酌算分員解送,庶彼此俱無遲誤矣。

一、各屬地方宜酌量增設望樓,以謹巡防也。查臺郡南北兩路綿亘千有餘里,地方遼闊,民[壯]莊番社錯雜其間,加以五方雜處,無恐有無賴之徒間出搶竊。向來於沿途隘口建立望樓,派撥民丁盤查防守,法至善也。臣等巡查北路所經見各廳、縣地方原建望樓,有相去二三里,或七八里不等。其間有民莊寥落,居人稀少處所,遂致彼此聲勢不能聯絡,而盤查易致踈防。臣等愚見請各

屬於原建望樓相隔甚遠之處，並此外要路隘口再行添增望樓，派撥民丁巡防，不致宵小藏匿。至如何增添派撥之處，伏乞皇上飭交該省督、撫派令文武地方官相度形勢，妥協建派，務使聲勢相通，不致顧此失彼，庶賊匪無從潛踪，而防範益□周密矣。

以上二條臣等公同商酌，意見相同，愚昧之見，是否有當，伏祈皇上訓示施行。如蒙俞允，飭交該督、撫詳議具奏。謹奏。

四十六年十二月十七日

乾隆四十七年二月初六日奉硃批：該部議奏。欽此。

——《明清宫藏臺灣檔案匯編》第 67 册，第 177～181 頁

369.乾隆四十七年正月二十一日

巡視臺灣給事中塞岱等奏報稽察官員并辦理生番舊案及商船來臺次數情形摺(附清單)

巡視臺灣給事中臣塞岱、臣雷輪跪奏，爲欽奉諭旨，據實覆奏事。

切臣等於四十七年正月十六日接奉兵部火牌賫到四十六年十二月十七日内閣奉上諭：本日據楊魁覆奏"閩省臺灣所屬諸事廢弛"一摺，將節經查明参奏據實辦理各緣由，詳晰聲敘。臺灣孤懸海外，最關緊要；該地方官平日因循玩愒，以致積弊相仍，可謂廢弛已極！乃本日據巡臺御史塞岱、雷輪奏"巡視臺灣應行查辦各事宜"内稱城垣堅穩完固，弁兵技藝認真，庫帑倉穀並無短少虧缺各等語，所奏不實，已於摺内批示。巡臺御史三年始行派往巡視一次，所有該地方一切事務皆應實力查察，隨時據實奏聞。現在該處地方官玩誤疏縱之案，經楊魁查明參奏者不一而足；該御史等豈無聞見，何竟無一語入告！雖該撫等業經查參辦理，而該御史等亦應細加查訪，據實具奏。即該撫所奏，或有屈抑地方官之處，亦應據實為之申理。今所奏不過尋常照例敷衍了事；即如盤查倉庫一事，使地方官果有虧缺，該御史等行走長途、經過重洋，未免多須時日，早可豫為彌補。仍屬有名無實，又何必以此一奏塞責，則巡察臺灣之御史可不必派往矣。塞岱、雷輪俱著交部察議。所有楊魁奏到原摺，並著發交閲看。欽此。[①]

① 本奏摺爲録副奏摺，本段文字抄録時文字多有錯漏，現根據《清高宗實録》卷一千一百四十七中的文字予以訂正。

臣等跪讀之下，實深悚慄，無地自容，仰見皇上綏靖海疆，整頓吏治之至意。伏念臣等恭承恩命，巡視臺灣，除應辦事宜照例具奏外，一切事務尤當實心實力，加意查察。誠如聖訓，雖該撫等業經查參辦理，而臣等亦應細加察訪，據實具奏。乃臣等識多拘泥，並未隨時奏聞，實屬糊涂。復荷皇上格外天恩，曲予矜全，不加重譴，僅交部察議，五内循省，感激難名。

切查臺灣諸羅縣有賊匪洪籠一案，前於覆奏摺内業將臣等督飭查辦緣由詳細聲明具奏在案。伏念臣等於上年八月抵臺灣時，而理番同知史崧壽已於六月内告病卸事，及接見該道員俞成、知府萬緜前，雖年俱六十，而精神甚屬健壯，且係奏調海疆，自必振作奮勉之員，實不意其有袒庇屬員，任縱書役之事。至彰化縣番民阿眉迭曾於五月在内地巡撫衙門控告廳役詐索一案，該地方官或爲訟詞案件，又係臣等未經到臺以前之事，並未詳報。而内地撫臣亦無文移知會。至十一月，有按察使照磨李琳行提各犯來臺，臣等接見該員始知此案。並因原告内有陳姓無名之犯，係同知長隨陳升，而撫臣因道書陳朝樑亦有告案，遂疑陳姓即係陳朝樑，將陳朝樑一並行提過海審辦。傳詢知府萬緜前，據稱先准藩、臬二司於七月底行文到臺提犯，八月内轉行各縣將人犯提集，業於九月内配舡押解，因風信不順，是以渡海遲延等語。後經撫臣因該道解審遲延，恐該道員等有受賄循庇情事，一並參革質審。臣等以此案既經撫臣親提審辦，其案情虚實似應聽撫臣辦理，是以未敢冒昧率奏，但臣等到臺兩月，而於該道、廳有無縱役詐索護庇書役之事，[慢]漫無知覺，失察之咎，實所難辭。

至淡防廳所屬月眉莊民人林媽等入山砍柴，突遇生番趕殺男婦老幼共二十八命一案，臣等於上年七月内抵福建省接印之時，曾面會陞任撫臣富綱，詢及臺地生番情形，富綱遂言及此案。臣等因初至閩省，不知臺地情形，聞之不勝駭异，詢以如何辦理？又據撫臣告稱已飭令該廳訪緝兇番，如限滿不獲，將該管官咨参，吏部議降一級留任，向有成例，遵辦已久等語。及臣等到臺後，即調查此案，與撫臣所言無異。復調看從前辦過舊案，果與撫臣所言相同。臣等以撫臣所言自必與督臣商酌，意見相符，自應聽其遵照成例辦理。臣等切思生番人面獸心，性嗜殺人，避居深山之内，非同内地可比，向因附界居民希圖小利，而地方官防禁稍疎，遂越界抽籐捕鹿，突被戕殺，實由自取。但以界外番黎膽敢戕斃内地人民，自當緝拿，以彰法紀而償民命。誠恐捕役人等不諳内山路徑而生番又無姓氏可查，因至緝拿不善，反株連無辜之番，致滋邊釁。臣等密飭該廳設法查拿，購綫誘緝，妥協辦理，不得擾累衆番，而殺人兇番亦不使倖逃法網。此臣等督飭嚴緝兇番情形。前因拘守成例未行具奏，實屬疎忽。

再查臺灣四縣每年額運内地兵眷穀及澎湖兵穀、督標兵米，通計八萬八千七百餘石,如遇閏應運九萬二千九百餘石。向賴厦門米、臺之糖橫各商船分别配運。三十七年奏明定例:糖橫船配穀一百六十石,横洋船配穀八十石在案。臣等於到臺之後,該府於九月底將已運未運穀石數目,循例呈報。臣等查閲未運穀石有十四萬之多,曾經批催,并飭查因何遲滯之故。據革職知府萬縣前覆稱厦門商船俱有定數可稽,至每年到臺者不過一千次上下,合計糖橫各船配運一年僅敷一年額運之數。歷來年清年款,並無積壓。緣由四十四年奉文派撥加運浙穀八萬五千九百石,是配運穀石頓覺倍增,而到臺商舡並不加多,以致運旧壓新,顧此失彼,遂有積欠。現在籌酌加倍配運,又恐商船畏縮不前,正出示曉諭,並擬會詳督、撫,加倍速運等語。臣等以該府一面之詞,未足憑據,當經批令上緊設法辦理。隨即行知鹿耳門同知劉亨基,將四十四、五、六三年分每年由厦門到臺入口舡隻數目詳查去後。嗣據該同知分年開單詳覆前來,與該府所詳數目相符。臣等以該府、廳積壓穀石,實因以有定之舡,運加增之穀,以致不敷配運,並無虧短穀石賣放舡只情弊。現已詳請督、撫,加倍配運,似應聽該督、撫批辦。但臣等未將查辦情節專摺具奏,誠屬昏聵。

此臣等在臺察訪各案情節未經隨時據實奏聞,僅以尋常照例事件敷衍塞責,實屬有負皇上天恩。請將臣塞岱、臣雷輪交部嚴加議處。至臣等於現在臺地一切事務,謹遵聖訓,實心查察,並屢飭新調臺灣府護理道篆知府蘇泰督率所屬,諸事振作。據稱伊蒙皇上特恩,棄瑕録用,曾經叠荷恩施,久已□深五内,敢不力圖報効?臣等見其到任兩月有餘,諸事明白奮勉,甚屬認真。至各屬地方安静,民番樂業,合併聲明。除將辦理生番舊案及商舡來臺次數另繕清單,恭呈御覽外,臣等謹遵諭旨,據實覆奏,伏乞皇上睿鑒,謹奏。

正月二十一日

乾隆四十七年三月十六日奉硃批:已有旨了。欽此。

清單:

乾隆四十四年分,糖船、横洋船共三百五十二隻,内糖船十七隻,横洋船三百三十五隻。往來計共九百四十次,内糖船二十六次,横洋船九百一十四次,計運穀七萬七千二百八十石。

乾隆四十五年分,糖船、横洋船共三百五十二隻,内糖船十七隻,横洋船三百三十五隻。往來計共一千零五次,内糖船二十二次,横洋船九百八十三次,計運穀八萬二千一百六十石。

乾隆四十六年正月起至十月底止,糖船、横洋船共三百五十二隻,内糖船十七隻,横洋船共三百三十五隻。往來計共九百二十四次,内糖船十六次,横洋船九百零八次,計運穀七萬五千二百石。

清單

上年辦理生番殺人新事一案

乾隆四十六年四月十二日,淡水廳屬月眉莊地方民人林媽等六人入山砍柴,悮出界外,陡遇生番四十餘人突出,趕至大安溪邊殺死,并將溪邊割草之何雪等十二人及在溪洗澣之婦女黃陳氏等九人一併戕殺。十月内,該省總督陳輝祖、巡撫楊魁將淡防廳同知成履泰參奏革職,留於地方緝拿。

歷年辦過生番殺人舊案

乾隆三十四年五月二十四日,淡防廳屬水頭厝莊民傅阿完等六人入山砍柴,悮出界外,突遇生番追殺,并殺死熟番蒲氏等五命,又鏢傷傅阿定身死。放火焚屋,燒死傅吴氏二命。限滿兇番未獲,將承緝不力之淡防同知已陞潮州府宋應麟照例咨參,吏部議住俸,將二參承緝不力之宋應麟降一級留任。

乾隆三十五年十一月初三日,鳳山縣屬中壇莊民人吴柱生等三人因牛隻逸出界外,奔往追尋,悮出界外,撞遇生番殺死。限滿兇番未獲,將承緝不力之鳳山縣知縣姚咨羲照例咨參。吏部議住俸,勒限一年緝拿。二參限滿,緝兇不力,將鳳山縣知縣姚咨羲罰俸一年。三參限滿,緝兇不力,將鳳山縣知縣姚咨羲罰俸二年。

乾隆三十六年正月二十一日,彰化縣安溪藔莊隘番失守,致被生番突出,擁莊戕殺民人江顯等十七命,被傷六人。限滿兇番未獲,將承緝不力之專管官巡檢楊四聰照例咨參。吏部議降一級留任,將二參限滿,承緝不力之理番同知李本楠降一級調用。

乾隆三十七年四月十五日,淡防廳屬麻里莊地方民人謝義標等十四人入山砍柴,悮出界外,突遇生番,致被戕殺。限滿兇番未獲,將承緝不力之淡水同知宋學源照例咨參。吏部議住俸,勒限一年緝拿。二參限滿,緝兇不力,將淡水同知宋學源罰俸一年。三參限滿,緝兇不力,將淡水同知宋學源罰俸二年。

乾隆三十七年六月初九日,淡防廳屬南勢湖社番烏蚋同民人范元珍等男婦六人悮出界外[檢]撿拾柴火,被生番趕至界内殺死,并將在藔前收取小米之民人陳元之妻媳一併殺死。限滿兇番未獲,將承緝不力之淡水同知宋學源照例咨參。吏部議住俸,勒限一年緝拿。二參限滿,緝兇不力,將淡水同知宋學源罰俸一年。三參限滿,緝兇不力,將淡水同知宋學源罰俸二年。

乾隆三十七年十一月初七日,淡防廳屬大姑陷地方民人羅蒼進等十六人入山砍柴,悮出界外,突遇生番,趕至界口殺死,併將藔前掘取地瓜之魏賴氏等婦女十人一併殺死。限滿兇番未獲,將承緝不力之淡水同知宋學源照例咨參。吏部議住俸,勒限一年緝拿。二參限滿,緝兇不力,將淡水同知宋學源罰俸一年。三参限滿，承緝不力，將淡水同知宋學源罰俸二年。

乾隆三十八年四月二十七日，鳳山縣番仔藔莊民江南同傭工等四人悞出界外砍柴，適遇生番，畏懼逃走，被生番尾追入界，殺死江南并妻媳六命，并將鄰居周氏等五人一併戕殺。限滿兇番未獲，將接緝不力之知縣劉亨基照例咨參。吏部議罰俸一年。

乾隆三十九年九月二十一日，淡防廳屬黄土潭莊民林安等十三人、霄里社番東生等五人入山砍柴，悞出界外，突遇生番殺死。限滿兇番未獲，將承緝不力之淡防同知王右弼照例咨參。吏部議住俸。二参限滿，承緝不力，罰俸一年。三参限滿，承緝不力，罰俸二年。四参限滿，承緝不力，降一級留任。

——《明清宫藏臺灣檔案匯編》第 67 册，第 253～273 頁

370.乾隆四十七年二月十六日

巡視臺灣給事中塞岱等奏報巡視南路地方情形摺

巡視臺灣給事中臣塞岱、臣雷輪跪奏，爲恭報巡視南路地方情形，仰祈睿鑒事。

竊查臺灣北路情形業經恭摺具奏在案，兹於本年正月二十六日，臣等輕裝減從由臺郡起程，至鳳山縣城，據署知縣徐英呈送倉庫清册印結前來，經臣等盤察存貯銀兩、穀石，按照册結逐加核對，俱屬無虧。至南路額設二營，一駐鳳山縣城，係參將赫生額所屬；一駐鳳山之下淡水，係都司馮明洲所屬。臣等逐加考驗，該二營弁兵弓馬鎗炮雜伎俱皆合式。查下淡水地界逼近生番，實關緊要。臣等嚴諭該將弁按期操演，所過各番社照例賞賚，逐一宣布皇仁，番黎踴躍，并傳詢該通事、土目面加安慰訓示。臣等即由淡水之山猪毛及沿山一帶地方察看情形，所過之處，嚴飭守口弁兵巡役等不時稽查，務使民番各守界址，毋相侵越。查鳳山所屬節候較暖，現在早冬禾苗俱皆茂密，又於二月初十等日連次得雨，雜籽秀發。

再澎湖孤懸臺灣之西，相隔大洋，該處額設一廳一協，臣等飭委該廳、協互相盤察，造册申報前來，理合附奏。臣等於拜摺后即由厦門到省交印回京，恭復恩命，爲此恭摺具奏，伏乞睿鑒。謹奏。

二月十六

乾隆四十七年四月初八日奉硃批：覽。欽此。

——《明清宫藏臺灣檔案匯編》第 67 册，第 295～298 頁

371.乾隆四十六年二月十六日
巡視臺灣給事中塞岱等奏報派撥分防配運穀石摺

巡視臺灣給事中臣塞岱、臣雷輪跪奏,爲籌酌派撥分防配運穀石以期防範周密永遠遵行,仰祈聖鑒事。

切查臺灣孤懸海外,倚山濱海,地方遼闊,綿亘千有餘里。凡各路隘口,設立營汛俱有盤察防禦之責。臣等巡視南北兩路,見各處汛地每有偏僻荒徑逼近生番之處,而駐防兵丁爲數無多,未免汛廣兵單,不足以資捍衛。臣等伏思上年遵奉諭旨將武職養廉名糧盡補足額,現在各省俱增添額兵,隨詢鎮臣張繼勳,據稱臺鎮應增額兵三百名。查鎮標三營及城守營駐郡兵丁實有二千七百餘名,其城守營左軍、右軍亦皆附近郡城,兵數充足,似可無庸議增。臣等愚見即以此額兵三百名酌撥移駐於北路諸羅、彰化、上淡水及南路之下淡水、山猪毛,凡屬遼闊險僻之汛地,分别遠近,添撥駐防,以昭慎重。至如何酌劑派撥之處,請皇上勅交鎮臣與提督札商悉心妥協辦理,庶于盤察賊匪,彈壓生番兼有裨益。

再查臺郡應運内地兵眷穀石共八萬餘石,俱于厦門來臺之横洋船、糖船分别配運,每横洋船一隻配穀八十石,糖船一隻配穀一百六十石。統計一年到臺船隻不過千次上下,僅敷一年額運之數。定例以來不但配運無悮,而商船亦不爲苦。惟遇有内地額外加運穀石,則來臺船隻不敷配用,遂致顧此失彼,必有積壓之處。即如四十四年加增浙穀八萬餘石,不能配運,是其明驗。臣等伏查乾隆二十二年因積壓未運穀石係令商船加倍配運,始行運清。又乾隆三十五年積壓未運穀石,亦係令商船加倍配運,始行運清。今積壓未運浙穀,雖經該府、廳援例議詳加倍,現候該督、撫指示辦理。然不預定章程永遠遵行,未免臨時詳請,文移往返,躭延時日。且恐商船不知舊有成例,畏縮不前,反致遲悮。臣等愚見公同商酌,與其加倍於積壓之後則已遲,不若加倍於臨運之際則無悮。臣等請嗣後如無加運之穀,仍照原定之例分配外,如有加運增配穀石,該上司即將加運穀數預先行知府、廳,該府、廳將加運穀石總計於一年限内全行運清之數,即酌定每商船一隻應加配若干石,通盤合算,一面詳報,一面即行起運,仍刊示通飭商行,俾知遵守。如此示爲成例,庶配運不致遲悮,而商船亦無規避矣。

以上二條臣等愚昧之見,公同酌議,是否有當,伏祈皇上睿鑒施行。謹奏。

二月十六日

乾隆四十七年四月初八日奉硃批:該部議奏。欽此。

——《明清宫藏臺灣檔案匯編》第67册,第299～304頁

372.乾隆四十七年四月初八日(硃批)
巡視臺灣給事中塞岱等奏報拿獲亂民盧馬水質訊摺

巡視臺灣給事中臣塞岱、臣雷輪跪奏,爲奏聞事。

竊查臺灣諸羅縣有賊匪洪籠肆竊一案,因地方官日久未獲,經該省督、撫將該縣楊慰參革留緝。臣等於抵臺後即嚴飭緝拏,並屢次嚴催在案。嗣於九月内據參令楊慰稟稱,訪聞洪籠身死,停屍彰邑烏溪埔,懇飭彰化令焦長發驗訊等語。當經批府速彰化縣查驗申報去後。續於十二月初五日,據原任臺灣道俞成、新調知府蘇泰咨稱,彰化令焦長發詳報驗係久斃之屍,並非洪籠正身,將屍棺人犯解郡,經道、府等親加覆驗無異。研訊各犯供詞係洪籠胞兄洪蘆同夥犯馬水將近山路斃屍身抬移假捏等情前來。復經臣等批飭嚴拿各犯並究明死屍來歷捏冒各確情去後。玆據彰化縣焦長發詳稱陸續拏獲洪蘆、馬水到案質訊,究出洪蘆因伊弟洪籠被拿嚴急,伊母洪林氏已被彰化縣拿獲監禁,遂商同伊弟洪籠主令與賊夥馬水在彰邑之中山義塚刨挖新葬廣東民人張阿漏之屍,抬移烏溪埔地方,假捏洪籠已死,希圖銷案免緝,并可釋放伊母,免同受累。後令馬水通信洪籠以致逃避淡水内山藏匿各等情詳報前來。臣等閱之不勝發指。查洪蘆係賊匪洪籠之兄,伊弟洪籠素習無賴,敢於海疆重地肆行偷竊,經官嚴緝,乃該犯並不拏送出首究治,膽敢庇護隱匿,復刨挖平人墳墓,裝點伊弟已死,希圖卸罪,致令伊弟兔脱遠颺,實屬目無法紀。雖據供係伊弟洪籠起意主使,但洪籠現在緝拿未獲,而該犯究屬一面之詞,其中或另有串捏别情均難憑信。查此案人犯已據該府解送内地,臣等已行文撫臣楊魁嚴審定擬。並飭地方文武員弁設法購綫嚴緝洪籠,上緊弋獲,毋令漏網,以仰副皇上戢盜安民,綏靖海疆之至意。爲此謹具摺奏聞。謹奏。

乾隆四十七年四月初八日奉硃批:早有旨了。欽此。

——《明清宫藏臺灣檔案匯編》第67册,第331～335頁

附録一

1.康熙六十年十月初五日

上諭

康熙六十年冬十月壬戌(初五日),福建浙江總督覺羅滿保奏:臺灣等三縣相距遼遠,又隔重洋,防汛額兵,未免單薄。伏請添兵。

上諭大學士等:福建總督、巡撫、提督俱奏請臺灣添兵,朕意添兵無用也。臺灣地方水師營著副將一員、兵二千名,陸路營著副將一員、兵二千名駐紮。水師有事,陸路可以照應;陸路有事,水師可以照應。其臺灣總兵官移於澎湖,亦著兵二千名駐紮,令其管轄,俾有裨益。至駐紮之兵,不可令臺灣人頂補,俱將內地之人頂補,兵之妻孥毋令帶往,三年一換。每年自京派出御史一員,前往臺灣巡查。此御史往來行走,彼處一切信息可得速聞,凡有應條奏事宜,亦可條奏,而彼處之人,皆知畏懼。至地方事務,御史不必管理也。將此旨傳示九卿。

——王先謙:《東華録選輯》,《臺灣文獻叢刊》第 262 種,臺北:臺灣銀行,1969 年,第 304 頁

2.康熙六十一年十二月十七日

上諭

康熙六十一年十二月十七日

諭吏部:國家每省分設督、撫,原以察吏安民爲職,但以一方民命寄於大吏,闔屬賢否聽其舉劾,倘見聞失真,好惡不當,將吏治何由澄清,民隱何由周悉?若不設檢察之員,無以補偏捄弊矣。皇考因臺灣小警,立即平定之後,特遣御史前往巡視,軍民由是綏靖,此其明驗也。今應照此例,將御史、翰林院及各部司官開列差遣,或以本銜,或以兼銜,令其前往。凡地方官吏貪廉,小民疾苦,務盡心察訪,隨時隨地具摺奏聞,仍不得干有司之職,庶於吏治、民生均有裨益。著九卿、詹事、科道公同確議具奏。特諭。

——《雍正朝漢文諭旨匯編》第三冊

轉録自臺灣史料集成編輯委員會編:《清代臺灣關係諭旨檔案彙編》第 1 册,臺灣"行政院文化建設委員會",2004 年(以下簡稱《清代臺灣關係諭旨檔案彙編》第 1 册),第 21 頁

3.雍正元年八月初八日
兵部議覆巡臺御史吳達禮奏

雍正元年八月初八日(乙卯),兵部議覆:“巡視臺灣御史吳達禮奏言:諸羅縣北半線地方,民番雜處,請分設知縣一員、典史一員;其淡水係海岸要口,形勢遼闊,並增設捕盜同知一員。均應如所請”。從之。尋定諸羅分設縣曰“彰化”。

——《大清世宗憲皇帝實錄》卷十

4.雍正三年二月初二日
諭令更換巡視臺灣御史

雍正三年歲次乙巳二月初二日庚午卯時,上御乾清門聽政。部院各衙門官員面奏畢,大學士馬齊、嵩祝,協理大學士事務户部尚書徐元夢,大學士王頊齡、白潢,協理大學士事務吏部尚書田從典,學士授爲一品鄂德,户部侍郎在學士里行蔣廷錫,刑部侍郎在學士里行黄炳,學士常保、胡煦、吴士玉、班第以摺本請旨。覆請吏部議覆署理浙江巡撫事務石文焯參奏才力不及之麗水縣知縣徐依降二級調用一疏。上曰:依議,徐依着調來引見。

……

又覆請都察院奏請更巡視臺灣御史一疏,[①]上曰:這應更換之滿御史,俟現在臺灣漢御史任滿之日,一併題請更换。

——《明清宫藏臺灣檔案匯編》第 9 册,第 296～303 頁

5.雍正三年七月初八日
吏部尚書隆科多題本:巡視臺灣御史禪濟布率員在臺灣島修築木柵

吏部等部太保尚書兼管理藩院事公舅舅臣隆科多等謹題,為奏聞事。

該臣等會議巡視臺灣監察御史禪濟布奏稱,臣查閲郡治自荷國恩,休養至

① “更”下似缺一“换”字。

今,生聚日繁,閭閻稠密,而背山面海,一望曠遙,既為四方雜處之區,乃無一尺藩籬之衛,奸良來往,不易稽防,倉庫監獄,更關重大。臣再四思維,乃與陞任監察御史臣丁士一、鎮臣林亮、臺廈道臣吳昌祚公同確商,建城則工料浩繁,壘土又沙浮易陷。臣等籌酌樹以木柵,其基三面環山,周經一千八百丈,每丈木植、丁鐵、灰土、人工料估用銀四兩。木長一丈六尺,下栽四尺,用石灰沙泥填築,以收水氣,以杜蟻侵。木杪上頂釘以鉤釘,木板上中下横連三道,大鐵釘釘固。每隔四十丈蓋小望樓一座,上安炮一位,撥兵支守。於要衝之處開闢四門,各築高大門樓一座,安設炮位。木柵之西兩頭俱抵海邊,各設炮位。千、把總輪值以司啟閉,以固屏障。臣與陞任御史臣丁士一、鎮臣林亮、臺廈道臣吳昌祚各文武弁員,皆協力公捐。復據闔郡紳衿士庶人等咸稱臣等籌畫實為地方,郡有垣籬,民更安業,相率環署籲請捐輸。又據臺灣縣知縣周鍾瑄詳同前由,士民皆歡欣踴躍,自一二尺起以至一二丈不等,並無抑派,樂願捐備。今據臺廈道吳昌祚擬擇本月二十七日興工,仍經報明督、撫,專委臺灣縣知縣周鍾瑄親董其事,經理收支、召匠、購料、工完造冊報銷外,所建築木柵情由,理合繕摺奏聞。奉硃批:兩年來臺灣文武官弁與禪濟布等皆實心任事,即此建築木柵一事籌畫甚屬妥當,深為可嘉。着將摺內有名官弁,該部議敘具奏。欽此,欽遵。

查臺灣地方孤懸海上,為四方雜處之區,無一尺藩垣之衛,奸良來往,不易稽防,倉庫、監獄,猶關重大。地方各官所當相地制宜,籌畫於先,收效於後。今御史禪濟布等建築木柵,以固屏障,實心籌畫,調度得宜,誠屬可嘉。應將臺灣禪濟布、總兵官林亮、御史今陞福建按察使丁士一、臺廈道吳昌祚、臺灣縣知縣周鍾瑄各准其加二級,恭候命下,吏、兵二部遵奉施行。謹題請旨。

雍正三年七月初八日題

本月初十日奉旨:依議。

——《明清宫藏臺灣檔案匯編》第 9 冊,第 396~400 頁

6.雍正三年十二月初七日

上諭

雍正三年十二月初七日,吏部尚書孫柱、侍郎查阿面奉旨:朕從前多有人奏臺灣縣知縣周[中]鍾[鍹]瑄居官甚好,滿保、黄國材亦屢次保奏,朕意還欲用臺灣道、府。今據巡視臺灣御史禪濟布參伊居官甚是貪婪,各處爲伊請托,

看來從前或係鑽刺營謀之人亦未可定。周[中]鍾[鍹]瑄著解任,到福建省城候審。伊任所宦橐、資財,交與該御史會同臺灣道、府查明封固,俟高其倬到京,朕降旨令其審理,自然明白。臺灣縣員缺甚屬緊要,即於揀發川、陝人員内,朕揀選一人發往,交與宜兆熊、毛文銓酌量。若所發之人於臺灣之任不甚相當,即於通省内揀選一人調補。欽此。

——《雍正朝漢文諭旨匯編》第一册

轉録自《清代臺灣關係諭旨檔案彙編》第1册,第33～34頁

7.雍正四年正月初四日

福建巡撫毛文銓奏報臺灣官員不和摺

福建巡撫毛文銓謹奏,為遵旨覆奏事。

竊臣前於奏聞事摺内附奏臺灣各官不能相和緣由,奉皇上硃批:"可訪聞的確,即速奏聞。欽此。"臣因福州與臺灣重洋阻隔,一時難以盡悉,未能細細指明。今輾轉訪查,始知其概。而不和之中,惟獨廵臺滿御史禪濟布與漢御史今授運使景考祥為尤甚。臣聞禪濟布欲有所行,景考祥務必再三執拗,兼且每在他人前呰詈禪濟布操守不潔,材具不堪。所以禪濟布啣恨尤深。至文武中如臺廈道吳昌祚、臺灣府范廷謀、海防同知王作梅、淡水同知王汧及陞任參將呂瑞麟等皆直景考祥,而即為禪濟布所不悦;總兵林亮與禪濟布相得,而即為景考祥所不悦。不和之故皆出於此。至於一切備細,臣尚未深知,不敢冒昧。謹奏。

雍正四年正月初四日

【硃批】:不和之景已露至朕前矣。但人一不和,則難辨其是非也。高其倬來面諭去。

——《臺灣研究資料彙編》第一輯,第1415～1418頁

8.雍正四年三月二十六日

福州將軍署理閩浙總督宜兆熊等奏報禪濟布不法摺

福州將軍署理閩浙總督印務臣宜兆熊、福建巡撫臣毛文銓謹奏,為據實奏

聞事。

竊臺灣縣知縣周鍾瑄業經奉旨解任,是非曲直,對簿自明。臺灣御史禪濟布理宜靜聽督臣高其倬到日確審實情,請旨遵行,豈可别生枝節,遺害海疆。查臺地人民刁險,五方雜處,悉屬無家無室之流,最易煽惑為非。即平居無事之秋,亦常造言生事,謗帖歌謠,徧滿街衢,人心搖盪,全賴文武達權通變,陰作隄防,陽為鎮靜,消弭奸慝。寧有反行指使,致生意外之虞。乃禪濟布不念巖疆重地,惟欲加甚鍾瑄之罪。歷據各員稟報,指使刁民聚集數十餘人,拆毁該縣糧書馬仁、黄成等房屋。而臺灣全縣一十五里人民並無一人在場,現據十五里人民具結通詳在案。是以上聚眾者究不識何項奸徒,今幸拿獲李好等四名解省,俟解到日,臣等即發臬司,務秉大公,不得毫髮偏狥,容審出實情,另行請旨外,所有疊據稟報前項緣由,臣等不敢隱匿,理合據實奏聞,伏乞皇上睿鑒。謹奏。

【硃批】:禪濟布[故]固宜靜聽高其倬,爾等亦當遵旨靜待高其倬。爾等即發臬司秉公審理,甚屬不合。恐禪濟布實情一出,爾等真情亦難掩矣。此事大錯了。毛文銓一切料理奏對,甚屬不妥。

雍正四年三月二十六日

——《臺灣研究資料彙編》第一輯,第 1477~1481 頁

9.雍正四年八月二十日 閩浙總督高其倬題本:臺灣御史汪繼燝丁憂

太子少傅兵部尚書兼都察院右副都御史總督福建浙江等處地方軍務兼理糧餉世襲拜他喇布□□□□□級臣高其倬謹題,爲報明丁[尤]憂事。

該臣看得臺灣御史汪繼燝承繼父原任户部江西司郎中汪森於雍正四年五月初三日在籍病故,繼燝在任聞訃,例應丁所後父[尤]憂。兹准臺灣御史索琳並據臺厦道吴昌祚咨報並移送原籍地方官秀水縣知縣程世恂、總甲李順等印甘各結咨題前來,除結送部外,相應題報。臣謹會同奏聞。

雍正四年八月二十日題

九月二十二日奉旨:吏部知道。

——《明清宫藏臺灣檔案匯編》第 10 冊,第 72~73 頁

10.雍正五年十月初六日
諭令臺灣學政交漢御史管理

雍正五年十月初六日奉上諭：臺灣遠隔海洋，向來督學官員難以按臨考試，是以將學政交與臺灣道兼管。朕思道員管理地方之事又兼學政，未免稍繁，每年既派御史二員前往臺灣巡察，應將學政交與漢御史管理，甚爲妥協。現今御史尹秦在彼，著即辦理臺灣學政，嗣後永著爲例。

——《明清宫藏臺灣檔案匯編》第 10 册，第 158～160 頁

11.雍正六年十月二十日
内閣待讀學士西柱奏報抵閩會審周鍾瑄案

内閣待讀學士臣西柱謹奏，為欽奉上諭事。

竊臣一介庸愚，荷蒙聖恩命往河工學習，深愧智識淺陋，未能稍盡涓埃。兹准河臣齊蘓勒照會内開奉諭旨，命臣往閩會同巡撫朱綱審理周鍾瑄之案。臣聞命之下，不勝惶懼，隨於八月二十八日自清江浦起程，並移諮福建巡撫臣朱綱，將周鍾瑄案内有名官犯証佐人等預為提齊，以便臨閩會審。於十月初五日臣抵建寧府地方，准福建總督署巡撫印務臣高其倬諮開，周鍾瑄一案官犯証佐人等案經前撫朱綱分行提審，内有在臺灣者，遠處海外，風信靡定，尚未到省。又内有証佐官員陞任江南、江西等省者，諮提尚未到閩。今前撫朱綱已於九月十九日病故，周鍾瑄等審案現在題明請旨命員或俟新院到任會審等因。准此。今臣於十月十一日已抵福州府城，駐劄公所。除將應審犯証人等諮催提解，恭候聖主命員或俟新撫到任會審外，所有抵閩候旨及諮行查催緣由，理合具摺奏明。謹奏。

【硃批】：覽。聞爾兄西琳竟有無恥巧取之事。朕加恩於西琳，為舉朝所共知者。即爾之被擢，亦因爾兄推恩試用。如此知遇，甘於暴棄，是誠何心？滿洲大小臣工，此種寡廉鮮恥，陋習貪風，斷不肯改，朕實不解。爾若亦如爾兄少有不肖行為，辱朕用人顔面，必置之重典，以示儆於眾，慎之勉之！今差史貽直前往，件件與伊同心合意為之，切勿絲毫涉於瞻狥容隱，或生事滋擾。諸凡不妥協處，一入朕耳，身家性命殊為可惜也。

雍正六年十月二十日

——《臺灣研究資料彙編》第一輯，第 2772～2777 頁

12.雍正七年二月初八日

吏部左侍郎兼戶部侍郎史貽直等奏報審訊臺灣官員互揭案

侍郎臣史貽直、總督臣高其倬、巡撫臣劉世明、學士臣西柱謹奏。

臣等查得原任巡臺御史禪濟布摺參臺灣縣革職知縣周鍾瑄並與原任運使景考祥互揭一案。緣臺灣府治向無城垣，雍正三年三月內，臺地文武各官咸以郡城之內錢糧倉庫甚關緊要，公議捐建木柵，以資保障。本年四月內適有臺邑貢生吳素因強姦民婦林氏報官，周鍾瑄回明御史、道、府，均以調姦未成，議令從寬罰贖，遂於吳素名下罰銀四百兩，令其建築木柵一百丈，報明在案。忽於六月內，禪濟布以周鍾瑄於建造木柵四百兩外，又多罰吳素銀七百兩，與知府范廷謀分肥，欲與景考祥列銜參奏。景考祥以事無確據，未便奏聞，曾於屬員孫魯進見時令其傳諭誡飭。周鍾瑄以誣枉不甘，具稟各上司處辨冤。知府范廷謀亦即詳請御史並諮詳鎮、道，欲求訊明虛實。禪濟布見事屬涉虛，遂於鎮、道前將詳文當面發還，延至十一月內，復將此事參奏。

今訊問分肥之處，不特周鍾瑄與范廷謀堅供並無此事，即質之出銀之吳素與經營修理木柵之李欽文等，咸供實無其事。復又究詰禪濟布，據供這話原係已故總兵林亮所說，又供我摺子上原沒有參奏范廷謀分肥等語，則其事無確據，明屬妄奏無疑。至查禪濟布參奏周鍾瑄行賄三百六十兩之處，雖據周鍾瑄供稱係禪濟布令家人阿爾登格索要，現今嚴訊阿爾登格，堅不承認。刑訊之下，矢口不移。其為周鍾瑄餽送顯然。但審非有事營求，實無行賄情弊。再審查禪濟布等封過周鍾瑄銀一萬九千九十二兩零，內一萬五千七百五十兩，實係周鍾瑄在任時於雍正三年分奉文平糶穀價，因時價昂貴，不敷採買，存貯買穀補倉之項，歷有案卷詳冊報明在案。其餘三千三百四十二兩零，悉係臺灣縣應存雜項錢糧，皆有案據。以上搜出銀一萬九千九十二兩零，訊之經手各承核之歷年案卷，悉相符合，實非周鍾瑄[已]己貲。再查封過周鍾瑄各項領狀，開載銀九千三百八十兩零，內除二千二百八十兩，或係平糶穀價，發給買穀補倉，或係周鍾瑄借人之項，及重疊誤開冊內者。案經核訊明白，尚有七千一百兩，內除周鍾瑄[已]己貲三百五十兩外，其餘悉係周鍾瑄在臺灣任時額徵正供穀四

萬五千石，於每石外加收耗穀一斗，每年得耗穀四千五百石，每石五錢，值銀二千二百五十兩，在任三年，共計得加耗銀六千七百五十兩，即將[已]己貲並所入耗銀，借給鹽商董聯成等，三分行利；銀八百兩，借給業戶黄國英等，二分行利；銀五千六百八十兩，借給船戶鄧選等，無利；銀六百二十兩，雖據周鍾瑄供稱係加一徵收，設法辦公。然查卷僅止五百九十九兩有零，委係因公捐解，其餘款項不符，礙難憑信。周鍾瑄違例加徵，放債圖利，罪實難逭。

再查周鍾瑄借給施文標等粟三千五百石零，訊明或係出陳易新，或係散給兵米，悉有確據，並非圖利營私。又查房契四紙，載銀三百兩，訊係雍正二年分辦理鹽務之時，買作鹽館，久經造入鹽項冊内，並非私置。

又查禪濟布奏稱搜查貲財之時，周鍾瑄供云我這裡並無分毫錢糧；又稱檢查書劄之時，周鍾瑄將書一封藏入袖内，范廷謀接去揉撮一團；又稱范廷謀向總兵林亮求其撤兵，因林亮不依，范廷謀竟拂意而去等語。今逐一確訊，不特周鍾瑄、范廷謀僉供並無此言，亦無此事，即訊之當日會同搜查之臺廈道吳昌祚，亦稱實未聽聞。復令周鍾瑄、范廷謀與之面質，禪濟布亦語塞詞窮，茫無以對。

再審禪濟布參奏景考祥三款内，惟景考祥帶領年侄陳朝棨過臺冒考一款，訊係屬真。其參景考祥認船戶吳聰為義子及縱役蔡天寶與人爭地二款，□□審訊甚明，與景考祥無涉。

又審查景考祥參奏禪濟布十款，今訊明禪濟布於巡臺時曾發本錢九十吊給書辦張浩、嚴俊，門子林桐等三人，在於本城内開小押鋪面，縱令張浩等六分取利，自雍正三年四月起至八月止，開鋪四個月，共得利錢二十一千六百文，原議官役均分利息，後因開鋪未久，禪濟布僅收本錢，將利錢賞給張浩等，未經收受。又於雍正三年十一月二十九日，禪濟布生辰，曾收受本衙門各役餽送銀壺一把、銀鍾四個。並雍正二年生辰亦曾收受過周鍾瑄盃、緞等物。禪濟布俱各自認不諱。他如私制察院木籤，濫給船戶；每逢酒後任性乖張，皆確有其事，難以掩飾。其餘所參各款，審與禪濟布無干。

又查禪濟布奏稱臺邑十五里佃民投遞匿名公呈，擊破糧房馬仁、黄成房屋一事，雖經前撫毛文銓審明發落在案，臣等恐尚有未經審出情事，復又提犯細訊。委因里民劉轉等欠糧未完，周鍾瑄令糧房馬仁等前往確查，稟明嚴比。以致劉轉等遷怒承胥，乘周鍾瑄離任之後，遂借端糾眾，投遞公呈。然審查僅止毀擲瓦磚數片，實無搶奪衣服等事。業經分別首從，枷責完結，毋庸再議。

以上各款，臣等俱一一秉公察審，實無遁情。周鍾瑄於額徵正穀外，違例加派耗銀六千七百五十兩，除餽送銀兩、舉放錢債，輕罪不議外，合依官吏非奉上司明文因公科斂，所屬財物入己者，計贓以枉法論八十兩絞律，應擬絞監候。

禪濟布係蒙皇上特差巡臺御史，不能潔己率屬，收受屬員衙役餽送，又給發本錢，縱容書役張浩等於所部內典當財物，違禁六分取利。且諸事任性，行止卑污，實屬有玷官箴，應請勑部嚴加議處。景考祥參劾禪濟布之處，雖審明並無挾怨情弊，但身為御史，奉命巡視臺灣，乃袒庇年侄陳朝棨，帶令冒籍，亦屬不合，相應一并交部嚴加議處。范廷謀於搜查周鍾瑄貲財時，雖審無徇私情弊，但周鍾瑄係范廷謀本管屬員，違例加徵耗穀，並不查察揭參，實難辭咎，應與從前徇庇不行揭報之各上司於題本內逐一查明列參。至於案犯繁多，其應行究擬之處及周鍾瑄、禪濟布各名下應行入官銀錢、物件，統容臣等於題本內按律擬罪，照追入官。謹將審訊過各款情由，繕摺先行奏聞。謹奏。

雍正七年二月初八日

吏部左侍郎仍兼管戶部侍郎事臣史貽直

福建總督臣高其倬

福建巡撫臣劉世明

內閣侍讀學士臣西柱

【硃批】：此審理擬處甚公當詳明，題到有旨。

——《臺灣研究資料彙編》第一輯，第 2916～2931 頁

13.雍正七年九月二十四日

諭令巡視臺灣由給事中奚德慎等去

雍正七年歲次己酉九月二十四日乙未，上自圓明園詣恩佑寺行禮畢，由西直門進神武門回宮。……是日，都察院奏請補授刑科掌印給事中員缺，帶領揀選人員引見，奉諭旨：王瓚補授刑科掌印給事中。又奏請欽點巡視臺灣御史，帶領揀選人員引見，奉諭旨：巡視臺灣着給事中奚德慎、監察御史李元直去。

——《明清宮藏臺灣檔案匯編》第 10 冊，第 397～402 頁

14.雍正八年七月十九日

上諭

雍正八年七月十九日內閣奉上諭：巡臺御史李元直從前看來即不甚妥協，

但不能定其爲人,姑且試用之。今被高其倬參奏前來,已交部嚴察議奏。著都察院堂官於科道官員内揀選可勝巡臺御史之任者四五員,即速帶領引見。欽此。

——《雍正朝漢文諭旨匯編》第五册

轉録自《清代臺灣關係諭旨檔案彙編》第1册,第59頁

15.雍正八年八月十四日

吏部尚書張廷玉等題本:巡臺御史李元直舉止輕浮照例降級

經筵講官少保兼太子太保保和殿大學士兼管吏部戶部尚書事加二級臣張廷玉等謹題,為奏聞事。

該臣等議得,福建總督調任江南總督高其倬奏稱,巡臺御史李元直任性自用,到臺以來接見各官多示威福,只以招告准狀為事,以示風力。投遞之狀,准者十之八九,不准者十之一二,並出示廣貼,令百姓控告官吏。其往北路,番民因新御史來,多人聚觀,該御史於轎中遙見人多,即遣衙役前去,問你們可是來告狀的麼,眾人云不是,復遣吩咐有狀只管來告等語。

臣又詳查所准批查、批審之呈狀內,其情詞又係棍徒牽扯多人希圖拖累,或久結之事生端翻案,及至府、縣查覆,皆屬子虛。而御史既知情節如此,仍然批准紛紛不已,且正值農忙停訟之時。臣訪聞臺地近日訟師皆出,刁風大長。臣慮臺灣海外之地,居民甚雜,風習愚悍,一切兵民必使敬畏文武官長,不敢輕藐,其有益之處甚大。今御史李元直如此舉動,兵民皆以文武官為不足畏,其處斷為不足遵,漸使兵民氣高於官長,訟棍權重於有司。此風一長,所關甚大。謹將查訪情節繕摺奏聞,伏乞睿鑒。

臣更有奏者,巡臺御史查察地方情形,糾參不法官吏,上自督、撫,下至佐雜,如有不法之事皆得糾參,地方情形一切事務皆得奏聞,是其職分。凡有詞狀,或批查審以究實情,亦察訪地方情形、官吏賢否之一法。但處懲之處,大者應具奏皇上,次者知會督、撫,不應自批自斷,擅結擅處。臺灣去該御史甚近,去省極遠,一切事件御史早已斷行,設有不協,臣督、撫等即批即行亦到在數日之後,已趕不及,是乃侵有司之權,掣督、撫之肘。臣以為該御史李元直所行,於辦理之體例亦屬不合。臣謹一併奏聞等因。於雍正八年七月二十日奉硃批:“該部嚴察議奏。欽此。”

查定例,官員浮躁者降三級調用,紀薦加級不准抵銷等語。今該御史李元直自到任以來,日以招告准狀為事,且言語舉動輕浮自用,殊屬不合,應將巡視臺灣御史李元直照浮躁例,降三級調用,加級紀錄不准抵銷。恭候命下,臣部遵奉施行。臣等未敢擅便,謹題請旨。

雍正八年八月十四日題

本月十七日奉旨:李元直著降三級調用。

——《明清官藏臺灣檔案匯編》第 11 冊,第 40～43 頁

16.雍正十年五月十八日

上諭

十八日奉上諭:臺灣彰化縣經兇番擾害之後,百姓耕種未免失時。據巡臺御史栢修、高山奏稱,該縣有雍正八年分未完穀一十五石零,雍正九年未完穀六千五百三十七石零、耗羡銀一百二兩零,兹值應徵之時,民間一時難以完納等語。彰化縣未完銀、穀二項,著悉行豁免,該地方官即遵旨行。

——《雍正朝漢文諭旨匯編》第八册

轉録自《清代臺灣關係諭旨檔案彙編》第 1 冊,第 64 頁

17.雍正十一年八月三十日

上諭

三十日工部議覆:巡視臺灣御史覺羅栢修奏,臺灣戰船仍歸内地修造,應如所請。奉上諭:依議。臺灣修造戰船,因匠役糾夥深入番社,採取木植,易生事端,今移至内地成造,亦息事寧人之道。朕思番社産木既多,若令番民自行採運,赴官售賣,按數給與價值,使之獲利,又無騷擾,伊自樂從。但不預先妥議規條,難以期其必得,又恐通事人等從中作姦,致滋弊竇,目前且向内地修造。其番人自行售賣之説,果否可行並如何辦理方爲妥協,著該督、撫悉心定議,具奏到日,再降諭旨。

——《雍正朝漢文諭旨匯編》第八册

轉録自《清代臺灣關係諭旨檔案彙編》第 1 冊,第 67 頁

18.雍正十二年二月二十五日

福州將軍署理陸路提督阿爾賽奏報巡臺御史覺羅栢修官箴摺

福州將軍署理陸路提督印務臣阿爾賽謹奏,為奏聞事。竊臣奉命署理提篆駐劄泉州,凡於臺員經過,無不詳細詢問訪察該地情形。據稱巡臺御史覺羅栢修實心訓導屬員,稽察嚴明,異口同聲。臣查御史臣栢修巡臺二年,果係仰體聖衷。所有知聞敢不據實奏聞。

再附奏新任巡臺御史臣圖爾泰於本月十一日到泉,已於十二日赴臺訖。相應一並奏報。謹奏。

【硃批】:是。

雍正十二年二月二十五日

——《臺灣研究資料彙編》第一輯,第 5830～5833 頁

19.雍正十三年閏四月二十八日

上諭

又奉上諭:數年以來,内地民人拾金不昧者屢見。今據臺灣御史圖爾泰、林天木奏稱臺地番婦母女拾得衣服、銀兩,比即報官,給還原主,不肯受謝。似此廉讓之義舉,見之番黎婦女,更屬可嘉,著該督、撫宣旨再賞銀三十兩,以示獎勸。

——《雍正朝漢文諭旨匯編》第八册

轉録自《清代臺灣關係諭旨檔案彙編》第 1 冊,第 72 頁

20.乾隆二年二月三十日

兵部議覆巡臺御史白起圖等奏

乾隆二年二月三十日(戊子),兵部議覆:"巡臺御史白起圖等疏請:嗣後過臺商船舵、水人等免其查驗箕斗,令原籍州、縣官將各舵、水年貌鄉貫填照;或有事另僱,就地給單填注;取具船戶、行保甘結,汛口各官驗放。臺地倣照内地

設立十家牌，填注實在籍貫、人口確數並作何生理。遇有事故，開除。每月出具‘並無招攬遊民’結狀報核；違礙，一並嚴究。應如所請”。從之。

——《大清高宗純皇帝實錄》卷三十七

21.乾隆二年閏九月十二日 總理事務王大臣議准巡臺御史白起圖奏

乾隆二年閏九月十二日（丁卯），總理事務王大臣議准巡視臺灣御史白起圖條奏臺灣善後事宜：“一、歸還番地宜分別辦理，以安民生。應如所奏：飭地方各官嚴禁民人私買番地，並將近番地界畫清，以杜滋擾。所有私占番地，勒令歸番；其契買田土、久經墾熟陞科者，查明四至，造冊報部存案。一、嚴禁班兵擾累，以安番眾。應如所奏：班兵過臺分汛時，令該鎮派遊、守大員沿途鈐束，毋許任意需索；抵汛後，嚴禁偷入番社滋擾。倘有所犯，重者計贓論罪，輕者責革示懲。該管官徇隱失察，分別議處。一、嚴禁民人私娶番婦，以防煽惑。應如所奏：交地方官通行查禁，犯者照例離異責處。一、請飭文武互相稽察，以重海防。應如所奏：飭文武官一體遵行，民人不法等事，許武員移送地方官究治；兵丁生事，亦許文員關會營伍責懲。有推諉者，照例罰俸；徇庇者，照例議處”。從之。

——《大清高宗純皇帝實錄》卷五十二

22.乾隆二年十一月二十三日 閩浙總督郝玉麟奏覆巡臺御史白起圖等請寬免番社課餉摺

閩浙總督專管福建事務臣郝玉麟謹奏，為遵旨酌議覆奏事。

竊臣准巡視臺灣御史臣白起圖等抄送奏請寬免課餉一摺內稱，查彰化縣屬之水沙連生番自雍正四年歸化，年納鹿餉銀共四百二十五兩五錢八分，另徵糯米二十三石。歸化之時，係通事施贊等認完，歷年以來，係通事陳蒲催納。該番等名雖歸化，實則斂跡深山，不知服役奉公為何事。所有應徵鹿餉銀兩，歷係通事代納。通事苦於賠墊，不得不招引民人弔鹿抽藤，借完公事，以致殺戮時聞，仰請勅令寬免。又稱鳳山縣屬之大竹橋舊有官地一所，向係民人佃種，因康熙六十年埤頭汛兵移駐鳳彈，將此地建築營盤教場，所有年徵餉銀四十四兩，歷年係佃戶完墊賠累，應否一體寬免，以廣皇仁等由。奉硃批：着交與總督郝玉麟，聽其酌議。欽此。

臣查彰化縣屬水沙連社餉一項，本年三月內，據臺灣總兵馬驤呈據北路副將靳光瀚呈報有棍徒陳本、陳慘等藉完水沙連社餉在頭二重埔開種地畝，又有余才、蕭著等在萬丹坑內搭寮，抽藤弔鹿等情。臣查頭二重埔及萬丹坑內，俱係逼迫生番地界，何容棍徒藉端滋事？隨經行司飭查水沙連社餉共有若干，先係作何認完，向來作何催納，今陳本等又作何藉完社餉敢於透越，開墾抽捕，立即查禁究擬在案。又查鳳山縣大竹橋官地賠餉一事，臣於乾隆元年九月間據該縣俸滿知縣錢洙條稟官莊賦重案內亦經飭司查議在案。茲奉諭旨，臣復查催去後。據臺灣府知府劉良璧詳稱：查水沙連社餉一項，雍正二年諸羅縣分設彰化縣治時，即有□化之番每年應徵鹿五百一十七隻，每隻折銀五錢八分三釐，共額徵銀三百一兩五錢。嗣雍正七年又據續歸之番認納鹿皮五百一十七張，每張折銀二錢八分，共徵鹿皮銀一百二十四兩八分，[①]共折徵鹿隻、鹿皮社餉銀四百二十五兩五錢八分。又因該社土產番稻另徵糯米二十三石，俱係該社照例認完。社番在內山捕鹿，交給通事，易銀完餉。其本色糯米亦係交給通事代納，並不資開墾抽捕墊賠。詎陳本等係水沙連通事陳蒲族人，藉完社餉，於本年二月內越墾頭二重埔地畝，又有余才等在萬丹坑搭寮，抽藤弔鹿。前參令秦士望為其朦蔽，給與照票。其實頭二重埔及萬丹坑與水沙連隔有斷岸深溪，地界甚遠，風馬牛無涉。已經彰令劉埥會同北路副將靳光瀚親勘拆寮查禁。今又現奉恩旨減免社餉，改徵丁銀，該社番丁六百八十八丁，每丁照民丁例徵銀二錢，計應徵丁銀一百三十七兩六錢，已減去原額二百八十七兩九錢八分。並議將應徵糯米豁免，於欽奉上諭事案內造冊詳司核轉。至大竹橋官地，向係臺灣道官莊，康熙六十年臺警，佃戶逃，故地盡抛荒。迨六十一年，埤頭汛兵移駐鳳彈，將此地改築營盤，所有年徵餉銀四十四兩，雍正元、二、三年，係前令蕭震墊完。雍正四年，因埤頭舊基建有民房，議令出租抵餉，卒無完補。至雍正九年，前令熊琴又著現耕大竹橋官莊佃民勻完，歷年仍無完納。此項餉銀，實係無着，已於查議官莊案內造冊詳覆等由前來。

臣查水沙連社餉從前既係該社照例認完，歷交通事代納，則非通事賠墊可

---

① 原文如此。按鹿皮五百一十七張，每張折銀二錢八分計算，實際應該征鹿皮銀一百四十四兩七錢六分。

知。其民人開墾抽捕,乃係藉名影射,原非實情。今現奉恩旨減免社餉,改徵丁銀。雖該府劉良璧議請照民丁例徵銀,但臣於奏聞合番社生番歸化案内聲明康熙五十五年以後歸化之番所輸鹿皮、獐皮折餉,殊為苦累,現在於欽奉上諭事案内飭查酌辦請旨在案,統俟彼案司詳到日,核議具題請旨,應將該御史白起圖等所請寬免之處毋庸議。至大竹橋官地既經改為營盤,其應徵餉銀應如該御史白起圖等所請豁免。臣現在於通查臺屬官莊賦重案内飭議,亦俟司詳到日,另題豁免,以廣皇仁。緣奉諭旨事,理合謹先行繕摺,專差外委千總謝俊齎捧奏覆,伏乞皇上睿鑒。臣玉麟謹奏。

乾隆二年十一月二十三日

【硃批】:知道了。

——《明清宫藏臺灣檔案匯編》第13冊,第139～148頁

23.乾隆二年十二月二十七日
諭令建臺灣考棚

乾隆二年十二月二十七日(庚戌),命建臺灣考棚。諭曰:據巡視臺灣給事中兼理學政單德謨奏稱:"臺灣考試生童,向來未建考棚,止就海東書院之便;而地方湫隘,實不能容。遂別開門逕,通於聖廟戟門外,搭蓋棚廠,未免雜沓喧囂,鄰於褻慢。且慮關防不密,易滋弊端。應請照内地之例建立考棚,以昭嚴肅"等語。向因臺灣應試人少,故未建立考棚;今人文日盛、生童眾多,非復疇昔之比。著該督、撫轉飭地方有司,相度地方情形,修造試院,俾宫牆肅靜、考試謹嚴,以重造士育才之典。

——《大清高宗純皇帝實錄》卷五十九

24.乾隆三年二月二十四日
閩浙總督郝玉麟奏報臺灣班兵王長壽被巡臺御史衙役毆斃摺

閩浙總督銜專管福建事務臣郝玉麟謹奏,為據實奏聞,恭請聖訓事。

竊照臺灣班兵王長壽被巡臺御史衙役王文等打死,眾兵鬨鬧屍場,復擁至

御史衙門喊叫,擁倒柵欄,扳毁鼓亭等事,臣據報當即一面飭拏為首及附和各正犯嚴究,一面將不能鈐束兵丁之該營各官題參,並經恭摺奏聞在案。續據臺灣總兵馬驥稟稱御史衙役多係無賴之徒掛名,在外擅作威福,屢次毆打兵丁,御史並不查問曲直,惟知責備營弁,文武官員不敢過問等語。又接御史臣白起圖、單德謨來字稱去年調臺兵丁每常生事不法。如臺灣縣馮令之子去臘帶役查夜,拏獲吃鴉片之犯,被營兵[黨]當眾搶去。臺灣鎮平素無能鈐束,以致肆橫等語。其搶犯一事是否真情,未據營、縣稟報,臣現在行查。至兵丁起釁之由,臣悉心查訪,實緣王長壽於正月初七日與御史衙役王文並莊藍、黄力及民人鄭清跌錢,被王文等打死。已據管隊查明兇手姓名,稟報千總黄用達轉報城守營參將岳廷瑞,詎岳廷瑞以事干御史衙役打死人命,又欲諱匿因賭起釁,囑令千總將姓名刪去移縣。而該縣馮紹立亦瞻顧御史,不即將兇手當時拏獲,帶至屍場面同相驗究審。以致眾兵忿怨,謂平日無人主張,今兵已被打死,文武各官猶復瞻狥苟且完事,遂疑御史衙門藏匿兇手,嘵嘵不平。是時百姓觀者甚多,因衙役平素強横,向來有受其淩虐者亦乘機附和,群赴御史衙門鬨鬧。嗣聞兇犯拏獲送監,隨即散去。此臣所訪情由如此。是此案實緣岳廷瑞、馮紹立辦理不善,人心不服,釀成釁端。乃馬驥與白起圖等不查實情,互相指摘諉卸,均有不合。

臣查海外重地,全在文武大員彈壓有方,和衷共濟,始於地方有裨。今御史白起圖等與總兵馬驥既各互為指摘,則不能和衷可知。查白起圖已經任滿,現在新任御史臣諾穆布已到福州省城。臣已將臺地情形並此案始末詳細告知,諒赴任後自能整飭得宜。單德謨到臺未久,為人尚平和安靜,兵民各無異言。至馬驥,臣查其平素操防約束,尚在勤慎嚴謹。今當兵丁鬨鬧,不能即時禁止喝退,未免軟弱。若仍留在彼,恐啟兵丁藐視之心。惟是兵丁甫經生事,而遽將重鎮調回,又恐漸長刁風。臣再四思維,似應暫為稍緩。仰懇皇上揀選才能之員補授,於海外要區,大有裨益。若一時不得其人,或容臣酌定妥員,另行請旨遵行。臣與撫臣盧焯相商,意見相同。除岳廷瑞、馮紹立等臣另會疏題參外,所有本案起釁緣由理合先行據實奏聞。

再王文一犯,據臺灣道尹士俍呈據臺灣縣知縣馮紹立申稱,王文係御史革役,原名王生,今更充王文。而御史白起圖等諮稱王文原名黄陞,係去年七月革退等由。容臣等飭審明確,附疏題報,合併陳明。臣謹會同福建巡撫臣盧焯合詞繕摺恭奏,伏乞皇上睿鑒,訓示施行。臣玉麟謹奏。

乾隆三年二月二十四日

【硃批】:覽奏[具]俱悉。白起圖若有狥庇惡役之處,何不附參?至臺灣總兵員缺，可將內地（下缺）。

——《明清宮藏臺灣檔案匯編》第 13 冊，第 328～335 頁

25.乾隆三年十一月初六日

大學士管吏部張廷玉題覆追繳巡臺御史俸銀舛錯各官應分別罰俸

經筵講官少保兼太子太保保和殿大學士三等伯兼管吏部尚書加十級臣張廷玉等謹題，為遵旨會議事。

准都察院諮前事內開：本院會同戶部奏稱准正藍旗滿洲都統清文內開奏稱乾隆元年八月十六日奉旨：在京大小文員俸銀加一倍賞給，令其用度從容，益得專心於官守。所給恩俸著自乾隆二年春季為始。欽此，欽遵。臣旗自二年起每季領俸，本旗所有文員俱行支領雙俸在案。昨准戶部諮稱准吏部將臣旗巡視臺灣監察御史諾穆布應否給與雙俸之處，諮查戶部。經戶部移諮臣旗內開據陝西司覆稱經制漢官內有出差在外等官查明該地方有養廉者扣除不給；其無養廉官員俱行給與在案。上年俸冊內粘簽有工科給事中單德謨巡視臺灣扣除恩俸未給等語。查巡視臺灣監察御史諾穆布有養廉銀一千二百兩，不便給與在京雙俸，相應行文該旗將諾穆布領過春季雙俸催追交部等因。隨交該參佐領查辦去後。據參領阿拉密等呈稱據諾穆布之妻呈稱因家道貧寒，所領雙俸一時花費，無力賠還。再諾穆布換回之本旗哈哈佐領下監察御史白起圖亦係巡視臺灣出差去後，仍自二年春季至本年春季共領過三季雙俸，伏祈一體辦理等語。

查監察御史白起圖於乾隆元年正月派往巡視臺灣後，自乾隆二年春季照例諮送文員雙俸冊內給與白起圖雙俸，部內並未以白起圖有養廉銀兩，不應給與雙俸駁回，照常給與在案。本年支領諾穆布雙俸時，部內亦並未以不應給與駁回。今部內將已經給與諾穆布之銀復行催追，而諾穆布之妻引白起圖之例具呈前來。臣等查得支俸則例，該旗將文員俸冊送部一分外，仍送吏部二套，吏部查對相符，始行戶部查對放俸。如有不符之處，即聲明緣由駁回。本旗因無不應給與有養廉監察御史雙俸之例，是以白起圖、諾穆布俱行給與雙俸。部內若果有此例，其初行白起圖雙俸時，即應援例駁回，乃照常給與白起圖三季雙俸，又給與諾穆布一季雙俸。今以不應給雙俸追賠，並不催追白起圖所領雙

俸,止以諾穆布不應支領催追,甚屬舛錯。況諾穆布即更換白起圖之人,吏部諮查應否給與諾穆布雙俸之時,戶部即應援白起圖支領之例辦理。乃並不聲明白起圖支領之例,止援漢官單德謨未得之例辦理,似屬有因。至此項俸銀並非諾穆布違例冒領,本旗遵旨支領大小文員雙俸,大部並未將出差官員有養廉者不應給與之處聲明駁回,誤行給與,該部又並未將不應支領之人誤行給與之處具奏,即朦朧交旗著落出差官員之妻子催追,亦屬不合。今本旗若不將此緣由具奏,即照大部所交辦理,日後成例不獨臣等難以辦理,即國家官員食俸定例亦不便任部內行私。請將此案交與都察院將差同官同而支領雙俸辦理不一併不聲明白起圖支領之例反引漢官單德謨未得之例等情查明具奏。若以給與白起圖為是,則催追諾穆布家屬應無庸議,若以給與為不是,應將從前誤給白起圖三季雙俸銀兩著落誤給之部員賠補,諾穆布家屬免其催追。為此謹奏請旨。乾隆三年七月十六日奏。奉旨:都察院會同戶部議奏。欽此。欽遵等因移諮到臣衙門。

該臣等會議得正藍旗滿洲都統奏稱巡臺御史諾穆布領過雙俸,戶部行令追繳,而前任之巡視臺灣御史白起圖所領三季雙俸,又不追繳,甚屬舛錯等語。查雍正六年二月內奉上諭:吏、戶、兵、刑、工五部堂官今皆各殫厥職,贊勷政治,共相黽勉,矢勤矢慎,端方自持,剔除情弊,杜絕請托,甚屬可嘉。朕深許之。夫為大臣者果能廉潔自守,其用度必稍不敷。朕因國家政事資藉大臣之力,而使之分心家計,朕心不安。五部大臣內除差往外省署印外,俸銀、俸米著加[賠]倍給與,其署理之大人亦照此賞給。若遇罰俸案件,將朕分外所給之俸不必入議。欽此。欽遵在案。細繹上諭,因外省署印俱有額支養廉,是以不給雙俸。至出差之員有養廉者與外省署印之員實屬一體。是以戶部遵照雍正六年諭旨內事理,將出差及外省署印之員有養廉者,俱不給與雙俸。今年春季給俸,准吏部稽俸廳聲明諾穆布巡視臺灣,應否給與雙俸,聽戶部查辦。經該司查明有養廉銀一千二百兩,隨具稿行追,係照向例辦理,本無錯誤。而稽俸廳於後任之巡臺御史領俸,則諮明戶部;其前任之巡臺御史領俸並未聲明巡視臺灣字樣,遂至彼此互異。臣等將遺漏情由諮詢吏部,據稱諾穆布之巡視臺灣,因選司移付稽俸廳,是以轉諮戶部查辦。而前任之白起圖巡視臺灣未據選司移付,俸廳無憑轉諮。且白起圖巡視臺灣在前,給與雙俸在伊出差之後,戶部並不曾有出差外任者,補行知照之諮文等語。

查白起圖與諾穆布同係巡視臺灣,選司既知將未領雙俸之諾穆布應移付俸廳,即當將前任已領雙俸之白起圖補行移付諮查,乃逕行遺漏,未補交俸廳,以致錯誤,實屬不合。應將選司經手各官交部議處。至戶部之經手司員雖照該旗所送之冊給發俸銀,難以挨名查辦。從前領雙俸之白起圖未據稽俸廳知會巡視臺灣字樣,無憑查辦,但巡視臺灣御史設立已久,非新任可比,既據吏部諮明諾穆布之應否給與雙俸,亦當查伊上季是否雙俸,其前任曾否支領,方為慎重錢糧,不致參差。乃未行查察,衹行追諾穆布銀兩,致白起圖與諾穆布一旗之人一地之官,領俸迥不相符,則該司亦難辭疎忽之咎,請交部分別議處。領過三季雙俸之御史白起圖、領過一季雙俸御史諾穆布原不知有養廉不給雙俸之例,應毋庸議。其多領之銀,請於各員下季領俸時,按季扣還。至辦理俸餉官員疎忽遺漏,自有應得之罪,而無代賠之例。該旗所奏著落部員賠補之處,亦無庸議。再查雍正六年二月二十八日論旨,户部久經通行,是以出差官員有養廉者不給雙俸,俱遵論旨內事理辦理。但恐各旗辦理不一,或有參差,應再行各旗畫一辦理,併交於吏部。凡遇出差之員,於奉旨後即行知各旗領俸時著稽俸廳再細加勘對,粘簽知會戶部,庶俸祿易於稽察,不致彼此互異矣等因。乾隆三年九月十五日具奏。本日奉旨:此案吏部、戶部司官,著交部嚴加議處,餘依議。欽此。

臣部隨移諮戶部,查取應議各官職名,以便與本部應議文選司郎中富德、員外吳士功、主事傅勒赫、額外主事王顯緒一併議覆去後。今據戶部將郎中徹爾素、羅彌高,員外郎洪德元,主事伊勒璽、尚廷楓,額外主事上學習行走李宜青、鄭維嵩等職名於乾隆三年十月初三日諮送到部。該臣等議得都察院諮稱本院會同戶部議奏御史諾穆布、白起圖俱係巡臺,有養廉銀兩,不應給與雙俸一摺,據正藍旗滿洲都統奏稱巡臺御史諾穆布領過雙俸,戶部行令追繳,而前任之巡視臺灣御史白起圖所領三季雙俸又不追繳,甚屬舛錯等語。查今年春季給俸准吏部稽俸廳聲明諾穆布巡視臺灣應否給與雙俸,聽戶部查辦。該司查明有養廉銀一千二百兩,隨具稿行追,係照向例辦理,本無錯誤。而稽俸廳於後任之巡臺御史領俸,則諮明戶部,其前任之巡臺御史領俸並未聲明巡視臺灣字樣,遂致彼此互異。臣等將遺漏情由諮詢吏部,據稱諾穆布之巡視臺灣,因選司移付稽俸廳,是以轉諮戶部查辦,而前任之白起圖巡視臺灣未據選司移付俸廳,無憑轉諮。且白起圖巡視臺灣在前,給與雙俸在伊出差之後,戶部並不曾有出差外任者補行知照之諮文等語。查白起圖與諾穆布同係巡視臺灣,選司既知將未領雙俸之諾穆布應移付俸廳,即當將前任已領雙俸之白起圖補行移付諮查,乃遝行遺漏,未補交俸廳,以致錯誤,實屬不合,應將選司經手各官交部議處。至戶部之經手司員雖照該旗所送之冊給發俸銀,難以挨名查辦,從前領雙俸之白起圖未據稽俸廳知會巡視臺灣字樣,無憑查辦。但巡視臺灣御史設立已久,非新任可比。既據吏部諮明諾穆布之應否給與雙俸,亦當查伊上年是否雙俸，其前任曾否支領，方為慎重錢糧，不致參差。乃未行查察，祇行追諾穆布銀兩，致白起圖與諾穆布一旗之人一地之官，領俸迥不相符，則該司亦難辭踈忽之咎，請分別交吏部議處等因具奏。奉旨：此案吏部、戶部司官著交部嚴加議處，餘依議。欽此。臣部隨移諮戶部，將應議職名，作速開送過部，以便與本部應議之文選司郎中富德等一併議覆去後。今准戶部將郎中徹爾素、羅彌高，員外郎洪德元，主事伊勒璽、尚廷楓，額外主事李宜青、鄭維嵩等職名開送前來。

查諾穆布係接任白起圖巡視臺灣之員，臣部文選司郎中富德等將諾穆布出差之處移付俸廳，並未將前任出差之白起圖查明補行移付轉諮戶部辦理，戶部郎中徹爾素等既據吏部諮明諾穆布出差應否給與雙俸，即應查明前任白起圖是否雙俸，曾否支領，乃止行追諾穆布銀兩，並不將前任白起圖領過雙俸之處一體查出著追，均屬不合，應將文選司郎中富德，員外吳士功，主事傅勒赫、額外主事王顯緒，戶部郎中徹爾素、羅彌高，員外郎洪德元，主事伊勒璽、尚廷楓，額外主事李宜青、鄭維嵩均照失於查察例，罰俸一年。查徹爾素、洪德元、尚廷楓俱經別案降調，應於補官日罰俸一年；羅彌高已陞監察御史，應於現任內罰俸一年；富德有紀錄三次，應銷支紀錄二次，免其罰俸。恭候命下，臣部遵奉施行。臣等未敢擅便，謹題請旨。

乾隆三年十一月初六日

經筵講官少保兼太子太保保和殿大學士三等伯
兼管吏部尚書加十級臣張廷玉
尚書加二級臣性桂
尚書暫行兼管兵部事務加二級臣甘汝來

——臺北“中央研究院”歷史語言研究所藏明清史料
登錄號 032083

26.乾隆三年十二月十一日

議政大臣兵部尚書鄂善等議覆巡臺御史諾穆布等奏請臺灣武職俸滿宜與文員一例陞轉事

議政大臣兵部尚書兼都統提督九門步軍巡捕三營統領加五級紀錄三十一次臣鄂善等謹題，為敬陳管見，仰祈聖鑒事。

内閣抄出巡臺御史諾穆布等奏前事内開：竊臣等看得臺灣武職俸滿宜與文員一例陞轉也。臺地遠隔重洋，民番交錯，武職之操防與文員之撫字，同其勞瘁。查定例：知府、同知、通判、知縣二年俸滿，俟調補之員到任，協辦半年，期滿離任，回至內地，督、撫以本省應陞之缺即行題補。道員三年俸滿送部引見，候旨陞用。蓋以海疆勞吏，陞遷迅速，庶幾群思感奮，鼓勵人才。其武職俸滿人員，除把總由督、提諮補內地千總，千總即赴部推陞守備毋庸議外，守備、都司、遊擊、參將亦如文員府、廳、縣二年俸滿，但其中有大銜者，則陞缺一等，其小銜者則祇加虛銜調轉，並不陞缺。海外重地，揀選賢員調補，在臺所辦原系參、遊、都、守之事，及至俸滿，或仍補參、遊、都、守之官，以視文員之即行陞用，似屬偏枯。臣等伏思文、武員弁同屬一體，可否仰祈聖恩將臺灣武職援照文員之例，俸滿守備即以都、遊兼陞，遊擊即以參將陞補，參將即以副將陞補，不必歸入部選。以閩省邊海重地，必得熟悉風土之員方為有益。此項武職俸滿人員既在臺疆供職勝任，或用至閩省內地，或仍陞用臺郡，更得駕輕就熟，似應與文員一體，統令督臣於本省應陞之缺即行題補。至副將俸滿補放總兵，恭候皇上簡用，則弁員益加感激，操防撫字同其鼓勵矣。謹奏。乾隆三年十一月二十二日奉硃批：該部議奏。欽此。欽遵。於本月二十三日抄出到部。

該臣等議得巡臺御史諾穆布等奏稱臺灣武職俸滿宜與文員一例陞轉也。臺地遠隔重洋，民番交錯，武職之操防，與文員之撫字，同其勞瘁。查定例：知府、同知、通判、知縣二年俸滿，俟調補充之員到任，協辦半年，期滿離任，回至內地，督、撫以本省應陞之缺即行題補。道員三年俸滿送部引見，候旨陞用。蓋以海疆勞吏，陞遷迅速，庶幾群思感奮，鼓勵人才。其武職俸滿人員，除把總由督、提諮補內地千總，千總即赴部推陞守備毋庸議外，守備、都司、遊擊、參將亦如文員府、廳、縣二年俸滿，但其中有大銜者，則陞缺一等，其小銜者則祇加虛銜調轉，並不陞缺。海外重地，揀選賢員調補，在臺所辦原系參、遊、都、守之事，及至俸滿，或仍補參、遊、都、守之官，以視文員之即行陞用，似屬偏枯。臣等伏思文武員弁同屬一體，可否仰祈聖恩將臺灣武職援照文員之例，俸滿守備即以都、遊兼陞，遊擊即以參將陞補，參將即以副將陞補，不必歸入部選。以閩省邊海重地，必得熟悉風土之員方為有益。此項武職俸滿人員既在臺疆供職勝任，或用至閩省內地，或仍陞用臺郡，更得駕輕就熟，似應與文員一體，通令督臣於本省應陞之缺即行題補。至副將俸滿補放總兵，恭候皇上簡用，則弁員益加感激，操防撫字同其鼓勵矣等因具奏前來。

查康熙二十七年臣部議覆臺灣抽調官員案內武職官員三年俸滿題報到日，於先行陞用之中又先行陞用等因。又雍正八年臣部議覆陞任臺灣總兵王郡條奏臺灣武職員弁俸滿一疏内稱參、遊、守備等官,准其二年俸滿,該督具題註冊候陞鎮、協,千、把仍照舊例,三年俸滿等因各在案。今該御史等雖稱臺灣武職俸滿人員守備、都司、遊擊、參將二年俸滿,其中大銜者陞缺一等,小銜者祇加虛銜調轉,並不陞缺,視文員之即行陞用,似屬偏枯。祈將臺灣武職援照文員即行陞缺之例,守備以都、遊兼陞,遊擊即以參將陞補,參將即以副將陞補,統令督臣於本省應陞之缺即行題補。至副將俸滿補放總兵,恭候皇上簡用等語。但文、武階級原自不同,勢難一例陞轉。文職有正、從品級,是以按品陞缺。武員有正、署職銜,是以按銜陞轉。故武員有陞銜、陞缺之别。且銜大者,陞缺不陞銜;銜小者,陞銜不陞缺。在定例之初原有深意,自不便援照文職之例,按缺陞遷。況臺灣武職各員從前原係三年俸滿,先行陞用,較之各項邊俸人員,已屬從優。續經定以二年俸滿,仍先行陞用,從優之中又復甚優。若照該御史等所請將臺灣武職無論本銜大小,一概陞缺,不惟陞轉甚優之員更復加優,未免陞遷過驟,且武職焉得有如許陞缺,實屬未便。應將該御史等所請臺灣武職援照文職之例,俸滿陞缺,即行題補之處,無庸議可也。臣等未敢擅便,謹題請旨。

乾隆三年十二月十一日

議政大臣兵部尚書兼都統提督九門步軍巡捕

三營統領加五級紀錄三十一次臣鄂善

吏部尚書兼管兵部事務加二級臣甘汝來

議政王大臣左侍郎加二級宗室普泰

左侍郎加二級臣吳應棻

經筵講官□□□□□□臣班第

職方□吏司掌印郎中兼參領臣三碩色

郎中管理館所監督事務臣輝色

郎中臣溫天詔

員外郎臣富起

——臺北"中央研究院"歷史語言研究所藏明清史料

登錄號 040945

27.乾隆五年十一月初五日
吏部等議覆巡臺御史楊二酉奏

乾隆五年十一月初五日(壬申),吏部等議覆:“巡視臺灣御史楊二酉奏閩省臺屬生俊,部議令赴泉防廳報捐,但以洋運為艱,來者甚少。請酌加運耗,就近報捐等語。查臣部原議,係為協濟內地起見。今既報捐無幾,應如所奏辦理。令臺灣府出具倉收彙報藩司給發實收,咨部換照到日發府給領”。從之。

——《大清高宗純皇帝實錄》卷一百三十

28.乾隆六年四月二十九日
閩浙總督德沛題覆准許粵童在臺考試事

兵部右侍郎兼都察院右副都御史總督福建浙江等處地方軍務兼理糧餉紀錄二次鎮國將軍駐劄福州府宗室臣德沛謹題,為請旨事。

據署福建布政司喬學尹呈詳:奉閩浙總督德部院牌,乾隆五年四月十二日准禮部諮開,儀制司案呈,禮科抄出本部議覆巡視臺灣御史楊二酉條奏粵人在臺考試一疏等因,於乾隆五年二月二十九日題,三月初一日奉旨:依議,欽此。相應抄錄原題,行文該督,遵奉旨內事理施行可也。計黏單一紙,內開:該臣等議得巡視臺灣御史楊二酉奏稱:雍正五年,前任督臣高其倬題請清釐臺灣學政疏內,請嗣後查其見居臺地有田產家室入籍已定之人方准收考等因,經禮部覆准在案。其時在臺民人,因原疏內並未聲明閩、粵一體字樣,遂以粵人為客民,始終攻揭,至今未得與考,誠屬缺典。臣懇皇上敕諭督、撫,令該府、縣詳查粵民見居臺地有田產家室編入戶口冊籍者,准其另編字號,即附各該縣、府應考,送學臣彙試取進數名,附入臺灣府學管轄。其取進名數,應俟詳查考試之人,酌定再行請旨。並臺灣府學廩、增額數,或照內地府學之例,廩、增各加二十名,或照州學之例各加十名,統俟聖裁。再臺籍生員鄉試,向編“臺”字號,額中二名。今粵人既入臺籍,應否一體編入“臺”字號,或另編字號,作何取中之處,伏祈敕部議覆等因,具奏前來。

查《學政全書》內開:凡入籍二十年以上,墳墓、田宅確有印冊可據者,方准考試等語。又雍正五年八月內,經臣部議覆福建總督高其倬疏稱:向因臺地新闢,讀書者少,多係各處之人冒籍應試。今臺地昇平日久,文風漸盛,應如所請,嗣後歲、科二試,飭令該地方官查明見住臺地之人、有田有屋、入籍既定者,取具里鄰結狀,方准送考等因各在案。是居住臺地之人,必有田有屋入籍合例者方准收考,其冒籍童生,仍不許溷行考試。今該御史奏稱臺郡之人,以粵人為客民,始終攻揭,懇請另編字號取進,並府學加添廩、增額數,及鄉試作何取中等語。查更定籍貫,以及編號、加額、入學、取中等事,俱關考試大典,理宜詳慎。今粵民入籍臺郡,應先將見在居住臺郡例合考試者確查人數多寡,並與該處士子是否彼此相安,不致將來有滋事之處,逐一查核,據實題明,始可將應否另編字號及廩增鄉試如何酌定之處,分晰定議,未便於未經查明之先,遽為議覆。應令該督、撫會同該御史確查定議,具題到日,再議可也等因,諮院行司。奉此,又奉前福建巡撫王署院牌,准諮行同前因到司。

奉此,隨經飭行臺灣府並移會臺灣道查議去後。茲准臺灣道移:據臺灣府詳稱:遵即轉飭臺、鳳、諸、彰四縣確查去後。茲據臺灣縣考送粵童共一百一十七名,鳳山縣考送粵童共四百四十四名,諸羅縣考送粵童共五十三名,彰化縣考送粵童共九十八名,各試卷親供同花名清冊先後申繳各到府。據此,該攝理臺灣府事臺灣道副使劉良璧查得:粵民流寓在臺年久入籍者,臺屬四邑均有戶冊可稽。其父兄雖祗事耕耘,而子弟多有志誦讀。是以俊秀之子,堪以應試者,實繁有徒。但溯其本源,究屬隔省流寓,此臺童所以攻揭惟嚴,不容與考,奮進末由,誠堪軫惜。蒙巡臺楊御史奏准部諮檄行查議通詳等因遵行。據臺、鳳、諸、彰四縣冊報,考驗過實在粵童堪以應試者,通共計七百一十二名,取具親供同試卷一併申繳前來。卑攝府細加查議,應請於歲、科兩試將粵童另編字號,照小縣之例,四邑通較,共取進八名,附入府學管轄。其子弟續有出應考者,總以取進八名為額。其粵生既附府學管轄,則府學之廩、增額數亦應加增。應請照州學之例,各加額十名,於粵生內漸次拔補,仍照例挨年出貢。所有取進粵生,自應准其一體鄉試。但臺籍生員鄉試,係編"臺"字號,額中二名。若粵生一例編入"臺"字,恐佔臺生中額。若議請加額,則粵生定籍伊始,為數無多,應俟數科之後,粵生之鄉試數滿百人,再行援照臺例題請,另編字號,取中一名。如此則粵人並無越占臺地士子之額,彼此均屬相安,永無滋事矣。再查各縣考試粵童卷冊,並無以武童與考者,所有武童與考取進額數毋庸預為懸議,合併聲明等由到道。覆查無異,轉移到司。准此,又奉准前巡臺楊御史諮同前因行司,一並確查核議通詳會題等因。

奉此,該署布政使喬學尹查得:前任巡臺楊御史奏請粵民入籍臺郡另編字號考試一案,奉准部諮:查更定籍貫以及編號、加額、入學、取中等事,俱關考試大典,理宜詳慎。今粵民入籍臺郡,應先將見在居住臺郡例合考試者,確查人數多寡,並與該處士子是否彼此相安,不至將來有滋事之處,逐一查核,據實題明,始可將應否另編字號及廩、增鄉試如何酌定之處,分晰定議,未便於未經查明之先,遽為議覆,行令確查定議,具題到日再議等因行司。遵即轉行確查去後。兹准臺灣道移據臺灣府議詳前來,本署司查在臺粵民,均屬赤子,原應准其一體與考,緣係隔省流寓,恐占閩童地步,故攻揭惟嚴,至今不許在臺就試,而粵民之精通文藝者,格於成例,奮進末由,殊覺可惜。今既據臺、鳳、諸、彰四縣親加考驗,實在粵童堪以應試者共有七百一十二名,則人數已多,相應准其一體與試。應請於歲、科兩試,將粵童另編字號,四邑通較,照小縣之例,共取進八名,附入府學管轄。其子弟有續出應考者,總以取進八名為額。廩、增一項,照州學之例,加額十名,於粵生內漸次拔補,挨年出貢。既與臺童之定額不至有虧,而粵童之有志上進者均得蒙作人雅化矣。所有取進粵生,自應准其一體鄉試。但臺籍生員鄉試,向係編列"臺"字號,取中二名。若將粵生一例編入,未免有占臺額。若議請加額,則粵童定籍伊始,應試無幾,又未便另編字號。應俟數科之後,數滿百人,再行題請,另編字號,取中一名。如此庶粵民上進有階,彼此各有定額,並無侵佔,均屬相安,永無滋事,深沐皇仁於無既矣。至武童見在並無應試,毋庸預為定額,俟將來人有成數,另詳請題。合就議詳,伏候察核會題等由到臣。

據此,該臣看得:前任巡臺御史臣楊二酉奏請粵民入籍臺郡另編字號考試一案,接准部諮:查更定籍貫以及編號、加額、入學、取中等事,俱關考試大典,理宜詳慎。今粵民入籍臺郡,應先將見在居住臺郡例合考試者,確查人數多寡,並與該處士子是否彼此相安,不至將來有滋事之處,逐一查核,據實題明,始可將應否另編字號,及廩、增鄉試如何酌定之處,分晰定議,未便於未經查明之先,遽為議覆。令臣等會同該御史確查定議,具題到日再議等因。經臣轉行遵照去後,兹據署福建布政使喬學尹呈詳:查在臺粵民均屬赤子,原應准其一體與考,緣係隔省流寓,恐占閩童地步,故攻揭惟嚴,至今不許在臺就試。而粵民之精通文藝者,格於成例,奮進末由,殊覺可惜。今既據臺、鳳、諸、彰四縣親加考驗,實在粵童堪以應試者共有七百一十二名,則人數已多,相應准其一體與試。應請於歲、科兩試將粵童另編字號,四邑通較,照小縣之例,取進八名,附入府學管轄。其子弟有續出應考者,總以取進八名為額。廩、增一項,照州學之例,加額十名,於粵生內漸次拔補,挨年出貢。既與臺童之額不至有虧,而粵童之有志上進者均得蒙作人雅化矣。所有取進粵生,自應准其一體鄉試,但臺籍生員鄉試,向係編列"臺"字號,取中二名。若將粵生一例編入,未免有占臺額;若議請加額則粵童定籍伊始,應試無幾,又未便另編字號。應俟數科之後，數滿百人，再行題請，另編字號，取中一名。如此庶粵民上進有階，彼此各有定額，並無侵佔，均屬相安，永無滋事，深沐皇仁於無既矣。至武童見在並無應試，毋庸預為定額，俟將來人有成數，另行請題等由，詳請會題前來。臣覆查無異。除冊送部外，謹會同署理福建巡撫印務廣東布政使臣王恕、巡臺御史兼理學政臣張湄合詞具題，伏乞皇上敕部議覆施行。

再照此案緣臣赴浙巡查，所有欽部案件，例得扣展，合併聲明。臣等未敢擅便，為此具本謹題請旨。

乾隆六年四月二十九日

兵部右侍郎兼都察院右副都御史總督福建浙江等處地方軍務兼理糧餉紀錄二次鎮國將軍駐劄福州府宗室臣德沛

——臺北"中央研究院"歷史語言研究所藏明清史料登錄號 074547

29.乾隆八年八月初八日

禮部議覆巡臺御史熊學鵬奏

乾隆八年八月初八日(戊午)，禮部議覆："巡視臺灣御史熊學鵬奏稱'臺郡孤懸海外，情形與內地不同。向例額中舉人二名，錄送科舉五百名。今定額止送二百名，應裁減過半，恐無以示鼓勵'。應如所請，於定額二百名外，擇其文理清通者酌量寬餘錄送。內地不可援以為例"。從之。

——《大清高宗純皇帝實錄》卷一百九十八

30.乾隆八年十月二十三日

大學士鄂爾泰等議覆任滿巡臺御史張湄安置臺灣義民摺

經筵講官太保議政大臣保和殿大學士兼領侍衛內大臣總理兵部事務暫行管理理藩院事務世襲□□伯臣鄂爾泰等謹奏，爲遵旨密議具奏事。

內閣交出任滿巡視臺灣湖廣道御史張湄奏爲敬籌安置臺地義民，密請睿鑒事一摺。內開臺灣自入版圖六十年來，民物恬熙，如登衽席。間有小醜竊發，如康熙六十年朱一貴、雍正十年吴福生之變，旋即撲滅。固賴國家無疆之休，與行間將士之力，而在臺耕種粵民先後亦與有微勞。是以兩經奏報，部議功績，前次討朱一貴者，俱給功加都司之銜；後次討吴福生與北路兇番者，亦俱給功加千總之銜，共一千有餘名在案。第此輩在地方官待之固宜少異於齊民，而若輩愚妄無知，謂[巳]己之聲勢足以與地方官抗衡，反致陷於法網，殊堪憫惜。良由給劄之後，群居鄉里，以事耕作，既無上進之思，復倚有護符，故蕩踰閑檢，或所不免。臣愚以爲此等義民宜散置之於閩、廣各標營，給以名糧，使之効力奔走，如果材技出衆，堪任驅策，即漸次提拔。如或不法誤公，小則追劄，大則抵罪，彼亦以自致愆尤，受罰而無怨，似亦善後之一策也。臣爲海外地方起見，爲此密陳，仰祈聖鑒等因具奏，於乾隆八年十月初五日奉硃批：該部密議具奏。欽此，欽遵。於本月十三日交出到部。

臣等密查得康熙六十年征討逆賊朱一貴案内，據該督册報隨征義民李直三等共一百七十六名，奉旨交部從優議叙。經臣部俱照部册有名外委之例，議給功加千總等因題覆，奉旨：現行議叙官員俱著各加一等。欽此。隨經臣部發給功加署守備職銜劄付，並未議給功加都司僉書職銜。嗣於雍正七年八月内，據原任總督高其倬題報閩省義民功加李直三等除已經拔補及考驗發標學習共五十五員外，其餘一百二十一員未據赴考，俱經斥革追劄繳部查銷在案。是康熙六十年議叙義民功加署守備，業經該督考驗分發，其餘俱已斥革繳劄，毋庸置議外，其雍正十年征討南北兩路生番、吴福生案内，據該督題報隨征義民侯心富等一千七百餘名，臣部議令該督酌量分别賞給等因題覆行文在案。續於乾隆五、六兩年，據該督德沛將義民侯心富等三百七十餘名，題請優叙，以示鼓勵。經臣部比照康熙六十年李直三征討朱一貴之例，均給功加千總劄付等因題覆亦在案。

今該御史奏稱臺灣義民功加千有餘名，給劄之後，群居鄉里，倚有護符，蕩踰閑檢，或所不免。宜散置於閩、廣各標營，給以名糧，使之効力奔走。如果材技出衆，漸次提拔，以示優賞；如或不法誤公，小則追劄，大則抵罪等語。但查此項給劄義民應否歸伍食糧，該督從前並未議及，今遽准入伍効力，其於營伍有無裨益，臣部礙難懸議。且給劄義民僅止三百七十餘名，該御史稱千有餘名，其間恐有未經給劄者，捏稱得劄，假冒頂替，亦未可定。事關海疆，必須審度情形，慎重辦理，方得妥協。相應行令該督將給劄義民應否分發食糧，并未經給劄義民現在作何安置之處，詳加查明，分晰密議，具奏到日再議可也。爲此密奏請旨。

乾隆八年十月二十三日

經筵講宣太保議政大臣保和殿大學士兼領侍衛内大臣
總理兵部事務暫行管理理藩院事務世襲□□伯臣鄂爾泰
經筵講官尚書降一級臣陳悳華
左侍郎辦理步軍統領事務紀録三十五次臣舒赫德
左侍郎紀録七次臣汪由敦
右侍郎紀録二次臣王承堯

——《明清宫藏臺灣檔案匯編》第 19 冊，第 292～299 頁

31.乾隆八年十二月初五日
閩浙總督那蘇圖奏覆酌增臺灣書院膏火摺

閩浙總督那蘇圖謹奏，為遵旨議奏事。

竊照前任巡臺御史兼理學政臣張湄具奏臺灣海東書院添蓋房屋，增給膏火一摺，欽奉硃批：此摺與那蘇圖，聽其議奏。欽此。摺開為海東人文日盛，請增書院膏火，以廣栽培事。切照臺灣自入版圖，歷來歲、科兩試進取生員，因本處讀書能文者少，大半借才於內地。彼既冒籍入學，一青其衿，隨即星散，教官未經識面，罔知居址。是以月課從無一應，歲試亦難遍傳。此臺郡學校之積弊也。臣奉聖恩兼理學政，蒞任以來加意課士，見該地生長諸童不乏聰俊可造之資，故於歲試時按照定例，嚴飭廩保，剔除頂冒。凡內地航海而來者，皆不得倖雋。所取進新生無一非土著，庶幾學臣、教職得以時時與士相見，勤加訓迪，而少年讀書向上之心亦因之一奮焉。惟是臺士惡習，甫獲入泮，輒恃護符，包攬詞訟，欺壓鄉愚，往往啟爭召釁，率由於此。倘不從入學之後嚴定課程，有以約束其身心而作興其氣志，則非惟不能振文風之頹，亦適足貽地方之累也。乾隆五年，前任學政臣楊二酉奏請設立海東書院，以貢生施士安報捐水田一千畝，充士子膏火之費，奉旨准行在案。但邇來生童願進書院肄業者數倍於前，舊設書院房舍止十餘間，甚為狹隘，且前項田畝每年收粟五百石，官依定價二百五十兩，實不敷該師生膏火修脯卷紙等用。現在院中肄業生童，臣親加校閱，文藝既有可觀，舉止亦復彬雅，與眾不同，則教學頗著成效，似宜益加恢崇，以宏作養。無如臺地經費乏出，限於額數，臣屢商之道、府等員，俱束手莫應。伏思古之設科也，來者不拒。今海邦人士荷蒙聖朝文教覃敷，皇仁樂育，人材日見蔚起。其志圖上進，呈請入院者紛紛雲集。而臣等不能廣為汲引，使之有願莫遂。臣忝作人之職，即上負聖主懷遠之恩，若隱而不言，罪又甚焉。為此不揣

冒昧,懇祈皇上俯念海外人文關係地方,書院實兼庠序,勅下閩省督、撫,照會城鰲峰書院例,於司庫公餘銀內,每年酌量撥給,或令臺地官員就近設法補助,俾得添蓋房舍,充裕膏火,擇其有文品者,萃處於中。學臣師儒詳立規條,盡心督課,則修禮義以化囂淩,敦士習以厚民俗。所謂師道立而善人多,其有裨於海邦正不徒文風丕振已也等因准新任巡臺御史熊學鵬諮送到臣。

准此,臣查臺灣孤懸海外,自隸版圖以後,仰蒙國家培養深仁,士風日振,海東書院肄業生童較前日盛。今據前任臺灣御史臣張湄摺奏,欽奉硃批:此摺交那蘇圖,聽其議奏。欽此。臣即密飭布政使張嗣昌查款議詳。隨據該司詳覆前來,臣逐加查核,各處書院□有肄業、預課之分。肄業者在院誦讀,必須房舍、膏火;預課者僅於試期入院考課,無須房舍、膏火。現今書院共有房舍一十八間,院外隙地俱屬民業,無可添蓋。查該府義學接近書院,尚有間空房舍,應將義學房舍撥出十間,統歸書院,以為肄業之所。其膏火之資,前據巡臺御史臣楊二酉奏請設立書院之時以貢生施士安捐田一千畝,共計歲入可得粟五百石,易銀二百五十兩,肄業人眾,未免不足。但向係教授兼司訓課,所捐穀內以四分撥給膏火,以一分為教授修脯。該書院原未另設館師,費用尚簡,毋庸令臺地官員補助,致滋派累。仍應照舊責成經理之海防同知將歲需核實造冊具詳,不敷之項約計不過百金上下,即請於司庫公費項下按數撥給,據實報銷,以廣聖化。至於在院肄業必須文行兼優之士,其奔競務外、無可造就之人不必邀譽濫收,以致靡費。相應遵旨議覆,是否有當,伏乞皇上訓示遵行。謹奏。

十二月初五日

乾隆八年十二月二十七日奉硃批:知道了。只可如此而已。欽此。

——《明清宮藏臺灣檔案匯編》第19冊,第376～382頁

32.乾隆九年三月初十日
上諭:諭令清釐臺灣武職莊產

初十日(戊子),禁止臺灣武員置產。諭:外省鎮將等員不許在任所置立產業,例有明禁。在內地且然,況海外番黎交錯之地。武員置立莊田,墾種收利,縱無占奪民產之事,而家丁、佃戶倚勢凌人,生事滋擾,斷所不免。朕聞臺灣地方,從前地廣人稀、土泉豐足,彼處鎮將大員無不創立莊產,召佃開墾,以為己業。且有客民侵占番地,彼此爭競,遂投獻武員,因而據為己有者;亦有接受前官已成之產,相習以為固然者。其中來歷,總不分明。是以民番互控之案,絡

繹不休。若非徹底清查，嚴行禁絕，終非寧輯番民之道。著該督、撫派高山前往會同巡臺御史等一一清釐，凡歷任武職大員創立莊產，查明並無侵占番地及與民番並無爭控之案者，無論係本人子孫及轉售他人，均令照舊管業外，若有侵占民番地界之處，秉公清查，民產歸民、番地歸番，不許仍前朦混，以啟爭端。此後臺郡大小武員創立莊產、開墾草地之處，永行禁止。倘有託名開墾者，將本官交部嚴加議處，地畝入官；該管官通同容隱，並行議處。

——《大清高宗純皇帝實錄》卷二百十二

33.乾隆九年八月初三日

上諭

乾隆九年八月初三日內閣奉上諭：臺灣雍正七年以後陞墾田園，欽奉皇考諭旨照同安則例陞科。後經部議，以同安科則過輕，應將臺地新墾之田園，按照臺灣舊額輸納。

朕念臺民遠隔海洋，應加薄賦之恩，以昭優恤。除從前開闢田園，照依舊額，毋庸減則外，其雍正七年以後報墾之地，仍遵雍正九年奉旨之案辦理。其已照同安下則徵收者，亦不必再議加賦。至嗣後墾闢田園，令地方官確勘肥瘠，酌量實在科則，照同安則例，分別上、中、下定額徵收，俾臺民輸納寬紓，以昭朕加惠邊方之至意。欽此。

——《明清宮藏臺灣檔案匯編》第 21 冊，第 148～149 頁

34.乾隆九年九月十二日

上諭

乾隆九年九月十二日奉上諭：據那蘇圖奏稱，臺灣孤懸海外，並無土著，所聚民人半屬游惰，現在巡臺御史熊學鵬倡議，開闢荒地，招養窮民，以圖生聚。但臺郡爲五省藩籬重地，所當防維者，不在生熟各番，專在各處游惰之輩，從前朱一貴、吳福生皆其明驗。雖有曠土可耕，而封禁已久，萬難開闢，若信奸民浮議，遽行召墾，恐游棍偷渡日多，利小而害大。臣因臺屬文武皆言，此番欲開禁地，係撫臣周學健授意，令熊學鵬、臺灣道莊年查辦，臣是以屢向撫臣切陳利

害,撫臣亦以爲是。今於撫臣入闈之時,復諄切叮嚀,望其中止等語。臺灣孤懸海外,聚處其地者多無藉之徒,惟宜静鎮彈壓,息事寧人,不應聽奸匪之浮言,圖目前之微利,遽議召墾,或致將來别生事端,甚有關係。朕意亦是如此。周學健與熊學鵬俱是江西人,想果授意於熊學鵬,令其查辦耶。此事必不可行,可即傳諭周學健知之。欽此。

——《清宫廷寄檔臺灣史料》第一册

轉録自《清代臺灣關係諭旨檔案彙編》第1册,第89頁

35.乾隆九年十二月十八日
福建布政使高山奏報查辦臺灣武職莊産緣由摺

福建布政使司布政使臣高山謹奏,爲欽奉上諭事。

乾隆九年三月初十日,内閣奉上諭:"外省鎮將等員不許在任所置立産業,例有明禁。在内地且然,況海外番黎交錯之地。武員置立莊田墾種取利,縱無佔奪民産之事,而家丁、佃户倚勢淩人,生事滋擾,斷所不免。朕聞臺灣地方從前地曠人稀,土泉豐足。彼處鎮將大員無不創立莊産,召佃開墾,以爲己業。且有客民侵佔番地,彼此爭競,遂投獻武員,因而踞爲己有。亦有接受前官已成之産,相習以爲固然者。其中來歷,總不分明,是以民番互控之案絡繹不休。若非徹底清查,嚴行禁絶,終非寧輯番民之道。著督、撫派高山前往會同巡臺御史等一一清釐。凡歷任武職大員創立莊産,查明並無侵佔番地及與民番並無爭控之案者,無論係本人子孫及轉售他人,均令照舊管業外,若有侵佔民番地界之處,秉公清查,民産歸民、番地歸番,不許仍前朦混,以啓爭端。此後臺郡大小武員創立莊産、開墾草地之處,永行禁止。倘有託名開墾者,將本官交部嚴加議處,地畝入官;該管官通同容隱,並行議處,欽此。"欽遵。於乾隆九年四月二十二日轉行到臣。臣聞命之下,擬即束裝星馳前往,緣時蒞任方新,一切交代盤查以及大計奏銷科場等務冗集,急需辦理。經督臣那蘇圖、撫臣周學健疊次奏准,俟科場後派往清查。臣當將督、撫留辦寬期情由恭摺具奏,荷蒙硃批:覽,所查辦事秉公妥協爲之,欽此。欽遵。隨於乾隆九年九月二十六日將布政使印務暫交署按察使臣王廷諍署理,臣於十月初六日自省起程,遵旨前往,將交印起程日期奏報在案。

至十月二十七日,臣渡海到臺,會同巡臺御史臣六十七、熊學鵬等遵奉諭旨,將臺郡歷任武職大員創立莊産,凡有侵占民番地界及恃勢投獻與民番爭控

之案,檄飭該地方官將從前來歷逐細查明,分晰開列,造冊呈報,以憑會勘清查。臣又恐各地方官或有狥情隱匿及胥役通事人等通同作弊,移易界限,影射朦混等情。復遍行出示,曉諭該官吏民番人等咸使聞知,如有民間已墾之産或番社應管之地,被從前職官佔奪侵界,以及客民佔爭番地,投獻勢豪,踞爲己有者,許各開列土名、甲數、四至、戶名同爭控原卷,據實呈告,以便將民産番地,一一清釐,各歸各業,永杜爭競。嗣據各番民呈控前來,臣准情酌理,逐加批閱。內係揑詞架控者,當即抹銷。其事屬可疑者,即飭地方官秉公確訊,有應行丈勘者,即飭委員勘明詳報,復令將實非侵佔投獻之産,即著現在管業之人呈明該地方官加具印結。其番民控爭之案,今已審斷允服者,亦即著兩造出具允服遵依甘結,該地方官加具印結,一併詳送,毋隱毋漏。倘有仍前朦混,或經告發,或被訪聞,將出結之地方官嚴行參處等由檄行去後。茲據該府、縣將官莊地畝來歷逐一詳查,分條開註造冊,並取各遵依印結呈送前來。臣復將冊開各案究明原委,徹底清查。查得臺郡武職官莊,向係各員駐防守土,自給工資,招佃開墾,原非盡得自民番之手。迨阡陌漸開,閩、粵流民互相爭鬥,遂有倚勢投獻,以求私庇。而武職大員收受徵租,無異己業,所管田地名曰"官莊"。雍正元、二年間,將此項題報歸公,現在歲徵銀三萬七百餘兩,以充內地各官養廉之項,即係從前歷任武職莊産之租息也。其中來歷原有未明,但歸公而後,民番相安已無異議。

所有武員續墾踵置之業,其間不無越界佔侵、民番爭控之案。茲蒙我皇上軫念海外番民,特降諭旨,令臣會同巡臺御史等一一清釐,此誠千載一時之盛舉也。臣敢不矢公矢慎,妥協辦理,以仰副我皇上寧輯邊方之至意。今將臺屬武職各員一切莊産逐案清查。內除文武各衙門接受前官私立之産今充公費者共一百二十六莊,內田園九千八百八十六甲零,以及臺澎各營新置營運生息之莊,爲賞需公費者共一十五莊,內田園一千二百八十八甲零。又東勢荒埔地一帶,俱係並無佔爭之案,毋庸置議。

他如歷任武職莊産現在本人子孫管業者,臺灣縣則有施宏戶下田園共一百四十六甲零,係靖海侯施琅出資墾買。鳳山縣則有施宏戶下田園共六百五甲零,係靖海侯施琅招佃墾荒;許永隆戶下田園共六十六甲零,係副將許雲置買;張攀龍戶下園一百八十五甲六分零,係副將張國置買;李承業戶下田園共一百一十一甲零,係副將李日煋出資佃墾;陳國超戶下田園六十甲五分零,係千總許翰冲置買;魏丁楊戶下園六十五甲八分零,係副將魏大猷置買。諸羅縣則有施宏戶下園九甲零,係靖海侯施琅佃墾;藍匡賛戶下園四十六甲五分零,係提督藍理之弟藍瑤招墾,又四十一甲七分零,係提督藍理之子藍國庭置買;

許永隆戶下園三十五甲八分零,係副將許雲置買;倪洪義戶下園五十七甲六分零,係副將倪興置買。彰化縣則有潘長興戶下地三十一甲零,係總兵潘誠嘉之子潘俊置買;魏潘誠戶下地二十五甲零,係副將魏大猷之孫魏廷偉置買。

其歷任武職莊產,今已轉售他人者,鳳山縣則有張攀龍戶下共園六十五甲零,係副將張國招墾,賣與廖中起管業;張開運等戶下共園七十六甲零,係守備張駥招墾,今俱賣與沈贊等爲業。諸羅縣則有吳貴戶下共園八百二十七甲零,係提督吳英招墾,今已賣與林附栢等爲業;董助戶下共園一十六甲零,係副將董芳報墾,今已賣與蘇黄爲業;張攀龍等戶共園二十四甲零,係副將張國報墾,今賣與民人林和等管業;西港埔園四十三甲,係總兵歐陽凱買置,今已捨入僧庵。彰化縣則有阿束等莊田園一百二十二甲零,係現任提督王郡向番贌墾,今已賣與民人施海頤管業。淡防廳屬則有施茂原戶下田園三百八十八甲,係提督施世標買置,今轉賣與民人林天成等管業。

又歷任武職親族在地置有莊產者,鳳山縣則有三塊厝莊園一十三甲四分零,係副將董芳族人董大新自置;新甲社鳳山莊以及大竹橋港東港西半屏山等處田園共一千二百三十一甲零,俱係靖海侯施琅族人施世魁等一十四戶自行佃墾。

以上各莊產俱並無侵占投獻情弊,亦無民番爭執等情,現據本人自行呈報,各該縣具有印結,臣已遵奉諭旨,仍令照舊管業外,其有武職大員私立莊產,或誘買番地,越界侵墾;或合夥分佔,以致番黎先今爭控不休;或原係民業投獻武員,旋經棄置,後復開變圖佔者,共計四案。臣會同巡臺御史等遵旨妥辦,罔敢少存瞻狥之私,嚴飭府、縣各官,秉公確審,悉心研究,現皆斷結清釐,兩造允服,取具各遵依印結備案,合將現經審斷各案,備敘情由,敬請聖明鑒察。

一、原任提督蘇明良之管莊朱泮被彰化縣番蛤肉等控告越界佔墾開圳一案。緣蛤肉等向有麥仔寮、公豸寮、興化寮、瓦窑厝、擺育溝等草地五處。雍正十一年間,該番先將麥仔寮、公豸寮二處草地賣與陳林李開墾,得價二百兩。因該番不諳漢字,契載四至含糊。陳林李隨將該番未賣之瓦窑厝、擺育溝二處越界佔墾。至雍正十二年,將所買所佔之地轉賣與提督蘇明良,得價四百兩。蘇遣朱泮管理。其興化寮草地,該番亦賣與武生吳昌期,得價銀一百四十五兩。至乾隆八年朱泮在於佔墾之擺育溝築陂開圳,致淹昌期佃戶曾助等園地共一十三甲,該番蛤肉等聞而出阻。有曾乞出爲調處,令朱泮找銀一百兩,當交銀四十兩,餘約俟年底找清,以致蛤肉等不甘,出而控告,并繳番銀十圓,縣、府勘審未結。玆臣飭查確勘。據該府、縣勘訊繪圖詳覆前來。臣復加會勘,實係陳林李誘買番地越界佔墾，嗣啓該番控告，以蘇明良爲武職大員勢可壓制，倍價轉售時，番亦不敢置喙。迨蘇明良物故，番始出控。兹查提督蘇明良止用價銀四百兩現管熟地四千九百餘畝，且南番蛤肉從前止得銀二百兩，詎能輸服其心？相應將越界佔墾之瓦窑厝、擺育溝二處丈出熟園三百餘甲，給還蛤肉等管業，番地歸番。其麥仔寮、公豸寮熟地一百四十餘甲原係該番得價已賣之地，應聽蘇明良家屬照舊管業，立界杜爭。所有朱泮築陂開圳之擺育溝雖係番地，而從前立契原有該社草地界内有溝港水源之處，聽憑開鑿字樣。今蘇已費本開通，相應聽其疏濬，以資灌溉，令蛤肉等另契投税給蘇收執。至吳昌期佃戶曾助等被淹園地一十三甲即於歸番之擺育溝等處就近撥抵，其蛤肉等應還朱泮之找價四十兩，免其追償。所繳番銀十圓仍給番領回，朱泮欠約塗銷。再陳林李始而誘買番地，繼乃越佔轉售，所得多價銀二百兩，應飭移查究追，以充公用。歸番之地，朱泮向係照契管業，轉輾接手，原非由伊侵佔，毋庸置議。現經逐一清釐，取有各允服遵依甘結，地方官加具印結在案。

一、原任靖海侯施琅被臺灣縣民黄贇等控告投獻田園，永歸民管一案。緣大穆降莊林外等四百零八戶，共田園四百六十五甲，原係民業，旱地居多。且初入版圖不無雜派，於是各莊民陸續投獻靖海侯施琅名下，蔭免差徭，兼修埤岸，以資灌溉。每年施姓議收租粟每甲四石至一石六斗不等，通莊合計年得租粟乙千餘石，名曰“分頭”。嗣因埤岸傾圮，各佃租粟不給。至康熙五十二年，施姓復行補築，佃亦納粟如故。迨五十二年埤復崩陷，施姓不修，莊民只得鳩資自行修築。而施遺家丁林葉發恃勢勒租，衆佃不服，爭控無已。至雍正五年，經臺灣縣知縣徐焜審係投獻情真，埤岸又係佃築，何得妄取租粟？詳明立案，令各莊民自行立戶輸糧。而林葉發亦旋即歸旗，莊民復續墾田園三十一甲零報陞無異。迨至乾隆三年，有施世范乘旗員外省置産，准令變價之事，復將前項田園指開變價，以致莊民惶惑，疊控不休。續奉部行知以施姓原係閩籍，毋庸開變，民心稍定。兹各莊民誠恐施姓日後復有變抵佔奪之舉，紛紛以遵旨陳情，懇杜後累等事具控，臣隨批令該地方官秉公確查去後。兹據該府、縣逐細詳查，開列戶名、甲數、四至、土名並應徵銀粟造冊申送前來。臣復加密察，親行確勘。查得此項田園實係莊民自墾祖業，於康熙二十二年間開臺之始陸續投獻武職大員施琅，原非施姓出資佃墾及自行置買之産，從前斷案可據。但從前各戶之所以投獻納租者，原爲蔭免差徭及藉築埤岸灌田起見，今現在已無雜差，而埤岸傾圮又係各莊民自行修築，業經立戶輸糧，詎肯仍納租粟，因而爭控不休。兹各莊民既恐施姓子孫將來妄生覬覦，或有開抵佔奪等情，共滋疑慮，相應將前項新舊開墾田園共五千四百五十餘畝，永爲民業，此後施姓子孫不得顧問,俾從前投獻武員之民産,仍復歸民,永免後累。現在飭取施姓遵依及各莊民切結,該地方官加具印結各在案。

一、原任靖海侯施琅被鳳山縣民許賜等呈控永歸民業,以杜後累一案。緣鳳山縣境内有觀音山等六莊共田八百五甲零,原係僞鄭時民人赴臺開墾,内如觀音山、水師莊兩處,係僞鄭民田;赤山莊、大竹橋、小竹橋、鳳山上莊四處係僞鄭屯田,均屬許賜等各莊民祖父墾管之業。因臺地初入版圖,各戶佃民散而復聚,遂投獻武職大員施琅名下,蔭免差徭,得爲己有。而每年租額照舊甚輕,所收之粟僅足以完正供,各佃不肯加租,施姓一無所利,嗣於康熙四十年間陸續聽民自行完課,已置此田於不問。但施姓雖不復收租,而管事之人猶於租簿内開列此六莊名色,未將已經聽佃輸課緣由登註,以致施姓子孫施世范在京開爲旗産,欲行變賣,以致各莊物議沸騰。旋因施姓籍隸泉州,尚有子孫在籍,荷蒙恩免,民心安定。今據各莊民呈控此田原委,懇請永歸民業,以免日後施姓復行開變等情。臣隨批飭地方官訊取確供,詳查底裏去後。茲據該府、縣查訊各佃及施姓管莊之陳壽等並督墾之林愷、總管之林世勇等確供,出具願歸民管甘結,造冊申送前來。臣復加確核。查此六莊共八千八百餘畝之地,先爲靖海侯施琅莊産,實係民業投獻,旋即棄置,聽民自收。今莊民既恐日後施氏子孫執從前開變部案,復起爭端,相應將此投獻踞有之産,永歸民管,俾得民産歸民,以杜爭執。現皆允服,取具各遵依確供在案。

一、原任總兵張國之子張嗣徽與原任提督藍廷珍之子藍天秀被彰化縣所屬之貓霧社番愛箸、大肚社番蛤肉等控告佔墾霸租一案。緣大肚社有荒埔一所坐落貓霧揀東勢,康熙五十二年間,武員張國招佃開墾爲業,每年議貼大肚社餉銀二百二十兩,貓霧揀餉銀七十兩,又供粟三十五石二斗零。嗣因衆番□地,將墾地毗連之密勝、轆牙二處給番自行耕管,載行議約。至康熙五十八年,因生番擾害莊民,飭行禁墾。嗣於雍正二年奉旨新設縣治,凡非生番地界俱准請墾。於是張國之子嗣徽與藍廷珍之子天秀合夥復墾,戶名"藍張興",每年仍貼二社餉粟,立有合約在案。迨雍正五年,將墾熟田園照三股均分,提督藍廷珍分得二股,當即奏請充公,共田四百九十一甲,續又丈出四百九十三甲,内拆出代納番餉銀一百七十兩豁免,餘剩荒埔未闢,仍留莊佃附搢聲明。張國分得一股,共二百一十餘甲,亦經藍廷珍附搢聲明,聽伊子張嗣徽管業,年納二社餉銀七十兩。嗣又續墾一百四十一甲,自報陞科。迨雍正十年,張以社番地界相爭,不納社餉,後雖議明對半完納,而衆番不甘,出而爭控。臣隨飭該地方官確訊情由,並丈明各地有無隱佔查詳去後。茲據該府、縣勘丈確審前來,臣復加勘核。查得總兵張國等從前佃墾之時,原有毗界之密勝、轆牙二處給番自行耕種，今被張嗣徽等將二處地畝仍行佔墾，以致衆番控爭，相應將張嗣徽原墾一股之二百一十餘甲及續墾之一百四十一甲，原係分墾界内自報陞科之業，仍令嗣徽照舊管業。其藍天秀原墾二股之四百九十一甲及續丈出之四百九十三甲於先後充公之外尚有荒埔未墾之地，從前曾經奏明今應仍聽藍天秀管業陞科外，所有毗界之轆牙田園一百四十五甲、密勝田園三百零三甲，二共丈出墾熟田園四百四十八甲，計四千九百二十八畝，實係佔墾番地，自應照議畫界還番耕管，俾得番地歸番，永免爭執，現經逐一清釐，取具兩造各允服遵依在案。

以上各案查出武職侵佔及投獻踞有之業共二千四十九甲，計田園二萬二千五百三十九畝，經臣等會同確核，統係訊明來歷，毫無憑據者，用敢平情酌斷，議給番民。内民産歸民者，共田園一萬四千三百一十一畝；番地歸番者，共田園八千二百二十八畝。此外，已據該地方官出具委係並無武員侵佔及民番投獻之案印結造冊前來。臣思武員莊産既經逐一清釐，將甲數、土名、四至、來歷詳查明確，無隱無漏，則地方官自不得格外苛求。蓋臺民素稱刁健，誠恐不肖奸徒乘機起釁，唆使民番或將遠年無據之事混指武員侵佔及投獻等情以啓詐害之弊。臣固不敢避怨以狥私，亦豈敢煩苛以滋擾。至於臺民田土交易界址不清，以及民番互控情詞與歷任武員並無干涉者，臣俱批飭各該地方官詳查確勘，現在陸續審理并移行臺郡大小武員，此後創立莊産，開墾草地之處，務遵諭旨，永行禁止各在案。所有臣會同清釐過武職莊産緣由，除將各遵依冊結彙送督、撫臣會核具題外，事關奉旨特飭查辦，理合恭摺備陳，會同巡察臣六十七、熊學鵬等據實覆奏，是否允協，伏祈皇上聖鑒訓示遵行。再此案係歷任武職莊産徹底清查，敘次繁多，臣不敢過爲刪除，致有疏漏，統祈聖明恩賜全覽。合併聲明，臣謹奏。

十二月十八日

乾隆十年正月二十二日奉硃批：該部議奏，欽此。

——《明清宫藏臺灣檔案匯編》第 21 冊，第 383～403 頁

36.乾隆九年十二月十八日
福建布政使高山奏陳臺灣民番現在應行應禁事宜摺

福建布政司布政使臣高山謹奏，為臺郡民番現在應行應禁事宜，據實密陳，仰祈聖訓事。

竊臣職忝旬宣，荷蒙欽命清查臺地武職官莊一事，除另行具摺覆奏外，所

有該地邊海情形、番民要務,經臣留心查勘,酌量經籌,其間有尚須妥辦變通之處,謹列數條,為我皇上敬陳之。

一、民墾番地之宜永行禁止也。查臺屬四邑民番雜處,而番眾又有生熟之不同。熟番與漢民交接往來,不諳耕種,每賃民作佃,贌租開墾,遂有貪利奸民越界侵佔,以致爭訟不休。生番則營窟深山,採捕為業,而性好戕殺。一遇漢民入界抽藤吊鹿,或私墾界外草地,即行慘殺,截去頭顱。近年以來呈報數十餘案,甚有一案而截首十餘人,一處而歷斃四十命者,至今兇手並無一獲。雖兇番之野性難馴,亦實漢奸之犯禁有以致之。現在臺民生齒日繁,各番尚有餘地,如燒羹蓁、東方木、楠仔仙等處。議者為番地置之無用,不若任民佃墾,以為生聚之資。而臣竊為斷不可行。誠以臺陽一島,海外孤懸,聊為邊界籓籬,倚作東隅屏障,原非欲驅內地遊手之民而使之就食於彼也。官斯土者,止宜令其寧謐安全,不必為闢草開阡之計。且以土番有盡之地,供漢民無厭之心,得寸得尺,日墾日侵,不特番與民爭,且將使民與民爭。不特臺地之民與民爭,且將使內地之民日與臺民爭。蓋始以民為番佃,而熟番之地,民多佔爭。迨熟番之地既開,勢必漸入生番地界,而民多戕殺。且利之所在,誰不趨之?墾令一行,臺民俱相趨而謀佃種。海外之民方爭奪無已,而內地之民聞風踵至,偷渡覬覦有何底止,安能遍給?是墾獲之利無多,而爭競之害甚大。況利猶俟諸異日,而害恐即在目前。未得其利,先受其害,夫豈寧輯番民之道乎?就令番地盡報陞科,亦無補於國家之經費。而況無窮之釁,由此而生。是民墾番地,之於國計民生均非至計,不若永行禁止。飭令該地方官於各社番地詳加查勘,除已經報墾之地畝外,其餘未墾草地,無論多寡及現係何番掌管,均應聽該番將來漸次自行耕種,總不許佃民再贌開墾,以杜爭端。夫虞芮質成之化,可讓其田為閒田,今番黎墾藝之餘,亦何不可存其地為禁地?倘有奸民違禁私開及地方官通同容隱者,察出分別議處治罪,庶邊方爭訟殘殺之釁可以永息矣。

一、番社地界之宜照舊劃清也。查臺郡西臨大海,東逼崇山。由山至海不過數十里。自南至北,綿亘二千餘里,崇山之內皆生番所居,界外平埔係熟番、漢民零星散處。從前定有地界,立石開溝。久而失址,甚有拔石填溝,那移改徙,希圖越界私墾,致啟生番戕殺之機。臣思生番群聚內山,熟番錯居社地,漢民散處各莊,自應劃清界限,各管各地,不得混行出入,端釁相尋。臣於清查莊產之便,順途勘驗,覺從前所立之界,並無山河依阻,易於無憑。但日久相延,又未便紛更改易。相應飭令地方官遴委佐雜,眼同各番土目,指出現在管理分界之處,再行立表,劃清界限,使生番在內,漢民在外,熟番間隔於其中。清界而後,漢民毋許深入山根,生番毋許擅出埔地。則彼此屏跡斷絕往來,自不致生釁滋事矣。

一、熟番社目之宜設立土司也。查番性不馴,難與漢民一例彈壓。而生番負嵎依谷,猶非官法所能制。臣愚以為以官治番,不若以番治番。蓋熟番與漢民雖情意稍通,終不若生番與熟番之族類相合。欲治生番,自應即其同類而節制之。茲查臺屬各社熟番雖現有土目名色,要皆眾番私立之長,並非經制額設,原無責成。是以生番戕殺之案甚多,難以飭令查究。臣請嗣後臺地社目援照川、廣苗疆土司之例,令該地方官於眾社目中擇其老成誠實、才具明幹者數人,呈報督、撫及巡臺御史秉公驗看,會奏請旨,部頒土司職銜,量與頂帶,令其分管各社番眾,統轄生番。凡有番黎爭奪戕殺等事,即移令土司分別懲治協拿。設立之後,果能使番眾相安,三年無過,該地方官詳報具題,量加獎賞,以示鼓勵;倘有勾通漢奸,生事擾民者革職,另行選舉。如此則番目邀章服之榮,兇頑有彈壓之主,而生番稍知所顧忌矣。

一、生番隘口之宜稽查出入也。查臺郡各屬險隘要區大小共有數十餘處,如鳳山縣轄之龜文、牛欄、巴陽、柝榔等處,臺灣縣轄之米琅、南仔等處,諸羅縣轄之芋匏、重溪、阿里、武巒、枋仔、台斗、梅仔、竹腳等處,彰化縣轄之頭重、北頭、大婆、黃竹等處,淡防廳屬之麻箸、南日、嘉志等處,俱係生番出沒之地,向無塘汛巡防。所有南路營之崑鹿、萬丹、淡水、武洛等汛,城守營之羅漢門、大目降,北路協之斗六門、南投、北勝、柳樹、貓霧、呑霄等汛不敷各隘稽察,遠制為難。以致生番出口伏莽行兇,屢遭荼毒。今若欲於沿山口隘遍設汛防,亦屬難行之事。臣以為各社設有土司,分轄番地,則凡生番要隘未設營汛處所,秋冬之間便可諭令土司於各管地界,輪撥番眾,就近巡查,以補汛防之所不及,毋許漢奸將違禁貨物潛入內山,私向生番貿易,亦毋許生番擅行出隘,為祟逞兇。倘有違犯,即行嚴拿,番則令土司自懲,民則送該管官究擬,庶邊方寧靜,而各隘謹嚴矣。

一、民番貿易之宜酌定時日也。查生番僻處深巒,需用貨物盡資漢民,由來已久。以該番所有之鹿皮、籐木,與民換易鹽、布、茶、煙等項,勢難禁止。但一歲之中,若不定以時日,則出入往來竟無常度。既難免漢奸之煽惑欺朦,亦易啟兇番之爭奪滋釁。臣請嗣後每年一次,俟十月秋收以後,該地方官預期知會土司,在於熟番適中之地,選一集場,酌定月日,飭知番民、通事人等,各攜貨物,至期到地,公平議價,彼此交易,並酌委員弁會同土司攜帶社目、兵役人等,在場監督防閑,總不得過十日之期,各歸地界,毋任托足潛蹤,則居民、番眾以有易無,而各稱便利矣。

一、眷屬渡臺之宜先行移查也。定例內地居民過臺應赴地方官呈請給照,毋許私行偷渡。其臺民搬眷之舉，禁止甚嚴。近閱邸抄，見巡臺御史臣六十七、熊學鵬等以閩民間有在臺年久，而家中祖父母、父母、妻子別無依靠，欲來就養者；有祖父母、父母、夫在臺，而子孫、妻室欲來侍奉者，格於成例，不得前往，殊堪憫惜。現在奏請准其呈明內地原籍地方官，查取地鄰甘結，給照赴臺，仍移臺籍廳員確查。如有假冒揑飾，解回內地，與出結之地鄰一併治罪等語。此誠該御史等體仰皇仁，酌量變通之盛舉也。但臣思臺地遠隔重洋，風濤危險，豈可輕試。此等給照渡臺之眷屬，如果有祖父母、父母、夫及子前來認領，則貧難之民得以天倫聚首。萬一所指之人，並非嫡屬，揑詞誑准，希圖至彼藉端尋釁，致生事端。或親屬果真，適已物故，以及年遠流蕩，無從尋覓，此時若仍行解回，則往返重洋，軀命攸繫；若竟留臺地，則異鄉流落，依傍無人，是軫念孤煢，欲令完聚，而反致失所。臣愚以為與其既去而解回，孰若查明而後渡。應請嗣後如有臺民眷屬呈請給照過臺者，地鄰出有保結，無論老幼婦女，總令原籍地方官據呈先行移關臺籍廳員，查伊嫡屬果否實有其人，是否現在情願認領，俟臺廳查明移覆到日，再行定奪給照。如此則應行給照者，既不致往返徒勞，而亦可無藉端假冒之弊。其未便給照者，即可飭留阻止，免致遞回不測之虞並罪及地鄰之累。雖關移來往，時日稍延，而性命所關，不嫌詳慎，似亦便民矜恤之一端也。

以上各條係臣到臺後見聞所及，博採群議，因地制宜，內間有奉督、撫諭查者，稟覆督、撫外，事關邊海番民防微善後之策，用敢密陳，恭摺上達聖聰，是否有當，伏乞皇上睿鑒訓示施行。臣謹奏。

乾隆九年十二月十八日

【硃批】：該部議奏。

——《明清宮藏臺灣檔案匯編》第 21 冊，第 422～437 頁

37.乾隆九年十二月十八日
福建布政使高山奏請臺屬官莊租息照民間額減徵收摺

福建布政使臣高山謹奏，為臺屬官莊租息，請照民間額徵酌減，以紓佃力，以廣皇仁事。

竊照臺灣府屬之臺灣、鳳山、諸羅、彰化四縣，於康熙年間文武各官出資招佃開墾田園，官收租息，名曰“官莊”。緣地有肥瘠不同，故租亦有多寡各異。而其間有已陞科、未陞科之未能畫一，以致從前所定額數，與民間租稅輕重懸

殊。迨雍正三年將官莊地畝盡報歸公，歲收租息三萬七百餘兩，以為充餉之用。至雍正七年，因閩省耗羨，各官養廉不敷支應，即將此項官租撥補養廉項下。乾隆三年，巡臺御史諾穆布等以官莊所收租息比照民莊科則，每甲多徵，奏請酌減。經部議行前撫臣王士任確勘地方情形，酌量公項盈縮，詳議具題。嗣經酌照民則改徵，應減免銀七千三十九兩零。復奉部議：以數十年額徵之款議請減除，而於歲需公項難缺之數復行請撥，行令確查，妥議具題在案。

茲現任撫臣周學健詳查原委，以官莊租額內有較民租加多之處，亦有較民租轉輕之處。其較民租加多者，誠不免有苦累佃丁之事，自當酌請減免。若較民租轉輕之莊，未便更為輕減，致國家經費絀於支應等由。奏請將此案應作何分別減免交臣。奉旨：過臺清查武職莊產之便，一併清查分晰，或應照舊徵收，或應酌量減免，定議到日題請。奉硃批：知道了。欽此。欽遵。轉行到臣。

茲臣遵奉諭旨一並確查，將現在官莊按甲所收租息，比照民間收租多寡，逐細較量，及額租之外，有無重徵之項，徹底清查。據該府、縣分造確冊，呈送前來。臣查臺屬官莊歲收租息，固與民租多寡不同，而民間收租之例，各縣亦復輕重互異。如臺灣縣民間中則田，每甲賦租共完粟一十石；中則園，每甲賦租共完粟六石；下則園，每甲賦租共完粟四石。而額徵官莊租息，較之民租定額，內有已陞科之田園，原係按甲清丈，毋庸改陞。其未陞科田園，向係五折造報，以一甲改陞二甲計算，則有仁和里等處官莊八所，現在徵收賦租，比照民租，每甲多徵銀自六七錢至六七兩不等，共多徵銀四百五十四兩七錢九分零。至新化里官莊一所，又少徵銀九十五兩四錢九分零。鳳山縣民間上則田，每甲賦租共完粟十一石八斗；中則田，每甲賦租共完粟一十石；下則田，每甲賦租共完粟七石七斗；中則園，每甲賦租共完粟六石；下則園，每甲賦租共完粟四石。而額徵官莊租息，較之民租定額，內有已陞科之田園，原係按甲清丈，毋庸改陞。其未陞科田園，向係五折造報，以一甲改陞二甲計算，則有大竹橋等處官莊四十一所，現在徵收賦租，比照民租，每甲多徵銀自四五錢起至四五兩不等，共多徵銀二千二百二十兩一錢七分零。至維新、蔡文等處十一所，又少徵銀六百七十九兩四錢一分零。諸羅縣民間中則田，每甲賦租共完粟八石；下則田，每甲賦租共完粟六石五斗；匀徵田，每甲賦租共完粟四石四斗；上則園，每甲賦租共完粟六石；中則園，每甲賦租共完粟五石；下則園，每甲賦租共完粟三石四斗。而額徵官莊租息，較之民租定額，內有已陞科之田園，原係按甲清丈，毋庸改陞。其未陞科田園，佃民願以一甲報陞一甲五分計算，則有版頭厝等處官莊三十七所，現在徵收賦租，比照民租，每甲多徵銀自三四錢至五七兩不等，共多徵銀二千九百一十兩八錢四分零。至火燒等處官莊二十五所，又少徵銀四千七百五十九兩三錢五分零。至彰化一縣民間中則田，每甲賦租共完粟一十石；下則田，每甲賦租共完粟八石；中則園，每甲賦租共完粟六石；下則園，每甲賦租共完粟四石。而額徵官莊租息，俱未陞科，其租息較之民租，以一甲改陞一甲五分計算，共少徵銀一百六十兩六錢二分零。

以上臺屬官莊租息，每粟一石折徵銀四錢，較民間收租加多之處八十六所，共多徵銀五千五百八十五兩八錢零。較民間收租轉輕之處四十所，共少徵銀五千六百九十八兩八錢零。臣查此數總因從前定額非按則徵收，而題報歸公，亦即依樣催納，官莊佃民未免有苦樂不均之歎。但遷延數十年來，在多徵之甲，欲求減而無從；而少徵各莊，聞議加而滋懼。其中租額輕重盈縮，殊難通融抵補。

臣伏思我皇上軫念海外編氓，歷年減丁、減則、免稅、緩徵，凡為邊海加恩之處，至周至渥。矧茲官莊數千兩之浮額，有不體恤民艱恩施減免者乎？惟是佃丁之苦累當除，而國家之經費亦宜籌畫。茲若照民間租額，將加多銀五千五百八十五兩八錢零之數，概請減除，則各官不敷養廉，將何支應？若竟因公項不足，一任佃丁苦累，概行照舊徵收，亦殊非體仰皇仁勤求民隱之意。臣查官莊地畝內有已、未陞科之殊。其未陞科田園，向係五折造報，畝數稍寬，原與民莊有間，則所收租息，亦自當較民租額數稍殊。蓋地畝既折半而起租，其浮租亦可折半而酌減。相應仰請天恩，將臺郡官莊租息照民租加多銀五千五百八十五兩八錢零之內，減去一半銀二千七百九十二兩九錢零，以紓民力。其較民租轉輕各莊，固不便更為議減，亦未便復行議增，似應令其照舊輸將，永戴聖慈於無極。至於各莊減免所缺之數，查閩省佐雜各官加增養廉，因司庫歲入存公不敷，現奉諭旨，在於鹽道庫內鹽耗盈餘項下動支，移司賞給奉行在案。今官租歲充養廉，既經缺額，可否亦即在鹽耗項下暫行撥補銀二千七百九十二兩九錢零，抵充各官養廉之數，俟將來查有別項可抵，免動鹽耗。倘蒙俞允，則臺屬之佃力可紓，通省之官廉無絀，濱海官民咸荷天恩之浩蕩於靡涯矣。除現在分晰查明清冊，詳請督、撫臣核題外，事關奏明交辦改定賦額，合將遵旨查辦酌議情由，恭摺具奏。

再查官莊徵收租息而外，尚有糖廍餉租一項。查民莊地畝賦租之外，亦有蔗車租稅，無庸議減，應請照舊一例徵輸。惟諸羅一縣冊報廍餉項下，內有里民陳宗等廍餉三十四張半，歲徵銀一百九十三兩零。原係納課民業投蔭入官，輸課之外，復輸馬料。歸公而後，又加廍餉，實屬重復。今現在緩徵，相應一並請免，合併陳明，仰邀聖鑒。是否有當，伏祈皇上訓示施行。臣謹奏。

乾隆九年十二月十八日

【硃批】:該部議奏。

——《歷史檔案》1987 年第 1 期,第 28～30 頁

38.乾隆十年二月十二日

兵部議覆巡視臺灣給事中六十七奏

乾隆十年二月十二日(甲寅),兵部議覆:"巡視臺灣給事中六十七奏:更定臺郡營弁事宜:一、調臺武職,接劄後多有遷延,兼遇督、提調考等事,仍回內地,在臺不及歲餘,兵將尚未熟悉,焉能責其訓練?請以到臺日起俸接算。一、臺兵拔補陸路外委,俟其交代回至內地,仍降目兵,亦於體制未協。請照水師之例,事故缺出,就臺兵拔補;期滿缺出,與內地外委對調。均應如所請"。從之。

——《大清高宗純皇帝實錄》卷二百三十四

39.乾隆十年九月二十一日

吏部議准巡視臺灣給事中六十七等奏

乾隆十年九月二十一日(庚寅),吏部議准:"巡視臺灣給事中六十七等奏稱,各省州縣地方,新例令該管道、府按季巡查。臺郡遠隔重洋,計地二千里,一應錢糧、倉庫、刑名事件俱歸道、府管理。若令按季出巡,以二千里之廣,非月餘不能徧及,必致曠廢公事。請仍照舊例,一年內臣等與道、府各巡一次。其直省道、府有似此不能按季巡查者,該督、撫據實直陳酌議。"從之。

——《大清高宗純皇帝實錄》卷二百四十九

40.乾隆十一年四月十九日

户部議准巡臺給事中六十七等奏請准予臺民搬眷入臺入甲安插案

乾隆十一年夏四月十九日(甲申),戶部議准:"閩浙總督馬爾泰議覆巡視臺灣給事中六十七等奏內地民人有祖父母、父母在臺,子孫欲來侍奉,或子孫

在臺，祖父母、父母、妻子內地無依，欲來就養者，准其給照來臺，入甲安插一案，接准部咨詳議具題。查臺灣編氓多係內地之人，其在臺年久、置有恒業者，往往不能棄產回籍。應如所奏：在臺人民果有祖父母、父母在籍，准其赴臺就養；如祖父母、父母在臺，准其子孫赴臺侍奉。若本人在臺，而內地妻少子幼、並無嫡親可托者，亦准其搬移聚處。即赴臺侍奉祖父母、父母之子孫，果有幼少妻子，亦准一體赴臺。仍照從前搬養成例，令臺防、廈防各同知於登簿換文時，留心稽察，驗明人照相符，方准配船渡臺。並令內外地方官先行關查明確，方准給照。如有藉稱伯叔、兄弟及妻之兄弟族戚，一概不許濫給照引。倘朦混影射越渡，立即解回，並將濫給照引之地方官嚴參議處，徇隱具結之地鄰族保一並嚴究。其荒僻口岸，嚴飭各員弁常川巡察。如有游曠之徒作弊偷渡，擒拏重究；倘有疏縱，照徇縱偷渡例參處。"從之。

——《大清高宗純皇帝實錄》卷二百六十五

41.乾隆十一年五月初五日

户部議覆巡臺給事中六十七等奏請臺灣官莊蠲免租銀案

乾隆十一年五月初五日（丁酉），戶部議覆："巡視臺灣戶科給事中六十七等奏稱，臺郡供粟之外，尚有官莊一項，按畝徵納，與正項錢糧無異。今閩省丙寅年地丁、錢糧並臺屬額徵供粟已全蠲免，此項租銀應否照舊徵收？奏聞請旨。查臺灣官莊租息三萬餘兩自題報歸公後，撥充內地養廉之用，原非耗羨銀兩，亦非正項錢糧，實與雜稅無異，自應照舊徵收。惟查本年三月奉旨蠲免滇省官莊、義田等項租銀十分之三，農民均霑恩澤。今臺灣官莊事同一例，可否照滇省蠲免？請旨。"得旨："依議速行。"

——《大清高宗純皇帝實錄》卷二百六十六

42.乾隆十一年七月二十八日

福建巡撫周學健奏陳臺郡積弊現在詳查酌辦緣由仰祈聖鑒摺

福建巡撫臣周學健謹奏,為密陳臺郡積弊,現在詳查酌辦緣由,仰祈聖鑒事。

竊照臺灣一區綿亘二千餘里,土地膏腴,水泉充足,一歲數獲,比之内地田畝所收籽粒,歲有倍入,而土廣人稀,以其餘粟内供福、興、泉、漳一帶地窄人稠之區,蓋自開臺至今數十年,未之有改也。乃自近歲以來,臺灣餘粟商船帶運至漳、泉糶濟民食者日漸減少,每遇發價赴臺採買穀石,經年累月,不能買足。臣屢次詰詢地方官,因何不上緊收買,皆以臺地户口日增,餘粟日減,異口同聲。臣復恐因各口透漏出洋,以致米糧耗散,嚴切諭查,而臺郡各官又均以實無透漏具覆。第臣詳查臺郡近日情形,比之初開臺時,户口雖有加增,但以成熟地土而論,較之開臺時已不啻加倍,即就近年而論,自彰、淡一帶分設廳、縣以來,凡從前一派荒埔、絶無人跡耕種者,十餘年中皆墾成膏腴,每歲出粟無算。又況臺郡户口内地客民十居六七,究與土著之户攜少挈幼者不同,何至餘粟日減,不但不能接濟内地,竟至無可採買,其理實不可解。臣再四留心密訪,久而始得其受病之由,不在於民,而在於官也。臣訪得臺郡採買官穀,向有相沿成例,官發價於有田業户以及通事、土目,業户與通事、土目等雖家有積蓄,不肯盡歸於官,又將所領之價按業四佃六分派交官,廳、縣各官歷來奉文收買一萬石,即發二萬石之價,甚至發二萬餘石之價,以一萬石歸公,爲奉文採買之數,其餘多買之穀,並不令其繳穀,至次年青黄不接時,按時值繳價還官,皆獲利加倍。此歷來相沿之陋弊,以故各官私買之穀轉多於公買之穀,私買既多,焉得不置公買於緩圖,且私買之穀既欲因此以獲利,又焉能禁其價之不昂,而囤户之不居奇射利也?臣訪知此弊,即應奏明,實力革除,第此中尚有隱情,不得不據實陳明,斟酌辦理者。

臣訪查臺郡各官收買穀石轉圖餘利一事,緣臺郡遠隔重洋,一切食物費用以及各官幕賓修脯,比之内地加倍。從前原定臺郡各官養廉時,就一府耗羡所出,通融勻派,原不能加多於内地。所以臺郡上官,自巡臺兩御史,以及道、府各衙門,至今尚有屬縣供應之事。如兩御史衙門,每年按四季分派臺、鳳、諸、彰四縣輪值,每值一季約需費用三四百兩,道、府亦然。出巡之時,尚有車輛、人夫以及供應之需。起初各廳、縣猶有官莊租息,及盈餘地畝租銀,以資補苴,後官莊清查歸公,地畝盡報陞科,是以臺郡各官惟藉此收買穀石糶賣餘利,以補養廉不敷之用。臺郡各官亦以買之於民,而仍散之於民,似非黷貨婪贓者比。陋習相沿,至今不改。不知妨民食而長奸貪,其弊有不可勝言者。臣再四斟酌,若驟加參處,嚴行革除,臺灣海外重地,與内地情形不同,萬一官員資斧不給於用,即生無窮弊端,必先籌一盡善之道,方可除弊興利。臣是以於本年奏准採買餘粟二十萬石,特行遴委建寧府同知甄𨱎,帶同内地佐雜二員,前往臺郡,而同地方官發價採買。一則可暫杜地方官乘機私買餘粟、致官粟採買艱難之弊;一則即令該員將臺郡歷來採買積弊並革除之後是否不至掣肘之處,逐細訪察確實,再行斟酌具奏,恭請聖裁。臣深知臺郡此種積弊亟應剔除,惟因海外地方,不比内地,不得不詳慎斟酌,從容辦理。但所聞既確,又不敢不據實陳明,伏候聖鑒。謹繕摺密陳,伏乞皇上睿鑒,訓示施行。謹奏。

乾隆十一年七月二十八日

【硃批】:所奏奉公除弊之中,而復情理允當,嘉許之外,無可批諭,酌量妥爲之可也。

——《明清宫藏臺灣檔案匯編》第 24 册,第 282～289 頁

43.乾隆十一年十月

上諭

乾隆十一年冬十月,巡視臺灣給事中六十七等奏:撫臣周學健委員齎價銀八萬兩來臺,會同各廳、縣採買穀二十萬石。查臺郡今秋少雨,米價漸增,如將來採買米穀無礙民食,自應飭廳、縣妥辦;設發買之後,米價日長或致病民,臣等當一面據實奏聞,一面咨明撫臣暫停採買。得旨:汝等祇知在臺言臺,全不思全閩民食之攸繫也。且此事周學健早奏臺米發買之弊,皆出官吏之作奸;汝等此奏,想又入官吏之計矣。不能察吏去弊,而惟姑息了事以博寬大之名,至内地民食、倉儲最要之處則視為膜外,延挨一年半載,以冀廻京。汝等鄙見以為最巧,朕不知者,朕知之豈不悉哉!

——《大清高宗純皇帝實錄》卷二百七十七

44.乾隆十一年十二月十一日
上諭

乾隆十一年十二月十一日(壬申),諭:據巡臺御史六十七等奏稱撫臣周學健委員赴臺買穀二十萬石;臺郡現在米價較上年秋收後已貴,而採買之數倍於上年,恐米價日增。將來如果無礙民食,自應飭廳、縣妥辦;設米價日長或致病民,咨明撫臣暫停採買等語。先經周學健摺奏臺郡採買之弊,由地方官乘機私買射利,已將歷來積弊,詳悉敷陳。朕思臺郡本產米之區,福、興、泉、漳等郡向資接濟,縱邇來人民赴臺者眾,然地土亦日漸開墾,何致米價較前更昂?及覽周學健所奏,臺郡官吏有此種種情弊;伊經理有年,實心體察,故能言之切中。今觀御史所奏,官吏不能射利,以"昂貴病民"之說聳動眾聽。而御史等不為全閩計民食,只知目前圖了事,姑息養奸,意欲停止,益信周學健之言不虛矣。著傳旨申飭該御史等,令協同地方官妥協辦理,毋得掣肘!當周學健身自經理,該御史等尚為此奏;今陳大受甫經蒞閩,恐未能深悉該處情形,地方官吏益得售欺偽。著將周學健所奏發陳大受,知其情弊,以便妥辦。該部知道。

——《大清高宗純皇帝實錄》卷二百八十

45.乾隆十一年十二月二十七日(硃批)
署理閩浙總督印務福建巡撫陳大受奏請臺、澎各營生息田產照例蠲免租息摺

署理閩浙總督印務福建巡撫陳大受謹奏,為奏請恩鑒事。

案准戶部諮議覆巡視臺灣給事中六十七、御史范咸密奏臺灣官莊租銀一摺,內開查本年三月內奉上諭:"朕子惠元元,將直省應徵錢糧輪年蠲免。查滇省有官莊地畝一項,向係文武各官招佃開墾收租取息,又有各營生息田畝及義田等項,著照湖南城綏入官田畝之例,俱免租十分之三,使農民均沾惠澤。今歲係滇省免賦之年,該部即遵諭速行。欽此。欽遵。"行文在案。今臺灣官莊與滇省官莊事同一例,可否將臺郡官莊租息照滇省官莊之例,一體蠲免十分之三,俾海外群黎普沾惠澤之處出自聖恩等因。乾隆十一年五月初二日奏,本日奉硃批:"依議速行。欽此。"諮行欽遵在案。旋據護理臺灣鎮副將施必功稟稱:查臺、澎水陸各營營運本銀購置民業,收取租穀、糖斤、稅銀,生息充賞,作

何辦理請示。適前督臣馬爾泰巡浙未回,經前撫臣周學健批行布政使查議。茲據布政使高山詳稱臺灣官莊租銀已奉恩旨蠲免十分之三,其臺、澎生息產業。原與官莊一例,懇請一體蠲免十分之三,以廣皇仁。至將來賞恤如有不敷,即將現在存剩息銀内通融撥補,不致虧缺等情。

臣伏查滇省官莊地畝及各營生息田畝、義田等項,先蒙恩旨,免租十分之三。嗣經戶部議覆巡臺給事中六十七等奏請將臺郡官莊租息照滇省例,一體蠲免,仰邀俞允。所有臺、澎各營生息田產,實與官莊一例,可否一並照例蠲免租息十分之三,相應據情恭摺奏懇皇上恩鑒訓示。至此項生息如或賞恤不敷,有節年所存餘剩銀兩先用,無庸另籌,合併陳明。謹奏。

乾隆十一年十二月二十七日奉硃批:該部議奏,欽此。

——臺北"中央研究院"歷史語言研究所藏明清史料
登錄號:291756

46.乾隆十二年二月初十日
福建巡撫陳大受奏明改善臺地採買米穀積弊摺

福建巡撫降二級留任臣陳大受謹奏,爲奏明事。

竊照前撫臣周學健奏准動項赴臺買穀二十萬石,委員建寧府同知甄鏚帶同佐雜二員前往,一則可暫杜地方官乘機私買餘粟,致官粟採買艱難之弊;一則即令該員將臺郡歷來採買積弊並革除之後是否不至掣肘之處,逐細訪察確實,再行斟酌等因具奏在案。茲據該同知甄鏚回至内地,臣細加詢問,據甄鏚稟稱,上年臺郡米穀市價,委員未到之先即已昂貴,其未買穀九萬二千餘石,目下東作方殷,農功緊要,勢難全買等語。並據稟稱,臺地各官與所屬業户、富民,平素往來交結,每借補倉爲名,設席延請,預發價銀,每石於官價之中短發數分,甚至一錢以上,間用市戥番銀,而家丁、胥役仍有私索陋規,又不即令交倉,延至青黄不接,或催繳本色,糶賣博利,或令照時價折交銀兩,業户不肯獨力賠墊,則主四佃六,自行分派,民、番元氣不無從此而傷。此種積弊原應亟爲剔除,惟是臺地官員費用浩繁,每年四縣按季輪供巡察衙門,每縣至數百金,兼之海外食物俱貴,修脯工食亦至加倍,而官屬寄居内地,盤費在所必需,如革除積弊,難於支持,應否酌添辦公等情。查該同知所稟情節,與周學健原奏相符。再詢其在臺察訪情形,據稱,一至彼地當事,知其有交查事件,有袒護懷疑之心,防閑甚密,未能偏歷目睹等語。臣查内地屬員所辦事件,如有弊端,上官得以差委親信妥人，前往密訪，虛實立見；而臺郡則進口必須查驗執照，一遇内地差往之人，早已知覺彌縫，縱使改裝潛往，而語言互異，行踪各别，終難掩人耳目。且到彼並無親知故舊，即有所聞，尚恐未能得實，以致採買積弊沿爲錮習。臣觀該同知甄鏻爲人剛方有餘，而細密不足，在臺頗露圭角，遂多齟齬，其所訪察，誠恐猶未詳盡。因於曾經補用臺職熟習人員内遍加諮詢，始知採買之弊不止一端，有於採買官粟時添銀多買，如官粟買一萬石，多買二三千石不等者，要不至於官買一萬石、私買亦一萬石，以廳、縣一時不得有此多餘銀兩故也。其多買之穀，或交本色，以取糶利，或照貴價繳銀，如甄鏻所云者。又有並不多買，即於官買數内急切不能運完之穀，遇價昂糶出取利，秋成再買補還者；有借買補爲名，發銀業户，業户之富厚者多泉、漳、惠、潮之人，領銀到手，並不分派佃户，將價銀營運生息，再照貴價繳官者。大概如遇鄉價昂貴之年，知其斂散艱難，則亦不能任意多派，非年年如是也。至淡水地廣人稀，穀價每賤於他邑，該處又無官倉，業户領價之後，其粟仍存民倉，迨至撥運，始行斛交，流弊尤難覺察。竊查臺郡採買積弊累民，必須革除，臣已於前摺陳奏。再四思維，海外重地，與内地不同，而蚩蚩之氓可使由而不可使知，弊端既久，固宜速爲釐剔，而用恩稍褻，亦足滋民氣之驕縱，此前撫臣周學健所以有詳慎斟酌、從容辦理之請也。

臣查臺地所出米粟，原供泉、漳一帶民食，自雍正三、四年後，將流存供粟運赴内地平糶，糶出之銀，發臺買補，臺郡始年年有採買之事。邇年或糶價未發，或臺粟未運，遂覺泉、漳無所借資。然泉、漳商船到臺，例准每船帶回食米六十石，查核乾隆十一年内自正月至十二月，據報共帶回米抵粟四十三萬餘石，是臺粟接濟内地者亦不爲少，而民買接濟較便於官買平糶。今臺粟運送内地平糶一節，已經周學健奏准停止，是此項無須採買矣。其内地動帑採買，則乾隆九年一次及上年一次也，九年所買係運内地補倉，上年採買原議存貯臺倉，内地需用再爲撥用。今查内郡積貯稍裕，而臺地轉爲空乏，現在通籌務期充足之計，容臣酌定後，再行具奏請旨。以後採買，除臺地平糶、補倉爲數無多，留心查察外，内地或可俟豐年價賤，委員赴買，不必拘作年例，並將買數價值明白曉諭民、番，以杜影射私買之陋習。則採買之弊可以暗中漸除，而官民亦得相安，似於海疆爲便。至官員辦公應否酌增之處，尤須量入爲出，熟計籌辦，未容輕議。所有以上各情節，臣謹恭摺具奏，伏祈皇上睿鑒訓示。謹奏。

乾隆十二年二月初十日

【硃批】：軍機大臣等議奏。

——《宫中硃批奏摺·財政類倉儲》第二十八册

轉録自《明清臺灣檔案彙編》第二輯，第19册，第220～223頁

47.乾隆十二年二月初十日

福建巡撫陳大受密奏臺灣御史衙門積弊摺

福建巡撫降二級留任臣陳大受謹奏,爲密奏請旨事。

竊查臺灣爲海外要區,民番雜處,習尚悍戾,是以設立巡臺御史,以表正風俗,稽查彈壓,大事則照言官之例,條奏入告,小事則與督、撫二臣,會商辦理,蓋取以聯海外於内地,使之血脉流通,呼吸相應,誠控馭之長策也。臣細加查察,邇年以來,臺郡各官,漸有自爲一局之勢,雖刑名錢穀諸案,照例申詳院、司衙門批行,而其他事務,率多觀望御史意指,其兩御史亦漸有專制一方之意,屬員極意承應,則雖有弊端,亦不置意。在海外重地,固宜和衷安静。臣第恐和衷之流爲上下相蒙,安静之流爲因循苟且殊然。兩御史衙門每年定有養廉,又按四季分派臺、鳳、諸、彰四縣輪值,每值一季,約需費三四百金。此等陋例,豈可相仍不改?又如出巡南、北兩路,供應夫車、厨傳,賞給各社番黎,閲操、犒兵俱令各縣措備。又聞御史衙門設立各種刑具,每每濫准詞訟,差拘滋擾,地方文武不敢過問。額設胥役之外,更有奸民夤緣掛名,恃符生事,種種積弊,亟應清釐。

今漢御史范咸差滿,已奉欽差白瀛來臺替换,臣不知白瀛爲人何如,擬俟伊到閩,將一切情形詳悉告知,囑令黽勉清釐。其滿御史六十七,先經奉旨,再留任二年。可否仰懇皇上,另簡清正望重之員更换,庶得協同清理,不致回護前非。

臣謹繕摺密奏,伏祈聖鑒。謹奏。

二月初十日

乾隆十二年三月初三日奉硃批:知道了。欽此。

——《乾隆朝軍機處檔》

轉録自《明清臺灣檔案彙編》第二輯,第 19 冊,第 242~243 頁

48.乾隆十二年三月初三日

上諭

乾隆十二年三月初三日癸巳,上幸劉猛將軍廟前省耕。是日大學士訥親、張廷玉奉諭旨:"向因臺灣為海外要區,設立巡察御史,原以表正風俗、稽查彈壓、除剔弊端。近據陳大受奏該御史等於養廉外,又分派臺、鳳、諸、彰四縣輪值,每季約需費三四百金;其出巡南、北兩路供應夫車廚傳、賞給各社番黎、操

閱犒兵,俱令各縣措備。該衙門濫准詞訟,差拘滋擾;於額設胥役之外,更有奸民掛名,恃符生事。該巡察既有專制一方之意,而屬員極意承應。雖有積弊,亦復上下相蒙等語。大凡巡察之員,或因一二事隨時特設,尚於地方有益。至定以年限更換,在該巡察等奉命遠行,既已視為傳舍;及至彼處,而積習相沿,因循滋弊。懦弱者苟幸無過,坐待瓜期;喜事者擅作威福,諸事多所掣肘。夫御史所以稽察人者也,今乃自作弊,後先相襲不為怪,豈朕差往本意!其乾隆五年以後歷任巡臺御史,俱著交部嚴察議奏。臺灣本有總兵、道、府大員,足資彈壓,一切案件原屬本省督、撫察核,似可不必另派巡察,以滋煩擾。至盛京等處巡察,所司不過注銷案件等瑣細之事,於地方政務亦未見有所裨益。所有各巡察之處,或應仍差往,或應一並掣回,著大學士、九卿詳議俱奏。

——《明清宫藏臺灣檔案匯編》第 25 冊,第 133～139 頁

49.乾隆十二年三月二十日

閩浙總督喀爾吉善等奏請臺屬官莊租息請照舊辦理摺

閩浙總督臣喀爾吉善、福建巡撫降二級留任陳大受謹奏,為臺屬官莊租息請照舊辦理,仰祈睿鑒事。

案查乾隆十年四月内准戶部諮,議復福建布政使高山奏請減免臺屬官莊租額一摺,内開輕租減額,因朝廷惠民之舉,而則壤成賦,亦由來不易之經。臺灣官莊未經陞科田地,額徵租銀三萬七百餘兩,雖名"官莊",實與民地無異。其未經查丈以前,每畝徵租較之民田納賦,原有輕重多寡不齊。今既查丈清晰,自應照民田科則,按地畝之肥瘠,定徵收之多寡。重者議減,輕者議增,均平畫一,俾海外黎民不致有苦樂不均之歎。今該布政使高山並未通盤計算,酌度盈虛,惟將官莊租額較之民租重者酌減其半,輕者照舊徵收,殊非允協。應交該撫周學健詳查妥議,具題到日再議等因。行據該布政使高山議詳未協,經周學健駁查並諮部展限在案。

臣查一應田地,凡民間輸賦於官者為正供,農佃輸租於業戶者為私租,二者截然不同。正供賦額俱按肥瘠以定等差,所謂則壤成賦也。至於民間收租,雖亦視其出息多寡作為租額,然或輕或重,參差不齊,斷難比而同之。即田地買賣更易,佃戶不能以額重而求減,業戶不能以額輕而議加。彼此相安,古今莫易。故歷來定制,從無均平民間租額之事。此項臺屬官莊,乃開臺之始,文武各官私墾田園,收租取息自用。至雍正三年内,前督臣滿保題請歸公,每年

照舊徵收官租銀三萬七百餘兩，原係私租之額，而非正供之額，是以較民莊為重。前巡臺御史諾穆布未悉官租與正供不同之原委，故有照民莊則例一體徵收之請。而前撫臣王恕遂以臺、鳳二縣田園，每一甲報陞二甲，以諸、彰二縣，每一甲報陞一甲五分，照民則徵粟折銀，按原額應減銀七千三十九兩零，請撥項歸款等因題覆。竟將官租與正供一例查辦，致有減額，原未允協。迨該布政使高山又將官莊租額按照民間現在私租之額，權其輕重，重者請酌減其半，輕者照舊徵收，是與諾穆布原奏之意更不相符。

伏查部臣所議，照民田科則，按地畝之肥瘠定徵收之多寡，重者議減，輕者議增，均平畫一，不致有苦樂不均之歎，誠屬大公至正之道。第此項官莊田地，若照民田科則核算，則有減無增，即前撫臣王恕原題應減銀七千餘兩之案也。若照民間私租之額，議減議增，匪特民間私租從無均平畫一之條，即各直省學田、官田，所在俱有其完租多寡不等，亦從未有改照民租增減之例。且議增、議減，如止就冊核算，奚能確實？如履畝而核其肥瘠，必須清丈。但丈量一事，弊端百出，久邀聖明洞鑒，飭令永行停止。今若舉行，刁佃蠹役，緣以為奸，竊恐減者未邀實惠，而增者已貽累無窮矣。

臣查臺屬官莊，自開臺至今垂六七十年，入官充公亦已三十餘年。原以私租之額為額，相沿已久，不宜與正供一例辦理。諾穆布等條奏以來，屢經部駁，十年不結。議減，則經費無出。若酌增、酌減，通融均攤，以符經費原額，則查辦滋擾，上無裨於國計，下有累於民生，於海外要地誠所未宜。再四思維，不若仍其舊貫為是。臣陳大受前於臺郡應辦事宜摺內，已敬陳梗概。茲臣喀爾吉善復加商酌，意見相同，所有諾穆布等原奏臺灣官莊宜照民則徵收之處，應請銷案。其額租三萬七百餘兩，仍照舊徵收，毋庸另為籌議。

再查前撫臣盧焯請豁免諸羅縣里民陳宗等廍餉一案，經戶部行令與此案一併確查具題。該布政使高山前奏內稱官莊徵收租息而外，尚有糖廍餉租一項。查民莊地畝賦租之外，亦有蔗車租稅，毋庸議減，應請照舊一例徵輸。惟諸羅一縣冊報廍餉項下，內有里民陳宗等廍餉三十四張半，歲徵銀一百九十三兩零，原係納課民業，歸公而後又加廍餉，實屬重復。今現在緩徵，應請並免等語。查陳宗所墾糖廍三十四張半，每歲已納供粟一千二百八十二石九斗零，又納青、白糖銀三千二百二十三兩九錢零，此外加徵廍餉銀一百九十三兩二錢。一園三賦，實屬重復。所有廍餉，應請豁免。此項為數無多，亦毋庸籌補。臣等謹會同具奏，伏祈皇上睿鑒，敕部議覆施行。謹奏。

【硃批】：該部議奏。

乾隆十二年三月二十日

——《明清宫藏臺灣檔案匯編》第 25 冊，第 181～189 頁

50.乾隆十二年三月二十日

閩浙總督喀爾吉善等奏請將臺灣多徵官莊租息銀兩酌減摺

閩浙總督臣喀爾吉善、福建巡撫降二級留任臣陳大受謹奏，為密懇恩鑒事。

竊查臺灣官莊租息，先經巡臺御史諾穆布等奏請照民莊一體徵收，又經前撫臣王恕暨布政使高山先後題奏，均未妥協。臣等現在另摺具奏，恭候諭旨。

伏查此項官莊租息，乃昔年臺地文武各官私產，向來各官專事朘削苛取，是以額租較民租為重。又有本係民人開墾，投獻勢豪蔭庇者，故亦有較民租稍輕之處。今若逐一清釐，殊多紛擾，且照民田科則更正，有減無增。當此公項未裕之時，所減者多，經費無出，恐致周章。此臣等再四思維，而有仍其舊貫之請也。惟是該布政使高山原奏，官莊租息較民租加多之處八十六所，共多徵銀五千五百八十五兩零，租額實屬過重。竊惟蠲減額糧乃出聖主特恩，非臣下所敢擅議。但官莊重額租息，海外窮黎望恩已非一日，可否仰懇聖慈俯鑒，將前項多徵銀五千五百餘兩，特頒諭旨，酌免十分之一二。蠲缺不敷辦公之數，在於歸公鹽規項下撥補，出自鴻恩。臣等謹會同具奏，伏祈皇上睿鑒。謹奏。

乾隆十二年三月二十日

【硃批】:俟部議覆時，酌量降旨。

——《明清宫藏臺灣檔案匯編》第 25 冊，第 176～180 頁

51.乾隆十二年四月九日

保和殿大學士兼吏部尚書張廷玉等題覆巡視臺灣御史濫准差役滋擾地方應將現任御史户科給事中六十七御史范咸及五年以後歷任巡臺御史均照溺職例革職事

經筵講官太保保和殿大學士三等伯兼管吏部尚書事加十七級紀録三次臣張廷玉等謹題，爲欽奉上諭事。

該臣等議得内閣抄出乾隆十二年三月初三日内閣奉上諭:"向因臺灣爲海外要區,設立廵察御史,原以表正風俗,稽查彈壓,除剔弊端。近據陳大受奏,該御史等於養廉外,又分派臺、鳳、諸、彰四縣輪值,每季約需費三四百金。其出廵南北兩路,供應夫車、厨傳,賞給各社番黎,操閲犒兵,俱令各縣措備。該衙門濫准詞訟,差拘滋擾,於額設胥役之外,更有奸民掛名,恃符生事。該廵察既有專制一方之意,而屬員極意承應,雖有積弊,亦復上下相蒙等語。大凡廵察之員,或因一二事隨時特設,尚於地方有益。至定以年限更换,在該廵察等奉命遠行,既已視爲傳舍,及至彼處,而積習相沿,因循滋弊。懦弱者苟幸無[故]過,坐待瓜期;喜事者擅作威福,諸事多所掣肘。夫御史所以稽察人者也,今乃自作弊,後先相襲不爲怪,豈朕差往本意?其乾隆五年以後歷任廵臺御史,俱著交部嚴察議奏。臺灣本有總兵、道、府、文武大員,足資彈壓,一切案件原屬本省督、撫察核,似可不必另派廵察,以滋煩擾。至盛京等處廵察,所司不過註銷案件等瑣細之事,於地方政務亦未見有所裨益。所有各廵察之處,或應仍差往,或應一並掣回,着大學士、九卿詳議具奏。欽此。"抄出到部。

臣部隨移咨都察院,將自乾隆五年以後歷任廵臺御史各職名開明咨送過部,以便查議去後,續准都察院將自乾隆五年至十二年止,所有廵視臺灣科道:滿御史諸穆布,三年三月二十一日到任起,至五年三月二十一日差滿,於乾隆五年閏六月初七日在路病故。舒輅,五年三月二十五日到任,至七年二月二十五日差滿,於乾隆七年十一月初五日奉上諭補授西安糧道。滿給事中書山,七年四月初八日到任起,至九年三月初八日差滿,於乾隆十一年五月二十日奉旨補授太僕寺卿。六十七,九年三月二十五日到任,至十一年三月二十五日差滿,留任二年。漢御史楊二酉,四年四月十五日廵臺到任,至六年三月十五日差滿。張湄,六年四月十二日到任,至八年四月十二日差滿,於乾隆八年十月二十五日聞訃丁憂。熊學鵬,八年四月十八日到任,至十年三月十八日差滿,於乾隆九年六月二十日補授太常寺少卿。范咸,十年四月初六日到任,至十二年三月初六日差滿。再,本院於十一年十一月初六日奏請更换廵臺官員一摺,奉旨:"廵視臺灣事務,着白瀛去。欽此。"查御史白瀛於十一年十二月内自京起身,現今曾否到任,未據呈報,合并聲明。開單咨送吏部等因前來。

查廵察御史,原以表正風俗,稽查彈壓,必須潔己奉公,釐剔積弊,方爲無忝厥職。今廵視臺灣御史,該撫既稱於養廉之外,分派各縣輪值供應;出廵南北兩路,夫車等項,俱令各縣措辦;又復濫准差拘,多留胥役,滋擾地方等語,殊屬溺職。除前任御史諸穆布已經病故、現任御史白瀛尚未報有到任日期,均毋庸議外,應將現任廵臺御史户科給事中六十七、御史范咸均照溺職例革職。至五年以後歷任巡察各員，積習相沿，以致至今未除派累，應將前任巡臺御史今陞河南按察使舒輅、前任巡臺御史今陞内閣學士書山、前任巡臺御史兵科給事中楊二酉、前任巡臺御史今經丁憂張湄、前任巡臺御史今陞太僕寺卿熊學鵬，均照溺職例革職。恭候命下，臣部遵奉施行。臣等未敢擅便，謹題請旨。

乾隆十二年四月初九日

經筵講官太子太保保和殿大學士三等伯兼管吏部尚書事加十七級紀録三次臣張廷玉

經筵講官太保議政大臣領侍衛内大臣保和殿大學士仍管吏部尚書事兼管户部三庫事務御前大臣果毅公加一級紀録一次臣訥親

太子太保議政大臣領侍衛内大臣協辦大學士事務吏部尚書兼内務府總管事務加一級臣來保

——臺北"中央研究院"歷史語言研究所藏明清史料

登録號：032079

52.乾隆十二年四月初九日
保和殿大學士訥親等爲遵旨詳議具奏事

内閣等衙門經筵講官太子太保議政大臣領侍衛内大臣保和殿大學士仍管吏部尚書兼管户部三庫事務果毅公加一級紀録一次臣訥親等謹題，爲遵旨詳議具奏事。

内閣抄出乾隆十二年三月初三日内閣奉上諭："向因臺灣爲海外要區，設立巡察御史，原以表正風俗，稽查彈壓，除剔弊端。近據陳大受奏，該御史等於養廉外，又分派臺、鳳、諸、彰四縣輪值，每季約需費三四百金。其出巡南北兩路，供應夫車厨傳、賞給各社番黎、操閲犒兵，俱令各縣措備。該衙門濫准詞訟，差拘滋擾，於額設胥役之外，更有奸民掛名，恃符生事。該巡察既有專制一方之意，而屬員極意承應，雖有積弊，亦屬上下相蒙等語。大凡巡察之員，或因一二事隨時特設，尚於地方有益。至定年限更换，在該巡察等奉命遠行，既已視爲傳舍，及至彼處，而積習相沿，因循滋弊。懦弱者苟幸無過，坐待瓜期；喜事者擅作威福，諸事多所掣肘。夫御史所以稽察人者也，今乃自作弊，後先相襲不爲怪，豈朕差往本意？其乾隆五年以後歷任巡臺御史，俱著交部嚴察議奏。臺灣本有總兵、道、府文武大員，足資彈壓。一切案件，原屬本省督、撫察核，似可不必另派巡察，以滋煩擾。至盛京等處巡察，所司不過註銷案件等瑣細之事,於地方政務未見有所裨益。所有各巡察之處,或應仍差往,或應一併掣回,著大學士、九卿詳議具奏。欽此。”於乾隆十二年三月初五日抄出到部。

該臣等會議得,乾隆十二年三月初三日,内閣奉上諭:“向因臺灣爲海外要區,設立巡察御史,原以表正風俗,稽查彈壓,除剔弊端。近據陳大受奏,該御史等於養廉外,又分派臺、鳳、諸、彰四縣輪值,每季約需費三四百金。其出巡南北兩路,供應夫車厨傳、賞給各社番黎、操閲犒兵,俱令各縣措備。該衙門濫准詞訟,差拘滋擾,於額設胥役之外,更有奸民掛名,恃符生事。該巡察既有專制一方之意,而屬員極意承應,雖有積弊,亦復上下相蒙等語。大凡巡察之員,或因一二事隨時特設,尚於地方有益。至定年限更换,在該巡察等奉命遠行,既已視爲傳舍,及至彼處,而積習相沿,因循滋弊。懦弱者苟幸無過,坐待瓜期;喜事者擅作威福,諸事多所掣肘。夫御史所以稽察人者也,今乃自作弊,後先相襲不為怪,豈朕差往本意?其乾隆五年以後歷任巡臺御史,俱著交部嚴察議奏。臺灣本有總兵、道、府文武大員,足資彈壓。一切案件,原屬本省督、撫察核,似可不必另派巡察,以滋煩擾。至盛京等處巡察,所司不過註銷案件等瑣細之事,於地方政務,亦未見有所裨益。所有各巡察之處,或應仍差往,或應一並掣回,著大學士、九卿詳議具奏。欽此。”欽遵。除乾隆五年以後歷任巡臺御史遵旨交與吏部照例議處另行題覆外,查各處巡察之設,原以稽察彈壓,使地方不致滋事。若因巡察而致滋擾,轉非設立本意。但其中或有地處僻遠,必須派員巡歷,以重邊防,或有因事特設,不過相沿更换,無關緊要。要在斟酌情形,量度事勢,務使巡察一官,有稽查之實效,無煩擾之弊端,方足仰副我皇上綏靖地方之至意。今各處巡察,應差應掣,欽奉諭旨,令臣等詳議具奏,臣等謹遵旨悉心會議。

伏查臺灣一郡,僻在閩疆,遠隔重洋,民番雜處,素稱難治。康熙六十年臺匪平定之後,欽奉上諭:“每年自京派出御史一員,前往臺灣巡查。此御史往來行走,彼處一切信息,可得迅聞。凡有應條奏事宜,亦可條奏,而彼處之人皆知畏懼。至地方事務,御史不必管理也。將此旨傳示九卿。欽此。”嗣經議准每年派滿、漢御史各一員,前往巡察,一年更换。如有應行條奏事件,具本條奏。雍正五年,奉旨兼管學政,並令科道一並開列,歷來遵奉辦理。原以該處地方僻在海島,洋面風信難定,一切文移往返,動需時日,是以設立巡察,俾信息得以早通。至臺、鳳、諸、彰四縣,皆係番民雜居。在番黎固屬野性難馴,即該處民人,半多閩、粤流寓之輩,雖有總兵、道、府足資彈壓,而督、撫駐劄遥遠,鞭長莫及。每年欽派滿、漢巡察二員,就近稽查,既使地方文武不致隱蔽,番民又得藉以彈壓,實於海疆有益。至該撫所奏巡察衙門諸弊,亦係積年陋習,巡察等官不能清釐禁革所致,並非官地兩不相宜。臣等愚見,臺灣巡察,自康熙年間設立以來,迄今二十餘載,兵民俱各安堵,未便因海宇寧謐之時,遽弛稽查防範之意。應請仍舊派設,毋庸另議掣回。

至黑龍江巡察,雍正元年議定,每年於滿科道部院司員内派出一員,船廠派滿官一員、漢官一員。雍正七年,停止漢官,專派滿官前往,俱係一年更換。該二處兵丁旗人既有將軍、副都統管轄;一切刑名案件又有理事、通判、主事等官管理,巡察一官實屬虚設。又盛京於雍正三年議定,每年於滿科道派出一員,稽查五部將軍衙門未完事件。該處事務本簡,巡察所司,不過註銷查點,非關緊要。再八旗游牧及歸化城二處巡察,雍正七年奉旨:"每年於部郎御史内各派一員前往。"雍正十年,奏准大學士會同吏部理藩院於蒙古員内揀派,蓋因彼時該處總管有犯貪婪侵剥之案,是以特設稽察,乃一時整理之法。今該二處巡察,每年循例派往,亦不過註銷事件,並無稽查實際。

以上各處臣等公同商酌,除臺灣一處照舊設立外,其黑龍江、船廠、盛京及八旗遊牧、歸化城等處巡察,既與當時設立事勢不同,與其蹈常襲故,徒事因循,不若减省冗繁,以專責守。相應請旨,將現在派往人員,一並掣回,嗣後停其派往。至臺灣巡察衙門,該撫所奏一應積弊,現在奉旨將歷任巡察等交部察議,嗣後該巡察等務遵功令,不得仍蹈前轍。並令該省督、撫不時查察,以清弊端,庶於地方有濟,而官司亦免煩擾之累。臣等愚見如此,如蒙俞允,俟命下之日,行文各該衙門遵照辦理。再,此本係吏部主稿,合併聲明,恭候命下,臣等遵奉施行。臣等未敢擅便,謹題請旨。

乾隆十二年四月初九日

經筵講官太子太保議政大臣領侍衛内大臣保和殿大學士仍管吏部尚書事兼管户部三庫事務御前大臣果毅公加一級紀録一次臣訥親

經筵講官太保保和殿大學士三等伯兼管吏部尚書事加十七級紀録三次臣張廷玉

太子太保大學士臣陳世倌(尾缺)

【硃批】:差遣巡察官員,原以令其稽查地方事務之廢弛。近因按年輪派,遂均視爲泛常,毫無裨益,反於地方滋擾,殊非設立巡察之本意。若不必限年更替,俟應查之時特派專員往查,尚於事務有益。盛京等處巡察官員,俱照所奏,即令撤回。每届三年,該衙門將應否差員之處請旨。其臺灣巡察官員,應否存留之處,著交該督、撫定議,具奏到日,再降諭旨。

——《明清史料戊編》第一本

轉録自《明清臺灣檔案彙編》第二輯,第 19 册,第 286～290 頁

53.乾隆十二年四月十六日

諭令臺灣巡查官員應否存留著福建督撫議奏及現任及前任各巡臺御史分别議處

乾隆十二年歲次丁卯四月十六日乙亥卯時,上御勤政殿,部院各衙門官員面奏畢,大學士訥親、張廷玉、陳世倌、史貽直,協辦大學士吏部尚書來保,協辦大學士吏部尚書劉於義,工部侍郎在學士裏行索柱,學士宗室塞爾赫、雅爾呼達、留保、書山、朱定元、劉綸以摺本請旨,覆請大學士、九卿會議巡察御史應否差往兩議請旨一疏。

上曰:"差遣巡察官員,原以令其稽查地方事務之廢弛。近因按年輪派,遂均視爲泛常,毫無裨益,反於地方滋擾,殊非設立巡察之本意。若不必限年更替,俟應查之時,特派專員往查,尚於事務有益。盛京等處巡察官員,俱照所奏,即令撤回。每屆三年,該衙門將應否差員之處請旨。其臺灣巡察官員應否存留之處,著交該督、撫定議,具奏到日,再降諭旨。"

又吏部議積習相沿、因循滋弊之乾隆五年以後巡臺各御史,應請革職一疏,上曰:"此案自應分别現任、前任議處。今該部概議革職,殊無區别。現任巡察六十七、范咸俱著革職。前任巡察舒輅、書山、楊二酉、熊學鵬俱著革職留任。張湄著於補官日革職留任。"

——《明清宫藏臺灣檔案匯編》第 25 冊,第 206～213 頁

54.乾隆十二年五月二十一日

閩浙總督臣喀爾吉善奏陳攜眷過臺之弊請勒限一年停止緣由摺

閩浙總督臣喀爾吉善謹奏,爲密奏事。

竊照臺灣一府四縣,孤峙大洋,由來土沃人稀,土著之人十無二三,自粤東惠、潮之民,與閩省福、興、漳、泉之民,紛紛過臺,而食指日繁矣。閩人情願過臺者,多係窮極無聊之人,犯法逃竄之禁,好勇鬥狠,酗酒賭博,不循禮法,不顧廉耻,蔓延於臺、鳳、諸、彰四邑之境者,大小鄉村,深山窮谷,無處不有。所幸零星散居,心志不齊,人雖衆多,猶易就理。其在粤人處臺、諸、彰、淡之境者,不過一二萬人。在鳳山縣境,港東、港西列莊而居者,約計百餘十莊,統計不下

十餘萬人,結連親衆,侵奪番地,獲貲頗饒。因昔年征臺微勞,得有義民功銜,每與有司抗衡,遇事生風。而所住村莊聯絡,聲息相通,氣勢甚盛,其所以不致爲患之故,賴有閩人爲敵,兩相牽制耳。然慓悍之習,則甚於閩人,若不設法綏戢,惟恐養癰遺患。

臣抵任以來,逐加體訪,得其梗概,及至水師提臣張天駿來省,臣與密籌,極言粤人强悍勢衆情形,應行調劑等語。臣思赴臺流寄,家室多在家鄉,臺地現有恒産,未必全無恒心,但能羈其身,繫其心,使之身心兩地,彼此顧盼,令地方各官不事矜張,陽爲駕馭,陰則防閑,如有違犯,齊之以法,仍照例逐水。荒蕪番地,嚴禁侵墾,毋使立莊,力行保甲,不許招留偷渡之人,逐漸整頓,自然不致匪爲。臣已密會提鎮、道、府,一體妥協辦理。第此輩現在住臺者,其人已衆,其勢已盛,上年巡臺給事中六十七等奏准許其攜眷過臺,特人數益繁,更增若輩梟張之勢,將來無土可耕,漸次悉成莠民,殊與地方不便。臣查從前攜眷過臺者,每歲不下二三千人,自此源源而往,毋論影射,縱使名名著實,亦與展復之初,不准[拿]挈眷過臺之深意未符。臣受恩深重,聞見既確,雖不敢明目張膽,使之觬甈不安,亦何敢不先事預防,據實密奏,並另摺恭懇皇上鴻慈俯准,將攜眷過臺之處,勒限一年,永行停止。則流寄之人,不致妄爲滋事,而臺地居民亦得安於衽席矣。臣爲海疆起見,冒昧瀆陳,惟祈聖鑒。謹密奏。

五月二十一日

乾隆十二年六月十四日奉硃批:有旨諭部。欽此。

——《乾隆朝軍機處檔》

轉録自《明清臺灣檔案彙編》第二輯,第 19 冊,第 319～320 頁

55.乾隆十二年五月二十一日

閩浙總督喀爾吉善奏請定臺民搬眷年限以杜弊竇以重海疆事

閩浙總督臣喀爾吉善謹奏,爲請定臺民搬眷年限,以杜弊竇,以重海疆事。

竊照臺灣一郡,地廣土肥,物産甚富,粤之惠、潮,閩之漳、泉各府民人,或往開墾,或往貿易,從前皆止隻身,不許攜帶眷口。雍正十年,經廣東督臣鄂彌達條奏,部議准令流寄之民,搬取家眷,俾得天倫聚首,樂業安居,此准攜眷過臺之始也。乾隆四年,前督臣郝玉麟,因定例已□□,流寄良民眷口,均已搬

取,即有事故遲延者,諒亦無幾,請再定限一年,逾限不准給照。奉旨:"著照所請行。欽此。"是搬眷之例,已於乾隆五年停止。嗣於乾隆十一年,又經巡臺給事中六十七等奏請在臺民人往内地搬取家口,并内地有祖父母、父母、妻子欲往就養者,准其給照來臺,入甲安插等情。經前督臣馬爾泰議覆,接准部咨,奉旨:"依議。欽此。"現在遵行,但未定有年限。

臣細加訪察,其中滋弊甚深,在臺之人或則揑稱妻媳姓氏,或則多報子女名口,非掠販頂冒,即潛行拐逃,臺灣婦女價貴,獲利不啻倍蓰。原籍地方以及汛口各官,未嘗不遵例查點,但奸棍舞弊勾串,鄰保揑供揑結,被其蒙混者,勢所不免。且查過臺人數,自雍正十二年起,至乾隆五年,大小男婦,紛紛給照,不下二萬餘人,地窄人稠,奸詐百出,於地方民生均有未便。臣請自本地五月爲始,定限一年,出示曉諭,如在臺民人,尚有家眷未搬,及内地之祖父母、父母、妻子欲往就養者,照例詳細確查,給照過臺,飭令内外汛口文武員弁,嚴加查察,逾限不准給照。倘不行詳查,致有販掠頂冒情弊,一經察出,嚴參究治。如此定限,自六十七等奏准以來,又經二年,不爲不久,其實在有眷良民,已得搬移團聚,而奸徒匪類,亦不致頂冒滋弊矣。是否有當,伏乞皇上睿鑒訓示遵行。謹奏。

五月二十一日

乾隆十二年六月十四日奉硃批:著照所請行,該部知道。欽此。

——《乾隆朝軍機處檔》

轉録自《明清臺灣檔案彙編》第二輯,第 19 冊,第 325～326 頁

56.乾隆十二年六月初七日
閩浙總督喀爾吉善等奏陳臺灣巡察官員應照舊存留摺

閩浙總督臣喀爾吉善、福建巡撫降二級留任臣陳大受謹奏,爲遵旨詳議具奏事。

乾隆十二年五月三十日,准吏部咨,内閣等衙門議覆各處巡察官員應留應掣一案,奉旨:"臺灣巡察官員應否存留之處,著交該督、撫定議,具奏到日再降諭旨。欽此。"移咨到臣。

該臣等查得臺灣爲閩省海外之大郡,袤延二千餘里,環設一廳四縣,内則拱衛中土,外則撫馭民番,沿海各省藉以屏蔽。聖祖仁皇帝欽命每年派出御史巡察,迄今垂二十餘年。雖設立之初係在臺匪甫平之後,然所以樹海隅之聲教,悉鎮撫之機宜,使情形易徹於宸衷,而見聞交贊於邦吏。揆諸政體,本有裨

益。兹因巡察衙門陋弊未除,於地方不無滋擾,特命酌議官員之去留。經廷部諸臣兩議覆奏,復蒙諭旨交與臣等定議,仰見皇上慎重海疆,務求實效之至意。臣等傳集在省司道詳加講論,再四籌畫。竊見臺郡情形實與內地迥别,雖有鎮、道大員駐劄,而鎮、道受節制於督、撫,重洋遠隔,信息難通。平時兵戢民安,地方寧謐,鎮、道樂於見長,文稟未嘗不達,尋常辦理之事,亦復不待督責,可以照例施行。至若屬員之貪劣,兵丁之驕縱,蠹役之叢奸,豪惡之滋釁,地方既屬遼遠,庶務亦極紛繁。料理一有不周,鎮、道即干吏議,遂不免因循瞻顧,粉飾欺朦,恐致民隱不能上聞,小事釀成大患。猝遇要務,指畫無術,皆不可不爲遠慮。巡察坐鎮其間,即不干預民事,而耳目甚近,覺察易周。大事可以上聞,其餘亦可知會臣等及時辦理。且使文武各官有所顧忌,不致逾閑越檢,未必非整飭地方之助。況社番情性類屬愚頑,臺地兵民亦多驁黠,其於欽使之聲威,久爲讋服。若遽易舊制,則番衆或致生心,奸徒無所震慴,而文武權輕,恐不足以資彈壓。此巡察之難於議裁者,又勢使然也。至從前巡察官員令州、縣輪值供應,出巡時勞費夫車、廚傳犒賞及濫准詞狀,差拘滋擾,多留掛名書役,恃符生釁,種種情事,實屬擾累地方。但既欽奉上諭,嚴切誥誡,現准巡察白瀛等知會,業將陋弊分别革除,則是德意已昭,政體已肅。惟嗣後出巡之處,尚應酌定者。臺郡原分南北兩路,每年鎮、道、知府業有輪巡之例。若巡察二員必令同路周巡,官兵吏役相屬於道,縱供應夫車,不復取給於屬縣,而經行所至送迎護衛等事,仍所不免,多一官即多若干人之隨從,究未免於紛擾。嗣後滿、漢巡察二員似應於每年農隙時分路各自巡查一次,到處自有護衛之兵役,毋庸多帶僕隸,以節縻費。其現在已革諸弊,後此奉使之員自必恪遵成憲。臣等亦體照廷議,不時察查,務使肅清。至於臺郡政務,當與巡察計議者,惟有虚衷集益,熟商妥辦,以冀仰紓聖慮。所有臺灣巡察應請照舊存留之處,理合恭摺具奏,伏祈皇上睿鑒訓示遵行。謹奏。

乾隆十二年六月初七日

【硃批】:原議之大臣等議奏。

——《明清宫藏臺灣檔案匯編》第 25 册,第 342~349 頁

57.乾隆十二年六月初七日

閩浙總督喀爾吉善等奏定臺郡買米章程摺

閩浙總督臣喀爾吉善、福建巡撫臣陳大受謹奏,爲奏定臺郡買米章程事。

竊查江南河道總督周學健條奏：漳、泉二府商民，給照赴臺買米，並在臺漳、泉之人餘粟，給照運回一摺，經軍機大臣張廷玉等覆奏内稱：查米穀爲民食所關，因宜通融接濟，因時調劑，而奸商私販偷越外洋，亦屬弊端所在，理應查禁嚴密。乾隆八年十月内，福建總督馬爾泰等奏請，漳、泉二府商人，許令給照赴臺採買。經户部議，以閩省米穀缺少，必須鄰省接濟之處業經原任大學士鄂爾泰等議令，照例委員於米賤省分購買，海運接濟，毋庸招商駁運，以[地]弛海禁。今該督等以臺郡年歲豐稔，議聽漳、泉二府商人請照，赴臺採買，運至内地發糶，雖以本省之商賈，販運本省之米穀，但俱由海洋迅駛，與户部從前所議，江廣等省由海運商販米石，事同一轍，不便議弛海禁，應將該督等所請，給照採買之處，毋庸議等因。奉旨："依議"在案。原以商販出海，非若官買官運，易於督率稽查，透漏外洋，在所不免，是以未議准行。今據該總河奏稱：由臺達厦，水程僅止十餘更，中隔澎湖一島，驗彼歲會之處，應請敕交該督、撫等詳悉妥議，立定章程，交與地方官員妥爲辦理等因具奏。乾隆十二年正月十三日奉旨："依議。欽此。"欽遵抄摺，封寄到臣。

臣等查得漳、泉二府户口殷繁，産米不敷民食，□臺郡接濟，内外挹注，原無異視。向遇缺乏之時，係委員採買，配發裝運。今令漳、泉商民給照赴臺收買，是以本處之人購備本處米糧，更屬簡便有益。惟是海防攸係，凡透越夾帶諸弊，稽察不可不嚴。臣等熟籌酌議，嗣後漳、泉二府商民，欲往臺郡買米者，具呈本縣查明，確係殷實良户，取具保結，給文令赴泉防同知衙門投遞，該同知給以印照，齎執赴臺防同知衙門投遞，該同知移明臺灣府，許其酌量隨地購買，於鹿耳門出口時，臺防同知驗明實數，填註照内，蓋印放行。到廈之日，泉防同知查明，移知漳、泉兩府，聽其發賣，仍令兩同知彼此預爲關會查驗。倘出口於照外多帶，並入口米數缺少，或由小口出入，不經廈府兩門驗放，或不在漳、泉營糶，即將該商究處。若在臺出口已久，逾期並不到廈，即行知本縣，將行保並該商家屬審究。該同知及在汛武員，嚴束兵役家丁，毋許索詐苛求，以致商民畏懼，裹足不前。如奉行不善，即分别查參，照例處分。其給照赴買之期，以十月晚禾登場起，次年二月方止。若見商販買運過多，即於臺民饔飧有礙，或遇年成收獲有限，則於臺地食用宜留。此等情形，仍准該道、府等酌量，詳請暫停。如此立定章程，座□□諸弊可清，官民兩便。

至奏内在臺漳、泉二府民人，准將餘米請照運賣之處，臣等伏查漳、泉流寓在臺置有田園者，成家樂業，久成耕鑿之民。即有儲蓄，本地亦可出售，未必造船爲商，遠涉重洋，希圖微利。其餘隻身傭作者，本無米糧餘剩可以興販，此端一開，則奸行刁商，借名業佃，囤積居奇，轉於漳、泉赴買之商有礙。應將在臺漳、泉二府民人請照運賣，照舊停止。况自臺徙厦商船，每隻例准帶米六十石，上年共報收到米二十二萬石有奇，則亦不須在臺漳、泉民人，自行運回本籍者也。

再，查臺郡本年雨澤應時，收成雖有可望，但除年例應徵供粟，暨帶徵舊欠等粟之外，於遵旨議奏事案内，又有應行買補穀九萬二千三十四石零，即遇豐登，只可買此項足數，不能再聽商買，請俟乾隆戊辰年爲始，查照奏案辦理。臣等因漳、泉、臺郡米穀上廑宸衷，而立法之初，不厭詳慎，博採司、道、府、廳詳稟，再三參酌，遵旨立定章程，詳悉具奏，伏祈皇上睿鑒，訓示遵行。謹奏。

六月初七日

乾隆十二年七月初八日奉硃批：軍機大臣等議奏。欽此。

——《乾隆朝軍機處檔》

轉録自《明清臺灣檔案彙編》第二輯，第 19 册，第 349～351 頁

58.乾隆十二年六月十四日

諭令臺灣客民搬取家口定限一年

乾隆十二年歲次丁卯六月十四日癸酉，大學士訥親、張廷玉奉諭旨：原任禮部郎中陳豫朋著准其回籍。

又閩浙總督喀爾吉善奏臺灣客民搬取家口，請定限一年，地方官查明給照過臺，逾限不准濫給一摺。奉諭旨：著照所請行，該部知道。

——《明清宫藏臺灣檔案匯編》第 25 册，第 367～370 頁

59.乾隆十五年八月二十九日

上諭

乾隆十五年八月二十九日，内閣奉上諭：據潘思榘奏稱巡視臺灣御史楊開鼎已經丁憂，因遠隔重洋，尚未報到等語。臺灣爲海外重地，巡察未便久懸，著御史錢琦去。欽此。

——《明清宫藏臺灣檔案匯編》第 30 册，第 387～389 頁

60.乾隆十五年八月二十九日
上諭

乾隆十五年八月二十九日(己亥),諭軍機大臣等:巡視臺灣,已差御史錢琦。著大學士來保傳諭錢琦:臺郡遠隔重洋,最關緊要。務須實心經理,彈壓地方,俾兵民不至滋事、番眾藉以寧輯,方為妥協。令其自京束裝,即行赴任,不必前來請訓。

——《大清高宗純皇帝實錄》卷三百七十一

61.乾隆十五年九月十五日
福建巡撫潘思榘題奏巡臺御史楊開鼎丁憂事

巡撫福建等處地方提督軍務都察院右副都御史紀錄二次駐劄福州府臣潘思榘謹題,爲咨明事。

乾隆十五年九月十三日准臺灣巡察御史書昌咨前事,竊照巡視臺灣御史楊開鼎親母汪氏於乾隆十五年六月初六日在籍病故,乾隆十五年八月二十二日在任聞訃。所有楊開鼎現在丁憂之處,業經具摺奏聞,咨請代題。至現在應辦一切事件各爲暫行料理,並呈明都察院速行題請,派員赴臺接辦等因到臣。准此。該臣看得臺灣巡察兼理學政臣楊開鼎於乾隆十四年五月二十五日到任,茲准臺灣巡察臣書昌咨稱楊開鼎親母汪氏於乾隆十五年六月初六日在籍病故,本年八月二十二日在任聞訃丁憂,業經具摺奏聞,咨請代題,至現在應辦一切事件,書昌各爲暫行料理,併呈明都察院題請派員赴臺接辦等因前來。理合具題,伏乞皇上勅下部院查照施行。爲此具本謹題奏聞。

乾隆十五年九月十五日

巡撫福建等處地方提督軍務都察院右副都御史

紀錄二次駐劄福州府臣潘思榘

——臺北"中央研究院"歷史語言研究所藏明清檔案

登錄號:055546

62.乾隆十七年六月四日

上諭

乾隆十七年六月初四日内閣奉上諭:臺灣彰化縣兇番戕殺兵民一案,督、提所奏據該地方文武稟報互異,俱未得實情。立柱、錢琦現差巡察,久之未奏;因傳旨詢問,並令察訪確情。今立柱、錢琦覆奏仍屬支吾,未得實情。言官為朝廷耳目,況身處其地,無難審察情偽。乃僅據地方官稟報,敷衍其詞,並非親往察勘;且稱初札商督、撫會銜入告,經駁回專摺具奏。似此則巡察竟成冗贅,於設官本意失之遠矣。立柱、錢琦著交部議處,原摺并發。看來臺灣文有道府,武有鎮營,足資彈壓。巡察三年更替,徒擁虛名。事權則不如督、撫,切近又不如守、令,介在其間。在有志向上者,或以多事致敗;而循分供職者,多致志氣隳頹,或且歎為擯斥外出也,於公事殊無裨益!所有巡察臺灣御史,著三年一次命往,事竣即回,不必留駐候代。著為例。欽此。

——《明清宫藏臺灣檔案匯編》第 32 冊,第 417～418 頁

63.乾隆十七年九月十三日

閩浙總督喀爾吉善等奏明御史巡查回省關防應否封貯請旨事

閩浙總督革職留任臣喀爾吉善、福建巡撫臣陳弘謀謹奏,爲奏明請旨事。

竊照巡察臺灣御史業奉諭旨,三年一次命往,事竣即回,不必留駐候代,欽遵在案。現任巡臺御史臣立柱、臣錢琦自應欽遵諭旨,回京復命,毋庸駐臺候代。

第查巡察臺灣御史原有關防二顆,一係欽差巡察臺灣官兵關防,一係提督臺灣學政關防。除學政關防現經禮部奏准,應照舊例交臺灣道兼理外,所有欽差巡察關防,現任滿、漢御史回京之後,應否封貯福建藩庫,俟三年一次欽差御史到閩交送開用(【硃批】:是),事竣仍齎至省,封貯藩庫;抑或委員齎送赴部,俟欽點差員就近赴部領用。臣等未敢擅便,相應恭摺具奏,請旨遵行。謹奏。

乾隆十七年九月十三日

【硃批】:覽。

——《宫中檔乾隆朝奏摺》第三輯,第 826 頁

64.乾隆十七年十月初七日

上諭

乾隆十七年冬十月初七日(甲午),諭軍機大臣等:據巡臺御史立柱、錢琦奏稱出口船戶徐得利、許得萬、李長茂、陳鄭全等船先後在洋被劫;並安平協把總徐念帶兵巡洋,被漁船舵水打傷兵丁等語。閩省為海疆重地,臺灣一府孤懸海外,巡緝奸匪尤為要務。該督、提等身任地方,自應嚴飭屬員加緊防範。今兩月之中劫案纍纍,且至拒捕迎敵,打傷巡兵;可見地方文武之並不實心整頓,該督、提等所司何事! 現在曾否設法查拏,亦並無一字奏及,甚非委任封疆之意。著傳諭喀爾吉善、李有用,令其查明具奏。

——《大清高宗純皇帝實錄》卷四百二十四

65.乾隆二十一年二月十七日

福建巡撫鐘音奏報擬向欽差官保等先縷晰臺郡情形摺

福建巡撫臣鐘音謹奏,爲奏明事。

竊照臺灣地方孤懸海外,凡刑名案牘,積貯徵輸,以及兵制番情,在在均關緊要。向蒙欽點御史前往巡察,如有應行條奏事件,令照言官之例,具本條奏,俾海表官弁兵民知所畏懼,責綦重也。乾隆十七年,欽奉上諭:"巡察臺灣御史,著三年一次命往,事竣即回,不必留駐候代,著爲例。欽此。"欽遵在案。伏思巡察御史初至閩疆,一切海洋情形及民番風土利弊,俱未深悉;即過臺之後,體察諮訪,彼處文、武員弁或廻護先後同官,或揜飾相沿積習,或内地督、撫查察未到者,恐不免有互相隱蔽之處。且巡察衙門並無現行案卷,不第耳目甚孤,且乏簿書可考。雖海疆重地,貴以鎮静爲安,然利弊所關,應行調劑,以裨地方者,臣與總督隔洋遥制,正藉巡察御史親履其地,審僞覈真,以補督、撫稽查之未逮。今蒙欽差官保、李友棠來閩,臣將臺郡輿圖形勢,一切應辦應察事宜,條分縷晰,俟抵省城之日,逐一移知,使之先悉梗概,以便到彼,按其虚實,協力清釐,總冀民生政務,實有裨益,仰副聖明簡用臺臣,綏靖海表之至意。除封貯藩庫之巡察關防,臨期交送開用外,理合恭摺具奏,伏祈皇上睿鑒。謹奏。

乾隆二十一年二月十七日

【硃批】:知道了。

——《宫中檔乾隆朝奏摺》第十三輯，第 719 頁

66.乾隆二十一年五月十三日
閩浙總督喀爾吉善奏請酌給巡臺御史養廉數目摺

閩浙總督革職留任又從寬留任臣喀爾吉善謹奏，爲請旨事。

竊照巡察臺灣御史原係三年更替，每年每員例給養廉銀一千二百兩，三年每員各需銀三千六百兩，久經按額動支，報銷有案。迨至乾隆十七年六月内，奉上諭："巡察臺灣御史，著三年一次命往，事竣即回，不必留駐候代，著爲例。欽此。"欽遵。兹乾隆二十一年，屆當三年應行巡察之期，已蒙欽命御史臣官保、李友棠前往，業於三月十七日，自福州起程，由廈渡臺，所有應給養廉不便仍照三年任滿舊例全行動支，隨經札行福建布政司，查議詳覆前來。

臣查設官分職，恩賞養廉，原爲辦理公務，日用盤較之需，奉命巡臺之員，兩渡重洋，周巡番界，一切舟車賞勞，悉藉養廉。從前駐臺日久，辦理從容，諸費可以撙節；今事竣即回，不便久駐，費用未免稍多。大約由省過臺，自臺回省，其間守風阻水，往返一年，在所不免。臣據司詳，酌中定議，以三年滿任，每員各需養廉銀三千六百兩之數，減去二千，每員各支給養廉銀一千六百兩，似足敷用；即回省之日，已過一年，亦不准再請增益。此項銀兩仍循例在於福建藩庫耗羡項下動支給領，報部核銷。所有酌給巡臺御史養廉數目，理合會同福建巡撫臣鐘音恭摺具奏，伏乞皇上訓示。謹奏。

乾隆二十一年五月十三日

【硃批】：該部議奏。

——《宫中檔乾隆朝奏摺》第十四輯，第 412 頁

67.乾隆二十五年五月二十一日
上諭

大學士公傅、大學士來字寄閩浙總督楊、福建巡撫吳。

乾隆二十五年五月二十一日奉上諭："據實麟等奏巡查臺灣營伍摺内於兵丁及番目等僂舉捐賞之語。科道巡視海疆量為獎賞，如係舊有成例，豈竟無支

用之項？豈有該御史等自京攜帶銀兩，往彼置買煙、布以備捐賞之理！著傳諭楊廷璋、吳士功等查明，向來此等賞需，作何酌量支用公項？抑或該御史等所定養廉內原係酌計從容足用，臨時作何預備分賞之處？一併詳悉確查，據實奏聞。欽此。"遵旨寄信前來。

——《明清宫藏臺灣檔案匯編》第 44 冊，第 001～003 頁

68.乾隆二十五年五月二十一日
上諭

乾隆二十五年五月二十一日奉上諭："據實麟等奏巡查臺灣營伍摺內於兵丁及番目等婁舉捐賞之語。使臣巡視海徼，量為獎賞兵民，自屬體制宜爾。但此等賞需向來豈無酌量支用之項，而必該御史等自行捐出耶？且該御史等豈能於赴任時自行多帶銀兩，到彼置買煙、布，以備賞賚之用耶？著傳詢實麟等，此項賞需究係作何取辦，或係給自閒款，或係養廉内原有從容酌計預備之處，令其據實具奏。欽此。"軍機大臣遵旨傳諭巡視臺灣實麟、湯世昌。

——《明清宫藏臺灣檔案匯編》第 44 冊，第 004～005 頁

69.乾隆二十五年六月二十四日
閩浙總督楊廷璋等奏報巡臺御史捐賞出自養廉摺

閩浙總督臣楊廷璋、福建巡撫臣吳士功謹奏，爲遵旨確查據實奏聞事。

竊臣楊廷璋於六月初六日途次接奉廷寄，内開奉上諭："據實麟等奏巡查臺灣營伍摺内於兵丁及番目等婁舉捐賞之語。科道巡視臺灣量為獎賞，如係舊有成例，豈竟無支用之項？豈有該御史等自京攜帶銀兩，往彼置買煙、布以備捐賞之理！著傳論楊廷璋、吳士功等查明，向來此等賞需，作何酌量支用公項？抑或該御史所定養廉内原係酌計從容足用，臨時作何預備分賞之處？一併詳悉確查，據實奏聞。欽此。"欽遵寄信前來。隨即恭録札會臣吳士功一體欽遵，一面密飭臺灣道查明實覆。臣楊廷璋於六月十九日到閩即會同詳悉確查。

伏查科道巡視臺灣，向有閱驗南北兩路兵丁及巡查各屬番社之舉，均須預備銀牌、錢文、烟、布等項，酌量賞犒，以示撫恤。向來俱係巡察於養廉内自行

備辦。緣從前臺灣巡察養廉額定每員每年各支銀八百兩,至雍正八年經前任巡察給事中奚德慎等以臺地物價騰貴日用倍於內地,加以幕賓家人、賞兵賞番一切公私雜用,實屬不敷,奏請年增養廉銀各四百兩,先經前督臣高其倬議覆,復經大學士議准,照數增給。自後每員俱各支給養廉銀一千二百兩,所有一切賞賚兵番之項,俱已酌計在內,是以向不動支公項。即乾隆二十一年,前督臣喀爾吉善奏請將巡察養廉每年增爲一千六百兩,經部議駁行,令仍照一千二百兩支給,而原摺內亦經聲明一切舟車賞勞藉養廉之語。是巡察一切賞需應於養廉內支用已歷有案據,是以前任巡察俱係循照辦理。此次實麟、湯世昌亦照例於到閩時向藩庫量支養廉銀兩,買備烟、布等項帶赴臺灣,以供賞犒之用。玆復據臺灣道楊景素禀稱該巡察等所用賞犒實係備帶來臺等語,臣等細查該巡察等用過各賞需,通共不及二百兩,每員所費不滿百金,爲數亦屬無多,且係恩賞養廉,原爲辦理公務日用盤費之需。今巡閱賞賚正屬應辦公務,久經酌增於養廉之內,本不得謂之"捐賞",衹因該巡察等未經查明全案,不知應行自備原委,特以"出自應得養廉,即以量爲捐賞"之語陳奏。今荷聖明洞鑒,勅諭臣等確查,理合會同詳悉查明,據實具奏,并將欽奉硃筆諭旨敬謹恭繳,伏乞皇上睿鑒,謹奏。

乾隆二十五年六月二十四月

【硃批】:固知彼等小見耳。

——《明清宮藏臺灣檔案匯編》第 44 冊,第 90～96 頁

70.乾隆二十九年九月十一日

上諭

乾隆二十九年九月十一日(庚申),諭曰:御史李宜青條陳臺灣事宜一摺,所奏應行與否,且不具論;而其用意之取巧器小,已大失言官之體。該御史奉差巡臺,地方之事皆其職分所難諉。第同差滿、漢二員,考成均屬一體,見聞所及,理宜和衷共酌,會銜入告。即意見容有參差,亦應據實聲明,專摺奏請。乃李宜青既不於在臺時彼此會商,至回京復命亦未聞一言及此;直至差滿日久,挾此為獨得之秘,羅列見長。彼以建白博名高者,存心鄙瑣,固當如是耶?此等伎倆,猶得以嘗試為得計耶。李宜青著傳旨申飭。至所請各條,亦不必以人廢言,仍著交部議奏。

——《大清高宗純皇帝實錄》卷七百十八

71.乾隆二十九年十一月初五日
户部爲移會巡臺御史李宜青奏前事一案事

户部爲遵旨議奏事。福建司案呈,本部議覆監察御史李宜青奏前事一案,相應抄單移會稽察房可也,須至移會者。計粘單一紙。右移會稽察房(年月缺)。

内閣抄出,江南道御史李宜青條奏,臺灣水沙連歸公田園并臺地運米商舡,以及考試生童,换班官兵各事宜一摺。乾隆二十九年九月十一日奉上諭:御史李宜青條陳臺灣事宜一摺,所奏應行與否,且不具論,而其用意之取巧器小,已大失言官之體。該御史奉差巡臺,地方之事,皆其職分所難諉。第同差滿、漢二員,考成均屬一體,見聞所及,理宜和衷共酌,會銜入告。即意見容有參差,亦應據實聲明,專摺奏請。乃李宜青既不於在臺時彼此會商,至回京復命,亦未聞一言及此,直至差滿日久,挾此爲獨得之秘,羅列見長。彼以建白博名高者,存心鄙瑣,固當如是耶。此等伎倆,猶得以嘗試爲得計耶。李宜青著傳旨申飭。至所奏各條,亦不必以人廢言,仍著交部議奏。欽此。欽遵。於本月十六日抄出到部。除先行遵旨申飭外,臣等按款核議,恭呈御覽。

一、奏稱彰化縣水沙連官莊,從前流寓無業貧民,在彼開墾,以資口食。嗣於乾隆十六年,將已成田園奏報入官,奉文自乾隆十七、十八兩年,每粟一石,折徵銀六錢;十九年以後,概徵本色。所有該處自乾隆十九年至二十六年止,除正供粟每年應徵二千三百四十九石零,俱經清完外,其應徵餘租,除節次徵收,尚欠餘租粟一萬二千七百四十九石零;又十七、十八兩年粟價及節年耗羡廍餉,尚欠銀六千六百四十四兩八錢。臣于本年三月按巡北路,據該地民人黄重等以地瘠租重,原佃逃散,不能以現在頂耕之民,彙追十餘年積欠等因具呈到臣。爾時猶以佃民未可盡信,沿途體察,咸稱該處地近内山,所在荒埔,外多浮土砂石排列,地本瘠薄,而傍溪環澗,每多冲決,泥去石見,遂成棄壤。舊佃力不能支,逃散屬實。及詢之該縣與從前檄委臺、諸二縣查勘,各令備述情形,亦異口同聲。然督、撫所由尚未題請者,蓋以事關額賦,不敢遽行議豁,原屬慎重錢糧之意。臣伏查臺灣藍興莊官莊原報四百九十一甲,後復丈溢田四百九十三甲,其丈溢田畝應徵餘租,亦以舊佃轉徙,經該督、撫先後題請恩豁等因在案。我皇上如天之仁,蠲租减賦,不下數十百萬,薄海内外,共荷生全。臣欽奉恩命,巡察臺灣,具知水沙連民力之艱,隱默不言,則其罪滋大。所有該處舊佃逃散并田畝坍没處所,應請勅下該督、撫,另委員履訪確勘,是否屬實,再行奏明辦理等語。查臺灣府彰化縣屬水沙連地方,民人私墾田園一千五百七十甲零，先據原任閩浙總督喀爾吉善題准照官莊之例征租。自乾隆十九年爲始，概收本色，其十七、十八兩年應追未繳租粟，照依採買定價，每石折收價銀六錢，照數完解等因。嗣據該督册報前項田園，除每年額征供粟二千三百四十九石三斗三升七合一勺零，耗粟一百九十五石七斗六升八合零外，共應徵租粟二千五百八十九石三斗五升六合三勺零。又查乾隆二十八年臺屬公費奏銷册造，水沙連自乾隆二十年起，至二十六年止，應徵租粟，除節次徵收，尚欠粟一萬二千二百七十九石三斗七升八勺零；又十七、十八兩年應徵粟價及節年耗羨廍餉等銀，除節[欠]次徵收，尚欠銀五千八百八十六兩七錢二分八厘六毫零，經户部行令催徵完報各在案。今據該御史奏稱，該處民欠各年餘租粟價，因地近内山，所在荒埔外多浮土砂石排列，地本瘠薄，而傍溪環澗，每多冲決，泥去石見，遂成棄壤，舊佃力不能支，逃散屬實，請令該督、撫委員履勘奏明辦理等語。臣等伏查各省地畝如有水冲沙壓，難施耕種者，例准題豁糧租。至貧佃逃亡，舊欠無著，亦准該督、撫確查取結，題請豁免。是以乾隆十七年，據陞任福建巡撫陳弘謀以彰化縣藍興莊應征積欠餘租原佃逃亡，無可著追，取具印甘各結，題准豁免在案。今彰化縣水沙連地方節年民欠餘租，該御史奏稱，田畝冲決，佃户力不能支，逃散屬實之處，現據署閩浙總督定長查明前項田園舊欠各年餘租、粟價、餉耗等銀，實係地畝坍荒，彙追日積，以致貧佃力難完納，委屬無可著追，題請豁免，并將荒缺田園，分别確查，另行題請除糧，應於彼案内查核辦理題覆。

一、臺地官員過海，并運送内地班兵眷米，以及補還州縣借動穀石，係派商船承運。然舡户所最畏者莫若運載粟石，蓋兑收則有守候之苦，重洋則有風濤之患，抵倉交卸，如倉書斗級等在在需費。查該處現今配撥舡隻，俱係將來臺商舡分别大、中、小配載。凡配粟一次，給予免單一張；配運四次者，准免配運一次。但查來臺商舡是否福、興、漳、泉四府屬，凡編有名號來臺各舡照運糧艘例，按先後名次預行撥派，抑係只就現在來臺商舡遇便配撥，其有無偏枯并賄放倖脱之處，應作何查核。再，查臺郡誌内稱，運穀至福州府及南澳等處交卸者，給予免單二張；其興、泉等屬各程較近，給予免單一張，該舡下次入口，免其配運。與今配運四次者免配一次，亦屬不符。至大小舡隻出入各口岸，官弁各派兵役人等稽查巡防，紙筆、飯食、房租等費，勢所必需。據該同知稱，現奉督憲飭行，除遵照酌留書役辦公外，其陋規一概革除等語。然所給支銷各數，亦並未奏明。臣伏思法制定而後賢愚皆可奉行。今運送兵糈等項，本臺地年例應辦之事，乃杜倖免而均勞逸，尚未有一定成規，其守口兵役，容或有暗中需索等弊。該督、撫身任地方，自應熟籌妥議，立定章程等語。查臺郡年額撥運内地兵眷米穀八萬一千餘石，自臺至厦，每穀一石脚費銀八分，每米一石脚費銀一錢八厘零，歷年照數開銷。先於乾隆十一年，據原任福建廵撫周學健奏請通籌臺郡供粟撥運事宜案内，聲明撥運内地穀石，歷年係臺、厦徃來商舡，按照樑頭搭運，赴内地交收，每舡自一百石至三百而止等因在案。今該御史奏稱，商舡承運粟石，兑收則有守候之苦，重洋則有風濤之患，抵倉交卸，在在需費。查該處現今配撥舡隻，俱係將來臺商船分別配載。但是否按先後名次預行撥派，抑只就現在來臺商舡遇便配撥，其有無偏枯并賄放倖脱之處，應作何查核等語。查該處商船撥運内地穀石，從前據原任福建廵撫周學健將按船搭運并裝載數目題明户部，每年於察盤奏銷案内將額運穀石已運若千、未運若干總數查核，並于飭行查議事案内，將自臺至厦運到米穀照例核銷脚費，其承運商舡作何輪流僉運，按次給單及是否將來臺各商船挨順先後均勻配撥，抑止就現在來臺舡隻遇便配運之處，向無報部之案。原應該地方官公平輪派、妥協經理，但其中或有辦理偏枯，以致勞逸不均，亦未可定。應如所奏，行令該督、撫將前項配載商舡有無偏枯、貽累，并賄放倖脱，以及運米交倉有無胥役需索等弊，一併查明妥辦，嚴定章程，以垂久遠。至奏稱大小舡隻出入各口岸，官弁派兵役人等稽查廵防，紙筆、飯食、房租等費，勢所必需。據該同知稱，現奉飭行，除酌留書役辦公外，其陋規一概革除等語。查前項商舡出入各口，派有兵役人等稽察廵防，原不許需索陋規，即使紙筆、飯食、房租等費在所必需，亦不應私派舡户。今該御史所奏酌留辦公之款，究係何項内酌留，何項下支銷，從前有無詳明議准之案，並現在應作何辦理之處，應令該督、撫逐一查明，報部查核。

一、奏稱考校首嚴冒籍及鎗手頂替等弊。原設立廩保童生互結，法至詳也。臺灣四縣，應試多福、興、漳、泉四府之人，稍通文墨，不得志本籍，則指同姓在臺居住者認爲弟侄，公然赴考。教官不及問，廩保互結不暇詳，至竊取一衿，輒褰裳以歸。是按名爲臺之士，實則臺地無其人。臣於上年抵臺，行文觀風，四縣生員只八十餘卷。詢之該處官吏，據稱俱在内地。夫庠序之設，凡以宏奬風教，使居其土者知所向方。今臺屬南北二路，廣袤一千數百餘里，計其莊户，不下數萬，而博士弟子員，寥寥不少概見，則皆内地竄名之所致也。查臺地考試，從前具有明禁，非生長臺地者不得隸於臺學。聖朝作養邊陲之至意，人所共見。又定例入籍二十年亦無原籍可歸者，方准予寄籍考試。今四府人士，其本籍不患無可以應試之處，而遠涉重洋，或兩地重考，抑頂名混充，藐功令而竊榮名，莫此爲甚。請將内地冒籍臺屬各該學文、武生員，照冒籍北闈中式之例，悉改歸本籍。仍請勅下督、撫，飭行兼管提督學政之臺灣道，嗣後府、縣試及該道考試應作何設法稽查，識認精細，其廩保等不敢通同徇隱及受賄等弊，斯則海邦皆鄒魯，而作人之化無遠勿届矣等語。查全書内載[①]臺灣向因新闢，讀書者少，多係泉、漳各處冒籍。今臺灣文風日盛，何必借才異郡。嗣後歲科兩試，飭令該地方官查明現住臺地有田有産、入籍既定之人，取其鄰里結狀，方准送考；如有冒籍臺地入學者，將該地方官題參議處，本童照冒籍例治罪等語。兹據該御史奏稱，臺灣四縣，多福、興、泉、漳之人，指同姓在臺居住者認爲弟侄，公然赴考，是立法非不嚴密，而日久漸至廢弛。應如該御史所請，勅下該督、撫及臺灣道轉飭地方官，查明的係入籍二十年以上，并無原籍可歸者，方准考試；如有冒籍赴考者，除將本童及廪保照例治罪外，地方官一併查參議處。至現在已經冒籍入學各生，亦應照乾隆二十一年清查順天冒籍之例，勒限一年，改歸原籍。如地方官奉行不力，該督、撫即行指明參處。

一、奏稱臺灣文、武員弁，俱係該督、撫就内地揀選賢能，請旨調補，三年滿仍撤回内地候陞，此定例也。惟是吏以安民，民勿安即旦夕不可使留；苟其安之，雖久何害。查牧民之道，有守文無害、安静而理者，亦有因民立法，調寬猛之宜，遲之久而次第展布者。政與日方新，而瓜期已届，則雖有應辦之事，亦姑聽後之人而不能卒其功。且海外漢奸錯處，新官到百其術以相嘗，而多方以誤之者，實繁有徒，不特數易長吏，胥吏因緣絶簿書爲奸利已耳。三代後吏治，惟兩漢最爲近古，其時置吏有終其身勿易者。彼民也，知若人將久於莅我，則服從其教而不忍欺。至水陸各營汛三年替换，則有弁甫到而兵届應换者，即有兵方來而弁已内移者。夫更番代戍，國家之良法美意，豈臣之知識短淺，所能窺測。特以兵换而弁亦隨之，則整飭之方、考核之術，恐非倏往倏來所能究其事；而且山川之阨塞險易，風信沙綫之改易明晦，三年内恐未能驟諳也。查三年更代，原以各省邊地水土惡劣，聖朝深體恤之仁，以使之休息。臺灣歸入版圖百餘年，和風甘雨，地氣潛移，風土饒樂，同符内地。而乃使之視同傳舍，則苟安之情在所不免。臣愚，請將調臺員弁，除老病及政績平常者三年滿仍照舊例辦理外，其有循聲卓著及整飭行伍有方者，許該督、撫保題，以陞銜留任，俟陞缺既及，内部咨取引見，然後離任。則海外得賢員久於其地，民必且相安無事，而弁兵腹心臂指，邊防益鞏固於億萬斯年矣等語。查乾隆二十五年九月，臣部遵旨議覆前任閩浙總督楊廷璋等奏稱，詳查各省邊缺久於其任案内，查閩省各府、州、縣，惟臺灣一府係屬邊缺，孤懸海外，所設各官，均由内地調補。調任人員，涉歷風濤，驚心履險，定例又不許携帶家眷，所有父母妻子遠居内地，未免意見紛馳，時滋内顧之慮，是以仰荷聖慈，定爲三年俸滿，撤回内地候陞。且在

① 此處文字似有缺漏。

任三年,加以交盤清楚,渡回内地,已屬四年,未便再令久於其任,致使心志隳頽,轉乏整頓之益等因。奉旨:依議。欽遵在案。是臺灣一郡孤懸海外,遠隔重洋,與内地邊缺情形迥異。歷經奏准三年俸滿,調回内地候陞,原於鼓勵之中,兼寓體恤之意。若令其照内地人員久任,轉恐該員久駐海外,心志漸隳,於政務無所裨益,殊非鼓勵人材之道。應將該御史所奏,調臺文武員弁,其有循聲卓著及整飭營伍有方者,著該督、撫保題陞銜留任之處,毋庸議等因。

於乾隆二十九年十一月初五日題,本月初八日奉旨:依議。欽此。

——《臺灣研究資料彙編》第一輯,第 17321～17327 頁

72.乾隆三十年四月初一日

福建布政使顔希深奏請停御史巡臺之例以省虚文以崇實政摺

福建布政使臣顔希深謹奏,爲請停御史巡臺之例,以省虚文,以崇實政事。

竊照康熙六十年設立巡察臺灣御史滿、漢各一員,迨乾隆十七年,我皇上聖明,洞照臺灣文有道、府,武有鎮、營,足資彈壓,巡察三年更替,徒擁虚名,特頒諭旨,巡察臺灣御史著三年一次命往,事竣即回,不必留駐候代,著爲例。仰見聖天子明目達聰,無遠弗屆,即重洋之外亦瞭如指掌。惟是臺郡情形又有今昔不同之處,緣昔日民番雜處,易啓事端,自應多方稽查鈐制。邇來皇仁遠播,鯨海無波,臺地熟番悉已辮髪改服,實與編氓無異;生番亦畏威遠避,匿跡深山,邊界劫殺之案日就稀少,地方極爲寧謐,且每年既有道員巡歷各社,宣論番民,復有鎮營會哨海洋,盤查奸宄,定例已極周詳,似不必另差巡察之員,方稱嚴密。再,查巡察御史遵例赴臺多者五六月,少者三四月,即須復命。巡查番社之外,別無應辦事宜;即或臺民赴控,批准呈詞,率發府、縣訊覆,又因在臺爲日無多,不及留待申詳,仍造册咨送督、撫飭辦。且因在臺日淺,所見所聞俱未詳細,自歷數任以來,其能糾察屬員興利除弊者,實不多見。又查御史巡查各社向有綵棚番戲等項,以飾觀瞻,率由番社頭目科斂銀錢備辦,難免借端侵蝕,雖經歷任巡察禁革,但番民稚魯,文告不通,惟聽番目欺弄。每借夫轎名色,按社科派,恐此弊尚不能盡除。且巡察衙門胥吏、衙役例無額設,係各縣臨期酌撥雇募之人,明知供役不久,或有乘機射利,需索番民之事,亦未可定。臺灣重地,素廑宸衷,臣到任一載以來,留心體訪,大抵巡察一官往來道路沿襲具文,

實於公事無關輕重，稍有約束不嚴之處，轉於臺地番民，不無滋擾。臣不揣冒昧，據實密陳，合無仰請聖裁，特頒諭旨，將三年巡察一次之例亦行停止，仍請責成該處鎮、道實力稽查，似亦去浮崇實之一道也，臣愚昧之見是否有當，伏祈皇上睿監施行。謹奏。

乾隆三十年四月初一日

【硃批】：有旨諭部。

——《宫中檔乾隆朝奏折》第二十四輯，第 490～491 頁

73.乾隆三十年五月初三日

都察院奏[①]

福建布政使顔希深奏請停御史巡臺之例一摺，奉硃批：有旨諭部。欽此。復奉旨交查。臣等查得巡察御史，盛京、黑龍江、船廠、歸化城、游牧、臺灣共有六處。乾隆十二年四月十七日奉上諭：盛京等處巡察官員昨已降旨撤回，每屆三年，該衙門將應否差員之處請旨。今思三年屆期，一時差遣未必得如許賢員，應分别年分陸續差遣，方爲妥協。其巡察所至，如彼處將軍以下倘有簠簋不飭、政事失宜、官兵擾累及案件有無逾限，皆該巡察等分内應查之事。游牧地方各有大員管理，其是否實心任事，挑補屬員有無屈抑，并上駟院等衙門馬群事務是否妥協亦應一一查察。於差竣之日，將所查該巡察三年内實蹟，并地方現在情形，逐一據實奏聞。既可具悉該處吏治民情，廣明目達聰之益，而巡察人員之能否盡職，即可定其殿最。如此於地方實有裨益，巡察不爲虚設。較之前次巡察人員但以註銷案件爲事，及差滿摭拾無關緊要條奏塞責者，不可同日而語矣。其如何分年請旨，并定立巡察條款，大學士、九卿會同詳晰妥議具奏。欽此。隨經大學士等議定，盛京等處巡察計有五處，分爲三班，遞年奏派，各處每届三年之期，奏派一次，毋庸仍照舊例一年爲期等因。奉旨：依議。

又乾隆十七年六月初四日内閣奉上諭：臺灣彰化縣兇番戕殺兵民一案，督、提所奏，據該地方文武官禀報互異，俱未得實情，立柱、錢琦現差巡察，久之未奏，因傳旨詢問，並令察訪確情。今立柱、錢琦覆奏，仍屬支吾，未得實情。言官爲朝廷耳目，况身處其地，無難審察情僞。乃僅據地方官禀報，敷衍其詞，

---

① 本摺缺上奏人，據推測應爲都察院。

並未親往察勘。且稱初札商督、撫會銜入告,經駁回專摺具奏。似此則巡察竟成冗贅,於設官本意失之遠矣。立柱、錢琦著交部議處,原摺并發。看來臺灣文有道、府,武有鎮、營,足資彈壓。巡察三年更替,徒擁虛名,事權則不如督、撫,切近又不如守、令,介在其間,有志向上者或以多事致敗,而循分供職者多致志氣隳頽,或且嘆爲擯斥外出也,於公事殊無裨益。所有巡察臺灣御史,著三年一次命往,事竣即回,不必留駐候代。著爲例。欽此。各欽遵在案。今臺灣巡察御史已蒙面諭,令臣等擬寫三年奏派時臨期酌定諭旨,現在盛京等五處分班派往之例,應否亦照臺灣臨期請旨,一體寫入諭旨之處,伏候訓示。謹奏。

五月初三日

——《明清宫藏臺灣檔案匯編》第 50 册,第 309～314 頁

74.乾隆三十年五月初三日

上諭

乾隆三十年五月初三日,内閣奉上諭:巡視臺灣御史,前已降旨三年簡派一次;事竣即回,無庸留駐候代。今思該處現有道、鎮大員駐劄,一應地方事務俱可隨時經理;而向來巡察御史在彼並未聞有所建白,原屬有名無實。若遽行裁撤,則地方官或以遠隔海洋,無人稽察,日久不免廢弛,亦不可不防其流弊。嗣後届三年請派之期,該衙門仍照例奏請,或暫停派往、或數次後派員一往巡查,候朕隨時酌量辦理。其盛京等五處分班簡派稽察,亦照此例行。欽此。

——《明清宫藏臺灣檔案匯編》第 50 册,第 306～308 頁

75.乾隆三十六年正月

都察院左都御史觀保等奏請臺灣巡察應否派往摺

都察院左都御史革職留任又從寬免其革任臣觀保等謹奏,爲請旨事。

查臺灣一差,向例三年請旨派出滿、漢科道各一員巡察一次。乾隆三十年五月内奉上諭:巡視臺灣御史,前已降旨,三年簡派一次,事竣即回,毋庸[註留]留駐候代。今思該處現有道、鎮大員駐劄,一應地方事務俱可隨時經理,而向來巡察御史在彼並未聞有所建白,原屬有名無實,若遽行裁撤,則地方官或

以遠隔海洋,無人稽查,日久不免廢弛,亦不可不防其流弊。嗣後届三年請派之期,該衙門仍照例奏請,或暫停派往,或數次後派員一往巡查,候朕隨時酌量辦理。其盛京等五處分班簡派稽查,亦照此例行。欽此。欽遵在案。

今查,巡察臺灣原任滿給事中覺羅明善、漢給事中朱丕烈,於乾隆三十三年正月二十七日離臺回京之日起,扣至本年正月已届三年之期,相應遵旨奏明,應否派往之處,恭候欽定。臣等謹將應開滿、漢科道職名繕寫緑頭牌,注明事由,預備帶領引見。爲此謹奏請旨。

乾隆三十六年正月　日
都察院左都御史臣觀保
左都御史臣張若溎
左副都御史臣嵇璜
左副都御史臣羅源漢

——臺北"中央研究院"歷史語言研究所藏明清史料
登録號:022775

76.乾隆四十一年五月
都察院左都御史素爾訥等奏請臺灣巡察應否派往摺

經筵講官議政大臣都察院左都御史鑲白旗滿洲都統革職留任臣素爾訥等謹奏,爲請旨事。

查臺灣一差,向例三年請旨派出滿、漢科道各一員,巡察一次。乾隆十七年六月内奉上諭:"臺灣文有道、府,武有鎮、營,足資彈壓,巡察三年更替,徒擁虚名。事權則不如督、撫,切近又不如守、令,介在其間,在有志向上者,或以多事致敗,而循分供職者,多致志氣墮頹,或且嘆爲擯斥外出也,於公事殊無裨益。所有巡察臺灣御史,著三年一次命往,事竣即回,不必留駐候代,著爲令。欽此。"又於乾隆三十年五月内奉上諭:"巡視臺灣御史前已降旨三年簡派一次,事竣即回,毋庸駐留候代。今思該處現有道、鎮大員駐劄,一應地方事務俱可隨時經理,而向來巡察御史在彼,並未聞有所建白,原屬有名無實。若遽行裁撤,則地方官或以遠隔海洋,無人稽察,日久不免廢弛,亦不可不防其流弊。嗣後届三年請派之期,該衙門仍照例奏請,或暫停派往,或數次後派員一往巡查,候朕隨時酌量辦理。欽此。"欽遵在案。

嗣查乾隆三十六年正月内,奉旨派出滿給事中喀爾崇義、漢給事中王顯曾,前往臺灣廵察,扣至四十年四月,已届三年之期,經臣等照例奏請,奉旨:“此次著停派,明年再行請旨。欽此。”今至本年四月,現届請旨之期,理合奏明應否派往之處,恭候欽定。

臣等謹將現在出差、奏明親老停派遠差,并奏明兼辦工程等項,以及本省應行廻避各人員扣除不開外,謹將應開滿、漢科道職名,繕寫緑頭牌,預備帶領引見。爲此謹奏請旨。

乾隆四十一年五月　日

——臺北“中央研究院”歷史語言研究所藏明清史料

登録號:049348

77.乾隆四十二年四月初四日
都察院左都御史邁拉遜等奏請巡臺御史應否派往摺

經筵講官議政大臣都察院左都御史兼署工部尚書下白旗蒙古都統兼辦總管內務府大臣事務臣邁拉遜等謹奏,為請旨事。

查臺灣一差向例三年請旨,派出滿、漢科道各一員廵察一次,乾隆十七年六月內奉上諭:“廵察臺灣御史,著三年一次命往,事竣即回,不必留駐候代。著為令。欽此。”又乾隆三十年五月內奉上諭:“廵視臺灣御史,前已降旨三年簡派一次,事竣即回,毋庸留駐候代。今思該處現有鎮道大員駐劄,一應地方事務俱可隨時經理,而向來廵察御史在彼並未聞有所建白,原屬有名無實,若遽行裁撤,則地方官或以遠隔海洋,無人稽察,日久不免廢馳,亦不可不防其流弊。嗣後届三年請派之期,該衙門仍照例奏請,或暫停派往,或數次後派員一往廵查,候朕隨時酌量辦理。欽此。”欽遵在案。嗣於乾隆三十六年正月內,奉旨派出滿給事中喀爾崇義、漢給事中王顯曾,前往臺灣廵察,於三十七年四月初一日離臺,扣至四十年四月已届三年之期,經臣等奏請,奉旨:“此次著停派,明年再行請旨。欽此。”至四十一年,經臣等遵旨奏請,奉旨:“今年著停派,明年再行請旨。欽此。”

今至本年四月,現届請旨之期,理合奏明,應否派往之處,恭候欽定。臣等謹將現在出差、奏明親老停派遠差,并奏明兼辦工程等項,以及本省應行廻避各人員扣除不開外,謹將應開滿、漢科道職名,繕寫綠頭牌,預備帶領引見。為此,謹奏請旨。

乾隆四十二年四月初四日

——臺北"中央研究院"歷史語言研究所藏明清史料
登録號:049347

78.乾隆四十三年三月初四日
閩浙總督鐘音奏報巡臺御史起程進京覆命日期摺

奴才鐘音謹奏。

竊照巡臺御史圖思義、孟邵於二月二十八日内渡抵福建省城,今於三月初四日起程進京覆命。謹附摺奏聞,伏乞聖鑒。

【硃批】:覽。

——《宫中檔乾隆朝奏摺》第四十二輯,第280頁

79.乾隆四十六年十二月十七日
上諭

乾隆四十六年十二月十七日(乙酉),諭:本日據楊魁覆奏"閩省臺灣所屬諸事廢弛"一摺,將節經查明參奏據實辦理各緣由詳晰聲敘。臺灣孤懸海外,最關緊要,該地方官平日因循玩愒,以致積弊相仍,可謂廢弛已極!乃本日據巡臺御史塞岱、雷輪奏"巡視臺灣應行查辦各事宜"内稱:"城垣堅穩完固,弁兵技藝認真,庫帑、倉穀並無短少虧缺"各等語;所奏不實,已於摺内批示。巡臺御史三年始行派往巡視一次,所有該地方一切事務皆應實力查察,隨時據實奏聞。現在該處地方官玩誤疏縱之案,經楊魁查明參奏者不一而足,該御史等豈無聞見,何竟無一語入告?雖該撫等業經查參辦理,而該御史等亦應細加查訪,據實具奏。即該撫所奏,或有屈抑地方官之處,亦應據實為之申理。今所奏不過尋常照例敷衍了事。即如盤查倉庫一事,使地方官果有虧缺,該御史等行走長途,經過重洋,未免多須時日,早可豫為彌補。仍屬有名無實,又何必以此一奏塞責,則巡察臺灣之御史可不必派往矣。塞岱、雷輪俱著交部察議。所有楊魁奏到原摺,並著發交閱看。

——《大清高宗純皇帝實錄》卷一千一百四十七

80.乾隆四十七年二月初一日

上諭

乾隆四十七年歲次壬寅二月初一日戊辰,内閣奉諭旨:富綱奏黔省武職現在委署乏員,請勅部於應陞應補人員内揀選副將二員、參將二員、遊擊三員來黔委用等語。着照所請,即派驗看月官之永貴、和珅、德保、胡季堂、曹文埴會同該部照例揀選帶領引見發往。

又奉調之案帶於新任,俟八年無過方准開復。

又奉諭旨:本日據巡臺御史塞岱、雷輪遞到奏摺,一係"接奉硃批,自陳惶悚,並請交部議處"摺,於十二月初五日拜發;一係"巡查臺灣北路情形",於十二月十七日拜發。兩摺先後不同,俱於同日奏到。其初五日摺内所奏諸羅縣盜犯洪籠一案,乃該處緊要事務,何以並未詳晰聲明?即所稱該廳縣先後拿獲賊犯二十餘名,俱經撫臣楊魁行提過海審辦及續獲賊匪陳明等八名已飛飭各縣嚴究辦理之處,殊屬非是。臺灣地處海外,因三年例派御史巡視一次,遇有緊要事件,自應一面提審辦理,一面奏聞。如此案緝獲賊匪陳明等八名事關要案,該御史等即應就近審辦,再行移交撫臣歸案完結,何得僅飭各縣審究,謂可了事耶!至十七日所奏之摺,又不過巡視地方情形,敷衍塞責,而於初五日所奏諸羅縣盜犯之事全不提及。似此有名無實,又安用此巡臺御史為乎!塞岱、雷輪仍著交部議處。摺併發。

——《明清宫藏臺灣檔案匯編》第67冊,第278～282頁

81.乾隆四十八年十二月初六日

都察院奏

遵旨查巡察臺灣御史向例自前任離臺之日起,扣滿三年奏派一次,從前派出之給事中塞岱、雷輪於乾隆四十七年四月内緣事降調離任,應扣至五十年四月内都察院始行奏派。謹奏。

十二月初六日

——《明清宫藏臺灣檔案匯編》第69冊,第175～176頁

82.乾隆五十年四月二十日

署理都察院左都御史德保等奏請委員巡察臺灣摺

兼署都察院左都御史臣德保等謹奏,爲請旨事。

查臺灣一差向例三年請旨派出滿、漢科道各一員,巡察一次。乾隆十七年六月内奉上諭:"巡察臺灣御史著三年一次命往,事竣即回,不必留駐候代,著爲令。欽此。"又乾隆三十年五月内奉上諭:"巡視臺灣御史前已降旨,三年簡派一次,事竣即回,毋庸留駐候代。今思該處現有鎮、道大員駐劄,一應地方事務俱可隨時經理。而向來巡察御史在彼並未聞有所建白,原屬有名無實。若遽行裁撤,則地方官或以遠隔海洋,無人稽察,日久不免廢弛,亦不可不防其流弊。嗣後届三年請派之期,該衙門仍照例奏請,或暫停派往,或數次後派員一往巡查,候朕隨時酌量辦理。欽此。"欽遵在案。今查乾隆四十六年四月内奉旨派出滿給事中塞岱、漢給事中雷輪前往臺灣巡察,於四十七年四月内緣事降調離臺,扣至五十年四月已届三年之期,理合奏明,應否派往之處,恭候欽定。臣等除現在出差及奏明親老停派遠差人員不開外,謹將應開滿、漢科道職名繕寫緑頭牌,預備帶領引見,爲此謹奏請旨。

乾隆五十年四月二十日

兼署都察院左都御史臣德保

左都御史臣紀昀

左副都御史臣哈福納

左副都御史臣梁敦書

——《明清宫藏臺灣檔案匯編》第 69 册,第 419～422 頁

83.乾隆五十年四月二十日

諭旨

乾隆五十年四月二十日,奉旨:此次着停其派往,俟下届應派之期,該衙門照例具奏請旨。欽此。

——《明清宫藏臺灣檔案匯編》第 69 册,第 417～418 頁

84.乾隆五十二年十二月十七日

諭令閩省督、撫、提督輪值渡臺稽察并停派巡察臺灣御史之例

乾隆五十二年十二月十七日,内閣奉上諭:"福建臺灣府孤懸海外,遠隔重洋,地方遼闊,民情刁悍。無籍奸徒往往借端滋事,皆由地方官吏任意侵婪,累民斂怨。而督、撫遇有臺灣道、府、廳、縣缺出,又以該處地土豐饒,不問屬員才具能勝任與否,每用其私人率請調補,俾得侵漁肥橐。所調各員不以涉險爲虞,轉以得調美缺爲喜。到任後利其津益,貪黷無厭,而於地方案件,惟知將就完結,希圖了事。以致奸民無所畏憚,始而作奸犯科,互相械鬥,甚至倡立會名,糾衆不法,遂爾釀成巨案。總因歷任督、撫闒茸廢弛,地方吏治竟不可問。從前歷任督、撫業經身故者,今不復追治其罪;此外如富勒渾、富綱、雅德等亦姑免其深究。但經此次大加懲創之後,海疆重地不可不力為整頓,以期綏靖地方。向來三年一次止派巡臺御史滿、漢各一員,前往巡視,該御史職分較小,且由京派往,豈能備悉該處情形,易為地方官欺蔽,不過虛應故事,仍屬有名無實。嗣後着照四川巡查促浸儹拉之例,令該督、撫及水師、陸路兩提督每年輪值一人前渡臺灣嚴行稽察。該處道、府、廳、縣本皆督、撫所屬,其賢否自易知悉,如有骫法營私、擾累小民之事,即可就近查明,據實參奏。至其營伍弁兵係由內地換班派往防守,為水、陸兩提督素所管轄;其操防一切,孰勤孰惰及有無擾累生事之處,尤易隨時查察,既足以資彈壓,又可以整頓吏治戎行,於海疆實為有裨。再,臺灣道、府向來遇有缺出,俱由該督奏請調補,易啟夤緣瞻狥之弊。嗣後該處道、府缺出,俱著請旨簡放。倘該督、撫、提督等於奉有此旨後仍前玩弛並不實力整頓,又復虛應故事,或致地方復有滋事之案,惟該督、撫、提督是問。至海洋雖風信靡常,而該督、撫等前往巡視原不必拘定時日,衹須視何月分風信平穩之時配船前渡,亦不至於涉險也。所有請派巡查臺灣御史之例,竟行停止。著為令。欽此。"

——《明清宫藏臺灣檔案匯編》第 80 冊,第 96～99 頁

85.乾隆五十三年三月初四日
諭令福州將軍與督撫提督一體輪派前往臺灣稽查

乾隆五十三年三月初四日内閣奉上諭:前因臺灣孤懸海外,遠隔重洋,民情刁悍,奸徒易於滋事。向來祇派御史前往巡視,職分較小且不能備悉該處情形,殊屬有名無實。是以降旨將請派巡臺御史之例停止,止令該督、撫及水師、陸路兩提督每年輪值一人前渡臺灣,嚴行稽察。如地方文武有骫法營私、擾累兵民之事,即可就近查明,據實參奏。今思福州將軍亦係該省大員,自應一體輪派。嗣後著該省將軍與提督分年輪值一人前渡臺灣,實力稽查整頓,永期綏靖海疆。倘有仍前骫法貪黷等情,即行據實參辦。至海洋風信靡常,前已降旨令該督、撫等祇須視風信平穩時配舡前往,不必拘定時日。但遠渡重洋,究係涉險,如該將軍、督、撫、提督内有年逾七十者,著免其前往,以示體卹。欽此。

——《明清宫藏臺灣檔案匯編》第 81 冊,第 406～408 頁

附録二

南征記程[①]

北平黄叔璥玉圃

序

嘗聞士人讀萬卷書，方許行萬里路。萬里行役，人多有之，而歸之讀書之人，何歟？豈不以歷中原蠻徼之廣，陸行則識其崇山峻嶺之脈絡；水行則悉其大川巨浸之源流；匯會都會郡邑，則詳其歷代之建置沿革。以至土田貢賦之肥瘠盈縮，生齒之耗盛，習俗之淳漓。而凡古今人物、遺風餘韻未歇者，過其地則有感慨憑弔、歔欷向往之思。此非胸中積有卷軸，上下古今之識，不能景與情會，濡毫吮墨，一一紀其所見聞也。

乃先生《南征記程》一編，自京師歷燕、趙、齊、魯、吳、越以達閩海，寒、暑、風、雨、明、晦，況瘁三時，如前所云者，一一備之。於是信讀萬卷書，行萬里路非虚語也。且輶軒之職，專在一方，而萬里之行，達於中外。展卷讀之，聖朝聲教，朔南暨宛，見於筆墨間，諮諏詢謀，備聖天子之顧問者。所謂堦前即萬里也，豈特登高作賦，誇大夫之才已哉！

錫山王繩曾撰

① 《南征記程》據清華大學圖書館藏清乾隆刻本點校整理。

康熙六十一年正月二十一日，丁未。上遣御史巡察福建臺灣，大學士會同都察院舉滿御史殷達里、莫爾洪，漢御史柴謙及叔璥四人列名上請。余奉命視事，同行滿御史吳君達禮，不由開列也。

二十五日，赴南海子陛辭，恭請聖訓。民生吏治、軍機番情，無遠不燭。天顏溫霽，跪聆俞旨甚詳，亭午始出。

二月二十一日，丙子，叩辭慈闈，巳刻，發京師。同年繆汀芷（沅）、須鳳苞（洲）、呂澗樵（謙恒）、朱儀庭（一鳳）、何澹菴（世璂）、李敬齋（同聲）、王巖公（承烈）、汪牧亭（誠）、同署任蘅臯（奕鑾）、前輩戴鶴田（芝）、張石擎（國棟）、陳紫山（書）、江燕齋（芑）餞廣寧門外。午後，大風。命姪訥登賢、兒子守謙回。過盧溝河，即桑乾，源出山西馬邑縣，自保安州流逕西山至府西南，一名“小黄河”，金明昌三年，建石橋。未刻，次長興店。內兄劉體仁、澄觀上人、[1]大兄、六弟、姪元幬旅次相聚，甚驩。二兄恐老母念切，策馬先歸。

二十二日，與體仁、大兄、元幬姪話別。過良鄉。午過琉璃河。《金史》謂之“劉李河”，即古聖水，由房山流逕縣界。宿涿州。入城，晤家中丞文侯。[2]

二十三日，宿白溝河。宋遼分界地，亦曰“拒馬河”。

二十四日，風。澄觀上人、六弟赴真定。過雄縣。五代雄州，縣西有大雄山、小雄山。阮亭先生云即公孫瓚易京。漢末童謠云：燕南垂，趙北際，中央不合大如礪。今稱“趙北口”。以此此[3]間九十九淀，易、滹沱、濡、滱諸水皆會於此，燕趙巨浸也。趙北口飯後，同吳書田表兄登文昌閣，煙波極目，遠樹如畫。宿任丘縣。漢元始二年，使中郎將任丘繕城於此，以防海寇，因名。唐、宋、金、元爲莫州。邑令同門陳君餘芳來。高陽韓備初遣其子能承候兩日矣。浣初姊丈以武強張甥女病，不果來。

二十五日，風。過河間府。漢武垣縣地，今郡城亦謂之“瀛州城”。志云：郡在滹沱、高河之間，故曰“河間”。郡守同年張藝儲使來致問。

二十六日，大風。黄沙眯目，咫尺不辨。過獻縣，近古樂壽亭。隋爲樂壽縣。渡衡漳。午過交河縣富莊驛。高河、滹沱河二水合流，故名“交河”。郛外觀音堂小憩。因念甥女病危，其鄉去此四十里，遣使往問。宿阜城縣。

二十七日，晴。次景州。今州治即漢蓨縣。晚宿劉智，入山東界。吳侍御坐談良久。一鼓後，家人回知甥女於二十一日已卒。吾姊生一男二女，所存止

---

① 上人，佛教謂“上德之人”，後用作對僧人的尊稱。

② 中丞，清代用作對巡撫的稱呼。

③ 後一“此”字為衍。

此，溫克異常，兒迺天奪其算。旅館孤鐙，不覺淚涔涔下也。

二十八日，大風。過德州，衛河自恩縣流逕故城縣界，又東北流逕州城西，又北入景州。次曲呂店，宿平原二十里舖。吳侍御邀同吳書田晚飯。

二十九日，陰。次禹城十里舖。晚宿齊河晏城驛。

三十日，陰。比日春風微和，山翠欲滴，桃殷柳碧，掩映道左。征塵十丈中得此，稍快人意。過齊河縣，本禹城之齊河鎮，金置縣。次杜家廟。於開山廟小憩。廻岡複道，逶迤曲折。經崮山驛，松柏蔚然。宿張夏。自杜家廟至此皆長清地，長清春秋時石窌邑也。晚，大風，微雨。

三月初一日，丙戌，早陰，尋晴。次埶臺。武定進士馮怡遇於旅次，同憩李孝子店中。孝子名庭獻，母死，廬墓三年，負土成墳。弟庭芳摒擋家事，克成兄志，因並稱孝子。邑令旌其門。晚宿泰安州。州牧古今譽來，宋胡安定、孫明復、石守道三先生讀書徂徠山下，家孟督學山左時，曾爲立祠，至今猶煥然巖阿間也。

初二日，早發，大風。望岱宗，憶庚寅、辛卯同友人兩登極巔。[①] 今陳岾嵐尚留京邸，李若華秉鐸錫山，張麐若、徐盭侯客游宛陵，而沈碉房、吳振西、郁元調、張孟符俱作古人。追維舊雨，散若晨星，勝遊不再，爲之惘然。過汶河，午次崔家莊。晚宿新泰羊流店，拜晉太傅羊叔子祠。去郇七里有羊續墓，子姓零落，久無人拜掃矣。

初三日，雨，微雪。次花園。里人云國初崔尚書別業，故名。尚書未詳名字，壁間見汪蒼孚農部詠騾車二絕，内一聯“千群馬逸蕭關去，一葉舟掀巨浪中”最爲新警。晚宿蒙陰。蒙山在縣東南四十里，山頂有白雲岩，産雲茶，色白味辛，不堪啜也。

初四日，晴。午次垛莊，晚宿青駝寺。

初五日，早發。三十里，始曙，次鵉莊。過沂州，秦琅琊、漢臨沂地。晚渡沂河，源出臨朐沂山，流逕沂水縣及蒙陰境南，流入州界。宿李家莊。沂苦旱二年，望雨甚急，井泉將涸。自入山東境，民間採小楊葉、杜花、橡實、草子充饑。

初六日，晴。經郯城十里舖，郇内傾蓋亭，明萬[歷]曆間邑令顔若愚修。過郯城縣，古郯子國，縣有郯子廟問官石碣。行三十里，至亩郇。重空和尚寺中暫憩，爲余言縣西北有于公臺，疑即駟馬亭也。亩郇竇孝婦墓，官爲春秋致祭。前令魏敬勝禁民耕採。郇外桃花彌望皆是，惜將殘矣。晚宿紅花埠。

---

① 岱宗，即泰山；庚寅、辛卯，即康熙三十五年、三十六年。

初七日,晴。出郛二里許,入江南界。次峒峿鎮。林木絕少,極目蕭條。堤上行數里,至順河集。走馬過運河,五里至宿遷縣。古鍾吾子國,晉宿豫,唐避代宗諱,改曰"宿遷"。訪同年徐壇長太史,[1]已赴湖南。表兄徐靜夫別駕於正月去世,[2]奠唁喪次。黄昏抵寓。

初八日,晴。早發。柳黄麥秀,風景頓異。次仰化集。郛外即桃源界。循堤上下,遠檣如戟,晚宿衆興集。

初九日,晴。次魚溝,屬清河。午至王家營。

初十日,晴。過黄河,水勢安流。與吳侍御並轡至清江浦。宋淮南轉運使喬惟岳開故沙河,凡四十里,創二斗門,蓄洩水利,以避山陽灣清河口風濤之患,後淤塞。明永樂初,平江伯陳瑄因其舊渠開河,名"清江浦"。至板閘登舟,晡暫泊淮安西門。府城東山陽瀆,即古邗溝也。隋大業元年,以邗溝水道屈曲,發民濬治。自山陽至揚子入江,渠廣四十步。總漕施公世綸貽其先人襄壯公《靖海紀》。[3] 郡守程君懋來,因以所乘馬寄焉。邳州牧白君暎棠繼至。閲邸抄,京畿道已得替矣。晚泊二舖。

十一日,早霧。午至應寶西門小泊。運河自縣北黄浦鎮至縣南界首驛,凡八十里。有東西堤,西堤濱氾光湖,謂之舊堤;東堤爲新堤。明萬[歷]曆中開越河,所謂"弘濟河"也。漕河經此爲最險之區。夜次界首。

十二日,五鼓解纜。巳刻,過高郵州。宋州人秦觀詩曰:"吾鄉如覆盂,高據揚楚脊。環以萬頃湖,黏天無四壁。"故高郵亦曰"盂城"。三十里舖拜露筋祠,門外石碣"露筋烈女死節故處",明巡按御史楊瞻叔立。中爲御額"名媛芳躅",米海岳碑。[4] 原刻無存,康熙元年,濟南杜溎重摹上石。晚次召伯。晉尚書僕射謝安鎮廣陵,歲苦水漲,沒民田。安築埭蓄洩,歲大熟。民呼爲"召伯"。宛陵三兄命四侄德鑄來迎,鎮江阻風,來役候數日矣。

十三日,晴。過揚州。兩淮運使何君順來。糧艘舳艫相屬,兼之人事紛糾,平山瓊花諸勝,不獲一遊。正在解纜,陳森玉先生來,頭童齒豁,鬚髩皓然。回憶童時西塾課讀,轉瞬三十餘年,流光迅駛,感嘅係之。同年唐次衣太史使

---

① 太史,翰林的別稱。

② 別駕,通判的別稱。

③ 襄壯公,即福建水師提督施琅,康熙二十二年率師平臺後,封靖海將軍,靖海侯,謚"襄壯"。施世綸為施琅次子,時任通州漕運總督。《靖海記》由施世綸與其弟世驃合御制詩章、褒賜祭葬鴻文、相關傳記、閩省士大夫評述、施琅的奏疏文告并頌揚詩賦等編輯而成,刊行於康熙四十八年。

④ 米海岳,即北宋書畫家米芾。

來約晤，舟行迫不及待，明早欲過江也。晚泊三汊河，瞻仰行宫。維時繡毬、八仙、紫玉蘭，香氣拂拂，若沾衣裾。敬讀御製《經茱萸灣詩》："作鑑道君開艮岳，長嘘煬帝溺瓊花"，仰見聖上無逸作，所一遊一豫，不忘戒警。隨過高旻寺，登寶墖。義成上人前導，登七級絕頂，下望三汊河，極分明。惜暝色蒼茫，不能縱目。

十四日，晴。辰刻過瓜洲。一名"瓜埠"，亦曰"瓜洲步"。望北固山，渡揚子江。同吳侍御、吳書田維舟登金山寺。金山一名"浮玉"，亦名"伏牛山"。《唐志》：伏牛山供銅器。唐裴頭陀駐錫於此，開山獲金數鎰，因名"金山"。墖軒西北有裴公洞。《金山遊紀》：梁天監四年，敕即金山修水陸會，則"金山"之名不自唐始也。康熙壬寅依山築城，設師以守。甲子，南廵駐蹕，發帑萬金，去城易青石欄，賜名"江天寺"。御書"江天一覽"四大字，宸翰光昭，煥若日星。寺外石碣"宋蘇學士留玉帶處"八大字。有藏經閣，左爲妙高臺，臺之左爲留玉閣，惜門爲防禦所扃，不得登覽。躡石磴，登慈壽墖，凡七級，銀山對峙，焦山東望（漢末焦先隱居於此，下有《瘞鶴銘》）。水中石埠，爲郭璞墓。江山勝槩，延目賞心，幾忘跋涉之艱矣。寺僧恒源約往涵玉樓、慈雲閣諸勝，吳侍御急欲登舟，不遑徧觀也。

過鎮江，孫吳初都於此，後遷秣陵，置京口鎮。劉宋南徐，隋潤州。宋開寶八年，改曰"鎮江"。許太守鈺、丹徒令任作舟來，煩爲吳豹文侍御致祭。晚泊新豐。

十五日，晴。過丹陽縣。本楚之雲陽，秦曰"曲阿"。五十里至呂城。吳將呂蒙築，遺址尚存。晚次奔牛，武進屬。

十六日，晴。過常州。晉毘陵郡，隋置常州。訪張郡守，不遇。午後，阻風。晚泊洛社。

十七日，午晴。泊無錫西門外。李廣文若華、伍主簿泠岩、吳明府粹躬來。[①] 覓小舟，同陳孝廉震先、吳書田至秦學士寄暢園，遊慧山。一名"九龍山"。陸羽云：山陽有九隴，若龍偃臥然，南北延袤數十里。觀二泉，源出慧山石穴。陸羽品爲天下第二泉。謁李忠定、馬文忠、高忠憲、顧端文、邵文莊祠。登錫山，望梁溪，源亦出慧山。梁大同中浚治之。山頂龍光墖已損壞，不可登矣。拜于忠肅、張睢陽廟，歸舟。午飯後，家虞封乃翁益騏、故人王傅巖子繼增來，鄒太和太史、華豫原孝廉繼至。豫原贈所刻《廣事類賦》、《宋史詳節序》；太

---

① 廣文，儒學教官的別稱；主簿，縣令之下所設與縣丞同級別的佐官；明府，縣令的別稱。

史貽舊臺灣令季麒光集。[①] 雨竟夜。

十八日，五鼓，冒雨入城。至崇安寺，恭祝萬壽，成禮而退。順晤來謁諸公，即時解纜。食鰉魚、櫻桃。四侄德鑄遇於窑頭。至山塘，同吳侍御、吳書田、黃海若、四侄遊虎丘（一名“海湧峰”）。觀劍池、千人石、可中亭。謁短簿祠、申文定祠。觀憨憨泉，經韓公塘（塘即白公堤也。聞徐盩侯云金文通易今名）。過五人墓，歸泊胥門。李藩司依齋、魏觀察彦廷迎至楓橋，[②]未遇。徐盩侯、家鶴九先候舟中。

十九日，晴。入城晤李依齋，過魏彦廷舟中。趙仁安侍御弟成穆、太學張煥雲來，移舟盤門。待吳侍御，不至，先行。阻風，晡泊滅瀆橋。

二十日，晴，大風。巳刻發舟。過寶帶橋。當澹臺湖、龐山湖諸湖之口，凡五十三洞。唐王仲舒捐玉帶築此。盩侯言商丘宋中丞令邑人徐永年重修。晚泊吳江。唐曰“松陵”。邑有松陵江，分太湖之流而東出者，古名“笠澤”。東門外長橋，即垂虹橋。邑令同年葉道元來，雨徹夜。

二十一日，丙午，立夏。午刻平望，停舟，送盩侯、四侄分道赴宛陵。過金橋舖，入浙江界。晚泊嘉興。秦由拳縣地，五代秀州。同書田泛南湖（一名“鴛鴦湖”）。登煙雨樓。同年學使馬觀我、廣文何雨峰來。

二十二日，陰。聞范書山侍御尊人於正月初五日去世，煩何廣文爲致祭。過三[illegible]灣。桑田沃若，載蠶小艇，絡繹水次，女紅方興，絕不似茂苑女子惟事冶遊也。維舟石門鎮。

二十三日，雨，始聞雷。過石門縣。春秋吳壘石爲門，以拒越。明爲崇德縣。順治間改名“石門”。書山子紹滂冒雨來。過望仙橋，入湖州境。夜次唐棲。

二十四日，陰。過北新關。望臨平、臯亭諸山。巡鹾傅侍御同蘇内翰備傘轎迎於馬頭。孫、賀兩織造來。隨同吳侍御入城往謝，兼晤屠中丞。寓十五魁巷。

二十五日，陰。屠中丞來，藩、臬繼至。[③] 飯後出湧金門，泛西湖。大風。湖上諸景，瞻眺冥蒙，不能悉辨。至孤山，拜林處士墓，觀放鶴亭。經六一泉，

---

① 季麒光，字聖昭，號蓉洲，江蘇無錫人，康熙丙辰進士。初任内閣中書，康熙二十一年出任福建閩清縣令，二十三年奉調赴臺，任諸羅縣首任縣令。在任逾年，以丁憂去。所著《蓉洲詩文稿》《東寧政事集》等保存了大量清代早期臺灣歷史的珍貴資料，黄叔璥在其所撰的《臺海使槎錄》中多有引用。本處稱季氏為臺灣令，誤。

② 藩司，或稱藩臺，即布政使；觀察，清代對道臺的尊稱。

③ 臬，指臬司或臬臺，為按察使的别稱。

四賢祠(李鄴侯、白樂天、蘇子瞻、林和靖)、陸宣公祠、張文忠公祠。望南高、北高二峰。至蘇堤,堤西曰"裏湖",東曰"外湖"。泊舟第一橋,遊曲院風荷,拜岳鄂王墓。經九里松,至上天竺。翠岫環列,水聲淙淙。寺倚白雲峰,去年不戒於火。時章和尚烹茗小憇。歸路至飛來峰、冷泉亭、靈隱寺。薄暮抵寓。名勝不獲暢遊爲憾。范侍御子大中、同年陳彙蘇、同鄉陶大文子繼潛三孝廉來。

二十六日,晴。省會煩囂,不耐久居,亟遣買舟。而中丞暨馬觀察已爲代備矣。飯後往晤兩司,王臬素臣向爲臺廈道,[①]話海外事甚悉,並贈府志及所繪臺灣、鳳山、諸羅三圖。便道出城,傅侍御、蘇内翰久候江干送別。

二十七日,晴。過六和墖。明萬(歷)曆時,謝在杭過此欲題詩壁上,寺僧阻之。越三年,拜吳興司理,僧逸去。在杭復題壁云:"雙旌五馬遶江城,驚起山僧合掌迎;三載重來渾似夢,終軍原是棄繻生"。梵邨早泊,待吳侍御不至。肩輿遊雲棲,過七佛勝地,舊名"棲真寺"。寺前紫竹叢生,堦砌罌粟盛開(每年八月十五夜植)。由三聚亭東北行,竹樹蔽虧。坐洗心亭,水聲潺湲,穿林漱石,清可鑒毛髮。梁溪高世泰題聯:"別無歧路出世外,只此丘壑非人間。"廻龍亭,蓮大師屬世泰所搆也。"蓮池大師墖院"石碣董文敏書,墖後文震孟題額"彌陀應現"。御碑亭石刻"雲棲",又"松雲間"額。寺僧玉仙來迎,指示諸勝。大師淨室前菩提一株,種出西域。上命織造散各名刹菩提子一百三十粒,令其栽植,惟此獨生,今三年矣。觀董華亭書大師畫像贊,筆法勁秀。又陳眉公題書亦蒼古。征途鹿鹿,獲覩墨寶,令人愛而忘返。歸舟,錢塘長戚徐元賓祗候江干,年垂七十,雙目失明,往返數十里,話談良久,飯後別去。吳侍御薄暮始來。

二十八日,晴。江水瀠洄,諸山環翠。晡泊富陽。本漢富春縣,晉咸安四年以鄭太后諱春,改曰"富陽"。富春江爲錢塘江上流。縣令楊彬來。

二十九日,午,雷雨,旋止。晚泊桐廬,無城郭,依山傍水。望桐君山,一名"桐廬山",縣以此名。西征記:"桐、睦二江會合亭下,有山巍然直壓其首,如渴鯨入水狀,即桐君山也。"山下有合江亭。邑令張坦熊來,説方干故居在縣西南。夜雨。

四月初一日,乙卯,陰。午過富春山。一名"嚴陵瀨",拜先生祠。左祀唐方玄英,右祀宋謝臯羽。明碑碣甚多,宋元以上則絕無矣。稷下學士相傳一絕:"一掛羊裘便有心,虚名浪説到如今。當時若着蓑衣去,煙水茫茫何處尋。"

---

① 王臬素臣,即王之麟,鑲黄旗人,貢生。康熙三十八年至四十三年間任臺廈兵備道,後調補湖北糧道。康熙五十五年至雍正二年任浙江省按察使。

此亦祖唐人不釣鱸魚，只釣名意也。明萬(歷)曆時，御史韓介作《羊裘辨》，並改一絕："羊裘試著本無心，秉燭靈瑩照古今；釣罷寥寥千載後，一絲何處更追尋。"唐張繼詩："古來芳餌下，誰是不吞鈎？"先生之風遠矣，正不必辨也。步客星閣，天雨，登釣臺不果。臺下有泉，陸羽品爲第十九泉。晚泊東館。兩墖相峙，名"南高山"、"北高山"，去嚴州郡城五里。副將汪虎山、郡守吳昌祚、邑令薛景珏來。夜大風雨。

初二日，大風。灘水怒流，折溜盤渦，聲動崖谷。自入江口，層巒列巘，深坳淺凸，連亘不絕。至香頭畢家灘，天空野闊，松杉楓柏，遠被山麓，胸襟頓爲豁然。過蘭溪縣，蘭溪一自東北之衢港，一自縣西之婺港，二水會於蘭陰山下。類羅縠文，又名"瀔水"。夜泊羅埠。

初三日，阻風。灘淺難行，七都墖尤甚。泊龍游縣。秦太末，唐瀔州，改置龍丘。邑令謝汝梅來，言邑中徐姓最多，皆祀徐偃王，無專祠。按韓昌黎譔碑云：衢州故會稽太末也，民多姓徐氏。支縣龍丘，有偃王遺廟。元和九年，徐放爲刺使，因故爲新大祠於廟。今不知所在矣。或曰縣城即姑蔑城舊址。《方輿紀要》言在縣北今府境。

初四日，晴。晚泊衢州。唐武德四年置，以州西三衢山而名。郡守同年靳培之來，隨入城往晤。

初五日，晴。易江山小舟。里民多越水溜立碓。激湍奔吼，若怒雷疾雨之驟至。過大溪灘，林木蔚映，秀石碁布。泉流瀌瀌，不知所自，相賞有松石間意。晚泊江山，唐須江也。

初六，晴。行二十里，至清湖。閩行者，自此舍舟而陸；浙行者，自此舍陸而舟矣。比日灘多大石，或見或伏，舟子牽挽甚難行也。乘輿登程，盤紆石徑。綠樹陰濃，稻壟風來，征塵中又闢一眼界矣。過江郎山，一名"須郎山"，有三峰，皆聳秀，俗呼"江郎三片石"。僧如珊爲余言：江郎靈石廟，宋政和四年賜名靈澤、靈順、靈峡。見壁間三山鄭方坤題句，依韻和之。晚次峡口。

初七日，雨。次保安橋。過仙霞嶺，大風。周櫟園《閩小紀》云：仙霞嶺高三百六十級，凡二十八曲，長二十里。[1] 宋史浩帥閩過此，始募甃石路，行者便

① 周櫟園，即周亮工，字元亮，又字緘齋、櫟園。河南祥符人，明萬曆四十年生，崇禎十三年進士，任山東濰縣令、浙江道試御史。入清後歷任兩淮鹽法道，淮陽海防兵備道，福建按察使、布政使，都察院左副都御史，户部、吏部侍郎等職。《閩小紀》為其官福建布政使時所作，記述福建地方風土、人情、物產、工藝、掌故，亦兼及遺聞瑣事與詩話之類，并時時參以議論。黄叔璥以之作為瞭解福建風土、民情的參考書，在本文中多有引述。

之。宋馬子儼《宿仙霞詩》云:"月影自催人起早,泉聲不許客眠安",摹寫真切。凡踰嶺者必乘竹兜。按淮南王《諫擊閩越書》:輿轎而踰嶺,則竹兜漢已有之。又南十里,爲大竿嶺。又二十里,爲小竿嶺。駕閣淩虚,登臨奇曠。危崖仄徑,步步皆險,誠天設雄關也。宿廿八都,夜大雷雨。

初八日,雨。食廟灣,度楓嶺,即小竿南麓之異名,其實止一嶺也。登寶華寺小樓,山腰噴雪,如同飛瀑。翠竹亭亭,緑蔭山谷。嶺下入福建界。十五里,過梨嶺,一名"梨關",俗呼"五顯嶺"。始聞鷓鴣。次漁梁。《浦城舊志》:天下十大名山,此居其一。其水南流爲建溪,北流爲信溪。里人堰水養魚,故名。

初九日,陰。過新嶺,午次浦城縣。梁江淹作令於此。縣西五里,有夢筆山。宋真文忠、楊大年皆邑人也。[①] 西山精舍在西巖山。沈學使涵具疏請額,御題"力明正學"。諸生來迎,内真鼎元、叔元即奉祠生。假館諸生楊晉吉家,即大年先生之裔也。夜雨。吴珠川自杭來。

初十日,雨。奉使後韓浣初姊丈每謂余:浦城險灘林立,行者憚焉。遂決意陸行,三十里,過西陽嶺,高不減仙霞,而險巇過之。次臨江。十里,過大湖嶺。寓石陂諸生趙雨民家,出扇牋索書,人亦能文。

十一日,雨。過墖嶺。嶺下入甌寧縣界。經濠嶺、食馬嵐墟,晚宿營頭驛。入清湖後,雲山、竹樹、煙舍、稻畦,無一不入圖畫。里民依山高下治田,壟畝錯落,有如石磴者,昔人所謂"磳田"即此。

十二日,雨。次七姑塘,午後過拱辰橋。建陽雙溪源出縣西百里,溪澗中流,合考亭溪復分出爲二支,會於交溪。明永樂中,右支爲洪水所湮。逕濯錦南橋(一名"朝天橋"),覆屋七十三間;濯錦北橋(一名"童遊橋"),覆屋八十七間,俱宋紹興時建。今拱辰即北橋也。南橋毁於水火者數矣。康熙丁亥,邑令柳正芳重修兩橋,而南卒廢。入城,張令館於景賢書院。前令關孫謀[已]己亥所建,祀濂洛關閩諸賢。各舍分編字號,以爲肄業之所。今榱桷焕然,而生徒星散,竟爲郵亭憩足之地。諸賢位次與守土者比肩而列,未曾數年鞠爲茂草,良可太息。林廣文日晷來,貽《建陽》、《武夷》二志,言考亭書院,陳[湄]眉川中

---

① 真文忠,即真德秀,南宋大臣、學者。字景元,後改希元,世稱西山先生,謚文忠。學術繼承朱熹,與魏了翁齊名。慶元黨禁弛,程朱理學得以復盛,多賴其力。有《真文忠公集》。楊大年,即楊億,字大年,北宋文學家。淳化進士,任翰林學士兼史館修撰。曾參與《册府元龜》、《宋太宗實録》的纂修,出力頗多。曾與劉筠、錢惟演等詩歌唱和,編成《西昆酬唱集》,時號西昆體。詩學李商隱,辭藻華麗,又以駢文著稱。著作多佚,現存《武夷新集》。

丞題請御額“大儒世澤”。[1] 文公墓在嘉禾里九峰山。[2] 後塘蔡元定結廬西山，與紫陽所寓雲谷相對，至今西南崖上有宋理宗書“西山”二大字。

十三日，陰。渡西溪，次中横塘，甌寧界。豊樂渡河，過交溪嶺。晚宿建寧府。吴建安郡，唐建州。太守張梧岡前輩來。表侄于鵬翼迎自永安。雨七日，今始見月。

十四日，微陰。次太平驛。房邨口渡河，入南平縣界。晚宿大横驛。

十五日，晴。過延平府。五代鐔州，宋南劍。郡守張道沛來。飯後易舟，晚樟木阪野泊。

十六日，晴。次水口，即宋嵩溪驛也，古田屬。源口野泊。

十七日，微陰。次竹崎，過吴侍御寓中飯。惠安甲戌進士黄彦標姪斌孝緒迎於舟次，貽《樸亭畫冊》。至洪山橋，將軍、督、撫、提督率閩屬文武官弁來。寓西門内汪太學家。表兄羅東麗杲來。

十八日，晴。同門蔡梁邨太史來。余出都時，儀封張少司農貽所刻《四子書》、《廣近思録》、《續近思録》、《養正類編》，屬廣其傳。余謝不敏，擬約梁邨渡海主教。今已就吕中丞聘，主鰲峰講席，不能偕行，爲之悵然。

十九日，晴。謁書院，學規整肅。壁間皆先儒名言。肄業諸生每黏一條，系以姓名，以時考稽。梁邨貽《書院條約》、《鰲峰講義》諸書，並爲余送行序。閩縣諸生陳繩贈詩三章。過鄂侍御寓齋，始見蕉花殷紅照眼。土民送新荔枝，未熟。

二十日，晴。午出南門。會城各官送於中亭。過南臺橋。晚大雨，次山角埕。

二十一日，陰。早飯與羅表兄話别。行十里，渡烏龍江，過枕峰嶺、青舖嶺，晚次坊口。始見鱟魚，形狀怪異，閩人取殼爲杓。唐皮日休以殼爲樽，澁峰䰰角，内玄外黄，謂之“訶陵樽”，不解其佳處。

二十二日，微陰。行十五里，過常思嶺。嶺下入福清界。過葉文忠公

---

[1] 陳眉川，即陳璸，字文焕，一字眉川，廣東海康人。康熙三十三年進士，授福建古田知縣，四十一年調知臺灣縣事。四十二年行取，授刑部主事，歷郎中，充會試同考官，出為四川提學道。四十九年，調分巡臺灣廈門道，兼理學政。五十三年超擢湖南巡撫，年底調福建巡撫，兼攝閩浙總督。五十七年卒於官，年六十三。著有《陳清端公文集》八卷、《詩集》十卷。

[2] 文公，即朱熹。

墓。[①] 次太平塘。晚宿漁溪，北即漁溪橋，上無覆屋。自浦城至福州，橋梁或五里，或十里矗立水中，翼翼楚楚，憇足偃息，可蔽風雨。周櫟園每以兩隅覆木板爲憾，謂其俯欄有致，遊目無餘，良然。

二十三日，過蒜嶺、仙嶺，次江口東嶽廟。午後憇涵江魏壯烈祠。神名昇，仙遊人，正德丁丑八月，流賊寇安溪，昇偕子瑞周並林德泰等守城，瑞周等以援兵未至死焉。昇傷重猶死戰，寇退，越九日卒。鄉人立祠，林貞肅公俊爲記，顏曰"壯烈"。所畜犬能引賊所，知勝敗。公歿，嗥三日，歸臥龍潭而化。晚宿興化府考院。一路赤壤青松，朱屋鱗次，而野望平闊，較崎嶇鳥道有間矣。

二十四日，晴。過瀨溪橋，宋陳正獻公俊卿建。過梅嶺，蔡忠惠公墓去楓亭二里。[②]《閩小紀》云：楓亭，宋狀元徐鐸故居，手植荔枝，名"延壽紅"，至今尚存。樹下有公所鑿井，上横一石樑，左汲水重，右汲水輕。詢之於人，竟無知者。同年惠安令李長庚迎於界上，晚宿塗嶺同年莊承祚子弟家。吳祚子詵來。

二十五日，陰。食惠安察院。惠安，唐晉江縣地。宋太平興國六年析置。午，過萬安橋，長三百六十丈，廣丈有五尺，一名"洛陽橋"。橋下洛陽江，亦曰"洛陽港"。唐宣宗微時遊此，謂山川勝槩，有類洛陽，江因以名。蔡侍御子姪來，拜蔡忠惠公祠。公所書二碑，無額無欄，立公像左右。相傳倭變時，倭載右一碑去，後人補之。晚宿泉州試院。大雨。泉州，隋曰"溫陵"。提督率所屬將弁並守令迎於郊外。[③]

二十六日，晴。次古陵熊公廟，公名尚初，江西南昌人，明泉州知府。正統十四年，流賊鄧茂七犯郡城，公引兵力戰，死之。《明紀事本末》：尚初逆戰於五陵坡，奉敕特祠郡中，額曰"衛民"，有司春秋致祭。萬[歷]曆庚申，張瑞圖撰碑。廟内木額載萬[歷]曆丁巳何喬遠緣疏云："父老告余，古陵熊府公降神告人曰'闔府無恙，是我庇爾等。爲我新廟題緣之疏，必求何喬遠爲之'"，是一奇也。飯後，大風。過大盈嶺、小盈嶺、東嶺。同安諸生楊懋功祖孫來。晚宿沙溪。入興化後，壟畔多插地瓜，以佐穀食。瓜豆黍稷，與與翼翼。行役策蹇，往來如織，宛似登萊道上。

二十七日，晴。清風振衣，爽氣若秋。次劉武店。過浯通港，闊三十里，泛海自此始。風順，移時登岸。臺灣道、府遣吏役俯伏道左。赫關使、金門黃總

---

① 葉文忠，即葉向高，福建福清人，字進卿，號臺山，謚文忠。萬曆進士，曾任禮部尚書，東閣大學士（首輔），著有《説類》、《葉臺山全集》等。

② 蔡忠惠，即蔡襄，字君謨，北宋書法家，福建興化府仙遊縣人，官至端明殿學士。

③ 此處提督應為福建陸路提督。

戎迎於鷺津書院。[①] 寓廈門提督路公舍。[②] 廈門,一名"鷺嶼",廣袤五十餘里。明中左所,國初僞鄭竊據,至康熙二年始入版圖。

二十八日,陰。同安楊孝廉朝宗、鳳陽同知王純弟貢生經來。

二十九日,赫關使見招。同年李五福子弟自漳州來。

三十日,晴。齋戒沐浴。同年宜黄令同安葉心朝來。晚大雨。

五月初一日,雨。祭媽祖宫,羊、豕之外,例用麥麵爲大龜,以祀。登海舟,祭所祀神。

初二日,晴。黄總戎見招。同安孝廉偃師令洪心澄來。

初三日,晴。過赫海關署中,見鐵樹生花,纍纍直上,與凡卉不同,高可九寸許,色如檀。

初四日,晴。敬設香案,北望叩祝太夫人誕辰。

初五日,晴。

初六日,晴。原擬登舟,阻風,不果。

初七日,微陰。午後大雨。

初八日,陰。龍溪監生林墉、秀才楊納陛來。得三月二十七日家信,内子、次女病。

初九日,夏至,陰。午後雨竟夜。

初十日,雨。

十一日,陰。夜月。

十二日,晴。

十三日,晴。飯後登舟。關使、總戎及各官舟次握别。晡泊浯嶼。明福建通置五水寨,浯嶼居其一。在太武山下,實控泉州南境。成化中移入廈門内港。後倭據之,以掠興、泉。瞻拜媽祖廟,回即放舟大洋。

十四日,晴。經東椗,夜大風。

十五日,晴。北風大作,掀飄鼓浪,不能坐立。舟子恐難收棹,廻泊大擔亹(一名"大岱")。計行程二更有餘,去澎湖三分之一。禮天后宫,宿海琮上人精舍。

十六日,晴。西北風大作。

---

① 康熙二十二年平臺之後,開放海禁,於二十三年在廈門設立海關,派户訓司官一員,榷征閩海關税務,一年一更。赫關使,應為當時管理廈門海關的官員。金門黄總戎,即當時金門鎮總兵黄英。

② 廈門提督,應指福建水師提督,其衙署在廈門。當時福建水師提督為姚堂。

十七日，陰。午後各舟移泊南山邊破竈，風雨驟至，怒濤奔吼，震若雷霆，徹夜不息。

十八日，雨，大風。

十九日，雨，大風。

二十日，午後，晴。登舟，從小擔放洋。

二十一日，晴。

二十二日，晴。過黑水溝，色如墨，一名"黑洋"。二鼓時東南風大發，驟雨疾至，驚濤鼎沸。

二十三日，風。行三日矣，不見山嶼，約過澎湖。東流漫瀾，無可停泊，轉棹放回。晚值暴風怪雨，舟中人瀕危，幾無生氣矣。

二十四日，微陰。早收磁(土音"回")頭山。午過金門。晚泊烈嶼。①

二十五日，晴。收泊大擔，仍寓僧舍。未刻大風。

二十六日，晴。

二十七日，晴。早飯開船。

二十八日，晴。

二十九日，晚泊金雞澳，東北望澎湖。

六月初一日，甲寅，晴。潮退，由將軍澳經西吉出洋。晚陰。

初二日，晴。午進鹿耳門，沙線暗伏，左右縈紆，中可行舟。兩旁插標，名曰"盪纓"，兼有小舟前導，進口淺處易杉板哨船。近岸乘牛車，至海口已黄昏矣。總鎮、道、府文武員弁來迎，館於鄉飲賓陳安國家。恭設香案，望闕謝恩。

男　守謙校字

---

① 烈嶼，即小金門。

後　記

我與巡臺御史的"結緣"始於三十多年之前的一次學術研討會。

1987 年,臺灣當局宣佈開放民眾回大陸探親,海峽兩岸交流的大門微微開啟。1988 年 8 月,王曉波、尹章義等學者在臺灣衝破重重阻力,率領民間學術團體——"臺灣史研究會"的部分成員前來大陸訪問,與厦門大學臺灣研究所的研究人員共同舉辦"臺灣研究學術研討會",雙方在會上共提交了 14 篇論文,其中厦大臺灣研究所提交 8 篇論文,臺灣史研究會提交 6 篇論文。這是海峽兩岸學者首次在大陸舉辦的學術研討會,我在這次研討會上提交的論文題目就是《清代巡臺御史制度研究》。本書的相關資料就是在此後的三十多年之間陸陸續續搜集的。2012 年退休之後,我便利用閑暇之際,對相關資料繼續補充,逐一整理,編輯成冊。2019 年,本書通過評審,獲得"國家古籍整理出版專項經費"的資助。

在本書初校階段,厦門大學臺灣研究院歷史研究所的博士研究生齊笑婕同學幫忙查找、復印材料,參與校對工作。厦門大學臺灣研究院文獻資料中心為資料的查閱、搜集提供了最大的方便,今年初,由於防控新型冠狀病毒,無法出門,中心副主任張華姿老師在工作之餘幫忙復制、掃描材料,遠程傳輸,解決了不少難題。謹在此一併說明,並致以衷心的感謝!另外,責任編輯韓軻軻女士認真負責,精益求精,為本書的順利出版付出了辛勤的勞動,也是應當在此特別予以感謝的。

李祖基

二〇二〇年五月一日

於厦門大學臺灣研究院